MARBURG

MARBURGS STADTBUCH

- ▸ Marburg in Texten & Bildern
- ▸ Tipps & Adressen
- ▸ Stadtplan

MARBUCH VERLAG

MARBUCH
Marburgs Stadtbuch
ISBN 3-9806487-1-0
Marbuch Verlag GmbH
1. Auflage Oktober 2002
Ladenverkaufspreis: 14,90 EUR
Herausgegeben
von Michael Boegner und Peter Mannshardt

Veröffentlicht im Marbuch Verlag GmbH
Geschäftsführer:
Peter Mannshardt, Michael Boegner
Ernst-Giller-Straße 20a
35039 Marburg
Telefon (06421) 68 44-0
Telefax (06421) 68 44-44
E-Mail: feedback@marbuch-verlag.de
www.marbuch-verlag.de

Redaktion:
Michael Arlt

Anzeigenverwaltung,
Satz, Layout und Druck-
vorlagenherstellung:
Marbuch Verlag GmbH

Lithographie:
Scan-Technik Schmidt,
34628 Willingshausen

Druck:
Druckerei Schröder,
35274 Kirchhain

Papiere:
Umschlag gedruckt auf Trucard duo (260g/qm)
Inhalt gedruckt auf AlpaNova h'matt (90g/qm)

Schriften:
ITC Officina sans
aus der Linotype Collection

Stadtplan:
Dem Marbuch liegt der Stadtplan
(1:10.000)
„Marburg–Universitätsstadt",
2. erweiterte Auflage, Januar 2002 der
Marburger Geographischen Gesellschaft bei.

Copyright by Marbuch Verlag GmbH, Marburg
1. Auflage Oktober 2002

Alle Rechte vorbehalten.
Nachdruck des Textes, der
Illustrationen und der
Inserate, auch auszugs-
weise, nur mit schrift-
licher Genehmigung des
Verlags.
Haftung für etwaige
redaktionelle oder tech-
nische Fehler sowie für
die Richtigkeit der
gemachten Angaben und
Eintragungen wird nicht
übernommen.

Der Service im Herzen Marburgs

Hier erhalten Sie alle Informationen zum Nahverkehr sowie zum Strom-, Erdgas- oder Wasseranschluss und zum Energiesparen.
Wir erläutern Ihnen gerne unsere interessanten Produkte und Tarife.

**Besuchen Sie unser Kundenzentrum am Rudolphsplatz
Mo - Fr: 9:00 Uhr - 18:00 Uhr**

- Nahverkehrsberatung Telefon 205-228
- Tarifberatung Telefon 205-336
- Energieberatung Telefon 205-333
- Internet: www.stadtwerke-marburg.de

Was liegt näher?

Kundenzentrum am Rudolphsplatz
Universitätsstraße 1 • 35037 Marburg

**Liebe Leserin, lieber Leser,**

Vorurteile und Klischees halten sich hartnäckig:
„Marburg hat keine Universität – Marburg ist eine",
„In Marburg geht es entweder bergauf oder es regnet",
„Marburg – Schnarch an der Lahn".
Natürlich entbehren solche Sinnsprüchlein nicht eines Funkens Wahrheit. Aber doch eben nur eines Funkens. Denn das wahre Leben zwischen Fachwerk, Fremdenverkehr und Fakultäten sieht doch um einiges vielgestalter aus, als selbige Sentenzen Glauben machen möchten. Wie sehr, darüber wollen in bewährter Mischung informativ, engagiert und konturiert die Beiträge dieses Marbuchs – des siebenten – Auskunft geben. Begeben Sie sich gemeinsam mit unseren Autorinnen und Autoren auf eine Reise durch Geschichte und Kultur,  Wirtschaft und Gesellschaft. Nehmen Sie teil an einem der größten Feste des Mittelalters. Erfahren Sie, warum gerade Marburg so ausgezeichnete Bedingungen für Existenzgründungen bietet.
Oder lassen Sie sich an Inseln und Orte führen, an denen – manchmal unter widrigen Umständen – Kunst und Kultur blühen. Ob ganz neu in der Stadt oder alteingesessen, Sie werden sehen, es gibt eine Menge zu entdecken.
Und zu erleben. Nutzen Sie den umfangreichen Service- und Adressenteil des Marbuchs. Komplett umgearbeitet, erweitert und im neuen optischen Gewand, leitet „Marburg kompakt" als verlässlicher Kompass durchs Leben an der Lahn.
Wir würden uns freuen, wenn sich auch Marbuch Nr. 7 – wie seine Vorgänger – einen festen Platz in den Bücherregalen seiner Nutzerinnen und Nutzer erobert.
Doch genug der einleitenden Worte. Werfen Sie die Klischees und Vorurteile über Bord. Blättern Sie um – segeln Sie los.

Michael Arlt

PharmaServ
Marburg GmbH & Co. KG

Die PharmaServ Marburg GmbH & Co. KG ist ein Dienstleistungs-Unternehmen der Aventis-Gruppe.

Systemlösungen für Pharmazie, Industrie und Gewerbe

Technik aus einer Hand, damit Produktionsprozesse zuverlässig laufen

Aus einer Hand bietet PharmaServ eine umfassend vernetzte Infrastruktur-Dienst- und Versorgungsleistung auf hohem Niveau. Denn PharmaServ-Kunden sollen sich ungestört auf ihre Kerntätigkeit konzentrieren können: Wir übernehmen das Drumherum und halten ihnen den Rücken frei. Der Aufwand ist kalkulierbar und setzt Kapazitäten für wichtige Dinge frei, eben dort, wo Sie Ihre zentrale Kompetenz verwirklichen wollen.

Rund 400 qualifizierte Mitarbeiterinnen und Mitarbeiter entwickeln, betreuen und realisieren die Infrastruktur am Standort Behringwerke Marburg und in der Region. Damit ist PharmaServ der größte Anbieter seiner Art in Nord- und Mittelhessen.

- Projektierung, komplette Betreuung oder die Bereitstellung von Facilities (Immobilienmanagement)
- Energiewirtschaft mit hoher Versorgungssicherheit
- Integrierte technische Serviceleistungen bis hin zur Ausführung schlüsselfertiger Anlagen
- Entwicklung und Realisierung von Informations- und Kommunikationslösungen
- Standort-Dienstleistungen im Sinne der gesetzlichen Verpflichtungen

Facilities
Energien
Technik & Instandhaltung
Informatik & Kommunikationstechnik
Standort-Dienstleistungen

PharmaServ Marburg GmbH & Co. KG
Emil-von-Behring-Straße 76, 35041 Marburg
Telefon (06421) 39-14, Telefax (06421) 39-63 00
e-mail: Info@PharmaServ, www.PharmaServ.de

Marburg

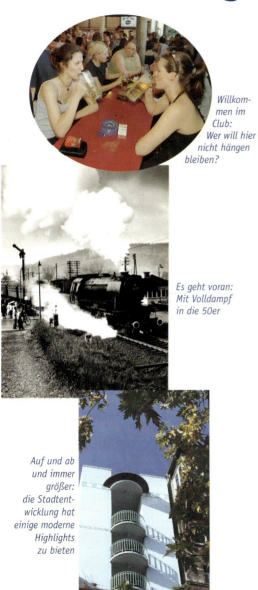

Willkommen im Club: Wer will hier nicht hängen bleiben?

Es geht voran: Mit Volldampf in die 50er

Auf und ab und immer größer: die Stadtentwicklung hat einige moderne Highlights zu bieten

Stumme Zeugen künden von der Bedeutung der ehemaligen Residenzstadt

Editorial	4
Marburg-Panorama	8
Willkommen im Club Übers Stranden und Hängenbleiben	26
Die Translation der Elisabeth Der Kaiser selbst schmückte das Haupt der Heiligen mit einer goldenen Krone	30
Philipp der Großmütige Landesherr – Universitätsgründer – Frauenheld	36
Krone der Stadt Das Schloss	40
Ungeliebt und hoch geehrt Emil von Behring – Nobelpreisträger, Politiker, Unternehmensgründer	48
Es geht voran Die 50er Jahre	52
Auf und ab und immer größer Die Stadtentwicklung	60
Vergessener Vater Die Deutsche Blindenstudienanstalt und ihre Gründer	66
En Vogue Die Lahn – Flussgeschichten	70
Alma mater philippina.de Die Marburger Universität zwischen Tradition und Moderne	78
Turbulenz und Tradition Wolfgang Abendroth und die Marburger Politikwissenschaft	84
Weichenstellungen Von Pferdedroschken und der Tram zum modernen Niederflurbus	88
Allerheiligstes im Hülsen-Haus Das Bildarchiv Foto Marburg	92
Lichtblicke Kino ist ein Teil der Stadt	96
Innovationsfreude Existenzgründer sind in Marburg gut aufgehoben	102
Zukunftsweisende Szenarien Biotechnologie-Initiative und „Marburg 2010"	106

Mensch mit wichtigen Anliegen
Bruno Paoletti –
Lebenskünstler und lebendes Kunstwerk 110

Träume – Taten – Tagungen
Der Marburger Burgenarbeitskreis 114

Rondo für Jazzband und Klingelbeutel
Musikszene 117

„Art"- gerechter Ausstellungsort
Die Kunsthalle 120

Wie es euch gefällt ...
Theater 126

Von der Zentrifuge über die Saftpresse zur Flugschule
Schreiben an Paul G.
über die Kunst auf der Insel Marburg 132

Marburger über Marburg 138

Marburg kompakt 144

Marburg zu Fuß	146
Tupfer im Stadtbild	152
Kultur und Unterhaltung	157
Marburg bei Nacht	164
Kunst und Museen	166
Freizeit und Fitness	170
Universität	176
Archive	180
Marburg kurios	182
Feste und Märkte	185
Marburg online	190
Verkehr(t)	192
Ausflüge	194
Geschichtsunterricht für Marburger	198
Wegweiser	201
Noch mehr über Marburg	202

Adressen & Hinweise 203

Ausgehen • Veranstaltungsorte • Übernachtung
• Marktplatz • Beratungsstellen & Selbsthilfegruppen
• Notdienste • Krankenhäuser & Universitätskliniken
• Ärzte • Psychotherapie • Rechtsanwälte • Initiativen
& Vereine • Kultur • Sportvereine • Gewerkschaften
• Politische Parteien • Ämter & Institutionen • Öffentliche Einrichtungen • Schulen • Universität • Kirche

Autoren	276
Register	279
Bildnachweis	280

Die Krone der Stadt: Das Landgrafenschloss mit Elisabethkirche

Kunst und Kultur an den unterschiedlichsten Orten

Festliche Knallbonbons und zauberhafte Winkel

Marburg– Panorama

Facetten einer Stadt – Marburger Momente,
festgehalten von Fotograf Rolf K. Wegst

Wege

Ob mit der Bahn oder dem Auto, auf dem Fahrrad oder zu Fuß auf einem der alten Handelswege – Marburg liegt nicht nur mitten im Grünen, sondern auch mitten im Herzen Hessens und Deutschlands. Entsprechend gut ist die verkehrstechnische Anbindung an den Rest der Welt.

Orte

Marburg ist eine Stadt der Kontraste: Steinerne Geschichte trifft auf postmoderne Architektur und restauriertes Fachwerk. Neugeschaffene öffentliche Plätze vermitteln urbanes Lebensgefühl. Wer es lieber ruhiger mag, findet Oasen der Entspannung – beispielsweise im Alten Botanischen Garten.

Verkehr

Das Anwachsen des motorisierten Verkehrs in Verbindung mit der engen Tallage der Stadt schafft Probleme. Busse und Bahnen sind die vielgenutzte Alternative. Freieste Fahrt für freie Marbürger bietet das Fahrrad – obwohl die Radwegesituation in der Stadt der kurzen Distanzen keineswegs rosig ist.

Leben

Leben in historischer Bausubstanz – in Marburg keine Seltenheit. Die Stadt blieb von Kriegszerstörungen weitestgehend verschont. Selbstverschuldete städtebauliche Schandflecken verdanken die Bürger dem zweifelhaften Fortschrittlichkeitsbegriff der sechziger und siebziger Jahre.

Ansichten

Die filigrane Gotik der Elisabethkirche mit ihren beiden Türmen und die markante Renaissancefassade des Landgrafenschlosses bilden schon von Weitem die optische Visitenkarte der Stadt.
Die prächtigen Bürgerhäuser der Oberstadt stehen neben historistischen Bauwerken wie dem Kaiser-Wilhelm-Turm und der neugotischen Alten Universität. Selbstverständlich fehlt es nicht an Tummelplätzen diverser Architekten-phantasien ...

Stadtteile

Um den stark bebauten Kernstadtbereich reihen sich die Außenbezirke. Wohnen im „Stadtbusbereich": das kann dörfliche Zurückgezogenheit in den eingemeindeten Stadtteilen bedeuten oder Multi-Kulti in der Trabantenstadt. Der Richtsberg entstand seit den Sechzigern, das Stadtwald-Viertel nutzt Areale der in den 90er Jahren aufgelassenen Tannenberg-Kaserne.

Universität

Rund 18.000 Studentinnen und Studenten aus aller Herren Länder setzen Akzente im Leben der Stadt. Wenn sie nicht gerade in überfüllten Hörsälen Vorlesungen lauschen oder sich in der Mensa – die einen durchaus guten Ruf genießt – zu Kulinaria und Klönen treffen. An den inneren und äußeren Qualitäten der „Elefantenfüße" der Geisteswissenschaften scheiden sich selbige.

Wirtschaft

Auch Marburg blieb und bleibt nicht von der grassierenden „Centeritis" verschont. Neben einer Handvoll mittelständischer Betriebe und einer kaum überschaubaren Zahl von Kleinst-Unternehmen dominieren die international agierenden Behring-Nachfolgefirmen den Wirtschaftsstandort. Schwerindustrie? – Fehlanzeige.

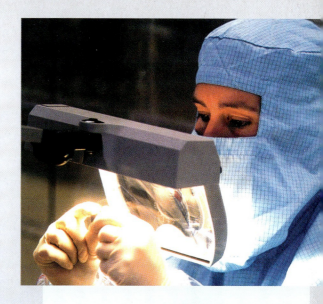

Feste

Das Angebot an Verlustierbarkeiten aller Art ist enorm. In den Sommermonaten locken Klassiker wie das Stadtfest „3 Tage Marburg" oder das Uni-Sommerfest wahre Heerscharen an. Feuerzangenbowlen-Nacht, Maieinsingen und Elisabethmarkt sind feste Veranstaltungsgrößen. Nicht vergessen werden dürfen die zahlreichen Straßen- und Stadtteilfeste wie das Weidenhäuser Straßenfest oder das Ketzerbachfest.

Marburg bei Nacht

Etwas Kühles in der Kneipe oder ein Klassiker im Kino, Easy-Listening in der Lounge oder Smalltalk in der Club-Disco – wenn es draußen dunkel wird und das letzte Referat gehalten ist, machen sich die Nachtschwärmer auf den Weg.

Shopping

Auf Wochenmärkten mit Flair und in wohlsortierten Kaufhäusern wird der Konsument fündig. Das vielfältige Angebot des städtischen Einzelhandels lässt wenig Wünsche offen. Klarer Bonus: das einzigartige Ambiente.

Freizeit

Boulen, Biergarten, Bratwurst – sommerlichen Aktivitäten sind kaum Grenzen gesetzt. Erfreulich: Die Lahn wird als Freizeit-Ressource wiederentdeckt. Wozu hat man schließlich ein veritables Flüsschen …?

Kids

Marburg ist eine Stadt der Kinder. Nirgends sonst in der Bundesrepublik kommen prozentual so viele neue Erdenbürger zur Welt. Die Versorgung mit Krippen- und Kindergartenplätzen ist vergleichsweise gut. Dennoch organisieren viele junge Eltern in Eigeninitiative private Betreuung.

Sport

Im Georg-Gaßmann-Stadion kickt die lokale Spitzenmannschaft vom VfB 05, die Junioren des Boxclubs Marburg stellen die Creme der hessischen Nachwuchsboxer in den Ring. Wer es gerne etwas trendiger hätte, dreht am Niederweimarer Badesee Runden auf dem Wakeboard. Wer es gerne etwas exotischer hätte, locht in Cölbe-Bernsdorf beim Oberhessischen Golf-Club ein.

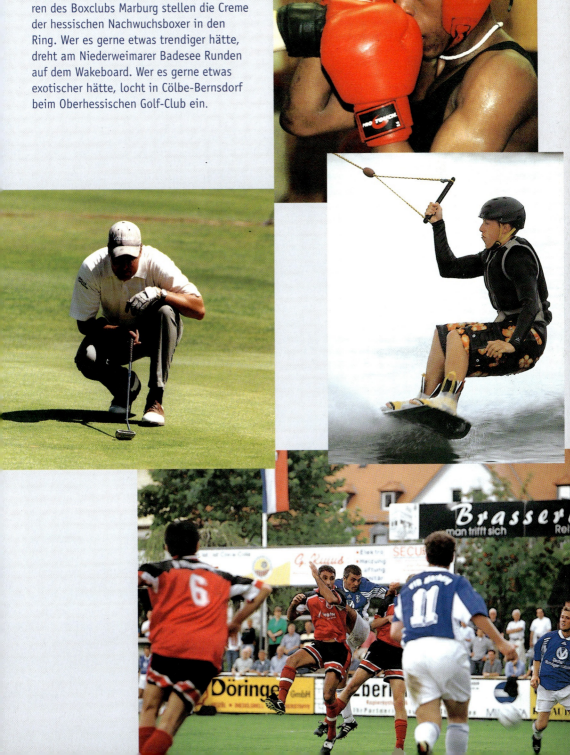

Kultur

Ob Klassik in der Halle, Jazz im Gewölbe oder Rock open air – Musikfreunde komme auf ihre Kosten. Die Museen und Ausstellungsräume zeigen Zeitgenössisches und Altehrwürdiges im angemessenen Rahmen. Und selbst für die Kurzen gibt's Kultur – danach wird sich aber ausgetobt.

Nicht Hamburg, München oder Berlin – nein, ausgerechnet Marburg!

Willkommen im Club

Übers Stranden und Hängenbleiben

von Joachim Schulz

Zwar hat der folgende Besinnungsaufsatz rein gar nichts mit mangelhaften Leistungen in Französisch oder Physik, Blauen Briefen und einer Ehrenrunde in der Unterprima zu tun – trotzdem aber ist die Unterzeile gut gewählt. Das Thema meines Elaborates nämlich ist das Stranden und dauerhafte Verweilen am Lahnufer, das Nicht-wieder-Fortkommen aus unserer Fachwerkmetropole, und das gilt den meisten Zeitgenossen als eine Strafe, die einer Verurteilung zur lebenslangen Wiederholung der zwölften Klasse durchaus gleichkommt.

Belauschen wir ein paar Erstsemesterinnen, die lamentierend im Gestühl eines der hiesigen Kaffeehäuser sitzen: Lautstark bejammern sie das harte Los, zu Studienzwecken in die mittelhessische Ödnis verbannt worden zu sein, und wortreich schwärmen sie von dem seligmachenden Dasein, das ihnen die Fatumsverwaltung eröffnet hätte, wenn sie so freundlich gewesen wäre, sie nach Hamburg, München oder Berlin zu schicken. Daneben aber stößt man auch immer wieder auf ältere Mitbürger, die schon seit Jahren und Jahrzehnten im hiesigen Gemeinwesen leben und trotzdem keine Anstalten machen, einen Strick an den Dachbalken ihrer Behausung zu binden. Sie wirken keineswegs wie die Insassen einer Strafkolonie und besitzen durchaus einen Straßenatlas, der ihnen den Weg in die Städte der Sehnsucht weisen könnte. In ihren Augen liegt ein rätselhafter, gut gelaunter Ausdruck, und das ist selbstverständlich verstörend. Sind sie womög-

„Hängenbleiber" vor Weidenhäuser Straßencafé

Fragen. Doch es gibt Antwort. Und Schutz.

Die erste Schutzmaßnahme lautet: Studieren Sie auf keinen Fall eines von diesen Palaverfächern, die zu nichts führen! Umfragen zeigen, dass es sich bei den Hängenbleibern beinahe durchweg um Doktoren der Indologie, verbummelte Amerikanisten oder profunde Kenner des Althochdeutschen handelt. Nur selten trifft man hingegen auf Advokaten oder angehende Medizinalräte. Vollends befindet man sich schließlich auf der sicheren Seite, wenn man die Geheimnisse der Ökonomie studiert, denn schon ein flüchtiger Blick auf die Silhouette der Stadt erweist das totale Fehlen von Bankhochhäusern. Und was folgt daraus? Logisch: Dass angehende Aufsichtsratsvorsitzende sich nach dem Examen notgedrungen davonmachen müssen, selbst wenn sie sich bei den Hängenbleibern infiziert haben sollten. Im Klartext: Karriere ist der beste Schutz.

lich von einem bösartigen Fachwerkvirus befallen worden, der ihnen die Schädelkugel ausgehöhlt hat? Sollte man eine Atemschutzmaske tragen, solange man sich innerhalb der Stadtgrenzen aufhält? Und gibt es Vitamine, mit denen man einer Ansteckung vorbeugen kann? Fragen über

Indessen ist auch dann noch nicht Hopfen und Malz verloren, wenn Sie von Ihrer Liebe zur Ethnologie nicht lassen können. Kein Mensch schließlich schreibt Ihnen vor, nach dem Ende

Von dieser Silhouette geht eine geheimnisvolle Anziehungskraft aus

Keine Bankhochhäuser, dafür lauschige Bänkchen

bloß weil zu ihrer Verabschiedung ein unübersehbarer Haufen von örtlichen Freunden am Bahnhof aufmarschiert ist. Von noch verheerenderer Wirkung auf die Abwanderungsentschlossenheit schließlich ist im Allgemeinen eine amouröse Verbindung zu einem Mitgeschöpf, das man in der Stadt zurücklassen würde, und deshalb lautet mein zweiter Rat: Schließen Sie sich vom ersten bis zum letzten Semester in ihrer Kemenate ein, sofern Sie nicht von Vorlesungen oder

Ihrer akademischen Ausbildung ausgerechnet in Marburg beim Arbeitsamt vorzusprechen. Statt dessen haben Sie durchaus die Möglichkeit, in Richtung Elbe, Isar oder Spree davonzudampfen, noch bevor die Druckerschwärze auf Ihrem Diplomzeugnis getrocknet ist. Doch Obacht! Nicht wenige spätere Hängenbleiber haben ihre Koffer mit feuchten Augen wieder ausgepackt,

Abwanderung ins Ungewisse

Seminaren nach draußen gezwungen werden! Begegnen Sie jedem, der ein freundliches Wort für Sie übrig hat oder gar einen Kaffee mit Ihnen trinken will, abweisend und schroff! Und hüten Sie sich vor allen Dingen davor, sich zu verlieben!

Selbst aber ein Fehler in diesem brisanten Bereich ist nicht so gravierend, solange Sie sich den verklärten

Brutstätte des Fachwerkvirus'?

Blick auf die Stadt Ihrer Träume bewahren! Doch wenn Sie nunmehr – nach nüchterner Überlegung – noch feststellen sollten, dass Sie sich eigentlich auch von Hamburg, München oder Berlin nichts anderes erhoffen, als mit gutgelaunten Freunden möglichst viele unvergessliche Abende

Wer mag sich solcher Idylle verschließen?

zu verbringen, dann haben Sie verloren: Schon haben Sie – Schwups! – bei den örtlichen Behörden eine unbefristete Aufenthaltsgenehmigung beantragt, und schon sitzen Sie in einem Café und rühren schmunzelnd in einem Espresso, während am Nebentisch zwei junge Studentinnen hocken und tränenreich ihr Schicksal beklagen. Willkommen im Club!

Böhler - hört sich gut an

Mo.- Fr.
9:00 - 13:00 Uhr
14:30 - 18:00 Uhr

HÖRAKUSTIK
BÖHLER

Tel. (06421) - 22120

Für ausreichend Kundenparkplätze ist gesorgt
Universitätsstrasse 55 • 35037 Marburg

Märchenhafte Möglichkeiten!
Geburtstagsparty oder Firmenfeier? Optimale Veranstaltungsmöglichkeiten für Feiern aller Art finden Sie direkt am Fuße des Schlossbergs im SORAT Hotel Marburg. Neben First-Class-Komfort und freundlichem Service bietet das elegante Stadthotel große Veranstaltungsräume bis 300 Personen, ein schönes Restaurant wie einen urigen Bierkeller. Mehr Infos unter www.SORAT-Hotels.com!

HOTEL MARBURG

Pilgrimstein 29 · 35037 Marburg
Telefon (0 64 21) 91 80 · Fax (0 64 21) 91 84 44
E-Mail: marburg@SORAT-Hotels.com

Am 1. Mai 1236 fand in Marburg die erlauchteste und größte Versammlung statt, die es bisher in unserer Stadt gegeben hat. Niemals vorher oder nachher hat ein Ereignis so viel weltliche und geistliche Prominenz zusammen mit einfachem Volk nach Marburg gelockt wie die Translation der gerade erst heilig gesprochenen Elisabeth von Thüringen: Der feierlichen Überführung ihrer Gebeine aus dem bisherigen Erdgrab in einen Bleisarg als Bestandteil eines Altars am 1. Mai 1236 wohnten Kaiser Friedrich II. und sein achtjähriger Sohn bei, ebenso die Erzbischöfe von Mainz, Trier, Köln und Bremen, der Bischof von Hildesheim und eine große Zahl anderer nicht namentlich genannter Bischöfe, die Spitzen des thüringischen Landgrafenhauses wie Landgraf Heinrich Raspe, sein Bruder und Amtsvorgänger Konrad, der dem

Die Heilige und ihre Kirche: Elisabeth im Baldachingehäuse, um 1470/80

Die Translation der Elisabeth

Der Kaiser selbst schmückte das Haupt der Heiligen mit einer goldenen Krone

von Erhart Dettmering

Deutschen Orden beigetreten war, Elisabeths Sohn Hermann und ihre Schwiegermutter, Landgräfin Sophie, ferner thüringische und andere Adelige sowie Äbte, Prälaten und Kleriker in großer Zahl. Und schließlich, wie es in einem Bericht heißt, „eine überquellende und herbeigeströmte Menge, die so stark war, daß man sie nicht leicht schätzen konnte". In einer anderen Quelle heißt es sogar: „Von vielen klugen Männern wurde geschätzt, daß 1.200.000 Menschen beiderlei Geschlechts zum Gedenken der heiligen Witwe zusammengeströmt seien." Mit Sicherheit also war es eine kaum noch überschaubare Menge, die zugleich ein Hinweis darauf ist, welch hohes Ausmaß die Elisabeth-Verehrung schon so kurz nach ihrem Tod und ihrer Heiligsprechung angenommen hatte.

Bei seinem dritten und letzten Aufenthalt nördlich der Alpen besuchte Kaiser Friedrich II. 1236 Marburg

Der Staufer Friedrich II., König von Sizilien und Jerusalem, seit 1220 deutscher Kaiser, hielt sich in seiner gesamten Regierungszeit (1212 bis 1250) nur dreimal nördlich der Alpen auf. Der Besuch in Marburg 1236 gehört zu seinem dritten und letzten in Deutschland. Schon im Vorjahr war er aus Süditalien herbeigeeilt, um die Empörung seines Sohnes, König Heinrich VII., niederzuschlagen. Im Frühjahr 1236 hielt sich Kaiser Friedrich, mit großem Gefolge (darunter auch der Deutschordensmeister Hermann von Salza) aus Speyer kommend, nur einen Tag lang in Marburg auf. Schon am nächsten Tag war er wieder auf dem Rückweg, denn seine Anwesenheit in Wetzlar am 2. Mai ist urkundlich belegt.

Elisabeth von Thüringen, der 1228 Marburg als

Diese Szene des um 1510/13 entstandenen Elisabethaltars zeigt die Entnahme der Gebeine Elisabeths aus dem ursprünglichen Grab

Witwensitz zugewiesen worden war und die hier bei der aufopferungsvollen Fürsorge für Kranke und Arme in nur drei Jahren ihre Kräfte verzehrt hatte, war nach ihrem Tod am 17. November 1231 zunächst in der zu ihrem Hospital gehörenden Franziskuskapelle bestattet worden, an der Stelle, die heute durch ihr Mausoleum im Nordchor der Elisabethkirche gekennzeichnet ist. 1234 hatte der Papst mit kaiserlicher Bestätigung Hospital und Kirche dem Deutschen Ritterorden übertragen. 1235 zu Pfingsten (26.5.) war Elisabeth heilig gesprochen und noch im August des gleichen Jahres der Grundstein zu der neuen, großartig konzipierten Kirche gelegt worden. Die Feierlichkeiten am 1. Mai 1236 fanden also auf einer großen Baustelle statt, in deren Mitte noch bis zu ihrem Abbruch etwa um 1250 die Franziskuskapelle stand.

Ein zeitgenössischer Chronist berichtet, dass der Prior des Deutschen Hauses zu Marburg

Der romantische Blick: Detail aus „Stadtansicht" von Georg Mades (1844)

drei Tage vor der Ankunft des Kaisers nachts bei verschlossener Kirchentüre zusammen mit sieben Ordensbrüdern das Grab Elisabeths geöffnet habe, um die Translation vorzubereiten. Er habe den Leichnam der Heiligen, der unverwest und wohlriechend gewesen sei, in Purpur gehüllt, in einen Bleisarg gebettet und das Grab wieder verschlossen. Bei dieser nächtlichen Aktion zur Vorbereitung der feierlichen Zeremonie trennte man übrigens den Kopf Elisabeths vom Rumpf und präparierte den Schädel sorgfältig für seine künftige Bestimmung als Reliquie.

Die eigentlichen Feierlichkeiten begannen in der Morgendämmerung des 1. Mai. Der Kaiser, in ein schlichtes Gewand gekleidet, wie es auch Elisabeth getragen hatte, erschien demütig und barfuß mit seinem Gefolge. Inwieweit er selber bei der Translation Hand anlegte, darüber gehen die Berichte je nach dem politischen Standort der Berichterstatter auseinander. Für den liturgischen Ablauf der Zeremonie war Erzbischof Siegfried von Mainz zuständig, in dessen Diözese Marburg lag. Unterstützt wurde er von Erzbischof Dietrich von Trier und dem Hildesheimer Bischof Konrad. Während diese beiden dem Stauferkaiser und den thüringischen Landgrafen nahestanden, nahm der Mainzer Erzbischof seine Pflicht nur widerwillig wahr, denn die Thüringer waren als Territorialherren seine erbitterten Rivalen, und auch die Bestrebungen des Deutschen Ordens, der zu diesem Zeitpunkt noch erwog, Marburg zu seinem neuen Zentrum zu machen, liefen den Mainzer Interessen absolut entgegen. Der Konflikt war also vorprogrammiert.

Ob es tatsächlich in Marburg zum offenen Streit gekommen ist, wie die Reinhardsbrunner Chronik berichtet, sei dahingestellt. Bei dem hohen Symbolgehalt, der jeder offiziellen Handlung zugemessen wurde, war es von großer Bedeutung, wer was verrichtete. Feststeht, dass der Kaiser bei der Hebung der Grabplatte selbst mit anfasste und dass er dem Haupt Elisabeths eine goldene, mit Edelsteinen geschmückte Krone aufsetzte. Nicht weniger kostbar war der goldene Becher, den Friedrich als Geschenk hinzufügte. Dabei handelte es sich, wie wir heute wissen, um ein prachtvolles Trinkgefäß aus ottonischer Zeit: eine in Gold gefasste, aus einem einzigen Stück Achat geschnittene

Info

Das Reliquiar der Hl. Elisabeth

In dem prunkvollen Reliquiar (Gefäß zur Aufbewahrung von Reliquien) – meisterhaft gestaltet aus der von Kaiser Friedrich II. zusammen mit einer Achatschale gestifteten Helmkrone – wurde als bedeutendste Reliquie der Schädel der Heiligen Elisabeth aufbewahrt. 1539 ließ Landgraf Philipp gegen den heftigen Protest des Deutschen Ordens alle Reliquien aus der Kirche entfernen. Der Goldene Schrein verblieb unversehrt an seinem Platz in der Sakristei, über das Schicksal des Kopfreliquiars ist aus dieser Zeit nichts bekannt. Feststeht nur, dass es sich – ohne seinen Inhalt – 1631 in Würzburg auf der Marienburg befand, nach deren Eroberung es König Gustav Adolf als Kriegsbeute nach Schweden abtransportieren ließ.

Dort führt es heute mit der Nr. 1 die Inventarliste des Staatlichen Museums in Stockholm an, wo sein Wert so hoch eingeschätzt wird, dass es weder 1981 noch 1983 für die großen Jubiläumsausstellungen anlässlich des 750. Todestages Elisabeths bzw. der 700-Jahrfeier ihrer Kirche nach Marburg ausgeliehen wurde. Böse Zungen argwöhnten damals, dass man wohl in Schweden befürchtete, die Beute aus dem Dreißigjährigen Krieg würde an ihrem eigentlichen Ursprungsort konfisziert und nicht wieder zurückgegeben.

Info

Chronik der Elisabethkirche

- 1235 – Noch im Jahr der Heiligsprechung Elisabeths beginnt der Deutsche Orden mit dem Bau einer Kirche über ihrem Grab

- 1283 – Fertigstellung und Weihe der ursprünglich stark farbig (Wandflächen außen rot und innen braun-rot) gestalteten Kirche, die als früheste rein gotische, dreischiffige Hallenkirche östlich des Rheins stilbildende Bedeutung hat
- um 1250 – Schaffung des goldenen Schreins für die Elisabeth-Reliquien (die Landgraf Philipp d. Großmütige 1539 im Rahmen der Reformation trotz des Protestes des Deutschen Ordens entfernen lässt)
- um 1330 – Fertigstellung der 80 m hohen Türme.
- vor 1343 – Einbau des Lettners zur Trennung der Bereiche für die Ordensbrüder und die Pilger
- 1510-1514 – Ludwig Juppe (Bildhauer) und Johann von der Leyten (Maler) schaffen den Elisabeth-, Katharinen-, Johannes- und Georg-Martin-Altar
- 1809 – Bei der Aufhebung des Deutschen Ordens wird die Elisabethkirche Eigentum des Landesherrn. Daher liegt die (sehr kostspielige!) Baulast auch heute noch beim Land Hessen
- 1811-1827 – Protestanten und Katholiken benutzen die Kirche gemeinsam (sog. Simultaneum)
- 1931 – Im Rahmen einer umfassenden Innenrestaurierung der Kirche wird auf dem Kreuzaltar der in der Gemeinde zunächst umstrittene Kruzifixus von Ernst Barlach aufgestellt
- 1946 – Auf Anordnung der Amerikaner werden die bei Kriegsende geretteten Särge der Preußenkönige Friedrich Wilhelms I. und Friedrichs des Großen im Nordchor (1952 zur Burg Hechingen, 1991 zurück nach Potsdam) und des Reichspräsidenten Paul v. Hindenburg im Nordturm beigesetzt
- 1974-1990 – Sicherung und Restaurierung der mittelalterlichen Glasmalereien und Fenster (Kosten 1,4 Mio. DM)
- 1981-1983 – Dacherneuerung (Kosten: 1,8 Mio. DM) 1992-1997 – Steinsanierung der Außenfassade einschließlich der Türme (Kosten: 5,3 Mio. DM)
- 2001 ff. – Überlegungen zur grundlegenden Neugestaltung des gesamten Umfeldes der Elisabethkirche mit dem Ziel, in der Nordstadt einen neuen Städtebauakzent zu setzen

Der um 1250 geschaffene goldene Schrein, der in der Sakristei der Elisabethkirche aufgestellt ist, zeigt die Figur der Elisabeth in ihrer schlichtesten Form: noch ohne Krone

Schale, groß genug, um den Schädel Elisabeths aufzunehmen. Krone und Schale – durch Goldschmiede schon bald darauf kunstvoll vereinigt – dienten in der Folgezeit als angemessen kostbares Reliquiar, das sich nach wechselvoller Geschichte heute im Staatlichen Museum in Stockholm befindet.

Der Kaiser, der nach seinem spektakulären eintägigen Besuch in Marburg über Koblenz-Würzburg-Augsburg (wo er ein Heer sammelte) wieder nach Italien heimkehrte, berichtete selbst über die Translation der Heiligen Elisabeth in einem bald darauf geschriebenen Brief an Elias von Cortona, den Generalmagister des Franziskanerordens, wohl um diesen, der wiederholt im Grundsatzstreit zwischen Kaiser und Papst vermittelte, am Beispiel der Ereignisse in Marburg das Ausmaß der kaiserlichen Frömmigkeit vor Augen zu führen. Friedrich schrieb, es habe sich an jenem Tag sogar ein weiteres Wunder ereignet: Jemandem, der zehn Jahre lang lahm gewesen sei, habe „bei der in unserer Gegenwart gefeierten Überführung der Heiligen Elisabeth die göttliche Milde die Kräfte der Sehnen und Glieder" wiedergegeben.

Verkörperung eines neuen Baustils:
Die Elisabethkirche ist eine der ersten konsequent gotischen Kirchen östlich des Rheins

Weder die Heiligsprechung Elisabeths noch die feierliche Erhebung ihrer Gebeine waren jedoch allein Ausdruck frommer Verehrung, sondern zugleich auch höchst weltliche Schachzüge in der politischen Szenerie jener Zeit, die geprägt war durch den unüberwindlichen Gegensatz zwischen Kaiser und Papst. Vor diesem Hintergrund hat der 1. Mai 1236 seine besondere Bedeutung. In der Geschichte der Stadt Marburg war und ist dieser Tag – wenn wir die historischen Berichte richtig interpretieren – zweifellos der glanzvollste.

Nachwirkungen

Wurde Elisabeth von Thüringen in vielen Ländern Europas und darüber hinaus bis heute wegen ihrer beispielhaften sozialen Tätigkeit und Frömmigkeit als Heilige zur Patronin unzähliger Kirchen und Institutionen gewählt, so diente auch die Architektur ihrer Kirche in Marburg bis in die Gegenwart als Vorbild für zahlreiche Kirchenbauten. Mittelalterliche Beispiele dafür stehen u.a. in Wetter und Frankenberg (13./14. Jhd.). Aus dem 19. Jhd.: Aberdeen (1844), Stuttgart (1879), Eisenach (1888) und Straßburg (1889). Jüngstes Beispiel (2002) ist die
„St. Martin's Episcopal Church" in Houston/Texas.

Porträt des Landgrafen als junger Mann.

Philipp der Großmütige

Landesherr – Universitätsgründer – Frauenheld

von Hermann Ploppa

Es ist gewiss nicht übertrieben, im Falle des hessischen Landgrafen Philipp von einer äußerst schwierigen Kindheit und Jugend zu sprechen.
Düster und vom Verfall gezeichnet, siecht Philipps Vorfahre Wilhelm I. dahin, bis ihn der Kaiser entmündigt. Als Wilhelm III. erbenlos verstirbt, fallen beide hessische Grafschaften an Philipps Vater Wilhelm II. Der wird sogleich von der „Franzosenkrankheit" am Genuss neuer Machtfülle gehindert. Die hessischen Landstände übernehmen die Regentschaft und unterlassen alles, was den Verfall des Grafen aufhalten könnte. Um die Vormundschaft des 1504 geborenen Philipp muss dessen Mutter Anna von Mecklenburg kämpfen, als der alte Graf 1509 stirbt. Philipp wird 1518 von Kaiser Maximilian I. frühzeitig für mündig erklärt und darf mit dreizehn Jahren regieren. Der legendäre Franz von Sickingen legt im selben Jahr Darmstadt in Schutt und Asche. Klein-Philipp bleibt nichts anderes übrig, als mit den Füßen aufzustampfen und zu kieksen: „Wäre ich ein Mann, ich wollt' es ihm schon zeigen!" Franz hat nur ein höhnisches Grinsen

übrig: „Einen Knaben speist man mit einem Apfel ab!"

So wird Philipps Adoleszenz im Marburger Schloss durch einen unermüdlichen Kampf gegen die marodierenden Landstände geprägt. Doch 1524 gelingt es Philipp, Franz von Sickingen zu erledigen, was seinen Ruf als einfallsreicher Militärstratege begründet. Energisch treibt Philipp die Flurbereinigung des Landes voran. Seine Vorfahren hatten aus einem territorialen Flickenteppich durch den Erwerb der Grafschaften Ziegenhain und Katzenelnbogen einen zusammenhängenden Raum gemacht, der von der Weser bis zum Main reichte.

Doch da ist immer noch das Erzbistum Mainz, das die Obergewalt über große Flächen in Hessen hat. Solange der Bischof dem Landgrafen in seine Belange hineinpfuschen kann, ist Philipp nicht wirklich Herr über Hessen.

Da macht Philipp eine interessante Bekanntschaft. Auf dem Weg zu einem Turnier in Heidelberg amüsiert sich der junge Landgraf, wie sich ein durchgeistigtes Männlein nicht sehr überzeugend als Reiter versucht. Generös lädt er ihn auf seine Herberge ein. Die beiden kommen ins Gespräch, und bald hört Philipp dem sanften Intellektuellen fasziniert zu. Der Gelehrte heißt Philipp Melanchthon. Er gehört zum Think Tank von Martin Luther aus Wittenberg, und diese Vordenker beraten Kurfürst Johann von Sachsen, der durch eine sog. Erbverbrüderung besonders eng mit Hessen liiert ist. Ob Melanchthon Philipp nicht auch ein Konzept erstellen könne, theologisch begründet, mit dem man den Erzbischof von Mainz ein für alle mal aus Hessen verjagt? Melanchthon kann mit seinem Gutachten für die Kirchenreform in Hessen weiterhelfen. Die Rolle der Geistlichen als Mittler göttlicher Wohltaten wird auf ein Minimum reduziert. Der Landgraf soll selbst die Verwaltung der abgespeckten Kirchenorganisation übernehmen. Kein Platz mehr für dicke Bischöfe. Doch zunächst muss Philipp die sogenannten Bauernaufstände niederringen. Neben unzufriedenen Landwirten sind auch Stadtbürger und deklassierte Ritter unter den Revoltierenden. Philipp versucht zunächst, in einer Landesversammlung in Alsfeld 1526, auf dem Verhandlungsweg zu schlichten. Gleich darauf legt er das abtrünnige Hersfeld in Schutt und Asche. Dann treibt er einen revoltierenden Haufe hinter die Mauern von Fulda, gelangt in die Stadt und kesselt die Besiegten in einer Grube ein. Nach drei Tagen Hunger und Durst lässt er die Gedemütigten abziehen. Durch diese verhältnismäßig milde Abstrafung und durch Beamte, die die Beschwerden der Aufständischen protokollieren und überprüfen, kann Philipp die sozialen Spannungen entschärfen.

Jetzt wird Hessen flächendeckend inventarisiert, vermessen und geschätzt. Die Enteignung der

Der „Philippstein" nimmt Bezug auf die Umwandlung des Klosters Haina in ein Hospital. Das Original der Stiftungstafel befindet sich in der dortigen Klosterkirche, eine Reproduktion im Marburger Schlosshof

Kirchengüter findet allgemeine Zustimmung, da die Weltgeistlichen und ihre klösterlichen Brüder wegen ihres liederlichen Lebenswandels und ihrer miserablen Qualifikationen jeden Kredit in der Bevölkerung verspielt haben. Die Klöster in Hessen werden umfunktioniert in Spitäler, Heilanstalten und Bildungseinrichtungen.

Die neue zentralisierte Verwaltung und die Führung der kirchlichen Einrichtungen erfordert die Rekrutierung einer enormen Menge Personals. Seit 1500 befand sich in Marburg bereits der höchste Hessische Gerichtshof. 1527 wird ihm die erste hessische Universität hinzugesellt.

Das Marburger Religionsgespräch

1529 ist Marburg Gastgeber für ein Gipfeltreffen der beiden profiliertesten Protestantenführer der Zeit: Martin Luther und Huldrych Zwingli. Stifter der einzi-

*Philipp empfängt Luther und Zwingli.
Wandgemälde von Peter Janssen in der Alten Aula.*

gen persönlichen Begegnung der Religionsführer ist Landgraf Philipp der Großmütige von Hessen. Philipp verfolgt politische Interessen: der zweite Reichstag von Speyer bringt ein Verbot der Luther- und Zwingli-Lehren durch Kaiser Karl V. Daraufhin schließen sich die protestantisch gesinnten Fürstentümer und Städte zusammen. Da fehlt nur noch der religiöse Zusammenschluss der Zwingli-Partei mit der Luther-Fraktion.
Schnell wird bei den Gesprächen vom 1. bis zum 3. Oktober deutlich, dass Zwinglianer und Lutheraner in der Frage des Abendmahls nicht einig werden können. Für Zwingli sind in Brot und Wein Leib und Blut Jesu Christi lediglich repräsentiert, während Luther darauf besteht, Christus sei beim Abendmahl real präsent. Immer wieder werden Kompromissformeln in letzter Minute aufgegeben. Bereits den Zeitgenossen waren die Motive für die leichtfertig vertane Einigungschance unbegreiflich angesichts der äußeren Bedrohung der Protestanten. Experten vermuten, Melanchthon habe den Kompromiss

Gedenktafel an Luthers Marburger Obdach in der Barfüßerstraße

verhindert, um einer eventuellen separaten Einigung mit dem Kaiser nicht den Weg zu verbauen.

Finanziert wird die zweite protestantische Universität Deutschlands durch die konfiszierten Klostergüter. Da der Adel alleine den Bedarf an Führungskräften nicht decken kann, führt Philipp landesweit Schulen für Bedürftige ein. Die auf diese Weise herangezogenen Studenten erhalten Stipendien. Die kaiserliche Anerkennung bekommt die protestantische Lehranstalt allerdings erst 1541.
Solche eindrucksvollen Leistungen innerhalb seines Landes ermöglichen es Philipp, entsprechend keck nach außen hin aufzutreten. Die neu befestigte Erbverbrüderung von Hessen und Kurfürstentum Sachsen wird zur Keimzelle der protestantischen Partei, die immer mehr Anhänger findet. Die Gegenseite ist bis zur Agonie geschwächt: der Papst muss gerade vor marodierenden Söldnern flüchten, und Kaiser Karl V. ist mal wieder pleite; verliert zudem in Mohacs eine entscheidende Schlacht gegen die türkischen Truppen, und darf sich mit König Franz I. von Frankreich herumärgern. Philipp dagegen kontaktiert als Global Player Frankreich, Dänemark und Ungarn.
Als sich beim Augsburger Reichstag 1530 Protestanten und Katholiken auf keinen Kompromiss einigen können, ruft Philipp dem obersten Monarchen zu: „Kaiserlicher Majestät Gewissen ist kein Herr und Meister über unser Gewissen!" und verlässt türknallend die Versammlung. Diese Frechheit hatte sich gegen Ihro Majestät noch kein Sterblicher herausgenommen!
Das war das Präludium zur militärischen Mobilisierung, in der nunmehr Reformierungswillige und Altgläubige als endgültig gespaltene Konfessionen des Protestantismus und Katholizismus mit Wucht aufeinanderprallen. Die Protestanten sind im Schmalkaldischen Bund organisiert. Nach dem Sieg in der Schlacht von Laufen kann Philipp seinen Busenfreund Graf Ulrich in Württemberg erneut als Herrscher installieren. Allein durch diese Aktion hat Philipp sich den Beinamen „der Großmütige" erworben, nicht etwa durch seine Sozialpolitik: es erschien seinen Zeitgenossen ganz ungewöhnlich, dass ein Landesfürst einem anderen, entmachteten Landesfürsten wieder zu seinem Herrscheramt verhilft, ohne sich diese Wiedereinsetzung angemessen finanziell entgel-

ten zu lassen. Philipp genügte es, dass jetzt Deutschlands Südwesten dem protestantischen Block zugeschlagen worden war.

Jedoch: Wie bei so vielen anderen überaus erfolgreichen Politikern vollzieht sich auch bei unserem Philipp der tiefe Fall durch eine – Sexaffäre!

Philipp war seit 1523 mit Christine von Sachsen verheiratet. Heftig jammert er über seine sexuellen Frustrationen. Litt Philipp an sexueller Unersättlichkeit? Er hatte sich schon seit vielen Jahren vom Abendmahl ferngehalten, da er sich selber als „unwürdig" einstufte. Untragbar wurde seine Situation allerdings, als er die jüngere Margarete von der Saale in einer Zweitehe heiratete. Die Wittenberger maßschneidern ihm mit viel Bauchgrimmen ein Rechtfertigungsgutachten.

Philipp als Bühnenheld des Hessischen Landestheaters:
Thomas Streibig in Daniel Twardowskis Stück „Der zweyweibige Landgraf"

Das nützt ihm im Gesamtreich herzlich wenig. Als Bigamist verfällt er automatisch dem sogenannten „Halsgericht". Das wäre eine rein theoretische Gefahr geblieben, wenn sich nicht mittlerweile die Waage erheblich zugunsten der Katholiken geneigt hätte. Karl V. machte seinen Frieden mit Frankreich und England, bändigte zudem die Türken und die Seeräuber im Mittelmeer, und eine starke Katholische Liga stand an seiner Seite. In der Schlacht bei Mühlberg 1547 erleiden die Protestanten eine vernichtende Niederlage.

In Halle kann sich Kaiser Karl daran weiden, wie Philipp vor den hämischen Blicken der versammelten Fürstenschaft vor ihm niederkniet und um Gnade bittet. Dennoch muss er bis 1552 in kaiserlichem Hausarrest im flämischen Mecheln verbleiben, bis wiederum die Waage sich zur protestantischen Seite hinüberneigt.

Philipp, vorzeitig gealtert, ist ein gestutzter Adler: seine stolzen Festungen sind vom Kaiser geschleift; sein Ruf als moralische Autorität ist durch die Zweitehe ruiniert. Seine Geheimkontakte zum Kaiser vor der Mühlberg-Schlacht machen ihn als Vertrauensperson untragbar. So verbringt er sein Restleben ohne größere politische Heldentaten. 1567 stirbt Landgraf Philipp der Großmütige in Kassel. Nach seinem Tod wird sein Lebenswerk, das vereinigte und zentralisierte Hessen, aufgeteilt.

Das Landgrafenschloss – Sinnbild der historisch-politischen Bedeutung der Stadt

Krone der Stadt
Das Schloss

von Gerd Strickhausen

Die Bedeutung Marburgs in Geschichte und Gegenwart manifestiert sich in drei Bauwerken: der Elisabethkirche, der Alten Universität und dem die Stadt überragenden Schloss. Die vom Deutschen Orden ab 1235 erbaute Elisabethkirche steht für das Wirken und Nachwirken der Hl. Elisabeth, das Marburg im 13. Jahrhundert eine herausragende Bedeutung gab. Die Alte Universität steht für die 1527 von Landgraf Philipp dem Großmütigen gegründete erste protestantische Universität, die das Leben der Stadt bis heute maßgeblich bestimmt. Das Schloss steht für die historisch-politische Bedeutung Marburgs und für das geschichtliche Werden Hessens.

Das Marburger Schloss wurde von seinen Besitzern – erst den Landgrafen von Thüringen, dann den Landgrafen von Hessen – wiederholt erweitert und den steigenden Ansprüchen an Repräsentation, Wohnkomfort und Verteidigungsfähigkeit angepasst. So entsprechen die wichtigsten Bauphasen des Schlosses wichtigen Abschnitten der hessischen Geschichte. Das Schloss liegt auf dem Ende eines steilen Bergsporns, der von Westen ins Lahntal vorspringt. Mehrere Furten unterhalb der Burg verbanden zwei westlich und östlich der Lahn verlaufende Stränge der vom Oberrheingebiet nach Niedersachsen führenden Weinstraße (= Wagenstraße).

Das Schloss war der Ausgangspunkt für die Entwicklung Marburgs. Unter dem Westflügel wurden Reste eines ca. 16 x 9,5 m großen Gebäudes aus der Zeit um 1000 ausgegraben, deren Erbauer unbekannt sind. Damit gehört das Marburger Schloss zu den frühesten Höhenburgen in Deutschland.

Das Schloss gehört zu den frühesten Höhenburgen Deutschlands

Durch Heiraten konnten die Landgrafen von Thüringen 1122/37 in Nieder- und Oberhessen Fuß fassen und diese Gegenden mit Thüringen verbinden. Gleichzeitig wurden sie zu Rivalen der Mainzer Erzbischöfe, da beide Seiten versuchten, in Hessen und Thüringen ihre Herrschaft auszubauen. Seitdem war der Konflikt mit den Erzbischöfen ein bestimmendes Moment für die Politik der Landgrafen, bis sie im 15. Jahrhundert die Auseinandersetzungen endgültig für sich entscheiden konnten. Das erstmals schriftlich 1138/39 genannte Marburg wurde in Konkurrenz zur mainzischen Amöneburg als Herrschaftsmittelpunkt für die ludowingischen Besitzungen an der Lahn ausgebaut. Für die Burg bedeutete dies fast einen Neubau. Man brach um 1140 das recht-

Einmaliges Architekturmotiv: die der Stadt zugewandte, konkav geschwungene Mauer des Zwingers

Zehntausende Besucher zieht es jährlich auf den ehemaligen Landgrafensitz

Im Museum dokumentieren Modelle die verschiedenen Bauphasen

Nach dem Aussterben der Thüringer Landgrafen 1247 kam es zu einem fast zwanzigjährigen Erbfolgestreit, an dessen Ende Hessen und Thüringen wieder getrennt wurden. In Hessen konnte Sophie, Tochter Landgraf Ludwigs IV. und der Hl. Elisabeth sowie verwitwete Herzogin von Brabant, das Erbe der Thüringer für ihren noch unmündigen Sohn Heinrich sichern. Dieser Erfolg ist die historische Grundlage des heutigen Landes Hessen.

Im letzten Viertel des 13. Jahrhunderts baute Landgraf Heinrich I. das Schloss zu einem repräsentativen Fürstensitz um. Die bedeutendsten Baumaßnahmen bildeten die beim Tor der Kernburg gelegene Kapelle und der diagonal gegenüber an der Nordwestecke errichtete große Saalbau.

Die Kapelle wurde 1288 der Hl. Katharina und dem Hl. Georg geweiht. Die Schmuckformen der Kapelle sind mit denen der Westteile der 1283 geweihten Elisabethkirche verwandt, während die Gesamtform von französischen Schlosskapellen, wie der Ste. Chapelle in Paris, abhängig sein dürfte. Der Kern des großen Saalbaus von ca. 1296 ist der Fürstensaal, der das gesamte

eckige Gebäude teilweise ab und baute es zu einem Turm (9,5 x 9,5 m) um, dessen westliche Hälfte noch bis zu 8 m hoch erhalten ist. Die Burg erhielt eine Ringmauer, die vor dem Turm mit einer gerundeten Spitze zur Angriffsseite nach Westen vorstieß. An der Ringmauer standen einige Gebäude. Das frühere Burgtor lag wenige Meter südöstlich des heutigen Zuganges. Um 1180/90 bezog man die Burg in den Verlauf der Stadtbefestigung ein. In der ersten Hälfte des 13. Jahrhunderts ist auf der Burg Bautätigkeit besonders im Leutehaus und unter dem späteren Wilhelmsbau nachgewiesen.

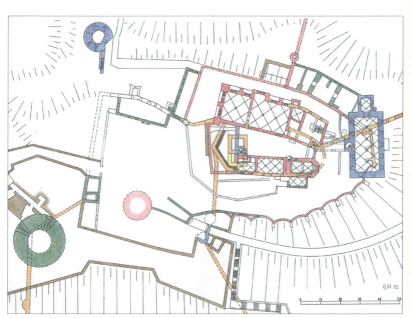

Der Grundriss des Schlosses zeigt den Ausbau der Anlage

Legende:

gelb: um 1000

orange: 1137-1247

rot: 1250-1308

blau: 1471-1500

grün: 1520-1610

braun: 1621-1740

erste Obergeschoss einnimmt. Er war über eine Treppe vom Schlosshof zu erreichen. Der Saalbau ist das bedeutendste Bauwerk der hessischen Landgrafen im Mittelalter und einer der herausragendsten Profanbauten des Spätmittelalters in Deutschland. Landgraf Heinrich I. wurde zwar aufgrund seiner Abstammung als Reichsfürst behandelt, war aber nicht Angehöriger des prestigeträchtigen Reichsfürstenstandes. In diesen wurde er erst 1292 von König Adolf von Nassau erhoben. Heinrich baute das Marburger Schloss so aufwendig aus, dass es einem Reichsfürsten als Sitz angemessen war.

Das Belagerungswesen war im Hochmittelalter nur sehr unzulänglich ausgebildet und entwickelte sich auch nur langsam. Natürliche Schutzlage, in Verbindung mit Palisade oder Ringmauer und vorgelegtem Graben genügten lange Zeit. Seit dem ausgehenden 13. Jahrhundert suchte man mit einfachen Zwingern (vorgelegten Mauerringen), den Gegner auf Distanz zu halten. Mit einem derartigen, hochmodernen Zwinger ließ Landgraf Heinrich sein Fürstenschloss umgeben. Die zur Stadt gewandte, in scharfen Knicken konkav geschwungene Mauer stellt das Schloss gleichsam auf einen Sockel und ist ein wohl einmaliges Architekturmotiv. Formal besteht eine Verbindung zu den dreieckigen Strebepfeilern der Kapelle. An der Angriffsseite des Schlosses im Westen wurden das Vorgelände planiert und eine Vorburg angelegt. Hier stand ein großer Rundturm. Im Norden unterhalb des Schlosses entstand zu dessen wirtschaftlicher Versorgung der befestigte Renthof.

Ansicht von Süden, 1875

Nordansicht mit ehemaligen Renthofgebäuden, um 1860

Info

Chronik

- um 1000 – ältester Bau des Marburger Schlosses
- 1122/37 – Marburg gelangt an die Landgrafen von Thüringen
- 1138/39 – Ersterwähnung Marburgs
- 1247 - 1263 – hessisch-thüringischer Erbfolgestreit, Hessen wird eigenständige Landgrafschaft
- ca. 1277 - 1308 – Ausbau des Schlosses zu einem Fürstensitz durch Landgraf Heinrich I. von Hessen
- 1288 – Weihe der Schlosskapelle
- 1292 – Erhebung Landgraf Heinrich I. in den Reichsfürstenstand
- 1458 - 1500 – Residenz der Landgrafen Heinrich III. und Wilhelm III.
- 1493 - 1497 – Errichtung des Wilhelmsbaus
- 1529 – Religionsgespräch
- 1567 - 1604 – Residenz Landgraf Ludwigs IV.
- ca. 1700 - 1740 – Bau der Festung
- 1770 - 1786, 1807 – Schleifung und Zerstörung der Festung
- 1869 - 1938 – Staatsarchiv
- 1946 – gelangt das Schloss in den Besitz der Philipps-Universität

Ansicht von Südwesten, vor 1880

Nach dem Tod Heinrichs I. wurde Kassel der Hauptsitz seiner Nachfolger. Die nächste für das Schloss wichtige Zeit war das 15. Jahrhundert. 1458 wurde die Landgrafschaft geteilt, und bis 1500 war Marburg Residenz der Landgrafen Heinrich III. und Wilhelm III. Heinrich III. hatte die Gräfin Anna von Katzenelnbogen geheiratet, die nach dem Tod ihres Vaters die Grafschaft erbte. Dadurch reichte die Landgrafschaft nun bis an den Rhein. Für die chronisch finanzschwachen Landgrafen war dies mehr als nur der größte territoriale Zuwachs im Mittelalter. Durch die Rheinzölle waren die Katzenelnbogen reich geworden, und dieser Reichtum floss nun den Landgrafen zu. Seit 1471 wurde das Schloss zeitgemäß

Die Schlosskapelle wurde 1288 geweiht und übernimmt Schmuckformen der Elisabethkirche

Im Fürstensaal finden heute Konzerte und Theateraufführungen statt

Die Festung

Als geeignete Architektur für den Geschützkampf setzte sich in Europa seit Ende des 16. Jahrhunderts das moderne, aus Italien stammende Bastionärsystem durch. Hierbei handelte es sich um fünfeckige Bastionen, die auf den Ecken einer polygonalen Mauer über deren Außenflucht vorragten, wobei zur Vermeidung toter Winkel alle Mauerfluchten so geführt waren, dass man an ihnen entlangschießen konnte.

Kasemattenführungen werden von April bis Oktober angeboten

Eingang zu den unterirdischen Geschützständen (Kasematten)

Im Dreißigjährigen Krieg wurde das Schloss nach Plänen Wilhelm Dilichs, Architekt und Geograph Landgraf Moritz des Gelehrten, von 1621 an befestigt. Der Halsgraben wurde vertieft und erhielt unterirdische Geschützstände (Kasematten). Westlich davon entstand bald nach 1632 eine V-förmige Befestigung (Ravelin) von 6 m Höhe mit einem vorgelagerten 15 m breiten Graben. Auf dem Ravelin konnte man Artillerie in Stellung bringen und das Gelände des Schlossparks beschießen. Die westliche Spitze des Schlossparkgeländes wurde mit Schanzen, die Flanken mit Wällen und Gräben befestigt. Dennoch war das Schloss am Ende des Dreißigjährigen Krieges z.T. schwer beschädigt.

Es hatte sich gezeigt, dass vor allem das Gelände des Schlossparks unbedingt vollständig befestigt werden musste, damit sich Angreifer hier nicht festsetzen konnten. Von ca. 1700 bis 1740 wurden die Befestigungen im großen Stil ausgebaut. Nord- und Südseite des Schlosses erhielten nun Bastionen (u.a. heute Bückingsgarten). Vor allem aber wurden alle drei Seiten des Schlossparkgeländes befestigt. Aus Kostengründen verwendete man dabei die älteren Befestigungen weiter. Das Schloss und seine Verteidigungsanlagen hatten nun mit 700 x 200 m ihre größte Ausdehnung erreicht. Die Festung Marburg war wegen der umliegenden Berge, von denen sie beschossen werden konnte, und wegen der ungenügenden Wasserversorgung schlecht zu verteidigen, und im Siebenjährigen Krieg wechselte sie mehrfach den Besitzer. Daher wurde zwischen 1770 und 1786 ein Großteil der Befestigungen beseitigt. Was übrigblieb, ließ Napoleon 1807 bis auf wenige Bauteile sprengen. Seit 1977 werden Teile des Festung wieder freigelegt und baulich gesichert.

Biergarten auf der Bastion: Der Bückingsgarten

Der 1478 errichtete Weiße Turm (li.) – heute Hexenturm – war ein Geschützturm mit 14 m Durchmesser und 4 m starken Mauern

Tipp

Auswahlliteratur

Karl Justi: Das Marburger Schloß. Baugeschichte einer deutschen Burg (Veröffentlichung der historischen Kommission für Hessen und Waldeck 21), Marburg 1942

Elmar Brohl: Die Festung Marburg. In: Jahrbuch 1988 der Marburger Geographischen Gesellschaft, Marburg 1989, S. 73-84

Gerd Strickhausen: Burgen der Ludowinger in Thüringen, Hessen und dem Rheinland. Studien zu Architektur und Landesherrschaft im Hochmittelalter (Quellen und Forschungen zur hessischen Geschichte 109, hg. v. der Hessischen Historischen Kommission Darmstadt und der Historischen Kommission für Hessen), Darmstadt/Marburg 1998

G. Ulrich Großmann: Der Saalbau im Marburger Schloss. In: Forschungen zu Burgen und Schlössern 7, München Berlin 2002, S. 241-254

Ausgrabungen aus der Zeit um 1000

Kasemattenführungen:
Kostenlose Führungen durch die Festungsanlagen über und unter der Erde finden von Anfang April bis Ende Oktober jeweils samstags um 15.15 Uhr statt. Treffpunkt ist die Bushaltestelle beim Schloss. Außerhalb dieser Zeit können Führungen vereinbart werden unter der Telefonnummer 0 64 21 / 20 12 96.

Landgrafenschloss und Museum für Kulturgeschichte:
Geöffnet: April-Oktober 10-18 Uhr, November-März 11-17 Uhr, montags geschlossen, außer Montag ist ein gesetzlicher Feiertag, dann ist dienstags geschlossen.

Museum für Kulturgeschichte im Wilhelmsbau:
1. Geschoss: Vor- und Frühgeschichte in Mittelhessen
2. Geschoss: Religiöse Kunst aus Hessen
3. Geschoss: Saal der fürstlichen Landesherren
4. Geschoss: Bürgerlich-städtisches Wohnen
5. Geschoss: Ländliche Schreinerarbeiten, Hessische Trachten

umgebaut, wobei bis auf Saalbau und Kapelle alle Schlossbauten z.T. erhebliche Umgestaltungen und Erweiterungen erfuhren. Gebaut wurde besonders am Südflügel und vor allem am Westflügel, den Landgräfin Anna seit 1486 zum Frauenbau vergrößerte. Wichtigste Baumaßnahme war östlich des Kernschlosses die Errichtung des gewaltigen Wilhelmsbaus von 1493-97.

Als seit der Zeit um 1400 mit den neuen Pulvergeschützen Angreifern erstmals mauerbrechende Distanzwaffen zur Verfügung standen, mussten die Verteidiger mit geeigneten baulichen Gegenmaßnahmen reagieren. Anfangs baute man sog. Rondelle – große runde Türme, in denen die eigene Artillerie geschützt aufgestellt werden konnte. 1478 ließ Landgraf Heinrich III. an der Nordwestecke des Schlosses den Weißen Turm, den heute sog. Hexenturm, errichten, einen runden Geschützturm mit 14 m Durchmesser und 4 m starken Mauern. Die Südwestecke wurde unter Landgraf Philipp ab 1521 mit einem weiteren größeren Geschützturm (24 m Durchmesser, 8 m Mauerstärke) verstärkt. Die Rondelle waren aber bald veraltet. Schon ab 1550 diente der Hexenturm als Gefängnis, und das Rondell Philipps wurde seit 1592 bis auf geringe Reste abgebrochen.

Von 1567 bis 1604 war das Schloss Residenz Landgraf Ludwigs IV. Der ständig steigende Verwaltungsaufwand erforderte Neubauten: die Rentkammer an der Südseite des Kapellenunterbaus (1572) und die Kanzlei unterhalb des Schlosses (1573-76). Weiterhin entstanden Wirtschaftsbauten am Nordzwinger (im 19. Jh. abgebrochen, heute Nordterrasse) und in der Vorburg Schmiede und Marstall (das Portal am Marstall wurde 1898 vom Haus Steinweg 4 hierher versetzt).

Nach 1604 wurde Kassel Residenz. Im 17. und 18. Jahrhundert war in Marburg nur noch die Festung wichtig, und das Schloss geriet teilweise in Verfall. 1809 wurde es Gefängnis – der Tiefpunkt seiner Geschichte. Als Marburg 1866 an Preußen

inerne Dominanten im Stadtbild: Elisabethkirche und Schloss

kam, brach auch für das Schloss eine neue Zeit an. Seit 1869 wurde es zum Staatsarchiv umgebaut. Dafür wurden außer Saalbau und Kapelle fast alle Schlossbauten entkernt sowie die hölzernen Dachwerke entfernt und durch Eisenkonstruktionen ersetzt. Das Staatsarchiv wurde 1938 in einen Neubau im Südviertel verlegt. 1946 kam das Schloss an die Philipps-Universität, und seit 1976 wurden die Schlossbauten für die Nutzung durch die Universität erneut umgebaut.

Das Marburger Schloss bietet von frühesten Anfängen über Landgrafenburg, Fürstenresidenz und Festung bis zu Restaurierungen und aktueller Nutzung eine derart facettenreiche Geschichte, wie sie kaum eine andere Burg in Deutschland aufzuweisen hat.

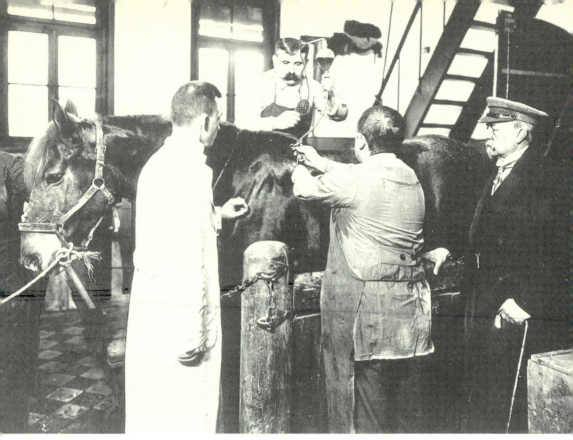

Firmengründer Emil v. Behring (re.) überwacht 1915 die Immunisierung eines Pferdes

Ungeliebt und hoch geehrt

Emil von Behring – Nobelpreisträger, Politiker, Unternehmensgründer

von Franz-Josef Hanke

Das Anwesen an der Wannkopfstraße wirkt verfallen. Ein paar hölzerne Kaninchenställe und Schuppen stehen am Waldrand. Das Gebäude im „Landhaus-Stil" ist in keinem besseren Zustand. Ein Schild verkündet, dass hier 18 neue Wohnungen entstehen sollen.
In dem Haus, das diesen Wohnungen weichen soll, hat der Nobelpreisträger Emil von Behring die Herstellung von Impfstoffen zur industriellen Serienreife entwickelt. Für die Entdeckung der spezifischen Antikörper gegen Tetanus und Diphterie erhielt der Arzt und Immunologe im Jahr 1901 den Nobelpreis für Medizin. Am 10. Dezember 1901, dem fünften Todestag des schwedischen Industriellen Alfred Nobel, wurde die Auszeichnung zum ersten Mal vergeben. Wilhelm Röntgen erhielt den Nobelpreis für Physik. Er und Behring waren damals die einzigen deutschen Preisträger.
Behrings Entdeckung und ihre massenhafte Anwendung retteten im 1. Weltkrieg Tausenden auf beiden Seiten das Leben. Doch keine Tafel am

Haus in der Wannkopfstraße weist Besucherinnen und Besucher auf die Bedeutung des Gebäudes hin. Die zuständigen Behörden haben sogar einem Abriss des Behring-Laboratoriums zugestimmt. Erst breite Proteste aus der Bevölkerung bewegten die Verantwortlichen noch einmal zum Nachdenken.

Emil Behring wurde 1854 als Sohn eines Schusters im westpreußischen Hansdorf geboren. Am Hygiene-Institut von Robert Koch in Berlin forschte er gemeinsam mit Erich Wernicke an Antikörpern gegen Diphterie. Seine Zeitgenossen hielten das Impfen für eine gefährliche Methode, da man ihrer Ansicht nach mit Krankheitserregern keine Krankheiten bekämpfen könnte. „Bei Robert Koch ist jetzt ein ganz merkwürdiger Kerl, ein Stabsarzt", schrieb ein Institutskollege damals. „Er will bei Infektionskrankheiten den Organismus innerlich desinfizieren und macht alle möglichen und unmöglichen Versuche. Er ist erfüllt von einer unheimlichen Arbeitswut und dabei von geradezu pedantischer Genauigkeit. Niemand im Institut kann sich seinem Einfluß entziehen. Wir erwarten Außerordentliches von ihm."

Diese Erwartung erfüllte der junge Wissenschaftler schon sehr bald. Am 4. Dezember 1890 erschien in der Deutschen Medizinischen Wochenschrift der Artikel von Emil Behring und seinem japanischen Forscherkollegen Shibasaburo Kitasato über „Das Zustandekommen der Diphterie- und Tetanusimmunität". Mit dieser Veröffentlichung begann für Behring eine Blitzkarriere. Bereits ein Jahr nach der ersten Erprobung des Diphterie-Heilserums am Menschen wurde Behring 1894 zum Professor berufen. Gegen erbit-

Der Erhalt des historischen Laboratoriums an der Wannkopfstraße ist bedroht

terten Widerstand der ortsansässigen Professorenschaft übernahm der Stabsarzt 1895 auf Anordnung des preußischen Ministerialrats Althoff die Leitung des Marburger Hygiene-Instituts. Geschäftsinteresse war der Grund, warum Behring nach Marburg wollte, das in angemesse-

Der Nobelpreisträger mit seiner Ehefrau Else v. Behring, geb. Spinola

ner Entfernung zu Frankfurt liegt. Dort produzierte die Hoechst AG die von ihm und Paul Ehrlich zur Produktionsreife entwickelten Impfstoffe. In einem Vertrag teilten sich Ehrlich und Behring die Gewinne der Impfstoff-Herstellung mit der Hoechst AG.

Neben wirtschaftlichen Wohlstand traten aber auch ideelle Ehrungen. Nach seinem Ausscheiden aus dem Militärdienst nahm die französische Légion d'honneur Behring auf. 1901 wurde er in den erblichen Adelsstand erhoben. Für seine Impfaktionen gegen Tetanus während des 1. Weltkrieges erhielt er das Eiserne Kreuz. Die Impfstoffe retteten unzählige Leben, verlief der Wundstarrkrampf „Tetanus" doch ohne Impfungen damals meist tödlich. Auch die Diphterie kostete um die Jahrhundertwende noch zahlreiche Menschenleben, besonders häufig von Kindern.

Haupteingang zum Stammwerk von Aventis-Behring in Marbach

Behringwerke zur Frankfurter Hoechst-AG, die nach ihrer Fusion mit Rhone-Poulenc-Rorer in Straßburg unter dem Namen „Aventis" firmiert. Trug die Herstellerfirma von Blutprodukten Ende der 90er des 20. Jahrhunderts vorübergehend den Namen „Centeon", so führt sie heute den in aller Welt bekannten Namen Behrings hinter dem ihrer Konzernmutter.

Behring gegann mit seiner Produktion noch in den Räumen des Marburger Hygiene-Institus am Pilgrimstein. Schon bald errichtete er jedoch das Laboratorium am Wannkopf. Den benachbarten

1904 übernahm Behring selbst die Produktion der Imfstoffe. Er gründete die Behring-Werke, die 1929 in die I.G. Farbenindustrie AG eingegliedert wurden. Nach Ende des 2. Weltkriegs wurde dieser Zusammenschluss aller deutschen Chemiekonzerne durch alliierten Beschluss wegen ihrer Verstrickung in die NS-Kriegs- und Vernichtungsmaschinerie aufgelöst. Seit 1952 gehören die

Als Marburger „Rinderbaron" mit Versuchstieren: Behring im Bild der zeitgenössischen Karikatur

Höhenzug benannte er nach seiner Frau Else „Elsenhöhe". Dort zäunte er große Flächen Weideland ein, auf denen seine Pferde grasten. In diesen züchtete Behring die Antikörper gegen Tetanus und Diphterie heran. Aus dem Pferdeblut wurden dann die Impfstoffe gewonnen.

Eine zeitgenössische Karikatur zeigt den Wissenschaftler als „Zaunkönig" von Marburg, da er große Geländeflächen für die Pferde einzäunte. Eine andere Karikatur verulkt die Impfstoffherstellung durch einen Vergleich mit Deutschlands beliebtestem Getränk: An einem Pferd ist ein Zapfhahn angebracht.

Neben seinem unternehmerischen und wissenschaftlichen Engagement war Behring auch kommunalpolitisch aktiv. Von 1895 an gehörte er bis in die Kriegsjahre hinein dem Marburger Stadtparlament an. Während Paul Ehrlich später über Behrings „Geschäftstüchtigkeit" klagte und sich mit seinem ehemaligen Kompagnon entzweite, befasste sich der Marburger Mediziner – nicht nur in seinen Vorlesungen – mit ethischen und phi-

Die Nachfolger

Anfang 1996 wurden die Behringwerke in verschiedene selbständige Firmen aufgeteilt. Heute sind am Standort Marburg 14 Unternehmen tätig:

Aventis-Behring	Blutprodukte
Chiron-Behring	Impfstoffe
Dade-Behring	Diagnostika
Pharmaserv	Standortdienstleister
Aventis Pharma	Pharmaproduktion
Reiseservice Hoechst	Reisebüro
BKK Hoechst	Betriebskrankenkasse
Provadis	Aus-, Fort- und Weiterbildung
SellWiss	Biotechnologie Consultant
Mochem	Metallorganik
Quidell	Diagnostik-Tochter von Dade-Behring
Aventis-Behring Bio Services	Service-Ableger von Aventis-Behring im Blutplasma-Bereich
MBG Marburger Betriebsgastronomie	10%-Tochter von Pharmaserv
Triaton	Thyssen-Tochter für IT-Dienstleistungen

Produktionskontrolle in einem Labor von Aventis-Behring

Das „Marburg-Virus"

1967 brach in Marburg eine rätselhafte Krankheit aus. Zwölf Menschen starben, bis Wissenschaftler der Philipps-Universität den Erreger der „Marburger Krankheit" isoliert hatten. Er war mit Affen aus Afrika eingeschleppt worden, die den Behringwerken als Versuchstiere dienten.

Dieser – seither unter dem Namen **„Marburg-Virus"** bekannte – Krankheitserreger ist ein Verwandter des **Ebola-Virus** und des **Lassa-Fiebers**.
Er verursacht ein hämorrhagisches Fieber, das ohne intensivmedizinische Behandlung tödlich endet.

Der Erreger wurde deswegen von der US-Army auch als biologische Waffe eingestuft und erforscht. Wichtigstes Zentrum der Forschung am „Marburg-Virus" in Deutschland ist nach wie vor die **Philipps-Universität**.

losophischen Problemen. „Ethik der Medizin" und „Medizingeschichte" gehörten zu seinem wissenschaftlichen Aufgabengebiet.

Nach Behrings Emeritierung im Jahr 1916 folgte ihm Heinrich Bonhoff auf den Lehrstuhl für Hygiene. Emil von Behring starb nur ein Jahr später. Seine Grabstätte, das „Behring-Mausoleum" liegt etwa 500 Meter oberhalb des Behring-Laboratoriums neben den Pferdeweiden am Waldrand. Mit der Einrichtung der „Emil-von-Behring-Bibliothek für Ethik und Geschichte der Medizin" am 5. April 2001 hat die Philipps-Universität einen ersten Schritt zur Würdigung dieses herausragenden Wissenschaftlers unternommen. Die Sammlung in den Räumen des Anatomischen Instituts in der Robert-Koch-Straße enthält neben Behrings Briefen auch dessen wissenschaftliche Bibliothek sowie Bücher aus dem Bestand des Anatomischen Instituts.

Langfristig möchten Stadt, Universität und die Firma Aventis-Behring als Nachfolgerin der Behringwerke in Marburg ein Behring-Museum einrichten. Vielleicht findet es ja derseinst seinen Platz im historischen Behring-Laboratorium.

Das „Behring-Mausoleum" — erbaut nach dem Vorbild von Theoderich dem Großen

Blindheit oder eine
massive Sehverschlechterung können in jedem Alter auftreten.
Informationen, Rat und Hilfe bekommen Sie bei der

Deutsche Blindenstudienanstalt e.V.
Bildungs- und Hilfsmittelzentrum
für Blinde und Sehbehinderte
Am Schlag 8
35037 Marburg
Telefon (0 64 21) 6 06-0
www.blista.de

Spendenkonto:
Commerzbank AG Marburg
Konto-Nr. 39 22 044
BLZ 533 400 24

Der Afföller in den 50ern; das Gaswerk (links unten), Tapeten- und Schraubenfabrik (mitte) und rechts die Trümmergrundstücke in der heutigen Ernst-Giller-Straße

Es geht voran

Die 50er Jahre

von Rainer Kieselbach

Wenn ich in meinen „50er-Erinnerungen" krame, fallen mir sofort einige Dinge ein, die mich als Kind besonders beeindruckt haben müssen. Da sind die Pferdefuhrwerke des Bierverlegers Naumann in der Neuen Kasseler Straße, in der ich aufgewachsen bin.
Oft habe ich mir gewünscht, auch mal neben dem Kutscher auf dem Bock sitzen zu dürfen. Nicht zu vergessen die Kaugummis, die uns die Amerikaner aus ihren Trucks auf der Fahrt zu ihrer Wäscherei im ehemaligen Depot in der Neuen Kasseler Straße oft zuwarfen. Aufregend waren die „waghalsigen" Schlittenfahrten in der Afföllerstraße den kleinen Hang hinunter zum Gaswerk. Wenn man nicht rechtzeitig bremste, hatte man Pech und landete in der grünlich-schimmernden Stinkbrühe eines Grabens vor dem Gaswerk, der selbst im Winter selten zufror. Auch die Fahrten in der Straßenbahn und natürlich im ersten Oberleitungsbus 1951 gehören zu diesen Erinnerungen.

Marburg in den 50ern war wie die Mehrzahl der Städte und Gemeinden in der Republik von Mangel, Improvisation und Aufbau geprägt. Die Einwohnerzahl der Stadt von 39.530 im Jahr 1950 stieg kontinuierlich an. Da Marburg Gott sei Dank von größeren Kriegsschäden verschont geblieben war, zogen zahlreiche Flüchtlinge zu. Wohnungen waren knapp, und noch 1959 waren über 3000 Wohnungssuchende gemeldet. Zum Jahresanfang 1959 zählte die Stadt 43.509 Einwohner. Oberbürgermeister Georg Gaßmann, 1951 gewählt, steht für die Jahre des Aufbaus. Er ist kein Mann großer Worte, dennoch ist es ihm „.... ein inneres Herzensbedürfnis, der Bürgerschaft gerade in diesen Krisenjahren für ihre vaterstädtische Gesinnung zu danken".

Es war in mancherlei Hinsicht noch eng. Zwar war die Benzinbewirtschaftung 1951 weggefallen, aber unzureichende Brennstoffmengen machten nach wie vor eine behördliche Verteilung von Briketts und Kohlen für die Haushalte notwendig. In großen Mengen gab es dafür Kartoffelkäfer. Auf 21.000 Ar erfolgte zum Beispiel 1951 eine Bekämpfungsaktion. Auf den Marburger Straßen

Der Obus, noch mit mächtigen Schiebetüren, in der Elisabethstraße

nahm der motorisierte Verkehr Jahr für Jahr zu. 549 Pkw waren es 1950, bereits 1953 hatte sich die Zahl verdoppelt! Aber meine Pferdefuhrwerke waren noch nicht gänzlich verschwunden. Ich weiß noch, als ein irritierendes Geräusch einmal ein Gespann so verschreckt hatte, dass es vom Kut-

Teerarbeiten im Oktober '52 in der Neuen Kasseler Straße, links die Kastanien in „Eimers Garten"

53

Die Ruine des alten Bahnhofshotels wurde zwar bald abgerissen, der Pavillon des Verkehrsvereins und der Süßwarenstand überdauerten aber noch eine ganze Weile

unsere 10 Pfennig, die wir bei dem Schwarzfahren im Obus gespart hatten, in Wundertüten umsetzten. Von der Häuserzeile gegenüber, die dem Bahnhofsvorplatz im Gegensatz zu heute einmal ein angemessenes Ambiente gab, hatten Bombenschäden nicht viel übrig gelassen. Was stehen geblieben war, wies Kriegsspuren auf. Bis zur jetzigen Bebauung vergingen, teilweise auch wegen Rechtsstreitigkeiten mit den Eigentümern, Jahre.

Gebaut wurde in Marburg an allen Ecken. 1953 wurde mit der Brüder-Grimm-Schule der erste Schulneubau nach dem Krieg bezogen. Die Emil-von-Behring-Schule (1955), die Mädchenberufsschule (Käthe-Kollwitz-Schule), die Elisabethschule und eine Reihe weiterer sollten folgen, die

scher nicht mehr zu halten war und erst in „Eimers Garten" einem von mächtigen Kastanien bestandenen ehemaligen Biergarten gegenüber des Jägertunnels in der neuen Kasseler Straße, zum Halten gebracht werden konnte.

Die Spuren des Krieges waren im Bahnhofsquartier noch über Jahre zu sehen. Auf den Trümmergrundstücken in der Ernst-Giller-Straße kannten wir uns aus, und am Bahnhof gab es lange Jahre eine große Freifläche (ehemaliges Bahnhofshotel) neben dem Pavillon des Verkehrsvereins, auf dem vor Weihnachten Christbäume verkauft wurden und ein von uns geschätzter Süßwarenstand war, bei dem wir

Der Bahnhofsvorplatz: In dem Neubau rechts findet unter anderem das „Café Britz" Platz. Der restliche Komplex der einstigen Bebauung stand noch Jahre

Einweihung des neuen Marktbrunnens 1951

Marburgs Namen als „Stadt der Schulen" begründeten. Oberbürgermeister Gaßmann bezeichnete die grandiosen Aufbauleistungen als ein Zeugnis des unbändigen Lebens- und Aufbauwillens der Marburger. Die freuten sich besonders 1953 über die Eröffnung es neuen Kinos „Rex" in der Schwanallee und die Tatsache, dass die Amerikaner 1954 das „Capitol" in der Biegenstraße wieder freigaben. Kinobesuche zählten zu den erschwinglichen Freizeitvergnügen. Was gezeigt wurde, war sehr oft heile Welt, Herz-Schmerz-Balsam für die Seele. Die Studenten, im Wintersemester 53/54 immerhin schon wieder über 3500, fühlten sich in der Marburger Bürgerschaft fest verankert. Seit 1951, dem Jahr, in dem auch von den Gebrüdern Bopp (Marburger Brauerei) der neue Brunnen am Markt eingeweiht wurde,

---

Gemeinnützige Wohnungsbau GmbH Marburg-Lahn

Marburgs größter Vermieter

Wir verwalten
- 2.600 Mietwohnungen
- 169.000 m² Wohnfläche
- 365.500 m² Grundstücksfläche
- Stellplätze und Garagen
- Gewerbeflächen
- Gemeinschaftseinrichtungen

Wir betreuen
- Wohnungseigentümergemeinschaften
- die Altstadtsanierung als Treuhänder

Wir bieten an
- den Neubau und die Realisierung von Eigenheimen, Eigentumswohnungen und Mietwohnungen für private und öffentliche Auftraggeber

Anschrift
Pilgrimstein 17
35037 Marburg
Postfach 643
35018 Marburg

Telefon: 0 64 21 / 91 11 - 0
Telefax: 0 64 21 / 91 11 - 11
E-Mail: gewobau@gewobau-marburg.de
Internet: www.gewobau-marburg.de

Unsere Geschäftszeiten
Montag, Dienstag, Mittwoch
8.30 - 12.00 Uhr und 14.00 - 16.00 Uhr
Donnerstag
8.30 - 12.00 Uhr und 14.00 - 17.00 Uhr
– oder nach Vereinbarung –

In der Bahnhofstraße: links die Firma Felden, heute Felden, Kaiser & Roth, 1953

Aushubarbeiten für den Neubau der Sparkasse in der Universitätsstraße, 1953

war der Marktfrühschoppen über Jahrzehnte ein Sinnbild feucht-fröhlicher Gemeinsamkeit. Derartiger Frohsinn durfte aber nicht darüber hinwegtäuschen, dass es im Marburger Alltag nach wie vor Mangelverwaltung und Notwendigkeiten wie die Volksküche am Ort der heutigen EAM in der Uferstraße gab, die 1951/52 immerhin 137.179 Essensportionen, davon 2021 „Groschensuppen" ausgab. Die angespannte Wohnungssituation wurde trotz einer großen Zahl von Neubauten im Juli 1953 durch die gesetzlich vorgeschriebene Wohnraumbewirtschaftung auch in Marburg noch verschärft. Für 42.547 Einwohner standen laut Statistik 26.919 bewohnbare Räume zur Verfügung. Eine andere Knappheit an Unterkünften ließ sich etwas rustikal, aber immerhin praktikabel lösen: Zur Erweiterung der Kapazität der Jugendherberge wurde auf dem Gelände eines Schulgartens in der Jahnstraße eine Zeltherberge mit 100 Betten errichtet (der Neubau mit 200 Betten wurde 1956 eingeweiht). Am Krummbogen können die Camper seit 1954 ihre Zelte aufschlagen, sehr zur Freude der Stadt, die dabei auch den Tourismus im Auge hatte. Dem

Vorwort

Der vorliegende Verwaltungsbericht umfaßt einen Zeitabschnitt, in dem die Stadt Marburg in eine der ernstesten Finanzsituationen ihrer Geschichte geriet.

Der Abschluß des Rechnungsjahres 1950 zeigte einen Sollfehlbetrag von über einer ½ Million; er führte im Laufe des Rechnungsjahres 1951 zu erheblichen Zahlungsschwierigkeiten der Stadtkasse. Dazu kam, daß das Rechnungsjahr 1951 einen Sollfehlbetrag von rd. 400 000,-- DM brachte, so daß ein Gesamtfehlbetrag von rd. 1 Million erreicht wurde. Außerdem wies der Haushaltsplan 1952 einen Fehlbedarf von 523 000,-- DM aus. Nur durch einschneidende Sparmaßnahmen, wie Leistung nur der gesetzlich und vertraglich festgelegten Ausgaben unter Verzicht auf alle freiwilligen einmaligen und außerordentlichen Aufwendungen, sowie insbesondere durch die großzügige Hilfe der Hessischen Landesregierung gelang es, die ernste Krise in verhältnismäßig kurzer Zeit zu überwinden. Der im Januar 1953 von der Stadtverordneten-Versammlung beschlossene III. Nachtrag zum Haushaltsplan 1952 brachte den Haushaltsausgleich und schloß die Sanierung der städtischen Finanzen ab. Es konnten in diesem Rechnungsjahre neben den durchgeführten Sanierungsmaßnahmen im ordentlichen Haushalt sogar noch Investitionen von über 2 Millionen DM über den außerordentlichen Haushalt vorgenommen werden. Der erstmalig nach der Währungsreform fristgemäß, d.h. vor Beginn des Rechnungsjahres, der Stadtverordneten-Versammlung im März 1953 zugeleitete Haushaltsplan für das Rechnungsjahr 1953 ist ebenfalls in Einnahme und Ausgabe ausgeglichen und enthält in beschränktem Umfange wieder freiwillige Aufwendungen. Trotzdem bleibt die finanzielle Gesamtsituation unserer Stadt, solange keine ausreichende Wirtschaftskraft und damit Steuerkraft vorhanden bezw. eine ergiebige Steuerquelle über eine Bundesregelung in Ausführung des Artikels 107 des Grundgesetzes nicht erschlossen ist, zum mindesten unerfreulich.

In welcher Weise und in welchem Umfange die schwierigen Aufgaben gemeistert wurden, soll der nachfolgende, infolge des Mangels an den notwendigen finanziellen Mitteln kurz zusammengefaßte Bericht für die beiden Rechnungsjahre 1951 und 1952 mit Vergleichszahlen aus 1950 zeigen.

Für die von der Bürgerschaft gerade in diesen Krisenjahren bewiesene vaterstädtische Gesinnung, für die wertvolle Mitarbeit unserer Mitbürger in der Stadtverordneten-Versammlung, dem Magistrat, den städtischen Ausschüssen und Deputationen sowie für die treue Pflichterfüllung und aufopfernde Tätigkeit der Angehörigen der Stadtverwaltung verbindlichst zu danken, ist mir eine angenehme Pflicht und ein inneres Herzensbedürfnis. Ich hoffe und wünsche, daß sich die vertrauensvolle Zusammenarbeit auch weiter fortsetzen möge zum Wohle unserer geliebten Stadt Marburg.

Marburg a. d. Lahn, den 1. Dezember 1953

Oberbürgermeister

Hoffnungsvolles Dokument aus krisengeschüttelter Zeit: Georg Gaßmanns Vorwort zum Verwaltungsbericht der Stadt Marburg für die Rechnungsjahre 1951 und 1952

Die untere Gutenbergstaße, 1953

Arbeit. Es folgten 50 Arbeitsplätze in der Schraubenfabrik, und im Süden der Stadt bauten die DFG (Fernsprecher) und die Firma Usbeck (Haushaltsgeräte). Dass die Marburger Tapetenfabrik sich später nicht am Ort vergrößern konnte und schließlich nach Kirchhain auswich, war für die Marburger Wirtschaft ein empfindlicher Verlust. Dennoch betrug 1955 die Zahl der in Industriebetrieben Marburgs Beschäftigten 1284, davon 650 in nach dem Krieg neu angesiedelten Firmen!

Es ging allenthalben voran, und am Ende der 50er Jahre freuten sich mit mir am 17. schenkte, ebenso wie der Wirtschaft, auch in den Aufbaujahren die Stadt bereits besonderes Augenmerk. So können die Besucher der Stadt seit 1951 mit dem Schlossbus die landgräfliche Residenz erreichen.

Wenngleich die Universität der Dreh- und Angelpunkt für die städtische Weiterentwicklung bleiben sollte, war es unerlässlich, etwas für die Wirtschaftskraft Marburgs zu tun. Das Ideal möglichst „weißer Industrie" in der Stadt, die, wie Ernst Koch so trefflich formulierte, keine Universität (wie Göttingen) hat, sondern eine ist, den Vorzug zu geben, musste erst einmal hintanstellen; Geld, Steuern brauchte die Stadtkasse von Kämmerer Gaßmann. Geld, das für die weitere Verbesserung der Infrastruktur dringend gebraucht wurde. So entstanden nach und nach neue Betriebe und vorhandene wurden erweitert. In der von Kriegschäden erheblich gezeichneten Tapetenfabrik z.B. wurden 30 neue Arbeitsplätze geschaffen, in der Asbestdrahtfabrik (Monette) ebenfalls. Bei den Behringwerken fanden im Serumvertrieb 120 Menschen neue

In der Liebigstraße, 1953

Mai 1959 44.521 Einwohner auf die Eröffnung des umgebauten Sommerbades.

Im Jahre 2002 sind es fast doppelt so viele, für die das an dieser Stelle errichtete neue AquaMar-Bad zur Verfügung steht.

Es geht weiter voran!

Lassen Sie sich beim
Telefonieren
nicht irgend
einen **Zeittakt**
diktieren!

Wählen Sie einen der günstigen
Classic-Tarife von NewLine.

Einfach kostenfrei
anrufen unter: **0800 - 010 30 00**

Zukunftsperspektive – Neues Wohnen in der alten Stadt

Auf und ab und immer größer

Die Stadtentwicklung

von Gerd Strickhausen

Als die Eigentümer Marburgs, die Landgrafen von Thüringen, um 1140 die Burg weitgehend neu erbauten, gründeten sie unterhalb am Burgberg um den heutigen Schuhmarkt eine befestigte Marktsiedlung mit einer Münzprägestätte und der Kilianskirche. Dies war der Anfang der Stadtentwicklung Marburgs und damals etwas hochmodernes. In der Stauferzeit (1137-1254) wurden die Burgen mit Stadtgründungen kombiniert. Die Gründung einer Stadt bei einer Burg hatte einige handfeste Vorteile. Durch ihre größere Bevölkerungszahl war sie wirtschaftlich stark und konnte nicht nur sich selbst, sondern auch die Burg versorgen. In der Stadt gab es Handwerker und Händler; hier konnte man Markt abhalten, Münzgeld prägen und Steuern erheben. Im Falle einer Belagerung vervielfachte die Stadt die militärische Stärke der Burg. Zeitgemäße Burgenpolitik in der Stauferzeit war daher zugleich auch Städtepolitik. Das damalige Marburg kann mit Burg und Marktsiedlung geradezu als ein – noch etwas einfacher – Prototyp der stauferzeitlichen Burg mit Stadt gelten.

In den Jahren 1180 bis 1190 entfaltete Landgraf Ludwig III. in Hessen eine intensive Städtepolitik. In Marburg wurde die Marktsiedlung nach Westen erweitert, die Kilianskirche erneuert, die Marienkirche gegründet und der heutige Marktplatz angelegt. Dieser verbreitete sich ursprünglich trapezförmig hangaufwärts, erst später wurde er auf seine heutigen Abmessungen verkleinert. In den Verlauf der Stadtbefestigung war nun auch die Burg einbezogen. Hier ist der Anschluss der westlichen Stadtmauer unter dem Westflügel erhalten. Unterhalb der Burg hatten die Burgmannen ihre Sitze in der Rittergasse. Der steigenden Bedeutung Marburgs entsprechend wurde die Stadt 1227 aus der bisherigen Pfarrei Oberweimar herausgelöst und eine eigene Pfarrei an der Marienkirche geschaffen.

1228 kam die Landgrafenwitwe Elisabeth von Eisenach nach Marburg, wo sie im Norden unterhalb der Stadt im Tal der Ketzerbach ein Hospital gründete. Dort pflegte sie Arme und Kranke bis zu ihrem Tod 1231. Danach schenkten die Landgrafen das Hospital dem Deutschen Orden,

Rekonstruktion der Marktsiedlung um 1140

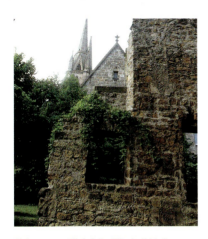

Ruinenromantik bei der Elisabethkirche

Rekonstruktion der ersten Stadterweiterung um 1180/90

der hier einen rechtlich von der Stadt getrennten Sitz einrichtete und nach der Heiligsprechung Elisabeths 1235 mit dem Bau der Elisabethkirche begann.

Im Rahmen ihrer Landespolitik in Hessen ließen die Landgrafen die Stadt 1234/35 erneut nach Westen erweitern. Auf der Südwestecke entstand ein Franziskanerkloster. Die westliche Stadtmauer mit ihren halbrunden Vorlagen, dem Kalbstor und dem jüngeren Bettinaturm ist noch fast vollständig erhalten. Stadtmauerreste befinden sich auch unterhalb des Wilhelmsbaus auf dem Schloss. In der Folgezeit entwickelte sich Marburg stürmisch: Weidenhausen wird erstmals 1235 genannt, die spätere Vorstadt Am Grün 1248, die im Norden der Altstadt gelegene Neu-

Rekonstruktion der Altstadt nach 1300 (hervorgehoben sind noch bestehende oder nachweisbare Gebäude des 13. und 14. Jahrhunderts)

Info

Chronik

- um 1140 Gründung einer Marktsiedlung um die Kilianskirche
- ca. 1180/90 erste Stadterweiterung
- ca. 1234/35 zweite Stadterweiterung, Gründung des Deutschordenshauses
- 1319 Stadtbrand und anschließender Wiederaufbau, die Stadt hat für über 500 Jahre ihre größte Ausdehnung erreicht
- ca. 1277-1604 Marburg ist wiederholt Residenz der Landgrafen von Hessen
- 1527 Gründung der Philipps-Universität
- 1512-1524 Bau des Rathauses
- 1567-1604 Blütezeit der Stadt, zahlreiche Neubauten
- 1604-1866 Kassel ist Residenz, Marburg versinkt in der Bedeutungslosigkeit
- 1866-1914 starkes Wachstum von Stadt und Universität über die mittelalterliche Stadtgrenze hinaus
- ca. 1927 Bautätigkeit zum 400-jährigen Universitätsjubiläum
- 1950-1970 umfangreicher Brücken- und Straßenbau Abbruch vieler alter Häuser, zahlreiche Neubauten
- seit 1970 Altstadtsanierung

Ältester Plan Marburgs von Rudolphi, 1750

stadt 1260. Anstelle der Lahnfurt bei Weidenhausen stand schon 1250 eine steinerne Brücke. Marburg avancierte zu einem der wichtigsten Orte der Landgrafen von Thüringen. Als diese 1247 in männlicher Linie ausstarben, und die Tochter der Hl. Elisabeth, Sophie von Brabant, für ihren noch unmündigen Sohn Heinrich das Erbe der Thüringer in Hessen sicherte, wurde Marburg zum Vorort der neu entstehenden Landgrafschaft Hessen. Bis 1604 war Marburg immer wieder Residenz der Landgrafen. In der Elisabethkirche entstand die landgräfliche Grablege, bis sie in der Reformation in die Lutherische Pfarrkirche verlegt wurde. Als Landgraf Heinrich im letzten Viertel des 13. Jahrhunderts das Schloss zum Fürstensitz ausbaute, ließ er unterhalb im Norden zur wirtschaftlichen Versorgung neben der Neustadt den Renthof anlegen. Er war mit einer eigenen Mauer befestigt, die an die nördliche Zwingermauer des Schlosses anstieß und hier ein Tor hatte.

Anfang des 14. Jahrhunderts hatte die Stadt für viele Jahrhunderte ihre größte

Weidenhausen wird 1235 erstmals genan[nt] Oben thront der Wilhemsturm

Ausdehnung erreicht: in der ersten Stadtrechtsurkunde von 1311 wird der Bereich der Stadt, zugleich die Pfarrei genannt: die (Alt-) Stadt, Neustadt, Weidenhausen, Bulkenstein (Pilgrimstein); eine Urkunde von 1329 nennt zusätzlich „an dem Grinde" (Am Grün). Der 1317 genannte Leckerberg über der Ketzerbach gehörte aber nicht mehr zur Stadt. Ein Stadtbrand von 1319 hat offenbar die älteren Fachwerkbauten vernichtet, aber die Häuser wurden sofort wieder aufgebaut. Erst die Pestwelle von 1347/48 scheint die Entwicklung der Stadt deutlich beeinträchtigt zu haben. Nach dem Franziskanerkloster

von 1234/35 entstanden an der Stelle der heutigen alten Universität das Dominikanerkloster 1291 und das Kugelhaus beim Kalbstor 1476.
Einschneidend für die Entwicklung Marburgs war die Einführung der Reformation durch Landgraf Philipp den Großmütigen 1526. Nur ein Jahr später gründete er die erste protestanische Universität, die bis heute das Leben in der Stadt maßgeblich bestimmt. Die Klöster wurden säkularisiert, und ihr Besitz kam an die Universität. Das 16. Jahrhundert war eine Blütezeit für Marburg. Die Stadt erlebte einen wahren Bauboom, ein erheblicher Teil der Häuser in der Altstadt stammt noch aus dieser Zeit, ebenso wie das Rathaus von 1512-24.

Wasserspiele und Gründerzeitfassaden beim Friedrichplatz im Südviertel

Nach dem Tod Landgraf Ludwigs IV. 1604 fiel Marburg an Hessen-Kassel und verlor seine Rolle als Residenz. Im Dreißigjährigen Krieg wurden nach 1621 zur Befestigung der Stadt vor den Stadtmauer im Tal Schanzen aufgeworfen, die sich bis zum Renthof zogen. Als Landgraf Moritz 1626 aber auf Marburg verzichten musste, beseitigte man in der Folge die Schanzen wieder. In der Schlussphase des Dreißigjährigen Krieges, dem sog. Hessenkrieg, kämpften Hessen-Kassel und Hessen-Darmstadt um den Besitz von Marburg. Am Schluss konnte sich die Kasseler Linie durchsetzen. Die Stadt hatte jedoch unter den Kämpfen gelitten, und das Schloss war z. T. schwer beschädigt. Kassel wurde endgültig Residenz, was zu einem zunehmenden Bedeutungsverlust Marburgs führte, zumal die wirtschaftliche Grundlage der Stadt bescheiden war. Marburg war in seiner Geschichte eben immer nur aus politischen Gründen wichtig. Trotz der Universität war Marburg nun eine eher beschauliche, leicht heruntergekommene Landstadt. Mit der Aufhebung des Deutschen Ordens 1809 kam die Elisabethkirche an den Staat und das Hospital an die Universität.

1852 erhielt Marburg mit einem Bahnhof Anschluss an die neu erbaute Main-Weser-Bahn, und bekam so Zugang zu dem damals modernsten Verkehrsmittel. Zu dieser Zeit begann die Stadt langsam über ihre mittelalterlichen Grenzen hinauszuwachsen, dafür wurden die den Verkehr behindernden Stadttore abgebrochen. Als 1866 Kurhessen und damit auch Marburg von Preußen annektiert wurde, brach für die Stadt eine neue Zeit an. Seit ca. 1870 erweitert sie sich schnell nach Norden und Süden im Lahntal, allerdings – wie damals üblich – ohne vorausschauende Stadtplanung. Obwohl die Wirtschaft einen Aufschwung erfuhr, gelang es nicht, größere Industrieunternehmen anzusiedeln, eine Ausnahme stellen lediglich die Behring-Werke dar. Von 1870 bis 1915 entstand das großzügige Südviertel (Frankfurter Straße, Schwanallee, Universitätsstraße) mit Alleen, Villenbauten und Mietshäusern. 1913 wurde am Rand des Südviertels auf dem im Mittelalter schon so genannten Kämpfrasen die neue Jägerkaserne errichtet. 1872-78 und 1887-91 schuf der Architekt und Universitätsbaumeister Carl Schäfer an der Stelle des ehemaligen Dominikanerklosters die heute sog. Alte Universität in neugotischem Stil. In der Zeit vor dem ersten Weltkrieg wurde das Biegenviertel (Biegenstraße, Deutschhausstraße, Ufer-

Gelungene Synthese oder Stilbruch? Das „Steinerne Haus" und ein Architekten-Neubau

Klassisches Schmähobjekt: Das Appartementhaus „Affenfelsen"

In Marburgs größtem Stadtteil Richtsberg leben 9000 Menschen

straße) mit aufwendigen historisierenden Wohnbauten und Mietskasernen angelegt.

Seit den 1920er Jahren wächst die Stadt stark dezentral im Lahntal und an den umliegenden Hängen. Hier errichteten die Studentenverbindungen zahlreiche aufwendige Häuser. Zum 400-jährigen Jubiläum der Universität entstand eine Reihe qualitätvoller Institutsgebäude im Stil des sog. Heimatschutzes, ausgewogen proportionierte Putzbauten mit hohen Schieferdächern und sparsamem, oft zackenhaftem Dekor, am bedeutendsten ist dabei der leicht neoklassizistische Bau des 1927 eingeweihten Universitätsmuseums in der Biegenstraße, der „Jubiläumsbau". Ähnlich im Stil ist auch das 1938 errichtete Staatsarchiv im Südviertel, der einzige Großbau aus der nationalsozialistischen Zeit in Marburg. Typisch für diese Zeit ist die „Horst-Wessel-Siedlung" am Stadtrand an der Großseelheimer Straße. Im zweiten Weltkrieg erlebte Marburg nur wenige Luftangriffe, insgesamt wurden lediglich sechs Prozent des Baubestandes der Stadt zerstört – sehr wenig im Vergleich mit anderen deutschen Städten.

Noch im Krieg brachte man in Marburg Einwohner aus den zerstörten Städten Kassel und Frankfurt, später Vertriebene aus den Ostgebieten unter. Die Bevölkerung stieg von ca. 28.000 im Jahr 1939 auf über 40.000. In den 1950er Jahren lag der Wohnungsbau aber unter Bundesdurchschnitt, und 1964 war das Marburger Wohnungsdefizit mit über 25% das größte in der Bundesrepublik. Zur Abhilfe entstanden verschiedene Neubaugebiete, allen voran ab 1963 der neue Stadtteil Richtsberg für 9000 Einwohner. Für den zunehmenden Individualverkehr wurden in den 1960er Jahren umfangreiche Straßen- und Brückenbauten errichtet: die Stadtautobahn, Adenauerbrücke, Schumannbrücke, Umbau des Rudolphsplatzes. Die Universität erhielt damals am Krummbogen die Neubauten von Universitätsbibliothek und Philosophischer Fakultät. Diese Zeit war gekennzeichnet durch den Abbruch zahlreicher bedeutender Altbauten zugunsten architektonisch und städtebaulich höchst zweifelhafter Neubauten. 1954 und 1960 wurde der gesamte Baublock westlich des unteren Marktplatzes mit den Erdgeschossen zweier

Tipp

Auswahlliteratur

- Ingeborg Schnack:
  Marburg. Bild einer alten Stadt. ³ 1974

- Ingeborg Leister: Marburg. In: Marburger geographische Schriften 30, ² 1967

- Marburger Geschichte. Rückblick auf die Stadtgeschichte in Einzelbeiträgen. Hg. v. Erhart Dettmering und Rudolf Grenz, Marburg 1980

- Gerd Strickhausen: Zur Entwicklung der Marburger Altstadt im Hochmittelalter. In: Der Marburger Markt – 800 Jahre Geschichte über und unter dem Pflaster

- Festschrift zur Fertigstellung der Neugestaltung des Marburger Marktplatzes (Marburger Stadtschriften zur Geschichte und Kultur 59), Marburg 1997, S. 11-34

- Verschiedene Bände der Reihe Marburger Stadtschriften zur Geschichte und Kultur

romanischer Steinhäuser aus dem späten 12. Jahrhundert abgebrochen für den Sparkassenneubau, 1965 folgten „Bopp's Terrassen" und 1969 die Traubenapotheke in der Reitgasse sowie das Wirtshaus an der Lahn (Schützenpfuhl), um nur einige zu nennen. Noch 1973 brach man am Südrand der Oberstadt das Gymnasium Philippinum samt hochmittelalterlicher Stadtmauer für einen Kaufhausneubau ab. Tiefpunkt der städtebaulichen Entwicklung waren die hochaufragenden Bauten des Appartementhauses am Südviertel „Affenfelsen" und das Postgebäude in der Nähe des Bahnhofs.

1965 abgebrochen: Bopp´s Terrassen (li). Oben die heutige Bebauung

1970 bezeichnete ein Gutachten die Hälfte der Bausubstanz in der Marburger Altstadt als „dringend abrißbedürftig", ein weiteres Viertel nur „mit größtem Aufwand modernisierbar". Wie in anderen Städten auch drohte die Flächensanierung der Altstadt: großflächiger Abriss und Neubau. Es gab Bürgerproteste und bei Kommunalwahlen einen neuen Oberbürgermeister. Die Stadt entschied sich für die Erhaltung der Altstadt durch die mosaikhafte Objektsanierung Gebäude für Gebäude unter größtmöglicher Erhaltung der Bausubstanz und auch der Sozialstruktur. Die Fußgängerzone in der Altstadt wurde geschaffen und sukzessive ausgeweitet. Marburg avancierte schnell zur Modellstadt. Die Gebietsreform 1974 führte zur Eingliederung von Marbach, Wehrda, Cappel und weiteren Orten. Auf der grünen Wiese – so bei Wehrda – entstanden Einkaufszentren. Erst in den 1990er Jahren kam es wieder zu Abbrüchen qualitätvoller Bauten wie dem Luisabad und größeren Neubauten – auch diesmal maßstabslos dimensioniert und von bestenfalls mittelmäßigen architektonischen und städtebaulichen Qualitäten (Softwarecenter, Erlenringcenter, Cineplex, Kunsthalle). Gelungener scheint da schon der Rosenpark.

Aufgrund glücklicher Umstände hat sich ein Großteil des alten Marburg erhalten, was in hohem Maße die Attraktivität der romantischen Altstadt ausmacht.

„Neues Bauen" auf dem Elisabeth-Blochmann-Platz

Umweltschutz lebt vom Mitmachen!

Arbeitsschwerpunkte:
- Umweltbildung
- Naturschutz
- Abfallvermeidung
- Umweltberatung
- Agenda 21
- BUND Kindergruppe
- aktuelle Arbeitskreise

Bund für Umwelt und Naturschutz Deutschland
FREUNDE DER ERDE

Krummbogen 2, 35039 Marburg • Fon: 0 64 21/6 73 63 • Fax 68 37 40 • Mo–Fr von 9–13 Uhr • email: info@bund-marburg.de

Wohngruppe mit blinden und sehbehinderten Schülern der Carl-Strehl-Schule beim gemeinsamen Ess...

Vergessener Vater

Die Deutsche Blindenstudienanstalt und ihre Gründer

von Franz-Josef Hanke

Schon zu seinen Lebzeiten wurde eine Schule nach ihm benannt. Neben Elisabeth von Thüringen und Emil von Behring gehört er zu den drei Marburger Stadtheiligen. In jüngster Zeit fallen jedoch Schatten auf das Wirken von Carl Strehl (1886-1971). Vor allem die Rolle des Mitbegründers der Deutschen Blindenstudienanstalt (BliStA) während der Nazi-Zeit gab Anlass für kritische Rückfragen.

Mit Unterstützung der BliStA und des – ebenfalls von Strehl gegründeten – Deutschen Vereins der Blinden und Sehbehinderten in Studium und Beruf (DVBS) hat Mohammad Reza Malmanesh die Geschichte der Blindeneinrichtung in den Jahren 1933 bis 1945 untersucht. Seine Doktorarbeit aus dem Jahre 2001 brachte – vorher unbekannte – Tatsachen über eine Verstrickung des blinden Pädagogen in nationalsozialistische Strukturen ans Licht. Sie hat auch zu neuerlichem Nachdenken über die Rolle Strehls und die seines Gönners Alfred Bielschowsky (1871-1940) beim Gründungsprozess der BliStA geführt.

Dr. Johannes Jürgen Meister vom BliStA-Trägerverein ergriff im Herbst 2001 die Initiative. Nachdem sich eine Umbenennung der Straße „Am Schlag", wo die BliStA seit April 1926 residiert, als zu schwierig erwies, setzte er sich für die Benennung eines Hauses der Blindenstudienanstalt mit dem Namen Bielschowskys ein. Auf seine Anregung hin gab die BliStA am 11. Januar 2002 einem ihrer wichtigsten Häuser seinen Namen. „Bielschowsky-Haus" steht nun auf einem Schild an der Biegenstraße 22. Dort befindet sich die Frühförderstelle und das „Zentrum zur Rehabilitation Sehgeschädigter" (RES).

Die Rehabilitation Blinder war auch Bielschowskys vordringliches Anliegen. 1871 wurde er in Schlesien als Sohn jüdischer Eltern geboren. Nach dem Medizinstudium in Breslau und Heidelberg promovierte er zunächst in Chirurgie, bevor er eine zweite Dissertation in Ophtalmologie anschloss. Von 1906 bis 1912 war er Oberarzt der Leipziger Augenklinik. 1912 übernahm Prof. Bielschowsky dann die Leitung der Marburger Universitäts-Augenklinik. 1915 richtete der Reserveoffizier dort 36 Betten für Soldaten ein, die im 1. Weltkrieg durch Granatsplitter oder Giftgas erblindet waren. Ihm war schnell klar, das die medizinische Rehabilitation allein nicht ausreichte. So stellte er den blinden Studenten Carl Strehl ein, der die Kriegsblinden in der Brailleschrift unterwies. Bielschowskys Frau richtete in der Wörthstraße – der heutigen Liebigstraße – Unterkünfte für die Rehabilitanten ein.

Carl Strehl wurde 1886 in Berlin geboren. Nach einer Schiffspassage in die USA erlitt er als Chemielaborant in New York einen Arbeitsunfall. Daraufhin kehrte er erblindet nach Deutschland zurück, um in Marburg Philologie und Volkswirtschaft zu studieren. Hier traf Strehl auf Alfred Bielschowsky. Im März 1917 gründeten beide zusammen mit anderen Honoratioren in Berlin den „Verein blinder Akademiker Deutschlands" (VBAD), dessen Ziel die Einrichtung einer Studienanstalt und Bücherei für Blinde war. Sie wurde – so die damalige Begründung – „in einer kleinen, gesunden, günstig gelegenen und nicht zu teuren Stadt" angesiedelt: in Marburg. Bielschowsky übernahm den Vereinsvorsitz, Strehl die Geschäftsführung. Für sein

Seit 2002 besteht das „Bielschowski-Haus" mit Frühförderstelle und einem Reha-Zentrum

Engagement ehrte Reichsmarschall Paul von Hindenburg Bielschowsky mit dem „Eisernen Kreuz der Kriegshilfe". Von Kaiser Wilhelm II. bekam er den Titel „Geheimer Medizinalrat" verliehen.

All das half Bielschowsky wenig, als 1933 die „Nationalsozialistische Deutsche Arbeiter-Partei" (NSDAP) an die Macht kam. Wegen seiner jüdischen Herkunft wurde Bielschowsky als Direktor der Breslauer Augenklinik entlassen, an der er seit 1923 tätig war. In den Vereinigten Staaten von Amerika waren seine wissenschaftlichen und didaktischen Qualitäten hingegen sehr gefragt. Eigens für ihn richtete man 1937 in New Hampshire das Dartmouth-Institut ein, wo er bis zu seinem Tod forschte und lehrte. Noch heute gilt er als die Koryphäe in der Behandlung von Schielerkrankungen. Die zuständige Deutsche Fachgesellschaft trägt seinen Namen. Die Tagungen der internationalen Fachgesellschaft beginnen tradi-

Noch zu seinen Lebzeiten erhielt das Blindengymnasium den Namen Carl Strehls

Wichtige Schritte in die Mobilität

Das RES in der Biegenstraße

tionsgemäß mit einer „Bielschowsky-Lecture". Eine Rehabilitierung in Deutschland hat Alfred Bielschowsky aber nicht mehr erlebt. Er starb am 5. April 1940 in New York.

Schon vor Beginn der allgemeinen „Arisierung" leitete der Verein der blinden Akademiker Deutschlands (VBAD) die systematische Ausgrenzung Bielschowskys aus dem Verein ein, dessen Vorsitzender er damals noch war. Strehl – bis dahin Vereinsgeschäftsführer – übernahm mit dem Anschluss des VBAD an die nationalsozialistische Wohlfahrtsorganisation auch den Vereinsvorsitz. Seine Mitgliedschaft in einer den Nazis kritisch gegenüberstehenden Freimaurerloge kündigte er auf.

Zeugnisse einer direkten Verstrickung Strehls in die NS-Diktatur sind nicht zu finden, wohl aber Anzeichen eilfertiger Anpassung. Inwieweit diese Aktionen notwendig waren oder in der Vorstellung geschahen, damit „Schlimmeres zu verhindern", bleibt Gegenstand von Spekulationen. Immerhin lud Strehl den Bildungsverantwortlichen der NSDAP im Gau Marburg zu einem 20-minütigen Vortrag über die „Ziele der nationalsozialistischen Bewegung" in die BliStA ein und ließ ein Lobgedicht auf den „Führer" in Blindenschrift drucken, was er vermutlich nicht hätte machen müssen. Kein anderes Archiv, so Malmanesh in seiner Dissertation, enthalte so viel Nazi-Literatur wie das AIDOS-Archiv – Archiv und Internationale Dokumentationsstelle für das Blinden- und Sehbehindertenwesen – der BliStA. Noch heute kann man das im Archiv-Katalog feststellen. Auch hier stellt sich die Frage, inwieweit es notwendig war, so viele faschistische Bücher in die Brailleschrift zu übertragen.

Nach Kriegsende äußerte sich Strehl nur zweimal zu seiner Verstrickung: In zwei Briefen an die zuständige Entnazifizierungskammer bezeichnete er sich trotz seiner SS-Mitgliedschaft als „unbelastet", als „liberalen Demokraten", als „Vorkämpfer für Frieden und Völkerverständigung" und sogar als „Antifaschisten". Zunächst stufte ihn die Kammer auf dieses Schreiben hin als „belastet" ein; nachdem er auf diesen Spruch hin aber wortgleich denselben Text noch einmal an die Kammer schickte, stufte sie ihn nunmehr als „unbelastet" ein.

Fortan sprach Strehl nie wieder über die Jahre zwischen 1933 und 1945. Vielmehr hob er seine unbestreitbaren Verdienste für die Blindenbildung in Deutschland und Europa hervor. Ohne ihn gäbe es die BliStA sicherlich ebensowenig wie ohne Bielschowsky. Prof. Carl Strehl, bis 1965 Direktor der Einrichtung, starb am 18. August 1971 im Alter von 85 Jahren. Noch zu seinen

In Marburg leben zehnmal mehr Blinde als in jeder anderen deutscher

Lebzeiten erhielt das Marburger Blindengymnasium den Namen „Carl-Strehl-Schule".

Die BliStA

Schon 1919 entstand mit Gründung eines Archivs zum Blindenwesen die Vorgängerin des heutigen AIDOS. Ein Jahr später wurde eine Blindenschriftdruckerei eingerichtet.

Schon 1931 gab die BliStA den Gesamtkatalog der öffentlichen Blindenleihbibliotheken heraus. Heute vertreibt sie ein Verzeichnis aller in Brailleschrift erhältlichen Bücher und Zeitschriften.

1954 wurde die Deutsche Blinden-Hörbücherei als erste derartige Einrichtung in der Bundesrepublik gegründet. Neben Cassetten und Braille-

Unterricht im Brailleschreiben

Der Körpergröße und Schrittlänge angepasste Langstock

schriftbüchern aus Marburger Produktion bietet die BliStA auch den Individuellen Punktschriftservice (IPS) an und erstellt auf Anforderung zahlreiche ertastbare Medien. Hilfsmittelberatung und -verkauf gehören ebenfalls zu ihrem Angebot.

Bereits 1985 begann die Carl-Strehl-Schule mit dem Einsatz der modernen Computertechnik im Schulunterricht. Im gleichen Jahr wurde auch ein Ausbildungsgang zum Datenverarbeitungskaufmann (DVK) eingerichtet. Heute ist der Computer mit Sprachausgabe, Braillezeile oder Großbildschirm aus dem Arbeitsleben von Blinden und Sehbehinderten kaum mehr wegzudenken.

Ebenso selbstverständlich geworden ist die Mobilität mit dem Langstock. In Deutschland war es die BliStA, die 1974 mit dem systematischen Langstock-Training begann. 1975 wurde das Mobilitätszentrum – das heutige RES – gegründet. Seit 1981 betreibt die BliStA dort auch die

Frühförderung blinder und sehbehinderter Kinder. Die Carl-Strehl-Schule unterstützt auch eine Integration Sehbehinderter in Regelschulen, in dem sie Ambulanzlehrer stellt.

Für späterblindete Erwachsene führt die BliStA die sogenannte „blindentechnische Grundausbildung" durch, die ihnen helfen soll, sich nach einer Erblindung auf die neue Situation einzustellen.

Untergebracht werden die sehbehinderten und blinden Schülerinnen und Schüler der Carl-Strehl-Schule (CSS) in Außenwohngruppen, wo sie die Organisation ihres Alltags auch praktisch einüben können. Sie werden nicht nur in der Handhabung des an Körpergröße und Schrittlänge angepassten Stocks unterwiesen; vermittelt werden auch sogenannte „Lebenspraktische Fertigkeiten" wie Kochen, Nähen oder Haushaltsführung.

Für Marburgs Bürgerinnen und Bürger gehört der Umgang mit Blinden inzwischen zum Alltag. Überall sieht man Blinde mit ihren weißen Langstöcken durch die Stadt gehen. Ihr Anteil an der Gesamtbevölkerung liegt in Marburg zehnmal höher als in jeder anderen deutschen Stadt.

Die Stadt und der Fluss – nicht immer eine beschauliche Beziehung

En Vogue

Die Lahn – Flussgeschichte(n)

von Karin Stichnothe-Botschafter

So manche Marburgerin und mancher Marburger fragt sich vielleicht nicht mehr, warum ihre bzw. seine Stadt am Hang liegt. TouristInnen oder Wahl-MarburgerInnen freuen sich über die an den Berg gelehnten Häuserzeilen, die in ihrer teilweisen Schmalbrüstigkeit oft schwindelerregende Höhen erreichen – von unten gesehen. Das Schloss als weithin sichtbares Erkennungs- und mittlerweile Markenzeichen der Stadt wird immer wieder ins Feld geführt. Doch warum breitet sich diese Stadt nicht wie unzählige andere Orte in Deutschland zwischen Berghängen im Tal aus – dort wo sie leicht erreichbar wäre –, sondern klettert den Berg hinauf? Ganz einfach: Es war bei der Stadtgründung im frühen 13. Jahrhundert einfach zu nass und zu sumpfig unterhalb des Berges. Die Lahn, die der Stadt ein unverwechselbares Attribut verleiht, ist Schuld daran.

Loganus, Laugana, Logana, Loganahi, Loginahi, Loginahe, Lanus, Loflus, Lone, Lohne, Löhne, Löhn – die Lahn. Die Kelten gaben ihr wohl den Namen, und mit ihren 242 Kilometern von der Quelle bis zur Mündung zeigt sie ihr Gesicht. Einmal zieht sie gemächlich dahin, ein anderes Mal wird sie unerwartet zum schnellfließenden Gewässer mit gefährlicher Strudelbildung. Ihre

Hochwasserallüren sind über Jahrhunderte hindurch gefürchtet gewesen.

Auch wenn der Fluss größtenteils ein hessischer Fluss ist, so entspringt die Lahn dort, wo auch die Quellen von Sieg und Eder liegen: 628 m über NN in Nordrhein-Westfalen. Um genauer zu sein, in der Nähe von Bad Laasphe. Seit 1750 ist bei dem ehemaligen Forsthaus „Lahnhof" (nahe dem Ort Netphen im Naturpark Rothaargebirge) ein Quellteich angelegt, von wo sie sich zunächst als kleiner Wasserlauf durch Wiesen und Wald schlängelt, auf der Höhe von Bad Laasphe zu einem breiteren „Bach" wird, bei Biedenkopf in flacherem Tal das Hinterland durchströmt und erst auf der Höhe von Cölbe durch die hinzutretende Ohm zum respektablen Fluss wird. Noch im nördlichen Drittel des Flussverlaufs erreicht die Lahn dann Marburg, kommt in einer „brauchbaren Größe" an – es reicht zumindest zum Tret- und Ruderbootfahren –, um später, nachdem sie Gießen und Wetzlar passiert hat, in engem, felsigem Lauf die Gebirge Westerwald und Taunus zu trennen. Bis zur Mündung verliert sie 567 Meter an Höhe und wird vom Rhein auf 61 m über NN in Lahnstein in Rheinland-Pfalz „geschluckt".

Das Umfließen vieler Berge und Felsen, das Durchziehen zahlreicher Dörfer und Städte und die dabei gebildeten Mäander und Schleifen zwischen Weilburg und Lahnstein haben sicherlich dazu beigetragen, dass sie als „zärtlichster Nebenfluss" des Rheins in manchem Aufsatz früherer Jahrzehnte betitelt wurde. „Und von oben schauen Burgen, Klöster und Stiftskirchen von schroffen Felsen, die steil zur Lahn hin abfallen, auf den Fluss ..."

Doch der Schein trügt: Der mittlere Pegel beträgt 223 Zentimeter, bei Hochwasser können es jedoch durchaus auch schon einmal 879 Zentimeter (1909) werden. Der mittlere Wasserabfluss liegt bei 45 Kubikmeter pro Sekunde, der bisher gemessene höchste Wert lag über 500 Kubikme-

Wassermusik am Weidenhäuser Wehr

Pittoresk:
Malende Besucher aus Übersee

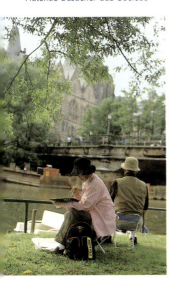

Lahn(d)unter bei der Bahnhofsbrücke

Regulierend: Neues Wehr beim Rosenpark

ter pro Sekunde. Da kann die Lahn besonders im Frühjahr und Herbst zum „wilden Gewässer" heranreifen. Ein Zustand, den auch die Marburger kennen. Heute wie damals.

Die Natur macht keine geschichtlichen Unterschiede: Als anderen Orts im Juli 1789 mit dem Sturm auf die Bastille die französische Revolution begann und die Welt nach Frankreich blickte, richteten im Mai und September zur gleichen Zeit in Marburg „Wolkenbruch und Hagelwetter" schwere Schäden an. Teile des Lahntales wurden überschwemmt, viele der ohnehin kaum befestigten Wege wurden ausgehöhlt und unpassierbar. Die vorhandenen Flutgräben waren zugelaufen und „verschiedene hinter dem Schwanhof bey Marburg gelegene Gärten, durch das wilde Gewässer (...) gänzlich überschwemmt und die Eigentümer dadurch, daß das Wasser in Ermangelung eines weiteren Falls, darin stehen geblieben, in großen Schaden gekommen". So heißt es in einem Bericht vom 28. September 1789 an den Landgrafen. Inwieweit die Ernte dieses Jahres durch zusätzlich angelegte Wasserabzugsgräben noch gerettet werden konnte, sei dahingestellt. Im darauffolgenden Jahr, 1790, war in Marburgs Chronik in jedem Fall eine Missernte zu verzeichnen ... (Hubert Kolling in: studier mal Marburg, Mai 1989)

Aber die Hochwasser waren immer eine Katastrophe für die Stadt. Auch später – im April 1867, im Januar 1920, als ganz Weidenhausen unter Wasser stand, im Februar 1946, als ein schweres Hochwasser die Kliniken, die sich am westlichen Ufer in der Nordstadt befanden, stark beschädigte. Patienten mussten in große Hörsäle in obere Stockwerke verlegt werden, Heizstoffe und Lebensmittel in Kellern wurden vom Wasser vernichtet. Auch das Elektrizitätswerk zur städtischen Stromversorgung, das sich seit 1905 in der ehemaligen Herrenmühle am Rudolphsplatz befand, lag 1946 mitten im Hochwassergebiet. Turbinen blieben stehen, die Stadt war für viele Tage ohne Strom. Erst am 15. Februar 1946 erschien in der

Zum Weglaufen: Beton, Graffiti, eingezwängter Fluss

„Marburger Presse" die Meldung: „Nun hat sich die Lahn wieder in ihr Bett zurückgezogen. Unschuldig schlängelt sie sich durch die zerwühlten Wiesen. Diese, die aufgerissenen Straßen und zerstörten Brücken sind Zeuge ihrer

„...das wilde Gewässer": Lahnhochwasser und überschwemmte Felder

Wildheit". (Friedrich Dickmann in: studier mal Marburg, Februar 2001).

Ein Grund für die vermehrte Wasserführung der Lahn ist in der Ohm zu suchen. Dieser Zufluss oberhalb Cölbes verhilft der Lahn zwar einerseits zu einem respektablen Erscheinungsbild, ist neben den neuzeitlichen Sünden wie der Regulierung des Flusslaufes und der fortschreitenden Oberflächenversiegelung aber auch für die Hochwasser der Lahn mitverantwortlich. Die aus dem höher gelegenen Vogelsberg kommende Ohm bringt im Frühjahr zusätzlich Schmelzwasser mit. Erst durch das vor einigen Jahrzehnten errichtete Wasserrückhaltebecken im Ohmtal wurden die Hochwasser eingedämmt, und die Zahl der Überschwemmungen ging zurück, sie werden jedoch nie aufhören. Mancher Marburger kennt die Situation, sein Auto von den Lahnwiesen schnell in Sicherheit bringen zu müssen, um es nicht als „Treibgut" dahinschwimmen zu sehen...

Ein Hauch von Venedig – die Grüner Seite

Für den früheren Brückenvorort Weidenhausen war die Lahn die Lebensader schlechthin: Wassergräben durchzogen den gesamten Ort, und daran angegliederte Lohgerbereien bestimmten das Bild Weidenhausens. Die heute als Gaststätte bekannte „Lohmühle" gibt noch einen Hinweis auf ihre ehemalige Nutzung. Sie war Genossenschaftsmühle, in der die Weidenhäuser Gerber Eichenrinde mahlen ließen. Aus der geschälten und gemahlenen Eichenrinde, die mit Wasser versetzt wurde, stellte man eine säurehaltige Brühe her – die Lohe. Hiermit wurden die Tierhäute, „die Felle", später gegerbt. Doch bevor dies geschehen konnte, mussten die nach der Schlachtung zum Überwintern eingesalzenen Tierhäute im Frühjahr zunächst in den Gräben von Weidenhausen gewässert werden – dabei „schwammen (nicht selten bei Unachtsamkeit) so manchem die Felle davon", und die geplanten Geschäfte waren dahin. Ein Sprichwort, das in diesem Gewerbe seinen Ursprung findet.

Etwas südlich von Marburg, in der Lahnschleife bei Roth, erreicht der Fluss eine große Fließgeschwindigkeit – er stößt hier an einen Berghang. Derartige natürliche Auffälligkeiten bilden oft den Ursprung für Legenden und Geschichten um die Gefahr und die Bedrohung des Menschen, die vom Wasser ausgehen kann („Die Nixe im Teich", ein Grimmisches Märchen mit Illustrationen von Otto Ubbelohde). Doch auch eine andere Begebenheit, bei der die Lahn an einem Schicksal mitschrieb, sei kurz erzählt: Im Marburger Museum

„Ausufernd":
Kunst-Installation „Westwind"

Anatomicum ist ein nicht alltägliches Exponat zu finden: das Totalpräparat einer schwangeren Frau mit einer hochgradigen Wirbelsäulenverkrümmung (auch als „Buckel" bekannt). Das „Marburger Lenchen" war von einem Medizinstudenten schwanger, er hatte sie später jedoch verlassen. Als die Geburtswehen einsetzten, stürzte sie sich in ihrer Not in die Lahn. Die Familie wollte sie nicht begraben, ihr Leichnam wurde in das Anatomische Institut gebracht und diente der wissenschaftlichen Forschung.

Wäre Marburg ein Ort wie Kassel mit einem Fluss wie der Fulda, so hätte auch Marburg eine „Aue". Doch Marburg ist nicht Kassel, sondern Marburg, und die 1906 aus Anlass des 70. Geburtstages des damaligen Oberbürgermeisters Schüler geplante und gestiftete Parkanlage – heute verläuft hier

Einladend: Wehresrauschen und kühle Drinks bei der Ölmühle

die Stadtautobahn – ist so nie realisiert worden. Gemäß einer klugen Entscheidung von Magistrat und Stadtverordneten sollte der „Schülerpark" beidseitig der Lahn zu einer „fortlaufenden Schmuckanlage in der Ebene bis zur Gemarkungsgrenze von Ockershausen" ausgebaut werden, um eine anderweitige Bebauung des Geländes, die den freien „Ausblick auf Wasser und Schloß" gefährdet hätte, zu verhindern. Doch es kam anders. Und so bleiben nur die „restlichen"

Sensation anno dazumal: Dampfboot und Zeppelin bei Wehrda

Lahnwiesen, die für die Sommervergnügen am Fluss den Untergrund liefern.
Manchmal können diese auch „ausufern" und gar zu Kunst werden. So wie im Jahr 2001, als sich elf Künstler auf ihre Weise dem Fluss näherten und ihn „bespielten". Doch nicht nur bei ihnen, auch bei anderen „Abteilungen" innerhalb der Stadt ist die Lahn in den letzten Jahren „en vogue" – mal schauen, was noch „im Fluss ist".

„Übriggelassenes"

- Der „Lahngarten" in Wehrda, von dem man schon damals bei der Landung des Zeppelin-Luftschiffes „Victoria Luise" am 5. Mai 1912 einen schönen Blick hatte – heute landet dort zwar niemand mehr, der Ausblick ist allerdings geblieben.
- Die ehemalige Ölmühle: hier wurde Öl u. a. zur Beleuchtung der Wohnungen gewonnen – heute ist hier eine Cocktailbar mit schönem Blick auf den Fluss zu Hause.

Auf dem Wasser – um das Wasser
Freizeitaktivitäten

Auf Tuchfühlung mit der Natur beim Campen

Campingplatz Lahnaue

In unmittelbarer Nähe zum Schwimmbad AquaMar am Trojedamm liegt der Marburger Campingplatz Lahnaue. Von April bis November bietet der ca. 1 ha große direkt am Fluss gelegene Campingplatz Stellfläche für 60 Caravans. Auf einer dazugehörigen großen Zeltwiese in der Lahnaue ist zusätzlich Platz für 70-100 Zelte. Minigolf, Tischtennis, eine Boule-Bahn, das Café mit Freiterrasse sowie der Kanu-Verleih vor Ort runden das Angebot ab.

Campingplatz Lahnaue
Herbert und Katharina Gaube
Trojedamm 47
35037 Marburg
Tel./Fax: 06421/21331

Schnelligkeit und Schönheit zählen beim Entenrennen

Fackelschwimmen und Entenrennen

Dass die Lahn nicht nur ein Fluss für Sommeraktivitäten ist, beweisen allein schon zwei ungewöhnliche Veranstaltungen: Von der Martin-Luther-Schule bis zum Wehr auf der Höhe der DLRG-Station in Marburg sorgt an jedem ersten Wochenende im Dezember das „Fackelschwimmen" der Deutschen Lebensrettungs-Gesellschaft für eine Atmosphäre der besonderen Art. Über achtzig Schwimmer aus ganz Hessen finden sich mittlerweile zu diesem besonderen Ereignis ein. Wer hier aktiv dabei sein möchte, benötigt lediglich einen Tauch- bzw. Wasserschutzanzug und los geht's ...
Alle weiteren Informationen – auch zu den darüber hinaus angebotenen Freizeitaktivitäten der DLRG (u.a. Rudern und Kanufahrten, spezielle Schwimmangebote) sind erhältlich bei:

Deutsche Lebensrettungs-Gesellschaft (DLRG)
Bei der Hirsemühle 2
35037 Marburg
Tel.: 06421/22777

Wer nicht selber schwimmen, sondern stattdessen lieber seine Ente ins Rennen schicken möchte, der findet seinen Platz beim „Weidenhäuser Entenrennen" – jeweils am zweiten Sonntag im Oktober.
Wie es geht? Ab Anfang September eine Ente der eigenen Wahl in den Geschäften oder Kneipen von Weidenhausen erwerben, diese schmücken – doch Vorsicht, sie sollte noch schwimmfähig bleiben – und eine Stunde vor dem Start zur Einsatzstelle bringen, die DLRG lässt die Prachtstücke dann zu Wasser. Je nach Wasserstand und Fließgeschwindigkeit der Lahn ist ein spannender Nachmittag garantiert – die zehn Schnellsten sowie die zehn Schönsten gewinnen.

Informationen in den Weidenhäuser Geschäften und Kneipen

Drachen auf der Lahn

Um Schnelligkeit und Schönheit geht es auch beim Marburger Drachenbootrennen. Jedes zweite Juli-Wochenende treffen sich beim Stadtfest „3 Tage Marburg" rund 1500 Aktive – 70 Teams mit je 20 Paddlern und einem Trommler – mit ihren farbenprächtigen chinesischen Booten, um an zwei Tagen um den

Unbegrenzter Fun-Faktor beim Drachenboot-Rennen

Drachenbootcup zu streiten. Für die phantasievollste Kostümierung winkt darüber hinaus ein weiterer Pokal. Nicht vergessen werden soll das Kopf-an-Kopf-Rennen der Marburger Parteien, bei dem Mitglieder der verschiedenen politischen Fraktionen austragen, welche denn nun wirklich die zugkräftigste ist ...
Informationen und Anmeldungen:

Marbuch Verlag
Ernst-Giller-Str. 20a
35039 Marburg
Anmeldungen auch online möglich unter:
www.marbuch-verlag.de

Bewegende Exkursionen mit dem Tretboot

Aus eigener Kraft

Seit knapp 40 Jahren existiert der Bootsverleih an der Lahn direkt an der Weidenhäuser Brücke. Zahlreiche Tret- und Ruderboote bieten allen Lahnliebhabern die Möglichkeit, vom Frühjahr bis zum Herbst den Fluss aus eigener Kraft zu erkunden – die mögliche Strecke reicht vom Wehr in Weidenhausen bis zum Wehr auf der Höhe des Afföllergeländes.
Informationen und Bootsverleih:

Bootsverleih Bierwirth
Trojedamm 1
35037 Marburg
Tel.: 06421/13180

Tipp

Auswahlliteratur

- Hubert Kolling „Eine Art von Wolkenbruch und Hagelwetter" im Jahre 1789 in: studier mal Marburg, Heft Mai 1989, Hrsg. Presseamt der Stadt Marburg

- Friedrich Dickmann „Unschuldig schlängelt sie sich wieder durch die zerwühlten Wiesen ..." in: studier mal Marburg, Heft Februar 2001, Hrsg. Presseamt der Stadt Marburg

- Elisabeth Regge „Das neue Lahnbuch", Frankfurt 2001

- Dank an Dr. Siegfried Becker für zahlreiche Hinweise.

• Wermutstropfen: das „Wirtshaus an der Lahn" – leider, leider 1970 abgerissen und vom „Affenfelsen" verdrängt.

Seitenwechsel

Um in Marburg die Seite zu wechseln, gab es im ausgehenden 19. Jahrhundert lediglich die Wahl zwischen zwei Lahnbrücken: aus Richtung Süden kommend die Weidenhäuser Brücke – die älteste Brücke über die Lahn innerhalb der Stadtgrenze, die bereits im 13. Jahrhundert (!) bestand, durch Hochwasser aber immer wieder Einstürze erlebte und erst 1891/92 mit zwölf Metern Breite maßgeblich ihr heutiges Aussehen als Steinbrücke erhielt; daneben, aus Richtung Norden kommend bestand die seit 1867 neu errichtete Bahnhofs-Brücke. Weiterhin zählt die Elisabeth-Brücke in der Verlängerung zur Überquerung des

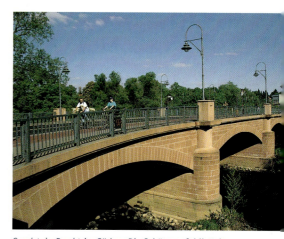

Sandstein-Pracht im Süden: Die Schützenpfuhlbrücke

„Schwarzen Wassers" und des „Mittleren Wassers" mit zu den älteren Brücken. Bei den zahlreichen Wegen, die heute über den noch sichtbaren Teil des Flusses führen, seien ergänzend die wichtigsten genannt (von Nord nach Süd):

• Rosen-Brücke, drei Meter breite Fußgängerbrücke von der Rosenstraße hinüber zum ehemaligen Gaswerkgelände (Baubeginn 1999)
• Brücke ohne Namen, Bunsenstraße/Robert-Koch-Straße (um 1900)
• der Stroinsky-Steg, noch in den 20er Jahren ein einfacher Holzsteg, bei Hochwasser unpassierbar,

---

Die DRUCKEREI für Ihren Bedarf

- **Prospekte**
- **Kataloge**
- **Zeitschriften**
- **Bücher**
- **Geschäftsdrucksachen**

schröder
BUCH- UND OFFSETDRUCK

Bertram-Schaefer-Straße 11
35274 KIRCHHAIN
Telefon 06422/81 230 · Fax 81 220
www.druckerei-schroeder.com
e-mail: schroeder@marburg.com

chwerk mal anders: Der Schwarze Steg

Mit Schwung in die „Neue Mitte":
Die Luisa-Haeuser-Brücke

spannt sich heute in einem weiten Betonbogen über die Lahn und die Stadtautobahn von der Uferstraße zum Schülerpark auf der anderen Seite (im März 1970 fertiggestellt)
• Mensa-Steg, nach 1962 als Verbindung zum Studentenhaus bzw. zur Mensa angelegt und um die Mittagszeit stark frequentiert
• Luisa-Haeuser-Brücke, im Zuge der Planungen von Marburgs „Neuer Mitte" als bislang letzte Lahnverbindung zu Beginn des neuen Jahrtausends entstanden; eine Hängeseilbrücke mit 56 m Spannweite für Fußgänger und Radfahrer mit einer Breite von 3,5 m; eine Brücke, auf der man bei einer größeren Personenzahl durchaus „Schwingungen" erleben und neue Einblicke gewinnen kann
• „Schwarzer Steg", stellte nach Wiederaufbau im Juli 1970 die Verbindung zum Universitätsstadion und Sommerbad – jetzt zum neuen „Aqua-Mar" – her
• Konrad-Adenauer-Brücke, Baubeginn Juli 1967
• Schützenpfuhl- oder Südbahnhofsbrücke, wurde 1891/92 als steinerne Brücke eingeweiht
• Südspange mit Autobahnanschluss wurde im Oktober 1973 freigegeben

Weitere ungenannte Möglichkeiten, das Ufer zu wechseln und neue Sichtweisen auf den Fluss zu erkunden, muss der geneigte Leser selber erproben.

Studentisches Lernen und Arbeiten im dritten Jahrtausend – der PC gehört

Alma mater philippina.de

Die Marburger Universität zwischen Tradition und Moderne

von Heike Schmitt

„Universitätsstadt Marburg" prangt es schwarz auf gelbem Grund jedem entgegen, der Marburgs Stadtgrenzen erreicht. Die Marburger sind durchaus stolz auf ihre alma mater philippina, heißt es doch nicht zu Unrecht: Andere Städte haben eine Universität, Marburg ist eine Universität. Das Studentenleben prägt diese Stadt. Einen wesentlichen Teil von rund 85.000 Einwohnern machen Studierende der Philipps-Universität aus. Circa 18.000 gehen hier ihrem Studium nach und verpassen der Stadt mit der eindrucksvollen Historie ein durchaus jugendliches Flair. Nur rund ein Drittel der Studierenden stammt aus Hessen; gut 80 Länder der Welt werden in Marburg allein durch ihre Studenten und Studentinnen vertreten.

Als größter regionaler Arbeitgeber ist die Philipps-Universität zudem interessant: 7500 Beschäftigte in Lehre und Forschung, in Verwaltung oder Kliniken. Jeder dritte Stadtbewohner ist durch Studium oder Beruf mit der Universität verbunden. Einen rund 380 Millionen EUR großen Etat bringt die Uni jährlich in die Stadt – die Kaufkraft der Studierenden ist in dieser Summe nicht berücksichtigt.

Man mag die Kleinstadt Marburg als provinziell bezeichnen und sich erst im Frankfurter Manhattan wieder unserer High-Tech-Zeit erinnern, doch hat die Lahnidylle im Fachwerkstil gerade für ihre Studenten und Studentinnen einige Vorteile parat – weniger Massenbetrieb und Orientierungslosigkeit verspricht diese vergleichsweise kleine Universität. Anonymität bleibt hier ein Fremdwort; die Mitstudenten trifft man nach der Vorlesung garantiert im nächsten Buchladen oder beim geselligen Grillen auf den Lahnwiesen wieder. Ob man will oder nicht...

Tradition ...

2002 ist mit dem 475-jährigen Bestehen ein Jubiläum zu feiern – die Philipps- Universität ist eine traditionsreiche deutsche Hochschule und Hessens älteste obendrein. 1527 als erste protestantische Universität gegründet, begann das „universale studium marburgense" mit zunächst elf Professoren und 84 Studenten. Als Räumlichkeiten dienten damals die bisherigen Klostergebäude. Universitätsgründer und Namensgeber Landgraf Philipp der Großmütige wagte eine riskante Unternehmung, als er 1527 die Pforten der Marburger Universität öffnete – zugleich ein wesentlicher Schritt zum neuzeitlichen Verwaltungsstaat, den der 22 Jahre junge Landesfürst mit seiner Unterstützung der Reformation zu gehen bereit war.

Die ersten 250 Jahre der Marburger Universitätsgeschichte sind als Zeit wechselnden Glücks und knapper Not zu beschreiben; die Studentenzahl schwankte zwischen 30 und 300. Erst 1866 mit der Annektierung Kurhessens durch Preußen kam

ogotisches Schmuckstück: Die Alte Universität

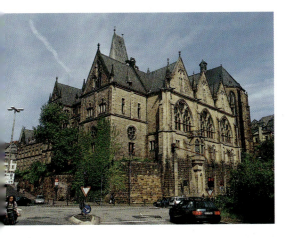

Trotz Digitalisierung und Internet – Bücher bleiben bestehen

der Aufschwung für Marburg und seine Universität, die zur „königlich preußischen Universität" wurde. Mit zunehmenden Studentenzahlen expandierte die Hochschule auch mit ihren Räumlichkeiten und bezog 1879 ihr erneuertes Hauptgebäude: heute die „Alte Universität" am Rudolphsplatz in Marburgs Zentrum. Die Aula kam ein Jahrzehnt später hinzu und besticht noch heute bei Absolventenfeiern und anderen feierlichen Anlässen durch ihre imposanten Wandmalereien zur Stadt- und Universitätsgeschichte. Weitere Institute und Kliniken im Nordviertel kamen hinzu; es wurden neue Professorenstellen geschaffen und besetzt, und schließlich stieg die Zahl Marburger Studierender 1887 auf über 1000.

... und Moderne

1960 ist das Jahr, in dem Deutschlands Universitäten den großen Boom an Neueinschreibungen erlebten; ein Land, das nach „Nazi-Deutschland" neues politisches Bewusstsein formuliert, ein Stück weit zur gesellschaftlichen Normalität

Durch dunkle Wege zum Licht des Geistes: Unterführung zur PhilFak

An der PhilFak leuchtet der rote Stern der Revolution immer noch hell. Markante Zitate gegen den kapitalistischen Feind zieren die Gänge zwischen den Instituten – die 68er werden geradezu romantisiert. Die Erben der Revolution zeigen sich heutzutage allerdings wenig dogmatisch, die Universität ist mit vielfältigem Studienangebot Zwischenstation für unterschiedlichste Lebensentwürfe. Noch immer ist Marburg politisch durchaus von der Universität beeinflusst: Die PDS kann sich hier im Stadtparlament behaupten, und auch die Grünen weisen Marburg als ihre hessische Hochburg aus.

zurückkehrt. Auch für die Philipps-Universität werden die 1960er Jahre zur markanten Epoche: man expandiert räumlich und positioniert sich politisch.

Für die vielen Abiturienten, die nun ein Studium anschließen, entstehen Mitte der 60er Jahre die Gebäude der Geisteswissenschaften, die sechs Türme („Elefantenfüße") der Philosophischen Fakultät (PhilFak) zwischen Stadtauto- und Eisenbahn. Politisch gefällt man sich hier ganz links. Rot leuchtet die politische Gesinnung, und die Philipps-Universität wird die „rote Uni". Insbesondere die Politik- und Geisteswissenschaften blicken noch heute mit einem gewissen Stolz auf ihr revolutionäres Streben in Sachen Bildung und Gesellschaft.

Auch das neue Jahrtausend bringt Diskussionsstoffe in die Seminarräume: Studiengebühren, Zulassungsbeschränkungen, Mittelverkürzung und überfüllte Seminare mit überforderten Professoren sind nur einige Themen.

Der interne Streit um das neue Unisignet, bisher ganz traditionell der Kopf des Gründers Philipp, geriet 2002 zum öffentlichen Disput. Das neue durchdesignte abstrakt-moderne Siegel ganz in blau sorgte für heitere Interpretationssversuche. Obwohl bereits erste Schreiben mit neuem Logo versandt wurden, wird es nicht eingeführt. Spöttelnde Töne von Studentenschaft, Presse und Bürgern der Stadt führten zu diesem Rück-schritt – Modernisierungsversuche stoßen in diesem Fall auf Gegenwehr. Auf den Fahnen zum Jubiläum der Uni wehen im 457. Jubiläumsjahr beide Siegel: Tradition und Moderne vereint.

Studentisches Engagement außerhalb von Seminar und Vorlesung

Info

Gezählt

Der kleinste und leider auch vor der Auflösung stehende Fachbereich an der Marburger Universität ist Geowissenschaft. Nur 114 Studierende, davon 76 männlich und 38 weiblich, sind in diesen Studiengang eingeschrieben. In anderen Fachbereichen, wie am Institut für Germanistik und Kunstwissenschaften, muss sich die gleiche Zahl Studierender in einem Seminar miteinander arrangieren.

Übrigens: Die meisten Studentinnen hat auch eben dieser Fachbereich: Germanistik und Kunstwissenschaften studieren rund 1614 Frauen. Die männlichen Studenten dominieren im Bereich Humanmedizin: 1341 angehende Ärzte studieren hier momentan.

(Quelle: Presseamt Universität Marburg, Juli 2002)

"linguistics online" – Anglistik-Prof Jürgen Handke an ~nem Arbeitsplatz

Forschung und Lehre im Netz

Neue Medien nehmen auch auf den universitären Betrieb Einfluss. Das Internet ist für Studierende allerorts mittlerweile vielgenutzte Recherche- und Informationsplattform. Auch die Philipps-Universität rüstet sich mit Online-Seminaren und Netz-Projekten für die Zukunft des multimedialen Studiums. Das Online-Studium als Alternative zu überfüllten Seminaren: Lernen per Mausklick vom heimischen PC wird die komfortablere Variante zum Geräuschpegel eines 100-Leute-Seminars – ein Sitzplatz ist außerdem garantiert. Richtungsweisend ist das Marburger Online-Projekt „linguistics online". Im Rahmen der Bundesinitiative „Neue Medien in der Hochschullehre" gehört das Marburger „Linguistic Engineering Team" (LET) um Professor Jürgen Handke vom Fachbereich Anglistik/Amerikanistik mit „linguistics online" zu den schließlich 40 geförderten Projekten.

„Den Professor ersetzen" und die „virtuelle Lehre realisieren, ist Ziel des Großprojekts und sorgt damit für durchaus kontroverse Diskussionen – zugespitzt eine Diskussion um Mensch oder Maschine. Virtuelle Lehre, das bedeutet individuell zugeschnittene Lerneinheiten (Worksheets), die der Student/die Studentin nach eigener Zeiteinteilung zu Hause erarbeiten kann. Mindestens fünf dieser Worksheets muss er/sie als Leistungsnachweis erarbeiten und korrekturlesen lassen. Eine Klausur steht immer noch am Ende des Semesters bzw. nach erfolgreicher Bearbeitung von fünf Lerneinheiten. Der Computer lehrt in grafisch ansprechender Art und Weise mit ausgefeilten Soundoptionen wesentliche Basisinhalte des Studiums. Im sogenannten „practical course" ist dann wieder der Dozent Ansprechpartner, die Themen im eigentlichen Seminar werden für Studierende spannender, wenn Basisinhalte bereits online vermittelt wurden.

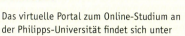

Tipp

Vernetzt

Das virtuelle Portal zum Online-Studium an der Philipps-Universität findet sich unter

http://online-media.uni-marburg.de.

Hier werden zu allen Fachbereichen Seminare oder Forschungsprojekte aufgeführt, die online vertreten sind. Die ausgewählten Links führen in die multimediale Welt des Selbststudiums.

In der Universitätsbibliothek rauchen auch nachts die Köpfe

Handke spricht von einer „neuen Qualität von Lehre": Die Lehre erhält ein Mehr an Transparenz, und der einzelne Studierende erlangt Verantwortung für seinen eigenen Lernerfolg und Kompetenz über seine Arbeitsweise. Mit www.linguistics-online.de ist ein virtueller Campus geschaffen worden, der neben Bibliothek (library) und Chatroom für Studierende alle Informationen online abrufbereit hält und den Einstieg in die Welt des Linguistik Studium online denkbar einfach gestaltet. Alle Themen und Infos sind nur in Englisch aufbereitet. Das Projekt ist international gedacht und mittlerweile auch international erfolgreich. Anmeldungen zu Kursen erreichen das Marburger Team aus Neuseeland und USA, Kooperationen mit der Universität Wuppertal und Essen machen ein breites Themenangebot möglich – während Wuppertal sich um die mediendidaktische Auswertung des Projekts kümmert

Noch ist der Prof nicht virtuell – Multimedia in der Vorlesung

(Evaluationen zu Arbeitsweise der StudentInnen vor dem heimischen PC), liefert Essen Inhalte zum Thema „Angewandte Linguistik".

„Kompetenzrangeleien gibt es dabei nicht", berichtet Handke, die volle Entscheidungskompetenz bleibt in Marburger Hand. Individuell zugeschnittene Kurseinheiten verkauft das Linguistic Engineering Team demnächst für beispielsweise 150,- EUR an interessierte Lehrende, die dann als „Course Instructor" weltweit ihren Studierenden ein Online-Seminar auf die Marburger Seite anbieten können. Sein Erfolgsrezept sieht Handke in seinem Team. Klare Aufgabenverteilung und persönliche Ausbildung seiner Teammitglieder – sieben an der Zahl – ist für ihn wesentlich für eine erfolgreiche Umsetzung großer Ideen. „Am PC bin ich selber Autodidakt. Als Chef eines solchen Projekts sollte man aber

---

Mit uns kommen Sie in Fahrt!

Umfangreiches Angebot an neuen Volkswagen- & Audi-Modellen

Ihr guter Partner in allen Autofragen

HERRMANN
GmbH u. Co. KG   MARBURG
Telefon (0 64 21) 60 04-0 oder 1 75 06-0

Neue Kasseler Straße 25

Frankfurter Straße 59

natürlich programmieren können. Wissen, was umsetzbar ist und was nicht. Ich selbst bringe mich entscheidend als Soundengineer in die Arbeit ein", erklärt der studierte Computerlinguist. Ziel ist es, das ganze Linguistik-Grundstudium online anzubieten, noch ferner in der Zukunft liegt die Umsetzung eines Online-Bachelor-Abschlusses. Die großen Kollegen aus USA verbeugen sich beeindruckt vor der neuen multimedialen Konkurrenz aus der kleinen Universitätsstadt Marburg: „Dear Collegue, I've just begun to peruse your website, but I must say how impressed I am! Wow!", so Rebecca Wheeler, Chefin der Linguistic Society of America (LSA).

Zu Beginn des neuen Jahrtausends kann die alma mater philippina somit zufrieden auf ihre Vergangenheit und optimistisch in die Zukunft blicken. Die

Silentium – Höchste Konzentration im Lesesaal

Müde Marschierer – Stilleben am Rande des Unistreiks 1997

multimediale Revolution ist es, die jetzt Studierende, Lehrende und Forschung begeistert. Neue Perspektiven tun sich in der universitären Spitzenforschung neben den traditionellen Bereichen der Naturwissenschaften auf. Neue Berufsfelder entstehen für Hochschulabsolventen im Bereich der Online-Dienstleistungen. Medienkompetenz ist auch in der Hochschule zu einem Leistungsmerkmal geworden, und das WorldWideWeb wurde zur Kommunikationsplattform der internationalen Wissenschaft.

Info

Erforscht

▶ Rund 2000 Studierende machen an der Philipps-Universität jährlich ihren Diplom-/Magisterabschluss oder ihr Staatsexamen. Mit ihren Abschlussarbeiten entwickeln sie ambitionierte Forschungsansätze, die die universitäre Wissenschaft stets neu erhellen. Wichtige Marburger Forschungseinrichtungen treffen auf internationales Interesse:

▶ Der Fachbereich Biologie arbeitet eng mit dem Max-Planck-Institut für terrestrische Mikrobiologie zusammen, das Bildarchiv Foto Marburg (Deutsches Dokumentationszentrum für Kunstgeschichte) besitzt 1,3 Millionen Negative zur europäischen Kunst, und 1996 wurde am Fachbereich Rechtswissenschaft die erste Forschungsstelle für Pharmarecht an einer deutschen Universität gegründet. Auch das Marburger „Schlaflabor", das Zentrale Entwicklungslabor für Elektronik (ZEL) der Philipps-Uni und die dortigen Arbeiten zum Thema Schlafstörung und Schlafapnoe können sich im weltweiten Vergleich sehen lassen.

Sozialistischer Demokrat und Ikone der Marburger Politikwissenschaft: Wolfgang Abendroth

Turbulenz und Tradition

Wolfgang Abendroth und die Marburger Politikwissenschaft

von Joachim Klein

Es wird nie langweilig an diesem Institut. Dafür sorgt schon allein das Spannungsfeld von Politik und Wissenschaft, in dessen Turbulenzen sich das Institut von Anfang an befand – sogar schon vor seiner Gründung. Demokratische Erziehung der Studierenden war im Nachkriegshessen ein zentrales Anliegen der SPD/CDU-Landesregierung. Ein Zauberwort, das ein Wiederaufleben des Nazismus für immer bannen sollte. In diesem Zusammenhang wurde Politikwissenschaft als Demokratiewissenschaft an den Universitäten verankert. In Marburg wehrte sich die überwiegend konservative Professorenschaft gegen dieses Vorgehen. Der örtlichen akademischen Elite erschien es unmöglich, die reine Wissenschaft mit den Niederungen der täglichen Politik verbinden zu können. Jedoch war allen klar, dass nichts gegen die Order aus Wiesbaden unternommen werden konnte. So wurde versucht, zumindest einen Kandidaten berufen zu lassen, der sich problemlos in das Kollegium einfügen ließe. Aber alle Vorschläge von Seiten der universitären Kommission wurden in der Landeshauptstadt verworfen. Beinahe zwei Jahre vergingen über diesem Streit. Am Ende nutzte die Landesregierung ihr Weisungsrecht und berief einen Professor ihrer Wahl: Wolfgang Abendroth. Abendroth war ursprünglich in der Uni-Kommission als Marxist und Widerstandskämpfer gegen das Dritte Reich abgelehnt worden. Die Landesregierung hingegen sah in dem Juristen einen Garanten für die demokratische Ausbildung der Studierenden.

Der zum Sommersemester 1951 aufgenommene Betrieb in der Gutenbergstraße 18 litt nicht nur unter räumlicher Enge und der minimalen Ausstattung des Instituts. Wissenschaftliches Arbeiten wurde vor allem dadurch beeinträchtigt, dass nur eine Rest-Bibliothek zur Verfügung stand. Die Bibliothek des ehemaligen Instituts für Grenz- und Auslandsdeutschtum war von der amerikanischen Besatzungsmacht 1945 zum Großteil nach Washington transportiert worden. Dank des steten Bemühen Abendroths kam der überwiegende Teil wieder nach Marburg zurück – leider erst 1959. Eine Lieferung strandete in Bonn. Um Kosten zu sparen, wollte der Professor mit ein paar Studenten die wertvolle Fracht mit dem AStA-Bus abholen. Schließlich übernahm aber doch die Uni die Speditionskosten in Höhe von 60,- DM.

Am Institut begann die Phase der Konsolidierung. Die erste Vorlesung Abendroths wurde von gerade einmal sieben Studierenden besucht – kaum vorstellbar im Vergleich zu seinen späteren Massen-Veranstaltungen. Der Großteil der Studierenden der 50er Jahre war für Sozialkunde eingeschrieben. Erst ein Jahrzehnt später wurden Diplom- und Magisterabschluss eingeführt, für die heute drei Viertel der Studierenden eingeschrieben sind.

Umstrittener als sein Fach blieb stets Abendroth selbst. Vor allem Konservative und Reaktionäre verbanden mit seinem Namen das ganze Repertoire ihrer Vorurteile. Doch seine politische Konsequenz im Kampf für mehr Demokratie, gegen

Info

Wolfgang Abendroth

- Geb. 1906 in Wuppertal-Elberfeld Seit seiner Jugend ist Abendroth Mitglied der KPD
- 1928 Ausschluss aus der KPD, weil er von der Parteispitze zu den „Versöhnlern" gerechnet wird, also zu „rechts" ist
- 1933 wird der politisch aktive Abendroth von den Nazis vom Jura-Referendariat suspendiert. Er setzt die, nun illegale, politische Arbeit fort
- 1937 Verhaftung und monatelange Folter durch die Nazis, Verurteilung zu vier Jahren Zuchthaus
- 1943 Verlobung mit seiner späteren Frau Lisa Abendroth, die in Marburg Geschichte studiert
- Im selben Jahr wird der sogenannte „wehrunwürdige Hochverräter" in die Strafdivision 999 gesteckt und nach Griechenland verschickt. Dort schließt er sich dem Widerstand an. Er gerät in britische Gefangenschaft

- Erst 1946 ist er wieder in Deutschland. Es ist nicht möglich, in Hessen das 2. Staatsexamen rasch abzulegen. Deshalb wird ihm empfohlen, es in der Sowjetischen Besatzungszone zu versuchen. Umzug nach Potsdam und Heirat. Eintritt in die SPD, nicht aber in die SED
- 1947 2. Staatsexamen und Habilitation. Abendroth lehrt in Leipzig und Jena.
Weil die Verhaftung durch die sowjetische Besatzungsmacht droht, flieht die Familie 1948 in den Westen. Er nimmt die Stelle als Rektor der Hochschule Wilhelmshaven an, die ihm der niedersächsische Kultusminister Adolf Grimme angeboten hatte
- 1951 gründet er in Marburg das Institut für Wissenschaftliche Politik, dessen Direktor er bis in die 60er Jahre bleibt
- 1961 zweiter Parteiausschluss – diesmal aus der SPD, weil er sich mit dem SDS solidarisiert
- 1972 emeritiert Wolfgang Abendroth.
In den Jahren seines Wirkens als Professor für Politikwissenschaft ist auch sein Wissen als Jurist immer wieder gefragt. So ist er u. a. Mitglied der höchsten Verfassungsgerichte, der Staatsgerichtshöfe, in Bremen und Hessen
- 1985 stirbt Wolfgang Abendroth in Frankfurt/Main

Vermittlungsoffensive – auch für Ihren Betrieb

Stellen optimal besetzen - dabei ist das Arbeitsamt Marburg Ihr kompetenter Partner.

Unsere Arbeitsvermittler suchen freie Stellen und kennen geeignete Fachkräfte.

Sie kommen auch gerne zu Ihnen in Ihren Betrieb.

Schicken Sie uns ein Fax oder rufen Sie uns an

Arbeitsamt Marburg
Afföllerstraße 25 - 35039 Marburg
Tel.: 0 64 21 / 6 05-5 00 - Fax 0 64 21 / 6 05 - 1 15
E-Mail: Marburg@arbeitsamt.de
www.arbeitsamt.de/marburg

Bundesanstalt für Arbeit
Arbeitsamt Marburg

Abendroths politische Konsequenz – hier ein Redeauftritt bei einer Kundgebung gegen Berufsverbote vor dem Rathaus in den 70er Jahren – forderte auch seinen Kritikern Respekt ab

3 Gründe, sich nicht bei der PDS zu engagieren:

1. Die wollen Gerechtigkeit für alle. Ist das nicht Sozialismus?

2. Die wollen dass die globale Wirtschaft den Menschen dient. Ist das nicht unrentabel?

3. Die sind gegen jeden Krieg. Ist das nicht feige?

Wer sie dennoch unterstützt, wird sehen, was er davon hat.

Die linke Kraft

Weidenhäuser Str. 78-80, 35037 Marburg, Tel. 06421-163873
Fax: 06421-175618, e-mail: pds-marburg@t-online.de

Notstandsgesetze und Neofaschismus forderte auch seinen Kritikern Respekt ab. Abendroth lebte geradlinig seine Einstellung als sozialistischer Demokrat: So war beispielsweise sein langjähriger Oberassistent der erzkonservative Rüdiger Altmann, späterer Berater des Bundeskanzlers Erhard. Es war Abendroths demokratische Toleranz gegenüber Andersdenkenden, die dazu führte, dass 1966, anlässlich seines 60. Geburtstages, der Sozialistische Deutsche Studentenbund SDS gemeinsam mit der Studentenverbindung Wingolf ihm zu Ehren einen Fackelzug durch Marburg veranstaltete.

In den ersten 15 Jahren war das Institut erheblich gewachsen und hatte viele Persönlichkeiten gesehen, die später in Marburg und darüber hinaus bekannt wurden. Auf lokaler Ebene ist der spätere OB Hanno Drechsler (SPD) zu nennen, der diese Stadt geprägt hat wie kaum ein anderer. Dann Kurt Kliem (SPD), lange Jahre Landrat des Kreises Marburg-Biedenkopf. Zu erwähnen ist auch Vera Rüdiger (SPD), die Gründungsrektorin der Uni-GH Kassel sowie Ministerin und Senatorin in Hessen und Bremen war. Oder der Soziologe Jürgen Habermas, der sich bei Abendroth habilitierte. Die Tradition setzt sich bis in die Gegenwart fort. Genannt werden können u.a. der

amtierende Bundesfinanzminister Hans Eichel (SPD) und der Vorsitzende der FDP-Bundestagsfraktion Wolfgang Gerhardt.
In der ersten Dekade des Instituts hielt Abendroth die einzige Professur. Erst 1961 kam für knapp vier Jahre als zweiter Professor Erich Matthias hinzu, der anschließend nach Mannheim ging. 1967-1971 folgte Ernst-Otto Czempiel, der einen Ruf nach Frankfurt annahm und dort die international bekannte Hessische Stiftung für Friedens- und Konfliktforschung gründete.

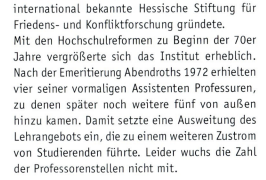
Ungebrochene Attraktivität: Mehr als 400 StudienanfängerInnen pro Jahr

Mit den Hochschulreformen zu Beginn der 70er Jahre vergrößerte sich das Institut erheblich. Nach der Emeritierung Abendroths 1972 erhielten vier seiner vormaligen Assistenten Professuren, zu denen später noch weitere fünf von außen hinzu kamen. Damit setzte eine Ausweitung des Lehrangebots ein, die zu einem weiteren Zustrom von Studierenden führte. Leider wuchs die Zahl der Professorenstellen nicht mit.

Zur Zeit betreuen acht ProfessorInnen rund 1.000 Hauptfachstudierende. In den letzten Jahren gewann das Institut dermaßen an Attraktivität, dass der Betrieb mit 400 StudienanfängerInnen pro Jahr zusammenzubrechen drohte. Kein Wunder: Der Blick auf die Forschungsschwerpunkte zeigt, dass das Institut, neudeutsch gesprochen, up to date ist. Direkte Demokratie, Europäische Union, Gender-Politik und Globalisierung sind auch im politischen Tagesgeschäft aktuelle Themenfelder.

Warum eine Straße nach Wolfgang Abendroth benennen?

Nahezu zwei Jahrzehnte sind seit Abendroths Tod vergangen. Nun scheint auch die Stadtverordnetenversammlung bereit zu sein, einem der renommiertesten Politikwissenschaftler der Bundesrepublik einen Weg zu widmen.

Es gibt viele Gründe, den Namen Abendroths auf einem Straßenschild zu verewigen. Nehmen wir die Außenwirkung: Viele assoziieren nach Elisabeth-Kirche und Schloss an dritter Stelle Abendroths Namen mit der Stadt. Aber auch so manch Alteingesessene erinnern sich noch an ihn. Oder schlichtweg Anerkennung seines Wirkens: Viele, die für die Entwicklung der Stadt maßgeblich waren, verdanken wichtige Impulse ihres Werdegangs W. Abendroth. Ohne Übertreibung lässt sich festhalten, dass es kaum einen Professor gibt, der in vergleichbarem Umfang mit der neueren Geschichte der Universitätsstadt Marburg verbunden ist. Den wiederholten Anträgen der PDS, und einer dadurch animierten SPD, der Bedeutung Abendroths Rechnung zu tragen, scheint jetzt Erfolg beschieden zu sein. Im Stadtparlament wurde bereits im Juni 2002 der Beschluss gefasst, eine Straße oder einen Platz nach Abendroth zu benennen. Jedoch zeigt sich erst frühestens Ende September 2002, auf welchen Ort die Wahl fallen wird. Lassen wir uns überraschen!

Jüngste Sprösslinge von über 100 Jahren städtischem Linienverkehr: Niederflurbusse in der Universitätsstraße

Weichenstellungen

Von Pferdedroschken und der Tram zum modernen Niederflurbus

von Franz-Josef Hanke

Zwei Bahnhöfe – der Hauptbahnhof im Norden und der Südbahnhof am entgegengesetzten Ende der Stadt – verbinden Marburg seit dem Bau der Main-Weser-Bahn von Frankfurt nach Kassel im Jahre 1850 mit der „weiten Welt". Die verwinkelte Oberstadt und das enge Tal entlang der Lahn liegen indes abseits. Eine Verkehrsverbindung zwischen der Stadt und dem Hauptbahnhof war vonnöten. Erstes innerstädtisches Verkehrsmittel Marburgs war das Taxi. Im Jahr 1878 eröffnete der „Fuhrwerksbesitzer" F. Schaaf einen Taxidienst mit Pferdekutschen. Sein Nachfolger Bruno Deckmann bediente die Strecke zwischen dem Hauptbahnhof und der Oberstadt ab 1899 regelmäßig. Marburgs erstes Linienverkehrsmittel fuhr vom Hauptbahnhof durch die Bahnhofstraße, die Elisabethstraße und den Pilgrimstein über den Rudolphsplatz, die Universitätsstraße, den Wilhelmsplatz, durch das Barfüßer Tor und die Barfüßerstraße zum Marktplatz. Die Streckenlänge betrug 2,5 Kilometer. Eine Fahrt im Pferdebus kostete die Bürger damals 25 Pfennige. Die rotlackierten Wagen trugen die Aufschrift „Durch die Stadt und nach dem Bahnhof". Nach vier Jahren Pferdebusbetrieb beschlossen Marburgs Stadtväter, die Verbindung

Mit 2 PS auf Meterspur: Die Pferdebahn von 1903

zwischen dem Hauptbahnhof und dem Stadtzentrum auf Straßenbahnbetrieb umzustellen. Obwohl bereits eine elektrische Bahn vorgeschlagen worden war, entschieden sich die konservativen Marburger für einen Pferdebahnbetrieb.

Die Gleisanlagen errichtete die Stadt, die Betriebsführung übernahm der ortsansässige „Möbeltransporteur" Eduard Heppe. Das 1881 gegründete Unternehmen war in unterschiedlichsten Zweigen des Fuhrgewerbes tätig. Seine Transportaufgaben reichten vom Betrieb von Leichenwagen bis hin zur Unterhaltung von Postkutschen und einer Poststation. Noch heute ist das Unternehmen als Möbelspedition tätig. Aus Heidelberg kaufte Heppe sechs Waggons, die dort nach der Umstellung auf elektrischen Straßenbahnbetrieb nicht mehr benötigt wurden. Die Wagen hatten eine Spurweite von einem Meter. 13 Pferde erlaubten einen doppelspännigen Betrieb. Die 1903 eröffnete Strecke war – gegenüber dem Pferde-Omnibus – auf den Abschnitt Hauptbahnhof – Wilhelmsplatz verkürzt worden. Die Remise für die Wagen befand sich am Wilhelmsplatz nahe der Einmündung zum Barfüßertor. Noch heute kann man dort Reste meterspurigen Gleises sehen. 1904 verlängerte man die Strecke über den Wilhelmsplatz hinaus durch das Barfüßertor und die Barfüßerstraße bis zum Heumarkt. Doch war das Fahrgastaufkommen auf diesem Streckenabschnitt so gering, dass der Betrieb bald wieder eingestellt wurde. Auch war eine Pferdebahn schon Anfang des 20. Jahrhunderts nicht mehr zeitgemäß. So beschlossen die Stadtväter eine Umstellung auf elektrischen Betrieb.

Am 23. November 1911 nahm die elektrische Straßenbahn ihren Betrieb auf. Anders als bei der Pferdebahn, übernahm die Stadt die Betriebsführung nun selbst.

Die eingleisige Strecke vom Hauptbahnhof zum Wilhelmsplatz war 2,4 Kilometer lang. An der Elisabethkirche, am Schlachthof und an den Stadtsälen in der Universitätsstraße erlaubten Ausweichen jeweils die Begegnung von Fahrzeugen. Die Bahn verkehrte im 7 1/2-Minuten-Takt, der Fahrpreis betrug 10 Pfennige. Schaffner gab es zunächst keine, die Fahrgäste mussten das Fahrgeld beim Einsteigen abgezählt in eine Zahlbox werfen.

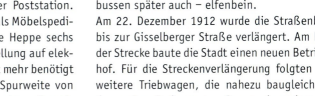

Zur Eröffnung lieferte die Waggonfabrik Gebrüder Credé & Co. in Kassel fünf zweiachsige Triebwagen. Ihre Farbgebung war – wie bei allen Trambahnwagen und Oberleitungsbussen später auch – elfenbein.

Am 22. Dezember 1912 wurde die Straßenbahn bis zur Gisselberger Straße verlängert. Am Ende der Strecke baute die Stadt einen neuen Betriebshof. Für die Streckenverlängerung folgten fünf weitere Triebwagen, die nahezu baugleich mit der ersten Serie waren. Das noch vorhandene

Abschied: Am 17.5.1951 fuhr die Straßenbahn zum letzten Mal

Info

Omnibusfreunde Marburg

Die Omnibusfreunde Marburg (OFM) haben im Juni 1998 ihren Verein gegründet, um historische Marburger Busse vor dem Verschrotten zu retten. Erstes Museumsstück war der ehemalige Schlossbus 191, der zwischen 1969 und 1996 seinen Dienst auf der Linie 16 vom Rudolphsplatz zum Schloss versah. Weitere Omnibus-Oldtimer folgten. Ziel der Omnibusfreunde ist der Aufbau eines rollendes Museums ehemaliger Marburger Stadtbusse. Im Bestand befinden sich unter anderem ein Gelenkzug vom Baujahr 1975, ein Vorortbus von 1977 und der klassische Standardlinienbus. Neben der Restaurierung von Bus-Veteranen widmet sich der Verein auch der Nahverkehrsgeschichte. So erschien zum 100-jährigen Jubiläum des Marburger Buslinienverkehrs die Festschrift „Mit Hafer, Strom und Diesel – vom Pferdeomnibus zum Niederflurgelenkbus".

Freie Fahrt für die Großen...

...Freifahrt für die Kleinen

Ulkig: Der erste „Schlossbus", ein Opel Blitz von 1954

ten.
Mit dem Zweiten Weltkrieg nahte auch das Ende der Marburger Straßenbahn.
Nachdem 1940 die erste Buslinie Marburgs vom Markt zum Tannenberg in Betrieb gegangen war, beschloß die Stadt 1941, die Straßenbahn auf Oberleitungsbusbetrieb umzustellen. Diese Pläne wurden aber wegen der Kriegszeiten zurückgestellt.

Die eingleisige – in Straßenmitte angelegte – Strecke entsprach in der prosperierenden Nachkriegszeit nicht mehr den Anforderungen an ein modernes Verkehrsmittel. So musste die Tram am 17. Mai 1951 dem Obus weichen.
Bis 1968 verkehrten zwischen dem Hauptbahnhof und dem Südbahnhof nun elektrisch betriebene Busse. Für jede Fahrtrichtung gab es eine eigene Oberleitung. Im Gegensatz zur Straßenbahn führ-

Pferdebahngleis vom Wilhelmsplatz zum Heumarkt wurde am 1. April 1913 ebenfalls elektrifiziert. Auch diesmal rentierte sich diese Strecke aber nicht, so dass sie am 1. August 1914 schon wieder eingestellt wurde.
Mitte der 30er Jahre erreichte die Marburger Straßenbahn ihre größte Ausdehnung. Am 5. Dezember 1934 erfolgte noch eine kurze Streckenverlängerung über die Schützenpfuhlbrücke zum Südbahnhof. Die Gesamtstreckenlänge betrug nun 3,64 Kilometer, die in 17 Minuten durchfahren wurden. Der Fahrplantakt war 8 1/2 Minu-

Sauber: Der umweltfreundliche Obus verkehrte bis 1968

Bitte einsteigen – doch Fahrräder müssen draußen bleiben

te dieser Fahrdraht aber nicht mehr durch den Pilgrimstein, sondern durch die Deutschhausstraße und die Biegenstraße zum Rudolfsplatz. Fünf Obusse versahen in Marburg ab 1951 ihren Dienst, ein Jahr später kamen zwei weitere hinzu. 1956 folgte ein achter Obus aus der Fabrikation der Waggonfabrik Uerdingen. 1961 schließlich erhielten die Stadtwerke ihre ersten beiden Gelenkfahrzeuge. Diese Henschel-Gelenktrolleybusse waren zugleich die letzten Obusse, die nach Marburg kamen.

Der Bau der Stadtautobahn 1968 kostete nicht nur viele Bürger ihre Ruhe, sondern auch den Obus seine Existenz. Seit dem dem 6. Oktober jenes Jahres verkehren in Marburg nur noch Dieselbusse. Auf den Stadtlinien kommen fast nur noch Fahrzeuge in der fahrgastfreundlichen Niederflurbauweise zum Einsatz.

Seit der Gründung des Rhein-Main-Verkehrsverbundes (RMV) gehört der Landkreis zum Verbundgebiet. Als erster Verkehrsbetrieb Deutschlands haben die Stadtwerke Marburg 1995 ein berührungsloses Fahrpreisabrechnungssystem eingeführt.

Trotz aller Neuerungen unverändert geblieben ist indes die Hauptachse des Marburger Stadtliniennetzes: Die meisten Fahrgäste befördert der Stadtbus immer noch auf der Strecke zwischen Hauptbahnhof und Südbahnhof.

Bitte umsteigen: Der Kreis gehört seit Gründung des RMV zum Verbundgebiet

Amt für Grünflächen, Umwelt- und Naturschutz
Abteilung Umwelt
Universitätsstraße 4
35035 Marburg

Umwelttelefon Marburg
201-403

- Umweltberatung
- Abfallberatung
- Beratung bei Schadstoffen in Innenräumen
- Faltblätter
- Broschüren
- Umweltberichte
- Agendabüro

Mo.–Fr.: 8.30–12.00 Uhr • Do.: 15.00–18.00 Uhr • gruenflächen@marburg-stadt.de • agendabuero@marburg-stadt.de

Kontaktpflege: Foto Marburg beherbergt 1,2 Millionen Negative

Allerheiligstes im Hülsen-Haus

Das Bildarchiv Foto Marburg

von Julia Dombrowski

Stellen Sie sich vor: Sie kommen aus einem kleinen Dorf mittelgeringer Bedeutung, einem kleinen Dorf in Ostwestfalen etwa. Sie verspüren den nostalgischen Wunsch, ein inzwischen längst abgerissenes Bauernhaus dörflicher Baukunst in eben diesem, fern Ihrer heutigen Heimat gelegenen Dorf zu betrachten. Es ist wundersam, aber wahr: Ihnen kann geholfen werden.

Nicht weniger als 1,2 Millionen Negative, viele davon noch auf Glasplatten, beherbergt das Allerheiligste des weltweit größten Bildarchivs, die ansässige Institution „Foto Marburg". In den Kellerräumen des Ernst-von-Hülsen-Hauses bewahren eine Lufttemperatur von 18° Celsius und eine ständige Luftfeuchtigkeit von 35 bis 40 % ebenso wie der emsige Negativrestaurator, der im ständigen Kampf gegen die Auswirkungen früherer, unsachgemäßer Lagerungen lebt, den Schatz. Um die Geschichte von Foto Marburg zu verstehen, ist eine Rückschau bis 1913 vonnöten, dem Gründungsjahr des Kunsthistorischen Instituts der Philipps-Universität. Erster Ordinarius für Kunstgeschichte wurde der aus Posen in Westpreußen berufene Richard Hamann (1879-1961). Unter seinem konzeptionellen Einfluss wurde im Jahr 1927 der „Jubiläumsbau" (das spätere „Ernst-von-Hülsen-Haus") fertiggestellt, in dem unter anderem die Kunstgeschichte und die Archäologie unter einem Dach zusammengefasst wurden. Zunächst jedoch rief Hamann noch im Jahr seiner Berufung die „Photographische Gesellschaft" ins Leben, aus der das heutige Foto Marburg entstand. Die Gesellschaft baute, teils durch eigene Aufnahmen, teils durch Ankäufe dokumentarischer Fotografien, eine Bildersammlung für die kunsthistorische Forschung auf.

Denn Kunsthistorie kann nur betrieben werden mit geeignetem Anschauungsmaterial – eine banale Weisheit, doch fundamentale Voraussetzung dieser Geisteswissenschaft: Es lässt sich schwerlich der Baustil des Mailänder Doms besprechen, wenn man ihn noch nie gesehen hat. War vor der Entstehung der Fotografie noch die Druckgrafik als reproduzierendes Mittel angewandt worden, konnte von Mitte des 19. Jahrhunderts an Dank der neuen Technik ein noch genaueres Abbild von Kunst und Architektur produziert werden; die Kunstgeschichte hatte das Potenzial des neuen Arbeitsmittels „Lichtbild" schnell für sich entdeckt.

„Auch für Richard Hamann war die Fotografie als Erkenntnisinstrument und als Medium der Dokumentation von Kunst von zentraler Bedeutung. Er verlangte von seinen Studenten und Mitarbeitern das Erlernen des Fotografierens und bot bereits im Jahre 1914 eine Lehrveranstaltung mit dem Titel ‚Photografie und Kunst. Praktikum' an. Ganz folgerichtig wurde 1927 ein Lektor für wissenschaftliche Fotografie eingestellt, und Exkursionen wurden grundsätzlich mit Geräten, Stativen, Kameras, Aufnahmekanonen und Linsen mit überlanger Brennweite durchgeführt, auch wenn all dies notfalls auf

Sichtung:
Wer nicht ins www will, wird in den Katalogen fündig

einem Eselsrücken durch die Pyrenäen transportiert werden mußte", wie der wissenschaftliche Mitarbeiter Fritz Laupichler auf der Homepage des Bildarchivs (www.fotomr.uni-marburg.de) zu berichten weiß.

Durch die fotografische Tätigkeit Hamanns und seiner Assistenten und Studenten wuchs der Bestand an Negativen kontinuierlich an, das Archiv umfasste Ende der 30er Jahre ca. 250.000 Aufnahmen und durfte sich somit bereits damals als eine der größten Sammlungen ihrer Art auf der Welt bezeichnen. Aus diesem Grunde wurde das Bildarchiv, das bis dahin als privater Verein von der „Gesellschaft der Freunde des kunsthistorischen Seminars" getragen worden war, 1958 vom Land Hessen übernommen und in das Forschungsinsitut für Kunstgeschichte und damit in die Philipps-Universität integriert.

Gewürdigt wurde das Bildarchiv weit

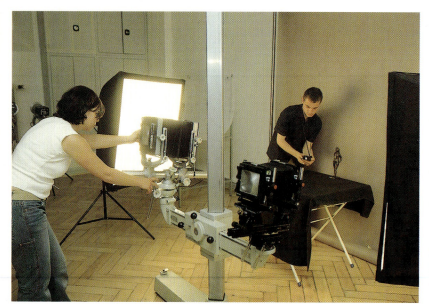
Blendenwerk: Dokumentieren mit der Großformatkamera

Inzwischen sind 500.000 Bilder von Kunstwerken und Bauwerken in Deutschland ins World Wide Web gestellt, Bestellung von Abzügen per Tastendruck sind denkbar einfach: Eine Sortierung nach Orten, Künstlern oder Themen verlangt vom Nutzer nicht mehr als einige wenige Mausklicks und Tasteneingaben. Oder man begibt sich direkt in die Räumlichkeiten des Bildarchivs, um dort in Katalogen, gewissenhaft nach Orten in alphabetischer Reihenfolge geführt, zu wälzen.

Welchen Weg Sie auch immer wählen, am Ende liegt das gewünschte Bild vor Ihnen – war Ihre Motivation das nostalgische Interesse, dann mit stolzer Befriedigung: Sie sehen es mit einem Mal vor sich, digitalisiert im Internet, oder halten es als abgebildet im Sammelordner in den eigenen

über die Grenzen Marburgs und der Philipps-Universität hinaus schon früh: Bereits im Jahr 1961 sprach der Deutsche Wissenschaftsrat die Empfehlung aus, Foto Marburg zum Zentrum für die kunsthistorische Dokumentation in der Bundesrepublik Deutschland auszubauen. Leider war mit dieser Empfehlung noch keinerlei finanzielle Unterstützung verbunden – trotz des hervorragenden Rufes, den das Bildarchiv ja inzwischen hatte, stagnierte sämtliches Vorankommen: Seit den 30er Jahren war der Bildbestand kaum angewachsen, von fast einem Drittel aller Negative gab es keinen Abzug, mangelnde Systematisierung machte es fast unmöglich, viele Anfragen nach bestimmten Motiven positiv zu beantworten. Die folgenden Versuche zur Systematisierung scheiterten.

Bis in die heutigen Tage hat sich das völlig geändert – nicht zuletzt auch durch die Vorteile des Internets.

Auch ein Objekt privater Nostalgie: Nr. 11 32 665

Händen, Ihr ersehntes, längst abgerissenes Bauernhaus: Neesen „Bauernhaus" um 1613 „Fachwerk" Ng.Nr. 1132665 Aufnahme 1910/1940. Eine geringe Gebühr, eine kurze Wartezeit, und Sie nennen einen Abzug Ihr Eigen.

Ist das Interesse des Suchenden wissenschaftlicher Art, so wird der unglaubliche Wert des Bildarchivs gerade außerhalb der privaten Nostalgie

Rahmenhandlung: Passepartoutschneiden gehört dazu

Das Original vom Künstler selbst zerstört, als Fotografie erhalten:
„Die Wildschützen" von Wilhelm Leibl

für die Kunstgeschichte deutlich. Die ehemalige Leiterin des Bildarchivs Brigitte Walbe verdeutlicht das in einem Aufsatz über die Bedeutung des kunstgeschichtlichen Dokumentationszentrums („Das Bildarchiv Foto Marburg", erschienen in der Fachzeitschrift „Der Fotorestaurator" 4/95). Der deutsche Maler Wilhelm Leibl (1844 – 1900) etwa, der sich durch realistische Darstellungen des oberbayerischen Bauernlebens einen Namen machte, arbeitete vier Jahre an seinem Bild „Die Wildschützen", um es drei Jahre nach Fertigstellung, enttäuscht über das eigene Werk und den ausbleibenden Erfolg, selbst zu zerstören. Wie durch Zufall wurde das Bild in diesen wenigen Jahren seiner Existenz fotografiert, das Bild ist von Foto Marburg archiviert worden. Ebenfalls umfassend ist die Bedeutung der Marburger Bestände angesichts der Folgen des Zweiten Weltkrieges. „Keiner weiß, wie viele Kunstwerke nach ihrer physischen Zerstörung heute nur noch in Fotografien des Bildarchivs existieren", so Walbe.

Die zitierten Aufsätze wurden freundlicherweise von Foto Marburg zur Verfügung gestellt.
Wir danken vielmals für diese Unterstützung.

Einblick: EDV – hier ein Negativ-Scanner – erleichtert die Archivierung

Glanz und Glamour für die „Neue Mitte": Das Cineplex-Kinocenter

Lichtblicke

Kino ist ein Teil der Stadt

von Frank Magdans

Kneipe und Kino – die favorisierten Orte abendlichen Verlustierungsdrangs. Im Durchschnitt zieht es den Marburger siebenmal jährlich in die dunklen Vorführungssäle, so dass sich die Besucherzahlen der letzten Jahre auf über 600.000 p.a. belaufen – inklusive aller Sondervorstellungen. Sage da noch jemand, das visuell unterhaltende Leben an der Lahn habe Provinzcharakter. Außerhalb des Mainstreams laufen zwar nicht alle Filme zeitgleich zum Bundesstart an, doch das liegt meist an den wenigen Kopien, die die Verleihfirmen auf dem Markt anbieten. Seitdem das „Cineplex"-Kinocenter am Gerhard-Jahn-Platz seine Pforten geöffnet hat, dürften sich die Zahlen noch ein wenig geändert haben, denn allein im ersten Betriebsjahr gingen 608.802 Karten über die Verkaufstresen. Allerdings hat der Glaspalast – neben der benachbarten Kunsthalle einer der „Kulturbausteine" und Kassenmagnet von Marburgs „Neuer Mitte" – seit seiner Eröffnung am 23. November 2000 „gravierende Folgen auf alle traditionellen Kinos gehabt", wie Betreiber Gerhard Closmann zu erzählen weiß. Unter anderem schlossen die Kinomacher das Raucherparadies „Rex" und das „Movie" in der Schwanallee. Da vor allem im gegenüberliegenden Capitol-Center ein extremer Besucherrückgang zu verzeichnen war, entschied sich die alteingesessene Kinobetreiberfamilie, das Innere des Gebäudes im Sommer 2002 einer Komplettrenovierung zu unterziehen.

Hubert Hetsch, ausgewiesener Kubrick-Verehrer, ist seit 1986 mit Partner Closmann Inhaber der Kinos in der Oberstadt. Gemeinsam mit seiner Frau Irmgard betreibt er die Filmkunsttheater „Kammer", „Atelier" und „Palette" am Steinweg und verzeichnet seit der Eröffnung des Cineplex einen 50%igen Besucherrückgang. Geld, das beispielsweise dringend zur Instandhaltung und zum Brandschutz der in historischen Gebäuden eingerichteten Kinos benötigt wird, kommt zum Glück von anderer Seite: in Form von Preisgeldern, die infolge von Auszeichnungen durch den Bundesminister für Angelegenheiten der

Ein Leben für die Filmkunst: Hubert und Irmgard Hetsch

Treffpunkt für Marburgs Cineasten: Die preisgekrönten Steinweg-Kinos

Gläsern: Blick ins Verkaufsfoyer des „Cineplex"

Kultur und der Medien für Hetschs hervorragendes Programmangebot vergeben werden.

Das Engagement in punkto Angebot ist sowohl bei Closmanns als auch bei Hetschs sehr groß. In der Oberstadt wird eine weitgefächerte Auswahl von Kunst- und Kinderfilmen gezeigt. Darüber hinaus finden in Kooperation mit den Medienwissenschaftlern der Uni und dem Kulturamt Filmreihen sowie Sonderveranstaltungen statt, hin und wieder mit Besuch von Filmschaffenden. Im Capitol sind während der Vorlesungszeit englischsprachige Filme zu sehen, im Cineplex darf man auf die wöchentliche Sneak-Preview gespannt sein, und an Wochenenden und an Feiertagen werden bald anlaufende Streifen in Matineen gezeigt. Des Weiteren wurde ein Kinderkinoclub gegründet.

Marion Closmann ...

...und Vater Gerhard Closmann.
Die Familie macht seit 1913 Kino in Marburg

„Wir sind ein Teil der Stadt", befindet Closmanns Tochter Marion angesichts der Tatsache, dass die Kinobetreiber vor Ort sitzen und ein nahes Verhältnis zu groß angelegten Aktionen in der Stadt pflegten – dies sei der essentielle Unterschied zu großen Kinoketten wie CinemaxX oder CineStar. Die Marburger Kinogeschichte

Seit 1967 Geschichte: Das „Gloria" in der Gutenbergstraße, Aufnahme 1939

Kamerapreis

Im Bewusstsein vieler Kinogänger hat der Beruf des Kameramanns wenig Platz, Namen kennt sowieso kaum jemand. Aber auch die Filmkritik schenkt den stilbildenden Aspekten wenig Beachtung. Eingedenk dessen wurde der Marburger Kamerapreis eingerichtet und im März 2001 erstmalig an Raoul Coutard vergeben. Der jährlich von der Stadt in Kooperation mit der Universität verliehene Preis honoriert Verdienste um national und international herausragende Bildgestaltung in Film und Fernsehen. Die Auszeichnung ist mit 5000 Euro dotiert, jeweils zur Hälfte getragen von der Kinotechnik-Firma ARRI und der Stadt Marburg.

Preisträger 2001: Raoul Coutard

Über die Verleihung des Preises entscheidet ein Beirat, dem ein Vertreter der Marburger Medienwissenschaft, des Kulturamtes der Stadt Marburg, der Marburger Kinobetriebe, des Bundesverbandes Kamera e.V. sowie ein renommierter Filmkritiker angehören.

Preisträger 2002: Frank Griebe

Informationen beim Kulturamt der Stadt Marburg, Tel. 06421/201-467

ist bewegt: Es gab diverse Kinos diverser Betreiber, der Name Closmann spielt aber schon seit 1913 eine Rolle. In der Bahnhofstraße existierten die „Lichtspiele Marburg", die Hermann Closmann 1934 in „Scala" (vom Volksmund „Badewanne" tituliert) umtaufte. 1949 erhielt es den Namen „Roxy". 1966 wurde es von Betreiber Herlitz an Gerhard Closmann verkauft und musste bereits zwei Jahre später Supermarktbauplänen weichen. Ähnlich erging es ein Jahr darauf dem „Gloria" in der Gutenbergstraße.
1953 wurde das „Rex" in der Schwanallee eröffnet, 1974 folgte dann der Bau des „Ateliers", und 1979 kam die „Palette" hinzu – kein unkompliziertes

Alternative

Seit 1994 organisiert das soziokulturelle Café Trauma sein jährliches Kurzfilmfestival „Open Eyes". Die mehrtägige Veranstaltung, die auch bei Wind und Wetter open air auf der Amöneburg stattfindet, hat sich inzwischen zu einem kleinen Klassiker des Kurzfilm-Kinos entwickelt und zeigt neben Beiträgen engagierter Amateure auch Arbeiten namhafter Regisseure des Genres.

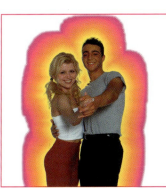

Egal ob für Hochzeit, Ball oder private Feier:
schnell tanzen lernen im *Crash-Kurs* (jeden Monat)

Spezialkurse in Disco-Fox, Tango Argentino,
Latino-Tänze, Salsa/Mambo und *Kindertanz*

Freies Tanzen Fr. ab 22.00, Sa. ab 21.00, So ab 15.15
Fordern Sie unseren Saisonplan an !!!

Die Top Ten
Kassenschlager seit 1982

1. **Titanic** (Capitol und Rex) 56.500 Besucher
2. **Herr der Ringe** (Cineplex) 50.500 Besucher
3. **Harry Potter** (Cineplex) 50.100 Besucher
4. **Der Schuh des Manitu** (Cineplex) 42.000 Besucher
5. **Dirty Dancing** (Rex) 41.000 Besucher
6. **Pretty Woman** (Rex) 39.900 Besucher
7. **Der König der Löwen** (Rex) 36.000 Besucher
8. **Der mit dem Wolf tanzt** (Kammer) 33.000 Besucher
9. **Otto – Der Film** 32.900 Besucher (Rex)
10. **Der bewegte Mann** 32.500 Besucher (Capitol)

Erfrischend: Die Lounge im Cineplex

Bauvorhaben, befinden sich doch die Kinos in einem Komplex alter Fachwerkhäuser in der Oberstadt. 1993 etablierte man das Open-Air-Kino auf der Freilichtbühne im Schlosspark. Seit 1994 wird bei diesen von Mitte Mai bis Anfang September stattfindenden Veranstaltungen ein speziell konzi-

Luftig: Das Open-Air-Kino zieht in den Sommermonaten Filmbegeisterte in den Schlosspark

piertes aufblasbares „Luftkissen" zur Leinwandaufhängung eingesetzt.

Das „Capitol-Center", mit dem sich Josef Closmann 1927 seinen „Lebenstraum" erfüllte – besitzt vier Vorführräume: das „Capitol" (280 Plätze), das „Studio" (180 Plätze), das „Cinema" (75 Plätze) und das „Edison" (34 Plätze). Das „Cineplex" auf der gegenüberliegenden Seite der Biegenstraße ging erst nach einem jahrelangen Verhandlungsmarathon mit den Investoren und dann mit dem Hamburger Kinogiganten „CinemaxX" via Mietvertrag in die Hände der Familie Closmann – zunächst für 25 Jahre. Mit insgesamt 1704 Sitzplätzen in sieben Sälen auf drei Etagen und einer Gesamtfläche von rund 2400 Quadratmetern inkl. verglastem Foyer ist das Center selbstverständlich das größte Kino der Stadt.

Marburger Filmkunsttheater
28. Nov. bis 4. Dez. 2002

Hommage an

STANLEY KUBRICK
* 26.7.1928   + 7.3.1999

Stanley Kubrick: „Jeder, der das Glück hatte, einmal bei einem Film Regie führen zu dürfen, weiß, dass - auch wenn es so sein kann, als ob man versucht ´Krieg und Frieden` in einem Autoscooter auf dem Jahrmarkt zu schreiben - wenn endlich alles geschafft ist, es nicht viele Glücksmomente im Leben gibt, die diesem Gefühl nahekommen."

„Special Services": Nach dem Krieg diente das „Capitol" der amerikanischen Besatzungsmacht, Aufnahme 1949

„Multimedia"- Annonce anno 1912 –
Selbstbedienung und bewegte Bilder

Nicht von Pappe: Existenzgründer Dr. Soner Özen vertreibt Repliken antiker Plast

Innovationsfreude

Existenzgründer sind in Marburg gut aufgehoben

von Peter Rassidakis

Selbständiges Unternehmertum wird in den letzten Jahren bundesweit stark gefördert und von Ländern, Gemeinden und Städten gern gesehen. Zufriedene Menschen, die das tun, was sie tun wollen, Ertrags- und Gewerbesteuer, Innovationstätigkeit, Marktwettbewerb, neue Arbeitsplätze und das Einsparen sozialer Leistungen sind die Hauptgründe dafür. Marburg eignet sich aus verschiedenen Gründen für eine selbständige Tätigkeit, die Gründung eines Unternehmens. Es ist seine Vielfalt an Einwohnern, die einerseits als Nachfrager, andererseits durch ihre Fähigkeiten Selbständigkeit unterstützen. Es ist die geographische Lage, die im Zentrum Deutschlands vieles ermöglicht. Es ist schließlich die Philipps-Universität mit ihrer Tradition und ihren vielfältigen Forschungsgebieten, die für neues Wissen und innovative Ideen sorgt.

Marburgs Einwohnerschaft besteht zu einem Drittel aus Studierenden aller Fachrichtungen und zum größten Teil aus Menschen, die mit der Universität zu tun haben. Dies hat aus zwei Gründen positive Auswirkungen auf die Nachfrage nach Gütern und Dienstleistungen in der Stadt. Erstens bestehen geringe Bindungen an bestimmte Unternehmen, da die Fluktuation der Studierenden relativ hoch ist, und zweitens ist aufgrund der Offenheit der Universitätsmenschen die Nachfrage nach ausgefallenen Produkten und Dienstleistungen höher als in Städten mit vergleichbarer Einwohnerzahl. Für Existenzgründungen bedeutet dies, dass in Marburg ein Angebot eines auf ein gutes Geschäftskonzept gestützten neuen Unternehmens beinahe gleiche Chancen wie ein bereits bestehendes Unternehmen besitzt und dass innovative Geschäftsideen zumeist auf eine positive Resonanz beim ortsansässigen Käuferpublikum stoßen. Darüber hinaus ist Marburg neben Kassel und Gießen ein zentraler Einkaufsort für Nachfrager aus der Region. Einwohner der umliegenden Städte und Dörfer kommen oft nach Marburg, da hier das Angebot an Waren und Dienstleistungen dem einer Großstadt ähnlich ist.

Die geographische Lage Marburgs im Zentrum Deutschlands ist für Unternehmen mit überregionaler Ausrichtung vorteilhaft. Die regelmäßigen Zugverbindungen nach Gießen, Frankfurt und Kassel sowie die Autobahnverbindungen ermöglichen eine große Mobilität für Unternehmer. Darüber hinaus sind Geschäftspartner meistens gerne bereit nach Marburg zu kommen, da dies aufgrund der Lage, Anbindung und der relativ günstigen Übernachtungs- und Tagungsräumlichkeiten sowie der entspannenden Atmosphäre besonders attraktiv ist.

Gewerbliche Flächen gibt es in Marburg in verschiedenen Größen und Preiskategorien. Die „mittelalterliche" Oberstadt gilt als teuerster Standort für Unternehmen, obwohl die Preise hier im Vergleich zu Innenstädten größerer Ballungsgebiete außerordentlich preiswert erscheinen. Wer nicht unbedingt sein Geschäft auf Laufkundschaft ausrichten muss oder will, kann Gewerbeflächen am Rand der Innenstadt oder in den Vororten Marburgs für sein Vorhaben in Betracht ziehen. Letztere sind preislich sehr attraktiv und infolge der bestehenden Einkaufszentren in den Vororten Wehrda und Cappel gut besucht.

Außer den bereits erwähnten positiven Auswirkungen des Universitätsstadtcharakters auf die Nachfragestruktur der Stadt Marburg, liefert die Philipps-Universität Marburg auch weitere Vorteile für eine Existenzgründung. Diese beziehen sich auf das Angebot in diesem Bereich, das durch die Universität entsteht und unterstützt wird.

Zahlreiche Mitglieder der Philipps-Universität Marburg haben in der Vergangenheit Unternehmen gegründet und Institute aufgebaut. Beispielsweise Jakob und Wilhelm Grimm, die von Arnims, von Savigny, Robert Bunsen, Denis Papin, Emil von Behring oder Karl Ziegler haben Hervorragendes für Wirtschaft und Wissenschaft geleistet. Die Philipps-Universität umfasst als traditionelle Forschungsuniversität alle üblichen Fakultäten. Abgesehen von der Innovationskraft der naturwissenschaftlichen Fachbereiche wie Physik, Chemie, Medizin oder Biologie, bestehen enorme Synergiepotenziale durch die sozial- und geisteswissenschaftlichen Fakultäten wie Wirtschaftswissenschaften, Rechtswissenschaften oder Psychologie.

Letzteres wird in Marburg durch gemeinsam besuchte Hörsaalgebäude, Mensen und Cafés auf eine besondere Art zusätzlich gefördert. Studen-

Ideenschmiede Uni:
Wird hier ein „Start Up" vorbereitet?

Startchancen für Gründer

Im Rahmen der Konversion von Militärflächen entstanden folgende Projekte:

Software Center Marburg 5.200 qm Bürofläche, 530 qm variable Seminarfläche, moderne Netzinfrastruktur, Internet-Einwählpunkt und Durchführung der Online-Initiative Hessen, eigene Restauration, Starterblock für Existenzgründer, Zentrale Dienste, Tagungsmanagement etc.

SCM
www.scm.de

Gründerzentrum Marburg
2.300 qm Fläche, 12 Büro- bzw. Werkbereiche zwischen 65 qm und 200 qm, sehr günstige Mietkonditionen, verschiedene Service- und Beratungsleistungen, Post-, Telefon-, Kopier- und Faxservice, Schreibdienst, Besprechungs- und Seminarräume etc.

GZM

www.marburg.de   Quelle: Stadt Marburg

ten treffen sich in der Oberstadt oder in den Räumen des Studentenwerks und können sich dort direkt und unkonventionell gegenseitig unterstützen. Die Freundes- und Bekanntenkreise sind oftmals fachübergreifend, so dass man hier leicht Kontakt knüpfen kann. Studierende und Mitarbeiter der naturwissenschaftlichen Fachbereiche erfinden oftmals Produkte oder Verfahren, die genug Potenzial besitzen, um sich auf dem Markt erfolgreich zu etablieren. Durch unbürokratische Zusammenarbeit mit Mitarbeitern anderer Fakultäten entsteht eine Innovation, also ein marktfähiges Produkt, das rundum von Spezialisten betreut wird.

Innerhalb der Universität bestehen zwei Institutionen, die Förderung von Existenzgründung zu ihren Kernkompetenzen zählen. Einerseits ist dies die Transmit GmbH, die Verwertungen von Patenten und Wissen aus der Philipps-Universität fördert, und andererseits das Marburger Förderzentrum für Existenzgründer aus der Universität (Mafex), welches durch sein Trainings- und Beratungsprogramm sowie über sein Expertise-Netzwerk unternehmerische Ausbildung, Beratung und Coaching während der Vor- und Gründungsphase der Unternehmen anbietet.

Die Philipps-Universität bildet außerdem einen tragenden Faktor für das Innovationspotential bestehender Unternehmen in Marburg und der Region. Große und kleine Unternehmen forschen in Projektarbeit mit Arbeitskreisen der Universität nach Problemlösungen und Innovationen für ihre Betriebe und integrieren somit den neuesten Stand der Forschung und Entwicklung in ihre Unternehmen. Oftmals entstehen aus solchen Kooperationen Joint-Ventures oder Ausgründungen, die von allen Beteiligten gemeinsam getragen werden.

Im Zuge des Aufschwungs in den Bereichen Informationstechnologie und Naturwissenschaften sind sowohl die Stadt Marburg als auch der Landkreis darauf aufmerksam geworden, dass hier ausgezeichnete Voraussetzungen für Existenzgründungen vorliegen. Mit Hilfe der Computertechnologie ist es leicht geworden, als einzelner Spezialist oder gemeinsam mit wenigen anderen eine Organisation zu schaffen, die mit einer schlanken Struktur eine Erfindung zur gewinnbringenden Innovation transformiert. Die Stadt Marburg hat Gründungszentren geschaffen, die günstige Gewerbeflächen und die nötige Infrastruktur für Jungunternehmer anbieten.

Darüber hinaus bieten die Stabstelle Wirtschaftsförderung der Stadt Marburg sowie die Wirtschaftsförderung des Landkreises, die IHK und das Arbeitsamt Marburg Existenzgründern ihr Netzwerk und ihre Hilfestellung in Form von Beratungen und öffentlichen Vorträgen an. Die regionalen Banken, Sparkasse Marburg-Biedenkopf und Marburger Bank, haben gesonderte Abteilungen für die Finanzierung von Existenzgründungen gebildet, um die bundesweiten öffentlichen Finanzierungprogramme für Jungunternehmer anzubieten und zu bearbeiten. Das Arbeitsamt Marburg führt darüber hinaus Trainingsmaßnahmen für Existenzgründer durch und leistet im Falle einer Gründung finanzielle Unterstützung in Form von Überbrückungsgeldern. Banken, Beratungsunternehmen und Stadt arbeiten schließlich eng zusammen, um Jungunternehmern in den ersten Schritten ihrer Existenz unterstützend zur Seite zu stehen.

Klassiker Computertechnologie: Stefan Koch „schraubt" für die EDV der Philipps-Universität

Das **Marburger Förderzentrum für Existenzgründer aus der Universität**, kurz Mafex, wurde im Jahr 1998 als gemeinnützige Stiftung gegründet. Seine Aufgabe besteht darin, Studierende, Mitarbeiter oder Absolventen der Universität beim Aufbau einer Existenzgründung zu unterstützen. Das Förderzentrum entwickelte dafür ein mehrstufiges Konzept, welches in jeder Phase – von der Ideenfindung bis hin zu den ersten Jahren der Selbständigkeit – Jungunternehmer begleitet. Dies geschieht primär durch Trainings, die Mafex semesterbegleitend anbietet. Diese vermitteln sowohl das notwendige ökonomische Wissen als auch fachübergreifende Kompetenzen, sog. „weiche Faktoren", die für die Selbständigkeit notwendig sind. Die Dozenten des Mafex sind Akademiker und Praktiker aus verschiedenen Bereichen der Forschung bzw. Wirtschaft. Sobald Existenzgründer ein konkretes Vorhaben realisieren möchten, bietet Mafex eine Individualbetreuung an. Dabei wird in Zusammenarbeit mit dem Gründer das Unternehmenskonzept erarbeitet und der Finanzierungs- sowie Personalbedarf ermittelt. Nach der Gründung steht das Förderzentrum als Coach das Unternehmen zur Verfügung. Für die Beratung und das Coaching nutzt Mafex neben seinen eigenen Ressourcen ein umfangreiches Netzwerk von Spezialisten und ehemaligen Existenzgründern, die notwendige Expertisen für die jeweilige Situation einbringen.

Seit 1998 hat Mafex Kontakt zu etwa 600 potenziellen Gründern geknüpft. Gegenwärtig (2002) begleitet Mafex ca. 140 Gründungen in und außerhalb Marburgs. Schließlich ging Mafex zahlreiche Kooperationen mit öffentlichen und privaten Institutionen ein und wurde in das vom Bundesministerium für Bildung und Forschung geförderte „Exist"-Programm eingegliedert.

Mafex
Gutenbergstr. 3
35037 Marburg
Leitender Direktor: Prof. Dr. Jochen Röpke
Tel. 06421 / 28 – 22137, Fax 06421 / 28 – 23193
Internet: www.mafex.de, E-mail: service@mafex.de

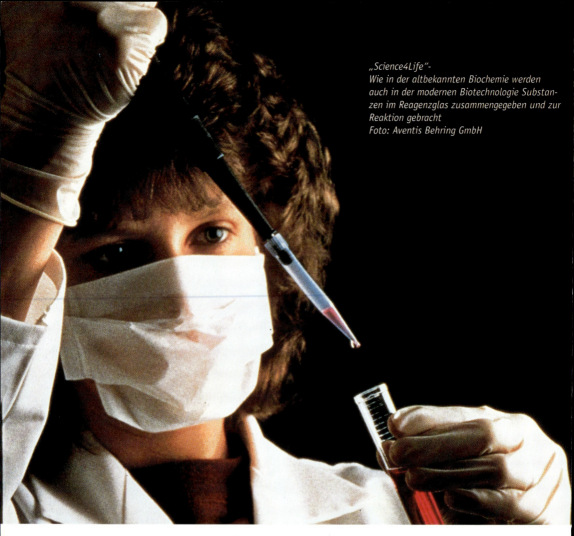

„Science4Life"-
Wie in der altbekannten Biochemie werden auch in der modernen Biotechnologie Substanzen im Reagenzglas zusammengegeben und zur Reaktion gebracht
Foto: Aventis Behring GmbH

Zukunftsweisende Szenarien

Biotechnologie-Initiative und „Marburg 2010"

von Jochen Stauder und Roloff Johannsen

Zu Marburgs herausragenden wirtschaftlichen Entwicklungspotenzialen gehört zweifellos der „Science4Life"-Sektor. Das zeigen nicht nur die Wachstumsraten der aus den ehemaligen Behringwerken hervorgegangenen Unternehmen in Marbach, im Forum Marburg und in Michelbach/Görzhäuser Hof. Auch die Philipps-Universität mit ihren Fachbereichen Biologie, Chemie, Medizin, Pharmazie und das Max-Planck-Institut belegen eindrucksvoll, welches wissenschaftliche und wirtschaftliche Entwicklungspotenzial in ihnen verborgen ist. Das gute

Abschneiden im interuniversitären Ranking und die jährlichen Teilnehmerzahlen aus Marburg mit vielen prämierten Unternehmenskonzepten im bundesweiten Wettbewerb „Science4Life" sind ein deutlicher Beweis dafür.

Die Vision, dass sich die Erfolgsgeschichte des Wissenschaftlers an der Universität, Nobelpreisträgers und Unternehmers Emil von Behring wiederholen möge, wird von vielen Akteuren der wirtschaftlichen Entwicklungsförderung aus den Bereichen Universität, Wirtschaft und Politik geteilt. Die Chance, die der Standort Marburg bietet, und die Notwendigkeit seiner Weiterentwicklung werden einhellig anerkannt und gefordert. Entsprechend hat mit dem Leitbild „Marburg 2010: Ausbau des Wissenschaftsstandortes Marburg in regionaler Kooperation zu einem anerkannten Standort für Zukunftstechnologie-Unternehmen in Deutschland mit hoher Lebensqualität als Impulsgeber für die gesamte mittelhessische Region" die Wirtschaftsförderung der Stadt nicht erst seit 1997 eine ganze Reihe von Maßnahmen und Projekten verfolgt, die sich heute kooperativ zu einem dichtgeflochtenen Fördernetzwerk für Unternehmensgründer und junge Unternehmen zusammenfügen. Es lässt sich erkennen, dass gute Voraussetzungen für junge Wissenschaftler gegeben sind, in der Ausbildung erworbenes Wissen in unternehmerische Vorhaben am Standort Marburg umzusetzen.

Im Bereich der Science4Life sind die Voraussetzungen besonders günstig, weil mit dem Zusammenwirken von Kapazitäten der Universität und des Max-Planck-Institutes, der Behringnachfolgefirmen und der Stadt einzigartige Standortbedingungen vorliegen, die in dieser räumlichen Dichte wohl einmalig in Deutschland sein dürften. Die Universität hilft jungen Leuten durch die

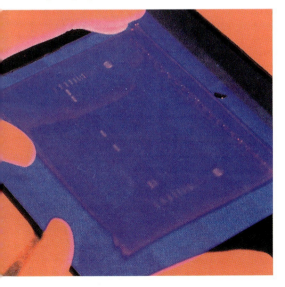

Reagenden – biologische Scheren – zerschneiden die Erbsubstanz an definierten Stellen und machen sie so für eine Analyse zugänglich   Foto: Aventis Behring GmbH

**Projektentwicklung
Immobilien- und Flächenmanagement**

Weitere Informationen: Stadtentwicklungsgesellschaft
Marburg mbH
Markt 1, 35037 Marburg
Tel.: 06421/9118-0
Fax.: 06421/9118-20
E-Mail: info@seg-marburg.de

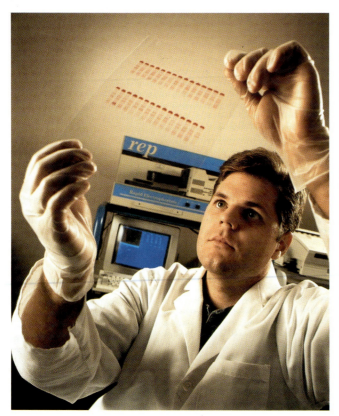

*Durch biotechnologische Verfahren sind u.a. Möglichkeiten geschaffen, neue Wirkstoffe des Körpers zu entdecken oder Krankheitsentstehung und -verlauf aufzuklären
(Foto: Aventis Behring GmbH)*

Vermittlung von Gründungswissen, Umsetzungshilfen bei der Verfolgung der ersten „Gehversuche" und durch zeitlich befristete Überlassung von Laboreinrichtungen im Rahmen der sogenannten sanften Gründung. Mit dem Knowhow bereits etablierter großer und kleiner BioTech-Firmen finden junge Gründer potenzielle Partnerschaften, wenn es um das branchenbezogene Wissen geht. Und schließlich bietet die Stadt engagiert Hilfen bei der nachhaltigen Gründung eines Unternehmens in Marburg.

Um den Bereich der Science4Life, insbesondere die Entwicklung der Biotechno-

---

**MOTUS Engineering
GmbH & Co. KG**

Am Wall 17
D-35041 Marburg
Tel. +49 (0) 6420-8382-50
Fax +49 (0) 6420-8382-59

Pharmatechnik
Pharmaceutical engineering

Sondermaschinen
Special machines

Beratung
Consulting

MOTUS Engineering ist ein auf die Pharmaindustrie ausgerichteter Dienstleister für Maschinen und Anlagen, sowie spezialisiert auf die Planung und den Bau von Be- und Entladesystemen für pharmazeutische Gefriertrocknungsanlagen, Sondermaschinen und Vorrichtungen.

Email: info@motus-engineering.de   http://www.motus-engineering.de

MOTUS Engineering is a professional service company for installations of pharmaceutical engineering. Furthermore MOTUS Engineering is specialized in the planning and the construction of loading and unloading systems for pharmaceutical freeze drying installations, different kinds of special machines and handling devices.

Fördernetzwerk Marburg

logie und deren praktische Nutzung, weiter voranzutreiben, hat der Oberbürgermeister im Zusammenwirken mit Vertretern des Landes, der Universität, des Max-Planck-Instituts und den Spitzen der Behringnachfolgefirmen eine Biotechnologie-Initiative gestartet.

Potentiellen Unternehmensgründern und jungen Start-Up-Unternehmen wird praktische Hilfestellung geboten, indem Kooperationspartner vermittelt sowie Förderungsmöglichkeiten aufgezeigt und bereitgestellt werden. Begleitet wird die Biotechnologie-Initiative durch einen Beirat, dem leitende Funktionsträger der Universität, des Max-Planck-Institutes, der Behringnachfolgegesellschaft, des Landes Hessen und der Stadt Marburg angehören.

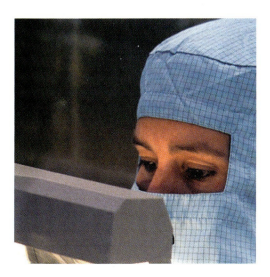

Info

Zur Biotech-Branche am Standort Marburg gehören u. a. folgende Unternehmen:

Aventis Behring GmbH • Aventis Pharma Deutschland GmbH • Biotrade GmbH • Biotrade Gesellschaft für Biochemikalien und stabile Isotope mbH • ChipO AG • Chiron Behring GmbH & Co. • Chiron Behring GmbH Verwaltungsgesellschaft • DDV Diagnostika Vertriebs GmbH • DRG Instruments GmbH • Glycon Biochemicals Entwicklungs- und Vertriebs GmbH • Hoechst Marion Roussel Deutschland GmbH • Marpha Pharma-Agentur • Mochem GmbH • Motus Engineering GmbH & Co. KG • nadicom Gesellschaft für angewandte Mikrobiologie mbH • Reichwagen Analytics GmbH • Taros Custom Chemicals e. K. • Temmler GmbH • Tricholog GmbH • Trinova Biochem GmbH • vectron therapeutics AG.

Abkürzungsverzeichnis

TransMIT:	Gesellschaft für Technologietransfer mbH im Transferzentrum Mittelhessen
RKW:	Rationalisierungs- und Innovations zentrum der Deutschen Wirtschaft e. V.
TSH:	TechnologieStiftung Hessen
VC:	Venture Capital
MAFEX:	Marburger Förderzentrum für Existenzgründer aus der Universität
setUp-Scout:	Wissen und Hilfe für Existenzgründer
Sesampool:	Informationsverbund regionaler Fördereinrichtungen

Als Ansprechpartner und Koordinatoren der Initiative Biotechnologie Marburg stehen zur Verfügung:

Dr. Roloff Johannsen
Tel.: (0 64 21) 2 01-5 58

Dr. Jochen Stauder
Fax: (0 64 21) 2 01-2 93
E-mail: wirtschaft@marburg-stadt.de

Der Philosoph privat: Bruno Paoletti in seinem 5-qm-Domizil am Lutherischen Kirchhof

Mensch mit wichtigen Anliegen

Bruno Paoletti - Lebenskünstler und lebendes Kunstwerk

von Gesa Coordes

Er lebt auf fünf Quadratmetern, besitzt weder Telefon noch Fernseher und liebt Aktionskunst: Mal springt er als weiß gewandete Braut durch Marburgs Gassen, mal angelt er als Fischer mit einem Skistock nach Sardinenbüchsen, mal entsteigt er als Müllmann den Abfalltonnen der Oberstadt. Bruno Paoletti tritt als lebendes Kunstwerk auf, um auf seine Forderungen aufmerksam zu machen: „Rente ab 60 für alle" zählt zu seinen wichtigsten Anliegen.
In säuberlicher Kinderschrift schreibt er auf eine Schiefertafel, wenn er sich als Schüler inszeniert:

Schwarzes Hemd, weißer Kragen, Kniestrümpfe und Baskenmütze. Trotz der ergrauten Haare und des langen Bartes ist er in seiner Rolle sofort erkennbar. Nur die alte Schulbank ist ihm im Laufe der Jahre zu klein geworden.
Dafür ist sie eng mit seinem Leben verknüpft: Die winzige Schulbank stammt noch aus dem Waisenhaus im norditalienischen Gorizia, in dem Paoletti aufgewachsen ist. Damals wurde das Klappmöbel für den Unterricht an der frischen Luft benutzt.
Viel gelernt hat der 58-Jährige, der nach eigenen

Angaben kaum lesen und schreiben kann, dort nicht. Darum mutet es auch wie Ironie an, wenn Bruno Passanten bittet, seine neueste Aufforderung korrekt in ein Schulheft zu schreiben: „Die Welt gehört allen Lebewesen, darum: Toleranz und Respekt, notieren sie. „Das haben Sie richtig geschrieben, lobt er dann mit seinem italienischen Akzent und spendet den Mitspielern zur Belohnung ein Bonbon.

Die Marburger machen durchaus bereitwillig bei den Aktionen mit. Die Universitätsstadt sei schließlich das „El Dorado der Performance", erklärt Bruno. Toleranz wünscht er sich nicht nur für Ausländer und Außenseiter, auch für Institutionen wie die Polizei sei dies nötig. So sei er doch an seinem – natürlich auf dem Marktplatz vor dem Rathaus mit zahlreichen Freunden – gefeierten Geburtstag von den Männern in Grün gefragt worden, ob er eine Genehmigung für seinen mit Speisen beladenen Tisch habe.

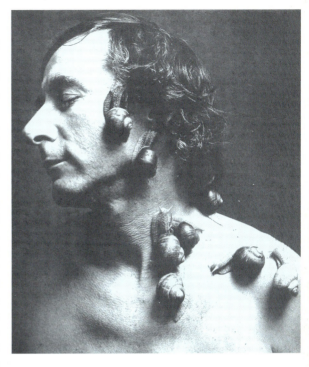

Seine eigene Behausung bietet nämlich nicht genug Platz für eine Feier: Auf ganzen fünf Quadratmetern lebt Bruno – ein Klappbett, ein Waschbecken und zwei Kochplatten inklusive. Und dieses Zimmer betritt er doch tatsächlich durch das Dach. Es klebt nämlich so dicht an den Mauern der steilen Marburger Oberstadt, dass er vom Lutherischen Kirchhof aus in seine enge Kammer spazieren kann. Den Blick über die Dächer der Stadt findet er denn auch sehr reizvoll. Und oft weicht er mit Tisch und Stühlen auf den Kirchplatz aus. Wer sich zu ihm setzt, erhält zwar einen Latte Macchiato, sollte aber Zeit mitbringen.

Materielle Güter bedeuten dem 58-Jährigen nicht viel. Es gibt keinen Fernseher in seinem Zimmer. Er besitzt kein Telefon, von einem Handy gar nicht erst zu reden. Weil sie so schön aussehen, hat er immerhin ein paar Bücher mehr als die drei, die er in seinem Leben gelesen hat („Der kleine Vampir", „Die kleine Hexe" und Hesses „Siddharta"). Ein Auto findet er indes überflüssig. Schließlich legt er Wert darauf, die

Performance à la Paoletti: Der Dreck muss weg

Überleben: Seit mehr als zwei Jahrzehnten arbeitet er in der Druckerei der Oberhessischen Presse. Die Lust an der Verwandlung begleitet Bruno Paoletti ebenfalls schon lange. So posiert er regelmäßig für einen Freund, den italienischen Fotografen Roberto Kusterle. Gemeinsam erarbeiteten sie eine Ausstellung, die so erfolgreich war, dass sie sogar einen Kunstpreis erhielt und in allen großen italienischen und einigen deutschen Städten zu sehen war. Ihr wichtigstes The-

Fahrten in seine Heimat per Anhalter zurück zu legen.

Vor mehr als 30 Jahren kam Bruno Paoletti aus der kleinen Stadt an der italienisch-jugoslawischen Grenze nach Deutschland. Er hat die ersten 20 Jahre seines Lebens überwiegend in Waisenhäusern verbracht, weil sein Vater noch vor seiner Geburt im Krieg starb, seine Mutter, als er sechs Monate alt war. Trotzdem, so fügt er gleich an, sei er ein glücklicher Mensch.

1969 – er hatte bereits in Autowerkstätten, Fabriken, Pizzerien und Eisdielen gearbeitet – fragte ihn ein Bekannter in seiner Heimat, ob er im Marburger Eiscafé „Garbelotto" aushelfen wolle. Dort lernte er schon bald seine Ehefrau, eine Marburgerin, kennen, bekam einen Sohn und wechselte zum Telefonhersteller DFG. Die Ehe hielt nicht, doch Bruno blieb: „Ein Fleck wie Marburg, wo es auf so kleinem Raum so viele unterschiedliche Menschen gibt, ist selten." Dabei hilft ihm ein ganz bürgerliches Standbein beim

Oberlehrer Bruno:
Auch Oberbürgermeister Möller drückt noch einmal die Schulbank

ma: Bruno in vielen Variationen – mit Ziegenbockgehörnen, mit Weinlaub umkränzt, unter einem Abtropfsieb, mit Schnecken im Gesicht, unter Stacheldraht und mit Lehm beschmiert.
Die Marburger können sein mimisches Talent bewundern, seit er seinen „sozialpolitischen Kampf" für die Rente ab 60 gestartet hat. Das langjährige Gewerkschaftsmitglied findet nämlich, dass die üblichen Protestformen nicht ausreichen, um auf wichtige Themen aufmerksam zu machen. Und wenn er als buckelige Marburgerin in Tracht über das Kopfsteinpflaster schlurft, sich

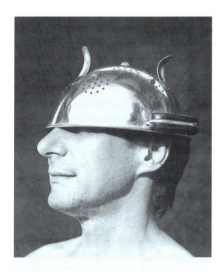

selbst als Weihnachtspaket schnürt oder als spärlich bekleideter Stadtindianer auftritt, falle er den Menschen mehr auf.
Er selbst wäre natürlich gerne auch schon mit 55 Jahren in Rente gegangen. Schließlich müsse man sich früh genug an das Leben nach der Arbeit gewöhnen. Zu seinem Bedauern kann er trotz der Altersteilzeitregelung die Schichtarbeit erst mit 62 aufgeben. Dann möchte er die große Freiheit so richtig nutzen: Er will Marburg den Rücken kehren und mit seiner Kunst und seinen Fotos in die großen europäischen Städte reisen. Da er nur trampe und ihm ein kleines Zimmer reiche, könne er bestimmt jeweils sechs Monate oder ein Jahr in London, Paris, Athen oder Madrid leben, um die europäischen Kulturen kennen zu lernen.

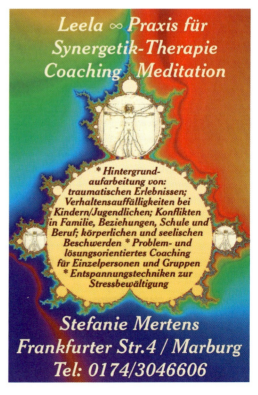

Zu schön, um wahr zu sein: Idealisierte Burgenromantik des 19. Jhds.

Träume – Taten – Tagungen

Der Marburger Burgenarbeitskreis

von Gerd Strickhausen

Seit den frühen 1990er Jahren hat sich Marburg als ein Zentrum der Burgenforschung in Deutschland herauskristallisiert. Beteiligt sind daran zum einen verschiedene Institutionen innerhalb der Philipps-Universität, wie das Institut für Vor- und Frühgeschichte, zum anderen Einrichtungen außerhalb der Universität, wie die Ämter für Denkmalpflege oder das Freie Institut für Bauforschung und Dokumentation sowie verschiedene Privatpersonen – und eben auch der Marburger Burgenarbeitskreis e.V.: ein Zusammenschluss von im weitesten Sinne an Burgen interessierten Menschen. Zugleich sind die unterschiedlichsten Wissenschaftsrichtungen in der Erforschung der Burgen engagiert: Kunsthistoriker und Historiker, Archäologen, Bauforscher, Kulturwissenschaftler und andere, denn Burgenforschung ist heute per se interdisziplinär.

Lange Zeit wurde die Erforschung von Burgen unter militärischen und funktionellen Gesichtspunkten betrieben. Nicht zur Kenntnis nahm man die Multifunktionalität der Burg als Wohnsitz, als Verwaltungszentrum, als Mittel der Selbstdarstellung und Repräsentation ihrer Erbauer. Durch die moderne Burgenforschung entsteht ein neues, wissenschaftlich fundiertes Bild der Burg. Hier wird nun ein faszinierendes und hochkomplexes historisches Phänomen sichtbar, das geradezu charakteristisch für das Mittelalter war, aber auch in den folgenden Jahrhunderten ebenso große Anziehungs- wie Ausstrahlungskraft hatte. Dies gilt nicht nur für die Romantik mit ihrer immensen Burgenbegeisterung, sondern auch für die heutige Zeit – man denke nur an die vielen Burgfeste und Mittelaltermärkte oder etwa die großen Besucherzahlen am Tag des offenen Denkmals. Die Begeisterung für das Phänomen „Burg" ist allen Mitgliedern des Marburger Burgenarbeitskreises (MBA) zu eigen.

„Ruinöses" vor der Haustüre – Staufenberg bei Lollar

Das Interesse mehrerer Studenten und Studentinnen an der Erforschung historischer Wehr- und Wohnbauten führte 1992 zur Gründung der studentischen Arbeitsgruppe WuW (= Wehrwille und Wohnabsicht) – eine nicht ganz ernst gemeinte Definition des obskuren Objekts der gemeinsamen Begierde. Als dann der Wunsch nach einem formellen organisatorischen Rahmen aufkam, fasste man – wie das hierzulande so üblich ist – die Gründung eines Vereins ins Auge. Dieser wurde am 11. November 1996 gegründet und am 4. Februar als Marburger Burgenarbeitskreis e.V. in das Vereinsregister des Amtsgerichts Marburg eingetragen. Sein satzungsgemäßer Zweck ist die Erforschung historischer Wehr- und Wohnbauten und ihres kulturhistorischen Kontextes sowie die Förderung dieser Forschung. Der MBA beschäftigt sich dementsprechend mit der Architektur, der Nutzung und der Bedeutung von historischen Wehr- und Wohnbauten, wie Burgen, Schlössern, Festungen, Adelssitzen, Herrenhäusern, Villen, Palästen, Stadtbefestigungen, Warten und Landwehren. Die Entwicklung von der „mittelalterlichen Burg" zum „neuzeitlichen Schloss" untersuchte der Marburger Burgenarbeitskreis e.V. 1999 auf seiner Tagung „Von der Burg zum Schloß" auf Schloss Beichlingen/Thüringen (Tagungsband im Buchhandel erhältlich). Einen besonderen Stel-

Suche nach dem Phänomen „Burg" –
Mitglieder des MBA auf der thüringischen Lobdeburg

Tipp

Das „Marburger Correspondenzblatt zur Burgenforschung"

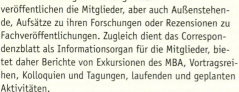

Wissenschaftliches Publikationsorgan des Marburger Burgenarbeitskreises e.V. ist das „Marburger Correspondenzblatt zur Burgenforschung". Hier veröffentlichen die Mitglieder, aber auch Außenstehende, Aufsätze zu ihren Forschungen oder Rezensionen zu Fachveröffentlichungen. Zugleich dient das Correspondenzblatt als Informationsorgan für die Mitglieder, bietet daher Berichte von Exkursionen des MBA, Vortragsreihen, Kolloquien und Tagungen, laufenden und geplanten Aktivitäten.

▶ Der erste Band des Correspondenzblatts zur Burgenforschung (ISBN 3-9804057-7-X) vom Frühjahr 1999 umfasst 118 Seiten, 60 Abbildungen und 2 Falttafeln. Er kann zum Preis von 14,32 Euro (zzgl. Porto und Verpackung) über den Verein bezogen werden
▶ Band 2 (ISBN 3-9807558-0-0) vom Mai 2001 mit 160 Seiten und 112 Abbildungen kann zum Preis von 22 Euro (zzgl. Porto und Verpackung) ebenfalls über den Verein bezogen werden
▶ Band 3 erscheint voraussichtlich Ende 2002
▶ Veranstaltungstermine werden in der lokalen Presse, wie dem „Marburger Magazin Express", der „Marburger Neuen Zeitung" oder der „Oberhessischen Presse" u.a. veröffentlicht

Kontaktadresse:
Fritz Laupichler
Heinrich-Heine-Str. 11a
35039 Marburg

Der MAB

Wer den Marburger Burgenarbeitskreis e.V. kennenlernen möchte, ist herzlich zum monatlichen Stammtisch in Marburg eingeladen. Der Stammtisch findet statt an jedem ersten Freitag im Monat, 20.00 Uhr, im Bistro „Rendezvous" in der Frankfurter Straße, in den Sommermonaten Juni-September in der Kneipe „Rotkehlchen".

Kontakt:
Marburger Burgenarbeitskreis
Heinrich-Heine-Str. 11a
35039 Marburg

Experten auf Exkursion – hier Burg Windeck, Siegtal

lenwert hat im MBA die Erforschung der Rezeption, die das Phänomen „Burg" etwa in der Literatur und in den bildenden Künsten, in Graphik, Malerei und anderen Kunstgattungen bis in die Gegenwart (Comics, Spiele) gefunden hat (Tagung 2001 in Marburg: „Mythos, Metapher, Motiv. Untersuchungen zum Bild der Burg seit 1500". Tagungsband im Buchhandel erhältlich).
Neben Tagungen führt der Marburger Burgenarbeitskreis e.V. verschiedene weitere Veranstaltungen durch wie Kolloquien, Exkursionen, burgenkundliche Spaziergänge oder auch Vortragsreihen, z.B. 2002 zusammen mit dem Hinterlandmuseum auf Schloss Biedenkopf.
Die Tätigkeit des Marburger Burgenarbeitskreises e.V. ist nicht auf den Marburger Raum beschränkt, so bietet der MBA z.B. seit Jahren burgenkundliche Veranstaltungen zusammen mit der Volkshochschule Esslingen (Baden-Württemberg) an. Der MBA ist durch mehrere Mitglieder, u.a. der Verfasser, in dem 2002 gegründeten Marburger Mittelalterzentrum vertreten.
Mitglieder des Marburger Burgenarbeitskreises müssen keine Wissenschaftler sein – Interesse am Thema „Burg" genügt. Allerdings wird von allen aktive Mitarbeit (organisatorisch, praktisch oder theoretisch) verlangt – Karteileichen gibt es keine.

Jazzig: Jeden Montag ist Open Stage in der „Cavete"

Rondo für Jazzband und Klingelbeutel

Musikszene

von Martin Meyer-Stoll

Musik, zwo, drei: Klar, in einer jungen, lebendigen Studentenstadt wie Marburg ist abends schwer was los, riecht die Luft nach Musikerschweiß und durchgeglühten Röhren, treffen sich Ideenreichtum und Initiative zum neverending Ringelpiez. Junge Talente und routinierte Altmeister zeigen sich gegenseitig, wie man noch frickeligere Beats aus dem Sequencer quetscht und wo Bartel neue Saiten holt. Wo, wenn nicht hier?

Tja, gute Frage. Kulturkonsumenten wie Kulturschaffende sind jedenfalls schnell mit wortreichen Klagen über das „tote" Marburg bei der Hand. Dabei ist es ja nicht so, dass in Marburg nichts geboten würde. Da kann es durchaus passieren, dass an ein und demselben Abend im Kultur- und Freizeitzentrum KFZ eine fantastische sibirische Jazz-Folk-Combo fidelt, während im Café Trauma anspruchsvoller ostwestfälischer Emo-Core aufgespielt wird, in der Waggonhalle das „Marburger Studio" vor dreizehn ZuhörerInnen die verdienstvolle Uraufführung vertonter japanischer Haikus besorgt, in der Cavete hochklassiger aktueller Ostküstenjazz zu hören ist und im „Bebop" Dale King seine Bluesharp wringt. Falls wir uns am Semesterende befinden, spielt

Feste Größe in Marburgs Vokalszene: Der Bachchor

im Audimax vielleicht noch eines der beiden – hauptsächlich studentischen – Laienorchester, und in der Lutherischen Pfarrkirche könnte sich die Kurhessische Kantorei einem Oratorium hingeben. Im „Molly Malone's" wird es fast sicher ebenfalls Live-Musik geben – zumindest Live-Gesang bei Andy Pfälzers Karaoke-Show –, und wenn es ein Samstagabend ist, dürfte in den Kult-Hallen hoher DJ-Besuch an den Plattentellern stehen. Tatsächlich, gar nicht so selten sieht der Marburger Veranstaltungskalender richtig gut aus – und wenn er jeden Tag aussähe wie eben imaginiert, wäre das Publikum der Überfülle ja auch bald überdrüssig.

Dennoch sind der Dissonanzen nicht eben wenige, und man muss sich nicht zu Marburgs durchaus reger Bluesszene zählen, um zu merken, dass die Mojos häufig doch nicht so richtig worken wollen: Abende wie der eben skizzierte sind nicht gerade die Regel, in den Sommersemesterferien herrscht programma-

Innen und außen bunt: das KFZ in der Schulstraße

tisch überwiegend piano bis pianissimo, und vor allem fehlen die Local Heroes, wie vor allem lokale Musikjournalisten gerne beklagen. Marburg hat eine vergleichsweise gut bepflanzte Chor- und Kammermusik-Landschaft, Jazzfreunde können jeden Montag in der „Cavete" hochkarätige Profis und hoffnungsvollen Nachwuchs jammen hören, aber der überwiegende Rest wird zugekauft. Ist Musik machen vielleicht tatsächlich out?

Unschöner Gedanke. Freuen wir uns lieber erst mal ein wenig an dem, was an – wenn auch importabhängiger – Qualität da ist. An erster Stelle ist da die Jazz-Initiative Marburg zu nennen, die dafür sorgt, dass in der „Cavete" neben zuverlässig hochklassigen (und kostenlosen) montäglichen „Open Stages" pro Saison zehn bis zwölf Konzerte auf höchstem Niveau stattfinden. Sogar die „New York Times" empfahl den Keller am Steinweg jedem amerikanischen Jazzfreund auf Deutschlandreise. Bundesweit und international hat die J.I.M einen guten Namen – und ist dennoch chronisch pleite. Dass Miles Davis, Archie Shepp und Brian Auger schon in Marburg waren, ist Geschichte, solche Namen sind derzeit nicht mehr finanzierbar, und auch wenn das Konzept der Initiative ohnehin eher die Förderung noch nicht so bekannter, aber interessanter Musiker ist, würde man sich von der Stadt schon etwas mehr wünschen als die derzeitigen knapp 13.000 Euro im Jahr. Und wieder Blues in a-moll.

Aber das geht natürlich allen so, und selbst wenn Marburg je die angestrebten 5 Prozent des Haushalts in die Kulturförderung stecken sollte, wäre es immer noch (zu) wenig. Ostinates Gejammer? Wenn man sich anschaut, dass beispielsweise die (zugegebenermaßen größere) Stadt Göttingen allein den Kulturverein musa e. V. – ähnlich dem Marburger KFZ,

nur ebenfalls etwas größer – im Jahr 1999 mit 347.000 Mark bezuschusst hat, was in etwa der kompletten kommunalen Musikförderung Marburgs im Jahr 2002 entspricht, scheint schon was dran zu sein. Trotzdem weiter zu dem, was da ist. Da sind zum Beispiel, wie schon angedeutet, eine ganze Reihe wirklich guter Chöre. Allen voran der Bachchor und der Konzertchor, die quasi auf Flügeln des Gesangs Konzertreisen durch ganz Europa unternehmen und diverse CDs besungen haben – Konzertchor-Mitglieder ergänzen außerdem jedes Jahr den Chor der renommierten Bad Hersfelder Festspiele – außerdem Kammerchor, Canticum Antiquum, die Kurhessische Kantorei und viele mehr; sogar der von der Universität eher stiefmütterlich behandelte Uni-Chor hält ein solides Niveau, genau wie z. B. auch der Volkschor oder der Polizeichor, wenn auch mit anderen musikalischen Schwerpunkten ...

Jede Schilderung der Marburger Musikszene wäre unvollständig ohne den Marburger FolkClub, der im KFZ residiert und es dank guter Kontakte immer wieder schafft, hochklassige und häufig tanzbare Folk- und Ethno-Musik nach Marburg zu holen. Im Klassikbereich gilt Ähnliches für den ehrwürdigen Konzertverein (gegründet 1786), der großes Lob dafür verdient, trotz ihrer grauenvollen Akustik regelmäßig Duos, Trios, Quartette und auch mal Orchester der gehobenen Mittel- bis Oberklasse in die Stadthalle zu holen. In den (wenigen) Proberäumen des MusikerInnenvereins verschanzen sich außerdem so einige junge Rockbands, kommen aber leider eher selten ans Licht der Öffentlichkeit, und dann ist da auch noch die Marburger Musikschule, die im

Populär: Beim Maieinsingen wird der Marktplatz zur Open-Air-Bühne

Herbst 2002 ihr 25-jähriges Jubiläum feierte: mit 1250 Schülern (im Jahr 2002) und Angeboten von Musikalischer Früherziehung über die Klassiker (Klavier, Geige, mongolische Maultrommel) bis hin zu Rockband-Unterricht und digitaler Musikproduktion ist sie zweifellos Marburgs größter musikalischer Aktivposten.

Für offene Musikhörer (und musikalisch Aktive) gibt es also einiges zu entdecken, und wenn die Musik auch selten aus Marburg kommt, sorgen J.I.M, KFZ, PAF, Café Trauma, Kult, Konzertverein, Musikfreunde et cetera doch immerhin für eine qualitativ hochwertige Auswahl an vielleicht weniger bekannten, aber spannenden Bands. Die richtig großen Gigs bleiben notgedrungen aus, weil keine Marburger Auftrittsmöglichkeit mehr als 2000 Besucher fasst. Aber dass Marburgs Stärken eher im intellektuell-alternativen Bereich liegen, sollte ja nun wirklich niemanden mehr überraschen ...

BUCHHANDLUNG AM MARKT
Otto Roppel

Belletristik • Kinderbuch • Sachbuch
Reiseführer • Hörbuch • Postkarten & mehr...

Markt 10 • D-35037 Marburg ☎ (0) 64 21-2 51 64 • Fax 2 51 42
Mo 10 – 19 • Di – Fr 9 – 19 • Sa 9 – 16
BUCHMARKT (1.Stock) ☎ (0) 64 21-2 51 41 • Mo – Fr 11 – 19 • Sa 9 – 16

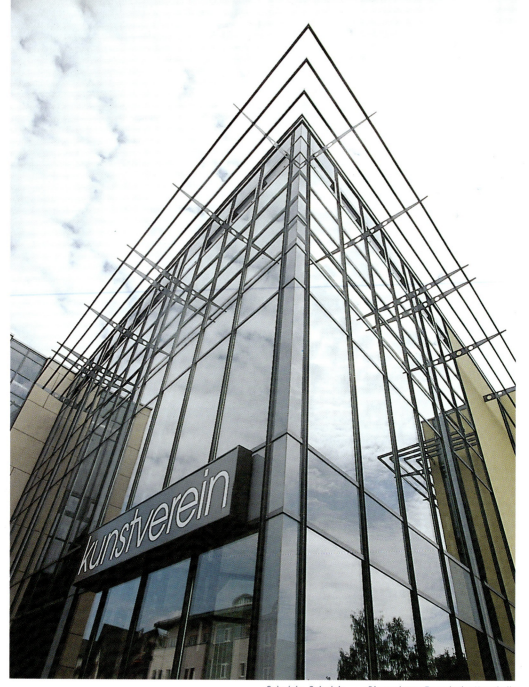

Spieglein, Spieglein... – Die markante Fassade der Kunsthalle

„Art"- gerechter Ausstellungsort
Die Kunsthalle

von Stefan S. Schmidt

Entrée und – Entrez!
Man betritt die Kunsthalle und befindet sich unvermittelt in einem riesighohen Vorraum, der einen schwellenängstlichen Anfangsverdacht zur Gewissheit werden lässt: Ich bin verloren! – Unsicherheit –
Die rechter Hand befindliche kleine Präsenzbibliothek rückt den kurzzeitig verloren gegangenen Maßstab wieder etwas zurecht, ebenso wie der verblüffend kleine, offene Bürobereich ihr gegenüber. – Beruhigung –
Und schließlich wandelt sich das Befremden in dem hellen, von der haushohen Stahl-/Glasfassade lichtdurchfluteten Vorraum in eine vielversprechende Ahnung: Hier herrscht Offenheit, Weite ; hier ist vieles möglich!
Erste Arbeiten der aktuellen Ausstellung rücken in den Blick ...
– Neugier –

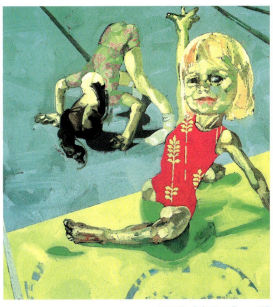

Annette Schröter: Turnen XI

Am 20. Oktober 2000 wurde die Marburger Kunsthalle als Ausstellungsort des Marburger Kunstvereins eröffnet, und eine lange Auseinandersetzung um ihren Bau, die leicht zu einer (weiteren) Provinzposse hätte geraten können, fand damit ihr glückliches Ende.

Der kleine Saal – Irritation –
Vom Vorraum gelangt man in eine große, weiße Zelle mit hohen Wänden, ideal zur Präsentation großformatiger Arbeiten, schlicht, nüchtern, sachlich. Kunstlicht. Ruhe und Konzentration wechseln unmerklich mit Unruhe, Verunsicherung. Innerer Friede will sich nicht so recht einstellen – Ruhe: ja! Ausruhen: Nein! Die Erklärung ist einfach – der Raum ist leicht trapezförmig, das gewohnte Rechteck aufgebrochen.

Moderne Kunst ist gekennzeichnet durch den Bruch mit tradierten, vielleicht sogar liebgewonnen Vorstellungen von Kunst.
Seit dem Ende des 19. Jahrhunderts gewinnt die Kunst ein Höchstmaß an Autonomie, indem sie die traditionellen Themen und Techniken überwindet.

Kulturdezernent küsst Kunstobjekt – Wir wissen nicht, was dann geschah...

121

Annette Schröter: Winter I

Annette Schröter: Rosengarten VI

Annette Schröter: Rosengarten I

Und spätestens seit Marcel Duchamp um 1917 einen einfachen, industriell massenhaft gefertigten eisernen Flaschentrockner zum Kunstwerk erklärt und ausstellt, erledigt sich der letzte große Mythos in der Kunst – der Künstler als genialer Schöpfer – in einem einzigen, frechen Akt. Plötzlich verlieren Traditionen, Techniken und Gestaltungsweisen an Bedeutung, der Schritt vom Handwerk zum Kopfwerk war vollzogen, alles konnte von nun an Kunst sein, und wenn alles Kunst ist, dann ist schließlich nichts mehr Kunst.

Die Kunst schien in der Wirklichkeit angekommen zu sein, dabei sich selbst abschaffen. Damit war eines der großen Leitmotive der Moderne – die

Märchenhaftes zum Anfassen – Ausstellung zu Kinderbüchern

Selbstreflexion der Kunst, ihrer Mittel, Bedingtheit und ihr Verhältnis zur Wirklichkeit – angestimmt. Es sollte noch lange gespielt werden – genau genommen bis heute.

1. Etage,
Empore – Labor –
Über die großzügige Treppe links des Eingangs erreicht man eine helle Galerie über dem Eingangsbereich mit angegliedertem, intimem Nebenraum.

Lichtdurchflutet – Der Eingangsbereich der Kunsthalle

Auf dieser Empore erfährt der Besucher ein Gefühl der Weite, ja Freiheit, sein Blick wechselt unwillkürlich zwischen den Ausstellungsflächen bzw. -objekten und dem durch die Stahlkonstruktion der Glasfassade fragmentierten Panoramablick auf die Marburger Altstadt: gewachsene Tradition dort – persönliche Innovation in den Ausstellungstücken hier.

Die architektonische Beschaffenheit dieses Bereichs, seine Offenheit, macht ihn zum wahren Experimentierfeld, das sich – im Gegensatz zu den geschlossenen Räumen – dem Bezug zur Realität, zur „äußeren Welt" nicht entziehen kann.

Joseph Beuys sprach vom „Erweiterten Kunstbegriff", und seitdem hat die Grenzüberschreitung als künstlerische Strategie eine rasante Entwicklung genommen. Vielleicht lässt sich die aktuelle Kunst als ein Experiment (mit ungewissem Ausgang) beschreiben, der Ausstellungsort wird zum Labor, der Betrachter zum Teil des Versuchs. Persönliche Sichtweisen unserer Realität werden vorgezeigt; eher Fragen gestellt, als Antworten gegeben.

Aktuelle Kunst bietet die Chance, sanktionsfrei bisher Ungedachtes, Ungedeutetes, Unbestimmtes sinnlich zu erfahren, zu denken, für sich zu finden, mithin neue Erlebnisdimensionen zu eröffnen, die helfen können, das eigene Verhältnis zur Welt näher zu bestimmen. Kunst ist mehr als nur das schmückende Rechteck an der Wand.
Dafür braucht es Risikobereitschaft, Freiheit und Freiräume – im wahrsten Sinne des Wortes.

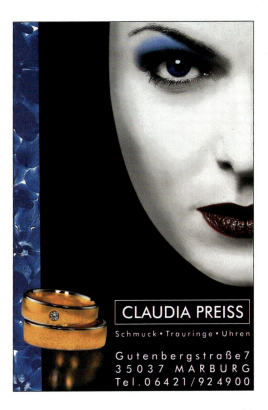

„Großes Bleimeer" von Joachim Bandau

*„Ludwig Wittgenstein: Philosophische Grammatik"
von Stefanie Unruh*

Der große Saal – Tusch! –
Betritt man nun durch ein Tor den großen Saal, so fehlen eigentlich nur noch die Fanfaren, um den Raumeindruck akustisch zu untermalen: Man steht an der Stirnseite eines großen weißen Rechtecks und blickt auf eine der gegenüberliegenden Rückwand vorgestellte, als Architekturform betonte Wand – eine Bühne für Bilder, für den großen Auftritt. Obwohl hier wieder nur Kunstlicht herrscht, wird doch der anfängliche Eindruck von Großzügigkeit, Weite, Offenheit erneut bestätigt und kommt zu einem grandiosen Finale. Unbegrenzt scheinen die Möglichkeiten: Präsentationsfläche für großformatige Bilder, raumgreifende Installationen oder Plastiken. Ist aber Intimität der Ausstellungssituation gefragt, werden mobile Zwischenwände eingezogen, die den Raum gliedern können.

Der Raum ordnet sich den jeweiligen Bedürfnissen unter, ist kein selbstverliebtes Architekten-Statement – wie so häufig bei neueren Museumsbauten –, sondern sachlich dienende Zweckarchitektur, die sich lediglich in Form der „Bühnenwand" eine kleine, angedeutete Pathosgeste augenzwinkernd zu gönnen scheint.

Die offene Handhabkarkeit der Räume kommt einem offenen, zuweilen widersprüchlichen Charakter zeitgenössischer Kunst entgegen und trägt diesem Rechnung.

Somit kann es gelingen, die „Lücke" zwischen den beiden jeweils 100 km entfernten bekannten Ausstellungsorten Frankfurt und Kassel zu schließen und vielleicht Kunstinteressierte von dort in die „Provinz" zu locken.

Begleitend zu den Ausstellungen finden samstags um 16.00 Uhr Führungen statt; des Weiteren gehören jährlich vier Veranstaltungen zur experimentellen Musik zum

*„Global 2001"
von Raffael Rheinsberg*

Repräsentativ – Das Universitätsmuseum für Bildende Kunst

Programm, ebenso eine Artothek, in der Kunstwerke gegen eine geringe Leihgebühr ausgeliehen werden können.
Fragt man den 1. Vorsitzenden, Gerhard Pätzold, nach einem vorläufigen Fazit, so bekommt man die Antwort: „Wir entdecken die Räume immer noch und immer wieder auf's Neue."
Man mag dem Kunstverein wünschen, dass sich dies nie ändert.

Das Marburger Universitätsmuseum für Bildende Kunst

Nur ca. 300 m von der Kunsthalle entfernt befindet sich das Marburger Universitätsmuseum für Bildende Kunst im Ernst-von-Hülsen-Haus.
Es zeigt in der ständigen Sammlung Gemälde vorwiegend des 19. und 20. Jahrhunderts, wobei die Arbeiten Otto Ubbelohdes (1867-1922) einen Schwerpunkt bilden und besondere Aufmerksamkeit verdienen – wird doch dieser Marburger Maler an der Schnittstelle von Naturalismus, Symbolismus und Realismus auch heute noch hinsichtlich seines malerischen Oeuvres unterschätzt; zumeist kennt man ihn lediglich als Illustrator, z.B. der Märchen der Gebrüder Grimm.
Daneben finden sich in gewisser Geistesverwandtschaft zu Ubbelohde zahlreiche Gemälde der Willingshäuser Malerkolonie.
In den drei Oberlichtsälen mit wunderschönem Licht und einem vorgelagerten langen Raum finden wechselnde Ausstellungen überwiegend zeitgenössischer, überregionaler Kunst statt.

Info

Kurze Chronik des Marburger Kunstvereins

- Der Marburger Kunstverein wurde 1953 zunächst als Marburger Künstlerkreis mit dem Ziel gegründet, die Ausstellungsmöglichkeiten für Künstler aus der Region zu verbessern und den Dialog zwischen schaffenden Künstlern und Kunstinteressierten zu fördern
- 1958 bezieht der Künstlerkreis einen eigenen kleinen Ausstellungsraum Am Markt 16, in dem sowohl heimische als auch auswärtige Künstler ihre Arbeiten zeigen. Ende der 70er Jahre findet eine Neuorientierung des mittlerweile etablierten Vereins statt. Vermehrt wird zeitgenössische Kunst von überregionaler Bedeutung gezeigt und über Positionen und Tendenzen zeitgenössischer Kunst mit Interessierten diskutiert; es wird deutlich, dass der Künstlerkreis zunehmend auch kulturell bildende Aufgaben übernimmt, so dass schließlich am 17. März 1982 der Marburger Kunstverein gegründet wird, der in seiner Satzung der neuen Akzentuierung eine Form gibt und somit die Kunstinteressierten stärker mit einbezieht. Die Mitgliederzahl liegt nunmehr bei 600
- 1984 wird das Austellungshaus Am Markt saniert und die Ausstellunngsfläche erweitert, so dass auch national und international anerkannte Künstler gezeigt werden können. Nach kontroversen Diskussionen um ein neues, größeres Ausstellungshaus bezieht der Kunstverein am 20. Oktober 2000 die Räume der neugebauten Marburger Kunsthalle am Gerhard-Jahn-Platz im Zentrum der Stadt. Auf 500 qm Grundfläche können nun umfassende, dialogisch orientierte Ausstellungen auch großformatiger Bilder gezeigt werden

german stage service: Teresa steht.

Wie es euch gefällt...

Theater

von Michael Arlt

Ein ganz großer Name des deutschen Theaters markiert den Beginn der örtlichen Bühnenkultur. In den fünfziger Jahren verpflichtete die damalige Marburger-Schauspiel-Intendanz den Regisseur und Theaterleiter Erwin Piscator für vier Gastinszenierungen. Piscator, der vor den Nazis in die USA flüchtete und zu dessen Schülern dort u.a. Arthur Miller und Tennessee Williams gehörten, war in der frisch entnazifizierten Bundesrepublik anno 1951 zunächst einmal nicht weniger persona non grata als andere rückkehrende Kulturschaffende auch. So ist es denn auch eher als glückliche Fügung zu betrachten, dass es den ehemaligen Revolutionär der politisch-dokumentarischen Bühne anfangs in die mittelhessische Beschaulichkeit trug. Selbst wenn den Marburgern wohl recht eigentlich nicht bewusst war, welchen Titanen des Theaters man hier kurzzeitig in den Stadtsälen am Wirken hatte – die Impulse Piscators fanden

„Exciting Neighbours" im TNT: Theater Titanick

ihren Widerhall. Trotz traditionell mehrheitlich bürgerlichem Publikum fühlt man sich beim Marburger Schauspiel/Hessischen Landestheater nach wie vor dem Erbe des politischen Theaters verpflichtet. Die 1969 in der Biegenstraße errichtete Stadthalle – größte seiner insgesamt fünf über das Stadtgebiet verteilten Spielstätten – führt als Stammbühne den Namen Erwin-Piscator-Haus. Schließlich kommt die nachgerade legendäre 1952/53er „Danton"-Inszenierung des Namenspatrons anlässlich ihrer fünfzigjährigen Wiederkehr faksimiliert erneut auf die Bühne.

Die exponierten Vertreter der freien Szene firmieren unter Theater GegenStand/Waggonhalle und german stage service/TNT. Erstere Spielstätte befindet sich in der alten Waggon-Remise auf dem Gelände des aufgelassenen Bahnbetriebswerks Marburg. Ähnlich märchenhaft-verwunschen wie das gesamte Areal stellt sich die Geschichte des Theaters dar. Denn 1996 war es zwar keine gute Fee, aber immerhin doch die stattliche Schenkung einer gutsituierten alten Dame, die dem Theater zu seiner Heimstatt verhalf. Das von der Bahn gepachtete Gebäude wurde saniert und umgebaut, im hinteren Bereich entstand der Bühnenraum, der vordere wurde zur Theaterkneipe. Manche Märchen würden nun friedlich enden. Die Theatermacher bei den Gleisen freilich trennten sich unlängst personell, finanziell und rechtlich – was durchaus als Zeichen der Profilierung gedeutet werden kann. Die Waggonhalle lädt zu oftmals hochkarätigen Gastspielen europäischer Ensembles. Basisorientierter geht es bei den bin-

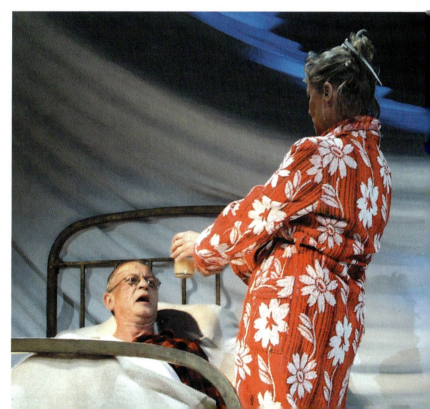

Hessisches Landestheater: Misery

Hosianna! – Der german stage service lädt ins Theater neben den Turm

ter neben dem Turm (TNT), ganz Spiegel der wortspielerischen Aufbruchstimmung, wie sie als Grundströmung die achtziger Jahre bewegte (man gründete Theater, Kulturinitiativen, Stadtmagazine ...): „Theaterexplosion". Dabei wusste man auf dem Areal des ehemaligen Gaswerkes zwischen Lahn und Stadtautobahn nur vage, welche Zeitbombe in Wirklichkeit vor der Türe tickte. Der Boden des Geländes war hochgradig mit ungesunden Rückständen aus der jahrzehntelangen Gasproduktion verseucht. Mitte der Neunziger wurden umfangreiche Dekontaminations-Maßnahmen

nenmajuskelnden Nachbarn zu. Gemäß dem GegenStand-Credo „Fast anything goes" kann es schon einmal vorkommen, dass man beim Theaterbesuch unversehens seinen WG-Nachbarn in der Rolle des Titelhelden wiedertrifft oder aber der Bürgermeister und Kulturdezernent als Nebenfigur auf der Bühne steht. Theater mit Bodenhaftung also, und einer Bandbreite, die eigentlich keinen Bewertungsmaßstab duldet. Der Titel einer der ersten Performances im Thea-

german stage service: Karaoke

durchgeführt. Der 1981 mit einem städtischen Ausbaugeld von 15.000 DM renovierte Gebäudekomplex mit Bühne und Verwaltungsräumen war als einziger clean und musste nicht abgerissen werden. Dieser dankenswerten

Hessisches Landestheater: Wer...

Kultur in Marburg...

Marburg ist eine Stadt der vielen kulturellen Ideen. Damit diese schneller Realität werden können, stellt das Kulturamt der Stadt Marburg auf seinen Internet-Seiten verschiedene Kulturamt-Services bereit:
Vom Adressenverzeichnis Kultur in Marburg über Medienverteiler, Kulturfonds-Antrag, Kulturforum 2005 (mit Kulturentwicklungsplan), Ratgeber Presse- und Öffentlichkeitsarbeit bis zu Feste feiern, Förderfibel und Kostenplan/Verwendungsnachweis.

Das alles finden Sie unter:
www.marburg.de - Kultur - Kulturamt-Services

Projekte des Kulturamtes:

- Marburger Kamerapreis
- Sommerakademie für bildende und darstellende Kunst
- Kinder- und Jugendtheaterwoche
- Exciting Neighbours
- Ökumenegespräch
- Adventskalender Rathaus
- Kinderkulturfestival Ramba Zamba
- Buchwoche
- Werkkunsttage
- Literaturpreis
- Vernetzung Marburger Kulturträger im Kulturforum

Kontakt:
Kulturamt der Stadt
Markt 7
35035 Marburg
0 64 21/201-329
kulturamt@marburg-stadt.de

Das Theater GegenStand residiert in der Waggonhalle

woran auch immer: Theater in Marburg besitzt eine starke Affinität zu im weiteren Sinne interessanten Orten. Wo die freien Bühnen aus der Not eine Tugend machten und Industriebrachen zu neuem Leben verhalfen, bespielt das Hessische Landestheater beispielsweise mit Freiluft-Aufführungen das ehemalige Gefängnis in der Wilhelmstraße, lädt hinab ins Gewölbe des historischen Deutschhauskellers oder hoch hinauf zum Fürstensaal im Landgrafenschloss. Andernorts verwandelt sich ein ehemaliger Baumarkt zur bizarren Bühne, wird ein Einkaufs-Center zweckentfremdet oder die Bahnsteigunterführung des Hauptbahnhofes zur Aktionsfläche. Es versteht sich, dass bei solcher Gelegenheit weit weniger Klassiker gegen den Strich gebürstet werden als

Benevolenz des genius loci ist es zu verdanken, dass das TNT mit seinem Turm noch heute als markanter Fingerzeig freies Kulturschaffen kündet. Wenn auch das residente Ensemble nicht mehr als Theaterwerkstatt firmiert, sondern sich als german stage service reinkarnierte – wesentliche Grundzüge der Arbeit stehen nach wie vor in der Tradition des Probierens, das Experimentierens, des Unfertigen, eben Werkstatthaften. Was nicht bedeuten muss, dass sich hier nun ein starres Reglement herausgesintert hätte. Die wenigen, aber durchweg feinen kompletten Eigenproduktionen der Stückeschmiede im Norden der Stadt – teilweise mit renommierten Preisen bedacht – widersprechen dem beredt.
Ob es an einer Überdosis Fachwerk liegt oder

Theater GegenStand: Helvers Nacht

vielmehr das freie Spiel dominiert. Inwieweit jeweils gelungene Auseinandersetzungen mit dem Sujet stattfinden, entscheidet sich von Fall zu Fall. Zu ihrem gestalterischen Umgang mit vorhandenen Strukturen darf man den ansässigen Ensembles jedoch ebenso gratulieren wie denjenigen, die die nötigen Räume dafür öffnen.

Und was macht der Marburger, wenn er seinen Theatern untreu werden will? Er treibt sich herum auf deren diversen Festivals. Das Hessische Landestheater war bereits viermal Ausrichter der Hessischen Theatertage, wohl noch wuchtiger und mit konstanterer Breitenwirkung schlägt seine jährliche Kinder- und Jugendtheaterwoche zu Buche. Die Waggonhalle zweckentfremdet sich habituell zur Kleinkunstbühne des Marburger Varietésommers, das TNT rüstet sich alle zwei Jahre für die „Exciting Neighbours", einen Querschnitt des neuen europäischen Theaters – für viele heimische Bühnenbegeisterte heimlicher Höhepunkt ihres Bühnen-Curriculums.

Das Theater am Schwanhof – Sitz des Hessischen Landestheaters

Es scheint beim Theater wie bei so vielem anderen an den Gestaden der Lahn: Eigentlich existiert kaum ein triftiger Grund, Glück, Amüsement oder auch nur Ablenkung außerhalb der Stadtmauern zu suchen. Man nannte diesen spezielle Variante prästabilierter Harmonie schon die „Marburger Krankheit". Immerhin – Selig ist zu nennen, wer sich so arrangieren kann.

Hessisches Landestheater: Das Ende vom Anfang

Andreas Stolberg: Neuformationen

Von der Zentrifuge über die Saftpresse zur Flugschule

Schreiben an Paul G. über die Kunst auf der Insel Marburg

von Thomas Gebauer

Lieber Paul, ich habe das Bild, an dem ich zur Zeit arbeite, so gut wie fertig gestellt. Zwar spülen mir meine Erinnerungen täglich neue Geschichten und Details in den Sinn, doch meine Auftraggeber werden langsam ungeduldig. Ein Bild von Marburg als Ort der Kunst und Kultur zu zeichnen, scheint zwar auf den ersten Blick einfach zu sein. Doch je länger ich die Konturen und Eindrücke meiner Wahrnehmung Marburgs als Brutkasten künstlerischen Schaffens verdichte, desto differenzierter wollen sie zum Ausdruck gebracht werden. Stell Dir Marburg zunächst einmal als einen idyllischen Ort inmitten baumbewachsener Hügel vor, dessen fast ländliche Abgeschiedenheit den hier lebenden Menschen vordergründig den Schutz ihrer Müßiggänge und Meinungen verspricht.

Schon oft hatte ich den Eindruck, dass die globale Apokalypse, sollte sie kommen – was ich nicht hoffe – erst ganz zum Schluss in Marburg eintreffen würde. Marburg liegt etwas abseits der großen Metropolen, und sein scheinbar langsames Lebenstempo entspricht – abgesehen von den Hochwassern tagelanger Regenfälle und Schneeschmelzen – der Fließgeschwindigkeit seines Flusses, dessen Auen und Ufer sich zurückhaltend durch den Ort hindurchschlängeln. Mit seinen alten Gemäuern und romantischen Winkeln weckt Marburg allzu leicht Phantasien über vergangene Zeiten und alte Wege, deren Bedeutung sich aber schnell an den Beschleunigungen und Tatsachen moderner Sichtweisen und Phänomene brechen können, aber nicht notwendigerweise brechen müssen. Ich möchte nicht leichtfertig den

Im Atelier von Agent 21

nk Heer: Der Traum vom Fliegen

Distanz untereinander justieren und gleichzeitig fast familiäre Beziehungen zum gegenseitigen Nutzen zulassen können. Sie würden nicht übereinander herfallen wie Wölfe über ihre Opfer, urteilt der Künstler Hans Schohl, und sind sogar auch mal in der Lage, ein Thema zur gemeinsamen Sache zu erklären und dafür öffentlich einzutreten.

Dies war zum Beispiel Anfang der neunziger Jahre des vergangenen Jahrhunderts der Fall, als über 35 Künstlerinnen und Künstler Marburgs sich etliche Strafverfahren einhandelten, weil sie das sogenannte Biegeneck – eine zum Abriss bestimmte Fabrikhalle und das sie umge-

Begriff provinziell benutzen, weiß ich doch, dass selbst in den großen Zentren der Zivilisation Menschen Schwierigkeiten haben, ihre individuelle Provinz im Kopf zu überwinden. Ich wähle daher das Bild einer Insel, um sowohl die Begrenzungen, als auch die Möglichkeiten Marburgs aus meiner und der Sicht einiger Künstlerinnen zu beleuchten und nachzuzeichnen.

Über die Jahre habe ich viele der in und um Marburg lebenden Künstlerinnen kennen gelernt und beobachtet, wie sie die jeweilig angemessene Balance von Nähe und

1 von 100 Türen: Push and Shower Luisa, Agent 21 (Detail)

bende Wohn- und Arbeitsviertel – zum Kunstraum erweiterten. Damals taten sie das, was der Graphiker Georg Mertin das „Bewusstsein von künstlerischer Arbeit als inhaltlicher Bewegung in einem politischen und gesellschaftlichen Kontext" nennt. Sichtbar mischten sich diese KünstlerInnen in einem kommunal-politischen Mikrokosmos ein und riskierten in dem darin brodelnden Streit Risse in und Brüche mit dem zivilen Rahmen, dessen Lethargie und bürokratisierte Verwaltungsmacht sie mit ihren eigenen Demokratisierungsentwürfen herausfordern und demaskieren sollten.

Noch heute sehe ich Bruno Paoletti, wie er einen ganzen Sonntag im Oktober 1991 vor dem abgerissenen Alten Eichamt am Biegeneck – dort wo heute der Haupteingang zum Sorat Hotel ist – in einer Badewanne liegend die Vorzüge seiner Installation „Hotel Bruno" proklamierte. Einer der damals amtierenden politischen Entscheidungsträger und Bürgermeister, der den Künstlern vom Biegeneck unter Ausschluss der Öffentlichkeit auch mal zuraunte: „Wir machen Euch fertig!" ist sogar nach seiner Karriere als Politiker der 1. Vorsitzende eines Kunstvereins in Marburg geworden. Du wirst mir recht geben, dass eine tragische Wendung dieser Art nur auf einer Insel möglich ist.

Hans Schohl und sein „Rosinenbomber"

Die Auseinandersetzungen um das Biegeneck erscheinen mir auch heute noch wie eine Zentrifuge, deren Kräfte einige Menschen in ihren geistigen Bewegungen klar segmentierte und positionierte – was schließlich eine der Aufgaben der Kunst ist. Wenn Du, lieber Paul, die Inseln Ozeaniens aus der Überzeugung heraus aufgesucht hast, eine bessere und ursprünglichere Gesell-

Georg Mertin: Selbstportrait

Georg Mertin: Halsschlag

Leitstrahlen zur Insel Marburg?
Laserinstallation anlässlich der Kunsthallen-Eröffnung

schaft zu finden, in der Du Deine Kunst zu Primitivität und Wildheit kultivieren kannst, so ist dieser Impuls den KünstlerInnen am Biegeneck nicht ganz fremd gewesen. Etwas wilder und verwegener als der status quo, stellten sie primäre Bedürfnisse wie gemeinsames Wohnen und Arbeiten in das Zentrum ihres Arbeitens und Streitens und erzeugten damit Reibungen, die zu Zeiten auch Glut und Feuerhitze erzeugen konnten. Darin schmiedeten sie aber auch kulturelle Werkzeuge des Kunstschaffens und der sozialen Verbindlichkeit, die teilweise bis heute wirkungsvoll benutzbar sind. Für einige der Künstlerinnen auf der Insel Marburg sind diese Werkzeuge gleichbedeutend mit Boxhandschuhen, da sie öfter Runde für Runde mit einem Gegner im Ring stehen, der schwer zu bezwingen ist. Um genau zu sein handelt es sich bei diesem Gegner um den Mythos, dass es wirklich bedeutungsvolle Kunst nur in den großen Metropolen geben kann.

Mit dieser Überstilisierung wird großstädtische Kunst zu einer genialischen Projektionsfläche für Illusionen, Atmosphären und verkaufsfördernde Verpackungen, mit denen die dahinter stehenden KünstlerInnen marktgerecht in beliebiger Größe

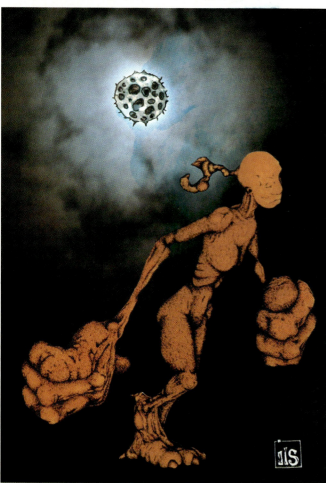

Ilse Feisel: Gorzn

Eine gewisse Verlangsamung und Ortsunabhängigkeit der Wahrnehmung kann also auch in Marburg ein klares Nachdenken über die Kunst fördern und künstlerische Potentiale nicht nur sammeln und speichern, sondern auch nachhaltig zu existentieller Größe inspirieren. „Ich mache mir fast nie Gedanken um Protektion. Ich mache mir Gedanken, wie ich meine künstlerischen Ideen verwirklichen kann ... Problematisch ist nicht der Entwurf, sondern die Verwirklichung; es mangelt an Geld", beschreibt der Bildhauer Olaf Beck die Ausgangssituation für sein Schaffen. Er bilanziert, dass das Gelingen eines Werkes den Grund seiner Kunst und seines Freiheitsdranges stärkt, damit er unabhängig und nach eigenem Willen seine Arbeiten anfertigen kann. Das Selbstverständnis Olaf Becks ist für viele der Marburger KünstlerInnen charakteristisch und bleibt leider oft unausgesprochen, ähnlich wie die Gestalten der Künstlerin Ilse Feisel, die sich in den Wortzwischenräumen bewegen. Geld hin oder her, Kunst muss kommuniziert werden, und auch auf einer Insel müs-

erzeugt, um nicht zu sagen virtuell geklont werden können. Eine solche Dynamik ist auf der überschaubaren Insel Marburg schwer vorstellbar. Für den eigentlichen Kern der Sache, das Machen der Kunst, muss dies kein Nachteil sein. Die Ruhe und Distanz der Inselsituation jenseits von großstädtischen Reiz- und Informationsüberschwemmungen prädestiniert Marburg zu einem Labor, in dem fast unter Reagenzglasbedingungen auch Makrostrukturen der globalen Gesellschaft reflektiert und als Extrakt entsprechend ihrer inhaltlichen Wichtigkeit künstlerisch verdichtet und bearbeitet werden können. Georg Mertin entwirft hierfür das Bild einer Saftpresse, mit der die Weltbürgerinnen Marburgs die exotischen Früchte der fremden Ferne für den lokalen Verzehr auspressen können.

Georg Mertin: Vom Kommen und Gehen

sen die Künstler lernen, sich selbst immer wieder neu als Künstler zu aktualisieren, zu erzeugen und sich erzeugen zu lassen.

„Alleine für das künstlerische Schaffen bleibt das ursprüngliche Bild des Fliegens eine zentrale Metapher, bleibt der Mythos von Daedalos und Ikaros. In der Figur des Ikaros findet er sich wieder, der Künstler, der sich partiell der Norm verweigert, sich nicht einfindet in das allgemein Geforderte, während Daedalos das korrespondierende Prinzip des Neuschaffens, des Welterfindens verkörpert. Der Mythos des Fliegens birgt also nicht weniger als die Utopie der individuellen und kollektiven Freiheit und zugleich die Sehnsucht nach Erkenntnis über die Welt." Dieser Gedanke von Hans Schohl weckt in mir das Bild eines Flugplatzes mitten auf der Insel Marburg. Doch für Schohl meint Fliegen immer auch ganz allgemein „... das Überschreiten von Erfahrung, das Überflügeln des Faktischen. Fliegen ist immer auch ein geistiges Erlebnis – der freie Flug der Gedanken."

Olaf Beck: Noga

In diesem Sinne passt das Bild des Flugplatzes trotzdem gut zu einem Kunstprojekt auf der Insel Marburg, in dem neunzig Menschen sich generationsübergreifend von der Idee beflügeln ließen, über hundertundzwanzig ausgemusterte Türen nach ihren künstlerischen Fähigkeiten zu bearbeiten. Die Türen wurden auf diese Weise zu beeindruckenden Neuformationen jenseits ihrer ursprünglichen Bestimmungen zwischen drinnen und draußen und zu einem Inbegriff der sozialen Plastizität künstlerisch-kollektiven Schaffens, in dem Kinder, Jugendliche und Alte gleichermaßen ihre Flugstunden nahmen. Diese Art von Flugübungen eröffnet die Kunst in Marburg nicht nur als Mittel der Erkenntnis zur besseren Orientierung und Positionierung in einer sich radikal wandelnden Welt. Die dafür notwendigen Suchbewegungen finden darüber hinaus einen soliden Grund und Kompass, der die gesamte Insel Marburg zu einer Flugschule machen könnte.

Auch Deine Anstrengungen, lieber Paul, die Ursprünglichkeit und Natürlichkeit des künstlerischen Schaffens zu kultivieren, wären dann hier gut beheimatet.

Dein T. G.

AStA

Erlenring 5
35037 Marburg

Tel.: 06421-1703-0
Fax: 06421-1703-33

Studierendenschaft
der Philipps-Universität Marburg
Körperschaft des Öffentlichen Rechts

www.sozialreferat.
asta-marburg.de

Allgemeiner Studierendenausschuss
Referat für Soziale und Wirtschaftliche Belange
- Sozialreferat -

soziales@
asta-marburg.de

Das Sozialreferat bietet den Studierenden der Philipps-Universität zu regelmäßigen Sprechzeiten und auch nach individueller Vereinbarung eine für sie <u>kostenlose</u> persönliche Beratung und konkrete Hilfestellung in sozialen und wirtschaftlichen Angelegenheiten, insbesondere rechtliche Beratung zu Sozialleistungen wie BAföG (Schwerpunkt), Wohn-, Erziehungs- und Kindergeld, Kinderzuschuss, zur Gebührenbefreiung bei der Gebührenzentrale (GEZ) und durch die Deutsche Telekom AG, zur Erstattung der Kosten des Semestertickets in Härtefällen, in Zusammenarbeit mit einem Rechtsanwalt eine Beratung zu anderen, auch allgemeinen Rechtsproblemen (z.B. Miete), eine Beratung zu Stipendien und last but not least zu den Herausforderungen eines Studiums mit Kind. In <u>besonderen</u> Härtefällen werden zudem Darlehen aus Mitteln der Studierendenschaft vermittelt.

Marburger über Marburg

Wolfgang Abendroth
Professor

„Als ich im Jahr 1951 meine Arbeit an der Marburger Universität aufnahm, ging sofort eine Kampagne los: (...) Der Dekan der philosophischen Fakultät, Neuhistoriker, empfing mich mit der Bemerkung, man erwarte von mir, daß ich keinen ‚parteipolitischen' Einfluß ausübe."
*1906 in Elberfeld, KPD-Mitglied bis 1928, Widerstandskämpfer gegen Nazi-Deutschland, nach dem Krieg Professor in Leipzig, Jena und Wilhelmshaven, 1950-1972 Ordinarius für wissenschaftliche Politik in Marburg, seit 1946 SPD-Mitglied, 1961 ausgeschlossen, danach Vorstand des „Sozialistischen Bundes", gest. 1985 in Frankfurt/Main

Werner Bergengruen
Schriftsteller

„Diese bergige, verzauberte Stadt ist ungewandelt, immer noch ein unausschöpfbarer Brunnen jeglicher Augenfreude. Das Spiel der Vertikalen mit den Horizontalen fügt sich bei jedem Schritt zu immer neuen und in aller Altvertrautheit immer wieder überraschenden Bildern zusammen. Wo Neues aufgekommen ist, da bleibt es außerhalb der eigentlichen Stadt."
*1892 in Riga, Abitur in Marburg, Studium in Marburg, München und Berlin, nach dem 1. Weltkrieg Angehöriger der Baltischen Landwehr, 1923 Veröffentlichung des ersten Romans, 1937 aus der Reichsschrifttumskammer ausgeschlossen, starb 1964 in Baden-Baden

Bettina von Arnim
Autorin

„ ... daß ich hier sehr vergnügt bin von der reinen Einsamkeit halben, in der ich von aller Kleinheit entfernt lebe, die mich in Frankfurt immer bedrängte."
*1785 in Frankfurt, bis 1808 häufige Aufenthalte in Marburg bei ihrem Bruder Clemens Brentano, dem Juristen Savigny und den Brüdern Grimm, wohnte im Forsthof in der Ritterstraße, ein alter Turm heißt heute noch „Bettina-Turm", Bekanntschaft mit Karoline von Günderrode, 1811 Heirat mit Achim v. Arnim, starb 1859 in Berlin

José Ortega y Gasset
Essayist und Philosoph

„Ich kann die Landschaft des Escorial nicht betrachten, ohne daß mir fein und fern das Bild eines anderen Ortes vorschwebt, der von dem Kloster des heiligen Lorenz so verschieden ist wie nur möglich. Es ist eine kleine gotische Stadt an einem kleinen dunklen Fluß zwischen sanft gerundeten Hügeln, die ganz mit dichten Tannen- und klaren Buchenwäldern bestanden sind. In dieser Stadt habe ich die Tag- und Nachtgleiche meiner Jugend verbracht; ich danke ihr die Hälfte meiner Hoffnungen und fast meine ganze geistige Zucht. Es ist Marburg an der Lahn."
*1883 in Madrid, 1904 Promotion an der Univer-

sität Madrid, Wintersemester 1906/07 und Sommersemester 1907 in Marburg, Philosophiestudium bei Cohen und Natorp, Freundschaft mit Nicolai Hartmann, 1910 Professor in Madrid, 1931-33 Mitglied in der Nationalversammlung, ging 1936 nach Ausbruch des Bürgerkriegs ins Ausland, kehrte 1948 zurück, starb 1955 in Madrid

Hans Eichel
Politiker

„Erinnerungen an Marburg – das sind schöne Erinnerungen. Marburg ist die ideale Universitätsstadt – harmonisch, klein und überschaubar im Stadtbild, zugleich durchaus kontrovers, groß und weltoffen in ihrem geistigen und kulturellen Leben, also sehr geeignet für intensives wissenschaftliches Arbeiten und engagierten Disput. Das Studium in Marburg hat Spaß gemacht, und es hat mich weitergebracht."
* 1941 in Kassel, Studium der Germanistik, Philosophie, Politik und Geschichte in Marburg und Berlin, SPD-Mitglied seit 1964, ab 1969 im Bundesvorstand der Partei, 1975-1991 Oberbürgermeister von Kassel, 1991–1999 hessischer Ministerpräsident, seit 1999 Bundesfinanzminister

Kurt Eisner
Journalist und Politiker

„Aber geistigen Einfluß auf das Innerste meines Wesens hat doch nur einer jemals gewonnen: Hermann Cohen, der Menschenbildner. Und in allen Wirren und Stürmen meines Daseins blieb die sehnsüchtige Erinnerung an die Marburger Zeit unversehrt ..."
* 1867 in Berlin, Journalist in Frankfurt und 1893-97 in Marburg an der „Hessischen Landeszeitung", Redakteur des „Vorwärts" bis 1905, danach in Nürnberg und München, stürzte 1918 die bayerische Monarchie und rief den Freistaat Bayern aus, am 21. Februar 1919 ermordet

Jacob Grimm
Sprachwissenschafler

„Es gefällt mir sonst recht gut hier. Ich weiß nicht, ob Sie, mein Lieber, schon mal hier gewesen waren, aber die Lage Marburgs und umliegende Gegend ist gewiß sehr schön. Besonders wenn man in der Nähe des Schloßes steht und da herunter sieht, die Stadt selbst aber sehr häßlich. Ich glaube es sind mehr Treppen auf den Straßen als in den Häusern. In ein Haus geht man gar zum Dache hinein."
* 1785 in Hanau, mit seinem Bruder Wilhelm Studium in Marburg, befreundet mit Savigny, Bettina und Clemens Brentano, wohnten im Forsthof in der Ritterstraße, ab 1812 „Kinder- und Hausmärchen", 1819 „Deutsche Grammatik", Professor in Göttingen, dort 1841 des Landes verwiesen, Prof. in Berlin, ab 1852 „Deutsches Wörterbuch", starb 1863 in Berlin

Otto Hahn
Atomphysiker

„Mancher Widerwillen wurde im Bier ertränkt. Nach ein paar Glas ‚trank man sich' am leider nicht sehr guten Marburger Bier ‚empor'. (...)
„... sorglos mit vielen vergnügten Stunden und frohen Erlebnissen;"
„Mein Sohn ist in Marburg und trinkt Bier."
(Otto Hahns Vater)
*1879 in Frankfurt/Main, 1897-1904 Studium und Promotion in Marburg, wohnte in der Ketzerbach 47, Steinweg 20, Renthof 11 und Bahnhofstr. 21, nach Militärzeit 1902 Assistent am Chemischen Institut in der Bahnhofstraße, 1907 Habilitation in Berlin, Zusammenarbeit mit Lise Meitner, 1938 mit Fritz Straßmann, erste experimentelle Atomspaltung, 1946 Nobelpreis, 1957 „Göttinger Erklärung" gegen Atomwaffen, starb 1968 in Göttingen

Martin Heidegger
Philosoph

„Draußen ists herrlich, an der Universität nichts los, verschlafen, mäßigster Durchschnitt, keine Aufregung, kein Stimulus."
„Die Studenten bieder, ohne besondere Antriebe. Und da ich mich viel mit dem Problem der Negativität beschäftige, habe ich hier die beste Gelegenheit zu studieren, wie das Nichts aussieht."

„Etwas, was für Marburg spricht, kann ich Ihnen nicht anführen. Ich habe mich keine Stunde wohlgefühlt."

„... erregendste, am meisten gesammelte und ereignisreiche Periode meines Lebens" (über die Liebesbeziehung mit Hannah Arendt)
1889 in Meßkirch, Assistent Husserls, 1921 Berufung auf den Philosophielehrstuhl in Marburg, wohnte in der Schwanallee und Barfüßerstraße, 1927 „Sein und Zeit", 1928 Prof. in Freiburg, starb 1976

Hannah Arendt
Philosophin und Publizistin

„Weggegangen aus Marburg bin ich ausschließlich Deinetwegen." (an Martin Heidegger)
*1906 in Hannover-Linden, Kindheit in Königsberg, Studium in Marburg, Freiburg und Heidelberg bei Heidegger und Jaspers, 1933 Exil in Frankreich, 1936 in USA, starb 1975 in New York

Gustav W. Heinemann
Politiker

„Nach dem Vortrag noch mit Frl. Hahn und Boldt zum Bismarckturm. Herrliche Abendstimmung und launige Unterhaltung."

„In Werda gerudert bei Sang und Lautenspiel. Wundervoller Abend: Sonnenuntergang und Mondschein. Übers Schloß nach Hause."

* 23. Juli 1899 in Schwelm/Westfalen, 1919 Studium der Nationalökonomie in Marburg, politisch bei demokratischer Partei aktiv, Promotion in Staatswissenschaft und auch in Jura, wohnte Markt 10, Weidenhäuser Str. 16 1/2, befreundet mit Wilhelm Röpke, Ernst Lemmer, Viktor Agartz, lernte in Marburg seine spätere Frau Hilda kennen, 1926 Rechtsanwalt, nach 1945 Oberbürgermeister von Essen, erster Bundesinnenminister, trat aus Protest gegen Wiederbewaffnung aus CDU aus, gründete GVP, 1957 in SPD, 1966 Bundesinnenminister, 1969 Bundespräsident, starb 1976 in Essen

Wilhelm Humboldt
Politiker, Wissenschaftler, Pädagoge

„Als Stadt betrachtet ist Marburg leicht die hässlichste und unangenehmste, die man sich denken kann. Die Häuser alt und hässlich, die Straßen unrein, eng, krumm und so bergig, daß man an einigen Orten, wo es zu steil ist, Stufen angebracht hat, die Beleuchtung äusserst schlecht, die Stuben niedrig, schief und uneben. Die Universität soll sehr schlecht sein, und der Landgraf nichts darauf verwenden."

* 1767 in Berlin, Studium dort, Göttingen und Jena, Freundschaft mit Schiller, 1788 für wenige Tage in Marburg auf Reise nach Paris und der Schweiz, 1802-08 preußischer Gesandter im Vatikan, 1808 Leiter der preußischen Kultus- und Unterrichtsverwaltung, Universität Berlin gegründet, ab 1809 Gesandter in Wien, London und am Wiener Kongress, 1819 entlassen, starb 1835 in Berlin

Johann Heinrich Jung-Stilling
Schriftsteller, Wirtschaftswissenschaftler, Augenoperateur

„Diese alte, von jeher, durch den letzten Aufenthalt, Tod und Begräbniß der heiligen Landgräfin Elisabeth von Hessen berühmte Stadt, liegt krumm, schief und bucklicht, unter einer alten Burg, den Berg hinab; ihre engen Gassen, leimenen Häuser u.s.w. machen bey dem, der nicht bloß durchreist, oder den Ort nur oberflächlich kennen lernt, einen nachteiligen, aber im Grunde ungerechten Eindruck: denn sobald man das Innere des gesellschaftlichen Lebens – die Menschen in ihrer wahren Gestalt – dort kennen lernt, so findet man eine Herzlichkeit, eine solche werktätige Freundschaft, wie man sie schwerlich an einem anderen Ort antreffen wird."

* 1740 in Grund (Siegerland), 1770-72 Medizinstudium in Straßburg, Freundschaft mit Goethe und Herder, 1777 veröffentlichte Goethe Teile aus seiner Jugendautobiographie, 1778 Professor der Kameralistik in Kaiserslautern, dann in Heidelberg, 1787-1803 Professor der Staatswissenschaften in Marburg, zahlreiche religiöse Schriften, wohnte lange in der Hofstatt 11, starb 1817 in Karlsruhe

Wilhelm Liebknecht
Politiker

„Ich ging im Herbst 1846 nach Marburg, der mir von frühester Jugend an lieben und vertrauten Schwester-Universität von Gießen. In Marburg ließ ich mich immatrikulieren und studierte anfangs tüchtig. Jedoch der Gedanke, daß mir in Deutschland kein Wirkungskreis offenstehe, verhinderte mich an methodischem Arbeiten, und ich studierte bald nicht mehr für einen bestimmten äußeren Zweck, sondern nur noch für mich selbst."

* 1826 in Gießen, mit sechs Jahren Vollwaise, mit 16 Jahren Abitur, studierte Theologie, Philosophie, Jura in Gießen, Marburg und Berlin, wohnte in Marburg im Haus Wettergasse 9, wegen politischer Tätigkeit und Engagement für den auf dem Schloss gefangengehaltenen Verfassungsrechtler Sylvester Jordan drohende Verhaftung, ging in die Schweiz als Lehrer und Journalist, 1851 nach London, Bekanntschaft mit Marx und Engels, 1862 wieder nach Deutschland, Reichstagsabgeordneter und mit August Bebel Führer der Sozialdemokratie, starb 1900 in Berlin

Caroline Michaelis
Literatin

„Marburg hat wenig – aber doch nicht die tötende Einförmigkeit und den reichsstädtischen Dünkel. Die Menschen sind nicht so kultiviert und geschwätziger, allein doch toleranter."

* 1763 in Göttingen, 1784 Heirat mit dem Arzt Wilhelm Böhmer, nach dessen Tod 1789-92 in Marburg bei ihrem Stiefbruder, dem Medizinprofessor Friedrich Böhmer, danach in Mainz in Familie Georg Forsters, heiratete 1796 A.W. Schlegel, 1803 Scheidung und Hochzeit mit Friedrich Wilhelm Schelling, starb 1809 in Maulbronn

Denis Papin
Mathematiker und Experimentator

„Und was die Universität betrifft, so kann man sagen, daß der Professor der Mathematik dort von sehr geringem Nutzen ist, weil die wenigen Studenten, die hierher kommen, nur soviel tun, um sich in den Stand zu versetzen, ihren Lebensunterhalt mit der Theologie, dem Recht oder der Medizin zu verdienen, und nach der Art, wie diese Wissenschaften bis jetzt betrieben werden, die Mathematik dort überhaupt nicht gebraucht wird."

* 1647 in Blois, Studium in Paris bei Huygens, 1675 Reise nach England, Bekanntschaft mit Mitgliedern der „Royal Society", Aufhebung des Edikts von Nantes, 1688 Ruf nach Marburg, wo bereits geflüchtete hugenottische Verwandte leben, 1691 Hochzeit mit seiner verwitweten Cousine Marie, wohnten im Haus Markt 15, Schwierigkeiten mit der reformierten Kirchengemeinde, Ausschluss vom Abendmahl, naturwissenschaftliche Experimente, 1695 nach Kassel, 1707 wieder nach England, dort nach 1712 verschollen

Boris Pasternak
Dichter

„Wenn das hier nur eine Stadt wäre! Aber es ist ja ein mittelalterliches Märchen. Wenn es hier lediglich Professoren gäbe!

kontrolliert biologisch

Elisabethstraße 5, Telefon (06421) 682651 ■ Geöffnet: mo-fr 8-18 Uhr, sa 8-13 Uhr
Gutenbergstraße 11, Telefon (06421) 12977 ■ Geöffnet: mo-fr 8-19 Uhr, sa 8-16 Uhr

Jedoch manchmal, inmitten der Vorlesungen, öffnet sich während eines Gewitters ein gotisches Fenster und die komprimierte Kraft von hundert Gärten erfüllt den rußgeschwärzten Saal und von dort, von den Bergen, blickt der ewige mächtige Vorwurf. Wenn es lediglich Professoren gäbe! Aber hier ist auch noch Gott."

„Ich kann mir nur schwer einen Ort vorstellen, der in stärkerem Maß eine Illustration wäre als Marburg. Es ist nicht dieses oberflächlich Malerische, von dem wir sagen, es sei entzückend und zauberhaft. Die in Jahrhunderten bewährte und befestigte Schönheit des Städtchens, das von der Hl. Elisabeth (Anfang des 13. Jahrhunderts) beschützt wird, hat eine gewisse dunkle und mächtige Neigung zur Orgel, zur Gotik, zu etwas jäh Abgebrochenem und Nichtvollendetem, was hier vergraben liegt. Dieser Wesenszug belebt die Stadt. Sie ist aber nicht lebhaft. Es handelt sich nicht um Lebhaftigkeit. Es ist eine stumme Gespanntheit des Archaischen, und diese Spannung bringt alles hervor: die Dämmerung, den Duft der Gärten, die akkurate Ausgestorbenheit des Mittags, die nebligen Abende. Die Geschichte wird hier erdhaft. Das wissen, das fühlen alle."

* 1890 in Moskau, 1912 Studium in Marburg, wohnte in der Gisselberger Straße, hielt Referate bei Natorp und Cohen, entschied sich in Marburg endgültig für die Dichtung, 1957 Roman „Doktor Schiwago", durch politischen Druck Verzicht auf Entgegennahme des Nobelpreises 1958, starb 1960 in Peredelkino bei Moskau

Erwin Piscator
Theaterregisseur

„Marburg mit seinen zwanzigtausend Einwohnern und den Couleurstudenten, die sich mit dem Gelde ihrer Väter und ihren bunten Mützen vorkamen wie ‚Wesen einer höheren Welt', erschien mir bereits als Großstadt. In den engen Winkeln der alten Stadt wohnten wir zwischen Bürgern, Handwerkern, Arbeitern."

* 1893 in Ulm bei Wetzlar, lebte von 1899-1913 in Marburg, wo die Eltern ein Geschäft für Wollwaren betrieben, dann Studium in München, Dramaturg in Berlin mit eigenem Theater, inszenierte Brecht, Toller, Wolf, 1933 Emigration nach Moskau, dann Paris, USA, 1951 zurück nach Deutschland, starb 1966 in Starnberg

Ernst Reuter
Politiker

„Natürlich bin ich schon ordentlich in der Gegend herumgestrolcht. Nach Bauerbach, wo unsere Exkneipe ist, nach Frauenberg, Geiselberg, Bürgeln und wie die Nester alle heißen. Marburg ist geradezu herrlich. Als ich ankam und alles nun selber schauen konnte, wußte ich kaum, wo mir der Kopf stand, so sehr überwältigte mich das. Leider ist das Wetter immer noch nicht zum Durchbruch gekommen …

Doch kommt gerade im Augenblick die Sonne durch und schaut auf die Berge und das herrliche Schloß, das ich immer vor mir habe. In der Elisabeth-Kirche war ich auch bereits und hörte da eine entsetzliche Predigt von einem auswärtigen Generalsuperintendenten aus Frankfurt. Aber von der Schönheit der Kirche selber war ich doch überrascht, so etwas Erhabenes und Großartiges habe

Mitreden kann man immer. Mitentscheiden können Sie bei uns.

SPD-Geschäftsstelle
Fraktions- und Abgeordnetenbüros

Frankfurter Str. 47
35037 Marburg
Tel. 0 64 21/16 99 00
www.spd-marburg.de

ich doch noch nicht gesehen.
Wenn die Orgel spielte, dann war es als ob die ganze Kirche mitbrauste. Noch schöner klang dann aus dem Hintergrunde der Kirchenchor, der herrlich sang. Aber die Predigt war einfach entsetzlich."
* 1889 in Apenrade, 1907–1912 Studium der Geschichte, Germanistik und Geographie in Marburg und München, in Marburg Mitglied der Studentenverbindung „Frankonia", aus der er wegen seiner sozialdemokratischen Überzeugung 1912 wieder austrat, wohnte in der Wilhelmstr. 16, Kugelgasse 1, Barfüßertor 22, 1916 Verwundung und Gefangenschaft an der Ostfront, 1918–1922 Funktionär der KPD, Wiedereintritt in SPD, 1931 Oberbürgermeister von Magdeburg, 1939 Exil in der Türkei, 1948 Oberbürgermeister von West-Berlin, starb 1953 in Berlin

> **Tipp**
>
> *Lesetipp:*
> Marita Metz-Becker
> ### Gelehrtes Marburg
> **Historische Persönlichkeiten aus Wissenschaft, Politik, Kunst und Literatur - Wohnorte, Wirken und Werke**
>
> Verlag Jena 1800, Jena/Berlin 1999
> ISBN 3-931911-10-1

Rainer Maria Rilke
Dichter

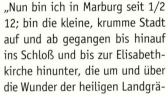

„Nun bin ich in Marburg seit 1/2 12; bin die kleine, krumme Stadt auf und ab gegangen bis hinauf ins Schloß und bis zur Elisabethkirche hinunter, die um und über die Wunder der heiligen Landgräfin erbaut ist. – Liebliche deutsche Gotik, sich abspielend in der Haltung einer Hand, in der Neigung eines Kopfes, in einer Falte, die sich schlank und steil hinaufzieht in einer schmalen Gestalt."
* 1875 in Prag, 1894 erster Gedichtband, 1919 Heirat mit Clara Westhoff in Worpswede, 1905 und 1906 Besuche in Schloss Friedelhausen bei Lollar, Abstecher nach Marburg, starb 1926 in Valmont (Wallis)

Ina Seidel
Schriftstellerin

„Marburg nun, eine Universitätsstadt, ist etwas ganz anderes. Nicht der Bürger, der Student steht im Mittelpunkt des Interesses, der Student in seiner Gesamtheit als fließendes Element, das das Gemeinwesen in ununterbrochenem Strome durchwandert. In einer solchen Stadt ist es wie in einem Hause, in dem Türen und Fenster fortwährend offenstehen."
* 1885 in Halle geboren, Kindheit in Braunschweig, Marburg und München, 1896/97 in Marburg bei der verwandten Familie des Historikers Freiherr von der Ropp, starb 1974 in Starnberg

Nicht von allen MarburgerInnen sind solche aussagekräftigen Urteile und Erinnerungen über die Stadt überliefert, in der sie kürzere oder längere Zeiten verbrachten. Deshalb sei hier noch auf die Aufenthalte Luthers, Zwinglis und zahlreicher weiterer Reformatoren 1527 anlässlich des „Marburger Religionsgespräches" hingewiesen, auf die Wallfahrten der Kaiser Friedrich II. 1236 und Karl IV. 1356 an das Grab der Elisabeth, auf den Studienaufenthalt Michail V. Lomonosovs 1736–1741 bei dem Philosophen Christian Wolff, auf den Romantiker Clemens Brentano, der hier Anfang des 19. Jahrhunderts mit seinem Freund Savigny und dessen Studenten Jacob und Wilhelm Grimm wohnte, auf die Naturwissenschaftler Robert Bunsen und Emil Behring, die von 1839–1851 bzw. 1895–1917 in Marburg wirkten, auf den Maler Adolph Menzel, der sich 1847 zu Studien für ein Gemälde hier aufhielt, den englischen Dichter T.S. Eliot, der 1914 hier den akademischen Sommerkurs besuchte, die Dichterin Marie Luise Kaschnitz, die 1937–1941 mit ihrem Ehemann, dem Archäologen Kaschnitz-Weinberg, Schutz vor den Nazis suchte, auf den Komponisten Heinrich Schütz, der Anfang des 17. Jahrhunderts in Marburg studierte – die Liste der zu Nennenden ließe sich durchaus noch erweitern.

Marburg kompakt

zusammengestellt von Heike Schmitt

Aus „Marburg spezial" wird „Marburg kompakt". Der informative Buchteil mit Spots zu Kunst und Kultur, Sport, Ausflügen, Unitipps und viel mehr wurde aktualisiert, neu arrangiert, attraktiv bebildert und mit neuen Themen ausgestattet. Neu sind beispielsweise „Marburg online" oder „Marburg zu Fuß". Alles in allem bietet dieser Serviceteil viel Wissenswertes über die Lahnstadt – ein kurzweiliger Rundgang in Buchform. Eben kompakt!

Marburg zu Fuß — 146
▶ Gegensätze
MAR-Tour 1: Die Marburger Oberstadt
MAR-Tour 2: Ins idyllische Weidenhausen

Tupfer im Stadtbild — 152
Stadtautobahn
Kaiser-Wilhelm-Turm
Universitätsbauten
Alte Universität
Rathaus
Kilianskapelle
St. Michaelskapelle
Lutherische Pfarrkirche
Affenfelsen
Schloss

Kultur und Unterhaltung — 157
▶ Kultiviert
Hessisches Landestheater
Marburger Schauspiel
German Stage Service GbR/Theater neben dem Turm
Theater Gegenstand e.V./Waggonhalle
Schnaps & Poesie Theater
KFZ
Cafe Trauma e.V. – Initiative Kultur von unten
Molly Malone's
Cavete
Szenario
Waggonhalle/Kneipe Rotkehlchen
Cineplex
Filmkunsttheater Oberstadt
FrauenFilmGruppe/Filmgruppe
Cafe Trauma
Abraxas Medienwerkstatt e.V.
Strömungen e.V.
Neue Literarische Gesellschaft e.V.

Marburg bei Nacht — 164
▶ Ausgehen
Kult-Hallen
Discothek PAF
MOX
Club Lounge

Kunst und Museen — 166
Museum für Bildende Kunst
Museum für Kulturgeschichte
Kindheits- und Schulmuseum
Mineralogisches Museum
Museum Anatomicum
Abgusssammlung
Kunsthalle/Marburger Kunstverein e.V.

Brüder-Grimm-Stube
GeWoGalerie

Freizeit und Fitness — 170
▶ Fitnesswahn
VFB Marburg
BC uniVersa
Marburg Mercenaries
Boule-Club
Golf-Club
Baggersee Niederweimar
Dutenhofer See
AquaMar
Europabad
Radfahren/Inline-Skaten
Hochschulsport
Ski- und Rodeln

Universität
▶ Sehr studiert
Herder-Institut
Hochschulrechenzentrum
Bluthänk
Max-Planck-Institut
Essen in der Mensa
Völkerkundliche Sammlung
Religionskundliche Sammlung
ZAS
Marburger Universitätskurse
Universitätsbund

Archive — 180
Stadtarchiv Marburg
Hessisches Staatsarchiv Marburg
Das Zirkusarchiv
Das Spielearchiv
Archiv für das Blindenwesen
Bildarchiv Foto Marburg

Marburg kurios — 182
Die Marburger Luftbahn
Seilbahn
Architekturphantasie von Otto Kohtz
Grassi-Projekt
Schlossberguntertunnelung
Lahn-Untertunnelung
Behring-Tunnel

Feste und Märkte — 185
3 Tage Marburg (3TM)
Feuerzangenbowle
Marburger Kamerapreis
Marburger Buchwoche

Maieinsingen
Nacht der Kunst
Uni-Sommerfest
Weidenhäuser Straßenfest
Ketzerbachfest
Exciting Neighbours
Elisabethmarkt
Weidenhäuser Entenrennen
Marburger Sommerakademie
Ramba Zamba Kinderkulturfestival
Marktfrühschoppen
Flohmärkte
Weihnachtsmärkte
Wochenmärkte

Marburg online — 190
www.marbuch-verlag.de
www.marburg.de
www.mabiko.de
www.op-marburg.de
www.uni-marburg.de
www.mittelhessen.de
Internetcafés in Marburg

Verkehr(t) — 192
Rush Hour
Busfahren in Marburg
AST
Semesterticket
Der Marburger Bahnhof

Ausflüge — 194
Christenberg
Freizeitbad Nautilust
Sommerrodelbahn Biedenkopf/Sackpfeife
Amöneburg
Frankenberg
Rauischholzhausen
Dammühle
Schmelz-Mühle

Geschichtsunterricht für Marburger — 198

Wegweiser — 201
Fremdenverkehr
Stadtführungen

Noch mehr über Marburg — 203
Literatur zur Lahnmetropole

Marburg zu Fuß

Unser Ausgangspunkt: Marktplatz mit Rathaus und St. Georgsbrunnen

Gegensätze. Marburgs Stadtteile sind wirklich unterschiedlicher Natur. Der bunte Stadtteil Weidenhausen liegt an der Lahn und hat mit Bürgerpark, Fachwerkhäuschen und netten Geschäften für seine Bewohner einiges an Wohnidylle zu bieten. Der zwischen Weidenhausen und Lahn gelegene Bürgerpark bietet seit 1998 die fraglos schönste Spielfläche für Kinder in der Stadt – die Weidenhäuser sind mit Recht stolz auf ihren Kiez. Ganz gegensätzlich dazu: der Stadtteil Richtsberg. Der Richtsberg wurde in den 1960er Jahren baulich erschlossen, um schnell möglichst viel Wohnraum zu schaffen. Der billige Wohnraum in Hochhausoptik und die fehlende Infrastruktur ließen den Richtsberg zum sozialen Brennpunkt avancieren. Mit über 8.000 Einwohnern ist der Richtsberg Marburgs größter Stadtteil – hier findet Multikulti wirklich statt.

MAR-Tour 1:

Die Marburger Oberstadt

Markt – Barfüßerstraße – Kugelgasse – Lutherische Pfarrkirche – Ritterstraße – Landgraf-Philipp-Straße – Landgrafenschloss – Hexenturm – Hainweg – Renthof – Unterer Steinweg – Elisabethkirche – Steinweg – Neustadt/Wettergasse – Schloßsteig – Markt

Vom historischen **Markplatz** aus kann die erste MAR-Tour durch die Oberstadt beginnen. Der Platz war früher in den oberen und unteren Markt geteilt; am Brunnen wurde im Mittelalter öffentlich Gericht gehalten.

Die Rathausuhr mit Gockel

Das steinerne Rathaus in spätgotischem Baustil wurde 1527 fertiggestellt. Weiter geht es **Richtung Barfüßerstraße** (Richtung Buchhandlung am Markt), früher Teil der Handelsstraße zwischen Köln und Leipzig und eine bedeutende Ost-West-Achse der mittelalterlich-frühneuzeitlichen Stadt. Hier wohnten viele Kaufmannsfamilien; die erhaltenen Fachwerkhäuser stammen vorwiegend aus dem 16. und 17. Jahrhundert. Martin Luther bewohnte Haus Nr. 48, als er sich 1529 in der Stadt aufhielt. In der Nachbarschaft

Fachwerkmeile Barfüßerstraße

Aventis Behring

Unsere Präparate retten Leben.
Weltweit, Tag für Tag, von Geburt an.

Emil von Behring. Gründer des ersten plasmaverarbeitenden Unternehmens, dessen Nachfolger heute *Aventis Behring* ist.

Seit den ersten Erfolgen der von **Emil von Behring** entwickelten Serumtherapie bis hin zu unseren heutigen hochspezialisierten Arzneimitteln vertrauen Millionen von Patienten in aller Welt ihre Gesundheit unseren Produkten an, die bei Störungen und Erkrankungen der Blutgerinnung und der Wundheilung sowie im Bereich der Intensivmedizin und bei der Bekämpfung von Infektionen eingesetzt werden.

Heute ist *Aventis Behring* eine Tochtergesellschaft von Aventis, einem der global führenden Pharmaunternehmen, und beschäftigt weltweit rund 6.500 Mitarbeiterinnen und Mitarbeiter, davon über 2.200 in Deutschland.

Aventis Behring GmbH · Postfach 1230 · 35002 Marburg · www.aventisbehring.com

Marburg zu Fuß

Treppauf Richtung Schloss

Ausschnitt aus Stadtplan „Marburg Universitätsstadt", 2. Auflage, 200[?]
Marburger Geographische Gesel[lschaft]

(Haus Nr. 35) wohnten die berühmten Brüder Grimm von 1802 bis 1803. Heute laden hier zahlreiche Geschäfte und kleine, studentisch geprägte Kneipen und Cafés zum Verweilen ein. Der schmale **Pflastersteinweg der Kugelgasse** strahlt immer noch mittelalterliches Flair aus: von hier beginnt der Aufstieg zum Landgrafenschloss über den Dächern der Stadt. Die Kugelgasse mit scharfer Rechtskurve führt direkt zur **Lutherischen Pfarrkirche**. Die ursprünglich romanische Kirche wurde 1227 fertiggestellt – im 14. und 15. Jahrhundert wurde dann aber ein Umbau im gotischen Stil vorgenommen. Ihr schiefer Turm ist ein markantes Merkmal der Oberstadt-Skyline. Beim Umbau reichte es wegen Geldmangel nur zu einem hölzernen Turmhelm statt einer Steinkonstruktion. Die starke Sonneneinstrahlung von Südwesten trocknete das Holz aus, und es verzog sich. Vom Kirchhof muss man unbedingt einen Blick auf die Dächer der Marburger Altstadt werfen. Über die kleine Treppe neben dem Kirchenportal geht es weiter auf die **Ritterstraße**. Hier wohnten anno dazumal die Ritter und das Burgvolk. Zum Schloss geht der Aufstieg weiter über die puckelige Ludwig-Bickell-Treppe. 139 Stufen zählt der aufmerksame Treppensteiger – viel Puste ist jetzt angesagt. Das Ziel ist fast erreicht: die **Landgraf-Philipp-Straße** bietet den Erholungsbedürftigen im Café/Restaurant Stärkung. Für alle anderen geht es durch den Torbogen die letzten Meter zum **Landgrafenschloss**. Erholen kann man sich jetzt vom anstrengenden Aufstieg im Schlosspark; die Wissensdurstigen besichtigen das Schloss oder machen eine Kasemattenführung. Die tolle Aussicht auf Marburg entlohnt für alle Mühen. Über den unteren Schlosshof erstreckt sich die unbebaute, begrünte Hangseite. **Der Hexenturm** steht hier. Er wurde 1478 errichtet und später als Gefängnis genutzt.

Zwischenstation: Der Lutherische Kirchhof

Das Landgrafenschloss

Der Hexenturm von 1478, errst Geschützturm, dann Gefängnis

Marburg zu Fuß

Auf der Schlossterasse vorm schiefen Turm von Marburg

Die Wasserscheide zwischen Neustadt und Wettergasse

licher Höhe: oberer Weg = Fahrrinne von Elisabethkirche zur Oberstadt. Mittlere Ebene = Teil von mittelalterlicher Überlandstraße. Unterer Weg ehemals „Loch" = Abwasserkanal und Wohnsitz der Armen. Am oberen Ende des Steinwegs beginnt die **Neustadt**. Bis hierhin hatte sich die mittelalterliche Stadt in der letzten Norderweiterung vor 1260 ausgedehnt. Beim ehemaligen Werdertor geht die Neustadt über zur **Wettergasse**. Hier in Marburgs Fußgängerzone finden sich viele Geschäfte, die die MAR-Tour zur wahren Shopping-Tour werden lassen. Jetzt heißt es bummeln ... *zurück am Markt*, ist die erste MAR-Tour durch die Marburger Oberstadt schon vorbei.

Durch den Hang beginnt der Abstieg Richtung Tal. Im **Hainweg** geht es bergab durch ein grünes Blätterdach, weiter links Richtung **Renthof**. Die Straße ist nach der ehemaligen landgräflichen Gutsverwaltung, die hier ihren Sitz hatte, jedoch 1880 abgerissen wurde, benannt – heute finden sich hier die Institute des Fachbereichs Physik. Weiter dem Verlauf des Renthof bergab folgen: der Renthof wird zum Roten Graben. Von hier aus hat man eine fantastische Sicht auf die Elisabethkirche. **Richtung Unterer Steinweg** ist es jetzt vielleicht Zeit für ein Eis oder das Verweilen in einem der Restaurants. Am Steinweg unten angekommen, lohnt der Abstecher in die **Elisabethkirche** gleich um die Ecke. Die gotische Kirche ist eine der ältesten im deutschsprachigen Raum und wurde 1283 fertiggestellt. **Zurück Richtung Markt** den Steinweg hinauf. Der Steinweg besteht aus drei Wegen auf unterschied-

Reges Treiben im Steinweg

Die Türme der Elisabethkirche

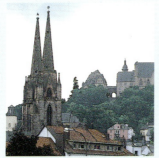

Weinlädele
Weinstube
Für die Weinkenner

Sommerterrasse mit Blick auf den Marktplatz
Zum Wein leckere Gerichte wie Maultaschen und Flammkuchen
Schlosstreppe 1 • 35037 Marburg • www.weinlaedele.com
Tel: 0 64 21/1 42 44 • Fax: 79 40 22

Marburg zu Fuß

Und wieder geht es am Marktplatz los ...

Treppab Richtung Hirschberg

Die Alte Universität

ans-Kapelle, die ältesten Marburger Kirche, erbaut 1180. Ein Stückchen Kuchen bei Café Vetter lohnt sich immer; bei schönem und schlechtem Wetter ist der Ausblick ins Lahntal von der geschlossenen Terrasse lohnenswert. Die *Reitgasse* runter, erreicht man die *Alte Universität*, ein ehemaliges Dominikanerkloster, das ab 1527 Sitz der Philipps-Universität wurde. Über Lahntor abwärts zum Rudolphsplatz – in der nostalgisch wiedererrichteten *Herrenmühle*,

MAR-Tour 2:

Ins idyllische Weidenhausen

Marktplatz – Hirschberg – Rathaus-Schirne – Schuhmarkt – Kilian – Reitgasse – Alte Uni – Lahntor – Herrenmühle – Universitätsstraße – Weidenhäuser Brücke – Weidenhäuser Straße – Gerber-Gässchen – Friedensplatz – Trojedamm – Elisabeth-Blochmann-Platz – Luisa-Haeuser-Brücke – Neue Mitte – Gerhard-Jahn-Platz – Universitätsmuseum – Stadthalle – Hörsaalgebäude – Johann-Müller-Weg – Alter Botanischer Garten – Pilgrimstein – Marburger Brauerei – Lahncenter – Oberstadtaufzug – Reitgasse – Marktgasse – Markt

Vom **Markt** die Treppe links neben Rathaus in Richtung **Hirschberg** hinunter – ein Blick auf die **Rathaus-Schirne**, ehemals Gefängniszellen. Durch die schmale Gasse geht es munter weiter zum **Schuhmarkt**. Hier liegt die **St.-Kili-**

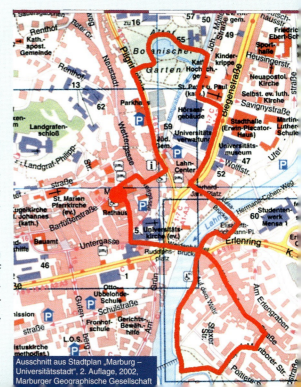
Ausschnitt aus Stadtplan „Marburg – Universitätsstadt", 2. Auflage, 2002, Marburger Geographische Gesellschaft

Marburg zu Fuß

Giebel der Herrenmühle

heute Dresdner Bank, befand sich ab 1875 das erste Marburger Elektrizitätswerk, das 130 Haushalte mit Strom versorgen konnte. Von hier lässt sich die vielbefahrene **Universitätsstraße** am Fußgängerüberweg gut überqueren. Über die **Weidenhäuser Brücke**, die mehrmals eingestürzt und wieder errichtet wurde. Angekommen in **Weidenhausen**: zwischen Lahn und B3 liegt der idylli-

Die Weidenhäuser Brücke

sche Stadtteil. Er entstand als Brücken-Vorstadt und Zollstation und hat bis heute den ursprünglichen Charakter einer Straßensiedlung behalten; auf knapp 380 Metern der **Weidenhäuser Straße** drängen sich über 100 Häuser. Kleine Geschäfte & Kneipen finden sich heute hier. Durchs **Gerber-Gässchen** über den **Friedensplatz** in den grünen „Bürgerpark" mit Kinderspielplatz. Dann geht es immer dem Wasserrauschen nach zum Wehr in der Lahn. **Am Trojedamm** lässt es sich gemütlich entlang der Lahn schlendern; ein Tretbötchen ausleihen macht riesig Spaß. Nachdem man unter der Weidenhäuser Brücke durchgelaufen ist, erreicht man den neuangelegten **Elisabeth-Blochmann-Platz**, rechts liegt das Studentenhaus Erlen-

Lebendiges Treiben in der Weidenhäuser Straße

ring mit Mensa. Über die neue und bereits sanierte **Luisa-Haeuser-Brücke** erreicht man nun Marburgs **Neue Mitte**, den **Gerhard-Jahn-Platz** mit Großkino Cineplex, das 2000 eröffnet wurde. In der gegenüberliegenden Lahncenterpassage gibt es von asiatisch bis Döner leckeres Essen in netten Restaurants. Entlang der Biegenstraße vorbei an **Universitätsmuseum**, **Stadthalle** (rechte Straßenseite) und **Hörsaalgebäude** lohnt sich dann der Weg durch den **Alten Botanischen Garten**, indem man rechts neben

Im Alten Botanischen Garten

dem Hörsaalgebäude in den **Johann-Müller-Weg** biegt. Der alte Botanische Garten wurde 1812 angelegt; hier befindet sich auch das Musikhaus der Philipps-Universität, in dem Studenten musizieren üben. Am Teich mit Schwänen und Enten lässt es sich vom Spaziergang gut erholen. Den Botanischen Garten verlässt man auf der westlichen Seite, um dann den **Pilgrimstein** entlang zu laufen, vorbei an der **Marburger Brauerei** bis zum **Lahncenter**. Mit dem **Oberstadtaufzug** überwindet man die 27 m Höhenunterschied vom Pilgrimstein zur **Reitgasse**. Der Aufzug ist seit 1989 im Einsatz und für Touristen immer wieder eine Attraktion. Von der Reitgasse über die **Marktgasse** wieder zum **Marktplatz**. Ende der MAR-Tour 2.

Hans-Dieter WOLF
Rechtsanwalt

35039 Marburg
Kleine Ortenberggasse 1a
Tel. 0 64 21 / 27 08 16
Fax 0 64 21 / 27 08 18
ra.hans-dieter.wolf@web.de

 Kanzlei für Arbeitnehmer

Tupfer im Stadtbild

Auch Beton kann ästhetisch sein...

Rasend

Stadtautobahn. Mit rasant ansteigenden KFZ-Zulassungen stieg in den 60er und frühen 70er Jahren die Zahl der Autos auf Marburgs Straßen. In dieser Zeit wurde die Stadtautobahn gebaut, um Wartezeiten und Staus zu verhindern. Vor dem damaligen Bahnübergang an der Neuen Kasseler Straße war immer mit langen Autoschlangen zu rechnen. Die Stadtautobahn sollte aus „Marburg an der Schranke" wieder eine zügig durchfahrbare Stadt machen. 1964 entstand daraufhin als erstes die Brücke am Bahnübergang, ein „Festgeschenk zu Weihnachten" für die Bürger der Stadt, titelte die Presse damals. 1968 stellte man die Fußgängerunterführung am Krummbogen fertig, im gleichen Jahr den „Erlenring" und die Kurt-Schumacher-Brücke. Einige Gebäude mussten dafür natürlich Platz machen; der Friedhof bei St. Jost wurde verkleinert. Die Verbindung Zeppelinstraße/Gisselberger Straße mit der Konrad-Adenauer-Brücke wurde als nächstes umgesetzt. Die Brücke ist 21 Meter breit und 180 Meter lang. 1973 wurde die Südspange der B3a für den Verkehr freigegeben, 1974 der als „Hochstraße" bezeichnete Streckenabschnitt, vorbei an Bahnhof und Krummbogen, fertiggestellt. Ein „Bauwerk von hohem Rang" freute sich der damalige hessische Minister für Industrie und Technik Heinz Herbert Karry über die gelungene Investition, die den Verkehr geradezu anzog. 1992 wurde die Autobahnbrücke am Bahnhof schon nach 18 Jahren aufwendig und für 2,7 Millionen Mark überholt. Farblich erhielt der Betonklotz einen neuen Anstrich; für eine Million Mark bekam die triste Brücke vom „Farbstudio" Garnier aus Bad Kreuznach eine bunte Coloration verpasst. Anlass für Auseinandersetzungen war die Stadtautobahn seit Beginn, ob es um Tempolimits oder Baumaßnahmen ging. Ein Schmuckstück ist sie in Marburgs Stadtbild mit Sicherheit nicht.

Schmuck

Kaiser-Wilhelm-Turm. Der Turm mitten im Wald gegenüber dem Schlossberg fällt Marburg-Besuchern stets ins Auge. Mitten auf den Lahnbergen tront er wie ein Wächter über Marburg: 1872 hatte ein Verein Geld gesammelt, um den Turm als Erinnerung an die Reichsgründung und den deutsch-französischen Krieg 1870/71 zu finanzieren. In der Nacht vom 12. auf den 13. März 1876 brachte ein Sturm den fast fertigen Turm zum Einsturz. Erst 14 Jahre später wurde das 34 Meter hohe Bauwerk fertiggestellt; die feierliche Einweihung fand am 2. September 1890 statt.

Der Kaiser-Wilhelm-Turm von 1890

Bereits seit Beginn des 19. Jahrhunderts war der Ort ein beliebtes Ausflugsziel. Freiherr Spiegel zum Desenberg ließ hier 1828 einen Eisenpavillon aufstellen, und seit 1994 gibt es die „Turmstube im Kaiser-Wilhelm-Turm", wo zeitweise Kulturveranstaltungen stattfinden und immer ein Kaffee getrunken werden kann. „Spiegelslust" liegt ein paar Meter weiter – ein weiterer heißer Tipp für Ausflügler. Im Sommer lässt sich hier mit leckerem Kuchen, Wein oder Weizenbier der tolle Ausblick aufs Tal und den gegenüberliegenden Schlossberg genießen.

Gut verteilt

Universitätsbauten. Bis ins 19. Jahrhundert blieb die Universität auf die in der Altstadt gelegenen Gebäude der Klöster beschränkt, die 1527 mit Öffnung der Universität säkularisiert worden waren. Das alte Dominikanerkloster am Lahntor, das zwischen Barfüßerstraße, Am Plan und der Stadtmauer gegründete Franziskaner- oder Barfüßerkloster von 1234/35, das um 1491 von den „Brüdern des gemeinsamen Lebens" erbaute Kugelhaus und die Niederlassung der Alsfelder Augustiner Ecke Unter-/Augustinergasse wurden von der Universität genutzt. An Stelle der Franziskanerkirche wurde 1731/32 die Universitätsreithalle erbaut – einziger Universitätsneubau bis ins 19. Jahrhundert.

Per aspera ad astra: Der Weg zur Philosophischen Fakultät

Das ehemalige Dominikanerkloster wurde Alte Uni (1887-1891). Neben einzelnen Neubauten am Renthof (1838/42 Mathematisch-Physikalisches Institut) und in der Ketzerbach (1839/42 Anatomisches Institut) baute man nach der Aufhebung des Deutschen Ordens (1809) und nach der Übernahme Marburgs durch Preußen (1866) bis in die zwanziger Jahre das Klinikviertel beiderseits der Deutschhaus-, Robert-Koch- und Bunsenstraße. Entlang der Bahnhofstraße entstand ein großbürgerliches zumeist von Medizinern bewohntes Viertel. 1900 wurde in der Universitätsstraße die alte Bibliothek gebaut (heute Wirtschaftswissenschaften), 1914/20 das Landgrafenhaus gegenüber der Alten Universität.

In den 60ern fand die nächste intensive Bauphase statt. Das Verwaltungsgebäude (1960), das Hörsaalgebäude (1964) und das Savignyhaus (1963) wurden gebaut und 1962 auf der anderen Lahnseite die Mensa. 1964-67 entstanden die Bauten der Philosophischen Fakultät und die neue Universitätsbibliothek (1964-67) am Krummbogen.

Am Ortenberg wurde 1963 außerdem die „Zahnklinik" bezogen. Die Lahnberge wurden zu universitären Zwecken erschlossen; 1963 und 1976 wurden die Neubauten für die naturwissenschaftlichen Fachbereiche fertiggestellt. 1975-1984 entstand der erste von zwei geplanten Bauabschnitten des Klinikums. Universität und Stadt wurden damit zumindest teilweise räumlich getrennt, und für die Studierenden bedeuten die Lahnberge lange Anfahrtswege.

Wandgemälde

Alte Universität. Allein die Kirche erinnert noch an das ursprüngliche Gebäude des Dominikanerklosters. Das alte Kloster wurde 1527 Sitz der ersten protestantischen Universität im Heiligen Römischen Reich Deutscher Nation. Der hessische Landgraf Philipp hatte die hessischen Klöster aufgelöst. Mit elf Professoren begann die universitäre Lehre in Marburg. Ab dem 17. Jahrhundert ging es mit der Universität bergab, und die Kirche wurde zwischenzeitlich sogar als Scheune benutzt. Der alte Gebäudeteil, bis auf Kirche, wurde 1872 abgerissen, und Univer-

sitätsbaumeister Carl Schäfer erstellte den heutigen Universitätsbau im neugotischen Stil. Prunkstück ist die Aula, die zwischen 1887 und 1891 entstand. Stadt- und Universitätsgeschichte wird hier mit Wandbildern dargestellt. Heute finden hier Lesungen, Antrittsvorlesungen und Verabschiedungen statt. Im Gebäude der Alten Uni ist heute die evangelisch-theologische Fakultät untergebracht.

Steinern

Rathaus. Von 1511 bis 1526 wurde das Rathaus der Stadt am Marktplatz erbaut. Ein Bau, der die Stadtfinanzen ruinierte. Bevor die Ratsherren im steinernen Haus residieren konnten, benutzte man den Kerner, eine Friedhofskapelle bei der Lutherischen Pfarrkirche, in deren Erdgeschoss Gebeine lagerten. Der Kerner wurde allerdings 1456 durch einen Brand zerstört, später auch wieder aufgebaut. Nach dem Brand wurde die ehemalige Stadtschule von 1458 bis 1525/26 am Kirchhof zum Sitz der Ratsherren. Die Entscheidung über den Bau eines eigenen Rathauses fiel in eine Zeit politischer Unruhen und innerstädtischer Konflikte: Kirchenkritik und Schwierigkeiten um die Regierung der Landgrafschaft sowie Auseinandersetzungen zwischen Zünften und Patriziern auf der einen und der Gemeinde auf der anderen Seite. Nur die Stadtherren machten den Bau mit ihrer Unterstützung möglich. „Meister Klaus aus Lich" übernahm als Werkmeister die Verantwortung über das Bauvorhaben. Ein Relief

Weihnachtsmarkt vor dem Rathaus

von Ludwig Juppe, das die heilige Elisabeth als Schildhalterin des landgräflich-hessischen Wappens zeigt, wurde als Schmuck an das Gebäude angebracht. 1912 wurde der Küchenbau im Renaissance-Stil abgerissen. Die Rathausuhr wurde 1528 fertiggestellt und 1582 ausgetauscht.

Ältestes Gebäude

Kilianskapelle. Unweit der alten Uni findet sich das älteste erhaltene Gebäude der Stadt. Der „Kilian" auf der Mitte des Schuhmarktes entstand zwischen 1180 und 1200; ursprünglich als Marktkapelle der Pfarrei St. Martin zu Oberweimar

Philipps Apotheke

Wir lassen Sie nie im Regen stehen!

Philipps Apotheke Marburg
Reitgasse 10 (Oberstadt) • 35037 Marburg
Tel. 0 64 21/2 77 11 • Fax 0 64 21/2 17 72
Freecall: 08 00-2 77 11 00 • www.philipps-apotheke.de

errichtet. Bis zur Reformation fanden hier Gottesdienste statt. 1452 wurde mit Steinen der abgebrochenen Synagoge eine neue Mauer um den Kilianskirchhof angelegt. Bis 1527 war im Kilian die Stadtwaage untergebracht. Als Zunftstube verwendeten die Schuhmacher den Chor der Kapelle, und das Kirchenschiff wurde zwischenzeitlich auch zum Backhaus. Die Kapelle musste auch schon als Schweinestall herhalten. 1681 wurde das Gebäude wieder instandgesetzt und mit Fachwerkobergeschoss und Renaissancefenstern versehen. Seit 1611 war der Kilian Schule, der untere Raum war Waisenhaus. Ab 1910 wurde er zum Sitz der Stadtverwaltung und der Stadtpolizei. In der Nazizeit benutzte das Gebäude die Gestapo. Eine Gedenktafel in Erinnerung an die Nazivergangenheit wurde von den späteren Benutzern, dem Grünen Kreuz, allerdings abgelehnt.

Michelchen

St. Michaelskapelle. Eine kleine Treppe gegenüber dem Haupteingang der Elisabethkirche auf der anderen Straßenseite führt zum „Michelchen". Die Kapelle, erbaut 1268/70, wurde 1583 renoviert und erhielt dabei ihr heutiges Aussehen. Auf dem Friedhof liegen Pilger, Bedienstete des Deutschen Ordens und Menschen, die im Elisabeth-Hospital starben, begraben. Es ist davon auszugehen, dass Landgraf Philipp die Gebeine der heiligen Elisabeth an mehreren Stellen des Friedhofs bestatten ließ, nachdem er sie aus dem goldenen Sarkophag in der Elisabethkirche herausgenommen hatte.

Ziemlich schepp

Lutherische Pfarrkirche. Als von der Elisabethkirche noch nichts zu sehen war, erhielt diese romanische Marienkirche 1227 Pfarrrechte. Im Mittelalter entstand sie auf dem eigens errichteten Plateau zwischen Ritterstraße und Rübenstein. 1395 wurde ein neues Langhaus fertig, das sich an der Elisabethkirche orientierte. Mit dem Turm begann man 1447. Eine Holzkonstruktion wurde wegen Geldmangel gewählt; starke Sonneneinstrahlung von Südwest trocknete auf der einen Seite das Holz aus, und der Turm wurde schief. In der Kirche finden heute samstags oft kostenlose Orgelkonzerte statt, die sich großer Beliebtheit erfreuen.

Terrassen mal anders

„Affenfelsen". In den 70er Jahren erbaut, gehört das Hochhausgebäude an der Ecke Gisselberger/Frankfurter Straße aus heutiger Sicht zu den architektonischen Schandtaten der Stadt und ist trotzdem ein echtes Original im Marburger Stadtbild – mit eigenem Spitznamen.

Schöner Wohnen – der „Affenfelsen"

Hoch über den Dächern

Schloss. Das Schloss steht für die historisch-politische Bedeutung Marburgs und das geschichtliche Werden Hessens. Für die Besitzer, die Landgrafen von Hessen und Thüringen, war das Schloss ein wichtiger Sitz, der ständig erweitert und den steigenden Ansprüchen an Repräsentation, Verteidigungsfähigkeit und Wohnkomfort angepasst wurde. Die Baugeschichte des Schlosses ist umstritten. Sicher ist, das Schloss war Ausgangspunkt für die Entwicklung der Stadt

Tupfer im Stadtbild

Marburg und ist wesentlich älter als die Stadt. Bei Ausgrabungen unter dem Westflügel (1989/90) wurden Mauerreste entdeckt, die man in ihrer Entstehungszeit auf spätes 9., eher spätes 10./frühes 11. Jahrhundert schätzt. Das Marburger Schloss gehört auf jeden Fall zu den frühesten Höhenburgen in Deutschland; die Erbauer bleiben unbekannt. 1471 wurde das Schloss modernisiert und ausgebaut. Saalbau, Kapelle und alle anderen Schlossbauten wurden umgebaut. Süd- und Westflügel wurden verändert und von Landgräfin Anna zum Frauenbau (1486) erweitert. Die Errichtung des großen Wilhelmsbaus östlich des Kernschlosses war von 1493-1497 die wesentlichste Baumaßnahme. 1621 entwarf der Architekt und Geograph von Landgraf Moritz dem Gelehrten, Wilhelm Dilich, zwei unterschiedliche Bastionärbefestigungen für Schloss und Stadt. 1700 bis 1740 wurden diese dann entscheidend ausgebaut. Das Schloss und die Verteidigungsanlagen hatten mit 700 mal 200 Metern die größte Ausdehnung erreicht. Doch blieb die Festung Marburg durch die umliegenden Berge schlecht zu verteidigen – auch die Wasserversorgung war schwierig. Während des Siebenjährigen Krieges wechselte die Burg oft den Besitzer; ein Großteil der Befestigungen wurde beseitigt, den Rest ließ Napoleon 1807 sprengen.

Der Verfall des Schlosses war im 18. Jahrhundert kaum mehr aufzuhalten. 1809 war hier das Gefängnis untergebracht. Erst die Annektierung Hessens durch Preußen bringt wieder Licht in die Stadt und neuen Nutzen für das Schloss. Es wird zum Staatsarchiv umgebaut, und zu diesem Zweck werden fast alle Schlossbauten entkernt und neu ausgebaut. Seit 1964 ist das Schloss in den Händen der Universität. 1981 wurde im Wilhelmsbau das Universitätsmuseum für Kulturgeschichte eröffnet. Im Fürstensaal finden regelmäßig Feierlichkeiten oder Kulturveranstaltungen statt.

Das Landgrafenschloss, Spiegelbild der historisch-politischen Bedeutung der ehemaligen Residenzstadt Marburg

---

DBM Dienstleistungsbetrieb der Stadt Marburg

Wir pflegen, unterhalten und reinigen in Marburg
- Kanal- und Gewässernetz
- Straßen, Rad- und Fußwege
- Grünflächen und Friedhöfe

Wir transportieren und entsorgen in Marburg
- Restabfall und Verpackungsabfälle
- Altpapier und Organische Abfälle
- Gewerbeabfälle im Auftrag der MEG
- Bauschutt und Erdaushub

Sie finden uns:
Gisselberger Straße 33, 35037 Marburg
Telefon 0 64 21 / 201 - 685
Fax: 0 64 21 / 201 - 589
dbm@marburg-stadt.de

Kultur & Unterhaltung

im TASCH, Sitz des Hessischen Landestheaters

Kultiviert. 3,7 Millionen Euro gibt die Stadt Marburg in 2002 für sächliche Investitionen im Bereich Kultur aus – ganze 4,4 Millionen für Kultur sind insgesamt im Vermögenshaushalt 2002 veranschlagt. Imposante Zahlen, die sich angesichts des vielfältigen Marburger Kulturprogramms schnell legitimieren lassen. Marburg ist Universitätsstadt mit großem Bildungshunger und aktiven BürgerInnen ohne Lust auf kulturelles Einerlei. Mit dem Marburger Kulturfonds wurde ein „Sonderetat" für „Sonderprojekte" geschaffen, der insbesondere den zahlreichen soziokulturellen Trägern ohne dickes Finanzpolster die Umsetzung besonderer Veranstaltungen und Aktionen ermöglicht. Über jedes Jahr werden Projektanträge interessierter Kulturträger gesammelt, und eine Jury aus Vertretern der Marburger Presse, Tourismus- und Kulturarbeit entscheidet über Anträge, die mit Mitteln aus dem Kulturfonds honoriert werden sollen. Mit 40.000 Euro war 2002 der Topf ordentlich gefüllt, und diverse Projekte wurden realisiert. Seit 2001 kann der aktuelle Kulturdezernent Egon Vaupel (SPD) mit Kulturamtsleiter Dr. Richard Laufner über diese Art Bonusetat verfügen, nachdem das jährliche „Off-Balance-Festival" keinen großen Zuspruch mehr fand und die Gelder entsprechend umverteilt werden konnten. Zunächst sollten bis zu drei Projekte jährlich finanziert werden; tatsächlich werden bis zu sieben Anträge aus dem Kulturfonds finanziell unterstützt – neue Ideen in Sachen Kultur sind auch zukünftig keine Mangelware.

Schauspielkunst

Hessisches Landestheater/Marburger Schauspiel. An insgesamt fünf Spielstätten findet regelmäßig das Marburger Schauspiel statt – professionelles Theater mit integriertem Kinder- und Jugendtheater. Mit dem Theater Am Schwanhof (TASCH), der Stadthalle (Erwin-Piscator-Haus), dem Fürstensaal im Landgrafenschloss, Deutschhauskeller und den wechselnden Spielorten für Freilichtaufführungen stehen ansprechende Örtlichkeiten für den abwechslungsreichen Spielplan zur Verfügung. In Zusammenarbeit mit dem Kultur-amt der Stadt wird außerdem jährlich im März die Hessische Kinder-und Jugendtheaterwoche unter dem Motto „Theater sehen – Theater spielen" realisiert.

Hessisches Landestheater Marburg
Theater Am Schwanhof 68-72, 35037 Marburg
Tel: 06421/9902-31 (Sekretariat)

Theaterkasse Stadthalle (Erwin-Piscator-Haus)
Biegenstraße 15, 35037 Marburg
Tel: 06421/25608, E-Mail: info@hlth.de
Website: www.hlth.de (Kartenreservierung mgl.)
Öffnungszeiten: Mo-Sa 9-12.30 Uhr, Mo-Fr 16.30-18 Uhr

Kultur & Unterhaltung

Dieser Turm gab dem TNT seinen Namen

Neues Theater

German Stage Service GbR/Theater neben dem Turm. „Neues Theater" heißt das Konzept des TNT (Theater neben dem Turm). In der Zusammenarbeit mit europäischen Künstlern entstehen Projekte wie das erfolgreiche Theaterfestival „Exciting Neighbours". Seit 1983 besteht dieses experimentell arbeitende Theaterensemble. Im Programm finden sich riskantes Theater, ungewöhnliche Performances und Installationen. In ganz Deutschland, Europa und Südamerika gehen die Marburger auf Gastspielreise.

German Stage Service GbR/TNT
Afföllerstraße 3a,
35039 Marburg,
Tel: 06421/62582
E-Mail: kontakt@germanstageservice.de
Website: www.germanstageservice.de

Freie Kunst

Theater GegenStand e.V./Waggonhalle. Mit Eigenproduktionen, Koproduktionen und Gastspielangebot ist das Theater GegenStand in der Waggonhalle aktiv. Seit April 1996 besteht diese Spielstätte für freies Theater; an mindestens vier Abenden in der Woche finden Veranstaltungen statt: neben dem Schwerpunkt Theater auch Literaturabende. Diskussions-, Musik-, und Tanzveranstaltungen. Private Sponsoren ermöglichten den Umbau der Waggonhalle zu einem Theater; heute finanziert sich das Theater aus Eintrittsgeldern, öffentlichen Zuschüssen, Sponsoring und Spenden. Künstlerische Visionen des Theaterteams: Marburg soll als hessisches Produktionszentrum im Bereich „Neues Theater" etabliert werden.

Theater GegenStand e.V./Waggonhalle
Rudolf-Bultmann-Str. 2a,
35039 Marburg,
Tel: 06421/690626
E-Mail: mail@waggonhalle.de
Website: www.waggonhalle.de

Theater im Feld

Schnaps & Poesie Theater. Im ländlichen Schröck hat das ungewöhnliche Theaterensemble angesiedelt. Bis 1995 war das Theater im alten herzoglichen Pagenhaus in Braunschweig tätig; hier entstanden an die 90 Inszenierungen. Das

Kultur & Unterhaltung

Theater hat ein ungewöhnliches Repertoire parat, von griechischen Komödien, gesellschaftskritischen Collagen und szenischen Lesungen bis zu Auftritten im Sommer mit sogenanntem Komödiantenkarren in ganz Deutschland und Südfrankreich. Als Vorbild dienen fahrende Theatergruppen früherer Jahrhunderte.

Schnaps & Poesie Theater
Bergblick (Scheune im Feld)
35043 Marburg-Schröck, Tel: 0172/7613241

Konzertpause vor dem KFZ

Kulturarbeit

KFZ. Als soziokulturelles Zentrum versteht sich das KFZ (Initiative Kommunikations- und Freizeitzentrum Marburg e.V.) und ist als freier Kulturträger aus Marburg nicht mehr wegzudenken. Seit Gründung 1977 residiert das KFZ in der Schulstraße 6 und ist Lokalität und Veranstalter von bis zu 30 Veranstaltungen im Monat. Die Sparten Kleinkunst, Kindertheater, Diskussion, Lesung, Kabarett und Musik gehören im wesentlichen zum Programm. Mit den Veranstaltungen „Nacht der Stimmen" – einem A-Cappella-Festival auf dem Schlossberg – und dem jährlich stattfindenden „Marburger Kabarettherbst" gelingt den größtenteils ehrenamtlichen Mitarbeitern

die erfolgreiche Umsetzung kultureller Highlights im großen Stil. Der legendäre „Marburger Abend", open stage für Newcomer und unentdeckte Marburger Talente, findet regelmäßig einmal im Monat statt und wird in 2002 zum 200. Mal für ein volles Haus sorgen. Seit 1990 arbeitet die KFZ-Frauenkulturgruppe „Ladies in Culture" mit dem Ziel, Frauenkultur auch für ein gemischtgeschlechtliches Publikum zu veranstalten: ein Programm mit Frauenthemen für Frauen und Männer. Das Monatsprogramm erscheint im eigenen KFZ-Heft mit ausführlichen Infos zu den einzelnen Veranstaltungen. Zukünftig geplant ist der Ausbau vom kleinen Kulturladen mit beengten Räumlichkeiten zum Kulturzentrum in neuem Ambiente.

Kulturladen KFZ
Schulstraße 6, 35037 Marburg, Tel: 06421/13898
E-Mail: info@kfz-marburg.de
Website: www.kfz-marburg.de

Jenseits von Mainstream

Café Trauma e.V. – Initiative Kultur von unten. Mit 70 ehrenamtlichen Mitarbeitern (und nur drei hauptamtlichen) kann das Café Trauma das Programm der „Kultur von unten" idealerweise gut umsetzen und dem Marburger Publikum ein breitgefächertes sozio-kulturelles Angebot bieten. Seit 1987 existiert das Trauma in der Robert-Koch-Straße und versteht sich als „selbstverwaltetes Zentrum jenseits von Profit- und Managerinteressen". Programmschwerpunkte sind Konzerte, Kino und Partys, sowie Infoveranstal-

Kultur & Unterhaltung

tungen zu politischen und gesellschaftlichen Themen. Ein echter Klassiker: der „Donner-s-Dance", eine wöchentliche Party mit alternativen Musikstilen jenseits des Mainstream. In der „Zone Bar" wird jeden Mittwoch gediegenes Abhängen mit chilliger Musik in Seventies-Ambiente geboten, außerdem werden Filme im kleinen Kinosaal gezeigt. Jährliche Trauma-Highlights sind das Filmfest „Open Eyes" auf der Amöneburg und das Sommerfest. In 2003/2004 steht für das Café Trauma ein Umzug an. Das jetzige Gebäude kann nicht weiter genutzt werden, Beschwerden wegen Lärmbelästigung durch Anwohner erschweren den Mitarbeitern ihre Arbeit und drücken die Stimmung. Geplant ist der Umzug auf das Gelände neben dem TNT (Theater neben dem Turm). Mit einem neuen Gebäude, angepasst an die Initiativen des freien Kulturträgers, ist die Zukunft der „Kultur von unten" gesichert.

Café Trauma e.V.
Robert-Koch-Straße 15a,
35037 Marburg
Tel: 06421/66317
E-Mail: info@cafe-trauma.de
Website: www.cafe-trauma.de

Folk im Keller

Molly's. Die Kneipe Molly Malone's im Wehrdaer Weg bietet regelmäßige Musikveranstaltungen im Bereich Folk, Rock und Pop. Das Molly's ist der einzige Irish Pub in Marburg; im urigen Ambiente finden regelmäßig Konzerte und Karaokeabende statt. Besonders beliebt beim studentischen Publikum: „Molly's Mad Monday", jeden Montag mit günstigen Getränken. Immer Dienstags heißt es dann: Open Mike! Wer sein musikalisches Talent schon immer einmal vor Publikum beweisen wollte, hat an diesem Tag die Chance dazu.

Molly Malone's Irish Pub
Wehrdaer Weg 16a,
35039 Marburg,
Tel: 06421/66363
E-Mail: d.redmond@mollymalone.de
Website: www.mollymalone.de

Jamming in der Cavete

Jazztalente

Cavete. Am steilen Steinweg 12 in der Oberstadt liegt die Cavete, Marburgs Adresse für feine Jazzabende. Das Programm bietet monatlich drei bis vier Konzertabende mit modernem, zeitgenössischem bis zu populärem Jazz. Der Verein J.I.M. (Jazzinitiative Marburg e.V.) steckt hinter der Organisation. Er wurde 1980 gegründet, und bis heute engagieren sich rund 120 Mitglieder für Jazz in Marburg. Jeden Montag ist in der Cavete open stage, dann werden ungeahnte Talente entdeckt.

Cavete
Steinweg 12, Tel: 06421/66157
E-Mail: cavete@gmx.de

Kleinkunst

Szenario. Das Restaurant Auflauf in der Oberstadt beherbergt außerdem das Szenario. Für Kleinkunstveranstaltungen sind die Räumlichkeiten ideal; die Bühne leistet mit Licht und Sound das technisch Nötige. Der Gast kann den wunderbaren Ausblick auf das Lahntal von hier aus genießen. Regelmäßig findet ein buntes Programm von Theater über Kabarett und Lesungen statt. Bei legendären Themenabenden gibt es Kunst, Kultur und Kulinarisches; kein italienischer Abend mit Oper kommt ohne passendes Menü aus, und selbst zum Krimifestival im Szenario gibt es ein entsprechendes (wohl kaum schauriges) Essen.

Szenario im Auflauf
Steinweg 1, 35037 Marburg
Tel: 06421/681343
Website: www.auflauf-marburg.de

Technik. Der Duft von Popcorn gehört zu diesem Kinoerlebnis immer noch dazu. Rund 600.000 Besucher zählen die Marburger Kinobetriebe jährlich; das Cineplex wurde zum Herzstück der Neuen Mitte und belebt den Gerhard-Jahn-Platz bis spät in den Abend. Vis-à-vis liegen die „alten" Kinos der Closmanns, die gerade renoviert wurden, um sie in neuem Glanz für ein vielfältiges Marburger Kinoangebot nutzen zu können.

Cineplex Marburg GmbH & Co. Filmtheater KG
Biegenstraße 8, 35037 Marburg, Tel: 06421/1730-0
Bürozeiten: Mo-Fr 8-13 Uhr
E-Mail: marburg@cineplex.de
Website: www.cineplex.de/marburg

Lichtspiel

Filmkunsttheater Oberstadt. In den drei kleinen Kinosälen Kammer, Palette und Atelier verweisen schon die Namen auf das Programm. Hier findet der Freund von Cinéasten-Kino die Filme seiner Wahl. Blockbuster-Mentalität ist hier fehl

„Einmal Popcorn bitte ..." – Cineplex

Großkino

Cineplex. In Marburgs Neuer Mitte am Gerhard-Jahn-Platz, ehemaliges Schlachthof-Gelände, findet sich unübersehbar das hiesige Kino-Zentrum. Im November 2000 wurde das Groß-Kino mit Blockbuster-Programm feierlich eröffnet; rund 600 Gäste waren zur Eröffnung geladen. Im Vorfeld wurde das Kino-Projekt durchaus kontrovers diskutiert; die Freunde der Filmkunst fürchteten um die Existenz der kleinen Kinos mit ausgewähltem Programm. Die Kino-Familie Closmann löste das Problem und übernahm selbst die Leitung des neuen Multiplex' und wurde zum Mieter des Cineplex der Hamburger Cinemax AG, Tochterunternehmen der UFA. Sieben Kinosäle bieten heute rund 1700 Sitzplätze mit luxuriöser Beinfreiheit und dazu natürlich Dolby-Surround-

Stadthalle/ Erwin Piscator Haus

Einen entscheidenden Beitrag zur Kulturszene in Marburg leistet die Stadthalle.
Die Möglichkeiten, die die Stadthalle bietet, macht sie zu einer optimalen Lösung:

Tagungen, Konferenzen, Theater, Feste, Musikveranstaltungen, Kongresse, Bälle ...

Platz und Möglichkeiten für jedes Anforderungsprofil.

Stadthallenverwaltung
Biegenstraße 15 • 35037 Marburg
Tel.: 0 64 21/16 95 10 • Fax: 0 64 21/16 95 12 8
E-mail: stadthalle@marburg-stadt.de

Die Filmkunsttheater im Steinweg

Marburger Filmkunsttheater Kammer, Palette, Atelier
Steinweg 4, 35037 Marburg
Tel: 06421/67269 oder 62677 (Kartenvorbestellung)
E-Mail: info@marburgerfilmkunst.de
Website: www.marburgerfilmkunst.de

Theaterschmaus

Waggonhalle/Kneipe Rotkehlchen. Nach Umbau der Waggonhalle zur Spielstätte für freies Theater und Tagungshaus fand auch das „Rotkehlchen" hier seinen Platz. Die Kneipe liegt zwar nicht zentral in Marburgs Oberstadt, bietet aber einen lauschigen Biergarten in originellem Ambiente. Vor oder nach Theaterbesuch lohnt es sich hier gut zu essen und ein kühles Bier zu trinken. Besonders ist am „Rotkehlchen", dass regelmäßig Ausstellungen von Künstlern des Marburger Atelierkreises präsentiert werden.

Kneipe Rotkehlchen
Rudolf-Bultmann-Straße-Str. 2a, 35039 Marburg
Tel: 06421/681267
Öffnungszeiten: tgl. von 11 bis 1 Uhr, dienstags Ruhetag

Independent

FrauenFilmGruppe/Filmgruppe Café Trauma. Die Marburger Kinolandschaft zeigt sich vielfältig. So hat auch das Café Trauma ein eigenes Kinoprogramm: hier werden Filme gezeigt, die niemals über die großen Leinwände flimmerten und es doch verdient hätten. Low-Budget-Produktionen und schräge Independent-Produktionen unbekannter Regisseure laufen im kleinen Kinosaal mit 50 Sitzplätzen jeden Mittwoch. Die FrauenFilmgruppe setzt sich insbesondere für ein Frauen/Lesben-spezifisches Kinoprogramm ein. Das jährliche „Open Eyes"-Filmfest auf der Amöneburg ist ein Vier-Tage-Programm, das vom Café Trauma mit den Filmgruppen organisiert wird. Internationale Kurzfilme aller Genres werden im Trauma-Kino und in der Burgruine auf der Amöneburg gezeigt.

am Platz, weniger Technik, dafür mehr Inhalt. Kinobetreiber Hetsch setzt hier auf nationale und internationale Filmproduktionen, die in der Fachpresse hochgelobt und bei internationalen Filmfestspielen ausgezeichnet werden. Gemeinsam erarbeitet die Marburger Filmkunsttheater GmbH unter Leitung von Hetsch und Closmann außerdem ein spannendes Kinoprogramm für das jährliche Open-Air-Kino auf der Schlossparkbühne. Von Mai bis September werden hier auf einer aufblasbaren 200-qm-Leinwand Filme gezeigt, die in den Kinos bereits liefen und erfolgreich waren – eine Wolldecke gehört bei hiesigen Sommertemperaturen ins Handgepäck des Freiluft-Kinogängers. Die Verleihung des Marburger Kamerapreises gehört ebenso zu den besonderen Events im Marburger Kinoalltag: einmal im Jahr setzt das Kulturamt in Zusammenarbeit mit den Kinos auf den Sektor Filmkunst, um die Bedeutung von Qualitätskino im lokalen Kulturleben zu betonen und zu fördern.

FrauenFilmgruppe/Filmgruppe Café Trauma
Robert-Koch-Straße 15a, 35037 Marburg
Tel: 06421/66317
Öffnungszeiten Büro: Mo-Fr 10-16 Uhr
E-Mail: kino@cafetrauma.de

Kultur & Unterhaltung

Medienarbeit

Abraxas Medienwerkstatt e.V. Im Café Trauma in der Robert-Koch-Straße befinden sich die Räumlichkeiten von Abraxas. Es stehen Möglichkeiten zur Videoproduktion und Medienkunst zur Verfügung, Kameras und Schnittplätze sind vorhanden. Interessierte können sich in der Medienwerkstatt engagieren; jeden Donnerstag findet von 17-19 Uhr ein offenes Treffen statt.

Abraxas Medienwerkstatt e.V.
Robert-Koch-Straße 15a, 35037 Marburg
Tel: 06421/682956

E-Mail: abraxas@lahn.net
Website: www.lahn.net/abraxas

Gesprächskultur

Strömungen e.V. Seit 1987 gibt es den Verein Strömungen in Marburg. Die Mitglieder haben es sich zur Aufgabe gemacht, das Marburger Kulturleben mit Veranstaltungen im Bereich Kultur, Wissenschaft und Politik zu bereichern, um die Gesprächskultur der Stadt zu beflügeln. Die politische, historische, literarische und kulturelle Entwicklung soll beleuchtet und Brücken zwischen universitärer und städtischer Öffentlichkeit geschlagen werden. Mit der Veranstaltungsreihe Nebenströmungen werden zum Beispiel junge Wissenschaftler und Wissenschaftlerinnen vorgestellt. Strömungen arbeitet mit dem Kulturamt der Stadt Marburg, mit Verlagen, der Universität, mit Theatern und dem Hessischen Rundfunk zusammen.

Kulturelle Aktion Marburg e.V. – Strömungen
Am Grün 30, 35037 Marburg
Tel: 06421/270581

Öffnungszeiten Büro: Mo-Do 10-12 Uhr
E-Mail: info@stroemungen.de
Website: www.stroemungen.de

Lesefieber

Neue Literarische Gesellschaft e.V. Seit knapp 30 Jahren besteht in Marburg die Neue Literarische Gesellschaft, die regelmäßig Dichterlesungen im Café Vetter abhält. Die Neue Literarische Gesellschaft macht sich insbesondere um die Förderung des Literatur-Austausches verdient. 1998 wurden zuletzt die Italienischen Kulturtage durchgeführt. Mit „Literatur um 11" erscheint einmal jährlich die Zeitschrift der Gesellschaft, in der sich Beiträge renommierter Autoren und Autorinnen befinden und Stimmen des Marburger Kulturschaffens und der Universität zu Wort kommen. Die Zeitschrift unter Herausgeberschaft des Vereinsvorsitzenden Ludwig Legge und Anne Neuschäfer kann über den Buchhandel oder direkt über die Neue Literarische Gesellschaft bezogen werden.

Neue Literarische Gesellschaft e.V.
Ludwig Legge, Sauergäßchen 1, 35037 Marburg
Tel: 06421/64822
Lesungen in der Regel So 11 Uhr,
Café Vetter, Reitgasse 4

Marburg bei Nacht

Die Stadt schläft nie ...

Ausgehen. Das Marburger Nachtleben findet in den zahlreichen Kneipen der Oberstadt statt. Hier reihen sich Cafés, Bistros, Kneipen und Bars aneinander, wie es für eine Kleinstadt wirklich erstaunlich ist. Die Studenten und Studentinnen bringen diese Lebhaftigkeit nach 20 Uhr in die Stadt, und so ist auch das Kneipen- und Café-Ambiente vielfach am studentischen Publikum ausgerichtet. Die Preise sind human, dafür ist der Service manches Mal ein Manko: hier bedienen vielfach ungelernte Studenten und Studentinnen, da landet ein Weizenglas auch mal auf dem Fußboden anstatt am Tisch des Gastes. Über 300 Gaststätten, Cafés und Kneipen prägen eine bunte, eher urige Kneipenidylle. Überall kann man zu günstigen Preisen einfach und gut essen. Im eigentlichen Nachtleben ist die Auswahl geringer. Clubs und Discos gibt es wenige, und zum Tanzen zieht es die Marburger immer öfter nach Frankfurt. Es mangelt an Räumlichkeiten, wo bis spät in die Nacht ungestört gefeiert werden und die Marburger Partykultur mit Clubflavor aufleben kann.

Tanzbar

Kult-Hallen. Die Diskothek Kult im Stadtteil Cappel liegt inmitten eines Gewerbegebietes und ist deshalb vor Anzeigen entnervter Anwohner relativ sicher. Die Kult-Hallen sind eine wichtige Adresse im Nachtleben der Stadt. Hier finden neben dem regulären Discobetrieb regelmäßig Parties und Konzerte statt. Auf einem Gelände von 5000 qm befinden sich drei miteinander verbundene Diskotheken und 100 qm Chillout-Area zum Entspannen nach Tanz und Drinks. Im Lager, Su&Mo-Club finden unterschiedliche Musikstile ihren Platz: Die Dark Wave & Gothic Szene trifft sich jeden Dienstag im Dunkeln des MoClubs, während im Lager auf Black-Music-Rhythmen die Hüften bewegt werden. Das Publikum ist entsprechend bunt gemischt.

Kult Hallen
Temmlerstraße 7, 35039 Marburg
Tel: 06421/94183
E-Mail: info@kult-hallen.de
Website: www.kult-hallen.de
Öffnungszeiten: Di u. Fr 21 Uhr-open end
Sa 22 Uhr-open end
1. So im Monat 20-1 Uhr
und vor Feiertagen ab 21 Uhr

Saturday Night Fever

Discothek PAF. Bis nach Cölbe müssen Marburgs Disco-Gänger schon fahren, wenn sie Lust auf Tanzen haben. Zu Fuß ist diese Wegstrecke von der Innenstadt nicht empfehlenswert, per Taxi aber erschwinglich. Das Programm der Disco ist

Disco-Klassiker PAF, Blick vom Biergarten auf den PAFillion

je nach Abend housig bis rockig. Neu ist der Biergarten mit vielversprechendem Namen „Unkraut", der bei schönem Wetter täglich ab 17 Uhr geöffnet wird, an sonnigen Wochenenden schon ab 15 Uhr.

Discothek PAF
Industriestraße 9, 35091 Marburg-Cölbe
Tel: 06421/83870
E-Mail: paf@scm.de
Website: www.discothekpaf.de
Öffnungszeiten: Fr-So ab 21 Uhr

DJ-Kultur

MOX. Seit Juni 2002 ist das Marburger Partyleben um eine Attraktion reicher. Aus einer rustikalen Kneipe wurde Ecke Ketzerbach/Pilgrimstein ein gestylter Club mit ausreichend Sitzmöglichkeiten zum Quatschen und Musikgenießen. Jeden Abend wird live aufgelegt; DJs aus Marburg und Frankfurt sorgen für täglich neuen Sound von feinem House, HipHop und Funk zu Partyhits der 70er und 80er. Hier wird bis in den Morgen getanzt – auch um 4 Uhr ist der neue Laden noch voll. Erste Beschwerden aus der umliegenden Anwohnerschaft machen den beiden Ladenbesitzern den Anfang schwer. Wummernde Bässe sorgen für gute Laune bei den Gästen und auch für strenge Auflagen vom Ordnungsamt.

MOX
Steinweg 45, 35037 Marburg
Tel: 06421/6900161
Website: www.moxclub.de
Öffnungszeiten: tgl. ab 21 Uhr-open end

Ganz neu: das MOX

Schickeria

Club Lounge. Unterhalb des Marburger Sorat-Hotels im Lahn-Center liegt die Club Lounge. Der Laden zieht ein schickes Publikum an, das neben guter Musik auch gerne gepflegt an der Bar gute Cocktails konsumiert. Auch in der Club Lounge kann es spät werden, wenn der DJ „Alltime Favorites" auflegt und damit das Publikum zum Tanzen bewegt. Das musikalische Programm ist abwechslungsreich, und wer am Türsteher vorbeikommt, hat zumindest schon mal die richtigen Schuhe zum Clubben angezogen. Regelmäßige Themen-Partys finden außerdem statt.

Club Lounge
Pilgrimstein 29 (im Lahncenter), 35037 Marburg
Tel: 06421/210926
Öffnungszeiten: tgl. ab 21 Uhr-open end

Bevor das Wasser bis zum Hals steckt...

BÜNDNIS 90
DIE GRÜNEN

Frankfurter Straße 46, 35037 Marburg
Telefon (0 64 21) 2 26 06, Fax 1 47 21
E-Mail Kreisverband@gruene-marburg.de

Kunst und Museen

Kunst macht Spaß im Hülsen-Haus

Deutsche Malerei

Museum für Bildende Kunst. Anlässlich des 400-jährigen Jubiläums der Philipps-Universität wurde das Museum in der Biegenstraße errichtet. Hinter neoklassizistischer Fassade des „Ernst-von-Hülsen-Hauses" findet sich eine Sammlung bildender Kunst, mit Schwerpunkt deutscher Malerei des 20. Jahrhunderts. Einige wenige Beispiele, wie der berühmte „Briefbote im Rosenthal" von Carl Spitzweg, stammen auch aus dem 16. bis 19. Jahrhundert. Unbedingt sehenswert: Gemälde von Lovis Corinth, Paul Klee und Ernst Ludwig Kirchner. Mit der Stiftung Zimmermann kam das Museum an wichtige Werke des Expressiven Realismus, u.a. von Otto Pankog und Hans Meyboden. Marburger Künstlern wie Otto Ubbelohde und Carl Bantzer wurde eine eigene Abteilung gewidmet. Sonderausstellungen finden in den oberen Räumen ihren Platz.

Universitätsmuseum für Bildende Kunst
Biegenstraße 11, 35037 Marburg
Tel: 06421/282-2355
E-Mail: fischerr@verwaltung.uni-marburg.de
Website: www.uni-marburg.de/zv/news/uni-museum/menu.html
Öffnungszeiten: außer Mo, tgl. von 11-13 u. 14-17 Uhr

Kultur Hessens

Museum für Kulturgeschichte. 1866 wurde das Kurfürstentum Hessen durch das preußische Königreich annektiert. Bis zurück in diese Zeit

Blecherne Kulturgeschichte im Landgrafenschloss

reichen die Exponate der kulturhistorischen Sammlung im Ostflügel des Marburger Schlosses. Der spätgotische „Wilhelmsbau" wurde 1497 fertiggestellt und im zweiten Stock vom Landgrafen bewohnt. Heute sind im Tiefgeschoss des Gebäudes vor- und frühgeschichtliche Exponate ausgestellt, und im Erdgeschoss finden sich Werke sakraler Kunst. Im 3. Geschoss werden die politische und wirtschaftliche Entwicklung Mittel- und Nordhessens und die mit ihr verbundene höfische Kultur dokumentiert. Die volkskundliche Sammlung ein Stockwerk höher liefert interessante Einblicke in die bürgerlich-städtische Lebenswelt. Möbel und Trachten veranschaulichen die ländliche Kultur Mittelhessens.

Universitätsmuseum für Kulturgeschichte
Landgrafenschloss/Wilhelmsbau

BUCHMARKT
Modernes & Altes Antiquariat
& Fremdsprachenabteilung der
BUCHHANDLUNG AM MARKT *Otto Roppel*
Belletristik • Architektur • Kunst • Design • Foto
Musik • Geschichte • Philosophie • Psychologie
Theologie • Natur • Kochen • Reise • Eisenbahn
English Books & Audiobooks • Livres français
Libros españoles • Libri italiani
Markt 10 (1.Stock) • D-35037 Marburg
– Eingang Barfüßerstraße 52 –
☎ (0) 64 21-2 51 41 • Fax 2 51 42
Mo – Fr 11 – 19 • Sa 9 – 16

Tel: 06421/282-2355
E-Mail: fischerr@verwaltung.uni-marburg.de
Website: www.uni-marburg.de/zv/news/uni-museum/menu.html
Öffnungszeiten: Di-So 10-18 Uhr

Kein Gruselkabinett, sondern die Werkstatt eines Puppendoktors

Blick zurück

Kindheits- und Schulmuseum. Für Alt und Jung bietet das Museum in der Barfüßerstraße Ein- und Rückblicke in die Kindheit vor 90 Jahren. Ausgestellt werden, neben einer Sammlung von Kinder- und Schulbüchern, Lithographien, Puppen sowie Holz- und Blechspielzeug. Ein bürgerliches Kinderzimmer der Kaiserzeit ist zu bestaunen, voll eingerichtet mit Möbeln aus der 1891 erbauten Villa. Die Nachbildung einer hessischen Zwergschule veranschaulicht den Schulalltag um 1910. Das Wirken eines Puppendoktors ist anhand seiner Werkstatt nachzuvollziehen. Mit Dia-Serien und Führung wird der Museumsbesuch abgerundet.

Kindheits- und Schulmuseum
Barfüßertor 5, 35037 Marburg
Tel: 06421/24424
Öffnungszeiten:
April-September, So 11-13 Uhr, Gruppen nach Anmeldung

Lichteffekte

Mineralogisches Museum. Eingerichtet vom Institut für Mineralogie, Kristallographie und Petrologie der Philipps-Universität, ist in den Museumsräumen eine umfangreiche Sammlung von Mineralien und Gesteinen ausgestellt. Neben hessischen Exponaten sind für Interessierte außerdem Mineralien aus Indien und Südafrika zu sehen. Einen Blick wert: Fluoreszierende Mineralien leuchten in einer Dunkelkammer mit ultraviolettem Licht.

Mineralogisches Museum
Firmaneiplatz, 35037 Marburg
Tel: 06421/282-2257
Öffnungszeiten: Mi 10-13 u. 15-18 Uhr
Do/Fr, 10-13 Uhr, Sa/So, 11-15 Uhr
Eintritt frei!

Nichts für schwache Nerven: Museum Anatomicum

Körperwelten

Museum Anatomicum. Durchaus skurril ist diese Sammlung im ehemaligen pathologischen Institut. Eine Sammlung von rund 4.000 präparierten, vor Verfall geschützten Leichenteilen wird hier dem hoffentlich hartgesottenen Besucher präsentiert. Immerhin die umfangreichste und älteste Sammlung medizinischer Leichensezierkunst in Deutschland. Eine Schädelsammlung, größtenteils von hingerichteten Straftätern aus dem

Die Adresse für Existenzgründer!

Weitere Informationen:
Stadtentwicklungsgesellschaft
Marburg mbH
Markt 1, 35037 Marburg
Tel.: 06421/9118-16
Fax.: 06421/9118-20
E-Mail: info@seg-marburg.de

Kunst und Museen

19. Jahrhundert, ist ebenso Ausstellungsteil wie Gips- und Wachsabdrücke verschiedenster Geschwulste, Organschnitte und Missbildungen oder in Branntwein konservierte Fetusse mit Wasserköpfen. Begründet wurde die Sammlung 1785 unter Landgraf Wilhelm XI. Mit dem Anatomieprofessor Christian Heinrich Bünger kamen ein ambitionierter Sammler und seine umfangreiche Sammlung an Präparaten nach Marburg. Bünger selbst findet sich übrigens auch fein seziert in dieser Sammlung wieder. Sein getrocknetes Herz liegt wohlverpackt in einer schmucken Silberdose. Gut zu wissen: Wer heute von Studierenden nach seinem Tod seziert wird, hat sich davor natürlich bereit erklärt, seinen Körper für wissenschaftliche Zwecke zur Verfügung zu stellen.

Museum Anatomicum
Robert-Koch-Straße 5, 35037 Marburg
Tel: 06421/2864078
Öffnungszeiten: 1. Samstag im Monat. 10-12 Uhr,
Gruppen nach Absprache

Gipsfiguren

Abgusssammlung. Antike Plastiken verbergen sich hinter dem Begriff Abgusssammlung. Gegründet wurde diese Sammlung in den späten 1880er Jahren – ein Gemeinschaftsprojekt von Professoren verschiedener Fächer, die allesamt das Bedürfnis nach antiker Plastik vereinte. Die rund 550 Figuren und Reliefs nach griechischen und römischen Originalen sind aus Gips. Mit dem 400-jährigen Jubiläum der Universität erhielt die Sammlung die Räumlichkeiten des Ärchäologischen Seminars. Abgusssammlungen waren im 19. Jahrhundert durchaus verbreitet; heute wird viel Geld gesammelt, um die alten Figuren wieder instand zu setzen. Die Marburger Sammlung ist die einzige ihrer Art in Hessen und schneidet auch im Bundesvergleich respektabel ab.

Abgusssammlung im Ernst-von-Hülsen-Haus
Biegenstraße 11, 35037 Marburg
Tel: 06421/282-2341
Öffnungszeiten: So 11-13 Uhr u. nach Vereinbarung;
Führungen möglich

Klassische Schönheit in der Abgusssammlung

Zeitgenössisch

Kunsthalle/Marburger Kunstverein e.V. In Marburgs Neuer Mitte hat der Marburger Kunstverein ein durchaus ehrgeiziges Projekt umgesetzt. Die Marburger Kunsthalle bietet in moderner, gläserner Optik Raum für wechselnde Ausstellungen zur Kunst der Gegenwart aus In- und nahem Ausland. Mit Artothek, die die Ausleihe von gerahm-

---

Jeden Donnerstag kostenlos!

MARBURGER MAGAZIN Express

KLEINANZEIGEN ANNAHME

Annahme jederzeit!
Coupon unter
www.marbuch-verlag.de

Telefonisch: 0 64 21/**68 44 68** • Per Fax: 0 64 21/68 44 44
Online - Coupon unter: www.marbuch-verlag.de

Die Kunsthalle am Gerhard-Jahn-Platz

Engagiert

GeWoGalerie. Vom Parkhaus Pilgrimstein aus auf dem Weg in die Oberstadt direkt mit dem Aufzug erreichbar. Eine kleine Entspannungspause lohnt sich. Mit wechselnden Austellungen von Kunstwerken in ihren Geschäftsräumen leistet die GeWoBau einen Beitrag zur Förderung der Kultur im Allgemeinen sowie der bildenden Kunst im Besonderen. Das Engagement der GeWoBau auf diesem Sektor basiert auf der Überzeugung, dass kulturelle Aktivitäten in unserer Zeit nicht allein von öffentlichen Institutionen entwickelt und realisiert werden können. Vielmehr ist auch die Wirtschaft gefordert.

GeWoGalerie
Pilgrimstein 17, 35037 Marburg
Tel: 06421/9111-0
Öffnungszeiten: Mo-Mi 9-16 Uhr, Do 9-17 Uhr, Fr 9-12 Uhr

ten Bildern für den Zeitraum von drei Monaten ermöglicht, und Präsenzbibliothek bietet man hier dem Kunstinteressierten entsprechenden Service: Führungen durch die Ausstellungen sind möglich, und außerdem werden Fahrten zu Ausstellungen im In- und Ausland organisiert.

Marburger Kunstverein e.V./Kunsthalle
Gerhard-Jahn-Platz 5, 35037 Marburg
Tel: 06421/25882
E-Mail: info@marburger-kunstverein.de
Website: www.marburger-kunstverein.de

Ausstellung

Brüder-Grimm-Stube. Die Brüder-Grimm-Stube im Herzen der Marburger Oberstadt wird vom Kultur-amt der Stadt als Ausstellungsraum genutzt. Regelmäßig finden Ausstellungen statt, die das vielseitige Kulturleben Marburgs bereichern. Zur Information über aktuelle Veranstaltungen in der Brüder-Grimm-Stube lohnt sich ein Klick auf die Infosite des Marburger Kulturamts unter www.marburg.de .

Brüder-Grimm-Stube
Markt 23, 35035 Marburg
Tel: 06421/202763
Öffnungszeiten: Di-So 11-13 u. 14-17 Uhr

Freizeit und Fitness

Im Gaßmann-Stadion kickt der VfB Marburg

Fitnesswahn. Die Marburger lieben das Vereinsleben; über 100 Vereine mit rund 25.000 Mitgliedern sind zu zählen: „Sport ist im Verein am schönsten" – das hat man hier umgesetzt. Jeder dritte Marburger ist Mitglied in einem Sportverein. Im Sommer lebt die Stadt an der Lahn dann richtig auf. Freizeit heißt für viele Fitness. Es wird gejoggt oder gewalkt, gegolft und geradelt. Die Wege entlang der Lahn werden zum Ausgangspunkt für Rad-touren ins Hinterland, und auf den Wiesen entlang der Lahn tummelt sich die halbe Stadt. Zum Grillen an den Lahnwiesen gehört sportliche Aktivität immer dazu. Die Rasenflächen werden zum Bolzplatz, während die Inline-Skater vorbeiziehen. Rush Hour ist immer Sonntags, dann wird der herrliche Ausflug auch schnell zum Spießrutenlauf zwischen rollenden Schenkeln und schwitzenden Joggern. Wer es ruhiger mag und Schatten sucht, findet all das im Alten Botanischen Garten zwischen Pilgrimstein und Biegenstraße. Auf einer Decke unter Bäumen ist Gehirnjogging beim Bücherlesen für manch einen genau die richtige Tagesdosis Fitness.

Der Ball ist rund

VfB Marburg. Die lokale Spitzenmannschaft in Marburg ist der VfB 1905 Marburg e.V. 1992 wurde der VfB 05 vom Hauptverein VfL 1860 Marburg ausgegründet, nachdem man mit dem Turnverein in den 1930er Jahren quasi zwangsfusioniert worden war. In der Gisselberger Straße liegt das Stadion der Fußballer – hier heißt es Heimvorteil. Lange hat es gedauert, bis man sich fußballtechnisch in der hessischen Oberliga fand; heute will man sich in diesen Rängen fest etablieren. Immerhin: am 10. Spieltag der Saison 2001/2002 konnte man sich nach 39 Jahren zum ersten Mal wieder über den Platz an der Tabellenspitze freuen. Nachwuchssorgen hat der Verein keine. Am Spielbetrieb beteiligen sich rund 14 Mannschaften, wobei der überwiegende Teil von Jugendteams bestritten wird – die Nachwuchsrekrutierung klappt demnach hervorragend.

VfB 1905 Marburg e.V.
Gisselberger Strasse 37, 35037 Marburg
Tel: 06421/25435
E-Mail: webmaster@vfb-marburg.com
Website: www.vfb-marburg.com

Körbe werfen

BC uniVersa. Rund 350 Mitglieder zählt der erfolg-reiche Marburger Basketball-Verein. Seit 1992 tummeln sich die Marburger Basketballerinnen in der höchsten deutschen Spielklasse. In 2001 gingen die „Marburg Merlins" in ihre zehnte Erstligasaison. Die kontinuierliche Aufbauarbeit des Managements rund um die leistungsstarke Damenmannschaft macht sich heute längst verdient.
Aus dem Traditionsverein VfL Marburg hervorgegangen, haben sich die Korbballjägerinnen mittlerweile auch organisatorisch den gewachsenen professionellen Anforderungen angepasst und firmieren seit 1997 eigenständig unter BC uniVersa Marburg. Die Heimspiele finden in der Großsporthalle statt.

Freizeit unf Fitness

Stark – die Basketball-Damen vom BC UniVersa

BC uniVersa Marburg
Steinküppel 6, 35041 Marburg
Tel: 06421/41042
E-Mail: info@bc-universa.de
Website: www.bc-universa.de

American Football

Mercenaries. Ein Zuschauerschnitt von 800 Fans pro Spiel verweist in Marburg auf ein sportliches Highlight. Die Marburg Mercenaries bringen den amerikanischen Football ins Lahnidyll, und der Verein erfreut sich mit 350 Mitgliedern größter Beliebtheit bei den hiesigen Sport-Fanatikern –

Die Marburg Mercenaries trainieren im Afföller

vielleicht reichen aber schon die adretten Cheerleader-Girls, um Stimmung aufkommen zu lassen. Der sportliche Ehrgeiz des Teams hat bislang für die zweite Bundesliga gereicht, perspektivisch will man natürlich den Aufstieg in die German Football League (GFL) schaffen.

AFV Marburg Mercenaries
Ketzerbach 15a, 35094 Lahntal-Sterzhausen
Tel: 06420/822840
E-Mail: marburg-mercenaries@afvd.de
Website: www.mercenaries.de

Süd-Süd-West

Boule-Club. Boule ist in Frankreich Nationalsport und in Marburg auf dem besten Weg, Kult zu werden. Der Marburger Boule-Club besteht aus 70 Mitgliedern, die sich den silbernen Kugeln

Geboult wird überall

quasi verpflichtet haben. Auf den Bouleplätzen im Schlosspark und im Bürgerpark Weidenhausen wird dienstags, freitags und sonntags gespielt und natürlich fleißig trainiert. Boule verstehen die Marburger Bouler sowohl ernsthaft und ehrgeizig als Sport und ebenso als französisches Lebensgefühl mit viel Spaß an der Sache. Sportlich Ambitionierte finden im Marburger Boule-Club genauso Platz wie Anfänger und Gäste.

Marburger Boule Club
Im Köhlersgrund 14, 35041 Marburg
Tel: 06421/32989
E-Mail: marburger.boule-club@gmx.de
Website: www.marburger.boule-club.de.vu

Freizeit und Fitness

Golfer vom OHGC in Cölbe-Bernsdorf

bar, Biergarten und kleinem Restaurantbetrieb macht hier nicht nur das Schwimmen Spaß. Der See ist sehr gut mit dem Fahrrad zu erreichen, ganz Sportliche schaffen die Strecke von Marburg aus auch mit Inline-Skates. Für Freunde des Nackt-Badens gibt es einen abgetrennten FKK-Bereich, Baden ist bis 21 Uhr erlaubt. In den Abendstunden gelten ermäßigte Eintrittspreise. Die Kosten für das Badevergnügen sind grundsätzlich gering, in 2002 waren 2,50 Euro Eintritt als Erwachsener ohne Studentenermäßigung zu zahlen. Die Saison beginnt Anfang Mai und endet im September.

9-Loch

Golf-Club. Ein großer Verein mit langem Namen: Oberhessischer Golf-Club Marburg e.V. (OHGC). 500 golfbegeisterte Mitglieder schwingen die Schläger auf dem vereinseigenen Gelände in Cölbe-Bernsdorf. Die 9-Loch-Golfanlage ist auf dem Gelände des Maximilianenhofs untergebracht, wo sich neben Aufenthaltsräumen auch ein öffentlich zugängliches Restaurant, ein Golfartikel-Shop und eine „Indoor"-Golfanlage befindet. Beschaulich liegt der Golfplatz in hügeligem Gelände mit viel Baumbestand, südlich schließt sich das Mündungsdreieck von Lahn und Ohm an. Nördlich liegt der Burgwald – das Golferherz kann angesichts dieser Landschaft höher schlagen.

Wakeboarden im Seepark Niederweimar

An den Baggerseen in Kirchhain und Goßfelden ist das Baden offiziell verboten. Einen angenehmen Sonnentag kann man dort aber in jedem Fall verbringen – kostenlos.

> Oberhessischer Golf-Club Marburg e.V.
> Maximilianenhof, 35091 Cölbe-Bernsdorf
> Tel: 06427/92040
> E-Mail: info@golf-club-marburg.de
> Website: www.golf.de/ohgc-marburg

> Hot Sport Sportschulen GmbH
> Seepark Niederweimar, 35096 Niederweimar
> Tel: 06421/12345
> E-Mail: Info@hotsport.de
> Website: www.hotsport.de
> Öffnungszeiten: tgl. von 9-21 Uhr, egal bei welchem Wetter

Hawaii – Mar

Baggersee Niederweimar. Der Baggersee Niederweimar ist gerade bei den jungen Marburgern sehr beliebt. Die Wakeboard-Anlage gehört zu den größten in Deutschland, und so finden hier in Nieder-Hawaii-Mar dann und wann wichtige deutsche Meisterschaften der Wakeboarder statt, die viel Publikum an den See ziehen. Mit Strand-

Sommer-Nass

Dutenhofer See. Zwischen Gießen und Wetzlar ist der Dutenhofer Baggersee mitten im Erholungs- und Naturschutzgebiet ein beliebtes Ziel für einen sommerlichen Badeausflug (auch FKK-Bereich). Für die Badesaison wird jährlich ein Sandstrand neu aufgeschüttet, und auch das

Angebot für Wasserssportler ist reichhaltig: Segeln, Windsurfen und auch Angeln ist möglich. Für Kinder gibt es einen Spielplatz, und die Plantscherei im See beaufsichtigt ein Bademeister (Erwachsene 1,50 Euro, Kinder 1 Euro). Anreise per Bus von Gießen oder Wetzlar; Radwege Nr. 7 und Nr. 10; Autoparkplätze ausreichend vorhanden.

Dutenhofer See
Tel. Campingplatz: 0641/23220 o. 22632

Planschen im neuen AquaMar

Erlebnisbad

AquaMar. Am 25. Februar 2000 entschied die Stadtverordnetenversammlung, auf dem Freibadgelände am Trojedamm an der Stadtautobahn ein neues Sport- und Freizeitbad nach den Entwürfen des niederländischen Architekturbüros Koppert & Koenis zu errichten. Dieser Entwurf war aus einem Ideenwettbewerb unter Beteiligung namhafter Architekten 1996 als bester Vorschlag ausgewählt worden. Seit Juni 2000 liefen die Baumaßnahmen; auf einer Fläche von 28.000 qm entstehen ein neues Niedrigenergie-Hallenbad und ein neues Freibad. 26,5 Millionen Mark wurden für das Projekt netto veranschlagt. Während das Hallenbad erst im Dezember 2002 eröffnet werden soll, konnten die Marburger den Sommer 2002 seit Juni im neuen Freibad genießen. Der Name des neuen Fitness- und Schwimmtempels wurde von den Bürgern selbst gewählt. Auf der

Freizeit und Fitness

Oberhessenschau konnten Vorschläge abgegeben werden: „AquaMar" wurde ausgewählt. Neben unterschiedlichen Becken zum Plantschen und Schwimmen gibt es einen großen Wellness-Bereich mit Sauna, Dampfbad und Solarien und gutes Essen an kleinen Snackbars, einen Restaurantbetrieb und im Außenbereich einen gemütlichen Biergarten. Der Eintrittspreis orientiert sich noch an dem der umliegenden Schwimmbäder (2002: Erwachsene 2 Euro).

> Aquamar Freizeitbad
> Am Trojedamm, 35037 Marburg
> Tel: 06421/161122
> Öffnungszeiten: tgl. 8-19 Uhr (Saison Mai-September)

Radeln die Lahn entlang

Bahnen ziehen

Europabad. Im Oktober 1998 wurde im Europabad in Marbach der 25. Geburtstag gefeiert. Pro Jahr nutzen über 100.000 Besucher die Schwimmhalle, die zwischen 1993 und 1995 für rund 2 Millionen Mark saniert wurde. Das Europabad bietet Schwimmspaß für diejenigen, die relaxt ihre Bahnen ziehen wollen: Schwimmen ist ja so gesund.

> Europabad Marbach
> Europabadstraße, 35041 Marburg-Marbach
> Tel: 06421/32888
> (aktuelle Öffnungszeiten telefonisch erfragen)

Mit dem Radl da

Radfahren/Inline-Skaten. Rund um Marburg bieten sich ausreichend Möglichkeiten, auf zwei

Relaxen in der Sonne

Rädern oder vier Rollen unterwegs zu sein. Auch in der Kernstadt gehören Fahrräder zum täglichen Verkehrsgeschehen dazu; überall finden sich Parkgelegenheiten fürs Vehikel, und an den wesentlichen Hauptverkehrsstraßen kann sich der Radfahrer auf Radwegen durch die Stadt strampeln. An der Lahn entlang kann der Ausflug Richtung Cölbe und weiter Richtung Kirchhain ebenso empfohlen werden wie die Strecke Richtung Marburg-Cappel: Radwege sind mit Zielorten gekennzeichnet, und schon nach der Fahrt durch Marburgs Zentrum wird es schnell grün. Die Strecken für Radfahrer eignen sich in vielen Fällen genauso für Inline-Skater, da die Wege oft asphaltiert sind. Besonders schön und kurzweilig ist die Strecke Richtung Niederweimar durch Felder und Wiesen. Einmal in der Woche gehört allerdings auch die Marburger Innenstadt ganz den rollenden Skatern. Jeden Donnerstag findet die „Marburger Skatenight" statt: freie Fahrt ohne Autos! Treffpunkt ist das Sporthaus Intersport Begro (Veranstalter) im Gewerbegebiet Marburg Wehrda um 19.30 Uhr. Über den Wehrdaer Weg geht es dann Richtung Elisabethkirche, Pilgrimstein und Rudolphsplatz, geschützt wird die Gruppe mit zwei Polizeiwagen. Die Strecke ist rund 25 km lang.

> Marburger Skatenight
> Treffpunkt: Jeden Donnerstag, 19.30 Uhr,
> Intersport Begro Parkplatz,
> Industriestraße 21, Kaufpark Marburg-Wehrda
> Tel: 06421/8882-16

Freizeit unf Fitness

Sport von A-Z

Hochschulsport. Nicht nur Forschung und Lehre, auch Sport vereint Marburgs Studenten und Studentinnen. Jedes Semester beginnt aufs Neue der Run auf Kurse des Zentrums für Hochschulsport. Nirgendwo in Marburg ist das Angebot an sportlichen Freizeitaktivitäten vielseitiger und günstiger.
Von A-Z werden Kurse angeboten, die einmalig bezahlt werden müssen; mitmachen kann jeder, der einen Studentenausweis hat oder an der Universität angestellt ist. Von Aikido über Baseball, Bogenschießen, Golfen und Kajak fahren, Surfen, Kung Fu und Rugby bis hin zu Yoga ist alles möglich.
Mit eigenem „Bootshaus am Edersee" betreibt die Universität außerdem ein attraktives Haus mit besten Voraussetzungen für Wassersport-Interessierte. Es liegt in der Nähe der Ortschaft Vöhl in einem Landschaftsschutzgebiet ca. 16 km vor der Staumauer des 27 km langen Edersees am Rand des Waldgebiets.
Hier finden Surf- und Segelkurse statt und Kajaks, Kanadier, Ruderboote und Surfbretter gehören zur Grundausstattung. Selbst ein Übungsleiter vom Hochschulsportzentrum kann bei Bedarf „angemietet" werden. Es empfiehlt sich allerdings, sich frühzeitig anzumelden.

Zentrum für Hochschulsport
Am Plan 3, 35037 Marburg
Tel: 06421/28-23974 (Sekretariat)
E-Mail: zfh@mailer.uni-marburg.de
Website: www.uni-marburg.de/zfh
Öffnungszeiten: Mo 15-17 Uhr, Di-Do 10.30-12.30 Uhr

Schneegestöber

Ski und Rodeln. Es muss nicht gleich das Sauerland sein, um sich mit Ski und Schlitten oder Snowboard auf Pisten und Loipen zu stürzen. Auch in unseren Breiten finden sich lohnenswerte Wintersportziele. Eine gute Straßenkarte, ordentliche Winterreifen und ein Telefonat, um über die Schneeverhältnisse Bescheid zu wissen, gehören zum Ausflug in den Schnee allerdings dazu. Hier die wichtigsten Wintersportplätze in Zahlen, Daten und mit Telefonnummer:

Bad Endbach-Hartenrod (300-600m). Zwei maschinell gespurte Langlauf-Rundkurse von 6 bis 14,5 km. Ski-Wanderstrecke 8 km. Abfahrtsskihang mit Schlepplift, Länge 200 und 650 m. Höhenunterschied 180 m. Flutlicht. Ski-Schule. Ski-Bob erlaubt.
Info-Telefon: 02776/7076 oder 8010

Biedenkopf/Sackpfeife. Maschinell gespurte Langlauf-Rundkurse von 6 bzw. 16 km. Abfahrtsskihang mit Schlepp- und Sessellift, Länge 480 m. Höhenunterschied 98 m. Flutlicht. Ski-Schule. Ski-Bob erlaubt.
Info-Telefon: 06461/95010 oder 06461/3778

Breidenbach-Kleingladenbach. Loipen 7 bzw. 12 km. Abfahrtsskihang mit Schlepplift, Länge 680 m. Höhenunterschied 188 m. Flutlicht. Schnee-kanone.
Info-Telefon: 06465/1868

Dautphetal-Holzhausen. Loipe 10,5 km. Skihang mit Schleppliften, Länge 350 m. Höhenunterschied 65 m. Flutlicht, Ski-Bob erlaubt.
Info-Telefon: 06468/7440

Universität

Informatives Durcheinander am Schwarzen Brett

Blick auf Osteuropa

Herder-Institut. Das Institut wurde im April 1950 gegründet und ist seither eine der zentralen Einrichtungen der historischen Ostmitteleuropaforschung. Neben einer Bibliothek mit rund 325.000 Bänden kann ein umfangreicher Informations- und Recherchedienst angeboten werden – ohne Unterstützung vom Bund und den Ländern wären diese Infrastruktur sicherlich nicht möglich. Eigene Forschungsarbeiten und Hilfs- und Arbeitsmittel zur Ostmitteleuropaforschung werden hier erarbeitet; man versteht sich als Forum der internationalen wissenschaftlichen Diskussion.

Herder-Institut
Gisonenweg 5-7, 35037 Marburg
Tel: 06421/184-0
E-Mail: bibliothek.hi@mailer.uni-marburg.de
Website: http://www.uni-marburg.de/herder-institut/bibliohp.html
Öffnungszeiten: Mo-Fr 8-17.30 Uhr

Sehr studiert. Marburg ist Universität. An rund 85.000 Einwohnern haben Studierende der Philipps-Universität einen wesentlichen Anteil. Circa 18.000 gehen hier ihrem Studium nach. Nur rund ein Drittel der Studierenden stammt aus Hessen; gut 80 Länder der Welt werden in Marburg allein durch die ausländischen Studenten und Studentinnen vertreten. Zudem ist die Philipps-Universität wichtiger Wirtschaftsfaktor und größter regionaler Arbeitgeber: 7.500 Beschäftigte in der Lehre und Forschung, in Verwaltung oder Kliniken. Jeder dritte Stadtbewohner ist durch Studium oder Beruf mit der Universität verbunden. 2002 feiert die Universität ihr 475-jähriges Bestehen, eher still und leise. Gleichte die Stimmung in Marburg beim 400. Jubiläum noch einem Volksfest mit Pauken und Trara, so scheint man 2002 den wichtigen Zusammenhang von Stadt und Universität aus den Augen verloren zu haben.

Power

Hochschulrechenzentrum. Rechenzentren sind in den 1960er und 1970er Jahren entstanden. Anfangs gab es nur einen zentral gesteuerten Universalrechner, der tatsächlich nichts anderes tat als rechnen. In den 80er Jahren kam der PC, und „Rechnen" wurde durch das Prinzip der Informationsverarbeitung abgelöst. Zu den zentralen Servern kamen die PCs in den Fachbereichen und Instituten hinzu. Das Hochschulrechenzentrum (HRZ) beschäftigt sich heute mit der reibungslosen Vernetzung der dezentralen Systeme untereinander. Typische Aufgaben zur Versorgung aller Fachbereiche und Einrichtungen sind: Bereitstellung des Internet-Zugangs für Studierende, Professoren und Mitarbeiter, Betrieb und Pflege von Internet-Servern und -Diensten, Durchführung von Workshops, Einrichtung und Betrieb von Multimedia-Arbeitsplätzen/Studios, Multimedia-Ausstattung von Hörsälen und Unterstützung bei der Entwicklung multimedialer Lehr- und Lerneinheiten. Das HRZ hat sich damit in den 90ern zu einem Zentrum für Kommunikation und Informationsverarbeitung (ZKI) entwickelt, seine Bezeichnung aus Tradition aber beibehalten.

Hochschulrechenzentrum (HRZ)
Hans-Meerwein-Straße, 35032 Marburg
Tel: 06421/282-1551
E-Mail: sekretariat@hrz.uni-marburg.de
Website: www.uni-marburg.de/hrz

Erst parken dann spenden

Spende

Blutbank. Mit einer Blutspende an der Marburger Uniklinik ist immer ein gutes Werk getan. Die Klinik braucht stets Spenderblut, da nicht nur die Versorgung des Marburger Klinikums mit ausreichend Blutkonserven gefährdet ist, sondern in ganz Deutschland ein hoher Bedarf an Spenderblut besteht. Die aktuellen Spendetermine sind per Internet (s.u.) abrufbar. Mit regelmäßigen Aufrufen bittet die Blutbank der Philipps-Universität alle spendefähigen Personen zur Blutspende.

Blutbank Klinikum Lahnberge
Website: www.med.uni-marburg.de/blutbank/zeiten.htm

Spitzenforschung

Max-Planck-Institut. 1996 wurde der 7500 qm große und 50 Millionen Mark teure Neubau auf den Lahnbergen eröffnet. In den 12 Abteilungen des MPI für terrestrische Mikrobiologie forschen rund 100 Wissenschaftler und Mitarbeiter auf dem Gebiet „Lebensbedingungen und Wechselbeziehungen von Mikroorganismen mit ihrer Umwelt im Lebensraum Boden". Der jährliche Forschungsetat von rund 10 Millionen wird zu 70% durch die von Bund und Ländern getragene Max-Planck-Gesellschaft bestritten, die bundesweit etwa 80 Institute betreibt. Der Fachbereich Biologie profitiert als direkter Institutsnachbar von der Einrichtung mit gut sortierter Bibliothek.

Max-Planck-Institut Marburg
Karl-von-Frisch-Straße, 35043 Marburg
Tel: 06421/1780
E-Mail: mpi@mailer.uni-marburg.de
Website: www.uni-marburg.de/mpi

Günstig essen

Mensa. Im Studentenhaus am Erlenring ist im 2. Stock die Mensa untergebracht. Hier gehen all die Studenten und Studentinnen günstig essen,

---

lokal · regional · global   täglich und sonntags

Marburger Neue Zeitung

Möchten auch Sie Ihre **Marburger Neue Zeitung** kennen lernen, dann bestellen Sie jetzt im Internet unter **www.mittelhessen.de,** oder kostenlos und unverbindlich unter unserer Service-Hotline

08 00/95 96 97 9

Das Studentenabo erhalten Sie zum halben Preis.

Universität

Freiluftbereich der Mensa am Erlenring

deren Institute im Stadtzentrum liegen. Sie erreichen die Mensa schnell zu Fuß oder per Rad. Die Mensabrücke über die Lahn ist Verbindung zur Massenverköstigung gegen 13 Uhr. Mit Mensa-Bratwurst oder Wochenhit, Nudelteller oder Vegetarier-Bratlingen gerüstet, sucht man sich ein freies Plätzchen. Essen ist hier weniger Zeitvertreib, wer in die Mensa geht, hat Hunger. Erst auf den Wiesen vor dem Gebäude oder im Bistro im unteren Stockwerk ist die Stimmung weniger gefräßig und die Luft frischer. Die Lahnberge werden mit eigenem Mensabetrieb versorgt – das Essen ist allerdings gleich.

Mensa Erlenring im Studentenhaus Erlenring
Mensa Lahnberge im Studentenzentrum Lahnberge
Essensausgabe: Im Semester: Mo-Do 11.30-14.15 Uhr
Fr 11.30-14 Uhr; Essensausgabe Abends 17.45-19.30 Uhr
Semesterferien:
Mo-Fr 12-14 Uhr; Essensausgabe abends nur bis 19 Uhr
Website: www.uni-marburg.de/mensa

Recht exotisch

Völkerkundliche Sammlung. Exotische Masken, Gegenstände der Indianer-Kultur Amerikas, Blasrohre aus Indonesien und mexikanische Keramiken – all dieses und noch viel mehr beherbergt die Völkerkundliche Lehrsammlung in der Kugelgasse. Funktion und Gebrauch der Gegenstände kann man in szenischen Nachbauten erleben. Die exotische Sammlung ist im 1491 erbauten Kugelhaus untergebracht, ehemaliges Kloster der Kugelherren. Außerdem finden regelmäßig Sonderausstellungen statt.

Völkerkundliche Lehrsammlung
Kugelgasse 10, 35037 Marburg, Tel: 06421/282-3749
Website:www.uni-marburg.de/voelkerkunde
Öffnungszeiten: Mo-Do 10-12 Uhr, Mi 14-16 Uhr

Exponate aus der völkerkundlichen Sammlung

Weltreligionen

Religionskundliche Sammlung. In der „Neuen Kanzlei" befindet sich diese Sammlung, die sich speziell der Mystik und den Riten der unterschiedlichen Religionen widmet. Präsentiert werden Ritualgeräte, Masken oder auch Hausaltäre. Ein Teil der Ausstellung widmet sich den vergangenen Religionen Mittelamerikas und Altägyptens und afrikanischen und ozeanischen Stammesreligionen. Neben Religionen des Fernen Ostens ist ein weiterer Schwerpunkt der Sammlung die Darstellung des Buddhismus.

Religionskundliche Sammlung
Landgraf-Philipp-Straße 4, 35037 Marburg
Tel: 06421/28-22480
E-Mail: relsamm@mailer.uni-marburg.de
Website:www.uni-marburg.de/relsamm
Öffnungszeiten: Mo, Mi, Fr 10-13 Uhr u. Mo, Di, Do 14-17 Uhr

Info Studium

ZAS. Das Kürzel steht für die Zentrale Arbeitsstelle für Studienorientierung- und Beratung.

Universität

Schlangestehen beim Einschreiben in der Biegenstraße

Aufgaben der ZAS ist die Information über die Hochschule und die hiesigen Studienmöglichkeiten, die Beratung vor Studienfachwahl und bei Studienwechsel oder auch Studienabbruch. Zu vielen Problemstellungen werden Arbeitsgruppen angeboten, zum Beispiel bei Lernschwierigkeiten.

ZAS Universität Marburg
Biegenstraße 12, Telefon: 06421/28-26004
E-mail: ZAS@verwaltung.uni-marburg.de
Website: www.uni-marburg.de/ZAS
Offene Sprechzeiten der ZAS (ohne Voranmeldung):
Mo, Mi und Fr 9.30-12.30 u. Mi 15-17.30 Uhr.
Telefonische Anforderung von Informationsmaterial:
Mo-Fr 10-12 Uhr
Telefonische Beratung: Mo-Do 15-17 Uhr

Studieren üben

Marburger Universitätskurse. „Studieren mal probieren" ist das Motto der Universitätskurse zur Studienorientierung. Das Angebot richtet sich an Schüler und Schülerinnen der letzten Jahrgangsstufe vor dem Abitur und an andere Studieninteressierte. Über mehrere Tage kann man sich über das Marburger Studienangebot informieren. Mehr als 30 Hochschullehrerinnen und -lehrer bieten Schnupperkurse in ihren Fachbereichen an: Studieren kann geübt werden. Ein extra organisiertes Kursbüro managt die Probleme der Universitäts-Besucher. Mit einer geringen Kursgebühr von rund 45 Euro inklusive Begrüßungsessen ist man dabei.
Information über die Zentrale Arbeitsstelle für Studienorientierung- und Beratung (ZAS)

Freunde und Förderer

Universitätsbund. Der Marburger Universitätsbund versteht sich als Verein der Freunde und insbesondere Förderer der Philipps-Universität. Als Mitglied unterstützt man ideell aber auch finanziell (Jahresbeitrag mindestens 20 Euro, für Studierende 5 Euro) die Universität und ihre Arbeit. Vorteile der Mitgliedschaft: Das „Marburger Uni-Journal" flattert umsonst ins Haus und informiert über neue Forschungsthemen. Außerdem betreibt der Marburger Universitätsbund ein schönes Sport- und Studienheim im Feriengebiet Kleinwalsertal. Hier finden Seminare, Tagungen, aber auch Freizeitaktivitäten statt – zudem eine durchaus preiswerte Urlaubsmöglichkeit für Familien. Auch für Nicht-Mitglieder besteht allerdings die Möglichkeit, hier im Grünen Entspannung zu suchen.

Marburger Universitätsbund e.V.
Bahnhofstraße 7, 35037 Marburg Tel: 06421/28-24090
E-Mail: unibund@mailer.uni-marburg.de
Website: www.uni-marburg.de/uni-bund

Philipps Apotheke
Wir lassen Sie nie im Regen stehen!
Philipps Apotheke Marburg
Reitgasse 10 (Oberstadt) • 35037 Marburg
Tel. 0 64 21/2 77 11 • Fax 0 64 21/2 17 72
Freecall: 08 00-2 77 11 00 • www.philipps-apotheke.de

Archive

Sortierte Geschichte

Stadtarchiv Marburg. Im Stadtarchiv befinden sich die Unterlagen der Stadtverwaltung, die für laufende Geschäfte nicht mehr benötigt werden, dennoch von rechtlicher Bedeutung oder von historischem Interesse sind. Daneben werden Unterlagen von Privatleuten und Firmen gesammelt, um die historische Entwicklung der Stadt dokumentieren zu können. Tagespresse wird außerdem archiviert. Gemeinsam mit dem Presseamt erarbeitet man hier im Auftrag des Magistrats die städtische Schriftenreihe „Marburger Stadtschriften zur Geschichte und Kultur".

Stadtarchiv (Abt. 10.5)
Barfüßerstraße 50, Dachgeschoss
Leiter des Stadtarchivs: Dr. Ulrich Hussong
Tel: 06421/201-499
Website: www.marburg.de/stadtverwaltung14.asp

Aktenberge

Hessisches Staatsarchiv Marburg. Das Hessische Staatsarchiv wurde 1870 gegründet und auf dem Landgrafenschloss eingerichtet, um die an verschiedenen Orten lagernden Archive des 1866 von Preußen annektierten Kurfürstentums Hessen in einer zentralen Institution zusammenzuziehen. 1938 wurde das Staatsarchiv dann in den am Friedrichsplatz errichteten Zweckbau verlagert, in dem es sich heute noch befindet.

Hier wird die historische Überlieferung der Landgrafschaft Hessen von deren Entstehung im Jahr 1247 sowie aller Territorien, die später in der Landgrafschaft Hessen bzw. Hessen-Kassel und dem Kurfürstentum Hessen aufgingen, aufbewahrt.

Für die Zeit von 1866 bis 1945 ist das Staatsarchiv zuständig für das Schriftgut der Behörden der preußischen Provinz Hessen-Nassau und des preußischen Regierungsbezirks Kassel, ab 1945 für die Mittel- und Unterbehörden des Landes im Regierungsbezirk Kassel und den bei der Gebietsreform 1972 gebildeten Landkreis Marburg-Biedenkopf.

Neben den Archiven zahlreicher Kommunen und Institutionen verwahrt das Staatsarchiv die Archive der Philipps-Universität und der Gesamthochschule Kassel.

Insgesamt lagern im Staatsarchiv ca. 40.000 Regalmeter Akten, ca. 122.000 Urkunden und ca. 218.000 Karten, Risse und Pläne. Die Dienstbibliothek umfaßt etwa 121.000 Bände.

Hessisches Staatsarchiv Marburg
Friedrichsplatz 15, 35037 Marburg, Tel. 06421/92500
E-mail: poststelle@stama.hessen.de
Öffnungszeiten: Mo-Do 8.30-13, 14-19, Fr 8.30-13 Uhr

Akrobat schöön: Clownsschuhe im Zirkusarchiv

Eine von 122.000 Urkunden aus dem Staatsarchiv

Manege frei

Das Zirkusarchiv. Seit 1976 sammelt Rudolf Geller Programme, Plakate, Kostüme und Requisiten rund um den Zirkus. Mit rund 100.000 Fotos, einer umfangreichen Bibliothek und Zeitschriftensammlung lagert hier auch das Material für eine noch ungeschriebene Kulturgeschichte der Artistik. Wer sich für die Entwicklung des Zirkus Roncalli interessiert oder in der Familiengeschichte der Althoffs herumstöbern möchte, sich als Künstler über Kollegen informieren will oder ganz einfach die bunte Welt des Zirkus' archiviert erleben mag, der wende sich an:

Circus-, Varieté- und Artistenarchiv
Rudolf Geller, Ketzerbach 21
35037 Marburg, Tel. 06421/42346

In den Regalen des Spielearchivs

Spielsucht

Das Spielearchiv. Seit 1985 gibt es in Marburg das Deutsche Spiele-Archiv. Gegründet wurde es von Bernward Thole, Dozent am Fachbereich Neuere deutsche Literatur und Medien, mit der Zielrichtung, die Spiele-Produktion von 1945 bis heute zu dokumentieren und so die Grundlage für eine intensive Beschäftigung mit der Spiel-Entwicklung zu schaffen. In der Barfüßerstraße 2a findet sich mittlerweile eine der größten Sammlungen zeitgenössischer Brett- und Kartenspiele, aber auch Elektronik- und Computerspiele sowie sonstige spielhistorisch relevante Archivalien (Spielfiguren, Würfel etc.). In der Bibliothek erläutern rund 5.000 Bände sowie alle wichtigen Zeitschriften des In- und Auslandes alles Wissenswerte rund um das Spiel. Seit 1989 gibt es den „Förderverein Spiel", der auch den Preis „Spiel des Jahres" an eines der jährlich neu erscheinenden Spiele verleiht. Das Deutsche Spiele-Archiv ist ein Arbeitsarchiv, dessen Bestand nicht ausgeliehen werden kann.

Deutsches Spielearchiv
Barfüßerstraße 2a, 35037 Marburg, Tel. 06421/62720
Öffnungszeiten: Mo-Fr 8-13 Uhr

AIDOS

Archiv für das Blindenwesen. AIDOS, „Archiv und internationale Dokumentationsstelle für das Blinden- und Sehbehindertenwesen" sammelt alles, was sich mit dem Blindenwesen befasst. Rund 55.000 Bücher zum Thema stehen in der wissenschaftlichen Präsenzbibliothek im Marbacher Weg 18 zur Verfügung.

Über 300 taktile (tastbare) Kinderbücher hat man gesammelt, auf Anfrage betreibt man Literaturrecherchen. Eine Dokumentation der Blindenhilfsmittel beinhaltet 20.000 Nachweise. Zentrale EDV-geführte Kataloge weisen die in Deutschland verfügbaren Blindenschrift-Titel und Hörbücher nach. Man ist informiert über technische, soziale oder sonstige Hilfsangebote für Blinde oder kennt die richtigen Adressen. Das Archiv ist einzigartig in der Bundesrepublik.

AIDOS/Deutsche Blinden-Bibliothek
Marbacher Weg 18, 35037 Marburg,
Tel. 06421/606-311
Öffnungszeiten: Mo-Do 10-12 Uhr
und nach Vereinbarung

Reich bebildert

Bildarchiv Foto Marburg. Im „Ernst-von-Hülsen-Haus" ist neben dem Universitätsmuseum auch das Bildarchiv Foto Marburg untergebracht (Eingang Wolffstraße). Es sammelt seit 1913 Negative deutscher und europäischer Kunstwerke. Seither ist es das deutsche Zentrum kunstgeschichtlicher Dokumentation. Ca. 1,3 Millionen Fotos von Bildern, Skulpturen und Gebäuden tragen den Abglanz ihrer vielfach längst vergangenen Originale durch die Zeit. Pro Jahr werden rund 60.000 Abzüge und 10.000 Diapositive produziert.

In weltweit über 200 Universitäten wird der „Marburger Index", das Microfiche-Verzeichnis von „Foto Marburg", abonniert.

Bildarchiv Foto Marburg
Ernst-von-Hülsen-Haus, 35037 Marburg
Tel. 06421/282-3600
Öffnungszeiten: Mo-Fr 8-17 Uhr

Marburg kurios

Modell der Marburger Luftbahn. (Rekonstruktion)

Luftschiff

Die Marburger Luftbahn. Technisch schien 1900 alles möglich. 1909 erschien bei der Elwert'schen Verlagsbuchhandlung in Marburg eine Schrift mit dem Titel: „LBG. Die Luftbahn. Das Verkehrsmittel der Zukunft." Die „Luftbahngesellschaft Marburg" zeichnet sich als Herausgeber verantwortlich. Das Luftschiff-Projekt muss als Kreuzung aus Wuppertaler Schwebebahn und dem lenkbaren Luftschiff des Grafen Zeppelin verstanden werden. Die Marburger Luftbahn sollte Lasten mit einem mit Wasserstoff gefüllten Ballon transportieren; der Antrieb sollte durch Elektromotoren erfolgen – man setzte auf eine Spitzengeschwindigkeit von 200 km/h. Ungeahnte Möglichkeiten taten sich auf: Die neuartige Schwebebahn „leichter als Luft" würde in gerader Linie auch schwieriges Gelände, Schluchten, Wälder, Sümpfe und Gewässer überqueren, dachten ihre Erfinder. Mit der Luftbahn von Marburg bis nach Wladiwostok – in Marburg glaubte man angesichts dieser Phantastereien an einen Studentenulk. Die anonymen Erfinder der LBG (Luft-Bahn-Gesellschaft) waren scheinbar angesichts der Heiterkeit, die ihr großes Projekt auslöste, tödlich beleidigt. Vom Marburger Luftschiff hat man nämlich nie wieder etwas gehört.

Abgeseilt

Seilbahn. Von dem CDU-Politiker Gert Dahlmanns stammte Ende der siebziger Jahre die Idee, in Marburg eine Seilbahn zu bauen. Sie sollte von der Ketzerbach hoch zum Schloss führen. In manchen Plänen des Staatsbauamtes aus den 70ern findet sich auch eine Seilbahn zwischen Lahnberge-Mensa und der Uni-Bibliothek – ein interessanter Vorschlag zur Reduzierung des akademischen Individualverkehrs.

Babylon

Architekturphantasie von Otto Kohtz. Otto Kohtz entwarf diese Architekturphantasie im Jahre 1909. Seine Skizzen, veröffentlicht in dem Buch „Gedanken über Architektur", waren Ausdruck für die Suche nach einer neuen Ästhetik der Monumentalarchitektur.
Seine Vorbilder sind in den babylonischen und assyrischen Bauten zu suchen, die seit 1899 durch deutsche Archäologen ausgegraben wurden. Diese Marburger Skizze ist dem Buch „Hochhaus. Der Beginn in Deutschland", von Rainer Stommer (Text) und Dieter Mayer-Gürr (Fotos)

Marburg kurios

Marburg-Babylon von 1909

Einst Schlachthof, jetzt Kulturbaustein

Mit ihm gewann er 1987 den Wettbewerb, der für die Bebauung des Geländes zwischen Pilgrimstein, Biegeneck, ehemaligem Schlachthof (Biegenstraße) und der Erlenringspange ausgeschrieben worden war: Südöstlich der Lahn, in der Nähe der Mensa, sollten für Studierende gemischt nutzbare zweigeschossige Gebäude als Kommunikationszentrum entstehen. Von diesem Abschnitt führte eine Fußgängerstraße über die Lahn hinweg zur Biegenstraße und bis zum Pilgrimstein. An ihr entlang sollten sich nach den als Kommunikationszentrum genutzten Gebäuden weitere in sich geschlossene Abschnitte gruppieren: Zwischen Lahn und Biegenstraße eine Ausstellungshalle und ein

entnommen, das 1990 im Marburger Jonas-Verlag erschienen ist.

Neue Mitte

Grassi-Projekt. Es sollte nach ursprünglicher Planung schon längst fertiggestellt sein, das von dem Mailänder Giorgio Grassi entwickelte Projekt.

183

Marburg kurios

Erhebend – der Oberstadtaufzug am Pilgrimstein

Hotel mit geplanten 100 Betten. Zu dem Hotel- und Ausstellungskomplex kamen Cafés und evtl. Läden sowie eine Tiefgarage mit ca. 170 Einstellplätzen. Jenseits der Biegenstraße sollte die Fußgängerstraße zu einem am Pilgrimstein zu errichtenden Theatergebäude hinführen. Von den Gutachtern wurde die „klare Grundidee der Wegführung" bei dem Entwurf gelobt. „Eine Revolution" nannte der damalige Oberbürgermeister Hanno Drechsler dieses inzwischen ad acta gelegte Bauvorhaben. Über die heutige Bebauung dieses Stadtkomplexes kann sich jeder selbst ein Bild machen ...

Tunnelblick

Schlossberguntertunnelung. Ein unverwirklichter Vorschlag der CDU aus dem Jahre 1985. Geplant war ein Tunnel mit zwei Etagen durch die Oberstadt. Er sollte bei Ahrens beginnen und in der Nähe von Elwert am Pilgrimstein enden. Der Tunnel sollte für 450 Fahrzeuge Parkraum bieten. Im Kriegsfall sollte der Tunnel auch als Luftschutzraum dienen.

Lahn-Untertunnelung. Der Vorschlag, die Lahn zu untertunneln, wurde 1987, kurz nachdem das Grassi-Projekt entstand, von dem damaligen Oberbürgermeister Hanno Drechsler gemacht. Am Mensaparkplatz sollte der Tunnel gebohrt werden und als evtl. doppelstöckige Parkröhre bis zum Pilgrimstein reichen. Man unternahm sogar schon Probebohrungen. Wegen ökologischer, finanzieller und koalitionspolitischer Einwände wurde das Projekt nicht mehr weiter verfolgt. Und noch ein Tunnel ...

Behring-Tunnel. Seit den 80er Jahren immer wieder von der CDU ins Spiel gebracht und ebenso regelmäßig vom Stadtparlament abgelehnt, heißt das Lieblingsprojekt von Oberbürgermeister Dietrich Möller (CDU) neuerdings Marbach-Tunnel.
Gedacht zur Verkehrsentlastung der Marbach/Ketzerbach, soll eine 1175 Meter lange zweispurige Röhre die Emil-von-Behring-Straße unterhalb des Eingangs der ehemaligen Behring-Werke mit Wehrdaer Straße und der B3a-Auffahrt in Höhe Schlosserstraße verbinden. Bei aller Anerkennung der verkehrspolitischen Probleme im Marburger Westen zeigen sich SPD, Grüne, PDS und „Bürger für Marburg" weiterhin skeptisch.

Feste und Märkte

Chrysanthemen aus Licht: Klassikfeuerwerk bei 3TM

Stadt in Bewegung

3 Tage Marburg (3TM). Drei Tage Stadtfest, das heißt: viele Menschen, viel Musik und viel gute Stimmung. Seit Juli 1998 hat Marburg ein richtiges Stadtfest, ausgerichtet vom Marbuch-Verlag in Zusammenarbeit mit der Stadt. Rund 800 Musiker, Schauspieler und Kleinkünstler machen unter der Schirmherrschaft des Magistrats die Stadt zu einer großen Bühne. Auf dem Schlossparkgelände reihen sich bunte Buden aneinander; der Geruch von Bratwurst und Crêpes verheißt Gutes. Ganz Marburg ist in diesen Tagen auf den Beinen, ob Petrus mitspielt oder nicht. An der Lahn findet samstags und sonntags das legendäre Drachenbootrennen statt. Neben den besten Ruderern zählt vor allen Dingen das schrägste Kostüm. Marktplatz, Ketzerbach und Steinweg, Neue Mitte mit Elisabeth-Blochmann-Platz und alle Wege zur und in der Oberstadt sind mit Marktständen bereichert; schlendern durch das feiernde Marburg mit Kind und Kegel ist an diesen Tagen ein Muss – auch der Sonntag ist verkaufsoffen. Hervorgegangen ist 3TM aus dem Express-Schloss-park-Open-Air, das erstmals 1992 stattfand. Zunächst war die Veranstaltung ein reines Rock/Pop-Musikspektakel, 1995 und in den Folgejahren wurde auch die klassische Musik mit eigenem Themenabend zum festen Programmbestandteil. 1997 erreichte das Konzept Schloss-park-Open-Air seine Kapazitätsgrenzen – in 1998 brachte das neue 3TM-Stadtfest weiteren Erfolg bis heute. Alljährlich am 2. Juli-Wochenende heißt es von Freitag bis Sonntag: Drei Tage Marburg!

Viel Spaß bei 3TM

Feste und Märkte

Lichtblick im Januar: die „Feuerzangenbowle" auf dem Marktplatz

Vorträgen in Zusammenarbeit mit dem Fachbereich Medienwissenschaften der Universität.

Literatur pur

Marburger Buchwoche. In 2002 fand die Marburger Buchwoche bereits zum dritten Mal statt. Eine erfolgreiche Veranstaltung mit buntem Rahmenprogramm rund ums Buch. Das Veranstaltungsteam des Kulturamts ist um interessante Autoren und Autorinnen bemüht, und die vollen Lesungen und Diskussionsabende während der Buchwoche zeigen, dass man erfolgreich damit ist. Die Buchwoche findet einmal jährlich im April statt.

Kältegefühle

Feuerzangenbowle. Im Januar ist es ungemütlich, nass und kalt. Am letzten Freitag im Januar wird zumindest den Marburgern ganz warm ums Herz. Da findet die traditionelle Aufführung des bekannten Filmklassikers mit Heinz Rühmann auf dem Marktplatz statt, veranstaltet von der Marburger Tourismus und Marketing GmbH. Stets gut besucht und mit heißer Feuerzangenbowle in der Rechten ein wirklich netter Abend im grauen Januar.

Kunstvoll

Marburger Kamerapreis. Die Wichtigkeit von Filmkunst in der Marburger Kultur zu betonen und fördern, ist das Anliegen und Hintergrund der Verleihung des Marburger Kamerapreises, ins Leben gerufen vom Kulturamt der Stadt. Geehrt werden damit die „Filmstars" im Hintergrund: Kameraleute, die meist im Schatten eines großen Regisseurs weniger Beachtung finden, deren Namen weniger präsent sind, obwohl ihre Arbeit wesentlich für das Gelingen eines guten Film ist. Preisträger 2002, Frank Griebe, drehte „Lola rennt" und wurde mit einer Preisgala entsprechend angemessen geehrt. Zeitgleich finden jedes Jahr im März die Marburger Kameragespräche statt, mit interessanten Gästen und

Weidenhäuser Straßenfest: Alles uff' de' Gass

Klein und fein

Weidenhäuser Straßenfest. Die Aktionsgemeinschaft Weidenhausen ist ein sehr engagiertes Völkchen. Einmal im Jahr lässt man es sich nicht nehmen, den eh schon schmucken Stadtteil zu befeiern. Mit Live-Musik lokaler Bands, gutem Essen und Markttreiben wird die Weidenhäuser Straße zum gutgelaunten Menschenmeer.

Stimmungsvoll

Maieinsingen. Die traditionelle und stimmgewaltige Begrüßung des schönen Monats Mai findet immer am 30. April auf dem Markplatz statt.

Durchgemalt

Nacht der Kunst. Alle zwei Jahre im Mai wird die Stadt zur nächtlichen Kunstausstellung. Galerien und Museen sind geöffnet; parallel finden Lesungen und Konzerte statt, die Marburg für eine Nacht zur Muse für Kunst und Kultur werden lassen. 2003 und 2005 wird die Nacht der Kunst wieder stattfinden.

Bunt gemischt

Uni-Sommerfest. Ende Juni findet in Marburg das alljährliche Sommerfest der Universität statt. Ein Teil der Biegenstraße vor dem Hörsaalgebäude wird gesperrt. Bei lauter Musik aller Stile und gutem Wetter ist die Stimmung in der Regel sehr bierselig – Bratwurst- und Döner-Dünste liegen in der Luft.

Auf der Bach

Ketzerbachfest. Am ersten Samstag im Juli lädt die Ketzerbachgesellschaft als Veranstalter zum Dämmerschoppen. Selbstbewusst spricht man von „Marburgs größtem Gartenfest" – Alle fünf Jahre ist das Fest zweitägig. 2004 kann hier wieder in größerem Rahmen gefeiert werden.

Überraschend

Exciting Neighbours. Spannende Nachbarn, nämlich Künstler internationaler Herkunft, präsentieren ihre Schauspielkunst beim zweijährlichen Theaterfestival in Marburg. Gemeinsam mit dem Kulturamt stellt der German Stage Service im September ein Programm zusammen, das Theaterinteressierten Spaß macht und beeindruckt.

Buntes Treiben

Elisabethmarkt. Herbstlich wird es Mitte Oktober auf dem Elisabethmarkt. Der Marburger

Keramikstand auf dem Elisabethmarkt

Markt- und Aktionskreis steckt hinter dieser jährlichen Veranstaltung mit buntem Markttreiben, unterhaltendem musikalischem Rahmenprogramm und verkaufsoffenem Sonntag in der historischen Altstadt.

Plastikkult

Weidenhäuser Entenrennen. Getunte Enten, frisiertes Plastik aller Farben mit Schnabel – das jährliche Weidenhäuser Entenrennen gehört

sicherlich nicht zu den klassischen Festivitäten einer netten Kleinstadt. Sehr schräg und komisch ist das Bild von Plastikenten in Rennoutfit, die sich auf der Lahn ab Weidenhäuser Brücke dem Wettrennen stellen. Manche gehen kläglich unter. Das Entenrennen im Oktober allerdings bleibt Kult!

Alle Jubeljahre

Marburger Sommerakademie. Auf stolze 25 Jahre Bestehen kann die Marburger Sommerakademie zurückblicken. Jedes Jahr öffnen sich im Juli und August die Türen für Kunst- und Tanzinteressierte, die sich an dem breiten Themen-

Kreativ sein in der Sommerakademie

spektrum von Workshops und Kursen beteiligen. Das Kulturamt freut sich als Veranstalter auf weitere Jahrzehnte Sommerakademie.

Quirlig

Ramba Zamba Kinderkulturfestival. Drunter und drüber geht es bei Ramba Zamba sicherlich manches Mal. Das Marburger Kinderkulturfestival ist fest in der Hand der kleinen Marburger, die sich bei Workshops oder Führungen zu einem Ober-thema (z.B. Wasser) ausprobieren und spielerisch Wissenswertes erlernen können. In 2002 findet das Kinderfestival bereits zum 19. Mal

statt – das Fest scheint fester Höhepunkt im Marburger Kinderalltag zu sein.

Unbeliebt

Marktfrühschoppen. Auf dem historischen Marktplatz in der Oberstadt geht es am Stichtag (immer erster Sonntag im Juli) des „traditionellen" Marktfrühschoppens wenig beschaulich zu. Der Marktfrühschoppen findet seit 50 Jahren statt und ist zum Fest der Kooperierten in Marburg geworden. Auch für Touristen lohnt sich der Besuch kaum. Sicher ist: das

Mützen beim Marktfrühschoppen

alljährliche Bierchentrinken verliert schnell an Geselligkeit, denn der Marktfrühschoppen ist seit vielen Jahren traditioneller Schaukampf von Marburgs politischer Rechten und Linken. Die Burschenschaften demonstrieren erzkonservative Deutschtümelei mit Schärpe und Käppi, während linke Gruppierungen den Dunst des Feindes wittern. Auseinandersetzungen sind eingeplant. Mit Hundertschaften in polizeigrün will man den jährlichen Schlagabtausch verhindern: wenig heitere Stimmung am Marktplatz.

Ruhig mal trödeln

Flohmärkte. Ein Blick in den Express lohnt sich für Flohmarktgänger in jedem Fall. Neben der Vorankündigung der Floh- und Trödelmärkte in der Umgebung im Veranstaltungskalender inserieren Privatleute häufig für private Garagenverkäufe. Jeden ersten Samstag im Monat findet der Trödelmarkt im Steinweg statt.
Eine frühe Anmeldung (2-4 Wochen vor dem Termin) kann hier nicht schaden. Der Flohmarkt an der Waggonhalle macht viel Spaß, weil das Gelände zum Trödeln entlang der vielen Stände wirklich einlädt. Jeden letzten Samstag im Monat findet man hier alles für den Studentenhaushalt

und vor allen Dingen auch viele Bücher. Unregelmäßiger findet ein Flohmarkt auf dem Messeplatz am Afföller statt: die Ausbeute ist aufgrund der vielen Stände mit Plastik-Neuware eher gering. Grundsätzlich sollte man auf Aushänge in der Stadt achten – die Standgebühren liegen in der Regel bei 5 Euro.

Guter Duft

Weihnachtsmärkte. Gut duften tut es schon von weitem. Glühwein und gebrannte Mandeln,

Lichterglanz und Vorfreude: der Weihnachtsmarkt

Makronen und Schaumküsse fehlen auch nicht auf den Marburger Weihnachtsmärkten. Stände mit Geschnitztem, Mundgeblasenem, Gestricktem und Besticktem reihen sich in der Weihnachtszeit rund um die Elisabethkirche. Bei Anbruch der Dunkelheit am späten Nachmittag ist ein Besuch des Weihnachtsmarktes nun wirklich Pflicht und bringt die adventliche Stimmung.

Am Marktplatz ist das Markttreiben weniger stark, dafür der Glühwein umso besser. Unter Heizstrahlern steht man hier Stunden, um mit Freunden und Kollegen Spekulatius mit glühend Heißem zu genießen.

Vitamine vom Wochenmarkt

Extra frisch

Wochenmärkte. Frisches Obst und Gemüse, Käse, Wurst und Blumensträuße – dafür braucht es keine Supermarktregale. Der Einkauf auf dem Wochenmarkt ist eine gute Alternative zu Supermarktschlangen und Neonlicht. In Marburg finden jeden Mittwoch und Samstag drei Wochenmärkte statt, die zum Lebensmitteleinkauf an der frischen Luft einladen. Auf dem historischen Marktplatz, an der Frankfurter Straße im Südviertel und am Firmaneiplatz hinter der Elisabethkirche immer von 8 bis 14 Uhr – Zeit für ein Schwätzchen mitbringen.

Jeden Donnerstag kostenlos!

KLEINANZEIGEN ANNAHME

Telefon: 0 64 21/ **68 44 68**
Fax: 0 64 21/68 44 44

Online: www.marbuch-verlag.de

Express-Service

www.marbuch-verlag.de. Die Hausseite des Marbuchs und Net-Ausgabe des Marburger & Gießener Stadtmagazins Express hält all das online bereit, was das aktuelle Heft an Themen zu bieten hat. Ob Kinoprogramm, Mensafutter, TV-Guide, Veranstaltungskalender nicht nur für Marburg oder die Wochenthemen aus der Printausgabe: hier findet sich alles, bunt und übersichtlich. Außerdem können in der Express-Online-Ausgabe kostenlos Kleinanzeigen geschaltet werden. Neu ist auch die Möglichkeit, sich als Unternehmen in ein Adressenverzeichnis eintragen zu lassen.

Schnell und aktuell: Informationen aus dem www.

Virtuelles Stadtportal

www.marburg.de. Ein echter Klassiker ist diese Page als virtuelles Stadtportal. Die Marburg Tourismus + Marketing GmbH (MTM) versteckt sich hinter dieser Adresse und liefert uns ein Marburg-Komplettprogramm zur Stadtgeschichte, aktuellen Ereignissen wie der Kommunalwahl, individuellen Stadtplänen, Tourismus und wichtigen Links zu städtischen Einrichtungen. Interessant auch die Rubrik „Marburg kurzgefasst".

Kreis im Web

www.mabiko.de. Das Kürzel „mabiko" steht für Marburg-Biedenkopf und verweist gleich auf den Inhalt der Website. Hier finden sich aktuelle Nachrichten aus dem ganzen Kreis, Service-Hinweise im Bereich Tourismus, Wirtschaft und Politik in schlicht-modernem Layout. Mabiko.de ist ein Service der Oberhessischen Presse in Zusammenarbeit mit der Sparkasse Marburg-Biedenkopf und der EAM Line GmbH.

Oberhessische Presse

www.op-marburg.de. Homepage der örtlichen Tageszeitung. Der Internetauftritt der „Oberhessischen Presse" präsentiert Lokales und die großen Schlagzeilen des Tages aus Politik, Wirtschaft und Kultur, Veranstaltungstermine und im Bereich „Boulevard" bunt Gemischtes über Kino,

Leute und Kultur. Eine übersichtliche, täglich aktualisierte und gut strukturierte Website.

Universität im Netz

www.uni-marburg.de. Auf dieser Seite sind alle Institute sowie aktuelle Infos zu Immatrikulation, Rückmeldung, Stipendien etc. verzeichnet. Die Homepage ist gut organisiert, schnell zu überblicken und serviceorientierter als so manches Fachbereichssekretariat mit „Komme gleich wieder"- Allüren. Die Universitäts-Bibliothek (www.ub-uni-marburg.de) erleichtert das Studentendasein mit ihrem Online-Bestellsystem, und der schnelle Klick auf dein Nutzerkonto sorgt dafür, dass du fast nie mehr den Abgabetermin deiner -zig ungelesenen Fachbücher versäumst. Die Uni-Seiten bieten generell wenig Surfspaß, aber gute Information – da darf Design auch mal zu kurz kommen.

Marburger Neue Zeitung

www.mittelhessen.de. Hier findet sich eine umfangreiche Homepage mit vielen Infos rund um Mittelhessen. Mit einer Art Pressespiegel werden die regionalen News zusammengefasst, derartige Service-Leistungen gibt es viele. Die Website wird von der Wetzlarer Verlagsgruppe präsentiert, zu der auch Marburgs Neue Zeitung gehört.

Schnell vernetzt

Internetcafés in Marburg. Wer in Marburg über keinen eigenen Internetanschluss per PC verfügt, muss sich in ein Internetcafé begeben, um Mails an Freunde zu verschicken oder einfach nur durch das worldwideweb zu surfen:

Internet Treff
Pilgrimstein 24, 35037 Marburg
Tel: 06421/924705
Internet World
Bahnhofstraße 23, 35039 Marburg
Tel: 06421/690608

Heinig
Stoffe & Dekor
Reitgasse 6
35037 Marburg
Tel.: 0 64 21/97 12 31
Fax: 0 64 21/97 12 32

Meisenweg 11
35274 Kirchhain
Tel.: 0 64 22/89 01 16

Wir wünschen
Guten Appetit!

Hauptgeschäft:
Barfüßerstr. 43
Tel.: 0 64 21/2 51 74

Frankfurter Str. 30
Rollwiesenweg 30
Ernst-Lemmer-Str. 15

wagner
Bäckerei - Konditorei

MARBURGER & GIESSENER MAGAZIN
Express Online

Wer? Was? Wo?
1000 Adressen & Kontakte in Mittelhessen

Veranstaltungskalender
Keiner hat mehr Termine

Cinema Totale
alle Filme (Marburg, Gießen, Wetzlar, Lich, Grünberg)

Kleinanzeigen
1500 Angebote & Gesuche im Zugriff

Online Werbung
Info-Tel: 06421/68 44-12

Das alles gibt's unter:
www.marbuch-verlag.de
Hier stimmt der Service!

Verkehr(t)

Individalgedrängel zur Rush Hour

Rush Hour

Straßenverkehr. Der Ausbau des Straßennetzes wird schon lange diskutiert. Fakt ist: Marburg leidet verkehrstechnisch an chronischer Verstopfung. Besonders auf der Achse Bahnhofstraße-Biegenstraße-Universitätsstraße schleppt sich zu den Stoßzeiten eine Blechlawine durch die Stadt. Flink sind nur die Radfahrer, die sich zwischen den Stoßstangen durchmogeln – eine gute Prise Abgase in der Nase. Seit 1995 ist Marburg an den Rhein-Main-Verkehrsbund angeschlossen, der sich mit 14.000 Quadratkilometern zwischen Stadtallendorf und Bensheim als flächenmäßig größter Verkehrsbund Europas bezeichnet. Innerhalb von Marburg sind auf 15 Linien Busse unterwegs; rund um die Uhr, also auch nachts, ist allerdings mit Öffentlichem Personennahverkehr nicht zu rechnen.

Bergig.

Busfahren in Marburg. Wer den Fußmarsch Richtung Schloss scheut, der nimmt den Bus Linie 16. Durch die Marburger Oberstadt kämpft sich der kleine Omnibus, vorbei am Markplatz. Die Fahrt ist derart ruckelig und beschwerlich, dass sie schon zum touristischen Highlight wurde und die Fahrgäste erleichtert klatschen, wenn sie wieder

Alternative ÖPNV

festen Boden unter den Füßen haben. Die Stadtbuslinien verbinden die Marburger Stadtteile. Zentraler Knotenpunkt für viele Linien sind die Haltestellen Bahnhofstraße und Universitätsstraße – von hier kommt man per Bus in alle Richtungen.

Bei Anruf sammeln

AST. Das Anrufsammeltaxi ist als Bonus zum normalen ÖPNV-Betrieb zu verstehen. Der Kreis Marburg-Biedenkopf wurde in verschiedene AST-

Verkehr(t)

Gebiete eingeteilt; die Taxen sollen vor allen Dingen den Marburgern aus Vororten ein wenig mehr Mobilität verleihen. Das AST fährt täglich ab 19 Uhr bis 24 Uhr zur vollen Stunde aus den AST-Gebieten in die Marburger Innenstadt, an Wochenenden und an Feiertagen bereits ab 14 Uhr. Die Rückfahrt in Marburgs ländliche Peripherien ist täglich jede halbe Stunde ab 19.30 Uhr bis halb eins Nachts möglich. Mit dem normalen Busticket kann man hier nicht fahren; es gibt spezielle AST-Tickets, oder man bezahlt den Fahrer bar. Die Preise sind je nach Wegstrecke unterschiedlich, im Vergleich zu einem normalen Taxi aber recht erschwinglich. Die telefonische Voranmeldung ist unbedingt nötig – eine halbe Stunde vorher reicht. Der AST-Fahrer sammelt seine Kunden an den normalen Bushaltestellen ein.

Der Bahnhof lag im 19. Jahrhundert noch vor den Toren der Stadt

Voranmeldung AST unter: 06421/205-205

Studententarif

Semesterticket. Marburger Studenten und Studentinnen fahren umsonst. Das hört sich gut an, ist aber nicht ganz richtig. In 2002 kostete das Semesterticket immerhin stolze 120 Euro – angesichts der überhöhten Bahnpreise ist das allerdings fast fair. Im ganzen Gebiet des RMV (Rhein-Main-Verkehrsbund), von Frankfurt bis Kassel, von Wiesbaden sogar bis Mainz können Marburger Studierende Bus und Bahn umsonst nutzen – der Studienausweis ersetzt die Fahrkarte. Studierende, die in Marburg ihren Erstwohnsitz haben, bekommen auf Antrag 11 Euro zum Semesterticket erstattet.

Deutsche Bahn

Der Marburger Bahnhof. Im nördlichen Marburg liegt der Bahnhof der Stadt. Das Gebäude wirkt von außen eleganter, als es sich von innen zeigt – die Renovierung ist seit Jahren geplant. Mit einem kleinen Kiosk, einem Verkaufsstand für Backwaren, einem kleinen Blumenladen und einer gut sortierten Bahnhofsbuchhandlung lassen sich jedoch Wartezeiten etwas verkürzen. Im DB-Reisecenter können Tickets gekauft, Bahnreisen gebucht und Informationen eingeholt werden. Leider ist Marburg kein IC-Bahnhof. Der Interregio ist die schnellste Direktverbindung Richtung Kassel, Gießen oder Frankfurt.

Von Marburg nach Gießen: stündlich um .37
(mit Interregio)
Von Marburg nach Frankfurt: stündlich um .37
(mit Interregio)
Von Marburg nach Kassel: stündlich um .35
(mit Interregio)
(Stand 2002)

Ausflüge

Die romanische St.-Martinskirche

Alte Siedlung

Christenberg. Hier befindet sich eine der ältesten Siedlungen im Marburger Raum. Schon in der Jungsteinzeit (ca. 5000-1800 v. Chr.) war der Christenberg besiedelt oder wurde als Fluchtort genutzt. Die vierzig Hügelgräber nordwestlich des Plateaus wurden um 600 v. Chr. in der Eisenzeit gebaut. Im 4. und 3. Jahrhundert v. Chr. hatte hier vermutlich ein Keltenfürst seinen Sitz. Vom Christenberg aus hat man einen großartigen Ausblick. Inmitten der Wallanlage steht noch die romanische St.-Martinskirche mit Bauelementen vom 11. bis zum 19. Jahrhundert. Ein schöner Wanderweg verläuft von Mellnau durch den Burgwald zum Christenberg. Der Christenberg ist auch ein guter Ausgangspunkt für Wanderungen, z.B. vom Parkplatz Christenberg (über die B 252 zu erreichen) durch das stille Hungertal und über den Höhenrücken südlich davon zurück. Eine schöne Wanderung durch den Burgwald, mit 20.000 ha Hessens größtes geschlossenes Waldgebiet, verläuft über Roda nach Rosental und über die Franzosenwiesen sowie das Hungertal zurück. Als Ausgangsort für Zielwanderungen sind u.a. Münchhausen und Wetter geeignet, da sie an der Bahnlinie liegen. Der Burgwald und sein Vorland verfügen über ein ausgedehntes Netz von Radwanderwegen, die zum Teil markiert sind. Berühmt ist der herbstliche Burgwald außerdem für seine vielen Pilze.

Schwimmerlebnis

Freizeitbad Nautilust. In Gladenbach liegt das erlebnisreichste Bad im Landkreis. Es bietet Whirlpools, Rutschbahn, Wasserfall, Sauna, Dampfbad, ein konventionelles Schwimmbad – im Sommer auch draußen – und anderes mehr. Daneben lässt's sich rund um Gladenbach auch gut wandern. Es gibt ein Netz lokaler Wanderwege, mehrere Fernwanderwege führen hindurch oder in der Nähe vorbei. Die Stadt ist 700 Jahre alt. Zu sehen ist die Ruine der Burg Blankenstein, die im 12. Jahrhundert gebaut wurde und eine wechselvolle Geschichte hinter sich hat.

Freizeitbad Nautilust
Karl-Waldschmidt-Straße, 35075 Gladenbach
Tel. 06462/2009-50
Öffnungszeiten: Mo 10-13 Uhr, Di-Sa 10-21.30 Uhr, So 9-19 Uhr

HOTEL • RESTAURANT
Zur Burgruine Frauenberg
Besitzer: Familie Debelius
35085 Ebsdorfergrund
Tel. (0 64 24) 13 79 • Fax (0 64 24) 4472
Idyllische, waldreiche Erholungsstätte, Gartenlokal
Tagungen • Konferenzen • Seminare • Sauna • Solarium

Ausflüge

Sommerschlitten

Sommerrodelbahn Biedenkopf/Sackpfeife. Für Wanderer, Fahrradfahrer oder Mountainbiker ist das Ausflugsziel Sackpfeife durchaus attraktiv. 647 m hoch ist Biedenkopfs Hausberg und damit die höchste Erhebung im Landkreis Marburg-Biedenkopf. Hauptattraktion ist die Sommerrodelbahn. Per Gleitschlitten geht es 480 m Strecke abwärts, bergauf geht es wieder mit dem Sessellift. Für hungrige Mägen bietet das Bergrestaurant mit großer Freiterrasse eine gute Karte; das Restaurant liegt in unmittelbarer Nähe zum Kinderspielplatz mit Autoscooter. Außerdem ist ein kleiner Streichelzoo in Planung.

Sommerrodelbahn Sackpfeife
Tel: 06461/3778

Herrlicher Ausblick und gute Luft: Amöneburg

Hoch hinaus

Amöneburg. Der Basaltkegel, auf dem sich die Stadt befindet, ist durch Vulkanausbrüche des Vogelsberges entstanden. 360 Meter hoch ragen Stadt und Burg aus dem Amöneburger Becken heraus. Seit 5.000 Jahren ist das Gebiet besiedelt. Bis ins 19. Jahrhundert gab es Konflikte mit den hessischen Landgrafen, da man im Unterschied zu ihnen nicht protestantisch geworden war. Die Ohm gab der Stadt den Namen. „Amanaburg" nannten sie die Kelten, die die Burg um 450 v. Chr. zur Stadt ausbauten.
Missionar Bonifatius gründete hier im Jahr 721 Kloster und Kirche. Im Heimatmuseum in der Schulgasse ist die Geschichte der Burgstadt dokumentiert. Das Amöneburger Becken gehört zu den trockensten hessischen Gebieten. Zwei Naturschutzgebiete am Nord- und Südhang bieten hier einen Lebensraum für wärmeliebende Tiere und Pflanzen, die sonst in Hessen nirgendwo vorkommen. Bis Kirchhain kann man mit der Bahn fahren oder von Marburg aus über die Lahnberge auf der Landesstraße L 3088. Jeden Sommer findet auf der Amöneburg ein Kurzfilm-Festival statt.

Ganz kariert

Frankenberg. Frankenberg gilt als eine der schönsten deutschen Fachwerkstädte und liegt nördlich Marburgs im mittleren Edertal. Sehenswert ist die gotische Liebfrauenkirche aus dem 13./14. Jahrhundert, der die Elisabethkirche als

Ausflüge

Vorbild diente. Auf dem Platz oberhalb der Kirche stand einmal die Burg der Landgrafen von Thüringen und Hessen. Von hier aus hat man einen schönen Blick auf das Edertal. Eine weitere Sehenswürdigkeit ist das ehemalige Kloster St. Georgenberg aus dem Jahre 1249. Wer viel Zeit hat, fährt die B252 weiter bis zum Edersee.

Informationen:
Fremdenverkehrsamt Frankenberg
Tel. 06451/4004

Neu-Potsdam

Das historistische Schloss Rauischholzhausen

Rauischholzhausen. Mitten im flachen und daher auch für Sonntagsradler bestens geeigneten Ebsdorfergrund, sechs Kilometer südwestlich der Amöneburg, liegt Rauischholzhausen. Der Dorfname geht auf die Ritterfamilie Raue von Holzhausen zurück. Sie erwarb Mitte des 13. Jahrhunderts das Gut im Tausch gegen den Frauenberg und errichtete eine Wasserburg an der Stelle, wo heute nur noch ein Teich im Park von Rauischholzhausen zu sehen ist. Als Wohnsitz diente den Rittern das Herrenhaus mitten im Dorf. Heute sind dort Agrarwissenschaftler der Universität Gießen tätig. Nachdem der saarländische Industrielle Ferdinand Stumm 1873 die Rau'schen Güter erworben hatte, ließ er dort ein historisches Schloss erbauen und einen typisch englischen Landschaftspark anlegen.

„Neu-Potsdam", wie es der Volksmund in Anlehnung an Sanssouci taufte, ist heute die Hauptattraktion in Rauischholzhausen. Im Fachwerknebengebäude ist das Portal der Wasserburg noch erhalten. Schlosspark und der angrenzende Wald mit viel Wasser eignen sich hervorragend zum sonntäglichen Spaziergang.

Ausflugstradition

Dammühle. Der sommerliche Ausflugsklassiker für stadtmüde Marburger – ein helles Weizen im

ALEA: Anders Lernen durch Erfahrung
e-mail: kontakt@alea-consult.de
Internet: www.alea-consult.de

HOTEL - RESTAURATION
DAMMÜHLE
alte historische Mühle

• 20 Zimmer • 1 Suite
• 1 Penthouse • 2 Tagungsräume • Veranstaltungsräume
• Alea Outdoorgelände

Tel.: (06421) 9356-0 • Fax 36118
email: dammuehle@t-online.de
Internet: www.hotel-dammuehle.de
35041   Marburg

Biergarten des Restaurant/Hotels „Dammühle" bei Wehrshausen. Seit 1811 wird hier Gastwirtschaft getrieben, eine Mühle ist seit 1521 dokumentiert. Entspannend besonders für Familien: Die lieben Kleinen sind durch den großzügigen Spielplatz sowie zahlreiche Tiere vollauf beschäftigt, während die Eltern unter schattigen Bäumen in Ruhe bei kühlen Getränken und einer kräftigen Mahlzeit entspannen. Für Bildungshungrige gibt es den angrenzenden Naturlehrpfad, der 1998 überarbeitet wurde und zu einem längeren Spaziergang einlädt.

Dammühle
35041 Marburg
Tel. 06421/93560

Die Besucherterrasse der Schmelzmühle

schönem Wetter im idyllischen Gartenlokal oder wenn's kühler wird im gemütlichen Restaurant. Immer wieder interessant, nicht nur für Kinder, das historische Mühlrad hinter Glas innerhalb des Gebäudes.

Schmelz-Mühle
35457 Lollar-Salzböden
Tel. 06406/3419

Das große Wasserrad der Dammühle

Mühle

Schmelz-Mühle. Etwas länger, aber dafür malerischer ist die (Fahrrad)Tour ins romantische Salzbödetal über Weimar, Fronhausen und Odenhausen. Wanderfreunde marschieren einfach auf dem Hessenweg 5 oder auf dem Lahnhöhenweg. In einem ruhigen Seitental der Lahn können sich Hungrige im Gasthaus „Schmelz-Mühle" vorzugsweise mit regionalen Produkten stärken, bei

Geschichtsunterricht für Marburger

9. oder 10. Jahrhundert
Erste Burganlage auf dem Schlossberg
1130/40
Gründung einer Marktsiedlung
1222
Marburg erstmals als Stadt (civitas) erwähnt
Um 1180
Erste Stadtmauer.
Westtor bei der Barfüßerstraße 26
1228
Elisabeth errichtet das Franziskus-Hospital. Drei Jahre später stirbt sie in Marburg
1235
Elisabeth wird vom Papst heiliggesprochen, der einen Ablass zum Bau der Elisabethkirche erlässt. Mit den Bauarbeiten wird begonnen
1236
Feierliche Erhebung der Gebeine der Heiligen. Die Zeremonie findet unter Anwesenheit hochrangiger Prominenz statt. Unter anderen sind da: Kaiser Friedrich II., die Erzbischöfe von Mainz, Trier, Köln, Bremen, der Hochmeister des Deutschen Ordens, Hermann von Salza
1248
Marburg wird unter Sophie von Brabant Hauptsitz der Landgrafschaft Hessen (eine Statue von ihr steht heute vor dem Rathaus)
1250
Eine steinerne Brücke über die Lahn wird genannt
1260
Stadterweiterung nach Norden (Neustadt). Das Schloss wird weiter ausgebaut
1277
Anstelle Marburgs ist nun Kassel unter Landgraf Heinrich I. Hauptsitz der Landgrafschaft Hessen
1348/49
Mehrere Pestwellen wüten in Marburg
1512-1527
Bau des Rathauses
1526
In Hessen wird die Reformation eingeführt
1527
Die erste protestantische Universität wird am 1. Juli mit elf Professoren und 84 Studenten gegründet. Am Markt 9 gibt es die erste Marburger Buchdruckerei
1529
Marburger Religionsgespräch im Schloss. Es diskutieren u.a. Zwingli, Luther, Melanchthon
1619
Bildersturm in der Elisabethkirche durch Reformierte
1647
Plünderung der Stadt. Im Dreißigjährigen Krieg verliert Marburg rund die Hälfte seiner Einwohner
1650/53
Das Universitätsleben erlischt

Geschichtsunterricht

1802/03
Die Brüder Grimm, Clemens Brentano, Bettina v. Arnim, Friedrich von Savigny in Marburg (Romantikerkreis)
1850/52
Eisenbahnstrecke Kassel-Marburg-Frankfurt wird eröffnet
1866
Marburg wird preußisch
1877
Beginn des Universitäts-Neubaus am Lahntor und der Stadterweiterung Biegen- und Südviertel
1903
Pferdebahn (auf Schienen) zwischen Hauptbahnhof und Wilhelmsplatz eröffnet
1911
Fahrt der ersten elektrischen Straßenbahn

1930
Bei den Reichstagswahlen erreicht die NSDAP in Marburg 28,8% der Stimmen (im Reich 18,3%), die SPD 14,7% (im Reich 24,5%), die KPD 5,2% (im Reich 13,1%)
1942
Abtransport der letzten Juden aus Marburg in die Vernichtungslager

1944/45
Bei Luftangriffen werden der Bahnhof und das Kliniksviertel beschädigt.
1945
Kampflos wird die Stadt am 28. März 1945 an die Amerikaner übergeben. Die Besatzungsmacht besteht aus 6.000 bis 14.000 Soldaten.
1951
Umstellung des öffentlichen Nahverkehrs von Straßenbahn auf Busbetrieb

1968
Beginn der Bestandaufnahme für die Altstadtsanierung
1974
18 Umlandgemeinden werden eingemeindet. Die Einwohnerzahl wächst um ein Drittel auf 71.000
1976
SPD und CDU schließen Große Koalition
1979
Im Herbst erscheint erstmals das MARBUCH–Stadtbuch für Marburg.
1984
Im Bundeswettbewerb „Bauen und Wohnen in alter Umgebung" wird die Stadt Marburg für ihre vorbildliche Altstadtsanierung mit einer Goldmedaille ausgezeichnet
1985
Rot-grünes Kommunalbündnis
1992
Nach 22-jähriger Amtszeit tritt Oberbürgermeister Hanno Drechsler (SPD) krankheitsbedingt in den vorzeitigen Ruhestand

1993
Kommunalwahl: SPD 29,8% (20 Sitze), CDU 26,2% (18 Sitze), Grüne 18,2% (12 Sitze), FDP 4,0%, Bürger für Marburg 13,5% (9 Sitze), Sonstige 8,3%

Bei der ersten Oberbürgermeister-Direktwahl siegt CDU-Kandidat Dietrich Möller mit 9684 Stimmen (52%) überraschend gegen Bürgermeister Gerhard Pätzold (SPD) mit 8948 Stimmen (48%). Möller beendet in der Nachfolge von Georg Gaßmann und Hanno Drechsler eine vier Jahrzehnte dauernde SPD-Regentschaft. Die Wahlbeteiligung liegt bei 36,9%, 1125 Stimmen sind ungültig, vornehmlich Proteststimmen aus dem grün-alternativen Lager

1997
Nach den Wahlen zum Stadtparlament darf sich eine rot-grüne Koalition mit dem CDU-Oberbürgermeister streiten. Stärkste Fraktion bleibt die SPD (29,8%) vor der CDU (28%), den Grünen (20,5%) und den „Bürgern für Marburg" (11,8%). Während die FDP (3,8%) weiter draußen bleiben muss, erringt die PDS (6,2%) vier Sitze. Neben OB Dietrich Möller (CDU) verstärken Egon Vaupel (SPD) und Ulrike Kober (Grüne) den hauptamtlichen Magistrat

1998
10-jähriges Bestehen der Städtepartnerschaft Eisenach/Marburg (13.6.). Der Stadtteil Moischt feiert den 750sten Jahrestag der urkundlichen Ersterwähnung als Dorf „mussede"

1999
Oberbürgermeister Dietrich Möller (CDU) wird bei der Direktwahl im Januar mit 53,5% der Stimmen bestätigt; sein politischer Gegner Egon Vaupel (SPD) erreicht 46,5% der Stimmen. Diese Entscheidung konnte jedoch erst mit einer Stichwahl zwischen diesen beiden bestplazierten Bewerbern erreicht werden. Im ersten Wahlgang konnte keiner der insgesamt vier Kandidaten die erforderliche absolute Mehrheit für sich gewinnen.

30-jähriges Jubiläum der Städtepartnerschaft Marburg/Maribor (Slowenien)

2000
Vor 150 Jahren fuhr der erste Zug der neuerbauten Main-Weser-Bahn auf dem Marburger Hauptbahnhof ein

MR-Süd in den 50er-Jahren

2001
Das Marburger Universitätsklinikum wird eine selbständige Anstalt des öffentlichen Rechts.

Einweihung des Elisabeth-Blochmann-Platzes vor der alten Zootomie und der neuen Luisa-Haeuser-Brücke – Marburgs Neue Mitte blüht auf.

40-jähriges Jubiläum der Städtepartnerschaft Marburg/Poitiers (Frankreich)

2002
Richtfest für die ersten Gebäude des II. Bauabschnittes des Universitätsklinikums auf den Lahnbergen.

Feierlichkeiten zum 475-jährigen Jubiläum der Philipps-Universität und des Gymnasiums Philippinum

Bundestagswahl Marburg Stadt:
SPD 38,5%, CDU 28,5%, Grüne 19,7%, FDP 7,5%, PDS 3,8%, Sostige 2,0%, Direkt gewählt im Wahlkreis Marburg-Biedenkopf mit 47,8% Sören Bartol (SPD)

Als Gast in Marburg

Fremdenverkehr. Marburg ist für Touristen attraktiv. Insbesondere Gäste aus Westfalen mögen die Universitätsstadt an der Lahn und ihre vielfältigen Reize. Pro Jahr zählt die Elisabethkirche um die 100.000 und das Landgrafenschloss mit dem Museum für Kulturgeschichte über 80.000 Besucher. Für Touristen, Neubürger und Einheimische, die mehr über ihre Stadt erfahren wollen, gibt es hier viele Tipps und Informationsbroschüren:

> MTM
> Marburger Tourismus und Marketing GmbH
> Pilgrimstein 26,
> 35037 Marburg
> Tel: 06421/99120
> E-Mail: mtm@marburg.de
> Website: www.marburg.de/mtm
> Öffnungszeiten: Mo-Fr 9-18 Uhr, Sa 10-14 Uhr
> Stadtführungen für Einzelpersonen und Kleingruppen
> (ohne Anmeldung), alle Angaben Stand 10/2002.

Führung durch die Elisabethkirche und die Altstadt bis zum Landgrafenschloss
Januar bis Dezember: jeden Samstag 15 Uhr
ab Hauptportal der Elisabethkirche
Dauer: 2 Stunden,
Kosten: 3 Euro / Person,
Ermäßigt: 1,60 Euro / Person

Gang durch das Marburger Landgrafenschloss
April bis Oktober: jeden Sonntag 15 Uhr
ab Unterer Schlossvorhof
Dauer: 1 Stunde
Kosten: 3 Euro / Person zzgl. Eintritt

Gang durch die Altstadt
April bis Oktober: jeden Mittwoch 15 Uhr
ab Marktplatz / Brunnen
Dauer: 1 Stunde
Kosten: 3 Euro / Person

Gang durch die Kasematten
April bis Oktober: jeden Samstag 15.15 Uhr
ab Unterer Schlossvorhof
Dauer: 1,5 Stunden
Kosten: 3 Euro / Person, Ermäßigt: 2 Euro / Person

Auf den Spuren der Brüder Grimm durch das märchenhafte Marburg
April bis Oktober: jeden letzten Sonntag im Monat 11 Uhr
ab Marktplatz / Brunnen
Dauer: 1,5 Stunden
Kosten: 3 Euro / Person

Luther in Marburg
am 1. Sonntag im Oktober 14.30 Uhr
ab Alte Universität / Reitgasse
Dauer: 2-2,5 Stunden
Kosten: 3 Euro / Person zzgl. Eintritt

Savigny – seine Zeit in Marburg
am 25. Oktober 14.30 Uhr
ab Marktplatz / Brunnen
Dauer: 1,5 Stunden
Kosten: 3 Euro / Person

Sachsenring 13 · 35041 MR-Wehrda · Tel. 0 64 21/8 33 22

Noch mehr über Marburg

Literatur. Für alle diejenigen, die Marburg auf eigene Faust kennenlernen wollen, haben die örtlichen Buchhandlungen zur Geschichte und Gegenwart der Stadt ein ausführliches Sortiment an interessanten Büchern und Karten bereit. Einige sind an dieser Stelle vorzustellen:

Bauer, Markus
Passage Marburg
Ausschnitte aus 24 Lebenswegen
Jonas Verlag

Blackert, Peter u. Kieselbach, Rainer
Universitätsstadt Marburg
Verlag Klaus Laaser

Dettmering, Erhart u. Grenz, Rudolph
Marburger Geschichte
Rückblick auf die Stadtgeschichte in Einzelbeiträgen
Rathaus-Verlag

Hafeneger, Benno u. Schäfer, Wolfram
Marburg in den Nachkriegsjahren
2 Bände, Rathaus-Verlag

Händler-Lachmann, Barbara/Werther, Thomas
Vergessene Geschäfte – verlorene Geschichte
Jüdisches Wirtschaftsleben in Marburg und seine Vernichtung im Nationalsozialismus
Hitzeroth Verlag

Heither, Dietrich u. Lemling, Michael
„Marburg, O Marburg…"
Ein antikorporierter Stadtrundgang
Projekt Konservatismus und Wissenschaft e.V.

Klein, Diethard
Marburg – ein Lesebuch
Husum Verlag

Kulturführer Marburg-Biedenkopf
Hitzeroth Verlag

Fowler, Angus u. Woischke, Dieter
Marburg 1849-1920
Verlag Klaus Laaser

Marburger Stadtschriften zur Geschichte und Kultur
Bisher 73 Bände, Rathaus-Verlag

Stichnothe, Karin
Marburg wie es früher war
Wartberg Verlag

Stichnothe-Botschafter, Karin
Rundflug über das alte Marburg
Wartberg Verlag

Woischke, Dieter
Wandern rund um das Marburger Schloss
Schüren-Verlag

Zürcher, Katharina
Der Landkreis Marburg-Biedenkopf
Wartberg Verlag

Rad- und Wanderkarte Marburg-Biedenkopf 1:50.000

Adressen & Hinweise

Vieles gibt es zu entdecken, sei es auf dem Weg durch das Marburger Kulturleben oder beim Streifzug durch die Gastronomie. Fast 3000 Adressen und zahlreiche nützliche Hinweise haben wir auf den folgenden Seiten zu einem übersichtlichen Verzeichnis zusammengestellt.

Übersicht von A–Z	**204**
Ausgehen	**206**
Veranstaltungsorte	**212**
Übernachtung	**213**
Marktplatz	**215**
(Handel, Dienstleistung & Handwerk)	
Beratungsstellen & Selbsthilfegruppen	**247**
Notdienste	**247**
Krankenhäuser & Universitätskliniken	**248**
Ärzte	**248**
Psychotherapie	**254**
Rechtsanwälte	**256**
Initiativen & Vereine	**257**
Kultur	**260**
Sportvereine	**263**
Gewerkschaften	**267**
Politische Parteien	**268**
Ämter & Institutionen	**268**
Öffentliche Einrichtungen	**270**
Schulen	**272**
Universität	**273**
Kirche	**274**

Die Auswahl erfolgte mit großer Sorgfalt, eine Gewähr für die Angaben kann jedoch nicht übernommen werden.

Übersicht von A–Z

A
Allgemeinmedizin	248
Alten- und Krankenpflege	215
Ämter & Institutionen	268
Anästhesiologie	249
Angeln	263
Antiquariate	215
Antiquitäten	215
Apotheken	215
Arbeitsvermittlung	215
Arbeitslose	247
Architekten	215
Archive	260
Ärzte	248
AStA	273
Astrologie	215
Astronomie	215
Augenheilkunde	249
Ausflugslokale	206
Ausgehen	206
Ausländische Spezialitäten (Lebensmittel)	216
Ausländische Spezialitäten (Gastronomie)	206
Autovermietungen	217
Auto-Service	216
Autohäuser	216

B
Bäckereien	217
Bäder	218
Badminton	263
Banken und Sparkassen	218
Bars	207
Basketball	263
Bauen	219
Behinderte	257
Behindertensport	263
Beratung (Universität)	273
Beratungsstellen & Selbsthilfegruppen	247
Berufsbekleidung	220
Berufs- & Berufsfachschulen	272
Bestattungen	220
Betten	220
Bibliotheken	260
Bildende Kunst, Galerien	261
Bildung	220, 257
Bildungseinrichtungen	268
Billard	264
Biotechnologie	221
Bistros	207
Blumen	221
Bogenschießen	264
Boule	264
Boxen	264
Brauereien	221
Bridge	264
Brief- und Paketdienste	221
Buchbinder	221
Buchhandel	221
Bundeseinrichtungen	268
Bunt gemischt (Initiativen & Vereine)	257
Bürgerhäuser & Gemeinschaftsräume	270
Bürotechnik & Büromöbel	222

C
Cafés	207
Carsharing	222
CDs	222
Chirurgie	249
Chöre, Gesang, Kantoreien	261
Comics	222
Computer	222

D
Dart	264
Diagnostik	223
Diskotheken & Tanzlokale	208
Draußen Essen & Trinken	208
Dritte Welt	223
Drogerien	223
Druckereien	223

E
Einrichten	223
Eiscafés	209
Elektrogeräte	224
Elektroinstallationen	224
Energieversorger	224

F
Fachbereiche (Universität)	273
Fahr- & Transportdienste	224
Fahrräder	224
Fahrschulen	224
Familien	247
Fechten	264
Finanzberatung	225
Fliegen	264
Folk	263
Football	264
Fördervereine	258, 261
Forschung & Wissenschaft	258
Fotobedarf	225
Fotografie	225
Frauen (Initiativen & Vereine)	258
Frauen (Beratungsstellen)	247
Frauenheilkunde und Geburtshilfe	249
Frieden	258
Friseure	225
Fußball	264

G
Garten	226
Gartenbau	226
Galerien	261
Gebäudereinigung	226
Gemeinden (Kirchen)	274
Gesamtschulen	272
Gesang	261
Geschenkartikel	226
Gesundheit	227
Getränkemärkte und -verlage	227
Gewerkschaften	267
Glasereien	227
Golf	264
Grund-, Haupt- & Realschulen	272
Grundschulen	272
Gymnasien	272
Gymnastik	264

H
Hals-, Nasen-, Ohrenheilkunde	250
Handball	265
Haupt- und Realschulen	272
Haushaltswaren	227
Haut- & Geschlechtskrankheiten	250
Heimwerkerbedarf und Farben	227
Heizung, Sanitär	228
Hilfsorganisationen	258
Hobby	228
Hockey	265
Hörakustik	228
Hotels	213
Hundesport	265

I
Imbiß	209
Immobilien	228
Initiativen & Vereine	257
Initiativen & Vereine (Kultur)	261
Innere Medizin	250
Institutionen (Kultur)	262
Instrumentalmusik	262
Internationale Kontakte	258
Internet	228

J
Jazz	263
Jugendliche (Einrichtungen)	271
Jugendliche (Initiativen & Vereine)	258

K
Kabarett & Kleinkunst	262
Kampfkunst	265
Kantoreien	261
Kanu (Sportvereine)	265
Kanu (Firmen)	228
Kassensysteme	229
Kaufhäuser	229
Kegeln	265
Kinder (Einrichtungen)	271
Kinder (Initiativen & Vereine)	259
Kinder, Jugendliche, Familie	247
Kinder- & Jugendpsychiatrie	251
Kinder- und Jugendärzte	251
Kinos, Film	262
Kirche	274
Kneipen	209
Konditoreien	229
Kopierläden	229
Kosmetik	229
Krankenhäuser	248
Krankenkassen	230
Kultur	260

Kunsthandel, Bilder, Rahmen	230	
Kunsthandwerk	230	
Künstlerischer Unterricht	230	

L
Laboratoriumsmedizin	251
Laborbedarf	230
Landesbehörden	269
Landratsamt	269
Lebensmittel	230
Lederwaren	230
Leichtathletik	265

M
Maler	230
Männer (Initiativen & Vereine)	259
Männer (Beratungsstellen)	247
Marktplatz (Handel, Dienstl. & Handwerk)	215
Medien	231
Metzgereien	231
Mode & Textilien	231
Motorräder und -roller	233
Motorsport	265
Multimedia	233
Mund-, Kiefer- & Gesichtschirurgie	251
Museen & Sammlungen	262
Musik für Kinder	263
Musikinstrumente	233
Musikstudios	233

N
Nachhilfe	233
Naturprodukte	233
Neurochirurgie	251
Neurologie und Psychiatrie	251
Nuklearmedizin	252

Ö
Öfen, Kamine	234
Öffentliche Einrichtungen	270
Ökologie	259

O
Online-Medien	234
Optiker	234
Orchester	263
Orthopädie	252
Ortsvorsteher der Stadtteile	269

P
Parfümerien	235
Parkhäuser	235
Partyservice	235
Pathologie	252
Pensionen	213
Pharma	235
Phoniatrie und Pädaudiologie	252
Politische Parteien	268
Politische Gruppen	259
Preisagenturen	235
Privatschulen	272
Privatvermieter	214
Psychiatrie	252
Psychotherapie	254
Psychotherapeutisch tätige Ärzte	252
Psychotherapeutische Medizin	252
Psychologische Beratung	254
Psychologische Kinder- und Jugendlichen-Psychotherapie	254
Psychologische Psychotherapie	254
Psychosoziale Beratung	247

R
Radiologie	253
Radsport	265
Rechtsanwälte	256
Recycling	235
Reformhäuser	235
Rehatechnik	236
Reifen	235
Reinigungen	235
Reisen	236
Reiten (Vereine)	266
Reiten (Firmen)	236
Religiöse Gemeinschaften	259
Reparaturen	236
Restaurants	210
Rock, Folk & Jazz	263
Rugby	266

S
Sachverständige	236
Sanitätshäuser, Rehatechnik	236
Saunen	236
Schach	266
Schießen	266
Schlüsseldienste	236
Schmuck, Uhren	237
Schneidereien	237
Schreibbüros	237
Schreibwaren, Bürobedarf	237
Schreinereien	237
Schuhe	237
Schulden	248
Schulen	272
Schwerathletik	266
Schwimmen	266
Second Hand	238
Selbsthilfegruppen	247
Sicherheit	238
Skat	266
Software-Entwicklung	238
Sonderschulen	273
Sonnenstudios	238
Sozialarbeit	259
Speisen-Heimservice	238
Spielwaren und Freizeitartikel	238
Sport- und Freizeitartikel	238
Sport/Fitness	239
Sportvereine	263
Squash	266
Stadtverwaltung	269
Städtische Unternehmen	239
Stadtteilgemeinden	259
Stadtwerke	239
Stempel & Schilder	239
Stoffe & Nähen	239
Studentenwerk	273
Sucht	248
Supermärkte	239
Süßwaren	240
Systemlösungen	240

T
Tabakwaren & Zeitschriften	240
Tankstellen	240
Tanz (Kultur)	263
Tanzen (Sportvereine)	266
Tanzen & Ballett	240
Tätowierung & Piercing	241
Tauchen	266
Taxi	241
Tee	241
Telekommunikation	241
Tennis	266
Theater & freie Theatergruppen	263
Tier & Mensch	260
Tischtennis	267
Tourismus	241
Triathlon	267
Turnen	267
TV/Hifi/Video	241

Ü
Übernachtung	213
Übersetzungen	242

U
Uhren	237
Umwelt	242
Umwelttechnik	242
Umzüge	242
Universität	273
Universitätskliniken	248
Unternehmensberatung	242
Urologie	253

V
Veranstaltungsorte	212
Veranstaltungsservice	243
Verkehr	260
Verlage	243
Versicherungen	244
Videotheken	245
Volkstanzgruppen & Heimatpflege	263
Volleyball	267
Vollkornbäckereien	245

W
Wandern	267
Waschsalons	245
Wassersport	267
Wein	245
Werbung & Mediengestaltung	245
Wintersport	267
Wirtschaft	260
Wissenschaft	246
Wochenmarkt Firmaneiplatz	246
Wochenmarkt Frankfurter Str.	246
Wochenmarkt Marktplatz	246
Wohlfahrtsverbände	260
Wohnungsunternehmen	246
Wohnwagen	246

Z
Zahnärzte	253
Zeitschriftenläden	240
Zentrale Einrichtungen (Universität)	274
Zoo & Aquaristik	246

Ausgehen

Ausflugslokale

☐ **Alter Bahnhof**
Restaurant-Biergarten
Bahnhof 1
35282 Gemünden
Tel. 06453/595
www.hessen-markt.de/region-burg-wald/gastronomie
Di-Fr 17-1, Sa 12-1, So 10-1

☐ **Cafe – Kliem**
Gästehaus – Bäckerei
Am Marktplatz 14+15
35287 Amöneburg
Tel. 06422/2403
Fax 06422/6785
Di-So 8-18

☐ **Dammühle**
Hotel-Restaurant
Dammühlen-Str. 1
35041 Marburg / Wehrshausen
Tel. 06421/93560
Fax 06421/36118
Dammuehle@t-online.de
Hotel-Dammuehle.de
Tägl. 10-0, Fr ab 17
Freizeitvergnügen für jedes Alter: Minigolfplatz, Kinderspielplatz, Ballon-startplatz, Wanderwege, schönster Biergarten weit und breit.

☐ **Dombäcker**
Markt 18
35287 Amöneburg
Tel. 06422/94090
Fax 06422/94097
www.dombaecker.de

☐ **Eiscafe Milano**
Marburger Str. 20
35457 Lollar
Tel. 06406/74214
Ganzjährig geöffnet

☐ **Flair-Hotel Company**
Lahnstr. 6
35091 Cölbe
Tel. 06421/9866-0
Fax 06421/9866-66
companymr@aol.com

☐ **Hansenhaus links**
Griechische Spezialitäten
Sonnenblickallee 15
35039 Marburg
Tel. 06421/21324
Fax 06421/21324
Tägl. 11:30-14:30 + 17:30-0
Der schönste Ausblick in Marburg! Großer und gemütlicher Biergarten, mitten in der Natur; anspruchsvolle und umfangreiche Speisekarte; Räumlichkeiten für feierliche Anlässe; Parkplätze direkt vor der Tür!

☐ **Hotel Fasanerie**
Zur Fasanerie 15
35043 MR-Gisselberg
Tel. 06422/9741-0
Fax 06422/9741-77
info@hotel-fasanerie.de
hotel-fasanerie.de

☐ **Hotel Schöne Aussicht**
Schöne Aussicht 8
35282 Rauschenberg-Schwabendorf
Tel. 06425/9242-0
Fax 06425/9242-12
GerhardBoucseinD@aol.com

☐ **Hotel Seebode**
Robert Claar
Burgweg 2
35085 Ebsdorfergrund
Tel. 06424/6896
Fax 06424/4097
www.hotel-seebode.de

☐ **Hotel Zur Burgruine Frauenberg**
Inh. Konrad Debelius
Cappeler Str. 10
35085 Ebsdorfergrund-Beltershausen
Tel. 06424/1379
Fax 06424/4472
www.marburg.de/burgruine
Di-So 6:30-0

☐ **Hotel-Restaurant** *Greib-Weber*
Marktplatz 16
35287 Amöneburg
Tel. 06422/9423-0
Fax 06422/9423-42
info@hotel-weber.de
www.hotel-weber.de
Di Ruhetag

☐ **Mühlengasthaus Schmelzmühle**
35457 Lollar-Salzböden
Tel. 06406/3419
www.schmelzmuehle.de
Tägl. ab 11:30, Ruhetag April-Oktober: Di, Ruhetage November-März: Mo+Di

☐ **Restaurant Waldschlößchen**
Dagobertshäuser Str. 12
35041 Marburg-Dagobertshausen
Tel. 06421/35588
Fax 06421/35585
Di-Sa ab 17, Sonn- u. Feiertage ab 11, Montag Ruhetag

☐ **Ringhotel Bellevue**
Hauptstr. 30
35096 Weimar-Wolfshausen
Tel. 06421/7909-0
ringhotel-bellevue@gmx.de
www.marburg.de/bellevue

☐ **L´isoletta**
Pizzeria im Hansenhaus rechts
Sonnenblickallee 9
35039 Marburg
Tel. 06421/165216
Mi-Mo 11:30-14:30 + 17:30-23:30
Schöne Terrasse mit Blick auf ganz Marburg. Wir verfügen über schöne Räumlichkeiten für jegliche Art an/von Familien- und Betriebsfeiern.

☐ **Waldgasthaus Christenberg**
Christenberg 3
35117 Münchhausen
Tel. 06457/368
Di-So 11-22

☐ **Zum weißen Rößl**
Waldstr. 9
35287 Roßdorf
Tel. 06424/6834
Montags Ruhetag

Ausländische Spezialitäten

☐ **Bambus Garden**
Asia Restaurant
Elisabethstr. 15
35037 Marburg
Tel. 06421/683232
Tägl. 11:30-15, 17:30-0, kein Ruhetag

☐ **Cala Luna**
Hotel-Pizzeria
Alte Kasseler Str. 66
35039 Marburg
Tel. 06421/59068-0
Fax 06421/59068-25

☐ **Ceder**
Libanesische Spezialitäten
Lahn-Center
35037 Marburg
Tel. 06421/988885

☐ **China-Restaurant**
Reitgasse 6
35037 Marburg
Tel. 06421/26356
12-14:30, 17:30-0, Di Ruhetag

☐ **China-Restaurant Hongkong**
Universitätsstr. 28
35037 Marburg
Tel. 06421/12266

☐ **Halal Döner**
Döner-Kebap Haus
Bahnhofstr. 12b
35037 Marburg
Tel. 06421/686043
Mo-Fr 9:30-0, Sa 10-0, So 11-23

☐ **Havanna**
Am Grün 58
35037 Marburg

Am Bahnhof • 35037 Marburg
Geöffnet: Mi-So ab 18 Uhr

▶ Vor Ihren Augen werden die Speisen auf einem runden Edelstahltisch angerichtet und gegart.
▶ Reichhaltige Menüauswahl
▶ Essen, dic Stunde für 6,50 € pro Person
▶ Alle Getränke 1,00 €

Reservierung unter 0 64 21 / 68 27 49

Gutschein

für
eine Stunde Essen
für
eine Person

Ausschneiden oder das MARBUCH mitbringen.

Ausgehen

Tel. 06421/164960
❏ **Kalimera**
Am Mensaparkplatz
35037 Marburg
Tel. 06421/26688
❏ **Kreta**
Barfüßerstr. 28
35037 Marburg
Tel. 06421/24485
❏ **Lokomotive**
Ketzerbach 5
35037 Marburg
Tel. 06421/66248
❏ **Mythos**
Bei St. Jost 5
35039 Marburg
Tel. 06421/23155
❏ **Neu Delhi**
Ketzerbach 9
35037 Marburg
Tel. 06421/620226
❏ **Olivino**
Biegenstr. 4
(Lahncenter)
35037 Marburg
Tel. 06421/163251
Südländische Spezialitäten
❏ **Phuket**
Thai-China-Bistro
Bahnhofstr. 36
35037 Marburg
Tel. 06421/617272
tgl. 11-22
❏ **Pizza da Nico**
Barfüßertor 21
35037 Marburg
Tel. 06421/161535
❏ **Pizza Pie Milano**
Biegenstr. 19
35037 Marburg
Tel. 06421/22488
❏ **Pizzeria Comolario**
Elisabethstr. 10
35037 Marburg
Tel. 06421/67469
❏ **Pizzeria Costa Smeralda**
Im Paradies 1
35041 Marburg
Tel. 06421/81117
❏ **Pizzeria Da Alfredo**
Barfüßerstr. 37
35037 Marburg

Tel. 06421/13265
❏ **Pizzeria La Galleria**
Am Grün 1
35037 Marburg
Tel. 06421/26344
❏ **Pizzeria Paisano**
Schwanallee 31a
35037 Marburg
Tel. 06421/164061
❏ **Pizzeria Restaurant Bellini**
Elisabethstr. 13
35037 Marburg
Tel. 06421/6200678
Fax 06421/6200679
Tägl. 12-14:30 + 18-23:30 (So bis 22:30)
Unsere Gerichte, Pizzen, Salate etc.werden alle frisch für Sie von einem original italienischen Koch mit viel Liebe zubereitet. Wir freuen uns auf Ihren Besuch und wünschen Buon Appetito!
❏ **Rendezvous Bistro-Restaurant**
Griechische und persische Spezialitäten
Frankfurter Str. 2a
35037 Marburg
Tel. 06421/14685
Di-So 12-14:30 + 18-0
❏ **Restaurant Mexicali**
Biegenstr. 31
35037 Marburg
Tel. 06421/66622
❏ **Ristorante Il-Pino**
Lahntor 4
35037 Marburg
Tel. 06421/25500
❏ **Ristorante Pizza Pasta Da Nella**
Markt 17
35037 Marburg
Tel. 06421/25822
❏ **L´isoletta**
Pizzeria im Hansenhaus rechts
Sonnenblickallee 9
35039 Marburg
Tel. 06421/165216
Mi-Mo 11:30-14:30 + 17:30-23:30

In den Sommermonaten schöne Terrasse mit Blick auf ganz Marburg. Wir verfügen über schöne Räumlichkeiten für jegliche Art an/von Familien und Betriebsfeiern.
❏ **Santa Lucia**
Deutschhausstr. 35
35037 Marburg
Tel. 06421/67899
❏ **Sawadee**
Thai Restaurant
Krummbogen 12
35039 Marburg
Tel. 06421/681225
❏ **Singh's Indian Restaurant**
Wehrshäuser Str. 2b
35037 Marburg
Tel. 06421/22133
Fax 06421/933838
Tägl. 11:30-14:30 + 18-1
❏ **Sushi-Bar**
Krummbogen 12
35039 Marburg
Tel. 06421/43155
Di-Fr+So 11:30-14:30 + 17:30-22:30,
Sa 17:30-22:30
❏ **Tandoori**
Indisches Restaurant
Biegenstr. 23
35037 Marburg
Tel. 06421/690366
Fax 06421/690417
Di-Sa 11:30-14:30 + 18-0, So 12:30-15 + 17:30-23
Das "Tandoor" ist ein traditioneller mit Holzkohle beheizter Tonofen, der von der Dorfgemeinschaften gem. zur Speisenzubereitung diente. Tondoori sind letzlich die kulinarischen Genüsse aus einem solchen Ofen. Guten Appetit!
❏ **Taverna Dionysos**
Barfüßerstr. 55
35037 Marburg
Tel. 06421/24266
❏ **Taverna Korfu**
Ketzerbach 21
35037 Marburg
Tel. 06421/681386

❏ **Taverne Alexandros**
Frankfurter Str. 36
35037 Marburg
Tel. 06421/24611

Bars

❏ **Club Lounge**
Pilgrimstein 29
(im Lahncenter)
35037 Marburg
Tel. 06421/210926
gottwald@stud-mailer.uni-marburg.de
Tägl. ab 21
❏ **Cocktailbar Villa Biedermeier**
Gerhard-Jahn-Platz 3
35037 Marburg
Tel. 06421/1769698
❏ **Hailight**
Erlenring 2a
35037 Marburg
Tel. 06421/952323
barhailight@aol.com
Bar-Hailight.net
Tägl. 12-3

Bistros

❏ **Bistro & Cafeteria AquaMar**
Am Trojedamm
35037 Marburg
❏ **Bistro Caveau**
Hirschberg 8
35037 Marburg
Tel. 06421/21144
theke@
bistro-caveau.de
www.bistro-caveau.de
So-Fr ab 18, Sa ab 15
❏ **Bistro Matchball**
Teichwiesenweg 15
35041 Marburg
Tel. 06421/12354
❏ **Bistro Waschbrett**
Gutenbergstr. 16
35037 Marburg
Tel. 06421/21992

❏ **Café Barfuß**
Barfüßerstr. 33
35037 Marburg
Tel. 06421/25349
tägl. ab 10
❏ **Café News**
Reitgasse 5
35037 Marburg
❏ **Cantina**
Nachtspeiselokal
Steinweg 2
35037 Marburg
Tel. 06421/65722
Essen bis 4:30
❏ **Hailight**
Erlenring 2a
35037 Marburg
Tel. 06421/952323
Bar-Hailight.net
Tägl. 12-3
❏ **Hugo's**
Gerhard-Jahn-Platz
35037 Marburg
Tel. 06421/992292
So-Do 10-1, Fr-Sa 10-3
❏ **Leda**
Schwanallee 26
35037 Marburg
Tel. 06421/22274
tägl. ab 10
❏ **lemon**
Neue Kasseler Str. 4
35039 Marburg
Tel. 06421/61250
Tägl. 11-1 (Sa 18-1)
❏ **Les Journaux**
Elisabethstr. 14
35037 Marburg
❏ **Phönix**
Am Grün 1
35037 Marburg
Tel. 06421/164969
❏ **Tabasco**
Pilgrimstein 29
35037 Marburg
Tel. 06421/175522

Cafés

❏ **Bäckerei Wagner GmbH**
Barfüßerstr. 43
35037 Marburg
Tel. 06421/25174

Fax 06421/21296
baeckereiwagner@
gmx.de
Mo-Sa 7:30-18:30,
So 10-18:30
❏ **Cafe am Markt**
Markt 9
35037 Marburg
Tel. 06421/25522
Di-So 8:30-18:30
❏ **Café Am Rudolphsplatz**
Am Grün 18
35037 Marburg
Tel. 06421/27742
❏ **Café Cappuccino**
Barfüßerstr. 46
35037 Marburg
Tel. 06421/210283
❏ **Café Flora**
Rotenberg 56
35037 Marburg
Tel. 06421/31222
❏ **Café Rosenpark**
Vila Vita Hotel & Residenz Rosenpark
Rosenstr. 18-28
35037 Marburg
Tel. 06421/6005-570
Fax 06421/6005-100
info@rosenpark.com
www.vilavitahotels.com
Tägl. 8-18
❏ **Café Roter Stern**
Am Grün 28
35037 Marburg
Tel. 06421/14260
Tägl. 10-19
❏ **Conditorei – Café Vetter**
Reitgasse 4
35037 Marburg
Tel. 06421/25888
❏ **Conditorei u. Café Klinghöfer**
•Haspelstr. 21
35037 Marburg
Tel. 06421/23372
Fax 06421/23371
•Wettergasse 38
35037 Marburg
Tel. 06421/64206
❏ **De Gass**
Weidenhäuser Str. 35
35037 Marburg

Fragen zur Vitamin-Dosis?
Get Your Expert Tools!
Ihre Fachtitel für
EDV, Informatik
und IT.
LEHMANNS
– da steht´s!
... Medizin, Naturwissenschaften, Pharmazie, Soziologie uvm.

LEHMANNS
FACHBUCHHANDLUNG
Lieferung auch 14 Tage zur Ansicht.
Wir liefern generell portofrei innerhalb der BRD!
Steinweg 35a • 35037 Marburg
Telefon: 06421/5901-20 • Fax: 06421/5901-23
e-mail: mr@lehmanns.de • Internet: **www.LOB.de**
Mo-Fr 9.00-18.30 Uhr • Sa 10.00-14.00 Uhr
Internet: www.LOB.de

Ausgehen

Quodlibet
Am Grün 37 Marburg/Lahn

Becks, Jever, Licher, Krombacher, Tuborg, Früh Kölsch, Guinness

Kneipe & mehr mit Biergarten

Hannen Alt, Karmeliten, Marburger, Forster, Schneider, Paulaner, Erdinger

www.quod-libet.de

---

www.de-gass.de
Mo-Sa 11-1, So 12-1
❏ **Insel-Café**
Gisselberger Str. 25
35037 Marburg
Tel. 06421/25685
❏ **Sanetra Paul & Sohn KG**
Schwanallee 31c
35037 Marburg
Tel. 06421/210158
❏ **Spiegelslustturm**
Hermann-Bauer-Weg 1
35039 Marburg
Tel. 06421/682129
Sommer: Mo, Mi, Do, Fr, Sa 14-18, So 11-18;
Winter: Mo, Mi, Do, Sa 14-18, So 12-18

Diskotheken & Tanzlokale

❏ **Discothek PAF**
Industriestr. 9
35091 Cölbe
Tel. 06421/83870
Fax 06421/82089
paf@scm.de
www.discothekpaf.de
Fr, Sa, So ab 21
Club-Discothek mit großer Ruhezone und schönem Biergarten, Live-Musik
❏ **Kult Hallen**
Temmlerstr. 7
35039 Marburg

Tel. 06421/94183
Fax 06421/94185
info@kult-hallen.de
www.kult-hallen.de
Di+Fr ab 21,
Sa ab 22,
1. So im Monat 20-1,
vor Feiertagen ab 21
❏ **MOX**
Steinweg 45
35037 Marburg
Tel. 06421/6900161
Tägl. ab 21
❏ **Tanz Palais**
Im Hotel Schöne Aussicht
Direkt an der B3
35282 Rauschenberg
Tel. 06425/92420
Fax 06425/924212
❏ **Tanzbar zum Tal**
Gladenbacher Str. 65
35102 Lohra
Tel. 06462/8838
Fr+Sa ab 20

Draußen Essen & Trinken

❏ **Alter Bahnhof**
Restaurant-Biergarten
Bahnhof 1
35282 Gemünden
Tel. 06453/595
www.hessenmarkt.de/region-burgwald/gastronomie

Di-Fr 17-1, Sa 12-1,
So 10-1
❏ **Dammühle**
Hotel-Restaurant
Dammühlen-Str. 1
35041 Marburg /
Wehrshausen
Tel. 06421/93560
Fax 06421/36118
Dammuehle@t-online.de
Hotel-Dammuehle.de
Tägl. 10-0,
Fr ab 17
Freizeitvergnügen für jedes Alter: Minigolfplatz, Kinderspielplatz, Ballonstartplatz, Wanderwege, schönster Biergarten weit und breit.
❏ **Hansenhaus links**
Griechische Spezialitäten
Sonnenblickallee 15
35039 Marburg
Tel. 06421/21324
Fax 06421/21324
Tägl. 11:30-14:30
+ 17:30-0
Der schönste Ausblick in Marburg! Großer und gemütlicher Biergarten, mitten in der Natur; anspruchsvolle und umfangreiche Speisekarte; Räumlichkeiten für feierliche Anlässe; Parkplätze direkt vor der Tür!
❏ **Hotel Seebode**
Robert Claar
Burgweg 2
35085 Ebsdorfergrund

Tel. 06424/6896
Fax 06424/4097
www.hotel-seebode.de
❏ **Hotel Zur Burgruine Frauenberg**
Inh. Konrad Debelius
Cappeler Str. 10
35085 Ebsdorfergrund-Beltershausen
Tel. 06424/1379
Fax 06424/4472
www.marburg.de/burgruine
Di-So 6:30-0
❏ **Kneipe Rotkehlchen**
Rudolf-Bultmann-Str. 2a
35039 Marburg
Tel. 06421/681267
Mo+Mi-So 11-1
❏ **Lahngarten**
Wehrdaer Str. 102
35041 Marburg
Tel. 06421/870137
❏ **Mühlengasthof Schmelzmühle**
35457 Lollar-Salzböden
Tel. 06406/3419
www.schmelmuehle.de
Tägl. ab 11:30, Ruhetag April-Oktober: Di,
Ruhetage November-März: Mo+Di
❏ **Mythos**
Bei St. Jost 5
35039 Marburg

Tel. 06421/23155
Tägl. 12-14:30
+ 17:30-0
❏ **Restaurant Fionas**
Bahnhofstr. 29
35037 Marburg
Tel. 06421/682763
Mo-Fr ab 6, Sa+So ab 8
Deutsche Küche
❏ **Restaurant Waldschlößchen**
Dagobertshäuser Str. 12
35041 Marburg-Dagobertshausen
Tel. 06421/35588
Fax 06421/35585
Di-Sa ab 17, Sonn- u. Feiertage ab 11,
Montag Ruhetag
❏ **L'isoletta**
Pizzeria Restaurant im Hansenhaus rechts
Sonnenblickallee 9
35039 Marburg
Tel. 06421/165216
Mi-Mo 11:30-14:30
+ 17:30-23:30
In den Sommermonaten schöne Terrasse mit Blick auf ganz Marburg. Wir verfügen über schöne Räumlichkeiten für jegliche Art an/von Familien- und Betriebsfeiern.
❏ **Sellhof**
Oberer Rotenberg 47
35041 Marburg

Tel. 06421/35290
Mo+Di Ruhetag
❏ **Taverna Thessaloniki**
Griechische Spezialitäten
Zeppelinstr. 1
35039 Marburg
Tel. 06421/42408
Tägl. 10-1
❏ **Theo's**
Restaurant-Cafe-Bar
Elisabethstr. 9
35037 Marburg
Tel. 06421/614171
Fax 06421/614181
info@theos-marburg.de
www.theos-marburg.de
Tägl. 9-1
Frühstück ab 9 Uhr, warme Küche von 12-24 Uhr
❏ **Weinlädele**
Weinstube
Schloßtreppe 1
35037 Marburg
Tel. 06421/14244
Fax 06421/794022
leibl-mra@t-online.de
weinlaedele.com
Tägl. 17-0,
Sa ab 12
Gemütliche Weinstube, Sommerterrasse mit Blick auf den histor. Marktplatz, umfangreiche Weinkarte, leckere Gerichte zum Wein z.B. Maultaschen, Flammkuchen

---

**Wohnhäuser
Aufstockungen
Modernisierungen
Objekt-/Industriebau**

Wohrataler Holzhaus Rühl GmbH
Auestraße 55
35288 Wohratal-Halsdorf
Tel. 06425 / 92490-0
e-mail: info@wohrataler-holzhaus.de

www-wohrataler-holzhaus.de

Ausgehen

Club Discothek PAF — Vor den Toren Marburgs
Bistro PAFillon — Große Ruhezone
Biergarten "Unkraut" — Freiluftbereich

Motto-Feten, Promotion-Teams, Studi-Partys, Privat-Veranstaltungen, Sonntags-Brunch, PAF-Mobil, Live-Musik
House, Charts, Dance-Classics, Black-Music, Rock, Pop, Grunge, Hard-Rock, Crossover

_discothek paf _industriestraße 9 _35091 cölbe _www.discothekpaf.de _06421-83870
_freitags ab 22.00h _samstags ab 21.00h _sonntags ab 21.00h

Der Tanzladen in Marburg

Eiscafés

☐ **Café Eiscafe Camerin**
Am Kaufmarkt 1
35041 Marburg
Tel. 06421/870009

☐ **Eis Cais**
Pilgrimstein 33
35037 Marburg
Tel. 06421/163988
Februar-Oktober 10-0

☐ **Eis-Café Costa Smeralda**
Universitätsstr. 8
35037 Marburg
Tel. 06421/22353

☐ **Eis-Café Riviera**
Bahnhofstr. 26
35037 Marburg
Tel. 06421/67447

☐ **Eiscafe San Marco**
Universitätsstr. 15
(Schloßbergcenter)
35037 Marburg
Tel. 06421/979000

☐ **Eiscafé Capri**
Schützenstr. 30a
35039 Marburg
Tel. 06421/65185

☐ **Eiscafé Catagro**
Biegenstr. 4
(Lahncenter)
35037 Marburg
Tel. 06421/164320

☐ **Eiscafe Milano**
Marburger Str. 20
35457 Lollar
Tel. 06406/74214
Ganzjährig geöffnet

☐ **Eiscafé Milchbar**
Steinweg 41
35037 Marburg
Tel. 06421/61361
Februar-Oktober 10-23

☐ **Eiscafe Venezia**
Neustadt 5
35037 Marburg
Tel. 06421/65650
www.eis-cafe.de/cais
Februar-Oktober 10-0

Imbiß

☐ **Akdeniz**
Döner Kebap Haus
Elisabethstr. 1
35037 Marburg
Tel. 06421/686895

☐ **Asia Schnellimbiß**
Bahnhofstr. 26a
35037 Marburg

☐ **Asio Snack**
Pilgrimstein 29
(Lahncenter)
35037 Marburg
Tel. 06421/163368

☐ **Bereket**
Döner Kebab Haus
Pilgrimstein 31
35037 Marburg
Tel. 06421/163823

☐ **Bißtro**
Elisabethstr. 6
35037 Marburg
Tel. 06421/66192

☐ **Ceder**
Libanesische Spezialitäten
Lahn-Center
35037 Marburg
Tel. 06421/988885

☐ **Fantasia Kebaphaus**
Türkische-Italienische Spezialitäten
Erlenring 2
35037 Marburg
Tel. 06421/15229
Tägl. 10:30-1

☐ **Halal Döner**
Döner-Kebap Haus
Bahnhofstr. 12b
35037 Marburg
Tel. 06421/686043
Mo-Fr 9:30-0, Sa 10-0,
So 11-23

☐ **Handis Snack & Go**
Biegenstr. 4
(Lahn-Center)
35037 Marburg
Tel. 06421/165222
Fax 06421/165222
Tägl. 11-1

☐ **Imbiß Herkules-Center**
Temmlerstr. 19
35039 Marburg
Tel. 06421/485046

☐ **Imbiß Robisch**
Am Kaufmarkt 4
35041 Marburg
Tel. 06421/86467

☐ **Lekker Imbiß**
Biegenstr. 8a
35037 Marburg
Tel. 06421/27330

☐ **McDonald's Restaurant**
• Afföllerstr. 102
35039 Marburg
Tel. 06421/683566
• Universitätsstr. 8
35037 Marburg
Tel. 06421/15244
Fax 06421/162984
Mo-So 9-23

☐ **Orient-Grill**
Bahnhofstr. 36
35037 Marburg
Tel. 06421/681101

☐ **Pizza da Nico**
Barfüßertor 21
35037 Marburg
Tel. 06421/161535

☐ **Pizza da Pepe**
Bahnhofstr. 18a
35037 Marburg
Tel. 06421/62707

☐ **Pizzeria Il Cavallino**
Ketzerbach 32
35037 Marburg
Tel. 06421/620751

☐ **PS mit Biss Peil**
Gisselberger Str. 47
35037 Marburg
Tel. 06421/23363

☐ **Samara**
Fastfood-Pizzeria
Am Richtsberg 68
35039 Marburg
Tel. 06421/953718

☐ **Schlemmer Treff**
Bahnhofstr. 22
35037 Marburg
Tel. 06421/681718

☐ **Sofra Döner**
Biegenstr. 4
(Lahncenter)
35037 Marburg
Tel. 06421/27691

☐ **Thai Wok Inn**
Temmlerstr. 7
35039 Marburg
Tel. 06421/942663

Kneipen

☐ **Aldi's Warsteiner**
Biergarten + Cafeteria
Freibad Trojedamm
Am Trojedamm/
Sommerbadstr.
35037 Marburg
während d. Saison
Freibad

☐ **Bebop**
Frankfurter Str. 32
35037 Marburg
Tel. 06421/23429

☐ **Biertunnel**
Elisabethstr. 15
35037 Marburg
Tel. 06421/67378

☐ **Binh Dang Ngan**
Pilgrimstein 31
35037 Marburg
Tel. 06421/979244

☐ **Bistro Caveau**
Hirschberg 8
35037 Marburg
Tel. 06421/21144
theke@
bistro-caveau.de
www.bistro-caveau.de
So-Fr ab 18, Sa ab 15

☐ **Blues**
Weidenhäuser Str. 97
35037 Marburg
Tel. 06421/14192

☐ **Bremsspur**
Wehrdaer Weg 24
35037 Marburg
Tel. 06421/66871
Mo-Do 17-1,
Fr+Sa 17-5, So 13-1

☐ **Café 1900**
Barfüßerstr. 27
35037 Marburg
Tel. 06421/27167

☐ **Cavete**
Steinweg 12
35037 Marburg
Tel. 06421/66157
cavete@gmx.de

☐ **Chevy Marburg**
Cappeler Str. 3
35039 Marburg
Tel. 06421/161562
tägl ab 10

Kampfkunstzentrum Marburg
für Frauen, Männer & Kinder

WING CHUN KUNG FU
die effektivste Art der Selbstverteidigung

ESCRIMA
philippinischer Stock- und Schwertkampf

THAI- & KICKBOXEN
original Muay-Thai, Wettkampftraining

Tel.: 0 64 21/6 40 63
www.kampfkunstzentrum.de

Ausgehen

Pizzeria - Ristorante
»L'isoletta«
Sonnenblickallee 9 · 35039 Marburg
Hansenhaus rechts
Tel. (0 64 21) 16 52 16

Öffnungszeiten Montag und Mittwoch - Sonntag
von 11.30 - 14.30 Uhr · von 17.30 - 24.00 Uhr
Samstag und Sonntag Kaffee und Kuchen · Dienstag Ruhetag

ALLE SPEISEN AUCH ZUM MITNEHMEN !

- **Delirium mit Frazzkeller**
  Steinweg 3
  35037 Marburg
  Tel. 06421/64919
- **Der Clou**
  Gisselberger Str. 23
  35037 Marburg
- **Destille**
  Neustadt 25
  35037 Marburg
  Tel. 06421/683226
- **Devika**
  Gisselberger Str. 11
  35037 Marburg
  Tel. 06421/26341
- **Die Kogge**
  Frankfurter Str. 14a
  35037 Marburg
  Tel. 06421/21711
- **Filou**
  Krebsgasse 1
  35037 Marburg
  Tel. 06421/26874
- **Gambrinus**
  Lärchenweg 18
  35041 Marburg
  Tel. 06421/870265
- **Bolschoi**
  Zwischenhausen 22
  35037 Marburg
  Tel. 06421/62224
- **Gaststätte Kombächer**
  Wehrdaer Weg 28
  35037 Marburg
  Tel. 06421/67873

- **Havanna 8**
  Lahntor 2
  35037 Marburg
  Tel. 06421/23432
- **Hinkelstein**
  Markt 18
  35037 Marburg
  Tel. 06421/24210
- **Holzwurm**
  Frankfurter Str. 14a
  35037 Marburg
  Tel. 06421/22632
  Fax 06421/46470
  Mo-Fr ab 16,
  Sa+So ab 14
- **Hotel Hesse-Stübche**
  Untergasse 10
  35037 Marburg
  Tel. 06421/25887
- **Karzer**
  Hirschberg 2
  35037 Marburg
  Tel. 06421/21158
- **Rotkehlchen**
  Rudolf-Bultmann-Str. 2a
  35039 Marburg
  Tel. 06421/681267
  Mo+Mi-So 11-1
- **Knubbel**
  Schwanallee 27-31
  35037 Marburg
  Tel. 06421/27563
  Tägl. 18-1
- **kostBar**
  Barfüßerstr. 7
  35037 Marburg

Tel. 06421/161170
Tägl. 11-1
- **lemon**
  Neue Kasseler Str. 4
  35039 Marburg
  Tel. 06421/61250
  Tägl. 11-1 (Sa 18-1)
- **Lohmühle**
  Auf dem Wehr 27
  35037 Marburg
  Tel. 06421/23750
- **Molly Malones Irish Pub**
  Wehrdaer Weg 16a
  35039 Marburg
  Tel. 06421/62760
  d.redmond@mollymalone.de
  www.mollymalone.de
  So-Do 19-1, Fr+Sa 19-2
- **MOX**
  Steinweg 45
  35037 Marburg
  Tel. 06421/6900161
  Tägl. ab 21
- **Musikkneipe Krokodil**
  Weidenhäuser Str. 25
  35037 Marburg
  Tel. 06421/308499
- **Ochsenburg**
  Ochsenburg 1
  35096 Wei.-Argenstein
  Tel. 06421/78525
- **Pegasus**
  Schloßtreppe 2
  35037 Marburg

- **Pinte im Sorat**
  Pilgrimstein 29
  (Eingang Sorat Hotel)
  35037 Marburg
  Tel. 06421/918-0
  Fax 06421/918-444
  marburg@sorat-hotels.com
  www.sorat-hotels.com
  Mo-Sa 22-2
- **Quodlibet**
  Am Grün 37
  35037 Marburg
  Tel. 06421/22803
  www.Quod-libet.de
  Marburgs älteste Studenten- und Szenekneipe;
  Biergarten
- **Ratsschänke**
  Markt 3
  35037 Marburg
  Tel. 06421/13834
  ratsschaenke.marburg@t-online.de
- **Rest. Brinkhoff**
  Universitätsstr. 49
  35037 Marburg
  Tel. 06421/25757
- **Sam's Pub**
  Ockershäuser Allee 25
  35037 Marburg
  Tel. 06421/34442
- **Schamdan**
  Weidenhäuser Str. 72
  35037 Marburg
  Tel. 06421/25728
  Mo-Sa 18-1, So 18-0

- **Sudhaus**
  Hirschberg 12
  35037 Marburg
  Tel. 06421/992484
- **Tacos**
  Schützenstr. 33
  35039 Marburg
  Tel. 06421/686594
  Di-So ab 16
- **TNT Foyerbar**
  Café – Biergarten – Veranstaltungsort
  Afföllerwiesen 3
  35039 Marburg
  www.foyerbar.de
- **U 14**
  Untergasse 14
  35037 Marburg
  Tel. 06421/22368
  Mo-Fr 16-1,Sa ab 13,So ab 17
- **Zum Anker**
  Steinweg 39
  35037 Marburg
  Tel. 06421/65601

Restaurants

- **Ahrens Restaurant**
  Universitätsstr. 14 – 22
  35037 Marburg
  Tel. 06421/298-324
  Fax 06421/298-322
  partyservice@kaufhaus-ahrens.de
  kaufhaus-ahrens.de
  Mo-Fr 9-19, Sa 9-16

- **Almhaus**
  Herrmannstr. 220
  35037 Marburg
  Tel. 06421/34877
- **Alter Bahnhof**
  Restaurant-Biergarten
  Bahnhof 1
  35282 Gemünden
  Tel. 06453/595
  www.hessenmarkt.de/region-burgwald/gastronomie
  Di-Fr 17-1, Sa 12-1, So 10-1
- **Alter Ritter**
  Steinweg 44
  35037 Marburg
  Tel. 06421/62838
- **Altes Brauhaus**
  Pilgrimstein 34
  35037 Marburg
  Tel. 06421/22180
  Fax 06421/22104
  www.altesbrauhaus.de
- **Atelier**
  Elisabethstr. 12
  35037 Marburg
  Tel. 06421/62255
- **Auflauf**
  Steinweg 1
  35037 Marburg
  Tel. 06421/681343
  Fax 06421/617115
  auflauf-marburg.de
- **Bückingsgarten**
  Landgraf-Philipp-Str. 6
  35037 Marburg

Kulinarische Höhepunkte

Wir laden Sie herzlich ein, kulinarische Höhepunkte in angenehmer und entspannter Atmosphäre zu erleben. Genießen Sie regionale Spezialitäten, internationale Küche in zeitgemäßer Leichtigkeit oder erlesene Feinschmeckermenüs mit ausgesuchten Weinen!

Im Vila Vita Hotel & Residenz Rosenpark verwöhnen wir Sie ganz nach Ihrem Geschmack im Gourmetrestaurant "Belle Etage", im Restaurant "Rosenkavalier" und in der gemütlichen "Zirbelstube". Wir freuen uns auf Sie!

VILA VITA
HOTEL & RESIDENZ ROSENPARK MARBURG
★★★★★

Rosenstraße 18 - 28
35037 Marburg
Tel 06421/6005-0
Fax 06421/6005-100
info@rosenpark.com
www.vilavitahotels.com

Ausgehen

Tandoori
Indisches Restaurant
Biegenstr. 23 • 35037 Marburg
Tel.: 0 64 21/69 03 66
Fax: 0 64 21/69 04 17

Di.-Sa.: 11.30 - 14.30 + 18.00 - 24.00
So.+Feiert.: 12.30 - 15.00 + 17.30 - 23.00

• preiswerter Mittagstisch •
schon ab 5,50 E
Di.-Fr.: 11.30 - 14.30
• Buffet immer •
Mittwoch & Sonntag
• alle Speisen auch zum •
Mitnehmen
• große Auswahl an •
Fleischgerichten & veg. Speisen

❏ **Carpe Diem**
Biegenstr. 42
35037 Marburg
Tel. 06421/64320

❏ **Dammühle**
Hotel-Restaurant
Dammühlen-Str. 1
35041 MR/Wehrshausen
Tel. 06421/93560
Fax 06421/36118
Dammuehle@
t-online.de
Hotel-Dammuehle.de
Tägl. 10-0, Fr ab 17
Freizeitvergnügung für jedes Alter: Minigolfplatz, Kinderspielplatz, Ballonstartplatz, Wanderwege, schönster Biergarten weit und breit.

❏ **Das kleine Restaurant**
Barfüßertor 25
35037 Marburg
Tel. 06421/22293

❏ **Dombäcker**
Markt 18
35287 Amöneburg
Tel. 06422/94090
Fax 06422/94097
www.dombaecker.de

❏ **Erstes Oechsle**
Frankfurter Str. 19
35037 Marburg
Tel. 06421/25547

❏ **Flair-Hotel Company**
Lahnstr. 6
35091 Cölbe

Tel. 06421/9866-0
Fax 06421/9866-66
companymr@aol.com

❏ **Gartenlaube**
Steinweg 38
35037 Marburg
Tel. 06421/61170

❏ **Gästehaus Balzer**
Schröcker Str. 49
35043 MR-Schröck
Tel. 06424/92630
Fax 06424/5204
info@
gaststaette-balzer.de
gaststaette-balzer.de

❏ **Gourmet-Restaurant Belle Etage**
Vila Vita Hotel & Residenz
Rosenpark
Rosenstr. 18-28
35037 Marburg
Tel. 06421/6005-0
Fax 06421/6005-100
info@rosenpark.com
www.vilavitahotels.com
Mi-Sa 18:30-22:30,
So 12-14:30,
Mo+Di Ruhetage
(außer an Feiertagen)

❏ **Hansenhaus links**
Griechische Spezialitäten
Sonnenblickallee 15
35039 Marburg
Tel. 06421/21324
Fax 06421/21324
Tägl. 11:30-14:30
+ 17:30-0

Der schönste Ausblick in Marburg! Großer und gemütlicher Biergarten, mitten in der Natur; anspruchsvolle und umfangreiche Speisekarte; Räumlichkeiten für feierliche Anlässe; Parkplätze direkt vor der Tür!

❏ **Hotel Fasanerie**
Zur Fasanerie 15
35043 MR-Gisselberg
Tel. 06421/9741-0
Fax 06421/9741-77
info@
hotel-fasanerie.de

❏ **Hotel Hostaria del Castello**
Markt 19
35037 Marburg
Tel. 06421/25884
Fax 06421/13225

❏ **Hotel Schöne Aussicht**
Schöne Aussicht 8
35282 Rauschenberg-Schwabendorf
Tel. 06425/9242-0
Fax 06425/9242-12
GerhardBoucsein@
aol.com

❏ **Hotel Seebode**
Robert Claar
Burgweg 2
35085 Ebsdorfergrund
Tel. 06424/6896
Fax 06424/4097
www.hotel-seebode.de

❏ **Hotel Zur Burgruine Frauenberg**
Inh. Konrad Debelius
Cappeler Str. 10
35085 Ebsdorfergrund-Beltershausen
Tel. 06424/1379
Fax 06424/4472
www.marburg.de/
burgruine
Di-So 6:30-0

❏ **Hotel Zur Sonne**
Markt 14
35037 Marburg
Tel. 06421/1719-0
Fax 06421/1719-40

❏ **Hotel-Restaurant Greib-Weber**
Marktplatz 16
35287 Amöneburg
Tel. 06422/9423-0
Fax 06422/9423-42
info@hotel-weber.de
www.hotel-weber.de
Di Ruhetag

❏ **Hotel-Rest. Carle**
Ronhäuser Str. 8
35043 Marburg-Cappel
Tel. 06421/9493-0
Fax 06421/9493-930
info@hotel-carle.de
www.Hotel-Carle.de

❏ **Hotel-Restaurant Stümpelstal**
Stümpelstal 2-6
35041 MR-Michelbach
Tel. 06420/9070

Fax 06420/514
Stuempelstal@aol.com

❏ **kostBar**
Barfüßerstr. 7
35037 Marburg
Tel. 06421/161170
Tägl. 11-1

❏ **Lahngarten**
Wehrdaer Str. 102
35041 Marburg
Tel. 06421/870137

❏ **Mythos**
Bei St. Jost 5
35039 Marburg
Tel. 06421/23155
Tägl. 12-14:30
+ 17:30-0

❏ **Pizzeria Restaurant Bellini**
Elisabethstr. 13
35037 Marburg
Tel. 06421/6200678
Fax 06421/6200675
Tägl. 12-14:30 + 18-23:30 (So bis 22:30)
Unsere Gerichte, Pizzen, Salate etc. werden alle frisch für Sie von einem original italienischen Koch mit viel Liebe zubereitet. Wir freuen uns auf Ihren Besuch und wünschen Buon Appetito!

❏ **Pizzeria Ristorante Wirtshaus an der Lahn**
Gisselberger Str. 27
35037 Marburg
Tel. 06421/27745

❏ **Poseidon**
Ockershäuser Str. 71
35037 Marburg
Tel. 06421/35872

❏ **Restaurant Fionas**
Bahnhofstr. 29
35037 Marburg
Tel. 06421/682763
Mo-Fr ab 6, Sa+So ab 8
Deutsche Küche

❏ **Restaurant Hahnhaus**
Pizza Im Westend
Emil-v.-Behring-Str. 47
35041 MR-Marbach
Tel. 06421/65345

❏ **Restaurant Orthwein**
Kasseler Str. 48
35091 Cölbe
Tel. 06421/98610

❏ **Restaurant Rosenkavalier**
Vila Vita Hotel & Residenz
Rosenpark
Rosenstr. 18 – 28
35037 Marburg
Tel. 06421/6005-0
Fax 06421/6005-100
info@rosenpark.com
www.vilavitahotels.com
Tägl. 7-22:30

❏ **Restaurant Tartaruga**
Pilgrimstein 29
(Lahncenter)
35037 Marburg

---

www.de-gass.de

de Gass'
Café & Espressobar

Weidenhäuser Strasse

TNT Foyerbar
Café & Biergarten
Veranstaltungsort

Afföllerwiesen

www.foyerbar.de

Veranstaltungsorte

Tel. 06421/918-0
Fax 06421/918-444
marburg@
sorat-hotels.com
www.sorat-hotels.com

☐ **Restaurant Waldschlößchen**
Dagobertshäuser Str. 12
35041 Marburg-Dagobertshausen
Tel. 06421/35588
Fax 06421/35585
Di-Sa ab 17, Sonn- u. Feiertage ab 11,
Montag Ruhetag

☐ **Restaurant Zirbelstube**
Vila Vita Hotel & Residenz Rosenpark
Rosenstr. 18-28
35037 Marburg
Tel. 06421/6005-0
Fax 06421/6005-100
info@rosenpark.com
www.vilavitahotels.com
Di-So 18-1

☐ **Saigon Garden**
Vietnam-Restaurant
Frauenbergstr. 22
35039 Marburg
Tel. 06421/484780

☐ **Sellhof**
Oberer Rotenberg 47
35041 Marburg
Tel. 06421/35290
Mo+Di Ruhetag

☐ **Singh's Indian Restaurant**
Wehrshäuser Str. 2b
35037 Marburg
Tel. 06421/22133
Fax 06421/933838
Tägl. 11:30-14:30
+ 18-1

☐ **Sonnengold**
Gaststätte-Restaurant
Zur Hainbuche 2
35043 Marburg
Tel. 06424/1483
Fax 06424/70102

☐ **Springtown Marburg**
Australian Restaurant
Neue Kasseler Str. 62b
35039 Marburg

Tel. 06421/886840
Fax 06421/886841
www.springtown.de
Mo-Do 11-14 + 18-1
(Fr bis 2), Sa 17-2,
So 17-1

☐ **Stadthallen-Restaurant Marburg**
Biegenstr. 15
35037 Marburg
Tel. 06421/9106-0

☐ **Sudpfanne**
Kasseler Str. 90
35091 Cölbe
Tel. 06421/83524

☐ **Tandoori**
Indisches Restaurant
Biegenstr. 23
35037 Marburg
Tel. 06421/690366
Fax 06421/690417
Di-Sa 11:30-14:30
+ 18-0, So 12:30-15
+ 17:30-23
Das "Tondoor" ist ein traditioneller mit Holzkohle beheizter Tonofen, der von Dorfgemeinschaften gemeinsam zur Speisenzubereitung diente. Tondoori sind letzlich die kulinarischen Genüsse aus einem solchen Ofen. Wir wünschen guten Appetit!

☐ **Taverna Thessaloniki**
Griechische Spezialitäten
Zeppelinstr. 1
35039 Marburg
Tel. 06421/42408
Tägl. 10-1

☐ **Theo's**
Restaurant-Cafe-Bar
Elisabethstr. 9
35037 Marburg
Tel. 06421/614171
Fax 06421/614181
info@
theos-marburg.de
www.theos-marburg.de
Tägl. 9-1
Frühstück ab 9 Uhr, warme Küche von 12-24 Uhr

☐ **Waldgasthaus Christenberg**
Christenberg 3
35117 Münchhausen

Tel. 06457/368
Fax 06457/911955
Di-So 11-22

☐ **Weinlädele**
Weinstube
Schloßtreppe 1
35037 Marburg
Tel. 06421/14244
Fax 06421/794022
leibl-mra@t-online.de
weinlaedele.com
Tägl. 17-0, Sa ab 12
Gemütliche Weinstube, Sommerterrasse mit Blick auf den histor. Marktplatz, umfangreiche Weinkarte, leckere Gerichte zum Wein z.B. Maultaschen, Flammkuchen

☐ **Zum heißen Tisch**
Bahnhofstr. 29
35037 Marburg
Tel. 06421/682749
Mi-So ab 18
Restaurant ganz anders! Vor Ihren Augen werden die Speisen auf einem runden Edelstahltisch gegart und angerichtet. Essen, die Stunde für 6,50 pro Person.

☐ **Zur Krone**
Inh. Ivan Pavlic
Markt 11
35037 Marburg
Tel. 06421/25390
Fax 06421/952085
Tägl. 11-15 + 18-1

Veranstaltungsorte

☐ **Auditoriengebäude**
Hausmeister: Herr Haupt, Herr Pfeif
Biegenstr. 14
35032 Marburg
Tel. 06421/2822128

☐ **Bürgerhäuser in den Stadtteilen**
Info: Stadthalle
Biegenstr. 15
35037 Marburg
Tel. 06421/16951-0
Fax 06421/16951-28
stadthalle@
marburg-stadt.de

www.marburg.de
Marbach – Cappel – Wehrda – und 15 weitere

☐ **Café Trauma**
Robert-Koch-Str. 15a
35037 Marburg
Tel. 06421/66317
Fax 06421/682816
info@cafe-trauma.de
www.cafe-trauma.de
Mo-Fr 10-16 (Büro)

☐ **CCM**
Software Center 3
35037 Marburg
Tel. 06421/205-160
Fax 06421/205-169
info@ccmr.de
www.ccmr.de

☐ **Das Hessische Landestheater Marburg**
• Am Schwanhof 68 – 72
35037 Marburg
Tel. 06421/9902-31
Fax 06421/9902-41
info@hlth.de oder
dramaturgie@hlth.de
www.hlth.de
Theaterkasse: Mo-Sa 9-12:30, Mo-Fr 16:30-18
Kinder- und Jugendtheater
• Am Schwanhof 68 – 72
35037 Marburg
Tel. 06421/9902-37,-38
Fax 06421/9902-41
dramaturgie@hlth.de
www.hlth.de
Hessische Kinder- und Jugendtheaterwoche (immer im März) im Theater Am Schwanhof (TASCH 1+2)

☐ **Discothek PAF**
Industriestr. 9
35091 Cölbe
Tel. 06421/83870
Fax 06421/82089
paf@scm.de
www.discothekpaf.de
Fr, Sa, So ab 21

☐ **FrauenFilmgruppe**
Filmgruppe
Café Trauma
Robert-Koch-Str. 15a
35037 Marburg
Tel. 06421/66317

Fax 06421/682816
info@cafe-trauma.de
www.cafe-trauma.de
Mo-Fr 10-16 (Büro)

☐ **Freilichtbühne im Schloßpark**
Info: Stadthalle
Biegenstr. 15
35037 Marburg
Tel. 06421/16951-0
Fax 06421/16951-28
stadthalle@
marburg-stadt.de
www.marburg.de

☐ **Kult Hallen**
Temmlerstr. 7
35039 Marburg
Tel. 06421/94183
Fax 06421/94185
info@kult-hallen.de
www.kult-hallen.de
Di+Fr ab 21, Sa ab 22, 1. So im Monat 20-1, vor Feiertagen ab 21

☐ **Kulturcafé Michelbach e.V.**
Ewiges Tal 32
35041 Michelbach
Tel. 06420/1321
Fax 06420/821325
Schöne umgebaute Scheune für private Feiern und kleine Veranstaltungen (bis 100 Sitzplätze)

☐ **Kulturladen KFZ**
Kulturzentrum
Schulstr. 6
35037 Marburg
Tel. 06421/13898
Fax 06421/27198
info@kfz-marburg.de
www.kfz-marburg.de
Di-Fr 9:30-13 (Büro)

☐ **Landgrafenschloß**
Kastellan: Müller, Jakob
Schloß 1
35037 Marburg
Tel. 06421/2822114
Fax 06421/2822145

☐ **Maribor-Saal**
in der Stadthalle
Biegenstr. 15
35037 Marburg
Tel. 06421/16951-0

Fax 06421/16951-28
Kleiner Saal für Tagungen, Konferenzen, Kleinkunst u. Lesungen (30-190 Pers.)

☐ **Molly Malones Irish Pub**
Wehrdaer Weg 16a
35039 Marburg
Tel. 06421/62760
d.redmond@
mollymalone.de
www.mollymalone.de
So-Do 19-1, Fr+Sa 19-2

☐ **Stadthalle**
Erwin Piscator Haus
Biegenstr. 15
35037 Marburg
Tel. 06421/16951-0
Fax 06421/16951-28
stadthalle@
marburg-stadt.de
www.marburg.de
Konzept und Planung für Veranstaltungen wie Tagungen, Kulturevents, Messen; im Foyer bis 200 Pers., im Saal bis 1000 Pers.

☐ **Szenario im Auflauf**
Steinweg 1
35037 Marburg
Tel. 06421/681343
Fax 06421/617115
auflauf-marburg.de

☐ **Theater neben dem Turm (TNT)**
Afföllerwiesen 3a
35039 Marburg
Tel. 06421/62582
Fax 06421/683360
kontakt@
germanstageservice.de
www.germanstageservice.de
Ab 2003 täglich Biergarten und Foyer-Bar

☐ **Waggonhalle Kulturzentrum**
Rudolf-Bultmann-Str. 2a
35039 Marburg
Tel. 06421/690626
Fax 06421/62579
mail@waggonhalle.de
www.waggonhalle.de
Mo-Do 11-14 (Bürozeiten)

**Egal ob für Hochzeit, Ball oder private Feier:
schnell tanzen lernen im *Crash-Kurs* (jeden Monat)**

Spezialkurse in Disco-Fox, Tango Argentino,
Latino-Tänze, Salsa/Mambo und *Kindertanz*

Freies Tanzen Fr. ab 22.00, Sa. ab 21.00, So ab 15.15
Fordern Sie unseren Saisonplan an !!!

☎ 06421 **66111** **Tanzschule SEIDEL**
Ernst-Giller-Straße 20
35039 Marburg
www.tanzschule-seidel.de
e-mail: info@tanzschule-seidel.de

Übernachtung

Übernachtung

Zimmervermittlung
Marburg Tourismus & Marketing GmbH (MTM)
Pilgrimstein 26
35037 Marburg
Tel. 06421/9912-0
Fax 06421/9912-12
MTM@Marburg.de
www.Marburg.de
Mo-Fr 9-18, Sa 10-14

Hotels

Cala Luna
Hotel-Pizzeria
Alte Kasseler Str. 66
35039 Marburg
Tel. 06421/59068-0
Fax 06421/59068-25

Cölber Hof
Kasseler Str. 49
35091 Cölbe
Tel. 06421/82222
Fax 06421/84888

Dammühle
Hotel-Restaurant
Dammühlen-Str. 1
35041 Marburg - Wehrshausen
Tel. 06421/93560
Fax 06421/36118
Dammuehle@t-online.de
Hotel-Dammuehle.de
Tägl. 10-0, Fr ab 17
Freizeitvergnügen für jedes Alter: Minigolfplatz, Kinderspielplatz, Ballonstartplatz, Wanderwege, schönster Biergarten weit und breit.

Dombäcker
Markt 18
35287 Amöneburg
Tel. 06422/94090
Fax 06422/94097
www.dombaecker.de

Flair-Hotel Company
Lahnstr. 6
35091 Cölbe
Tel. 06421/9866-0
Fax 06421/9866-66
companymr@aol.com

Landhaus La Villa
Hotel
Sylvester-Jordan-Str. 22
35039 Marburg
Tel. 06421/175070
Fax 06421/1750720
www.la-villa-kuhl.de

Europäischer Hof
Hotel
Elisabethstr. 12
35037 Marburg
Tel. 06421/696-0
Fax 06421/66404
info@europahof-marburg.de
www.europaeischer-hof-marburg.de

Hotel Fasanerie
Zur Fasanerie 15
35043 Marburg-Gisselberg
Tel. 06421/9741-0
Fax 06421/9741-77
info@hotel-fasanerie.de
www.hotel-fasanerie.de

Hessischer Hof
Hotel
Steinweg 1
35285 Gemünden
Tel. 06453/356, 06453/648310
Fax 06453/648325

Hostaria del Castello
Hotel
Markt 19
35037 Marburg
Tel. 06421/25884
Fax 06421/13225

Jägerstübchen
Hauptstr. 33
35099 Burgwald
Tel. 06451/7232-0
Fax 06451/7232-11
info@jaegerstuebchen-burgwald.de
www.jaegerstuebchen-burgwald.de

Kegelsporthaus
Hotel
Binge 2
35083 Wetter/Hessen
Tel. 06423/6634
Fax 06423/3406
archinal@t-online.de

Schöne Aussicht
Hotel
Schöne Aussicht 8
35282 Rauschenberg-Schwabendorf
Tel. 06425/9242-0
Fax 06425/9242-12
GerhardBoucseinD@aol.com

Hotel Seebode
Robert Claar
Burgweg 2
35085 Ebsdorfergrund
Tel. 06424/6896
Fax 06424/4097
www.hotel-seebode.de

Hotel Village
Hauptstr. 38a
35094 Lahntal-Sarnau
Tel. 06423/51100
Fax 06423/51200
villages@t-online.de
www.village-hotels.de

Waldecker Hof
Hotel
Bahnhofstr. 23
35037 Marburg
Tel. 06421/6009-0
Fax 06421/6009-59
waldecker-hof@t-online.de
www.waldecker-hof-marburg.de

Weimarer Hof
Hotel
Herborner Str. 45
35096 Weimar-Niederweimar
Tel. 06421/78096
Fax 06421/78136

Hotel Zum Stern
Zimmerplatz 4
35085 Ebsdorfergrund-Rauischholzhausen
Tel. 06424/9267-0
Fax 06424/9267-67
www.ZumStern.de

Hotel Zur Burgruine Frauenberg
Inh. Konrad Debelius
Cappeler Str. 10
35085 Ebsdorfergrund-Beltershausen
Tel. 06424/1379
Fax 06424/4472
marburg.de/burgruine
Di-So 6:30-0

Hotel Zur Sonne
Markt 14
35037 Marburg
Tel. 06421/1719-0
Fax 06421/1719-40

Hotel-Carle
Ronhäuser Str. 8
35043 Marburg-Cappel
Tel. 06421/9493-0
Fax 06421/9493-930
www.Hotel-Carle.de

Hotel Greib Weber
Markt 16
35287 Amöneburg
Tel. 06422/9423-0
Fax 06422/9423-42
info@hotel-weber.de
www.hotel-weber.de
Tägl. 11-0, Di Ruhetag

Hotel Orthwein
Kasseler Str. 48
35091 Cölbe
Tel. 06421/9861-0
Fax 06421/9861-61
info@hotel-orthwein.de
www.hotel-orthwein.de

Hotel Stadtschänke
Marktplatz 9
35083 Wetter/Hessen
Tel. 06423/94161-0
Fax 06423/9416-55
stadtschaenkewet@aol.com
stadtschaenke-wetter.de

Hotel Stümpelstal
Stümpelstal 2-6
35041 Marburg-Michelbach
Tel. 06420/9070
Fax 06420/514
Stuempelstal@aol.com

Hotel Zur Sonne
Borngasse 13
35274 Kirchhain
Tel. 06422/9418-0
Fax 06422/9418-30
Sonne.Kirchhain@t-online.de
www.kirchhain.com/zur-sonne

Ringhotel Bellevue
Hauptstr. 30
35096 Weimar-Wolfshausen
Tel. 06421/7909-0
Fax 06421/7909-15
ringhotel-bellevue@gmx.de
marburg.de/bellevue

Sorat Hotel Marburg
Pilgrimstein 29
35037 Marburg
Tel. 06421/918-0
Fax 06421/918-444
marburg@sorat-hotels.com
www.sorat-hotels.com

Tusculum Art-Hotel
Gutenbergstr. 25
35037 Marburg
Tel. 06421/22778
Fax 06421/15304
info@tusculum.de
www.tusculum.de

Vila Vita Hotel & Residenz Rosenpark
Rosenstr. 18-28
35037 Marburg
Tel. 06421/6005-0
Fax 06421/6005-100
info@rosenpark.com
www.vilavitahotels.com

Village Stadthotel Marburg
Bahnhofstr. 14
35037 Marburg
Tel. 06421/68588-0
Fax 06421/68588-10
villages@t-online.de
www.village-hotels.de

Pensionen

Bistro-Pension Plateau
Jakob-Kaiser-Str. 1
35037 Marburg
Tel. 06421/360611, 06421/931676
Fax 06424/6264
www.bistro-plateau.de

Burgwald-Trekking
Am Rödchen 10
35117 Münchhausen-Simtshausen
Tel. 06423/7883
Fax 06423/4834

...ständig wechselnde Vip - Sonnenkarte - Angebote

... mit Vip - Sonnenkarte hab' ich immer Happy-Hour.

☀ **Schwanallee 31**
Tel. 06421-163743
Mo.-Fr. 08.30-23.00 Sa. 08.30-19.00
So.+Fei.11.00-19.00

☀ **Bahnhofstr. 38**
Tel. 0 64 21-68 25 75
Mo.-Sa. 8.30-23.00
auch So.+Feiertage

Nicht "irgendwie echt total bio", sondern
☯ freundlich,
☯ fachkundig,
☯ preiswert.

Und: die am besten kontrollierten Lebensmittel gibt's im Reformhaus.

Übernachtungen

burgwaldtrekking@aol.com
burgwald-trekking.de
❏ **Gästehaus Einsle**
Frankfurter Str. 2a
35037 Marburg
Tel. 06421/23410
❏ **Gästehaus Schloß Amönau**
Am Riedtor 2
35083 Wetter-Amönau
Tel. 06423/2958
Fax 06423/2958
❏ **Gasthaus Zur Inge**
Marburger Str. 20
35274 Kirchhain-Anzefahr
Tel. 06422/2295
Fax 06422/955822
❏ **Gasthof Zur Aue**
Biedenkopfer Str. 14
35094 Lahntal-Sarnau
Tel. 06423/963617,
06423/6382
Fax 06423/963620
Gasthof-Zur-Aue.de
❏ **Gasthof-Pension Zum alten Schneider**
Elnhäuser Str. 13
35041 MR-Elnhausen
Tel. 06420/7440
Fax 06420/1300
❏ **Gästehaus Balzer**
Schröcker Str. 49
35043 MR-Schröck
Tel. 06424/92630
Fax 06424/5204

info@gaststaette-balzer.de
gaststaette-balzer.de
❏ **Gastwirtschaft Eißner**
Roßberger Str. 16
35085 Ebsdorfergrund-Roßberg
Tel. 06424/1042
❏ **Haus Müller**
Deutschhausstr. 29
35037 Marburg
Tel. 06421/65659
Fax 06421/962455
❏ **Hesse-Stübche**
Untergasse 10
35037 Marburg
Tel. 06421/25887
Fax 06421/162947
❏ **Landgasthof Zur Linde**
Lindenberg 7
35117 Münchhausen-Wollmar
Tel. 06457/473
Fax 06457/1422
❏ **Pension Alte Post**
Dorfstr. 60
35117 Münchhausen-Wollmar
Tel. 06457/911972
Fax 06457/911971
06457/911970@t-online.de
❏ **Pension Schneider**
Gladenbacher Weg 39
35037 Marburg

Tel. 06421/34236
Fax 06421/350352
❏ **Pension Zum grünen Ast**
Annablickweg 12
35041 MR-Marbach
Tel. 06421/64312
Fax 06421/681237
h.j.theiss.marburg@t-online.de
❏ **Pension Zur Waldeshöhe**
Lindenplatz 11
35274 Kirchhain-Burgholz
Tel. 06425/2999
Fax 06425/820273
Zur-Waldeshoehe.de

Privatvermieter

❏ **Damm**
Maueracker 6
35094 Lahntal-Caldern
Tel. 06420/7396
❏ **Dreier**
Sachsenring 3
35041 Marburg-Wehrda
Tel. 06421/83854
dreier-marburg@t-online.de
www.dreier-marburg.de
❏ **Ernst Boss**
Brüder-Grimm-Str. 4a
35039 Marburg
Tel. 06421/26715
Fax 06421/26715

❏ **Ernst Schmidt**
Friedrich-Naumann-Str. 8
35037 Marburg
Tel. 06421/22461
❏ **Fam. Schmidt**
Im Strauch 10
35041 Marburg-Wehrshausen
Tel. 06421/350110
Fax 06421/350110
❏ **Familie Bopp**
Zum Sportplatz 2
35274 Kirchhain-Kleinseelheim
Tel. 06422/2281
ruthbopp@web.de
❏ **Familie Groth**
Zückenberg 11
35041 Marburg-Hermershausen
Tel. 06421/35757
Fax 06421/3400201
Schrowang-Groth@t-online.de
❏ **Galerie Haus der Kunst**
Annegrete Henke-Reinarz
Weidenhäuser Str. 49
35037 Marburg
Tel. 06421/13889
❏ **Georg Schneider**
Simmestr. 8
35043 Marburg-Cappel
Tel. 06421/41656
❏ **Giera**
Goethestr. 18
35043 Marburg-Cappel

Tel. 06421/43295
Fax 06421/948388
Privatzimmer-Giera@t-online.de
❏ **Haus Anna**
Familie Prantz
Stadtwaldstr. 57
35037 Marburg
Tel. 06421/33352
❏ **Helga Staffel**
Unter den Eichen 11
35041 Marburg-Wehrda
Tel. 06421/81932, 983423
Fax 06421/983422
❏ **Kohlhauer**
Gladenbacher Weg 98
35037 Marburg
Tel. 06421/34735
❏ **M. Müller**
Andréstr. 32
35039 Marburg
Tel. 06421/66256
❏ **Manfred Klappert**
Andréstr. 14
35039 Marburg
Tel. 06421/681947
❏ **Pension Edelweiß**
Hirtengarten 10
35043 Marburg-Moischt
Tel. 06424/3790
❏ **Pension Orthwein**
Gladenbacher Weg 60
35037 Marburg
Tel. 06421/33716
Fax 06421/340888

pension.orthwein@freenet.de
❏ **Peter Fischbach**
Schubertstr. 9
35043 Marburg-Cappel
Tel. 06421/41466
Fax 06421/41466
❏ **Steinebach**
Pommernweg 10
35039 Marburg
Tel. 06421/41371
Fax 06421/41371
ASteinebach11@aol.com

Sonstige

❏ **Badesee-Campingplatz**
Wissmarer See
35435 Wettenberg
Tel. 06406/75697
Fax 06406/73917
Mai-September
❏ **Campingplatz**
Lahnaue
Trojedamm 47
35037 Marburg
Tel. 06421/21331
Fax 06421/21331
info@lahnaue.de
www.lahnaue.de
Tägl. 8-20
❏ **Jugendherberge**
Jahnstr. 1
35037 Marburg
Tel. 06421/23461

Marktplatz

Alten- und Krankenpflege

❏ **Ambulante Krankenpflege**
Dieter Schwehn
Hohe Leuchte 23a
35037 Marburg
Tel. 06421/33266

❏ **AurA e. V.**
Aktives u. rüstiges Altern
Simmestr. 30
35043 Marburg
Tel. 06421/47675
Fax 06421/43546

❏ **Daheim**
Ambulante Alten- und Krankenpflege e.V.
Alte Kasseler Str. 43
35039 Marburg
Tel. 06421/681171

❏ **Diakoniestation**
Cappel-Ebsdorfergrund
Zur Aue 4
35043 Marburg
Tel. 06421/44403
Fax 06421/482546
DS-Cappel@t-online.de

❏ **Diakoniestation**
Marburg
• Rothenberg 58
35037 Marburg
Tel. 06421/35380
Fax 06421/31964
Ev. Pfleged. Hofgeismar
• Rotenberg 58
35037 Marburg
Tel. 06421/35380

❏ **Diakoniestation**
Wehrda
Gemeindepflegestation des Diakonissen-Mutterhauses Hebron
Hebronberg 1
35041 Marburg
Tel. 06421/805424

❏ **Häusliche Kinderkrankenpflege e.V.**
Dürerstr. 30a
35039 Marburg
Tel. 06421/681606
Fax 06421/686140
Mo-Fr 9-12

❏ **Krankenpflegeteam**
Conny Ridder
Im Gefälle 2
35039 Marburg
Tel. 06421/63633

❏ **Marburger Krankenpflegeteam**
Gem. Rettungsd. GmbH
Postfach 1720
35007 Marburg
Tel. 06421/95020
Fax 06421/950265

❏ **Mobilkrankenpflege**
Lorch-Zinnkann
Kirchstr. 11
35085 Ebsdorfergrund
Tel. 06407/5821
Fax 06407/5842

❏ **Thomas Laibach**
Gutenbergstr. 16
35037 Marburg
Tel. 06421/161656
Fax 06421/163170

Antiquariate

❏ **Antiquariat Bulang u. Zorn**
Markt 2
35037 Marburg
Tel. 06421/23220
Fax 06421/23220
Mo-Fr 10-18:30,
Sa 10-14

❏ **Antiquariat Dr. J. Leinweber**
Gutenbergstr. 13
35037 Marburg
Tel. 06421/14404
Fax 06421/21355

❏ **Buchmarkt**
Modernes & Altes Antiquariat ; Fremdsprachenabteilung der Buchh. Am Markt
Barfüßerstr. 52
35037 Marburg
Tel. 06421/25141
Fax 06421/25142
Mo-Fr 11-19, Sa 9-16

❏ **Modernes Antiquariat Roter Stern**
Am Grün 30
35037 Marburg
Tel. 06421/24786
Fax 06421/13404
mail@roter-stern.de
www.roter-stern.de
Mo-Fr 10-19, Sa 10-16

Antiquitäten

❏ **Antiquitäten**
Steinweg 5
35037 Marburg
Tel. 06421/620889
info@antik-kilian.de
www.antik-kilian.de
Mo-Fr 15-18, Sa 10-13

❏ **Antiquitäten am Steinweg**
Inh. Dr. Miroslav Kliment
Steinweg 4
35037 Marburg
Tel. 06421/67552
Fax 06421/682550
kontakt@klimentantik.de
www.klimentantik.de
Mo-Fr 10-13 + 15-18,
Sa 10-14

❏ **Antiquitäten Hatzig**
Am Grün 27
35037 Marburg
Tel. 06421/23739

❏ **Antiquitäten Wälde**
Neustadt 10
35037 Marburg
Tel. 06421/65260
Mo-Fr 10-13 + 14-18,
Sa 10-13

❏ **Antiquitäten Wilcockson**
Neustadt 17
35037 Marburg
Tel. 06421/24466

❏ **Kollmann Antiquitäten**
Lingelgasse 13a
35037 Marburg
Tel. 06421/21365

Apotheken

❏ **Adler-Apotheke**
Elisabethstr. 13
35037 Marburg
Tel. 06421/65877

❏ **Apotheke am Südbahnhof**
Frauenbergstr. 2
35039 Marburg
Tel. 06421/42505

❏ **Apotheke Am Weinberg**
Neue Str. 2
35096 Weimar-Niederweimar
Tel. 06421/7014

❏ **Apotheke im Lahncenter**
Biegenstr. 4
35037 Marburg
Tel. 06421/27806

❏ **Apotheke Zum Frauenberg**
Marburger Str. 26
35043 Marburg-Cappel
Tel. 06421/41422

❏ **Bahnhof-Apotheke**
Bahnhofstr. 29
35037 Marburg
Tel. 06421/65609

❏ **Behring-Apotheke**
Am Richtsberg 68
35039 Marburg
Tel. 06421/44866

❏ **Berg-Apotheke**
Kasseler Str. 71a
35091 Cölbe
Tel. 06421/82400

❏ **Biegen-Apotheke**
Deutschhausstr. 40
35037 Marburg
Tel. 06421/64441

❏ **Brunnen-Apotheke**
E.-von-Behring-Str. 46
35041 MR-Marbach
Tel. 06421/66077

❏ **Deutschhaus-Apotheke u. Drogerie**
Dr. Herbert Opfer OHG
Biegenstr. 44
35037 Marburg
Tel. 06421/65651
Fax 06421/682148
www.Deutschhaus-Apotheke.de

❏ **Einhorn-Apotheke**
Steinweg 39
35037 Marburg
Tel. 06421/65833
info@einhorn-apo.de
www.einhorn-apo.de

❏ **Engel-Apotheke**
Friedrich-Ebert-Str. 25
35039 Marburg
Tel. 06421/45231

❏ **Erlenring-Apotheke**
Erlenring 19
35037 Marburg
Tel. 06421/166410-0

❏ **Hirsch-Apotheke**
Bahnhofstr. 9
35037 Marburg
Tel. 06421/64078

❏ **Kirchberg-Apotheke**
Marburger Str. 7
35043 Marburg-Cappel
Tel. 06421/47766

❏ **Lahn-Apotheke**
Dr. Gregor Huesmann
Wilhelmstr. 7
35037 Marburg
Tel. 06421/12121
Fax 06421/910820
Info@Lahn-Apo.de
www.Lahn-Apotheke.de
Mo-Fr 8-20, Sa 8-16

❏ **Löwen-Apotheke**
Kasseler Str. 104
35091 Cölbe
Tel. 06421/98196

❏ **Neue Trauben-Apotheke**
Rudolphsplatz
35037 Marburg
Tel. 06421/23225

❏ **Neue Univers..Apotheke Zum Schwan**
Universitätsstr. 41
35037 Marburg
Tel. 06421/22066

❏ **Philipps-Apotheke**
Apoth. Bärbel Kaufmann
Reitgasse 10
35037 Marburg
Tel. 06421/27711,
freecall 0800-2771100
Fax 06421/21772
info@philipps-apotheke.de
philipps-apotheke.de

❏ **Rosen-Apotheke**
Am Wilhelmsplatz
Schwanallee 1
35037 Marburg
Tel. 06421/25421
Fax 06421/12215
Rosen-Apotheke-Mbg
@t-online.de

❏ **Schloßberg-Apotheke**
Louise Grimm
Schloßbergcenter
35037 Marburg
Tel. 06421/23443
Fax 06421/26374
info@schlossberg-apo.de
schlossberg-apo.de
Mo-Fr 8-19, Sa 8:30-16

❏ **Sonnen-Apotheke**
Inh. Johanna Traeger
Frankfurter Str. 38
35037 Marburg
Tel. 06421/12661
Fax 06421/161301
SonnenApotheke.Marburg@t-online.de
www.sonnen-apotheke-marburg.de
Mo, Mi, Fr 8-18:30,
Di+Do 8-19,
Sa 8-13:30

❏ **St. Jost-Apotheke**
Weidenhäuser Str. 81
35037 Marburg
Tel. 06421/22050

❏ **St.Elisabeth-Apotheke**
Huteweg 4b
35041 Marburg-Wehrda
Tel. 06421/83284

❏ **Weidenborn-Apotheke**
Weidenbornstr. 6
35037 Marburg
Tel. 06420/518

Arbeitsvermittlung

❏ **Adecco**
Personaldienstleistungen GmbH
Ketzerbach 7
35037 Marburg
Tel. 06421/59098-0

❏ **Apotheken-Vertretungs-Vermittlung**
AVV Kirsten Dahler
Am Schützenplatz 2b
35039 Marburg
Tel. 0462/4353100
Fax 040/3603673553
apovv@aol.com
www.apo-vertretung.de

❏ **Arbeitsamt**
Afföllerstr. 25
35039 Marburg
Tel. 06421/605-0
Fax 06421/605-399
Marburg@arbeitsamt.de
www.arbeitsamt.de/marburg
Mo+Di 7:30-16:15,
Mi 7:30-15,
Do 7:30-18, Fr 7:30-14

❏ **randstad**
Biegenstr. 2
35037 Marburg
Tel. 06421/886970

Architekten

❏ **Architekt Hoffmann**
Planungsbüro
Auf der Weide 2
35037 Marburg
Tel. 06421/176500
Fax 06421/176501
info@home-hoffmann.de
home-hoffmann.de

Astrologie

❏ **Astro World**
Weidenhäuser Str. 28
35037 Marburg
Tel. 06421/13827
info@astroworld.net
www.astroworld.net

Astronomie

❏ **Astro-Store**
Am Grün 32 1/2
35037 Marburg
Tel. 06421/12909
Fax 06421/161247

MARBURGER MAGAZIN Express

Jeden Donnerstag kostenlos!

KLEINANZEIGEN ANNAHME

Telefon: 0 64 21 / **68 44 68**
Fax: 0 64 21 / 68 44 44

Online: www.marbuch-verlag.de

Marktplatz

VIELFALT IST BEI UNS PROGRAMM
Ob klein und wendig, spritzig und sportlich,
praktisch und wirtschaftlich oder
elegant und komfortabel.

KFZ-KALETSCH
Peugeot-Vertragshändler

35096 Weimar-Argenstein
Telefon (0 64 21) 9 74 60
www.peugot-kaletsch.de

---

info@astro-store.de
www.astro-store.de
Am Grün 26,
Mo-Fr 10:30-18:30,
Sa 10:30-14

Ausländische Spezialitäten

Asia Shop
Pilgrimstein 23
35037 Marburg
Tel. 06421/164847

Asialand
Türkische Spezialitäten & Stehcafe
Neustadt 24
35037 Marburg
Tel. 06421/683537
Mo-Sa 8-20

Indo Asian Bazar
Wehrdaer Weg 6
35037 Marburg
Tel. 06421/690800

Köprü
Untergasse 7
35037 Marburg
Tel. 06421/12381

Auto-Service

AFB
Autoglas-Fahrzeug-Pflege
Erlenring 15
35037 Marburg
Tel. 06421/971551

❏ **Aral-Autocenter**
Karl-H. Naumann
• Schwanallee 56
35037 Marburg
Tel. 06421/25558
Fax 06421/25598
Aral-Naumann@
t-online.de
www.tankstelle.de/
naumann
Karl-H. Naumann
• Krummbogen 4
35039 Marburg
Tel. 06421/61348
Fax 06421/988991
Aral-Naumann@
t-online.de
www.tankstelle.de/
naumann

❏ **Autechna**
Autoteile
Siemensstr. 2
35041 Marburg
Tel. 06421/81096

❏ **Auto-Ronzheimer**
KFZ. Rep. + Verkauf
J.-Konr.-Schäfer Str. 12
35039 Marburg
Tel. 06421/481367
Fax 06421/483869

❏ **Auto-Teile-Unger**
Krummbogen 17
35039 Marburg
Tel. 06421/166006
Fax 06421/166010
www.dekra.de
Mo-Fr 9-18, Sa 9-12

❏ **Automietwerkstatt**
Rosenstr. 12
35037 Marburg
Tel. 06421/63311

❏ **Autosattlerei**
König
Pilgrimstein 13
35037 Marburg
Tel. 06421/65674

❏ **Autoteile TUT**
Frauenbergstr. 14
35039 Marburg
Tel. 06421/44494

❏ **Bosch-Dienst**
Stallberg
Krummbogen 16
35039 Marburg
Tel. 06421/67200
Fax 06421/65109

❏ **Claus Ehrling**
KFZ-Sachverständiger
Neue Kasseler Str. 64a
35039 Marburg
Tel. 06421/43033
www.hessenweb.de/
ehrling-claus

❏ **Cleanpark**
Im Rudert 10
35043 Marburg

❏ **DEKRA**
Automobil GmbH
Prüfstation Marburg
Neue Kasseler Str. 64a
35039 Marburg
Tel. 06421/481367
Fax 06421/483869

❏ **KFZ-Reinberger**
KFZ-Meisterbetrieb
Afföllerstr. 30

35039 Marburg
Tel. 06421/682823
Fax 06421/682880

❏ **KFZ-Rep.-Service**
Leonhard
Afföllerstr. 63
35039 Marburg
Tel. 06421/161116
Fax 06421/12690

❏ **M & S Autoservice**
Kfz. Meister Betrieb
Afföllerstr. 59
35039 Marburg
Tel. 06421/67303
Fax 06421/681217
M-SAutoservice@
t-online.de
Mo-Fr 8-18

❏ **Prußnat & Partner**
KFZ Prüf- & Schätzstelle
Am Krekel 53
35039 Marburg
Tel. 06421/92530
Fax 06421/22562

❏ **Renault-minute**
Sofort-Service für alle Marken
Neue Kasseler Str. 66
35039 Marburg
Tel. 06421/687788
www.gnau.de
Mo-Fr 7-19, Sa 8-15

❏ **Südwasch**
Autowaschstraße
Am Kaufmarkt 1
35041 Marburg
Tel. 06421/85427

Autohäuser

❏ **Auto-Kaletsch**
Fiat
Steph.-Niderehe-Str. 36
35037 Marburg
Tel. 06421/30907-0

❏ **Auto-Schmidt**
Ford
Niederwettersche Str. 5
35094 Lahntal-
Goßfelden
Tel. 06423/6771

❏ **Autohaus**
Schubert GmbH
Toyota
Gisselberger Str. 75
35037 Marburg
Tel. 06421/1718-0
Fax 06421/1718-19
info@auto-schubert.de
www.auto-schubert.de
Mo-Fr 7-18, Sa 8-14

❏ **Autodienst**
Gnau GmbH
Renault
Neue Kasseler Str. 66
35039 Marburg
Tel. 06421/6877-0
Fax 06421/6877-25
renault@gnau.de
www.gnau.de
Mo-Fr 7-19, Sa 9-15

❏ **Autohaus**
Boese und Born
VW, Audi
Steph.-Niderehe-Str. 24

35037 Marburg
Tel. 06421/9363-0
Fax 06421/9363-25
service@
boese-und-born.de
boese-und-born.de

❏ **Autohaus Brömer**
Daewoo
Im Feldchen 2
35112 Belnhausen
Tel. 06426/966060
Fax 06426/966070

❏ **Autohaus Eidam**
Mazda
Afföllerstr. 94
35039 Marburg
Tel. 06421/61113
Fax 06421/62367

❏ **Autohaus**
Herrmann
VW
• Neue Kasseler Str. 25
35039 Marburg
Tel. 06421/6004-0
Fax 06421/6004-50
Audi
• Frankfurter Str. 59
35037 Marburg
Tel. 06421/17506-0
Fax 06421/17506-19

❏ **Autohaus**
Hoch GmbH & Co
Audi, VW
Bahnhofstr. 16-20
35075 Gladenbach
Tel. 06462/9186-0
Fax 06462/5830

Das haben wir Ihnen zu bieten:

- Abschleppdienst
- Autolackierung
- Autowaschanlagen
- Kfz-Reparaturen
- Unfallreparaturen
- VW/Audi-Finanzierungen
- VW-Nutzfahrzeuge
- AUDI-PKW
- Autovermietung
- Gebrauchtwagen
- Pannendienst
- VVD-Kfz-Versicherungen
- VW/Audi-Leasing
- VW-PKW

Bahnhofstraße 20
35075 Gladenbach
Tel. 0 64 62/91 86-0
Fax 0 64 62/58 30
E-mail: Info@Autohaus-Hoch.de
Internet: www.Autohaus-Hoch.de

Ihr Partner rund ums Auto

Marktplatz

Mit Sicherheit!
Sofort-Service für alle Automarken.
25-Punkte-Check inklusive.

In Marburg bei **Autodienst GNAU**

RENAULT minute

Neue Kasseler Straße 66
35039 Marburg
Telefon 0 64 21 - 68 77 88
Mo-Fr 7-19 Uhr · Sa 8-15 Uhr

---

info@
Autohaus-Hoch.de
Autohaus-Hoch.de
Mo-Fr 8-18, Sa 8-12
❏ **Autohaus Ludwig**
Peugeot
Raiffeisenstr. 2b
35094 Lahntal
Tel. 06420/346
Fax 06420/537
❏ **Autohaus Mailand**
Nissan
Afföllerstr. 63
35039 Marburg
Tel. 06421/6880-0
Fax 06421/6880-30
❏ **Autohaus Nau**
Opel
Gisselberger Str. 57
35037 Marburg
Tel. 06421/2997-0
Fax 06421/2997-118
nau@scm.de
www.nau.de
❏ **Autohaus Nord**
Mercedes
•Afföllerstr.
35039 Marburg
Chrysler/Jeep
•Neue Kasseler Str. 50
35039 Marburg
❏ **Autohaus
Otto Bösser GmbH**
BMW, Mini
Zu den Sandbeeten 10
35043 Marburg-Cappel
Tel. 06421/9468-0

Fax 06421/9468-68
otto.boesser@
boesser.bmw-net.de
www.BMW-boesser.de
❏ **Autohaus
Petra Freihube**
Hyundai
Willy-Mock-Str. 1
35037 Marburg
Tel. 06421/25850
Fax 06421/25854
❏ **Autohaus Schütte**
Chrysler
Zu den Kauten 2
35075 Gladenbach
Tel. 06462/6555
Fax 06462/5672
❏ **Autohaus Schwalm**
Audi, VW
Niederrheinische Str. 96
35274 Kirchhain
Tel. 06422/928555
autohaus-schwalm@
t-online.de
autohaus-schwalm.de
❏ **Autohaus Skomar**
Skoda
Alte Kasseler Str. 27
35039 Marburg
Tel. 06421/62212
Fax 06421/681385
❏ **Autohaus Steffes**
Subaru
Siemensstr. 6
35041 Marburg
Tel. 06421/81488
Fax 06421/82073

❏ **Autohaus
Waskewitz**
Citroen
Siemensstr. 22
35041 Marburg
Tel. 06421/87377-0
Fax 06421/87377-30
waskewitz-marburg@
citroen-haendler.de
www.auto-boot.de
Mo-Fr 7:30-18,
Sa 10-14
❏ **Daube Nutzfahrzeuge GmbH**
Iveco-Daily-Center
Afföllerstr. 47 – 49
35039 Marburg
Tel. 06421/9634-0
Fax 06421/9634-34
❏ **E. Funke GmbH**
BMW
Fuldaer Str. 3
35274 Kirchhain
Tel. 06422/4055
❏ **Ford Autozentrum Biedenkopf**
Acker GmbH & Co. KG
Im Rudert 1a
35043 Marburg
Tel. 06421/9511-0
Fax 06421/9511-95
Info@
AZ-Biedenkopf.fsoc.de
Ford-Autozentrum.de
❏ **KFZ Kaletsch**
Peugeot
Wenkbacher Str. 17

35096 Weimar-
Argenstein
Tel. 06421/97460
peugeot-kaletsch.de
❏ **Laucht
Kraftfahrzeuge**
KIA Motors
Geiersbergstr. 1
35096 Weimar-Roth
Tel. 06426/5118
Fax 06426/5620
❏ **TEC Motors GmbH**
Suzuki
Hauptstr. 20
35096 Weimar-
Wolfshausen
Tel. 06421/97510
www.tec-motors.de
Mo-Fr 8-12:45
+ 13:30-18, Sa 9-14
❏ **W. Freihube GmbH**
Volvo
Gisselberger Str. 55
35037 Marburg
Tel. 06421/12230
Fax 06421/924820

Autovermietungen

❏ **AVIS**
Autovermietung
Gisselberger Str. 47
35037 Marburg
Tel. 06421/64444
Fax 06421/681503

❏ **Budget**
Autovermietung
Car-Plus Automobile GmbH
Marburger Str. 67
35043 Marburg-Cappel
Tel. 06421/22255,
0172/6707753
(Notdienst)
Fax 06421/163732
info@car-plus.de,
www.car-plus.de,
www.budget.de
Mo, Di, Do, Fr 7:45-18,
Mi 7:45-20, Sa 9-13
❏ **Europcar**
Afföller Str. 98
35039 Marburg
Tel. 06421/64527
Fax 06421/681652
Tägl.8-18 (Sa 8-12)
❏ **Hertz**
Krummbogen 4
35039 Marburg
Tel. 06421/988990
Fax 06421/988991
aral-Naumann@
t-online.de
tankstelle.de/naumann
❏ **Mobil Rent**
Autovermietung GmbH
Wehrdaer Weg 1b
35039 Marburg
Tel. 06421/66600
Fax 06421/681148
❏ **Roll-Rent**
Autovermietung
Industriestr. 4a

35041 Marburg
Tel. 06421/86488
Fax 06421/86489
roll-rent@t-online.de
www.roll-rent.de

Bäckereien

❏ **Bäckerei Carle**
Weidenhäuser Str. 79
35037 Marburg
Tel. 06421/23174
❏ **Bäckerei
Herzberger**
Universitätsstr. 8
(City-Passage)
35037 Marburg
❏ **Bäckerei Horst**
•Weidenhäuser Str. 34
35037 Marburg
Tel. 06421/22887
•Universitätsstr. 14
35037 Marburg
Tel. 06421/21313
❏ **Bäckerei Möller**
Bahnhofstr. 22
35037 Marburg
Tel. 06421/690287
❏ **Bäckerei Müller**
Burgwald Bäckerei
•Bahnhofstr. 8
35037 Marburg
Tel. 06421/66455
•Temmlerstr. 15
35039 Marburg
Tel. 06421/51585

**PKW- und LKW-
Vermietung
24h Notdienst
Tel. (0 64 21) 2 22 55**

Fax (0 64 21) 16 33 2
Marburger Str. 67 • 35043 Marburg/Cappel
Mo - Fr 7.30 - 18.00 Uhr
Sa 8.30 - 12.00 Uhr

Budget Car and Van Rental

Marktplatz

Wir wünschen
Guten Appetit!

Hauptgeschäft:
Barfüßerstr. 43
Tel.: 0 64 21/2 51 74

Frankfurter Str. 30
Rollwiesenweg 30
Ernst-Lemmer-Str. 15

wagner
Bäckerei – Konditorei

Bekleidung für: **Handel / Medizin / Industrie / Handwerk / Gastronomie**

figge Berufsmode

Kirchhain	Marburg
Im Brand 2	Bahnhofstr.32
06422/8060	06421/63733
www.figge.de	info@figge.de

- Marburger Str. 4
35043 Marburg
Tel. 06421/41191
- Ketzerbach 21
35037 Marburg
Tel. 06421/63051
- Gutenbergstr. 16
35037 Marburg
Tel. 06421/21788
- Steinweg 39
35037 Marburg
Tel. 06421/67790
- Wettergasse 7
35037 Marburg
Tel. 06421/21109
- Pilgrimstein 33
35037 Marburg
Tel. 06421/21157

❏ **Viehmeier Schwälmer Brotladen**
- Im Hauptbahnhof
35037 Marburg
- Schwanallee 8
35037 Marburg
Tcl. 06421/210986
- Bahnhofstr. 16
35037 Marburg
Tel. 06421/681118

❏ **Bäckerei Wagner GmbH**
- Rollwiesenweg 30
35039 Marburg
Tel. 06421/942954
Mo-Fr 6:30-12:30
+ 14-18, Sa 6:30-13
- Ernst-Lemmerstr. 15
35041 Marburg-Wehrda

Tel. 06421/86427
Mo-Fr 6:30-18,
Sa 6:30-13
- Frankfurter Str. 30
35037 Marburg
Tel. 06421/210547
Mo-Sa 7-18,
Sa 8:30-11
- Barfüßerstr. 43
35037 Marburg
Tel. 06421/25174
Fax 06421/21296
baeckerei-wagner@gmx.de
Mo-Sa 7:30-18:30,
So 10-18:30

❏ **Backshop Kraft**
- Brunnenstr. 7
35041 Marburg
Tel. 06421/37248
- Universitätsstr. 15
(Schloßbergcenter)
35037 Marburg
Tel. 06421/26226

❏ **Glockenbrot Bäckerei**
Ockershäuser Allee 5
35037 Marburg
Tel. 06421/162545

❏ **Sanetra Paul & Sohn KG**
- Marburger Str. 20
35043 Marburg
Tel. 06421/481850
- Gutenbergstr. 3
35037 Marburg
Tel. 06421/210157

- Biegenstr. 47
35037 Marburg
Tel. 06421/686242
- Schwanallee 31c
35037 Marburg
Tel. 06421/210158
- Marburger Str. 72
35043 Marburg
Tel. 06421/41428

❏ **Siebenkorn – Die Bäcker**
Biol. Vollkornbäckerei
- Neue Kasseler Str. 23a
35039 Marburg
Tel. 06421/62225
Fax 06421/682225
Mo-Fr 7-18, Sa 6-13
- Gutenbergstr. 11
35037 Marburg
Tel. 06421/162044
- Elisabethstr. 5
35037 Marburg
Tel. 06421/682651
Mo-Fr 8-18, Sa 8-13

Bäder

❏ **Aquamar Freizeitbad**
Frei- u. Hallenbad
Trojedamm 41
35037 Marburg
Tel. 06421/32888

❏ **Europabad Marbach**
Europabadstr.
35041 MR-Marbach
Tel. 06421/32888

❏ **Freizeitbad Nautilust**
Karl-Waldschmidt-Str.
35075 Gladenbach
Tel. 06462/2009-50
Fax 06462/2009-98
Mo 10-13,
Di-Sa 10-21:30, So 9-19

❏ **Warmbad Wehrda**
Zur Wann
35041 Marburg-Wehrda
Tel. 06421/83233
Mo 8-13, Di+Do. 8-22,
Mi 13-18, Fr+Sa, 8-18,
So 8-17

Banken und Sparkassen

❏ **Commerzbank Marburg**
Bahnhofstr. 2
35037 Marburg
Tel. 06421/699 0
Fax 06421/699-49

❏ **Deutsche Apotheker- und Ärztebank**
Raiffeisenstr. 6
35043 Marburg-Cappel
Tel. 06421/4009-0

❏ **Deutsche Bank AG**
Investment- und Finanz-Center
Biegenstr. 2
(Lahncenter)
35037 Marburg
Tel. 06421/9908-0

Fax 06421/15574
DB24-Mitte.fil-marburg@frankfurt.db.com
www.DeutscheBank.de

❏ **Deutsche Post**
Finanzdienstleistungen
- Bahnhofstr. 6
35037 Marburg
Tel. 06421/9638-38
Fax 06421/9638-39
Mo-Fr 9-18, Sa 9-12:30
- Am Richtsberg 72a
35039 Marburg
Tel. 06421/42178

❏ **Dresdner Bank AG**
Pilgrimstein 36
35037 Marburg
Tel. 06421/9271-0
Fax 06421/9271-50

❏ **Marburger Bank**
Volksb. Raiffeisenbank eG
- Rudolphsplatz
35037 Marburg
Tel. 06421/292-0
Fax 06421/292-299
info@marburger-bank.de
marburger-bank.de
- Bahnhofstr. 5
35037 Marburg
Tel. 06421/292-473
- Wilhelmsplatz
35037 Marburg
Tel. 06421/292-471
- Wehrdaer Str. 122
35041 Marburg
Tel. 06421/81682

- Frauenbergstr. 5
35039 Marburg
Tel. 06421/292-410
- Am Friedhof 2
35043 Marburg
Tel. 06421/78868
- Stiftstr. 40
35037 Marburg
Tel. 06421/292-482
- Rinnweg 12a
35043 Marburg
Tel. 06421/82928
- St.-Florian-Str. 5
35041 Marburg
Tel. 06420/353
- Cappeler Str. 38
35039 Marburg
Tel. 06421/292-477
- E.-von-Behring-Str. 29
35041 Marburg
Tel. 06421/64683
- Industriestr. 2
35041 Marburg
Tel. 06421/292-470
- Marburger Str. 9 1/2
35043 Marburg
Tel. 06421/41483
- Schröcker Str. 29
35043 Marburg
Tel. 06424/1548
- Bauerbacher Str. 29
35043 Marburg
Tel. 06421/26953

❏ **Sparda-Bank**
Krummbogen 15
35039 Marburg
Tel. 06421/68509-0

Direktion für Deutsche Vermögensberatung

Walter Ludwig
Deutschhausstr. 29
35037 Marburg
Tel.: 0 64 21 - 96 24-0
Fax: 0 64 21 - 96 24-55

Wir verhelfen Ihrem Geld zu einer guten Kondition.

Für Ihr Geld nur den besten Trainer: Die Deutsche Vermögensberatung AG ist der weltweit größte eigenständige Finanzvertrieb und die Nr. 1, wenn's um Ihre private Renten- und Vermögensplanung geht. Mit rund 30.000 Vermögensberatern betreuen wir weit mehr als 3,5 Millionen Kunden, die von unserer Stärke profitieren: Kompetenz in allen Versicherungsfragen, bei Bankdienstleistungen und Bausparen. Kommen Sie zu uns. Mit großem Einsatz und langjähriger Erfahrung bringen wir Sie finanziell in Top-Form.

Marktplatz

35043 Marburg-Cappel
Marburger Straße 30
☎ 48 23 44
FAX 48 23 45
e-mail: mw@mobawa.de
www.mobawa.de

Türen · Fenster · Wintergärten · Bodenbeläge · Sonnenschutz
Insektenschutz · Markisen

Fax 06421/68509-29
marburg@sparda-ks.de
www.sparda-ks.de
Mo, Di, Do 8:45-18:30,
Mi+Fr 8:45-14:30

❏ **Sparkasse
Marburg-Biedenkopf**
•Universitätsstr. 10
35037 Marburg
Tel. 06421/206-0
sparkasse@skmb.de
www.skmb.de
•Barfüßerstr. 50
35037 Marburg
Tel. 06421/206-405
•Weidenhäuser Str. 7
35037 Marburg
Tel. 06421/206-468
•Bahnhofstr. 1
35037 Marburg
Tel. 06421/206-458
•Bahnhofstr. 27
35037 Marburg
Tel. 06421/206-476
•Frankfurter Str. 35
35037 Marburg
Tel. 06421/206-460
•Zeppelinstr. 1a
35039 Marburg
Tel. 06421/206-465
•Am Richtsberg 68
35039 Marburg
Tel. 06421/9517-0
•Stiftstr. 12
35037 Marburg
Tel. 06421/206-405
Cappel

•Marburger Str. 46
35043 Marburg
Tel. 06421/9507-0
Cappel
•Im Lichtenholz 60
35043 Marburg
Tel. 06421/94811-0
Marbach
•Brunnenstr. 4
35041 Marburg
Tel. 06421/63348
Michelbach
•Birkenstr. 4
35041 Marburg
Tel. 06420/7400
Moischt
•Zur Hainbuche 2a
35043 Marburg
Tel. 06421/2858
Schröck
•Schröcker Str. 8
35043 Marburg
Tel. 06421/1418
Wehrda
•Huteweg 16
35041 Marburg
Tel. 06421/886974-0
Wehrda
•In der Görtzbach 17
35041 Marburg
Tel. 06421/83333
Klinikum Lahnberge
•Baldingerstr.
35043 Marburg
Tel. 06421/206-434
Geldautomat
•Temmlerstr. 19
(Herkules-Markt)

35039 Marburg
Geldautomat
•Erlenring (Mensa)
35037 Marburg
Geldautomat
•Hannah-v.-Arendt-Str.
(Stadtwald)
35037 Marburg

Bauen

❏ **ABI**
*Aktiv Baumaschinen und
Industriebedarf GmbH*
Bahnhaus 1
35043 Marburg
Tel. 06421/43935

❏ **Clobus Fußboden-
technik GmbH**
*Fachgeschäft für Raum-
ausstattung, Bodenbelä-
ge, Teppichböden, Parkett-
Korkbeläge*
Hirtenwiesenstr. 21
35085 Ebsdorfergrund-
Wittelsberg
Tel. 06424/2077-78
Fax 06424/1818

❏ **Felden
Kaiser & Roth**
Neue Kasseler Str. 68
35039 Marburg
Tel. 06421/6070

❏ **FMF**
*(Fenster und Türen...)
B. Plitt*
Vor dem Berg 1a

35096 Weimar
Tel. 06421/7268

❏ **Fußbodenbeläge
Kern GmbH**
Alte Kasseler Str. 43
35039 Marburg
Tel. 06421/682322

❏ **Gerhard und
Jörg Hofmann**
*Abbruch und
Entkernungsarbeiten*
Waidmannsweg 3d
35039 Marburg
Tel. 06421/683208
Fax 06421/683208

❏ **Jan Wündisch**
*Zimmermeister Dachdek-
kermeister Restaurator im
Zimmerhandwerk*
Barfüßerstr. 32
35037 Marburg
Tel. 06421/175128
Fax 06421/175129

❏ **Junker KG
Ökozentrum**
Wollenbergstr. 1
35094 Lahntal-Caldern
Tel. 06420/6060
Fax 06420/7527

❏ **Metallbau T. Klös**
Gießener Str. 3a
35043 Marburg
Tel. 06421/77172
Fax 06421/77414

❏ **Ökologische
Baustoffe**
Lindenbachstr. 1
35641 Schöffengrund-

Niederwetz
Tel. 06445/92580
Fax 06445/925819

❏ **Pentagon Plastics**
*Qualitäts-Bautenschutz-
produkte*
Hannah-Arendt-Str. 3-7
35037 Marburg
Tel. 06421/305-380
Fax 06421/305-390
pentagonplastics.de
Mo-Fr 8-12 + 13-16:30

❏ **Rolladen und
Jalousiebau Zeckey**
Weidenhäuser Str. 101
35037 Marburg
Tel. 06421/27772

❏ **S & S**
*Grundbesitz GmbH
Karsten Schreyer*
Krummbogen 14
35039 Marburg
Tel. 06421/68555-0
Fax 06421/68555-11
info@
SundS-Marburg.de
www.SundS-Marburg.de

❏ **Sauer GmbH**
Parkett, Fenster, Rollläden
Ernst-Giller-Str. 5
35039 Marburg
Tel. 06421/5909990
Fax 06421/59099915
sauer-in-wetter@
t-online.de
sauer-in-wetter.de
Mo-Fr 10-18, Sa 10-14

❏ **Sonnenschein**
Heizung / Sanitär / Bäder
Johann-Konrad-Schae-
fer-Str. 6
35039 Marburg
Tel. 06421/95000
Fax 06421/950096
*"7-Tage-Bad" Ausstellung,
Frauenbergstr. 22,
Tel. 06421/950095*

❏ **Wagner**
*Montageservice
& Bauelementehandel*
Marburger Str. 30
35043 Marburg-Cappel
Tel. 06421/482344
Fax 06421/482345
mw@mobawa.de
www.mobawa.de
*Türen – Fenster – Wintergär-
ten – Bodenbeläge – Son-
nenschutz – Insektenschutz
– Markisen*

❏ **Wassertec**
*Frei- und Hallenbäder,
Schwimmbadpflege*
Ernst-Giller-Str. 20
35039 Marburg
Tel. 06421/63436
Fax 06421/63453

❏ **Wohrataler
Holzhaus**
Rühl GmbH
Auestr. 55
35288 Wohratal
Tel. 06425/9249-0
Fax 06425/9249-50
info@
wohrataler-holzhaus.de

Marktplatz

wohrataler-holzhaus.de
Einfamilien-, Doppel-, Reihenhäuser; Gewerbe-, Bürogebäude und öffentliche Gebäude; Schulen, Kindergärten; Aufstockung, Modernisierung. Ingenieur-Holzbau: z.B. Binderdachkonstruktionen

Berufsbekleidung

☐ **Figge GmbH**
Berufsbekleidung
Bahnhofstr. 32
35037 Marburg
Tel. 06421/63733
Fax 06421/686187
info@figge.de
www.figge.de
Mo-Fr 9-18, Sa 9-13
Berufsbekleidung für: Industrie, Handwerk, Handel, Medizin, Gastronomie

Bestattungen

☐ **Beerdigungsinstitut Manfred Schreyer**
Bahnhofstr. 26
35037 Marburg
Tel. 06421/67580
Fax 06421/67976

☐ **Beerdigungsinstitut Vaupel**
Am Erlengraben 2 + 6
35037 Marburg
Tel. 06421/9130-0
Fax 06421/9130-20

☐ **Brühmann Bestattungsinstitut**
Klaus-Peter Spuck
Bahnhofstr. 9a
35037 Marburg
Tel. 06421/65712
Fax 06421/62855

Betten

☐ **B & B**
Bettenfachmarkt GmbH & Co KG
Am Kaufmarkt 4
35041 Marburg
Tel. 06421/982023
Fax 06421/982025

☐ **Betten – Briel**
Obere Gutenbergstr./
Ecke Am Plan
35037 Marburg
Tel. 06421/25629
Fax 06421/15455
betten-briel@
t-online.de

☐ **Neiro Schaumstoffe**
Industriestr. 4a
35041 Marburg
Tel. 06421/86489

☐ **Schöner Schlafen**
Neue Kasseler Str. 62
35037 Marburg
Tel. 06421/13737

☐ **Trend Regalstudio**
Biegenstr. 22
35037 Marburg
Tel. 06421/62323
Fax 06421/66089
service@trendregal.de
www.trendregal.de
Mo-Fr 10-18, Sa 10-14

☐ **Wasserbetten & Schaumstoffstudio**
Zimmermannstr. 1
35039 Marburg
Tel. 06421/682833
Fax 06421/682834
wbs-marburg@
t-online.de
www.wasserbettenstudio-marburg.de
Mo-Fr 9:30-18:30,
Sa 10-14

Bildung

☐ **Arbeit und Bildung e.V.**
Krummbogen 3
35039 Marburg
Tel. 06421/96360
Fax 06421/963637
aubmr@t-online.de
www.arbeit-und-bildung-marburg.de

☐ **Atelier Ker Avel 2**
Alexandre De La Rue
Goldbergstr. 36
35043 Marburg
Tel. 06421/46373

☐ **Berufsbildungszentrum Marburg gGmbH**
Umgehungsstr. 1
35043 Marburg
Tel. 06421/4003-0
Fax 06421/4003-43
bbz.marburg@
t-online.de
Mo-Fr 7:30-16:30

☐ **Berufsfortbildungswerk des DGB GmbH (bfw)**
Wingertshecke 6
35392 Gießen

☐ **Bildungswerk der Hessischen Wirtschaft e.V.**
Regionalbüro Mittelhessen
Karl-Glöckner-Str. 5
35394 Gießen

☐ **Bildungszentrum Handel und Dienstleistungen e.V.**
Pilgrimstein 28a
35037 Marburg
Tel. 06421/9100-0
Fax 06421/9100-19

☐ **Bildungszentrum Marburg**
Willy-Mock-Str. 13
35037 Marburg

☐ **Deutsche Angestellten-Akademie**
DAA Marburg
Ernst-Giller-Str. 20
35039 Marburg
Tel. 06421/60980
Fax 06421/681480
info.daa-marburg@
daa-bw.de
Mo-Do 8-16, Fr 8-15

☐ **Deutsche Blindenstudienanstalt e.V.**
Am Schlag 8
35037 Marburg
Tel. 06421/606-0
Fax 06421/606-229

☐ **Diakonie Krankenhaus**
-*Krankenpflegeschule*-
Postfach 1260
35002 Marburg
Tel. 06421/808-536
Fax 06421/808-536
kpswehrda@yahoo.de

☐ **Diätschule**
Klinikum der Philipps-Universität
Baldingerstr.
35043 Marburg

☐ **Elisabeth v. Thüringen Akademie für Gesundheitsberufe**
Am Klinikum der Philipps-Universität Marburg
Wilhelm-Röpke-Str. 8
35039 Marburg
Tel. 06421/2864527
Fax 06421/2864544
evtasek@
med.uni-marburg.de

☐ **Elisabeth v. Thüringen Akademie für Gesundheitsberufe**
*Am Klinikum der Philipps-Universität Marburg
-Hebammenschule-*
Pilgrimstein 3
35037 Marburg
Tel. 06421/2864457
Fax 06421/2864501
hebammen@
mailer.uni-marburg.de
med.uni-marburg.de

☐ **Elisabeth von Thüringen Akademie für Gesundheitsberufe**
*Am Klinikum der Philipps-Universität Marburg
-Kinderkrankenpfl.schule-*
Deutschhausstr. 12
35037 Marburg
Tel. 06421/2862685

☐ **Fokus Ergotherapie Marburg e.V.**
Gießener Str. 5
35043 Marburg
Tel. 06421/979990
Fax 06421/9799911
info@
fokus-ergotherapie.de
fokus-ergotherapie.de

☐ **Fun with English**
Play + Learn Groups
Wacholderweg 2
35041 Marburg
Tel. 06421/972630
FunwithEnglish@
web.de
Mo-Do 8-17
Englisch für Kinder

☐ **Gesellschaft für Klientenzentrierung e.V. -GfK-**
Schwanallee 17
35037 Marburg

☐ **Grone**
Bildungszentren Hessen GmbH Stadtallendorf/ Schwalmstadt
Scharnhorststr. 7b
35260 Stadtallendorf
Tel. 06428/921160
Fax 06428/921162
stadtallendorf@
grone.de
www.grone.de

☐ **Hendrick Suckrow**
EDV-Fachberater
Haspelstr. 7
35039 Marburg
Tel. 06421/26376
Mo-Fr 14-18

☐ **Hessische Akademie für personenzentrierte Psychotherapie, Beratung und Supervision e.V.**
c/o Dr. Peter Hohmann
Am Plan 3 1/2
35037 Marburg
Tel. 06421/62929
Fax 06421/62829
akademie-hessen.de

☐ **IAD GmbH**
IT-Training & Consulting
Neue Kasseler Str. 62e
35039 Marburg
Tel. 06421/9658-0
Fax 06421/9658-33
www.iad.de

☐ **Institut für berufsbezogene Erwachsenenbildung GmbH**
Afföllerstr. 51
35039 Marburg

☐ **INTEGRAL gGmbH**
Soziale und ökologische Dienstleistungen
Kasseler Str. 70
35091 Cölbe

☐ **Kinderbetreuungsbörse**
im Landratsamt
Im Lichtenholz 60
35043 Marburg
Tel. 06421/405566
Fax 06421/405665
StroehlerC@
marburg-biedenkopf.de
Mo+Fr 9-12, Mi 14-17
Beratung + Vermittlg. von Kinderbetreuungsverhältnissen / Werbg. + Qualifizierung v. Tagespflegepersonen

☐ **Klinikum der Philipps-Universität**
Weiterbildungsstätte für Fachkrankenpflege i.d. Psychiatrie
Rudolf-Bultmann-Str. 8
35039 Marburg
Tel. 06421/2863082
vossk@
med.uni-marburg.de
www.med.uni-marburg.de/
d-einrichtungen/
psychpflege/

☐ **Krankenpflegehochschule des Deutschen Diakonieverbandes**
Dürerstr. 30
35039 Marburg
Tel. 06421/67018
Fax 06421/682614
Khs-marburg@
t-online.de

☐ **Medi-Learn**
Medizinische Repetitorien
Bahnhofstr. 26b
35037 Marburg
Tel. 06421/681668
info@medi-learn.de
www.medi-learn.de

☐ **Möller**
Der Baustein für Ihre Bildung Inh. Marion Möller
Software-Center 1
35037 Marburg
Tel. 06691/23594
Fax 06691/23504
moeller.training@
t-online.de

☐ **Physiotherapieschule**
Rudolf-Klapp-Schule
Baldingerstr.
35033 Marburg
Tel. 06421/28-63091
Fax 06421/28-66947
kbehrend@
med.uni-marburg.de

☐ **Provadis**
Partner für Bildung und Beratung GmbH
E.-von-Behring-Str. 76
35041 Marburg
Tel. 06421/39-2584
Fax 06421/39-4899
stefan.ehrhard@
provadis.de
www.provadis.de

☐ **S + W**
*speak + write
Gesell. für Sprachunterricht mbH*
Universitätsstr. 60
35037 Marburg
Tel. 06421/1745-0
Fax 06421/1745-45
info@speak.de
www.speak.de
8-13

☐ **Staatliche Schule für Logopäden**
am Klinikum der Philipps-Universität Marburg
Robert-Koch-Str. 17
35037 Marburg
Tel. 06421/2862921
Fax 06421/2862922
Logopaediestr@
med.uni-marburg.de

☐ **Susanne Lucia Parthen**
Barfüßerstr. 9
35037 Marburg
Tel. 06421/176284
parthen@freenet.de

☐ **Tai Chi Schule Marburg der ITCCA**
Bahnhofstr. 16a
35037 Marburg
Tel. 06421/917324
webmaster@
taichi-marburg.de
www.taichi-marburg.de

☐ **Verein für Frauenbildung, Arbeit u. Regionalentwicklung VeFAR e.V.**
Schwanallee 48a
35037 Marburg

Heins Stoffe & Dekor

Reitgasse 6
35037 Marburg
Tel.: 0 64 21/97 12 31
Fax: 0 64 21/97 12 32

Meisenweg 11
35274 Kirchhain
Tel.: 0 64 22/89 01 16

Marktplatz

Tel. 06421/305-905
Fax 06421/305-915
telehaus.wetter3@
t-online.de
www.home.t-online.de/
home/telehaus.wetter

❏ **Zentrum für personenzentrierte Pädagogik e.V.**
Kreuzweg 23
35096 Weimar-
Niederwalgern
Tel. 0661/3804444
Fax 0661/38040866
info@zpp.de
www.zpp.de

Biotechnologie

❏ **MIB**
Munich Innovative Biomaterials GmbH
Hans-Meerwein-Str.,
Gebäude J
35043 Marburg
Tel. 06421/2825391
Fax 06421/2825396
mib@mib-biotech.de
mib-biotech.de

Blumen

❏ **Bahnhofs-blumenhandlung**
B. Ledosquet
Bahnhofstr. 33
(im Hauptbahnhof)
35037 Marburg
Tel. 06421/66584
Mo-Fr 9:30-20,
Sa 10-18,
So + Feiert. 10-16

❏ **Blumen Liese'L**
Inh. Marie-Luise Krebs
E.-von-Behring-Str. 23
35041 Marburg-
Marbach
Tel. 06421/590949
Fax 06421/590948

❏ **Blumen Schneider**
Klinikum Lahnberge
Baldingerstr.
35043 Marburg
Tel. 06421/27488

Fax 06421/70401
❏ **Blumen Schulz**
Zeppelinstr. 6
35039 Marburg
Tel. 06421/948677

❏ **Blumen Braun + Wolf**
Universitätsstr. 10
35037 Marburg
Tel. 06421/13027

❏ **Blumenhaus Philipps**
Ketzerbach 13
35037 Marburg
Tel. 06421/62200
Fax 06421/31888

❏ **Blumenladen Greven**
Bahnhofstr. 27
35037 Marburg
Tel. 06421/62160
Fax 06421/67529

❏ **Blumenpavillon Di Paolo & G. Müller**
Erlenring 4
35037 Marburg
Tel. 06421/23961
Fax 06421/27494
Mo-Fr 8-18, Sa 8-13

❏ **Blumenshop Holzhausen**
Ockershäuser Allee 30
35037 Marburg
Tel. 06421/22325
Fax 06421/13383

❏ **Bonacker**
Inh. Frank + Birgit Thamm
Rotenberg 56
35037 Marburg
Tel. 06421/32161

❏ **Der Blumenholländer**
Universitätsstr. 14
35037 Marburg
Tel. 06421/22110

❏ **florito**
Blumdenhandelsges. mbH
•Temmlerstr. 19
35039 Marburg
Tel. 06421/481511
Fax 06421/481511
•Schubertstr. 4
35043 Marburg
Tel. 06421/51105
Fax 06421/51105

•Am Kaufmarkt 1
35041 Marburg
Tel. 06421/84311
Fax 06421/84311
•Universitätsstr. 8
(City-Passage)
35037 Marburg
Tel. 06421/22392
Fax 06421/22392

❏ **Schloßpark Floristik**
Reitgasse 11
35037 Marburg

Brauereien

❏ **Brauerei Thome KG**
Das kleine Bier vom Lande
Sandstr. 1-2
35236 Breidenbach-Wolzhausen
Tel. 06465/9153-0
Fax 06465/9153-22

❏ **Licher Privatbrauerei**
Ihring-Melchior GmbH & Co. KG
In den Hardtberggärten
35423 Lich
Tel. 06404/820
info@Licher.de
www.Licher.de

❏ **Marburger Spezialitäten-Brauerei**
Pilgrimstein 16 – 18
35037 Marburg
Tel. 06421/9293-0
Fax 06421/9293-99

Brief- und Paketdienste

❏ **Deutsche Post**
Briefzustellung
•Zimmermannstr. 2
35039 Marburg
Tel. 01802/3333
•Bahnhofstr. 6
35037 Marburg
Tel. 01802/3333
Mo-Fr 9-18, Sa 9-12:30

❏ **Postfilialen**
Michelbach
•Michelbacher Str. 34a

35041 Marburg
Mo-Fr 8:15-13 + 15-18,
Sa 9-12
•Am Kaufmarkt 1
35041 Marburg
Tel. 06421/84311
Mo-Fr 8:30-20, Sa 8-16
•Universitätsstr. 8
(City-Passage)
35037 Marburg
Mo-Fr 8-20, Sa 9-12
•Am Richtsberg 70
35039 Marburg
Mo-Fr 8-12 + 14-18,
Sa 8-12
•Ockershäuser Str. 76
35039 Marburg
Mo-Fr 15-18, Sa 10-12
•Marburger Str. 21b
35043 Marburg
Mo-Fr 9-11:30 + 15-17,
Sa 9-12
Elnhausen
•Am Denkmal 4
35041 Marburg
Mo-Fr 8:15-13,
Mo, Di, Do, Fr 14:30-18, Sa 7:30-13

❏ **Marburger Postvertrieb GmbH**
Frauenbergstr. 27
35039 Marburg
Tel. 06421/953333

Buchbinder

❏ **Buchbinderei Arno Funk**
Deutschhausstr. 22
35037 Marburg
Tel. 06421/65342

❏ **Buchbinderei Bernhard Görich**
Siemensstr. 8
35041 Marburg-Wehrda
Tel. 06421/81399
Fax 06421/85992

❏ **Buchbinderei Brand**
In der Pilz
35102 Lohra
Tel. 06462/5581
Fax 06462/6107
www.bubibrand.de
Mo-Fr 7-17

❏ **Buchbinderei Köster**
Steph.-Niderehe-Str. 21a
35037 Marburg
Tel. 06421/93580
Fax 06421/935888
info@
buchbinderei-koester.de
Mo-Do 7-16:30,
Fr 7-12:30

Buchhandel

❏ **Bahnhofs-buchhandlung**
Zeckey
Im Hauptbahnhof
35037 Marburg
Tel. 06421/620789

❏ **Bertelsmann Der Club**
Elisabethstr. 17
35037 Marburg
Tel. 06421/61317

❏ **Buchhandlung Am Markt**
Otto Roppel
Markt 10
35037 Marburg
Tel. 06421/25164
Fax 06421/25142
Mo 10-19, Di-Fr 9-19,
Sa 9-16

❏ **Buchhandlung Lesezeichen**
Kinder- und Jugendbücher
Barfüßerstr. 12
35037 Marburg
Tel. 06421/23311
Fax 06421/23311
lesezeichen@
roter-stern.de
www.roter-stern.de
Mo-Fr 10-19, Sa 10-16

❏ **Buchhandlung Michaelis-Braun**
Biegenstr. 30
35037 Marburg
Tel. 06421/64892
Fax 06421/65390
Michaelis-Braun@
t-online.de
Mo-Fr 9:30-18:30,
Sa 10-14

❏ **Buchhandlung Roter Stern**
Am Grün 28
35037 Marburg
Tel. 06421/24787
Fax 06421/13404
mail@roter-stern.de
www.roter-stern.de
Mo-Fr 10-19, Sa 10-16

❏ **Buchhandlung Zeckey**
•Rudolphsplatz 1
35037 Marburg
Tel. 06421/175737
•Steinweg 45
35037 Marburg
Tel. 06421/62102
Fax 06421/950620
zeckeybuch@
t-online.de
buchhandlungzeckey.de
•Im Südbahnhof
35039 Marburg
Tel. 06421/9506-0

❏ **Francke Buchhandlung GmbH**
Am Schwanhof 19
35037 Marburg
Tel. 06421/1725-31
Fax 06421/1725-30
francke@
francke-buch.de
www.francke-buch.de
Mo-Fr 9:30-18,
Sa 9:30-13

❏ **Lehmanns Fachbuchhandlung**
Steinweg 35
35037 Marburg
Tel. 06421/590120
Fax 06421/590123
mr@lehmanns.de
www.LOB.de
Mo-Fr 9-18:30,
Sa 10-14
Spezialsortiment: Medizin, Naturwissenschaften, Pharmazie, Informatik & Pflege

❏ **N.G. Elwert**
Universitätsbuchhandlung
•Reitgasse 7 & 9
35037 Marburg
Tel. 06421/1709-0
Fax 06421/15487
elwertmail@elwert.de

Marktplatz

Eifert DatenSysteme
Rechnen Sie mit uns.

COMPUTER
SOFTWARE
WERKSTATT
NETZWERKE
SERVICE

Biegenstraße 20 - 35037 Marburg
Telefon (06421) 30979-0 · Fax 30979-29
www.Eifert-DatenSysteme.de   Info@Eifert-DatenSysteme.de

www.elwert.de
Mo-Fr 9:30-19,
Sa 9:30-16
Filiale Klinikum
• Conradistr.
35039 Marburg
Tel. 06421/25103
Taschenbuchladen
• Pilgrimstein 30
35037 Marburg
❏ **Quo Vadis**
Buchladen des Christus Treff e. V.
Barfüßerstr. 18
35037 Marburg
Tel. 06421/12792
Fax 06421/21901
buchladen@
jesus-gemeinschaft.de
Mo-Fr 10-18, Sa 10-14
❏ **Sirius**
Spiritualität und Lebenskunst
Barfüßerstr. 13
35037 Marburg
Tel. 06421/14594
Fax 06421/14594
sirius-buch@web.de
Mo-Mi 10-18,
Do+Fr 10-19, Sa 10-16
❏ **Wohlthat**
Buchhandlung
Neustadt 9
35037 Marburg
Tel. 06421/66919
Fax 06421/62770
www.wohlthat.de

Mo-Fr 9:30-19,
Sa 9:30-16

Bürotechnik & Büromöbel

❏ **Bürotechnik Vesper**
Bahnhofstr. 13
35037 Marburg
Tel. 06421/6894-0
Fax 06421/6894-20
info@vesper-buero.de
www.vesper-buero.de
❏ **Eberhard Lich**
Bahnhofstr. 17
35037 Marburg
Tel. 06421/9615-0
Fax 06421/9615-15
LichGmbH@t-online.de
Mo-Fr 9-18, Sa 10-13
❏ **NMB**
Bürosysteme
Erlenring 13
35037 Marburg
Tel. 06421/886418
Fax 06421/886420
Mo-Fr 10-17:30,
Sa 10-13

Carsharing

❏ **einfach mobil**
Carsharing GmbH
Neue Kasseler Str. 1

35039 Marburg
Tel. 06421/12600
Fax 06421/12614
info@einfach-mobil.de
www.einfach-mobil.de
Mo-Fr 14:30-17
(Do bis 19)

CDs

❏ **A-Dur**
Schallplattenstudio
Reitgasse 13
35037 Marburg
Tel. 06421/27177
❏ **Kaufhaus Ahrens**
Universitätsstr. 14 – 22
35037 Marburg
Tel. 06421/298-0
Fax 06421/298-300
info@
kaufhaus-ahrens.de
kaufhaus-ahrens.de
Mo-Fr 9-19, Sa 9-16
❏ **Medialand GmbH**
Im Schwarzenborn 2
35041 Marburg-Wehrda
Tel. 06421/98460
Fax 06421/984646
Siebert@medialand.de
www.medialand.de
Mo-Fr 10-20,
Sa 9:30-16
❏ **Music Attack**
Steinweg 22
35037 Marburg

Tel. 06421/988560
www.music-attack.de
Mo-Fr 11-18:30,
Sa 10-16
Neu u. gebraucht. An- und Verkauf. Beratung und Recherche
❏ **Number Two**
CD und Schallplatten
Weidenhäuser Str. 15
35037 Marburg
Tel. 06421/164589
Fax 06421/164589
❏ **Scheibenbeißer**
Neustadt 6/7, 1. Stock
35037 Marburg
Tel. 06421/66081
Fax 06421/66081

Comics

❏ **Comics, Kitsch und Kunst**
Barfüßerstr. 51
35037 Marburg
Tel. 06421/992641
Fax 06421/166684
Mo-Fr 10-19

Computer

❏ **All For Media**
Dienstleistungen für die Druck- und Medienbranche
Kaiserstr. 37
34628 Willingshausen

Tel. 0700/25536763
Fax 06697/714
info@allformedia.com
www.allformedia.com
❏ **C@W**
ComputerAtWork e.K.
Siemensstr. 10
35041 Marburg
Tel. 06421/582-0
Fax 06421/582-999
info@catw.de
www.catw.de
Mo-Fr 9-18
❏ **CCP Software GmbH**
Software Center 5
35037 Marburg
Tel. 06421/1701-0
Fax 06421/1701-99
sales@ccpsoft.de
www.ccpsoft.de
❏ **Computer & Service**
Am Grün 33
35037 Marburg
Tel. 06421/21600
Fax 06421/21601
❏ **Computer Service Naumann**
Höhenweg 20
35037 Marburg
Tel. 06421/37099
Fax 06421/37000
support@computerservice-naumann.de
www.computerservice-naumann.de

❏ **Der kleine Computerladen**
Ketzerbach 43
35037 Marburg
Tel. 06421/681417
Fax 06421/681431
Computerladen-42@t-online.de
Computerladen-42.de
Mo-Fr 13-18, Sa 10-13
❏ **EBC**
Elektrobauteile und Computertechnik
Weidenhäuser Str. 60
35037 Marburg
Tel. 06421/161117
Fax 06421/166400
❏ **Eifert Datensysteme**
Biegenstr. 20
35037 Marburg
Tel. 06421/30979-0
Fax 06421/30979-29
info@
eifert-datensysteme.de
eifert-datensysteme.de
❏ **Gefak GmbH**
Ockerhäuser Allee 40b
35037 Marburg
Tel. 06421/1728-0
Fax 06421/1728-28
info@gefak.de
www.gefak.de
❏ **Happy Computer**
Weidenhäuser Str. 16
35037 Marburg
Tel. 06421/992992

Marktplatz

Mo-Fr 10-18:30,
Sa 9:30-14
❏ **Hendrick Suckrow**
EDV-Fachberater
Haspelstr. 7
35037 Marburg
Tel. 06421/26376
Mo-Fr 14-18
❏ **Inosoft GmbH**
Im Rudert 15
35043 Marburg
Tel. 06421/9915-0
Fax 06421/9915-199
❏ **Koch**
*EDV-Service
& Kommunikation*
Unterm Bornrain 2
35091 Cölbe
Tel. 06421/81013
Fax 06421/81014
edv-service.coelbe@
t-online.de
❏ **LWM
Computerservice**
Bahnhofstr. 26b
35037 Marburg
Tel. 06421/62236
Fax 06421/64342
info@lwm.de
www.lwm.de
❏ **Medialand GmbH**
Im Schwarzenborn 2
35041 Marburg-Wehrda
Tel. 06421/98460
Fax 06421/984646
Siebert@medialand.de
www.medialand.de
Mo-Fr 10-20,
Sa 9:30-16
❏ **Mister Five
Videogames**
Wanke & Wanke GbR
Ketzerbach 42
35037 Marburg
Tel. 06421/686465
Fax 06421/686820
info@mister-five.de
www.mister-five.de
Mo-Fr 15-19, Sa 11-15
❏ **Sofa GmbH**
Software Center 5
35037 Marburg
Tel. 06421/12061
Fax 06421/12063
condor@sofa.de
www.sofa.de

❏ **TriPuls**
Media Innovations GmbH
Hannah-Arendt-Str. 3-7
35037 Marburg
Tel. 06421/305880
Fax 06421/305888
kontakt@tripuls.de
www.tripuls.de
Mo-Do 9-18, Fr 9-16
❏ **VOBIS**
Microcomputer AG
Elisabethstr. 17
35037 Marburg
Tel. 06421/681053
www.vobis.de

Diagnostik

❏ **Dade Behring
Marburg GmbH**
Postfach 1149
35001 Marburg
Tel. 06421/39-13
Fax 06421/66064
www.dadebehring.com

Dritte Welt

❏ **Marburger
Weltladen**
*Initiative Solidarische
Welt e. V.*
Markt 7/Nähe Rathaus
35037 Marburg
Tel. 06421/66610
Fax 06421/309422
weltladen.marburg@
t-online.de
weltladen-marburg.de
Mo-Fr 10-18, Sa 10-15

Drogerien

❏ **Deutschhaus-Apo-
theke und Drogerie**
Dr. Herbert Opfer OHG
Biegenstr. 44
35037 Marburg
Tel. 06421/65651
Fax 06421/682148
www.Deutschhaus-
Apotheke.de
❏ **Idea**
Drogeriemarkt
• Elisabethstr. 12

35037 Marburg
Tel. 06421/21262
• Barfüßerstr. 42
35037 Marburg
Tel. 06421/617523
❏ **Schlecker**
Drogeriemarkt
• Erlenring 19
(Erlenringcenter)
35037 Marburg
• Marburger Str. 20
35043 Marburg
• Friedrich-Ebert-Str. 21
35039 Marburg
• Universitätsstr. 15
(Schloßbergcenter)
35037 Marburg
• Neustadt 23
35037 Marburg
• Wettergasse 2
35037 Marburg

Druckereien

❏ **Druckerei
der Oberhessischen
Presse**
*Hitzeroth Druck + Medien
GmbH & Co. KG*
Frauenbergstr. 20
35039 Marburg
Tel. 06421/409-0
Fax 06421/409-209
www.op-marburg.de
❏ **Druckerei Schröder**
Bertram-Schaefer-Str. 11
35274 Kirchhain
Tel. 06422/81230
Fax 06422/81220
schroeder@arcor.de
druckerei-schroeder.com
❏ **Druckerei und
Verlag Wenzel**
Am Krekel 47
35039 Marburg
Tel. 06421/23353
oder 1732-0
❏ **Druckhaus
Marburg GmbH**
Im Rudert 13
35043 Marburg
Tel. 06421/95030
Fax 06421/950333
info@
druckhaus-marburg.de

35037 Marburg
Tel. 06421/8:30-17
❏ **Eukerdruck**
GmbH u. Co. KG
Marburger Str. 92
35043 Marburg-Cappel
Tel. 06421/954-0
Fax 06421/954-190
❏ **Görich und
Weiershäuser GmbH**
Deutschhausstr. 42
35037 Marburg
Tel. 06421/681433
Fax 06421/681433
❏ **Grundblick
Druck Moischt**
Wiesenaue 3
35043 Marburg-
Moischt
Tel. 06424/964020
Fax 06424/964021
❏ **Völker & Ritter**
*Druck-, Satz- und
Verlagsgesellschaft mbH*
Schwanallee 27 – 31
35037 Marburg
Tel. 06421/23217
Fax 06421/21889
vr-druck@t-online.de
Mo-Fr 9-18

Einrichten

❏ **Alkoni**
Der Möbeldiscounter
Industriestr. 1-3
35041 Marburg-Wehrda
Tel. 06421/9851-0
Fax 06421/9851-28
❏ **Der Möbelladen
Polle & Co.**
Neue Kasseler Str. 2
35039 Marburg
Tel. 06421/67070
Fax 06421/67788
❏ **G. Heinrich Textor**
Möbelhaus und Schreinerei
Liebigstr. 10/14
35037 Marburg
Tel. 06421/23695
Fax 06421/22517
info@
heinrich-textor.de
www.heinrich-textor.de

Möbelhaus Mo-Fr 9-18,
Sa 10-13
❏ **Haus der
Perserteppiche**
Elisabethstr. 11
35037 Marburg
Tel. 06421/681655
Fax 06421/686727
❏ **Jolie Maison**
Barfüßerstr. 17
35037 Marburg
Tel. 06421/21507
Mo-Fr 10-18, Sa 10-14
❏ **Kettwiesel**
*Teppicheinfassung &
Bodenbeläge aller Art*
Georg-Elser-Str. 14
35037 Marburg
Tel. 06421/931720
Fax 06421/931721
axel.boettner@
t-online.de
www.kettwiesel.de
Mo 13-17, Di, Do,
Fr 9-17, Mi+Sa 9-13
❏ **Ketzerbach 12**
Wohn-Accessoires
Ketzerbach 12
35037 Marburg
Tel. 06421/66635
Fax 06421/870280
❏ **Kinderladen
Möbel Scholl**
Universitätsstr. 35a
35037 Marburg
Tel. 06421/12441
❏ **küchen design
Margret Helland**
Frauenbergstr. 22
35039 Marburg
Tel. 06421/16966-0
Fax 06421/16966-16
❏ **Küchenstudio
M. List**
Marburgerstr. 65
35043 Marburg
Tel. 06421/51576
❏ **Küchenzentrum**
Schwanallee 31
35037 Marburg
Tel. 06421/23083
Fax 06421/27448
❏ **Lineares**
Einrichtungen
Pilgrimstein 7

35037 Marburg
Tel. 06421/63738
Fax 06421/64237
info@lineares.de
www.lineares.de
Di+Mi 9-13 + 15-18
(Do+Fr bis 19),
Sa 10-16
❏ **Lineo Küchen-
paradies GmbH**
Neue Kasseler Str. 11
35037 Marburg
Tel. 06421/210002
Fax 06421/210516
Lineo.MR@t-online.de
❏ **Möbelhaus
Leimbach**
Gutenbergstr. 21
35037 Marburg
Tel. 06421/23854
Fax 06421/23613
info@leimbach.dk
www.leimbach.dk
Mo-Fr 9:30-13
+14:30-18, Sa 9:30-13
❏ **Namö GmbH**
Schuppertsgasse 2
35083 Wetter
Tel. 06423/1222
❏ **Nimm-Mit
Wohnmarkt**
Ludwig-Rinn-Str. 49
35452 Heuchelheim
Tel. 0641/9688-0
Fax 0641/65198
info@nimm-mit.de
www.nimm-mit.de
Mo-Fr 9:30-20, Sa 9-16
❏ **POC / Polstermö-
bel-Outlet-Center**
Am Zimmerplatz 1
35452 Heuchelheim
Tel. 0641/9607673
Fax 0641/65198
❏ **Polsterarbeiten &
Raumausstattung
Heinrich Fus**
Zimmerweg 4
35043 Marburg-Cappel
Tel. 06421/41524
Fax 06421/41226
❏ **Raumausstattung
GmbH Ziepprecht**
Ketzerbach 58-62
35037 Marburg

Marktplatz

Tel. 06421/67229
Fax 06421/62325
ziepprecht@
t-online.de
www.ziepprecht.de
Mo-Fr 9-13 + 14:30-18,
Sa 9-13

❏ **Sauer GmbH**
Parkett, Fenster, Rollläden
Ernst-Giller-Str. 5
35039 Marburg
Tel. 06421/5909990
Fax 06421/59099915
sauer-in-wetter@
t-online.de
sauer-in-wetter.de
Mo-Fr 10-18, Sa 10-14

❏ **Schöner Schlafen**
Neue Kasseler Str. 62
35039 Marburg
Tel. 06421/13737

❏ **Suchen u. Finden**
Inh. Bruni Mittelbach
Marktgasse 20
35037 Marburg
Tel. 06421/27966
Fax 06421/26964

❏ **T&T-Markt**
Tapeten.. Teppiche... usw.
Ludwig-Rinn-Str. 56
35452 Heuchelheim
Tel. 0641/9608999
Fax 0641/9608990
Mo-Fr 9:30-20, Sa 9-16

❏ **Teppich Schramm**
•Universitätsstr. 2
35037 Marburg
Tel. 06421/175439
•Markt 12
35037 Marburg
Tel. 06421/25682
Fax 06421/14354

❏ **Traum – Station**
Biegenstr. 4
(Lahncenter)
35037 Marburg
Tel. 06421/22560
Fax 06421/22561
marburg@
traumstation.de
www.traumstation.de

❏ **Trend Regalstudio**
Biegenstr. 22
35037 Marburg

Tel. 06421/62323
Fax 06421/66089
service@trendregal.de
www.trendregal.de
Mo-Fr 10-18, Sa 10-14

❏ **Volker Loch**
Raumausstattung
E.-von-Behring-Str. 47
35041 Marburg
Tel. 06421/64313
Fax 06421/681863
www.loch-raumausstat-
tung.de

❏ **Wasserbetten &
Schaumstoffstudio**
Zimmermannstr. 1
35039 Marburg
Tel. 06421/682833
Fax 06421/682834
wbs-marburg@
t-online.de
www.wasserbettenstu-
dio-marburg.de
Mo-Fr 9:30-18:30,
Sa 10-14

Elektrogeräte

❏ **Elektro Fuchs**
Wilhelmstr. 16
35037 Marburg
Tel. 06421/22424

❏ **Elektro
Stefan Gläser**
Bornwiesenweg 5
35091 Cölbe
Tel. 06421/83568
Fax 06421/83590
esg@VR-Web.de
www.elektro-esg.de

❏ **Elektro-Peil**
Gießener Str. 5a
35043 Marburg-
Gisselberg
Tel. 06421/77077
www.elektro-peil.de

❏ **Kaufhaus Ahrens**
Universitätsstr. 14 – 22
35037 Marburg
Tel. 06421/298-0
Fax 06421/298-300
info@
kaufhaus-ahrens.de
kaufhaus-ahrens.de
Mo-Fr 9-19, Sa 9-16

❏ **Medialand GmbH**
Im Schwarzenborn 2
35041 Marburg-Wehrda
Tel. 06421/98460
Fax 06421/984646
Siebert@medialand.de
www.medialand.de
Mo-Fr 10-20,
Sa 9:30-16

❏ **Pap Elektronik**
Wehrdaer Weg 16
35037 Marburg
Tel. 06421/682396
Fax 06421/682396

❏ **Technik-Center
Quelle**
Bahnhofstr. 14
35037 Marburg
Tel. 06421/6090-0
Fax 06421/6090-20

Elektro-
installationen

❏ **Elektro Peter**
Schützenstr. 32
35039 Marburg
Tel. 06421/67080
Fax 06421/67766
elektro-peter@
addcom.de

❏ **Elektro-Anlagen
Werner Licht GmbH**
Siemensstr. 10a
35041 Marburg
Tel. 06421/88220
Fax 06421/882236
info@licht-gmbh.de

❏ **Elektrobau
Gundlach**
*Elektrotechnik / Automa-
tisierungstechnik*
Haspelstr. 31-35
35037 Marburg
Tel. 06421/1801-0
Fax 06421/1801-80
info@gundlach-
elektrobau.com
www.gundlach-elektro-
bau.com
Mo-Do 7:15-16:15,
Fr 7:15-13

❏ **H.P.W. GmbH**
Zu den Sandbeeten 11

35037 Marburg
Tel. 06421/9460-0

Energie-
versorger

❏ **EAM**
*Energie-Aktiengesellschaft
Mitteldeutschland
Geschäftsstelle Marburg /
Fachgebiet Energiedienst-
leistungen*
Uferstr. 20
35037 Marburg
Tel. 06421/916-4222
Fax 06421/916-4235
www.eam.de

❏ **Stadtwerke
Marburg**
*Strom – Gas – Wärme –
Wasser*
Am Krekel 55
35039 Marburg
Tel. 06421/205-0
Fax 06421/205-550
Mo-Do 7:15-12:30
+ 13-16, Fr 7:15-12:45

Fahr- & Trans-
portdienste

❏ **UniCare KG**
*Patienten & Behinderten
Fahrdienst*
Neue Kasseler Str. 1
35039 Marburg
Tel. 06421/23355
Fax 06421/65506
service@uni-care.de
24 h-Service

Fahrräder

❏ **Fahrradladen Trail**
Lingelgasse 5b
35037 Marburg
Tel. 06421/163517
Fax 06421/163514

❏ **Fahrradverleih
Velociped**
Alte Kasseler Str. 43
35037 Marburg
Tel. 06421/24511
Fax 06421/161627

info@velociped.de
www.velociped.de

❏ **Peldszus
Zweiräder**
•Schulstr. 16
35037 Marburg
Tel. 06421/23913
Mo-Fr 9:30-12:30,
13:30-18
•Im Rudert 14
35043 Marburg-Cappel
Tel. 06421/51209
Fax 06421/51210

❏ **Radshop Wagner**
Weidenbrunkel 3
35041 Marburg
Tel. 06421/33340
Fax 06421/34434

❏ **Radsport Glock**
Barfüßerstr. 25
35037 Marburg
Tel. 06421/25227
Fax 06421/162830
Mo-Fr 10-19, Sa 10-16

❏ **Radsport König**
Marburger Str. 58
35043 Marburg-Cappel
Tel. 06421/44309

❏ **Radwerk Marburg**
Am Grün 54
35037 Marburg
Tel. 06421/77190
Fax 06421/77681
radwerk-marburg@
gmx.de
radwerk-marburg.de
Mo 14-19,
Di, Do, Fr 10-19,
Mi 10-18, Sa 10-15

❏ **Velociped**
*Fahrräder, Reparaturen,
Ersatzteile*
Weidenhäuser Str. 63
35037 Marburg
Tel. 06421/24522
Fax 06421/21116

Fahrschulen

❏ **Fahrschule
Werner Weyand**
Ketzerbach /
Ecke Zwischenhausen
35037 Marburg
Tel. 06421/32525

Fax 06421/32525
Mo+Do 18:45-20:30
(Theor. Unterricht)

❏ **Fahrschule
Barbara Baumann**
Johannes-Müller-Str. 2
35037 Marburg
Tel. 06421/63935

❏ **Fahrschule Franz-
Josef Schmidt-Klefer**
Erlenring 4a
35037 Marburg
Tel. 06421/161502
Fax 06421/162002
Beratung und Aus-
kunft: Di-Do 14-18

❏ **Fahrschule
Kai Geißler**
N. Kasseler Str. 11-13
35039 Marburg
Tel. 06421/33857

❏ **Fahrschule Lampe**
Pilgrimstein 32
35037 Marburg
Tel. 06421/24600
Fax 06421/924911
Di+Do 18:30-20
(Theorie)

❏ **Fahrschule
Manfred Schneider**
Schwanallee 22
35037 Marburg
Tel. 06421/23434
Fax 06421/23533

❏ **Fahrschule
Peter & B.S.G.**
Inh. Rudolf Peter
Biegenstr. 45
35037 Marburg
Tel. 06421/682650
www.fahrschule-peter-
und-bsg.de

❏ **Fahrschule Welker**
Schwanallee 26
35037 Marburg
Tel. 06421/23331
Mo+Mi, 18:45-20:15,
Di+Do, 12:30-13:30

❏ **Fahrschule
Weymann**
Schwanallee 30
35037 Marburg
Tel. 06421/22762
FahrWeymann@

Marktplatz

Direktion für Deutsche Vermögensberatung

Walter Ludwig
Deutschhausstr. 29
35037 Marburg
Tel.: 0 64 21 - 96 24-0
Fax: 0 64 21 - 96 24-55

Wir verhelfen Ihrem Geld zu einer guten Kondition.

Für Ihr Geld nur den besten Trainer: Die Deutsche Vermögensberatung AG ist der weltweit größte eigenständige Finanzvertrieb und die Nr. 1, wenn's um Ihre private Renten- und Vermögensplanung geht. Mit rund 30.000 Vermögensberatern betreuen wir weit mehr als 3,5 Millionen Kunden, die von unserer Stärke profitieren: Kompetenz in allen Versicherungsfragen, bei Bankdienstleistungen und Bausparen. Kommen Sie zu uns. Mit großem Einsatz und langjähriger Erfahrung bringen wir Sie finanziell in Top-Form.

---

aol.com
www.Fahrschule-Weymann.de
Mo-Do 14-18
❏ **K.-D. Schämer**
Zur Birke 1
35043 Marburg-Cappel
Tel. 06421/44188

Finanzberatung

❏ **Connect GmbH**
Sozietät für Finanzmanagement
Temmlerstr. 19
35039 Marburg
Tel. 06421/94844-0
Fax 06421/94844-10
info@connect-finanz.de
❏ **Deutsche Vermögensberatung**
Direktion Walter Ludwig
Deutschhausstr. 29
35037 Marburg
Tel. 06421/96240
Fax 06421/962455
Ihr kompetenter Berater in allen Finanzfragen. Vermögen planen - Vermögen sichern - Vermögen mehren
❏ **Fondsnetzwerk**
Leinweber, Pfeiffer & Partner GbR
Universitätsstr. 21
35037 Marburg
Tel. 06421/25971
Fax 06421/161530

leinweber@fondsnetzwerk.de
www.fondsnetzwerk.de
❏ **L & K Investment**
Universitätsstr. 21
35037 Marburg
Tel. 06421/25971
❏ **Ludwig Bellinger**
Heusingerstr. 1
35037 Marburg
Tel. 06421/670510
Fax 06421/590105
❏ **MLP**
Finanzdienstleistungen AG
Wehrdaer Str. 120
35043 Marburg
Tel. 06421/9849-0
❏ **OPC GmbH**
Unabh. Finanzberatung
Hannah-Arendt-Str. 3
35037 Marburg
Tel. 06421/350070
kontakt@opc-online.de
www.opc-online.de
❏ **Preuß Kapitalanlagen Beratung und Vertrieb**
Wilhelmstr. 25
35037 Marburg
Tel. 06421/24341

Fotobedarf

❏ **Foto am Grün**
Am Grün 26
35037 Marburg

Tel. 06421/12909
Fax 06421/161247
info@fotoamgruen.de
www.fotoamgruen.de
Mo-Fr 10:30-18:30,
Sa 10:30-14
❏ **Foto Reinhardt**
Marktgasse 16
35037 Marburg
Tel. 06421/25228
❏ **Foto-Shop-Aylin**
Augustinergasse 3
35037 Marburg
Tel. 06421/67777
Fax 06421/67878
❏ **Foto-Studio Erika Althaus**
Frankfurter Str. 15
35037 Marburg
Tel. 06421/25453
Mo, Mi, Do, Fr 9:15-13
+ 15-18, Di+Sa 9:15-13
❏ **Fotopoint**
im Herkules-Markt
Temmlerstr. 19
35039 Marburg
Tel. 06421/487416

Fotografie

❏ **Foto-Studio Erika Althaus**
Frankfurter Str. 15
35037 Marburg
Tel. 06421/25453

Mo, Mi, Do, Fr 9:15-13
+ 15-18, Di+Sa 9:15-13
❏ **Porträt-Studio Gabriele Kircher**
Am Schlag 11
35037 Marburg
Tel. 06421/65600
❏ **Studio für Werbefotografie**
Martin Kreutter
Ernst-Giller-Str. 20a
35039 Marburg
Tel. 06421/66767

Friseure

❏ **Beate Kujus**
Haarmode + Perücken
Barfüßerstr. 39
35037 Marburg
Tel. 06421/13161
❏ **Carolas Haarstudio**
St.-Florian-Str. 7
35041 Marburg-Elnhausen
Tel. 06420/1774
❏ **Claudia Emmerich**
Haarmonie
Michelbacher Str. 20a
35041 Marburg
Tel. 06420/1294
Fax 06420/821838
❏ **Salon Exner**
•Wilhelmstr. 12
35037 Marburg
Tel. 06421/23209

•Am Grün 13
35037 Marburg
Tel. 06421/22973
❏ **Dieter Funke**
Der Frisör + sein Team
Bahnhofstr. 38
35037 Marburg
Tel. 06421/66811
❏ **Domino**
Friseur + Shop
•Kaufpark Wehrda
35041 Marburg
Mo-Fr 8-20, Sa 8-16
•Temmlerstr. 9
(Herkules-Center)
35039 Marburg
Tel. 06421/617727
❏ **Elfi Naumann**
Goethestr. 42
35043 Marburg-Cappel
Tel. 06421/46633
❏ **Elkes Frisierstübchen**
E.-von-Behring-Str. 40
35041 Marburg-Marbach
Tel. 06421/67188
❏ **Erdogu**
Die Friseure
Steinweg 3 1/2
35037 Marburg
Tel. 06421/686528
Fax 06421/686529
info@erdogu.com
www.erdogu.com
❏ **Essanelle**
Gutenbergstr. 8

35037 Marburg
Tel. 06421/13933
❏ **Essanelle Hair Group**
Hair Express
Universitätsstr. 15
35037 Marburg
Tel. 06421/166124
www.essanelle.de
Mo-Fr 9-19, Sa 9-16
❏ **Estetica**
Freiherr-v.-Stein-Str. 17
35041 Marburg
Tel. 06421/983402
Fax 06421/983403
❏ **Final Cut**
Untergasse 17
35037 Marburg
Tel. 06421/25320
❏ **Friseur am Markt**
Markt 20
35037 Marburg
Tel. 06421/176176
❏ **Friseur für Sie & Ihn**
Deutschhausstr. 36
35037 Marburg
Tel. 06421/65927
❏ **Friseur Struwwel-Peter**
Frankfurter Str. 50
35037 Marburg
Tel. 06421/26130
❏ **Friseur-Team Stöcker**
Ockershäuser Allee 1
35037 Marburg

Kostenlose Abholung großer E-Geräte

PRAXIS GMBH

Verkauf und Annahme von:
Waschmaschinen, E-Herde,
Spülmaschinen, Kühlschränke,
Wäschetrockner, Fernseher,
Unterhaltungselektronik,
Elektrogeräte aller Art

Im Schwarzenborn 2b (hinterer Gebäudeteil Medialand),
35041 Marburg, Tel.: (0 64 21) 87 04 83
Öffnungszeiten: Mo.-Fr.: 10.00 - 18.30 Uhr, Sa. 10.00 - 14.00 Uhr

Peldszus

Zweiräder

Vespa, Peugeot, Suzuki
SCOOTER-Station und
die größte Fahrradauswahl
im Raum Marburg

Im Rudert 14 • 35043 Marburg
(0 64 21) 5 12 09

Schulstraße 16 • 35037 Marburg
(0 64 21) 2 39 13

Marktplatz

FINAL CUT
FRISEUR: KLAUS MAKEIN
UNTERGASSE 17 • 35037 MARBURG • TEL.: 0 64 21-2 53 20
DI.–FR. 9.00–18.00 UHR • SA. 8.30–13.00 UHR

Jeden Donnerstag kostenlos!
MARBURGER MAGAZIN Express

KLEINANZEIGEN ANNAHME

Telefon: 0 64 21/**68 44 68**
Fax: 0 64 21/68 44 44

Online: www.marbuch-verlag.de

Tel. 06421/25556
Fax 06421/25556

☐ **Friseursalon Fichtner**
Brüder-Grimm-Str. 1a
35039 Marburg
Tel. 06421/26405

☐ **Friseurstudio Tanja Kwasi**
Ketzerbach 17
35037 Marburg
Tel. 06421/681797

☐ **Frisör Klier**
Universitätsstr. 14
35037 Marburg
Tel. 06421/270270

☐ **Frisur pur**
Am Grün 37
35037 Marburg
Tel. 06421/23464

☐ **Frisuren-Atelier Linker**
Stiftstr. 24
35037 Marburg-Ockershausen
Tel. 06421/34888

☐ **Frisuren-Trend-Studio**
Nicole Junker
Bahnhofstr. 38
35037 Marburg
Tel. 06421/66811

☐ **Frisurentreff**
Barfüßertor 36
35037 Marburg
Tel. 06421/22999

☐ **Galerie B. Y. Bärbel Yagcigil**
Elisabethstr. 8
35037 Marburg
Tel. 06421/67555

☐ **Haargenau**
Jakobsgasse 1
35037 Marburg
Tel. 06421/162162

☐ **Haarstudio Ende**
Schwanallee 31b
35037 Marburg
Tel. 06421/26125

☐ **Haartreff Distler**
Weidenhäuser Str. 6
35037 Marburg
Tel. 06421/23967

☐ **Haarwerk**
Schwanallee 22a
35037 Marburg
Tel. 06421/43475

☐ **Hair-Design Siegel**
Haspelstr. 23
35037 Marburg
Tel. 06421/21859

☐ **Happy Hair**
Bahnhofstr. 26b
35037 Marburg
Tel. 06421/64105

☐ **Jutta's Haarstudio**
Deutschhausstr. 32
35037 Marburg
Tel. 06421/67751
Fax 06421/690712

☐ **MeRico Frisör**
Bahnhofstr. 23
35037 Marburg

Tel. 06421/690645
Fax 06421/690608

☐ **Motisi Haarmode**
Frankfurter Str. 28
35037 Marburg
Tel. 06421/21197

☐ **Rampenlicht**
Gerhard-Jahn-Platz 9
35037 Marburg
Tel. 06421/979677

☐ **Rapunzel**
Deutschhausstr. 48
35037 Marburg
Tel. 06421/67400

☐ **Rolf Herzog**
Marburger Str. 25
35043 Marburg-Cappel
Tel. 06421/41129

☐ **Rosenpark-Coiffeur**
Vila Vita Hotel + Residenz Rosenpark
Rosenstr. 18-28
35037 Marburg
Tel. 06421/6005470
Fax 06421/6005439
info@rosenpark.com
vilavitahotels.com
Di-Fr 10-18:30,
Sa 10-14

Garten

☐ **Gartencenter Pötschke**
Gisselbergerstr. 61
35037 Marburg

Tel. 06421/21620
Fax 06421/21650

Gartenbau

☐ **Garten- und Landschaftsbau**
Markus Nagel
Bachweg 6
35083 Wetter
Tel. 06423/926620
Fax 06423/926621

☐ **Gartenbau und Gartenpflege**
Christof Rüger
Altes Dorf 9
35096 Weimar
Tel. 06421/7220

☐ **INTEGRAL gGmbH**
Garten- und Landschaftsbau
Kasseler Str. 70
35091 Cölbe
Tel. 06421/9854-35,
oder 9854-0
Fax 06421/9854-15
K.Kappelhoff@integral-online.de
www.integral-online.de

Gebäude-reinigung

☐ **Fischbach GmbH**
Gebäudereinigung
Neue Kasselerstr. 13a
35039 Marburg

Tel. 06421/59066-0
Fax 06421/59066-15
fischbach@telda.net
fischbach-GmbH.de

☐ **Russek + Burkhard**
Lintzingsweg 11
35043 Marburg-Cappel
Tel. 06421/9459-0

Geschenk-artikel

☐ **Artesano**
Barfüßerstr. 32
35037 Marburg
Tel. 06421/26707
info@artesano-marburg.de
artesano-marburg.de

☐ **Belleze Italiane**
Individuelle italienische Geschenkartikel
Pilgrimstein 29
35037 Marburg
Tel. 06421/979686
Fax 06421/979686

☐ **Cherry Fun & Fashion**
Kunstgewerbe
Barfüßerstr. 31
35037 Marburg
Tel. 06421/309599

☐ **Comics, Kitsch und Kunst**
Barfüßerstr. 51

35037 Marburg
Tel. 06421/992641
Fax 06421/166684
Mo-Fr 10-19

☐ **Kakadu**
•Weidenhäuser Str. 30
35037 Marburg
Tel. 06421/165037
•Reitgasse 13
35037 Marburg
Tel. 06421/164249

☐ **Ketzerbach 12**
Wohn-Accessoires
Ketzerbach 12
35037 Marburg
Tel. 06421/66635
Fax 06421/870280

☐ **Kira Exclusiv**
Steinweg 37
35037 Marburg
Tel. 06421/988977
Fax 06421/988978

☐ **Lineares**
Einrichtungen
Pilgrimstein 7
35037 Marburg
Tel. 06421/63738
Fax 06421/64237
info@lineares.de
www.lineares.de
Di+Mi 9-13 + 15-18
(Do+Fr bis 19),
Sa 10-16

☐ **Present am Schloßberg**
Augustinergasse 6
35037 Marburg

 Blumenhaus und Gärtnerei
Blumen und Kränze
Grabanlage-Pflege

Rotenberg 56
35037 Marburg
Tel. (0 64 21) 3 21 61

Inhaber: Frank + Birgit Thamm

 „Blumen sind das Lächeln der Erde"

Marktplatz

Tel. 06421/24454
Fax 06421/24454
❏ **Toxic**
Wettergasse 20
35037 Marburg
Tel. 06421/686192

Gesundheit

❏ **Adolf Schmitt**
Naturheilkunde, alternative Schmerztherapie
Bettewiese 7
35043 Marburg
Tel. 06424/70223

❏ **Akupunktur-Praxis**
Dr. med. H. Proske
Steinfeldstr. 4b
35041 Marburg-Elnhausen
Tel. 06420/821749
dr.proske@
akupunktur-marburg.de
akupunktur-marburg.de

❏ **Andrea Thutewohl**
Studio für Ernährungsberatung
Alte Kasseler Str. 2
35039 Marburg
Tel. 06421/620768
Fax 06421/620768
a.thutewohl@
dr-ambrosius.de
www.dr-ambrosius.de

❏ **Cornelia Galland**
Yogalehrerin BDY/EYU
Am Schlag 5
35037 Marburg
Tel. 06421/614888
Fax 06421/614889
Cornelia.Galland@
t-online.de
www.yoga.de/
Cornelia Galland

❏ **Daniela Falkenberg**
Mediatorin + RA
Hannah-Arendt-Str. 3-7
35037 Marburg
Tel. 06421/340340
daniela.falkenberg@
t-online.de

❏ **Dentalstudio Carbonarius**
Gutenbergstr. 35
35037 Marburg

Tel. 06421/164944
carbon@carbonarius.de
www.carbonarius.de
❏ **Dr. Gabriele Weyel**
Ernährungsberatung
Frankfurter Str. 16
35037 Marburg
Tel. 06421/924452
Fax 06421/924453
Mo-Fr 10-13,
Di+Do 15-17

❏ **Ergotherapeutische Praxis**
Petra Rohrich u. Team
Frankfurter Str. 4
35037 Marburg
Tel. 06421/164545

❏ **Gemeinschaftspraxis f. Physiotherapie**
*A. Goecke,
B. Schmermund-Eltschkner*
Am Bahndamm 1
35041 Marburg
Tel. 06421/971540
Fax 06421/971541

❏ **Gestalt Praxis**
Dörte Vogel
Deutschhausstr. 21
35037 Marburg
Tel. 06421/620817
Fax 06421/620817
vogel d@gmx.de

❏ **Gestaltinstitut Marburg**
Uferstr. 11
35037 Marburg
Tel. 06421/62211
Fax 06421/62211
Mo, Mi, Fr 10-13

❏ **Hebamme Ellen Laux**
Heuberg 2
35091 Cölbe
Tel. 06421/163373
Ellen.Laux@web.de

❏ **Institut für Naturheilverfahren**
Uferstr. 1
35037 Marburg
Tel. 06421/6843-0
Fax 06421/6843-50
Mo-Fr 9-17

❏ **Kassenärztliche Vereinigung Hessen**
Raiffeisenstr. 6
35043 Marburg-Cappel

Tel. 06421/4005-0
Fax 06421/4005-74
❏ **Kosmetik Studio Kirch für Sie & Ihn**
Susanne Kirch, staatl. gepr. Fachkosmetikerin
Ockershäuser Str. 76
35037 Marburg-Ockershausen
Tel. 06421/31188

❏ **Krankengymnastik-Praxis**
Herpers
Biegenstr. 40
35037 Marburg

❏ **Naturheilkunde Tagesklinik mit Schmerzambulanz AG**
Uferstr. 1
35037 Marburg
Tel. 06421/6843-0
Fax 06421/6843-50
b.weber@firemail.de
Mo-Fr 8:30-17:30

❏ **Nikken-Fachberatung**
"Für ein gesundes Leben in Balance"
Hannah-Arendt-Str. 3-7
35037 Marburg
Tel. 06421/305777
Fax 06421/305778
nikken-marburg@
gmx.de

❏ **Ottmar Göller**
Atemtherapeut
Mönchwaldstr. 15
35043 Marburg
Tel. 06421/46248
-b-g-@web.de

❏ **Praxis f. ayurvedische Medizin und Pflanzenheilkunde**
HP Ildiko Lange-Methfessel
Am Brauhaus 5
35274 Kirchhain
Tel. 06422/938844

❏ **Praxis für physikalische Therapie**
U. Müller u. Th. Maurus
Bahnhofstr. 17
35037 Marburg
Tel. 06421/683290

❏ **Reha-Fit**
Am Krekel 49
35039 Marburg

Tel. 06421/9454-0
Fax 06421/9454-54
info@
reha-fit-marburg.de
❏ **Rolfing-Studio Marburg**
Sönke Preck
Auf der Haide 16
35043 Marburg
Tel. 06421/484591
Fax 06421/484590
info@
rolfing-marburg.de
rolfing-marburg.de

❏ **Seip Dental-Technik**
Am Grün 33
35037 Marburg
Tel. 06421/9263-0

❏ **Spa Adagio**
Day Spa, Wellness
Wilhelmstr. 6
35037 Marburg
Tel. 06421/683881
Fax 06421/166018
info@spa-adagio.de
www.spa-adagio.de
Mo-Fr 10-18

❏ **Synergetiktherapie, Coaching und Meditation**
Stefanie Mertens, Synergetik Therapeutin und Coach
Werderstr. 7a
35037 Marburg
Tel. 06421/309299
stefanie.mertens.mr@
gmx.de
Termine nach
Vereinbarung

❏ **Ursula Delibas**
Heilpraktikerin
Frankfurter Str. 25
35315 Homberg/Ohm
Tel. 06633/911277
Fax 06633/911278
NaturheilpraxisDelibas@t-online.de

Getränkemärkte und -verlage

❏ **Bierverlag Kombächer**
Wehrdaer Weg 28

35037 Marburg
Tel. 06421/67873
❏ **Burghardt und Schneider**
Temmlerstr. 13
35039 Marburg
Tel. 06421/43211
Fax 06421/43265

❏ **Getränke-Industrie Mittelhessen**
Naumann, Merz, Fiss GmbH & Co. KG
Zur Burgruine 12
35043 Marburg
Tel. 06421/5510
Fax 06421/551260

❏ **GIM/GAM**
Getränkeabholmarkt
Gisselberger Str. 47
35037 Marburg
Tel. 06421/92125

❏ **J. Naumann Getränke GmbH & Co. Handels KG**
Getränkegroßhandel und GAM-Märkte
Neue Kasseler Str. 23a
35039 Marburg
Tel. 06421/9632-0
Fax 06421/9632-40

Glasereien

❏ **Bild und Rahmen**
Glaserei Werner
Untergasse 5
35037 Marburg
Tel. 06421/25456
Fax 06421/161754

❏ **Glasbläserei Walter Hartung**
Frankfurter Str. 25
35037 Marburg
Tel. 06421/24529

❏ **Glaserei Käfer**
Rosenstr. 12
35037 Marburg
Tel. 06421/63555
Fax 06421/63544
Mo-Do 8-17, Fr 8-16

❏ **Glaserei Werner**
Im Rudert 9
35043 Marburg
Tel. 06421/25456
Fax 06421/161754

Haushaltswaren

❏ **Kaufhaus Ahrens**
Universitätsstr. 14 – 22
35037 Marburg
Tel. 06421/298-0
Fax 06421/298-300
info@
kaufhaus-ahrens.de
kaufhaus-ahrens.de
Mo-Fr 9-19, Sa 9-16

❏ **Porzellanhaus Wege**
Neustadt 27
35037 Marburg
Tel. 06421/66171

❏ **Schumacher**
Glas Porzellan WMF
Bahnhofstr. 21
35037 Marburg
Tel. 06421/65838
Fax 06421/65838

❏ **Vino & Formaggio**
Barfüßerstr. 22
35037 Marburg
Tel. 06421/12143

Heimwerkerbedarf und Farben

❏ **Farbenhaus Jung**
Farben – Tapeten – Künstlerbedarf
Gutenbergstr. 13
35037 Marburg
Tel. 06421/23266
Fax 06421/924189
farben-jung@
t-online.de
www.farben-jung.de
Mo-Fr 8-18, Sa 8:30-13

❏ **Herkules-Technik-Partner**
Temmlerstr. 9
35039 Marburg
Tel. 06421/94800-0

❏ **Jatzko & Schmidt**
Maschinen – Beschläge – Schrauben
Steinweg 31
35037 Marburg
Tel. 06421/690160
Fax 06421/690465

Metzgerei VÖLCK
Party-Service
Qualität ist unser Prinzip
Hebertsbach 2 • 35091 Cölbe-Schönstadt
Telefon (0 64 27) 23 32 • Telefax (0 64 27) 28 50

Marktplatz

info@jatzko-schmidt.de
www.jatzko-schmidt.de
Mo-Do 7:30-12 + 13-17
(Fr bis 16)

❑ **OBI Bau- und Heimwerkermarkt**
Einkaufszentrum Wehrda
35043 Marburg
Tel. 06421/8828-0

❑ **Praktiker Bau- und Heimwerkermärkte**
Afföllerstr. 90
35039 Marburg
Tel. 06421/68490

❑ **Schmitt und Orschler**
GmbH & Co. Farben und Heimtex KG
Am Bahndamm 5
35041 Marburg
Tel. 06421/8006-0
Fax 06421/8006-40

Heizung, Sanitär

❑ **Balzer GmbH & Co.KG**
• Krummbogen 10
35039 Marburg
Tel. 06421/603-0
Fax 06421/603-253
• Johann-Konrad-Schäfer-Str. 10
35039 Marburg
Tel. 06421/603-0

❑ **Gräser GmbH**
Zentralheizungs- und Sanitäranlagen
Frankfurter Str. 3
35039 Marburg
Tel. 06421/20008

❑ **Hüttl Heizung Sanitär GmbH**
Rennweg 5
35091 Cölbe-Bürgeln
Tel. 06427/473

❑ **Pfalz GmbH**
Gas-Wasser Installation
Oberweg 42
35041 Marburg
Tel. 06421/81224
Fax 06421/85746

❑ **Sonnenschein**
Heizung / Sanitär / Bäder
J.-Konr.-Schaefer-Str. 6

35039 Marburg
Tel. 06421/95000
Fax 06421/950096
"7-Tage-Bad" Ausstellung, Frauenbergstr. 22,
Tel. 06421/950095

Hobby

❑ **Briefmarken und Münzen**
August Kleinberg
Neustadt 13
35037 Marburg
Tel. 06421/61092

❑ **Flo No. 7**
Reitgasse 11
35037 Marburg
Tel. 06421/166761
Mo-Fr 9-18, Sa 9-13

❑ **Mandragora**
Steinweg
35037 Marburg

❑ **Mikes Modellwelt**
Ketzerbach 19 1/2
35037 Marburg
Tel. 06421/590810
Fax 06421/590809
mikesmodellwelt@aol.com
mikes-modellwelt.de

Hörakustik

❑ **Böhler Hörakustik**
Universitätsstr. 55
35037 Marburg
Tel. 06421/22120
Fax 06421/164665
Mo-Fr 9-13 + 14:30-18

❑ **Hörgeräte Espig**
Augustinergasse 2
35037 Marburg
Tel. 06421/270383
Fax 06421/270384

❑ **Scharf**
Optik Hörgeräte Contactlinsen
Gutenbergstr. 13
35037 Marburg
Tel. 06421/23523
Fax 06421/23823
info@scharf-sehen.de
www.scharf-sehen.de
Mo-Fr 8:45-18,
Sa 8:45-13
Contactlinsen-Shop im Internet unter
www.lookandorder.com

❑ **Siebert**
Augenoptik & Hörakustik GmbH
Bahnhofstr. 13
35037 Marburg
Tel. 06421/61092
Fax 06421/65620
info@siebertonline.de
www.siebertonline.de
Mo-Fr 9-18 , Sa 9-13
Filialen in Kirchhain und Stadtallendorf

Immobilien

❑ **1a-Top-Immobilien**
Beratungs-Service-Dienstleistung Lars-O. Hyland
Hannah-Arendt-Str. 3-7
35037 Marburg
Tel. 06421/4897-92
Fax 06421/4897-94
info@1a-top-immobilien.de
1a-top-immobilien.de

❑ **Bauer & Lorenz Immobilien GmbH**
Universitätsstr. 62
35037 Marburg
Tel. 06421/1742-0
Fax 06421/1742-18
h.bauer@bauer-lorenz.de
www.bauer-lorenz.de
Mo-Fr 9-13 + 14-17:30,
Sa 9:30-13

❑ **BHW Immobilien GmbH**
Mariborer Str. 2
35037 Marburg
Tel. 06421/23036
Fax 06421/23038

❑ **Büro Pfob**
Hausverwaltung
Universitätsstr. 29
35037 Marburg
Tel. 06421/25266

❑ **Dipl. Immobilienwirt Philipp Ludwig**
Immobilienservice
Weidenhäuser Str. 37

35037 Marburg
Tel. 06421/44455
Fax 06421/45545

❑ **Gemeinnützige Wohnungsbau GmbH Marburg-Lahn (GeWoBau)**
Pilgrimstein 17
35037 Marburg
Tel. 06421/9111-0
Fax 06421/9111-11
gewobau@gewobau-marburg.de
gewobau-marburg.de
Mo-Mi 8:30-12 + 14-16,
Do 8:30-12 + 14-17
Marburgs größter Vermieter

❑ **GWH**
Gemeinnützige Wohnungsgesellschaft mbH Hessen
Gerhard-Jahn-Platz 17
35037 Marburg
Tel. 06421/92730
Fax 06421/927311
Marburg@gwh.de
www.gwh.de

❑ **Hoppe Immobilien**
Rollwiesenweg 2a
35039 Marburg
Tel. 06421/43056

❑ **Immobilien Kopaniak**
Bahnhofstr. 20
35037 Marburg
Tel. 06421/61166
Fax 06421/66996
buero@kopaniak-im-mobilien.de
kopaniak-immobilien.de

❑ **Immobilien Stein**
Ketzerbach 44
35037 Marburg
Tel. 06421/61286
Fax 06421/66766

❑ **Immobilien VDM Feurich**
Wettergasse 8
35037 Marburg
Tel. 06421/6096-0
Fax 06421/6096-19

❑ **Martin Baum**
Immobilien und Versicherungen
Universitätsstr. 55
35037 Marburg
Tel. 06421/25055
Fax 06421/15758

❑ **MGT Immobilien**
Erlenring 2
35037 Marburg
Tel. 06421/200987

❑ **Naumann Immobilien**
Liebigstr. 2
35037 Marburg
Tel. 06421/41190
Fax 06421/43694
hjn-immobilien.de
Mo-Fr 8:30-13,
Mo, Di, Do 14:30-18

❑ **S & S Grundbesitz**
GmbH - Karsten Schreyer
Krummbogen 14
35039 Marburg
Tel. 06421/68555-0
Fax 06421/68555-11
info@GundS-Marburg.de
www.SundS-Marburg.de

❑ **Schernbeck Immobilien**
Schwanallee 48a
35037 Marburg
Tel. 06421/24024

❑ **Schulz Immobilien**
Frauenbergstr. 18
35039 Marburg
Tel. 06421/173830

❑ **V+R Immobilien**
Vermittlungsservice der Marburger Bank
Alter Kirchhainer Weg 5
35039 Marburg
Tel. 06421/12055
Fax 06421/161161
Mo-Do 9-12:30 + 14-17
(Fr bis 16)

Internet

❑ **echternacht new media**
Neue Kasseler Str. 62
35039 Marburg
Tel. 06421/17688-0
Fax 06421/17688-88
info@echternacht.com
www.echternacht.com

❑ **ICC GmbH**
Software Center 3
35037 Marburg
Tel. 06421/581-0
Fax 06421/581-989

❑ **Internet Treff**
Pilgrimstein 24
35037 Marburg
Tel. 06421/924705

❑ **Internet World**
Bahnhofstr. 23
35039 Marburg
Tel. 06421/690608

❑ **TriPuls Media Innovations GmbH**
Hannah-Arendt-Str. 3-7
35037 Marburg
Tel. 06421/305880
Fax 06421/305888
kontakt@tripuls.de
www.tripuls.de
Mo-Do 9-18, Fr 9-16

Kanu

❑ **Bootsverleih**
Trojedamm 1
35037 Marburg
Tel. 06421/13180
April-Oktober 10-19

❑ **Heckmann Kanutouren**
Freizeitspaß auf der Lahn
Im Paradies 4
35085 Rauischholzhausen
Tel. 06424/923930
Fax 06424/923931
kanu@kanuheckmann.de
www.kanuheckmann.de
Mo-Fr 9-19, Sa 10-14
Täglich Kanuverleih mit Personentransfer

❑ **Kanu Tours**
Uferweg 12
35398 Gießen
Tel. 0641/9303636
Fax 0641/9303637
www.kanutours-giessen.de

❑ **Kanuverleih Lahntours**
LT-Aktivreisen
Lahntalstr. 45
35096 Weimar-Roth
Tel. 06426/92800
Fax 06426/928010
info@lahntours.de
www.lahntours.de

**Ihr Fachbetrieb für
Öl- und Gas-Kesselerneuerung
Gas-Geräte**

Sonnenschein GmbH
Seit 1908 HEIZUNG SANITÄR

Marburg • Johann-Konrad-Schaefer-Str. 6
Tel. (06421) 9 50 00

"7-Tage-Bad" Ausstellung, Frauenbergstr. 22 • Tel.(06421) 95 00 95

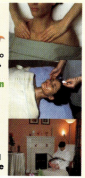

Spa Adagio
welcome to wellness
**Ganzkörpermassagen
Kosmetik
Ayurveda
Hamam
und vieles mehr**
35037 Marburg
Wilhelmstraße 6
Tel.: 0 64 21-68 38 81
www.spa-adagio.de

Marktplatz

Jeden Donnerstag kostenlos!

KLEINANZEIGEN ANNAHME

Telefon: 0 64 21/**68 44 68**
Fax: 0 64 21/68 44 44

Online: www.marbuch-verlag.de

Beauty, Nails & More

Gabriela Kuhn
Frankfurter Straße 30 · 35037 Marburg
Tel.: 06421-166226 · Mobil 0160-9500 43 33

❒ **Kanuvermietung Krumos Kanus**
Beethovenstr. 1
35606 Solms
Tel. 06442/92118
Fax 06442/92119
Büro 9-12 und 14-17,
Kanuvermietung
15. April-31. Oktober

Kassensysteme

❒ **LUKAS, Lutz & Urich Kassensysteme**
Hannah-Arendt-Str. 3-7
35037 Marburg
Tel. 06421/305450
Fax 06421/305470
Lukas@Kassen.de
www.Lukas.Kassen.de

Kaufhäuser

❒ **Deutsche Woolworth GmbH & Co. OHG**
Bahnhofstr. 12
35037 Marburg
Tel. 06421/961920
Fax 06421/961921
www.woolworth.de
Mo-Fr 9-19, Sa 9-16

❒ **Kaufhaus Ahrens**
Universitätsstr. 14 – 22
35037 Marburg
Tel. 06421/298-0

Fax 06421/298-300
info@kaufhaus-ahrens.de
kaufhaus-ahrens.de
Mo-Fr 9-19, Sa 9-16

❒ **Technik-Center Quelle**
Bahnhofstr. 14
35037 Marburg
Tel. 06421/6090-0
Fax 06421/6090-20

❒ **TEKA Kaufhaus**
Brinkmann GmbH
Bahnhofstr. 3
35037 Marburg
Tel. 06421/68511-0
Fax 06421/68511-25

Konditoreien

❒ **Bäckerei Wagner**
GmbH
Barfüßerstr. 43
35037 Marburg
Tel. 06421/25174
Fax 06421/21296
baeckerei-wagner@gmx.de
Mo-Sa 7:30-18:30,
So 10-18:30

❒ **Café Rosenpark**
Vila Vita Hotel & Residenz Rosenpark
Rosenstr. 18-28
35037 Marburg
Tel. 06421/6005-570
Fax 06421/6005-100

info@rosenpark.com
www.vilavitahotels.com
Tägl. 8-18

❒ **Conditorei & Café Vetter**
Reitgasse 4
35037 Marburg
Tel. 06421/25888

❒ **Conditorei & Café Klingelhöfer**
• Haspelstr. 21
35037 Marburg
Tel. 06421/23372
Fax 06421/23371
• Wettergasse 38
35037 Marburg
Tel. 06421/64206

Kopierläden

❒ **Copy am Grün**
Am Grün 46
35037 Marburg
Tel. 06421/161422

❒ **Copy Shop**
Rudolphsplatz
35037 Marburg
Tel. 06421/26566
Fax 06421/26566

❒ **CopyPrint**
Pilgrimstein 22
35037 Marburg
Tel. 06421/161264
Fax 06421/161257
Copyprint-Marburg@t.online.de
Mo-Fr 9-18, Sa 10-14

❒ **Kopier Service**
Lingelgasse 5b
35037 Marburg
Tel. 06421/26626

❒ **Kopierstub Eberling**
Hofstatt 1
35037 Marburg
Tel. 06421/13951
Fax 06421/164610

❒ **Studentenblitz**
Weidenhäuser Str. 9
35037 Marburg
Tel. 06421/14774

Kosmetik

❒ **Beauty, Nails & More**
Gabriela Kuhn
Frankfurter Str. 30
35037 Marburg
Tel. 06421/166226
Kosmetik, Nagelmodellage, Permanent Make-Up & mehr

❒ **Chio's Flair**
Kosmetik & Nagelstudio
Marburger Str. 46
35043 Marburg
Tel. 06421/51191
Fax 06421/485754
www.ChiosFlair.de
Mo-Fr 9:30-19:30
(nach tel. Absprache)

❒ **Kosmetic-Institut Carisma**
Renthof 18

35037 Marburg
Tel. 06421/66289

❒ **Kosmetik Angelika Rosenau**
Liebigstr. 36
35037 Marburg
Tel. 06421/12296

❒ **Kosmetik Bazar**
Augustinergasse 5
35037 Marburg
Tel. 06421/161363

❒ **Kosmetik für Sie und Ihn**
Schloßberg-Atelier
Universitätsstr. 57
35037 Marburg
Tel. 06421/14688
Di-Fr 10-20

❒ **Kosmetik-Institut und Parfümerie Liliensiek**
• Am Kaufmarkt 1
35041 Marburg-Wehrda
Tel. 06421/811113
Fax 06421/982891
• Elisabethstr. 10
35037 Marburg
Tel. 06421/65681
Fax 06421/982891

❒ **Laser-Haarentfernungsstudio Hairless Body**
Dr. Brigitte Höhler
Großseelheimer Str. 87
35039 Marburg
Tel. 06421/161112
Fax 06421/992989

kontakt@hairless-body.de
www.hairless-body.de

❒ **Parfümerie Douglas**
Wettergasse 6
35037 Marburg
Tel. 06421/14493
Fax 06421/14066

❒ **Parfümerie Gröbel**
Wettergasse 15
35037 Marburg
Tel. 06421/13399
Fax 06421/924933

❒ **Schönheitsfarm Beauty-Garden**
Vila Vita Hotel & Residenz Rosenpark
Rosenstr. 18-28
35037 Marburg
Tel. 06421/6005-195
Fax 06421/6005-100
info@rosenpark.com
www.vilavitahotels.com
Mo-Sa 9-18

❒ **Spa Adagio**
Day Spa, Wellness
Wilhelmstr. 6
35037 Marburg
Tel. 06421/683881
Fax 06421/166018
info@spa-adagio.de
www.spa-adagio.de
Mo-Fr 10-18

❒ **The Body Shop Marburg**
Wettergasse 28

Kanuverleih · Kanutouren Regional-Aktivtourismus

Heckmann Kanutouren
Tel. 06424-923930 · Fax 06424-923931
www.kanuheckmann.de
e-mail: kanu@kanuheckmann.de

Natur pur ... Freizeitspaß auf der Lahn

Marktplatz

35037 Marburg
Tel. 06421/683872
❑ **Vergißmeinnicht**
Kosmetik & Mehr
E.-von-Behring-Str. 24
35041 Marburg
Tel. 06421/988270
❑ **Yaska**
Wettergasse 6
35037 Marburg
Tel. 06421/14493

Krankenkassen

❑ **AOK – Die Gesundheitskasse in Hessen**
Geschäftsstelle Marburg
Untergasse 8
35037 Marburg
Tel. 06421/1749-10
Fax 06421/1749-19
Mo-Mi+Fr 8:30-16:30
(Do bis 18)
❑ **Barmer Ersatzkasse**
Biegenstr. 4 /
Lahncenter
35037 Marburg
Tel. 06421/583-0
Fax 06421/583-290
marburg@barmer.de
www.barmer.de
Mo-Mi 7:30-16:30,
Do 7:30-17:30,
Fr 7:30-16
❑ **Deutsche Angestellten Krankenkasse**
Krummbogen 14
35039 Marburg
Tel. 06421/9623-0
Fax 06421/9623-19
www.dak.de
❑ **IKK**
Innungskrankenkasse für Nord- und Mittelhessen
Schückingstr. 11
35037 Marburg
Tel. 06421/9282-0
❑ **KKH**
Bahnhofstr. 36
35037 Marburg
Tel. 06421/63042
Fax 06421/682215
Mo-Fr 9-13,
Do 15-17:30
❑ **sancura BKK**
Laufdorfer Weg 2

35578 Wetzlar
Tel. 06441/92970
Fax 06441/9297690
info@sancura-bkk.de
www.sancura-bkk.de
❑ **Schwäbisch Gmünder Ersatzkasse (GEK)**
Alter Kirchhainer Weg 5
35039 Marburg
Tel. 06421/9115-0
❑ **Techniker Krankenkasse**
Krummbogen 15
35039 Marburg
Tel. 06421/6092-0
Fax 06421/6092-30

Kunsthandel, Bilder, Rahmen

❑ **Atelier-Galerie**
A. Henke-Reinarz
Weidenhäuser Str. 49
35037 Marburg
Tel. 06421/13889
❑ **Bild und Rahmen**
Glaserei Werner
Untergasse 5
35037 Marburg
Tel. 06421/25456
Fax 06421/161754
❑ **Crispe**
Bild + Rahmen
Wettergasse 10
35037 Marburg
Tel. 06421/27797
Fax 06421/27797
Mo-Fr 10-18:30,
Sa 10-16
❑ **Kunsthaus Käfer**
Untergasse 13
35037 Marburg
Tel. 06421/27884

Kunsthandwerk

❑ **Artesano**
Barfüßerstr. 32
35037 Marburg
Tel. 06421/26707
info@
artesano-marburg.de
artesano-marburg.de

❑ **Hessenstube**
Kunstgewerbe Lenz
Markt 8
35037 Marburg
Tel. 06421/26823
❑ **Kerzen & Mehr**
Wettergasse 21
35037 Marburg
Tel. 06421/617804
Fax 06421/617805
❑ **Kristall**
Die Magie des Schönen
Neustadt 19
35037 Marburg
Tel. 06421/66188
Fax 06427/930203
service@
kristall-web.de
www.kristall-web.de
Mo-Fr 10-18:30,
Sa 10-16
❑ **Marburger Kunsttöpferei**
Handarbeit seit 1809
Steinweg 8
35037 Marburg
Tel. 06421/65611
Fax 06421/65610
Mo-Fr 9:30-13 + 14:30-18:30, Sa 9:30-15
❑ **Orient-Bazar**
von China bis Marokko
Wettergasse 43
35037 Marburg
Tel. 06421/64832
zayto@web.de
Mo-Fr 11-18, Sa 11-15
❑ **Ton und Steine – Keramikatelier**
Laden f. Kunst & Kreatives
Auf dem Heckenstück 13
35075 Gladenbach-Friebertshausen
Tel. 06462/3522
Fax 06462/3594
ton-und-steine.de.vu
Mi 9-18, Fr 15-18

Künstlerischer Unterricht

❑ **KunstWerkStatt**
der Marb. Malschule e.V.
Brüder-Grimm-Schule (R1)
Alter Kirchhainer Weg 8

35037 Marburg
Tel. 06421/12552
❑ **la percussion**
Djembé-Schule in Marburg
Bei St. Jost 11a
35039 Marburg
Tel. 06421/162717
Fax 06421/162717
lapercussion@lycos.de
lapercussion.cjb.net
Workshops und Kurse für Djembé, Didgeridoo, Congas, Booking von Percussiongruppen
❑ **Musikschule Marburg**
Am Schwanhof 68
35037 Marburg
Tel. 06421/13337
Fax 06421/13327
Mo-Fr 10-12,
Di+Do 14-16

Laborbedarf

❑ **Kobe**
Labor und. Krankenhausbedarf
Rosenstr. 16
35037 Marburg
Tel. 06421/68507-0
Fax 06421/68507-17
info@kobe.de
www.kobe.de
Mo-Do 8-17, Fr 8-13

Lebensmittel

❑ **Asialand**
Türkische Spezialitäten & Stehcafe
Neustadt 24
35037 Marburg
Tel. 06421/683537
Mo-Sa 8-20
❑ **Bohne**
Espresso-Bar
Steinweg 19
35037 Marburg
Tel. 06421/690655
Fax 06421/686127
Mo-Fr 10-18, Sa 10-14
❑ **Frische Fleckenbühler Landprodukte**
Weidenhäuser Str. 2

35037 Marburg
Tel. 06421/26677
Fax 06421/26630
h.back@suchthilfe.org
www.suchthilfe.org
Mo-Fr 9-18:30,
Sa 8:30-14
❑ **Früchte Simon**
Weidenhäuser Str. 75
35037 Marburg
Tel. 06421/23494
❑ **Heinzelmännchen**
Barfüßerstr. 9
35037 Marburg
Tel. 06421/9220111
Fax 06421/9220113
❑ **Kaufhaus Ahrens**
Universitätsstr. 14 – 22
35037 Marburg
Tel. 06421/298-270
Fax 06421/298-310
bestellannahme@
kaufhaus-ahrens.de
kaufhaus-ahrens.de
Mo-Fr 9-19, Sa 9-16
❑ **Lebensmittel Funke**
Biegenstr. 31
35037 Marburg
Tel. 06421/67565
❑ **Nordsee GmbH**
Universitätsstr. 15
(Schloßbergcenter)
35037 Marburg
Tel. 06421/25546
Fax 06421/25541
❑ **Ökokiste**
Bioliferservice
Zum Lahnberg 13
35043 Marburg-Bauerbach
Tel. 06421/924037
Fax 06421/924038
info@hofmanns-hof.de
www.hofmanns-hof.de
Mo, Mi, Fr 16-18
❑ **Ollhoff Markt**
Frankfurter Str. 37
35037 Marburg
Tel. 06421/24788
Fax 06421/78309
❑ **Onkel Emma**
Einkaufsgemeinschaft für Bioprodukte
Liebigstr. 14

35037 Marburg
Tel. 06421/979888
Fax 06421/979890
onkelemma@web.de
onkelemma-marburg.de
Mo, Di, Do, Fr 9:30-19,
Mi 9:30-12 + 14-19,
Sa 9:30-15
❑ **Pauly Knusperlädchen**
Fabrikverkauf
Drei-Pauly-Weg 12
35085 Ebsdorfergrund-Dreihausen
Tel. 06424/303148
Fax 06424/303154
L.Rein@
Pauly-Biskuit.de
Mo-Fr 10-17, Sa 9-13
❑ **Wein & Käse**
Internation. Spezialitäten
Weidenhäuser Str. 46
35037 Marburg
Tel. 06421/24984

Lederwaren

❑ **Leder-Rhiel**
Offenbacher Lederwaren
Wettergasse 40
35037 Marburg
Tel. 06421/67124
Fax 06421/67831
rhiel-online@gmx.de
www.leder-rhiel.de
Mo-Fr 10-19, Sa 10-16
❑ **Lederwaren Maus**
Steinweg 34 + 36
35037 Marburg
Tel. 06421/65707

Maler

❑ **Malermeisterbetrieb Jürgen Balzer**
Allnatalstr. 4
35041 Marburg-Hermershausen
Tel. 06421/32151
❑ **Malerteam U. Kottas**
Am Denkmal 1
35041 Marburg
Tel. 06420/1592

Dauerhafte Haarentfernung
mit dem Alexandrit-Laser

Cellulite-Behandlung
durch Endermologie

Laser-Haarentfernungsstudio
HAIRLESS BODY

Großseelheimer Straße 87
35039 Marburg
Tel. 06421/161112
Fax 06421/992989

Faltenbehandlung mit
Botox, Hyahironsäure
(Restylane) u. Poly-Milchsäure
(New Fill)

weitere Laserbehandlungen
Altersflecken, Warzen,
Pigmentflecken, Narbenglättung

www.hairless-body.de

Marktplatz

Medien

☐ **Abraxas Medien werkstatt e.V.**
Robert-Koch-Str. 15a
35037 Marburg
Tel. 06421/682956
Fax 06421/682816
abraxas@lahn.net
www.lahn.net/abraxas

☐ **fjh-Journalistenbüro**
Furthstr. 6
35037 Marburg
Tel. 06421/66616
Fax 06421/66617
redaktion@
marburgnews.de
www.marburgnews.de
Seit März 2000 erscheint die Online-Zeitung "marburgnews". "marburginfos.de" bietet Vereinen, Institutionen, Firmen und Privatpersonen aus Marburg die Möglichkeit zum Eintrag ihrer Internetpräsenz.

☐ **HR**
Redaktionsbüro Marburg
Barfüßerstr. 50
35037 Marburg
Tel. 06421/24848
Fax 06421/27454
studiomittelhessen@
hr-online.de
www.hr-online.de

☐ **Klartext**
Presse- und Öffentlichkeitsarbeit, Text und Konzept
Uferstr. 1
35037 Marburg
Tel. 06421/988876
klartext@epost.de

☐ **Marburger Magazin EXPRESS**
Ernst-Giller-Str. 20a
35039 Marburg
Tel. 06421/6844-0
Fax 06421/6844-44
feedback@
marbuch-verlag.de
www.
marbuch-verlag.de
Kostenloses Stadtmagazin,
erscheint jeden Donnerstag, Annahme für private Kleinanzeigen unter Tel. 06421/6844-68, Fax 06421/6844-44,
www.marbuch-verlag.de

☐ **Marburger Neue Zeitung**
Schulstr. 18
35037 Marburg
Tel. 06421/169990
Fax 06421/15695
redaktion.mnz@
mail.mittelhessen.de
www.mittelhessen.de

☐ **MAZ**
Mittelhessische Anzeigen Zeitung
Bahnhofstr. 18
35037 Marburg
Tel. 06421/9620-0
Fax 06421/794639

☐ **Oberhessische Presse**
Geschäftsstelle
• Universitätsstr. 15
(Schloßbergcenter)
35037 Marburg
Tel. 06421/409-106
Fax 06421/164211
info@op-marburg.de
www.op-marburg.de
Mo-Fr 9-18:30,
Sa 9-13:30
• Franz-Tuczek-Weg 1
35039 Marburg
Tel. 06421/409-0
Fax 06421/409-179
sekretariat@
op-marburg.de
www.op-marburg.de

☐ **planet radio**
maximum music
60477 Bad Vilbel
Tel. 069/9783000
Fax 069/9783003
info@planetradio.de
www.planetradio.de

☐ **REMID**
Religionswissenschaftlicher Medien- und Informationsdienst e.V.
Wehrdaer Weg 16a
35037 Marburg
Tel. 06421/64270
Fax 06421/64270
remid@t-online.de
www.remid.de
Informationen in Sachen Religion. Archiv mit Dokumentationsstelle über Religionen in Deutschland. Aktuelle Informationen auch unter www.religion-online.info

☐ **RUM**
Radio Unerhört Marburg
Rud.-Bultmann-Str. 2b
35039 Marburg
Tel. 06421/683265
Fax 06421/961995
mail@radio-rum.de
www.radio-rum.de
Mo-Fr 11-14,
Do 16:30-18:30 (Büro)
Nichtkommerzielles, freies Radio; basisdemokratisch und selbstverwaltet

☐ **Sonntag-Morgenmagazin**
Am Urnenfeld 33
35396 Gießen
Tel. 0641/95203-0

Metzgereien

☐ **Findt Fleischwarenspezialitäten**
Schwanallee 27
35037 Marburg
Tel. 06421/25061
Fax 06421/25064

☐ **Fleischerei Hoffmann**
Inh. Erich Hoffmann
Wehrdaer Str. 147
35041 Marburg-Wehrda
Tel. 06421/82633
Fax 06421/82057

☐ **Fleischerei Jammer**
Schützenstr. 31
35039 Marburg
Tel. 06421/65663

☐ **Fleischerei Wernecke**
• Biegenstr. 29
35037 Marburg
Tel. 06421/620700
• Gerh.-Jahn-Platz 17
35037 Marburg
Tel. 06421/681185

☐ **Heinrich Meier III u. Sohn e. K.**
Fleischerei u. Partyservice
• Am Grün 35a
35037 Marburg
Tel. 06421/1736-0
Fax 06421/1736-12
fleischerei@meierIII.de
www.meierIII.de
• Universitätsstr. 10
35037 Marburg
• Gutenbergstr. 23
35037 Marburg
• Temmlerstr. 13
35037 Marburg

☐ **Metzgerei Bornemann**
• Roter Graben 18
35037 Marburg
Tel. 06421/9651-0
Fax 06421/9651-51
• Barfüßerstr. 41
35037 Marburg
Tel. 06421/175299

☐ **Metzgerei Völck**
Weidenhäuser Str. 27
35037 Marburg
Tel. 06421/26714

Mode & Textilien

☐ **A/X Store**
Barfüßerstr. 46
35037 Marburg
Tel. 06421/992953
Fax 06421/162087

☐ **Adonis-Herrenwäsche**
Barfüßerstr. 23
35037 Marburg
Tel. 06421/92188
Fax 06421/92187

☐ **Artesano**
Barfüßerstr. 32
35037 Marburg
Tel. 06421/26707
info@
artesano-marburg.de
artesano-marburg.de

☐ **Begro R. Krug GmbH**
Industriestr. 5
35041 Marburg
Tel. 06421/98690

☐ **Benetton**
Neustadt 1
35037 Marburg
Tel. 06421/67170

☐ **Bonita**
Wettergasse 4
35037 Marburg
Tel. 06421/92165

☐ **Boutique Karussell**
Haspelstr. 1
35037 Marburg
Tel. 06421/13030

☐ **Boutique Pepita**
Neustadt 3
35037 Marburg
Tel. 06421/65559

☐ **Boutique Schick + Schock**
Neustadt 6 – 7
35037 Marburg
Tel. 06421/66006

☐ **Boutique Sweetheart**
Steinweg 35a
35037 Marburg
Tel. 06421/22841

☐ **Boutique Vis à Vis**
Neustadt 11
35037 Marburg
Tel. 06421/682216

☐ **Brautboutique Katharina**
Am Grün 34
35037 Marburg
Tel. 06421/175700

☐ **C & A Mode KG**
Untergasse 4
(Schloßbergcenter)
35037 Marburg
Tel. 06421/169720
Fax 06421/16972113
Mo-Fr 9-19, Sa 9-16

☐ **Cara Mia**
Augustinergasse 4
35037 Marburg

☐ **Cosmos**
Streetwear
Barfüßerstr. 20
35037 Marburg
Tel. 06421/210900
Fax 06421/162087
Mo-Fr 10-19, Sa 10-16

☐ **Damenmode Vaupel**
Am Erlengraben 2
35037 Marburg
Tel. 06421/913014
Fax 06421/913020

☐ **Don T-Shirt Fashion**
Bahnhofstr. 16a
35039 Marburg
Tel. 06421/683389

☐ **Fa. Franz Rumpf**
Damen- + Herrenhüte
Neustadt 8
35037 Marburg
Tel. 06421/65660

☐ **Fashion by Karin Keßler**
Ketzerbach 14
35037 Marburg
Tel. 06421/66417

☐ **Figge GmbH**
Berufsbekleidung
Bahnhofstr. 32
35037 Marburg
Tel. 06421/63733
Fax 06421/686187
info@figge.de
www.figge.de
Mo-Fr 9-18, Sa 9-13
Berufsbekleidung für:
Industrie, Handwerk, Handel, Medizin, Gastronomie

☐ **Flip-Maschine**
Untergasse 20
35037 Marburg
Tel. 06421/14566

☐ **Foster Naturkleidung**
Barfüßerstr. 53
35037 Marburg
Tel. 06421/163856

☐ **Georg Blank GmbH**
Blank-Stoffe
Steinweg 26
35037 Marburg
Tel. 06421/6200405
Fax 06421/6200408
info@Blank-Stoffe.de
www.Blank-Stoffe.de
24 h (e-commerce)

☐ **Gerardy Design**
Neustadt 21
35037 Marburg
Tel. 06421/684848

Internationale Spezialitäten · über 75 Sorten Malt Whisky · Pasta, Spezereien · Weine aus Italien, Frankreich, Spanien, Portugal · heimische Biowaren · Präsentkörbe · Lieferservice

Frischmarkt Wilhelm
der Geheimtip

Frischmarkt Wilhelm
Am Marktplatz 16
Wittelsberg
35085 Ebsdorfergrund
Tel. 06424/1235
Fax 5483
Geöffnet Mo-Fr 7-13
und 14.30-19 Uhr
Sa 7-14 Uhr

Marktplatz

Jeden Donnerstag kostenlos!

KLEINANZEIGEN ANNAHME

Telefon: 0 64 21/**68 44 68**
Fax: 0 64 21/68 44 44

Online: www.marbuch-verlag.de

☐ **Grebe Moden**
Elisabethstr. 4
35037 Marburg
Tel. 06421/96044
Fax 06421/96046

☐ **Herrenausstatter Homberger's**
Bahnhofstr. 11
35037 Marburg
Tel. 06421/65619

☐ **Herrenkleidung Junk**
Gutenbergstr. 15
35037 Marburg
Tel. 06421/26678
Fax 06421/924979

☐ **Home of Jeans**
Herr Dehghan
Elisabethstr. 6
35037 Marburg
Tel. 06421/590553

☐ **Hosen Leonhardt**
Inh. Werner Pez
Elisabethstr. 15
35037 Marburg
Tel. 06421/67752
Fax 06421/67752

☐ **Hysterie**
Barfüßerstr. 48
35037 Marburg
Tel. 06421/15116
Fax 06421/15117

☐ **Jean Pascale**
Schloßbergcenter
35037 Marburg
Tel. 06421/917003
Fax 06421/917008

www.jean-pascale.com
Mo-Fr 9-19, Sa 9-16

☐ **Jeans & Fashion Herrmann**
Elisabethstr. 13
35037 Marburg
Tel. 06421/681515

☐ **Jeans Palast**
Inh. Marina Zimmer
Wettergasse 32
35037 Marburg
Tel. 06421/67278

☐ **Jeans-Store Seng**
Wettergasse 26
35037 Marburg
Tel. 06421/66116
Fax 06421/66116

☐ **Joke's Boutique**
Bahnhofstr. 18a
35037 Marburg
Tel. 06421/681868

☐ **KiK Textilien u. Non-Food GmbH**
Temmlerstr. 13
35039 Marburg
Tel. 06421/485269

☐ **Kratz**
Mode
Hirschberg 18
35037 Marburg
Tel. 06421/25325

☐ **Kristall**
Die Magie des Schönen
Neustadt 19
35037 Marburg
Tel. 06421/66188
Fax 06427/930203

service@kristall-web.de
www.kristall-web.de
Mo-Fr 10-18:30,
Sa 10-16

☐ **Mäntel Springer**
Wettergasse 23
35037 Marburg
Tel. 06421/63323

☐ **Marienkäfer Kinderladen**
Second hand + Neuware
Barfüßerstr. 9a
35037 Marburg
Tel. 06421/161314
Mo-Sa 10-13,
Mo, Di, Do, Fr 14-18

☐ **Marlies Utz**
Liebigstr. 23
35037 Marburg
Tel. 06421/27321

☐ **Memphis**
Barfüßerstr. 46
35037 Marburg
Tel. 06421/161800
Fax 06421/162087

☐ **Merlin**
Wettergasse 3
35037 Marburg
Tel. 06421/13983
Fax 06421/176437

☐ **mister + lady Jeans**
Erlenring 19
(Erlenringcenter)
35037 Marburg

Tel. 06421/21222
☐ **Mode naturelle**
Neustadt 2
35037 Marburg
Tel. 06421/26899
Fax 06421/590402

☐ **Modeatelier Sebald**
Haspelstr. 19
35037 Marburg
Tel. 06421/23559

☐ **Moden Zimmermann**
Wettergasse 30
35037 Marburg
Tel. 06421/683567

☐ **Modissa**
Universitätsstr. 17
35037 Marburg
Tel. 06421/298311
Mo-Fr 9-19, Sa 9-16

☐ **Mone's Dessous**
Barfüßerstr. 24
35037 Marburg
Tel. 06421/12325
Fax 06421/12329

☐ **Na Sowas Hochzeitsmoden**
Mühlstr. 11a
35390 Gießen
Tel. 0641/97595-0
Fax 0641/97595-20
Mo-Fr 10-18, Sa 9-16

☐ **New Yorker**
Schloßbergcenter
35037 Marburg
Tel. 06421/309398

Fax 06421/309421
www.newyorker.de
Mo-Fr 9-19, Sa 9-16

☐ **Patchouli**
Indien-Mode und Silberschmuck aus Direktimport
Gutenbergstr. 17
35037 Marburg
Tel. 06421/12311
Mo-Fr 10-19, Sa 10-16

☐ **Patrick Smague**
Damenmode
Reitgasse 13
35037 Marburg
Tel. 06421/27464
Fax 06421/15917

☐ **R K Moden**
Haspelstr. 1
35037 Marburg
Tel. 06421/23276

☐ **Ragazza**
Kookai Boutique
Gutenbergstr.
35037 Marburg
Tel. 06421/162904
Kookai Bandanas

☐ **S. Baltzer Moden**
Barfüßerstr. 36
35037 Marburg
Tel. 06421/25663

☐ **s.oliver Store**
Universitätsstr. 21
35037 Marburg
Tel. 06421/298303
Mo-Fr 9-19, Sa 9-16

☐ **Soho**
Jeans u. Sportwear
Barfüßerstr. 49
35037 Marburg
Tel. 06421/161718
Fax 06421/162087
Mo-Fr 10-19, Sa 10-16

☐ **Strickwaren Hannes**
Ketzerbach 30
35037 Marburg
Tel. 06421/66358

☐ **Super Maxxx**
Untergasse 2
35037 Marburg

☐ **Suryla**
Neustadt 15
35037 Marburg
Tel. 06421/210969

☐ **Takko**
Mode Markt
•Universitätsstr. 8
(City-Passage)
35037 Marburg
Tel. 06421/14616
•Am Kaufmarkt 4
35041 Marburg
Tel. 06421/870350

☐ **Toxic**
Wettergasse 20
35037 Marburg
Tel. 06421/686192

☐ **TV Markt Reschny**
Gutenbergstr. 9
35037 Marburg
Tel. 06421/24563

Marktplatz

Sozialtherapeutische Einrichtung HOFGUT FRIEDELHAUSEN
Anerkannte Werkstatt für Menschen mit Behinderung
Familienwohngruppen
35457 Lollar, Tel. 06406/91650
www.Friedelhausen.de

Hofladen – Wurst, Käse, Fleisch, Gemüse, Kunsthandwerk

❏ **Vanity**
Modevertrieb
Wettergasse 31
35037 Marburg
Tel. 06421/683595

❏ **Vero Moda**
Frau Zermann
Universitätsstr. 15
35037 Marburg
Tel. 06421/979262
Fax 06421/979263

❏ **Young fashion-Accessoires Paletti**
Wettergasse 1
35037 Marburg
Tel. 06421/26977

Motorräder und -roller

❏ **Autohaus Ludwig**
Motorroller
Raiffeisenstr. 2b
35094 Lahntal
Tel. 06420/346
Fax 06420/537

❏ **Harley-Davidson**
Vertretung Wetzlar GmbH
Siegm.-Hiepe-Str. 45
35578 Wetzlar
Tel. 06441/22133

❏ **Kawasaki Wunstorf**
An d. Marburger Str. 71
35117 Münchhausen-Simtshausen

Tel. 06423/92007
Fax 06423/92008

❏ **Millennium Motorcycles**
Motorräder
Am Schwanhof 27
35037 Marburg
Tel. 06421/210316
Fax 06421/210318
crcmarburg@aol.com
Mo-Fr 10-18, Sa 10-13

❏ **Peldszus Zweiräder**
Im Rudert 14
35043 Marburg-Cappel
Tel. 06421/51209
Fax 06421/51210

❏ **TEC Motors GmbH**
MZ u. Yamaha Vertragshändler
Hauptstr. 20
35096 Weimar-Wolfshausen
Tel. 06421/97510
www.tec-motors.de
Mo-Fr 8-12:45 + 13:30-18, Sa 9-14

Multimedia

❏ **CC Studio-Computeranimation**
Im Rudert 6
35043 Marburg-Cappel
Tel. 06421/483555
Fax 06421/483555

info@ccstudio.de
www.ccstudio.de

❏ **editworks**
Medien- u. DVD-Produktion
Hannah-Arendt-Str. 3-7
35037 Marburg
Tel. 06421/483960
Fax 06421/483955
info@editworks.de
www.editworks.de

❏ **Medialand GmbH**
• Im Schwarzenborn 2
35041 Marburg-Wehrda
Tel. 06421/98460
Fax 06421/984646
Siebert@medialand.de
www.medialand.de
Mo-Fr 10-20,
Sa 9:30-16

❏ **zenaryo**
konzeption + drehbuch für neue medien
Hannah-Arendt-Str. 3-7
35037 Marburg
Tel. 06421/305-244
mail@zenaryo.de
www.zenaryo.de

Musik-instrumente

❏ **Boing KlangKörper**
Ludwig-Rinn-Str. 14-16
35452 Heuchelheim
Tel. 0641/65457
Fax 0641/65487

❏ **Eberhard Pfaff**
Geigenbaumeister
Zu den Höfen 2
35085 Ebsdorfergrund
Tel. 06424/4477

❏ **Klavier Atelier Kamm**
Klavierbaumeister
Udo Kamm
Hof-Netz 9
35274 Kirchhain
Tel. 06428/40352
Mo-Fr 9-18, Sa 9-14

❏ **Klavierbaumeister Erhard Stein**
Georg-Büchner-Weg 6
35039 Marburg
Tel. 06421/42507
Erhard.Stein@arcor.de

❏ **Musikhaus Am Biegen**
Etling + Hüther OHG
Biegenstr. 35
35037 Marburg
Tel. 06421/63703
Fax 06421/681468
mabmr@telda.net
www.musikhaus-am-biegen.de
Mo-Fr 10-18:30,
Sa 10-13:30

❏ **Piano-Musikhaus Zeppik**
Schwanallee 22
35037 Marburg
Tel. 06421/176444

Fax 06421/176446
Mo, Mi, Do, Fr 11-13 +
14-18, Di, Sa 11-14

❏ **Tam Tam Percussion**
Hirschberg 16
35037 Marburg
Tel. 06421/164861
Fax 06421/164951
tamtam@drumtip.de
www.drumtip.de
Mo-Fr 11-18, Sa 11-16
Schlaginstrumente aus aller Welt, Kurse, Beratung, Gutachten

Musikstudios

❏ **Dreamland recording studio**
Steph.-Niderehe-Str. 21a
35037 Marburg
Tel. 06421/360291
Fax 06421/41654
hhgross@
compuserve.com
dreamland-recording.de

Nachhilfe

❏ **Mathe Helfer**
Die Matheschule im Studienkreis
Universitätsstr. 60
35037 Marburg
Tel. 06421/22330

❏ **Schülerhilfe**
Inh. Manfred Grölz (Gymnasiallehrer)
Haspelstr. 12
35037 Marburg
Tel. 06421/19418,
oder 163378
Fax 06421/952793
www.schuelerhilfe.com
Mo-Fr 15-17:30
Individuelle Nachhilfe und Hausaufgabenbetreuung in kleinen Gruppen für alle Altersstufen (1. Klasse – Abitur). Alle Fächer.

❏ **Studienkreis**
Elisabethstr. 14
35037 Marburg
Tel. 06421/19441,
oder 63533

Naturprodukte

❏ **Bioland-Hofbäckerei Duske**
Potsdamer Str. 7
35085 Rauischholzhausen
Tel. 06424/70207
Fax 06424/70205
UweAnnemarie.Duske@t-online.de

❏ **Der Hanfladen**
Wehrdaer Weg 12
35037 Marburg
Tel. 06421/66816
Fax 06421/66826

Marktplatz

Augenoptik Siebert – die Kompetenz – **Hörakustik**
Bahnhofstr. 13 • Marburg • Tel (0 64 21) 6 10 91

❏ **Dreyerley –
Naturkost im Bioeck**
Gutenbergstr. 11
35037 Marburg
Tel. 06421/9220080
Fax 06421/9220083
Mo-Fr 8:30-19,
Sa 8:30-15

❏ **Frische
Fleckenbühler
Landprodukte**
Weidenhäuser Str. 2
35037 Marburg
Tel. 06421/26677
Fax 06421/26630
h.back@suchthilfe.org
www.suchthilfe.org
Mo-Fr 9-18:30,
Sa 8:30-14

❏ **Hof Stedebach**
Stedebach 2
35096 Weimar
Tel. 06426/7234

❏ **Hofgut
Friedelhausen**
Demeter Erzeugnisse
35457 Lollar-
Odenhausen
Tel. 06406/916520
Fax 06406/916524
Hofgut Friedelhausen@t-online.de
www.friedelhausen.de
Di+Fr 9:30-13+14-18:30
*Käse, Milchprodukte,
Fleisch, Wurst, Gemüse,
Kunstgewerbe*

❏ **Kelterei
+ Ökoweinhandel**
Matsch & Brei OHG
Steinweg 10
35279 Neustadt-
Speckswinkel
Tel. 06692/1400
Fax 06692/204798
petterrich@
matschundbrei.de
matschundbrei.de
Mi+Fr 14-18, Sa 10-14

❏ **Krebsbachhof**
Familie Heuner
Rodenhäuser Str. 12
35102 Lohra-Seelbach
Tel. 06462/1696
Krebsbachhof@
t-online.de

❏ **Naturkostladen
Dreyerley**
Frankfurter Str. 31
35037 Marburg
Tel. 06421/12372
Fax 06421/1768602

❏ **Natürlich Gehen**
Wettergasse 29
35037 Marburg
Tel. 06421/590482
Mo-Fr 10-19, Sa 10-16

❏ **Ökokiste**
Bioliferservice
Zum Lahnberg 13
35043 Marburg-
Bauerbach
Tel. 06421/924037
Fax 06421/924038

info@hofmanns-hof.de
www.hofmanns-hof.de
Mo, Mi, Fr 16-18

❏ **Onkel Emma**
*Einkaufsgemeinschaft für
Bioprodukte*
Liebigstr. 14
35037 Marburg
Tel. 06421/979888
Fax 06421/979890
onkelemma@web.de
onkelemma-marburg.de
Mo, Di, Do, Fr 9:30-19,
Mi 9:30-12 + 14-19,
Sa 9:30-15

Öfen, Kamine

❏ **Fa. G. Hillemann**
*Grundkachelöfen
und Kamine*
Hessenstr. 9
35085 Ebsdorfergrund-
Wittelsberg
Tel. 06424/92210
Fax 06424/92211

❏ **Kamin-Ofen-
Scheune**
Kachelofenbau
Moischter Str. 10
35043 Marburg-Cappel
Tel. 06421/47185,
06421/47405
Fax 06421/51433
info@kos-kamine.de
www.kos-kamine.de
Mo-Fr 14:30-18,
Sa 9:30-13

❏ **Kamin-Studio Hein**
Kasseler Str. 51
35091 Cölbe
Tel. 06421/850-11, -12

Online-Medien

❏ **www.mabiko.de**
*Oberhessische Presse/
Sparkasse/EAM*
Franz-Tuczek-Weg 1
35039 Marburg
Tel. 06421/409-0
Fax 06421/409-179
sekretariat@
op-marburg.de

❏ **www.
marbuch-verlag.de**
EXPRESS-Online
Ernst-Giller-Str. 20a
35039 Marburg
Tel. 06421/6844-0
Fax 06421/6744-44
kdz@
marbuch-verlag.de
*Täglich aktualisiert – hier
stimmt der Service.*

❏ **www.marburg.de**
Stadt Marburg
Rathaus
35035 Marburg

❏ **www.
mittelhessen.de**
Zeitungsgruppe Lahn-Dill
Elsa-Brandström-Str. 18
35573 Wetzlar

❏ **www.online-
nachrichten.de**
Hannah-Arendt-Str. 3-7
35037 Marburg
Tel. 06421/3054-30
Fax 06421/3054-31
redaktion@online.nach
richten.de

❏ **www.
op-marburg.de**
Oberhessische Presse
Franz-Tuczek-Weg 1
35039 Marburg
Tel. 06421/409-0
Fax 06421/409-179
sekretariat@
op-marburg.de

❏ **www.uni-
marburg.de**
Universität Marburg
Hans-Meerwein-Str.
(Lahnberge)
35032 Marburg
Tel. 06421/28-21551
Fax 06421/28-26994
sekretariat@
hrz.uni-marburg.de

Optiker

❏ **Amor & Stritzke**
Marburger Str. 28
35043 Marburg-Cappel
Tel. 06421/44626

❏ **Apollo-Optik**
Marktgasse 16
35037 Marburg
Tel. 06421/163529

❏ **Augenoptik
Timmermann**
Barfüßertor 25
35037 Marburg
Tel. 06421/26984
Fax 06421/15844

❏ **Brillen Trabert**
Neustadt 18
35037 Marburg
Tel. 06421/61076
Fax 06421/61070

❏ **Fielmann**
Markt 13
35037 Marburg
Tel. 06421/924737
Fax 06421/924736

❏ **Kreativ Optik**
Am Richtsberg 68
35039 Marburg
Tel. 06421/483980
Fax 06421/483981
wickenhoefer@web.de
www.wickenhoefer.de
Mo-Fr 9-18, Sa 9-13

❏ **Mega-Optic**
Brille für Marburg
Industriestr. 2
35041 Marburg
Tel. 06421/984698
Fax 06421/984699
info@mega-optic.de
www.mega-optic.de
Mo-Fr 9-19, Sa 9-16

❏ **Optik Böhler**
Universitätsstr. 46
35037 Marburg

**BRILLEN · CONTACTLINSEN · SONNENBRILLEN · FUNBRILLEN
SPORTBRILLEN · PFLEGEMITTEL · TRENDSCHMUCK**

MEGA-OPTIC
Brille für Marburg

Kaufpark Wehrda · Industriestraße 2 · 35041 Marburg · www.mega-optic.de · Fon: 0 64 21 - 98 46 98

Marktplatz

Tel. 06421/169960
Fax 06421/1699620
Mo-Fr 9-18(Do bis 19),
Sa 9-14
☐ **Optik Kühn**
Industriestr. 2
35041 Marburg-Wehrda
Tel. 06421/84911
☐ **Optik Meertens**
Frankfurter Str. 36
35037 Marburg
Tel. 06421/27775
Fax 06421/14509
OptikMeertens@web.de
Mo-Fr 9-18, Sa 9-13
☐ **Optiker Stoller**
Marktgasse 17
35037 Marburg
Tel. 06421/25878
Fax 06421/25878
☐ **Scharf**
Optik Hörgeräte Contactlinsen
Gutenbergstr. 13
35037 Marburg
Tel. 06421/23523
Fax 06421/23823
info@scharf-sehen.de
www.scharf-sehen.de
Mo-Fr 8:45-18,
Sa 8:45-13
Contactlinsen-Shop im Internet unter www.lookandorder.com
☐ **Siebert**
Augenoptik & Hörakustik GmbH
Bahnhofstr. 13
35037 Marburg
Tel. 06421/61091
Fax 06421/65620
info@siebertonline.de
www.siebertonline.de
Mo-Fr 9-18 , Sa 9-13
☐ **Unkel der Optiker**
Biegenstr. 44
(Ecke Deutschhausstr.)
35037 Marburg
Tel. 06421/889931
Fax 06421/889936
mail@optiker-unkel.info
www.optiker-unkel.info
Mo-Fr 9-18, Sa 9-13
Einfach gutes Sehen, individuelle Sehstärkenbestimmung und Beratung, moder-

ne Brillenfassungen, ausgesuchte Kollektionen, exklusiv Ralph Lauren, superverträgliche Monatslinsen im Rundum-Sorglos-Paket, Markengläser mit Verträglichkeitsgarantie.
☐ **Wagner Optik**
Meisterbetrieb
Bahnhofstr. 24
35037 Marburg
Tel. 06421/65725
Fax 06421/63893
WagnerOptik@aol.com
Mo-Fr 9-13:30 + 14:30-18, Sa 9:30-13:00

Parfümerien

☐ **Kosmetik-Institut und Parfümerie Liliensiek**
•Elisabethstr. 10
35037 Marburg
Tel. 06421/65681
Fax 06421/982891
•Am Kaufmarkt 1
35041 Marburg-Wehrda
Tel. 06421/811113
Fax 06421/982891
☐ **Parfümerie Douglas**
Wettergasse 6
35037 Marburg
Tel. 06421/14493
Fax 06421/14066
☐ **Parfümerie Gröbel**
Wettergasse 15
35037 Marburg
Tel. 06421/13399
Fax 06421/924933
☐ **Yaska**
Wettergasse 6
35037 Marburg
Tel. 06421/14493

Parkhäuser

☐ **Ahrens Parkhaus**
Wilhelmstr. 5 – 7
35037 Marburg
Tel. 06421/298-0
info@
kaufhaus-ahrens.de

Mo-Fr 7-19:30,
Sa 7-16:30
☐ **City-Parkhaus**
Schulstr.
35037 Marburg
☐ **Contipark International**
Erlenring 19
(Erlenringcenter)
35037 Marburg
Tel. 06421/210510
☐ **Parkhaus Lahn-Center**
Biegenstr.
35037 Marburg
24 Stunden geöffnet
☐ **Parkhaus Oberstadt**
Pilgrimstein 17
35037 Marburg
bis 2 Uhr nachts geöffnet

Partyservice

☐ **Ahrens Restaurant**
Universitätsstr. 14 – 22
35037 Marburg
Tel. 06421/298-324
Fax 06421/298-322
partyservice@
kaufhaus-ahrens.de
kaufhaus-ahrens.de
Mo-Fr 9-19, Sa 9-16
☐ **Catering/ Partyservice**
Eßtragon GmbH
Neue Kasseler Str. 19a
35039 Marburg
Tel. 06421/682161
Fax 06421/686961
info@esstragon.de
www.esstragon.de
☐ **Gastronomie + Partyservice**
Heike Klös
Frankfurter Str. 40
35037 Marburg
Tel. 06421/924746
Fax 06421/77414
☐ **Heinrich Meier III u. Sohn e. K.**
Fleischerei u. Partyservice

Am Grün 35a
35037 Marburg
Tel. 06421/1736-0
Fax 06421/1736-12
fleischerei@meierIII.de
www.meierIII.de
☐ **Party-Service Völck**
Hebertsbach 2
35091 Cölbe-Schönstadt
Tel. 06427/2332
Fax 06427/2850
☐ **Sonnengold**
Gaststätte-Restaurant
Zur Hainbuche 2
35043 Marburg
Tel. 06424/1483
Fax 06424/70102

Pharma

☐ **Aventis Behring GmbH**
Postfach 1230
35002 Marburg
Tel. 06421/39-12
Fax 06421/39-4825
aventisbehring.com
☐ **Chiron Behring GmbH & Co**
E.-von-Behring-Str. 76
35041 Marburg
Tel. 06421/39-15
Fax 06421/39-2336
☐ **Motus Engineering GmbH & Co. KG**
Sondermaschinen, Pharmatechnik, Beratung
Am Wall 17
35041 Marburg
Tel. 06420/8382-50
Fax 06420/8382-59
info@
motus-engineering.de
www.motus-engineering.de
Motus ist ein auf die Pharmaindustrie ausgerichteter Dienstleister für Maschinen und Anlagen, sowie spezialisiert auf die Planung und den Bau von Be- und Entladesystemen für pharmazeutische Gefriertrocknungsanlagen, Sondermaschinen und Vorrichtungen.

☐ **Temmler Pharma GmbH**
Temmlerstr. 2
35039 Marburg
Tel. 06421/494-0
Fax 06421/494-200

Preisagenturen

☐ **Preis Ass**
Preisagentur
Hannah-Arendt-Str. 3-7
35037 Marburg
Tel. 06421/15270
Fax 089/2443-61024
preisass-hessen.de

Recycling

☐ **INTEGRAL gGmbH**
Recyclinghof Cappel
Umgehungsstr. 7
35043 Marburg-Cappel
Tel. 06421/9441-0
Fax 06421/9441-10
info@
integral-online.de
www.integral-online.de
Mo-Do 7:30-15,
Fr 7:30-13
☐ **Neeb GmbH**
Entsorgung Umweltdienstleistung
Siemensstr. 20
35041 Marburg
Tel. 06421/81900
Fax 06421/81904
neeb-entsorgung@
t-online.de
☐ **Völker**
Papierentsorgung und Recycling GmbH
Goldmühle 3
35085 Ebsdorfergrund-Hachborn
Tel. 06426/9232-0
Fax 06426/9232-32
voelker@
voelkentsorg.de
www.voelkentsorg.de
Mo-Fr 7-16

Reformhäuser

☐ **Reformhaus Kirchhof**
Ketzerbach 8
35037 Marburg
Tel. 06421/67112
Fax 06421/67112
reformhaus-kirchhof.de
Mo-Fr 9-18, Sa 9-14
☐ **Reformhaus Wiessner**
Liebigstr. 28
35037 Marburg
Tel. 06421/92031
Fax 06421/92037
Mo-Fr 9-18, Sa 9-14

Reifen

☐ **Reifen Depot**
Gisselberger Str. 45
35037 Marburg
Tel. 06421/21999
☐ **Reifenservice Stinnes GmbH**
Steph.-Niderehe-Str. 21
35037 Marburg
Tel. 06421/25058
Fax 06421/31684

Reinigungen

☐ **Comet**
Textilpflege & Schnellreinigung
•Bahnhofstr. 8
35037 Marburg
Tel. 06421/65536
im Kaufhaus Ahrens
•Universitätsstr. 14
35037 Marburg
Tel. 06421/27900
☐ **Express-Chemische Reinigung**
Dipl.-Ing. S. Saktreger
Gutenbergstr. 6
35037 Marburg
Tel. 06421/21909
Fax 06421/21909
☐ **Reinigung Uwe Diehl**
Temmlerstr. 19
35039 Marburg
Tel. 06421/481715

UNKEL der OPTIKER
Blickpunkt Biegenstraße
Tel: 06421-889931   Fax: 06421-889936
Einfach GUT sehen,
mit neuester Brillen- und Kontaktlinsen-Technologie
Mo-Fr 9:00-18:00 + Sa 9:00-13:00
Für Sie in der Biegenstr. / Ecke Deutschhausstr.
www.optiker-unkel.info

Jeden Donnerstag kostenlos!

**K L E I N A N Z E I G E N
A N N A H M E**

Telefon: 0 64 21/**68 44 68**
Fax: 0 64 21/68 44 44

Online: www.marbuch-verlag.de

Marktplatz

Reisen

❏ **AZ Reisen**
Bahnhofstr. 18
35037 Marburg
Tel. 06421/9620-23
Fax 06421/64211

❏ **Bambino Tours GmbH**
Ockersh. Schulgasse 31
35037 Marburg
Tel. 06421/931000
Fax 06421/931001

❏ **Der Reisetip**
Biegenstr. 30
35037 Marburg
Tel. 06421/924858
Fax 06421/924859

❏ **FAR Reisebüro**
Weidenhäuser Str. 17
35037 Marburg
Tel. 06421/25039
Fax 06421/161606
far@scmpop.de
www.far-reisebuero.de
Mo-Fr 9-13, 14-18

❏ **Hoppers Flugreisen**
Erlenring 4
35037 Marburg
Tel. 06421/1731-0
Fax 06421/1731-37
hoppers@scm.de
www.hoppers.de

❏ **L'Tur Agentur**
Wettergasse 37
35037 Marburg
Tel. 06421/64062
Fax 06421/690283
www.l-tur-marburg.de

❏ **Reisebüro Eckhardt oHG**
Bahnhofstr. 20
35037 Marburg
Tel. 06421/64060
Fax 06421/64435
urlaub@eckhardt.org
www.eckhardt.org
Mo-Fr 9-18,
Sa 10-12:30

❏ **Reisebüro Glock**
Inh. Wolfgang Weitzel
Barfüßerstr. 38
35037 Marburg
Tel. 06421/26014
Fax 06421/26711

❏ **Reisebüro Iris Nau**
Untergasse 3
35037 Marburg
Tel. 06421/14722
Fax 06421/26916

❏ **Reisebüro Kaufhaus Ahrens**
Universitätsstr. 14 – 22
35037 Marburg
Tel. 06421/298-100
Fax 06421/298-210
reisebüro@kaufhaus-ahrens.de
kaufhaus-ahrens.de
Mo-Fr 9-19, Sa 9-16

❏ **Reisebüro Müller**
Wilhelmstr. 1
35037 Marburg
Tel. 06421/23070
Fax 06421/920-67, -68
Reiseb Mueller@t-online.de

❏ **Reisebüro Mundial**
Universitätsstr. 57
35037 Marburg
Tel. 06421/1733-0
Fax 06421/1733-33
info@reisebuero-mundial.de
reisebuero-mundial.de
Mo-Fr 9-18, Sa 9:30-13

❏ **Reisebüro Wetter**
•Temmlerstr. 19
35039 Marburg
Tel. 06421/485702
Fax 06423/4834
•Am Kaufmarkt 1
35041 Marburg
Tel. 06421/98044
Fax 06421/98045

❏ **Reisebüro Wort & Sport**
Lingelgasse 5b
35037 Marburg
Tel. 06421/92226
Fax 06423/92227

❏ **Reiseladen Am Grün GmbH**
Am Grün 42
35037 Marburg
Tel. 06421/22055
Fax 06421/27155
relamr@aol.com
Reiseladen-Marburg.de

❏ **Rösser und Nau**
Pilgrimstein 26
35037 Marburg
Tel. 06421/92222

❏ **Turtle-Tours**
Bus- und Reiseservice
Lahnstr. 13
35274 Kirchhain-Betziesdorf
Tel. 06427/1043
Fax 06427/2109
info@turtle-tours.de
turtle-tours.de
Mo-Fr 9-13, 14-18

❏ **Weitsprung GmbH**
Reisebüro + Gruppenreisen
Gutenbergstr. 27
35037 Marburg
Tel. 06421/686832
Fax 06421/686832
mail@weitsprung-reisen.de
www.weitsprung-reisen.de
Mo-Fr 9:30-18:30,
Sa 9:30-13

Reiten

❏ **Burgwald-Trekking**
Am Rödchen 10
35117 Münchhausen-Simtshausen
Tel. 06423/7883
Fax 06423/51604
burgwaldtrekking@aol.com
burgwald-trekking.de

❏ **Islandpferde-pensionsstall**
Fam. Holger Muth
Am Bornrain
35117 Münchhausen
Tel. 06423/51604
SandraEMuth@aol.com

❏ **Pferd im Spiel**
Arno Muth
Mühlenweg 8
35117 Münchhausen
Tel. 0172/6711516
www.pferd-im-spiel.de

Reparaturen

❏ **Rollender Hausmeister**
Auf dem Wehr 3
35037 Marburg
Tel. 06421/27928

❏ **TKM**
Techn. Kundendienst Marburg
Hans-Georg Henseling
Marburger Str. 48
35043 Marburg-Cappel
Tel. 06421/51510
Fax 06421/51517
tkm@mabi.de
www.sp-tkm.de
Mo-Fr 8-13 + 15-18,
Sa 10-13

Sachverständige

❏ **Claus Ehrling**
KFZ-Sachverständiger
Neue Kasseler Str. 64a
35039 Marburg
Tel. 06421/43033
Fax 06421/45670
www.hessenweb.de/ehrling-claus

❏ **DEKRA Automobil GmbH**
Prüfstation Marburg
Neue Kasseler Str. 64a
35039 Marburg
Tel. 06421/166006
Fax 06421/166010
www.dekra.de
Mo-Fr 9-18,
Sa 9-12

❏ **Hosemann, Klaus**
Bausachverständiger
Wehrdaerstr. 7
35041 Marburg
Tel. 0177/8425324
breitlang ltd@web.de

❏ **Prußnat & Partner**
KFZ Prüf- & Schätzstelle
Am Krekel 53
35039 Marburg
Tel. 06421/92530
Fax 06421/22562

Sanitätshäuser, Rehatechnik

❏ **Frank Audiodata**
Elektronische Hilfsmittel für Blinde und Sehbehinderte
Elisabethstr. 9
35037 Marburg
Tel. 06421/1713-0
Fax 06421/1713-32

❏ **Herbert Baum**
Liebigstr. 50
35037 Marburg
Tel. 06421/21496
Fax 06421/210160

❏ **Marktlücke**
Braillegrafiktechnik
Am Erlengraben 4
35037 Marburg
Tel. 06421/200944
Fax 06421/200938
marktluecke@erlengraben.de
www.marktluecke.erlengraben.de

❏ **Sanitätshaus Kaphingst GmbH**
Am Kaufmarkt 2
35041 Marburg-Wehrda
Tel. 06421/9652-0
Fax 06421/9652-50
info@gesundheits-markt-kaphingst.de
www.gesundheits-markt-kaphingst.de
Mo-Fr 9-18, Sa 9-13
(Sanitätshaus);
Mo-Fr 9:30-19, Sa 9-16
(Gesundheitsmarkt);
Mo-Do 7-12:30, 13:25-16:15, Fr 7-15:15
(Orthopädietechnik)

❏ **Sanitätshaus Sanicare**
Wilhelmstr. 3
35037 Marburg
Tel. 06421/14452
Fax 06421/92256

❏ **Wörenkämper**
Orthopädische Werkstatt
Ernst-Giller-Str. 14
35037 Marburg
Tel. 06421/65558
Fax 06421/64175

Saunen

❏ **Physicum Fitness und Saunawelt**
Untergasse 8
35037 Marburg
Tel. 06421/23074
Fax 06421/15765
physicum-marburg.de
Mo+Fr 7:30-23:30,
Di-Do 10-23:30,
Sa+So 11-22:30

❏ **Sauna Berggarten**
E.-von-Behring-Str. 28
35041 Marburg
Tel. 06421/66450
Di+Do 9-20:30
(Damen), Mi+Fr
9-20:30 (gemischt),
Sa 8-12 (gemischt)

❏ **Sauna Wehrda**
Sachsenring 13
35041 Marburg
Tel. 06421/83322
Di 9-14 (Damen),
Mo+Di 14-23:30, Mi+Fr
11:30-23:30, Sa 11-22,
So 10-22

Schlüsseldienste

❏ **Marburger Schlüsseldienst**
Inh. Udo Schmidt e. K.
Gutenbergstr. 27
35037 Marburg
Tel. 06421/23132
+ 24242
Fax 06421/26262

❏ **Mister Minit**
im Kaufhaus Ahrens
Universitätsstr. 14
35037 Marburg
Tel. 06421/164357

❏ **Naumann Schlüsseldienst**
Am Kaufmarkt 1
35041 Marburg
Tel. 06421/86473

❏ **Pik Ass**
Schuh- & Schlüsseldienst
Universitätsstr. 8
(City-Passage)

Busreisen — **TURTLE TOURS**
Schulklassen
Familien Campingreisen
Transferfahrten
Jugendgruppen
Tagesfahrten Vereine
Radreisen Mietomnibusse

Lahnstraße 13
35274 Kirchhain
fon 0 64 27/10 43
fax 0 64 27/21 09
info@turtle-tours.de
www.turtle-tours.de

Marktplatz

35037 Marburg
Tel. 06421/161811

Schmuck, Uhren

☐ **Acoljé**
Schmuck, Uhren, Accessoires
Weidenhäuser Str. 8
35037 Marburg
Tel. 06421/21272
Mo-Fr 10-18:30,
Sa 10-14

☐ **Clabelle**
Pilgrimstein 1c
35037 Marburg
Tel. 06421/681857

☐ **Claudia Preiss**
Schmuck – Accessoires – Uhren
Gutenbergstr. 7
35037 Marburg
Tel. 06421/924900
Fax 06421/924901
Mo-Fr 9:30-19,
Sa 9:30-15
Fossil – DKNY – Diesel – Uhrkraft – Storm – Davis

☐ **Augenweide**
A. Balser
Schmuck, Accessoires
Wettergasse 41
35037 Marburg
Tel. 06421/23784
Fax 06421/590186
AugenweideMR@aol.com
Mo-Fr 10-19,
Sa 10-16

☐ **Flair Silberschmuck**
Steinweg 45
35037 Marburg
Tel. 06421/66558
Fax 06421/66952

☐ **Goldwaren Alfred Schirle**
Barfüßerstr. 19
35037 Marburg
Tel. 06421/24460

☐ **Harald Klein**
Juwelier + Goldschmied
Wettergasse 36
35037 Marburg
Tel. 06421/61332
juwelier.klein@telda.net

☐ **Harsy**
Barfüßerstr. 34
35037 Marburg
Tel. 06421/26555
Fax 06421/21938

☐ **Juwelier Gabriel**
Wettergasse 42
35037 Marburg
Tel. 06421/620630

☐ **Juwelier Grasnick**
Universitätsstr. 10
35037 Marburg
Tel. 06421/23630
Fax 06421/162605

☐ **Juwelier Semler**
Uhren- u. Schmuck-Fachgeschäft, Meisterwerkstatt
Bahnhofstr. 10
35037 Marburg
Tel. 06421/65710
Fax 06421/681628
Mo-Fr 9-13 + 14-18,
Sa 9-14

☐ **Lunaria**
Gold- u. Silberparadies
Augustinergasse 5
35037 Marburg
Tel. 06421/979919
Mo-Fr 10-18:30,
Sa 10-16

☐ **Moosgrund**
Barfüßerstr. 33
35037 Marburg
Tel. 06421/22979

☐ **Rubin**
Bahnhofstr. 22
35037 Marburg
Tel. 06421/681901

☐ **Schatzinsel**
Gold Silber Modeschmuck Uhren u. Geschenkartikel
Temmlerstr. 13
35039 Marburg
Tel. 06421/484984

☐ **Uhren Bladt**
Gutenbergstr. 1a
35037 Marburg
Tel. 06421/23935
Fax 06421/27105

☐ **Uhren Söhn Fritz**
D. Wolfgang Froehlich
Markt 17
35037 Marburg
Tel. 06421/22569

☐ **Uhrenfachgeschäft Jens Bosch**
Am Grün 19
35037 Marburg
Tel. 06421/15752

Schneidereien

☐ **Abdurraham Ekici**
• Ketzerbach
35037 Marburg
• Bahnhofstr. 5b
35037 Marburg
Tel. 06421/63454

☐ **Änderungsschneiderei Fikret Simsek**
Untergasse 7
35037 Marburg
Tel. 06421/210914

☐ **Änderungsschneiderei Vasilios Georgoulis**
Wilhelmstr. 6
35037 Marburg
Tel. 06421/26270
Fax 06421/14993

Schreibbüros

☐ **Schreibbüro Wellinghoff**
Frankfurter Str. 11
35037 Marburg
Tel. 06421/14426

☐ **Tablo Wissenschaftliches Privatsekretariat**
Fremdsprachensekretariat
Elisabethstr. 1
35037 Marburg
Tel. 06421/961961
Fax 06421/961960
tablo@gottschaldt.de
www.gottschaldt.de

Schreibwaren, Bürobedarf

☐ **Bürotechnik Vesper**
Bahnhofstr. 13
35037 Marburg
Tel. 06421/6894-0
Fax 06421/6894-20
info@vesper-buero.de
www.vesper-buero.de

☐ **Eberhard Lich**
Bahnhofstr. 17
35037 Marburg
Tel. 06421/9615-0
Fax 06421/9615-15
LichGmbH@t-online.de
Mo-Fr 9-18, Sa 10-13

☐ **Köhler Cappel**
Marburger Str. 30
35043 Marburg
Tel. 06421/41501

☐ **L. Gremmels**
Feinpapiere Moebus-Zeiss
Marktgasse 18
35037 Marburg
Tel. 06421/25648

☐ **Papier am Markt**
Markt 15
35037 Marburg
Tel. 06421/992866
Fax 06421/992869

☐ **Papier-Kühn**
Inh. H. Gundlach
Wettergasse 13
35037 Marburg
Tel. 06421/25208
Fax 06421/13699
Mo-Fr 9:30-18:30,
Sa 9:30-15

☐ **Pen & Paper**
Steinweg 32
35037 Marburg
Tel. 06421/64731
Fax 06421/63562

☐ **Schreibwaren Baehr**
Ketzerbach 51
35037 Marburg
Tel. 06421/66592
Fax 06421/62384
Schreibwarenbaehr@freenet.de
8:30-18:30, Sa 8:30-14

☐ **Schreibwaren Lotto-Toto Marlies Georg**
Frankfurter Str. 14a
35037 Marburg
Tel. 06421/25510

Schreinereien

☐ **Helmut Becker Holzwerkstatt e.K.**
Inh.: Stephan Becker
Frankfurter Str. 32
35037 Marburg
Tel. 06421/25210
Fax 06421/23663
info@becker-holzwerkstatt.de
Becker-Holzwerkstatt.de

☐ **Schreinerei Schmitz**
Molkereistr. 3
35039 Marburg
Tel. 06421/67492
Fax 06421/681086

Schuhe

☐ **Buffalo Store by Market**
Marktgasse 19
35037 Marburg
Tel. 06421/917337
Mo-Fr 10-18, Sa 10-16

☐ **Casa No 10**
Neustadt 10
35037 Marburg
Tel. 06421/66505

☐ **Casanetti**
Universitätsstr. 8
(City-Passage)
35037 Marburg
Tel. 06421/164441

☐ **City Schuh**
Elisabethstr. 2
35037 Marburg
Tel. 06421/23651

☐ **Deichmann Schuhe GmbH & Co. KG**
• Am Kaufmarkt 1
35041 Marburg
Tel. 06421/98097
• Universitätsstr. 15
(Schloßbergcenter)
35037 Marburg
Tel. 06421/92277

☐ **La Scala**
Pilgrimstein 29
(Lahncenter)
35037 Marburg
Tel. 06421/24021

☐ **Market-Schuhe**
Neustadt 26
35037 Marburg
Tel. 06421/686455
Fax 06421/161346
Mo-Fr 10-18,
Sa 10-15

☐ **Modern Line**
dancewear + presents
Neustadt 14
35037 Marburg
Tel. 06421/61299,
06421/83456
Fax 06421/61299,
06421/83456
www.modern-line.de

Mo-Fr 10-18:30,
Sa 10-16
Ballett-Show-Tanz-Bühne-Theater-Garde-Gymnastik-Turn-Trampolingruppen, Fitnessbekleidung, Schuhwerk

☐ **Natürlich Gehen**
Wettergasse 29
35037 Marburg
Tel. 06421/590482
Mo-Fr 10-19, Sa 10-16

☐ **New Beat**
Shoes & Shoes
Wettergasse 39
35037 Marburg
Tel. 06421/23204
Mo-Fr 10-19, Sa 10-16

☐ **Plaza-Accessoires**
Am Grün 1
(Rudolphsplatz)
35037 Marburg
Tel. 06421/162496
Fax 06421/162496

☐ **Schuhe Artur Naumann**
Am Grün 38
35037 Marburg
Tel. 06421/23592

☐ **Schuhe Glaeser KG**
Barfüßerstr. 26
35037 Marburg
Tel. 06421/25549

☐ **Schuhhaus D. Steinmetz KG**
Gutenbergstr. 5
35037 Marburg
Tel. 06421/23261

DIE WEINREBE

Wein
Sekt
Spirituosen
Feinkost
Zubehör
Geschenke

Die freundliche Weinhandlung
Frauenbergstraße 22, Marburg
06421-485154   info@die-weinrebe.de

Marktplatz

☐ **Schuhhaus Kranz**
Frankfurter Str. 2
35037 Marburg
Tel. 06421/23651
Fax 06421/15589

☐ **Schuhhaus Maintz**
Schuhe: Männer + Frauen
Wettergasse 35
35037 Marburg
Tel. 06421/64851
Fax 06421/681146
Mo-Fr 10-18:30,
Sa 10-16

☐ **Schusterei kesse Sohle**
Weidenhäuser Str. 56
35037 Marburg
Tel. 06421/176602

Second Hand

☐ **INTEGRAL gGmbH**
Lobi-Frauenwerkstatt, Gebrauchtmöbelverkauf, Aufarbeitung von Schul- und Kindergartenmöbeln
• Kasseler Str. 70
35091 Cölbe
Tel. 06421/9854-0
Fax 06421/9854-15
M.Weickelt@
integral-online.de
www.integral-online.de
Gebrauchtwarenladen Comeback
• Umgehungsstr. 7
35043 Marburg-Cappel
Tel. 06421/9441-11
Fax 06421/9441-10
info@
integral-online.de
www.integral-online.de
Mo-Fr 9-17:30, jeden
1. Sa im Monat 10-14

☐ **Marburger Recycling-Zentrum**
Gebrauchtwarenkaufhaus (Praxis GmbH)
Siemensstr. 4
35041 Marburg
Tel. 06421/8733320
Fax 06421/8733333
verwaltung@
praxisgmbh.de
www.praxisgmbh.de
Mo-Fr 9-18, Sa 9-13

☐ **Marienkäfer Kinderladen**
Second hand + Neuware
Barfüßerstr. 9a
35037 Marburg
Tel. 06421/161314
Mo-Sa 10-13,
Mo, Di, Do, Fr 14-18

☐ **Monis Lädchen**
Barfüßerstr. 2
35037 Marburg
Tel. 06421/992372

☐ **relectro – Elektrosecondhand**
Praxis GmbH
Im Schwarzenborn 2b
35041 Marburg
Tel. 06421/870483
Fax 06421/9839240
verwaltung@
praxisgmbh.de
www.relectro.de
Mo-Fr 10-18:30,
Sa 10-14

☐ **Schnott Second-Hand**
Rudolphsplatzpassage 1
35037 Marburg
Tel. 06421/161719
Mo-Fr 11-19, Sa 11-16

☐ **Second Hand Onsale**
Neue Kasseler Str. 7a
35039 Marburg
Tel. 06421/690609

☐ **Second-Hand Sancho Pancho**
Hirschberg 17
35037 Marburg
Tel. 06421/163163

☐ **Sodom & Gomorra**
Hofstatt 3 1/2
35037 Marburg
Tel. 06421/161730

Sicherheit

☐ **City-Schutz GmbH**
NL-Marburg
Buhlacker 2
35043 Marburg
Tel. 06421/487983
Fax 06421/487984

marburg@
City-Schutz.de
www.city-schutz.de

Software-Entwicklung

☐ **Hendrick Suckrow**
EDV-Fachberater
Haspelstr. 7
35037 Marburg
Tel. 06421/26376
Mo-Fr 14-18

☐ **Sofa GmbH**
Software Center 5
35037 Marburg
Tel. 06421/12061
Fax 06421/12063
condor@sofa.de
www.sofa.de

Sonnenstudios

☐ **Solar Sunline**
• Schwanallee 31b
35037 Marburg
Tel. 06421/26125
• Bahnhofstr. 38
35037 Marburg
Tel. 06421/682575

☐ **Sonneninsel**
Krummbogen 15
35039 Marburg
Tel. 06421/682381

☐ **Sonnenstudio**
Schneider
Gutenbergstr. 11
35037 Marburg
Tel. 06421/14333
schneider-sonne@
freenet.de
schneider-sonne.de
Mo-Fr 9-21, Sa 9-17,
So 10-17

☐ **SunGarden**
• Temmlerstr. 13
35039 Marburg
• Kaufpark Wehrda
35041 Marburg
• Erlenring 19
(Erlenringcenter)
35037 Marburg
Tel. 06421/924884

Sonstige

☐ **MarMed GmbH**
Auf d. Kupferschmiede 1
35091 Cölbe
Tel. 06421/16533-0
Fax 06421/16533-7
info@marmed.de
www.marmed.de
Mo-Do 7:30-16:15,
Fr 7:30-14

☐ **Mochem GmbH**
Hannah-Arendt-Str. 3-7
35037 Marburg
Tel. 06421/305250
Fax 06421/305251
mochem@mochem.de
www.mochem.de
Mo-Fr 8-16

☐ **Ronny's Airbrush Design**
Lärchenweg 44
35041 Marburg
Tel. 06421/83698

Speisen-Heimservice

☐ **Avanti**
Speisen-Heimservice
Krummbogen 14
35039 Marburg
Tel. 06421/66662
Fax 06421/66668
www.avanti.online.de

☐ **Pizza Dalli Dalli**
Großseelheimer Str. 2
35039 Marburg
Tel. 06421/482020
Fax 06421/482040

☐ **Pizza Pikante**
Zimmermannstr. 1
35039 Marburg
Tel. 06421/63337

☐ **Pizza Rally**
Afföllerstr. 59b
35039 Marburg
Tel. 06421/681626

☐ **Pizza-Fly**
Zwetschenweg 9
35037 Marburg
Tel. 06421/37444

☐ **Pizzeria Restaurant Bellini**
Elisabethstr. 13
35037 Marburg
Tel. 06421/6200678
Fax 06421/6200679
Tägl. 12-14:30 + 18-23:30 (So bis 22:30)
Vielleicht nicht der älteste, sicherlich nicht der größte aber bestimmt der italienischste Pizza-Heimservice in Marburg! Unser Motto: Genuss durch Qualität und Frische – Wir wünschen Bu-on Appetito!

Spielwaren und Freizeitartikel

☐ **Drachenkeller**
Schwanallee 27 – 31
(im Hof)
35037 Marburg
Tel. 06421/163187
Fax 06421/163187

☐ **Dreyerley Kinderladen**
Elisabethstr. 10
35037 Marburg
Tel. 06421/62623
Fax 06421/62623

☐ **Gebr. Schaaf**
Wettergasse 25
35037 Marburg
Tel. 06421/66095
Fax 06421/63679

☐ **Kinderkiste**
Spielen ist die Welt
Wettergasse 8
35037 Marburg
Tel. 06421/66104
Fax 06421/64720
kinderkiste@gmx.net
www.kinderkiste.de
Mo-Fr 9:30-18:30,
Sa 9:30-16

☐ **Spielwaren Sulzer**
Afföllerstr. 98
35039 Marburg
Tel. 06421/96350
Fax 06421/963535

☐ **Windbruch**
Michael Sack
Alter Kirchhainer Weg 9

35039 Marburg
Tel. 06421/21467
Fax 06421/21462
info@windbruch.de
www.windbruch.de
Öffnungszeiten: tägl.
nach telef. Vereinb.
Lenkdrachen, Einleiner, Werbedrachen, Windspiele, Baumaterial, Zubehör, Hängematten. Service: Baukurse, Testfliegen, individuelle Anfertigung und Reparatur in eigener Werkstatt.

Sport- und Freizeitartikel

☐ **Der Steigbügel**
Reitsport – Sattlerei
Bahnhofstr. 9a
35037 Marburg
Tel. 06421/65745

☐ **Herkules Sport-Treff**
Temmlerstr. 19
35039 Marburg
Tel. 06421/46177
Fax 06421/950824

☐ **Intersport Begro**
Kaufpark Wehrda
35041 Marburg
Tel. 06421/8882-0

☐ **Kaufhaus Ahrens**
Universitätsstr. 14 – 22
35037 Marburg
Tel. 06421/298-302
Fax 06421/298-300
sportteam@
kaufhaus-ahrens.de
www.kaufhaus-ahrens.de
Mo-Fr 9-19, Sa 9-16

☐ **Ludwig Fuchs**
Outdoorbekleidung, Munition, Bogensport, Dart
Wilhelmstr. 16
35037 Marburg
Tel. 06421/22525
Fax 06421/27549
bogenfuchs@
t-online.de
bogenfuchsgermany.de
Di-Fr 9-13 + 14:30-18,
Sa 9-13

Bellini
Italienisch - deutsches Restaurant
mit Lieferservice
Tel.: 6 20 06 78 • Fax: 6 20 06 79
Elisabethstr. 13 • 35037 Marburg

Öffnungszeiten:
Mo - Sa : 12.00 - 14.45 und 18.00 - 23.30
So : 12.00 - 14.45 & 18.00 - 22.30

Jeden Donnerstag kostenlos!

KLEINANZEIGEN ANNAHME

Telefon: 0 64 21/**68 44 68**
Fax: 0 64 21/68 44 44

Online: www.marbuch-verlag.de

Marktplatz

Sport / Fitness

❏ **Sport Zermann**
Bahnhofstr. 6
35037 Marburg
Tel. 06421/24477
Fax 06421/15728
Mo-Fr 9-18:30, Sa 9-15

❏ **Tapir**
Der Outdoor-Store
Am Grün 50
35037 Marburg
Tel. 06421/21878
Fax 06421/24655
marburg@tapire.de
www.tapire.de
Mo-Fr 10-19, Sa 10-15

❏ **Fit & Fun ZH GmbH**
Fitnesspark
Neue Kasseler Str. 7a
35039 Marburg
Tel. 06421/66272
Fax 06421/66277
fitundfun-marburg.de
Mo-Fr 8-23,
Sa+So 10-19

❏ **Fitneßstudio Underground**
Hartmut Schmidt
Frauenbergstr. 22
35039 Marburg

❏ **Kampfkunstzentrum Marburg**
Sifu Andreas Zerndt
Neue Kasseler Str. 4
35039 Marburg
Tel. 06421/64063
Fax 06421/683991
kampfkunstzentrum.de
Wing Chun Kung Fu (chinesische Kampfkunst f. Frauen & Männer) Mo+Mi 18:30, Escrima (philippinischer Stock- u. Schwert-kampf) Di 20:30, Fr 18:30, Thai- u. Kickboxen (Wettkampftraining) Do 20:30, Sa 16
Mi +Fr 16.45 (Jugend), Kung Fu für Kids Di 15 +Do15.30 (6-10 J.) Mo 16:45+Mi 15 (11-16 J)

❏ **Maximum Fitness Company**
Joh.-Konr.-Schäfer-Str.1
35039 Marburg

❏ **Modern Line**
dancewear + presents
Neustadt 14
35037 Marburg
Tel. 06421/61299, 06421/83456
Fax 06421/61299, 06421/83456
www.modern-line.de
Mo-Fr 10-18:30,
Sa 10-16
Ballett-Show-Tanz-Bühne-Theater-Garde-Gymnastik-Turn-Trampolingruppen, Fitnessbekleidung, Schuhwerk

❏ **Move Sportwelt**
Willy-Mock-Str. 2
35037 Marburg
Tel. 06421/9262-0
Fax 06421/9262-62

❏ **Physicum Fitness und Saunawelt**
Untergasse 8
35037 Marburg
Tel. 06421/23074
Fax 06421/15765
physicum-marburg.de
Mo+Fr 7:30-23:30,
Di-Do 10-23:30,
Sa+So 11-22:30

❏ **Shidokan-Shirasagi-Dojo-Marburg**
Kurt Frey
Am Grün 28
35037 Marburg
Tel. 06421/14148
k.d.frey@web.de
www.shorinryu.de

❏ **Squash Treffpunkt**
Im Rudert 27
35043 Marburg
Tel. 06421/41670
Squash-Marburg.de

❏ **Studio Fiasko**
Tanz u. Bewegung
Tonberg 6
35043 Marburg
Tel. 06424/5507
Fax 06424/5507

❏ **Tennis Center**
Industriestr. 7
35041 Marburg
Tel. 06421/82882

❏ **vita fitness GmbH u. Co. KG**
Im Gesundheitszentrum Am Krekel
Am Krekel 49
35039 Marburg
Tel. 06421/169530
Fax 06421/1695329
info@vita-fitness.de
vita-fitness.de
Mo-Fr 8-22:30,
Sa+So 10-19

Städtische Unternehmen

❏ **Dienstleistungsbetrieb der Stadt Marburg (DBM)**
Gisselberger Str. 33
35037 Marburg
Tel. 06421/201-686
Fax 06421/201-589
dbm@
marburg-stadt.de
Mo-Do 7-16, Fr 7-13
Herbert Gärtner (Dienstleistungen) Tel. 201-685,
Sonja Stender (Abfallberatung) Tel. 201-688

❏ **Stadtentwicklungsgesellschaft Marburg mbH**
SEG
Markt 1
35037 Marburg
Tel. 06421/9118-0
Fax 06421/9118-20
info@seg-marburg.de
www.SEG-Marburg.de

Stadtwerke

❏ **Zentrale**
Strom – Gas – Wärme – Wasser – Nahverkehr – Entsorgung
Am Krekel 55
35039 Marburg
Tel. 06421/205-0
Fax 06421/205-550
Mo-Do 7:15-12:30
+ 13-16, Fr 7:15-12:45

❏ **Entstörungs-/Bereitschaftsdienst**
Am Krekel 55
35039 Marburg
Tel. 06421/205-0

❏ **Kundenzentrum am Rudolphsplatz**
Universitätsstr. 1
35037 Marburg
Tel. 06421/205-333
Fax 06421/205-373
Mo-Fr 9-18
Energieberatung:
06421/205-333
Fahrkartenverkauf:
06421/205-228
Tarifberatung:
06421/205-336

❏ **Leitstelle Nahverkehr/AST**
Stadtwerke Marburg
Am Krekel 55
35039 Marburg
Tel. 06421/205-345
Fax 06421/205-346
nahverkehr@swmr.de
stadtwerke-marburg.de

❏ **Marburger-Entsorgungs-Gesellschaft mbH (MEG)**
Am Krekel 55
35039 Marburg
Kompostierungsanlage
Cyriaxweimar
Tel. 06421/93090
Gewerbeabfall
Tel. 06421/201-685

Stempel & Schilder

❏ **Heike's Schilder- und Pokalstudio**
Barfüßerstr. 16
35037 Marburg
Tel. 06421/25599
Fax 06421/15551
heike.ellenberger@
t-online.de
schilder-pokale.de

❏ **Marburger Signier Technik Systeme GmbH + Co KG**
Schützenstr. 1
35039 Marburg
Tel. 06421/6001-0

Fax 06421/6001-27
info@marburger-sts.de
www.marburger-sts.de

❏ **Römer Etikett GmbH**
Steinfeldstr. 6
35041 Marburg-
Elnhausen
Tel. 06420/8232-0
Fax 06420/8232-82
webmaster@roe.de
www.roe.de

Stoffe & Nähen

❏ **Heinig**
Stoffe & Dekor
Reitgasse 6
35037 Marburg
Tel. 06421/9712-31
Fax 06421/971232
Hochwertige Deko- und Polsterstoffe für den Wohnbereich, Anfertigung nach Kundenwünschen (z.B. Gardinen, Bettüberwurf und Tischdecken). Auch Kleinmöbel sind im Programm, die mit Bezügen nach Wunsch geordert werden können.

❏ **Stoffhaus Blank**
Steinweg 26 – 30
35037 Marburg
Tel. 06421/67035
Fax 06421/681475
info@Blank-Stoffe.de
www.Blank-Stoffe.de
Mo-Fr 9:30-18:30,
Sa 9:30-14

Supermärkte

❏ **Aktiv-Markt**
Bachweg 2
35037 Marburg
Tel. 06421/33119

❏ **Aldi**
• Afföllerstr. 90
35039 Marburg
• Industriestr. 9
35041 Marburg
• Temmlerstr. 15
35039 Marburg
• Gutenbergstr. 19
35037 Marburg

❏ **Edeka – Neukauf**
• Am Richtsberg 70
35039 Marburg
Tel. 06421/94127
• Rosenstr. 2
35037 Marburg
Tel. 06421/67346

❏ **GutKauf Frischemarkt**
Waidmannsweg 2
35039 Marburg
Tel. 06421/614628

❏ **Herkules SB Warenhaus**
Temmlerstr. 19
35039 Marburg
Tel. 06421/9508-0

❏ **HL-Markt**
Ockershäuser Allee 5
35037 Marburg
Tel. 06421/9904-0
Fax 06421/9904-22

❏ **Kaufhaus Ahrens**
Universitätsstr. 14 – 22
35037 Marburg
Tel. 06421/298-270
Fax 06421/298-310
bestellannahme@
kaufhaus-ahrens.de
kaufhaus-ahrens.de
Mo-Fr 9-19, Sa 9-16

❏ **Lidl-Markt**
• Krummbogen 14
35039 Marburg
Tel. 06421/682224
• Universitätsstr. 15
(Schloßbergcenter)
35037 Marburg
Tel. 06421/12557

❏ **tegut**
• Universitätsstr. 8
(City-Passage)
35037 Marburg
Tel. 06421/26017
tegut@tegut.com
www.tegut.com
• Schubertstr. 4
35043 Marburg
Tel. 06421/175399-0
• Am Kaufmarkt 1
35041 Marburg
Tel. 06421/9848-0
• Ketzerbach 25
35037 Marburg
Tel. 06421/67217

WINDBRUCH LENKDRACHEN

➢ **DRACHEN**
➢ **REPARATUR**
➢ **TESTFLUG**
➢ **BAUKURSE**
➢ **ZUBEHÖR**
➢ **SCHNÄPPCHENLISTE**

Inh. Michael Sack
Alter Kirchhainer Weg 9
35039 Marburg
Öffnungszeiten:
tägl. nach Vereinbarung
Tel.: (0 64 21) 2 14 67
Internet: www.windbruch.de e-mail: info@windbruch.de

Marktplatz

MODERN LINE
Fachgeschäft für
Ballet - Show - Tanz -
Bühne - Theater - Garde
- Gymnastik - Turn -
Trampolingruppen
& Fitnessbekleidung

Mo-Fr 10.00 bis 18.30
Sa 10.00 bis 16.00

Neustadt 14
35307 Marburg
Tel & Fax 61299

www.modern-line.de

Jeden Donnerstag kostenlos!

KLEINANZEIGEN ANNAHME

Telefon: 0 64 21/**68 44 68**
Fax: 0 64 21/68 44 44

Online: www.marbuch-verlag.de

•Erlenring 19
(Erlenringcenter)
35037 Marburg
Tel. 06421/9906-0

Süßwaren

❏ **Hussel**
Süßwarengeschäft
Wettergasse 18
35037 Marburg
Tel. 06421/24554

❏ **Süßwaren Matt**
Bahnhofstr. 25
35037 Marburg
Tel. 06421/64442

System-lösungen

❏ **PharmaServ**
E.-von-Behring-Str. 76
35041 Marburg
Tel. 06421/39-14
Fax 06421/39-6300
Info@PharmaServ.de
www.PharmaServ.de

Tabakwaren & Zeitschriften

❏ **Aufzug-Kiosk**
Pilgrimstein 28
35037 Marburg
Tel. 06421/21214

❏ **Kiosk am Wilhelmplatz**
Schwanallee 8
35037 Marburg

❏ **Moeser**
Tabakwaren Vertriebs GmbH & Co. KG
Automatendienst
Steinweg 37
35037 Marburg
Tel. 06421/67644

❏ **Staatl. Lotterieeinnahme Beckmann**
Barfüßerstr. 38
35037 Marburg
Tel. 06421/22866
Fax 06421/163546
skl.beckmann@t-online.de
skl.de/le/beckmann
Mo-Fr 8:30-18, Sa 9-16

❏ **Tabakwaren Hain**
Ketzerbach 24
35037 Marburg
Tel. 06421/61323

❏ **Tabakwaren Kiosk Kreuter**
Bahnhofstr. 33
(im Hauptbahnhof)
35037 Marburg
Tel. 06421/682009

❏ **Tabakwaren Knau**
Inh. Felix Zadra
•Steinweg 37
35037 Marburg
Tel. 06421/67644
•Gutenbergstr. 7

35037 Marburg
Tel. 06421/23872
Fax 06421/161842

❏ **Tabakwaren u. Zeitschriften Abel**
Inh.: Barbara Preis-Abel
Weidenhäuser Str. 4
35037 Marburg
Tel. 06421/12146
Fax 06421/25037
Mo-Fr 6-18:30, Sa 6-14

❏ **Zeitschriften Ehrentreich**
Schützenstr. 30a
35037 Marburg
Tel. 06421/66595

Tankstellen

❏ **Aral**
Großseelheimer Str. 93
35039 Marburg
Tel. 06421/24595
Fax 06421/13530

❏ **Aral-Autocenter**
Karl-H. Naumann
•Schwanallee 56
35037 Marburg
Tel. 06421/25558
Fax 06421/25559
Aral-Naumann@t-online.de
tankstelle.de/naumann
24 Stunden geöffnet
•Krummbogen 4
35039 Marburg
Tel. 06421/61348

Fax 06421/988991
Aral-Naumann@t-online.de
tankstelle.de/naumann
24 Stunden geöffnet

❏ **BP**
Umgehungsstr. 25
35043 Marburg
Tel. 06421/942022

❏ **DEA-Tankstelle Opper**
Am Kaufmarkt 1
35041 Marburg
Tel. 06421/982001

❏ **Esso**
Janisch
•E.-v.-Behring-Str. 45
35041 Marburg
Tel. 06421/32682
Stadtautobahn Richtung Kassel
•Bei St. Jost 2
35039 Marburg
Tel. 06421/23683
•Schwanallee 33
35037 Marburg
Tel. 06421/25286

❏ **Jet Tankstelle**
Oliver Schmitt
•Neue Kasseler Str. 62
35039 Marburg
Tel. 06421/952103
JetTankstelle@aol.com
24 Stunden geöffnet
•Gisselberger Str. 51
35037 Marburg
Tel. 06421/25746

❏ **Shell**
Gisselberger Str. 53
35037 Marburg
Tel. 06421/21665
Fax 06421/162510
24 Stunden geöffnet

❏ **Tankstelle Gudrun's Shop**
Afföllerstr. 57
35039 Marburg
Tel. 06421/67676

Tanzen & Ballett

❏ **ADTV Tanzschule Jörg Henseling**
Universitätsstr. 61
35037 Marburg
Tel. 06421/163131
Fax 06421/163133
info@henseling.de
www.henseling.de
Tägl. ab 16

❏ **Ballettschule danceart**
Schwanallee 27 – 31
35037 Marburg
Tel. 06421/166171
Fax 06421/166172
webmaster@danceart-marburg.de
danceart-marburg.de

❏ **Modern Line**
dancewear + presents
Neustadt 14

35037 Marburg
Tel. 06421/61299,
06421/83456
Fax 06421/61299,
06421/83456
www.modern-line.de
Mo-Fr 10-18:30,
Sa 10-16
Ballett-Show-Tanz-Bühne-Theater-Garde-Gymnastik-Turn-Trampolingruppen, Fitnessbekleidung, Schuhwerk

❏ **Step In**
Neue Kasseler Str. 7a
35039 Marburg
Tel. 06421/67516
stepin-marburg.de
Mo-Fr ab 15

❏ **Tanzschule Seidel**
Ernst-Giller-Str. 20a
35039 Marburg
Tel. 06421/66111
Fax 06421/682465
info@tanzschule-seidel.de
tanzschule-seidel.de
Mo-Fr 15-19 (Büro),
nach 19 Clubtelefon:
06421/681988
*Spezialkurse in Salsa, Disco-Fox, Tango-Argentino, Boogie-Woogie, auch für Singles. CreaDance Erlebniswelt am Wochenende: Fr. 22:15-24:00, Sa 21-0:30,
So 14:30-16:30; Tanzen für Einsteiger im Gesellschaftstanz jeden Monat möglich (außer Schulferien)*

Eifert DatenSysteme
Rechnen Sie mit uns.

COMPUTER
SOFTWARE
WERKSTATT
NETZWERKE
SERVICE

Biegenstraße 20 - 35037 Marburg
Telefon (0 64 21) 3 09 79-0 · Fax 3 09 79-29
www.Eifert-DatenSysteme.de Info@Eifert-DatenSysteme.de

Marktplatz

Sauer der Fachmarkt

E-mail: sauer-in-wetter@t-online.de
Internet: www.sauer-in-wetter.de

35039 Marburg • Ernst-Giller-Str. 5
Tel. 06421-5909990 • Fax 59099915

35083 Wetter • Wiesenweg 10
Tel. 06423-6216 • Fax 06423-4778

- Parkett
- Dielen
- Kork
- Bayerwald Fenster + Haustüren
- Rolläden + Markisen
- Türen

Tätowierung & Piercing

❒ **Bredos Tattoo- & Piercing-Studio**
Wehrdaer Weg 24
35039 Marburg
Tel. 06421/682601
Fax 06421/682601
www.bredos-tattoo.de
Mo-Fr 12-18

❒ **Eddi's**
Tattoo's und mehr
Weidenhäuser Str. 56
35037 Marburg
Tel. 06421/163908
Fax 06421/163908

❒ **Mickys Piercing home**
Weidenhäuser Str. 48
35037 Marburg
Tel. 06421/309751

❒ **Tanjas Piercing**
Barfüßerstr. 21
35037 Marburg
Tel. 06421/686599

Taxi

❒ **Taxi UniCar KG**
- Tag & Nacht -
Neue Kasseler Str. 1
35039 Marburg
Tel. 06421/47777
Fax 06421/65506
service@uni-car.de

www.uni-car.de

❒ **Taxi-Express**
Johann-Konrad-Schäferstr. 12a
35039 Marburg
Tel. 06421/37777,
06421/62222
Fax 06421/489933
salam@gmx.de

Tee

❒ **Der Teeladen**
Inh. Johannes Notthoff
Wettergasse 11
35037 Marburg
Tel. 06421/164086
Fax 06421/164086
teegschwendner.de
Mo-Fr 10-18,
Sa 9.30-16

❒ **Dreyerley Teeladen**
Caretta GmbH
Gutenbergstr. 3
35037 Marburg
Tel. 06421/14717
Fax 06421/14717
Mo-Fr 9-19, Sa 9:30-15

❒ **Tea & More**
Barfüßerstr. 35
35037 Marburg
Tel. 06421/270300
Fax 06421/270301

❒ **Teehaus Marburg**
Steinweg 1
35037 Marburg
Tel. 06421/66634

Fax 06421/66638
info@
teehaus-Marburg.de
teehaus-Marburg.de
Mo-Fr 10-18, Sa 10-15

Telekommunikation

❒ **@fon**
Wettergasse 25
35037 Marburg
Tel. 06421/63666
atfon@web.de
Mo-Fr 10-14
+ 14:30-18, Sa 10-15

❒ **CompuTel GmbH**
Biegenstr. 4
35037 Marburg
Tel. 06421/63999
Fax 06421/67844
info@
computel.aetka.de
computel-marburg.de
Mo-Fr 10-14, 15-18:30,
Sa 10-14

❒ **Deutsche Telekom**
AG, T-Punkt
Gutenbergstr. 14
35037 Marburg
Tel. 01114
Mo-Fr 9-18.30,
Sa 9.30-13.30

❒ **Estel**
World of Handy
Universitätsstr. 8
35037 Marburg

Tel. 06421/161351
Fax 06421/164115
estel-1@t-online.de
Mo-Fr 10-18, Sa 10-14

❒ **Europa 2**
Bahnhofstr. 18
35037 Marburg
Tel. 06421/67688
Fax 06421/682914

❒ **Medialand GmbH**
Im Schwarzenborn 2
35041 Marburg-Wehrda
Tel. 06421/98460
Fax 06421/984646
Siebert@medialand.de
www.medialand.de
Mo-Fr 10-20,
Sa 9:30-16

❒ **MobilCom Shop Marburg**
Universitätsstr. 15
(Schloßbergcenter)
35037 Marburg
Tel. 06421/175840
Fax 06421/175839
marburg@
mobilcomshops.com
mobilcomshop-marburg.de
Mo-Fr 10-18,
Sa 10-14

❒ **TEL-SAT OHG**
Mobilfunk-Center
Frauenbergstr. 22
35039 Marburg
Tel. 06421/9868-0
Fax 06421/9868-68

❒ **TelDaFax NewLine GmbH**
Rud.-Breitscheid-Str.1-5
35037 Marburg
Tel. 0800/0103000
(freecall)
Fax 0800/0103078
(freefax)
interessenten@
teldafax-newline.de
teldafax-newline.de

❒ **Telefon-Shop-Marburg**
Elisabethstr. 6
35037 Marburg
Tel. 06421/686934
Fax 06421/686933

❒ **UUU**
Neue Kasseler Str. 62
35039 Marburg

❒ **vodafone Shop Marburg**
easyphoneservice
Wettergasse 19
35037 Marburg
Tel. 06421/590170
Fax 06421/590169
easyphoneservice.de
Mo-Fr 10-13
+ 14-18:30, Sa 10-14

Tourismus

❒ **Burgwald zu Pferd**
Arno Muth
Mühlenweg 8
35117 Münchhausen

Tel. 06452/931839
webmaster@
burgwald-zu-pferd.de
burgwald-zu-pferd.de

❒ **Freizeitregion Lahn-Dill e.V.**
Karl-Kellner-Ring 51
35576 Wetzlar
Tel. 06441/407-1900
Fax 06441/407-1903
info@daslahntal.de
www.daslahntal.de

❒ **Marburg Tourismus & Marketing GmbH (MTM)**
Pilgrimstein 26
35037 Marburg
Tel. 06421/9912-0
Fax 06421/9912-12
MTM@Marburg.de
www.Marburg.de/mtm
Mo-Fr 9-18, Sa 10-14

❒ **Zeitzeichen**
Stadtführungen, Märchen- u. Programmtouren
Kantstr. 1
35039 Marburg
Tel. 06421/309575
Fax 06421/309575

TV/Hifi/Video

❒ **FKM**
Fernseh Kniese Marburg
Im Rudert 4
35041 Marburg
Tel. 06421/96100

Marktplatz

△ RECYCLINGHOF — Annahme von ausgedienten Elektrogeräten, Metallen und Kork

△ COMEBACK — Verkauf von geprüften Elektrogeräten, Fahrrädern und Bio-Cycle-Grills

INTEGRAL gGmbH · Umgehungsstraße 7 · 35043 Marburg-Cappel · Telefon 0 64 21-94 41-11 · Telefax 0 64 21 - 94 41-10

❒ **HiFi-Spezialist Fred Zahn**
Wehrdaer Weg 18a
35037 Marburg
Tel. 06421/66100
Fax 06421/66300
info@zahn-hifi.de
www.zahn-hifi.de

❒ **Hifi-Studio Acoustics**
Neue Kasseler Str. 62
35039 Marburg
Tel. 06421/64626
Fax 06421/67797

❒ **J & K GmbH**
Radio- u. Fernsehtechniker
Kasseler Str. 77b
35091 Cölbe
Tel. 06421/86100

❒ **Medialand GmbH**
Im Schwarzenborn 2
35041 Marburg-Wehrda
Tel. 06421/98460
Fax 06421/984646
Siebert@medialand.de
www.medialand.de
Mo-Fr 10-20,
Sa 9:30-16

❒ **Moik TV-Video-Hifi**
Herborner Str. 29
35096 Weimar-Niederweimar
Tel. 06421/78161

❒ **TV Jannasch**
Gutenbergstr. 15
35037 Marburg

Tel. 06421/26513
Fax 06421/27968
Mo-Fr 10-12 + 14-18
Fernseh-, Videogeräte, Satanlagen, Kabel, Telefon + Anlagen, ISDN, Fax, Servicewerkstatt

❒ **TV Sellmann**
Schwanallee 27
35037 Marburg
Tel. 06421/14889

Übersetzungen

❒ **Schwindack-translations Übersetzungsbüro**
Beglaubigte Übersetzungen in allen Sprachen
Markt 20
35037 Marburg
Tel. 06421/27851
Fax 06421/15240
schwindacktranslations@t-online.de

Umwelt

❒ **Büro für Altlastenerkundung und Umweltforschung**
Dr. Rainer Haas
Stadtwaldstr. 45a
35037 Marburg
Tel. 06421/93084
Fax 06421/93073
haasr@gmx.net

r-haas.de
Mo-Fr 9-17

❒ **Büro für Umweltkommunikation**
Auf der Höhe 8
35096 Weimar-Oberweimar
Tel. 06421/63772
umweltkommunikation.smolka@t-online.de
www.mittelhessen.de/smolka

❒ **Dienstleistungsbetrieb der Stadt Marburg (DBM)**
Sonja Stender (Abfallberatung)
Gisselberger Str. 33
35037 Marburg
Tel. 06421/201-688
Fax 06421/201-589
dbm@marburg-stadt.dc
Mo-Do 7-16, Fr 7-13

❒ **Marburger Entsorgungs-GmbH**
Kompostierungsanlage Cyriaxweimar
Cyriaxstr. 70
35043 Marburg
Tel. 06421/93090
Fax 06421/93091

❒ **Neeb GmbH**
Entsorgung Umweltdienstleistung
Siemensstr. 20

35041 Marburg
Tel. 06421/81900
Fax 06421/81904
neeb-entsorgung@t-online.de

Umwelttechnik

❒ **Sonnenschein GmbH**
Fachbetrieb für Öl- und Gas-Kesselerneuerung, Gas - Geräte
Joh.-Konr.-Schäfer-Str.6
35039 Marburg
Tel. 06421/95000
Fax 06421/950096

❒ **Wagner & Co. Solartechnik GmbH**
Solartechnik, Regenwassernutzung
Zimmermannstr. 12
35091 Cölbe
Tel. 06421/8007-0
Fax 06421/8007-22
info@wagner-solartechnik.de
www.wagner-solartechnik.de
Mo-Fr 8:30-12:30
+ 13:30-17

Umzüge

❒ **Heinrich Schneider**
Neue Kasseler Str. 3 1/2
35039 Marburg

Tel. 06421/66031
Fax 06421/67905

❒ **Heppe Transport GmbH**
Bahnhofstr. 26b
35037 Marburg
Tel. 06421/61022
Fax 06421/681565
umzug.heppe@online.de
www.eduard-heppe.de
Mo-Fr 7:30-17:30

❒ **Klaus Harner**
Umzüge, Haushaltsauflösungen
Hermann-Löns-Str. 12
35091 Cölbe
Tel. 06421/85593
Fax 06421/85593
klausharner@hotmail.com

❒ **Reinhard Schneider GmbH**
Möbeltransporte
Bahnhofstr. 26b
35037 Marburg
Tel. 06421/26301
Fax 06421/681565

❒ **Rudi Müller**
Alles für den Umzug
Kappesgasse 6
35037 Marburg
Tel. 06421/794277
Fax 06421/794677

❒ **Rümpelfix-Umzugfix**
An der Haustatt 44

35037 Marburg
Tel. 06421/163150

Unternehmensberatung

❒ **enterprises consulting**
Beratung & Vermittlung
Wettergasse 39
35037 Marburg
Tel. 06421/66333
Fax 06421/66444
lse@uni-car.de
Mo-Do 9-19, Fr 9-14

❒ **Eucom**
Europa-Agentur für EU-Förderung
Hannah-Arendt-Str. 3-7
35037 Marburg
Tel. 06421/305-160
Fax 06421/305-161
isoltwedel@aol.com
www.european-communication.de

❒ **Helmut Kammerer GmbH**
Unternehmensberatung
Hannah-Arendt-Str. 3-7
35037 Marburg
Tel. 06421/14368
Fax 06421/210204
info@kammerer-gmbh.de
kammerer-gmbh.de

Marktplatz

❏ **SCM GmbH**
Software Center 1 – 5
35037 Marburg
Tel. 06421/581-10
Fax 06421/581-389
info@scm.de
www.scm.de
Mo-Fr 9-18
IT-Beratung

❏ **TRIALOG Consult**
Dr. Hohmann, Zierau & Partner GbRmbH
Am Plan 3 1/2
35037 Marburg
Tel. 06421/66466
Fax 06421/66466
www.trialog-consult.de

❏ **Winterstein-Kommunikations-Trainings**
Geschw.-Scholl-Str. 24a
35039 Marburg
Tel. 06421/64507
winterstein-trainings@web.de

Veranstaltungsservice

❏ **Flashlight Veranstaltungstechnik**
Georg-Elser-Str. 16
35037 Marburg
Tel. 06421/309900
Fax 06421/3099020

❏ **Francis Audio**
GmbH - Vertrieb von Ton- u. Lichttechnik
Schwanallee 27-31
35037 Marburg
Tel. 06421/12766
Fax 06421/12760
francis.audio@t-online.de
www.francis.de
Mo-Fr 10-18, Sa 10-13

❏ **Herrmann Panzer**
Catering Service
Wolfshäuser Str. 8
35043 Marburg-Wolfshausen
Tel. 06421/79200

❏ **Kinderanimation Kunterbunt**
Uschi Hartnack und Andrea Müller
Am Wittelsberg 12
35041 Marburg
Tel. 06421/33518, 34446
Fax 06421/931601
Mueller-Andrea@t-online.de

❏ **Konzertdirektion Fritz Dietrich GmbH**
Büro Marburg
Leitung: Ursula Leeder
An der Sonnseite 7
35096 Weimar-Niederwalgern
Tel. 06426/7742
Fax 06426/6058

❏ **Messe Marburg**
Veranstaltungs GmbH
Neue Kasseler Str. 3 1/2
35039 Marburg
Tel. 06421/98846-0
Fax 06421/98846-14
info@messe-marburg.de
www.messe-marburg.de

❏ **Stadthalle Erwin Piscator Haus**
Biegenstr. 15
35037 Marburg
Tel. 06421/16951-0
Fax 06421/16951-28
stadthalle@marburg-stadt.de
www.marburg.de
Konzept u. Planung für Veranstaltungen wie Tagungen, Kulturevents, Messen; im Foyer bis 200 Pers., im Saal bis 1000 Pers.

❏ **Windbruch**
Michael Sack
Alter Kirchhainer Weg 9
35039 Marburg
Tel. 06421/21467
Fax 06421/21462
info@windbruch.de
www.windbruch.de
Öffnungszeiten: tägl. nach telef. Vereinb.
Kinderschminken, Animationsjonglage, Feuerspucker, div. Workshops, Kinderbetreuung etc., Zirkuszeltverleih

❏ **Zuppi Enterprises**
Go Cziba
Wettergasse 8
35037 Marburg
Tel. 06421/25082
Fax 06421/25082
zuppi@mabi.de
9-10:30 (telefonisch)

Verlage

❏ **Apeiron Verlag**
für Mittelalterliches Schrifttum GmbH
Ockershäuser Allee 21
35037 Marburg

❏ **Arbeitskreis Volkskunde u. Kulturwissenschaften e.V.**
Postfach 1122
35001 Marburg

❏ **Ausblick Verlag**
Schwanallee 13
35037 Marburg

❏ **BdWi**
Bund demokratischer Wissenschaftlerinnen und Wissenschaftler
Gisselberger Str. 7
35037 Marburg
Tel. 06421/21395
Fax 06421/24654
bdwi@bdwi.de
www.bdwi.de

❏ **beam-Verlag/beam-Elektronik**
Verlags- und Vertriebsgesellschaft mbH
Krummbogen 14
35039 Marburg
Tel. 06421/96140
Fax 06421/961423

❏ **Biblion Verlag**
Stefan Baumgarth
Wehrdaer Weg 43b
35037 Marburg
Tel. 06421/617410
Fax 06421/617411
baumgarth@biblion.de
www.biblion.de

❏ **bickon verlag**
Friedrichstr. 4
35037 Marburg
Tel. 06421/23353
oder 1732-0

❏ **Blaue Hörner Verlag**
Hannah-Arendt-Str. 3-7
35037 Marburg
Tel. 06421/175223

Fax 06421/176311
bluehorn@bluehorns-publisher.de
www.bluehorns-publisher.de

❏ **D & S Verlagsbuchhandlung**
Neue Kasseler Str. 7
35039 Marburg
Tel. 06421/802-59
oder 802-60

❏ **Deutsche Blindenstudienanstalt e.V.**
Bildungs- und Hilfsmittelzentrum für Blinde und Sehbehinderte
Postfach 1160
35001 Marburg
Tel. 06421/606-0

❏ **diagonal-Verlag**
GbR Rink-Schweer
Alte Kasseler Str. 43
35039 Marburg
Tel. 06421/681936
Fax 06421/681944
info@diagonal-verlag.de
diagonal-verlag.de

❏ **Druckerei und Verlag Wenzel**
Am Krekel 47
35039 Marburg

❏ **Förderverein Marburger Japan-Reihe e.V.**
c/o Japan-Zentrum
Biegenstr. 9

35032 Marburg
❏ **Forschungsstelle zum Vergleich wirtschaftlicher Lenkungssysteme der Universität Marburg**
Barfüßertor 2
35032 Marburg

❏ **Fränkische Bibliophilengesellschaft e.V.**
c/o Dr. Wolfhard Vahl
Potsdamer Str. 8
35039 Marburg

❏ **Geschichtswerkstatt Marburg e.V.**
Schwanallee 27-31
35037 Marburg
Tel. 06421/13107
Fax 06421/13107
Geschichtswerkstatt-Marburg@web.de
www.gw-marburg.online-h.de

❏ **Görich und Weiershäuser GmbH**
Deutschhausstr. 42
35037 Marburg
Tel. 06421/681433
Fax 06421/681433

❏ **Grundblick-Verlag**
Wiesenaue 3
35043 Marburg

❏ **Herder-Institut e.V.**
Gisonenweg 7
35037 Marburg
Tel. 06421/184-0

Fax 06421/184139
+ 184210
herder@mailer.uni-marburg.de
uni-marburg.de/her-der-institut

❏ **Hessisches Staatsarchiv Marburg**
Friedrichsplatz 15
35037 Marburg
Tel. 06421/9250-0
Fax 06421/161125
poststelle@stama.hessen.de
www.stama.hessen.de
Mo-Do 8:30-19,
Fr 8:30-13

❏ **Hitzeroth Buchverlag**
Abteilung der Hitzeroth Druck + Medien GmbH & Co. KG
Franz-Tuczek-Weg 1
35039 Marburg
Tel. 06421/409-261
Fax 06421/409-117

❏ **Jonas Verlag**
für Kunst u. Literatur GmbH
Weidenhäuserstr. 88
35037 Marburg
Tel. 06421/25132
jonas-verlag.de

❏ **KVM**
Dr. Kolster & Co.
Produktions- und Verlags GmbH
Universitätsstr. 52
35037 Marburg

Wohnhäuser
Aufstockungen
Modernisierungen
Objekt-/Industriebau

Wohrataler Holzhaus Rühl GmbH
Auestraße 55
35288 Wohratal-Halsdorf
Tel. 06425 / 92490-0
e-mail: info@wohrataler-holzhaus.de

www.-wohrataler-holzhaus.de

Marktplatz

Vesper
BÜROFACHHANDELSHAUS MIT SERVICE

▼ Bürobedarf
▼ Bürotechnik
▼ Büroeinrichtung
▼ Techn. Kundendienst

Bahnhofstraße 13 · 35037 Marburg · Tel. 0 64 21/68 94-0 · Fax 68 94-20

Tel. 06421/982090
Fax 06421/982093
kvm@kvm-verlag.de
Mo-Fr 9-17

❏ **Lebenshilfe-Verlag**
Bundesvereinigung Lebenshilfe f. Menschen mit geistiger Behinderung e.V.
Postfach 701163
35020 Marburg
Tel. 06421/491-150
Fax 06421/491-698
verlag@lebenshilfe.de
www.lebenshilfe.de

❏ **Marbuch Verlag GmbH**
Ernst-Giller-Str. 20a
35039 Marburg

Tel. 06421/6844-0
Fax 06421/6744-44
feedback@marbuch-verlag.de
marbuch-verlag.de
Mo-Fr 9-17
Verlag des Marburger & Gießener Magazins EXPRESS, (Jeden Donnerstag) Veranstalter des Stadtfestes "3 Tage Marburg", Express-Online

❏ **Marb. Geographische Gesellschaft e. V.**
Deutschhausstr. 10
35037 Marburg
Tel. 06421/28 243 12
Fax 06421/28 289 50

❏ **Metropolis-Verlag**
für Ökonomie, Gesellschaft und Politik GmbH
Bahnhofstr. 16a
35037 Marburg
Tel. 06421/67377
Fax 06421/201918
info@metropolis-verlag.de
metropolis-verlag.de

❏ **Persönliche Kinderbücher**
Michael Bose
E.-Lemmer-Str. 101/903
35041 Marburg
Tel. 0172/6710209
Fax 06421/84578
MichaelBose@aol.com

MARBURGER & GIESSENER MAGAZIN
Express Online

Wer? Was? Wo?
1000 Adressen & Kontakte in Mittelhessen

Veranstaltungskalender
Keiner hat mehr Termine

Cinema Totale
alle Filme (Marburg, Gießen, Wetzlar, Lich, Grünberg)

Kleinanzeigen
1500 Angebote & Gesuche im Zugriff

Online Werbung
Info-Tel: 0 64 21/68 44-12

Das alles gibt's unter:
www.marbuch-verlag.de
Hier stimmt der Service!

---

www.persoenliche-kinderbuecher.de

❏ **Rathaus-Verlag**
Stadt Marburg
Rathaus
35035 Marburg
Tel. 06421/201378
Fax 06421/201560
presseamt@marburg-stadt.de
www.marburg.de

❏ **Schüren Verlag**
Universitätsstr. 55
35037 Marburg
Tel. 06421/63084
Fax 06421/681190
schueren-verlag.de
Verlag mit den Schwerpunkten Film, Medien, Medienpädagogik, Zeitgeschehen und Politik

❏ **Tectum Verlag**
Dr. Heinz-Werner Kubitza
Neustadt 12
35037 Marburg
Tel. 06421/481523
Fax 06421/43470
tectum.verlag@t-online.de
www.tectum-verlag.de
Mo-Fr 10-18

❏ **Thomas Rotarius Verlag**
Heuberg 2
35091 Cölbe
Tel. 06421/84656

❏ **Verlag Brigitte Gretenkord**
Ernst-Lemmer-Str. 30
35041 Marburg

❏ **Verlag der Francke-Buchhandlung GmbH**
Am Schwanhof 19
35037 Marburg
Tel. 06421/1725-11
Fax 06421/1725-30
francke@francke-buch.de

❏ **Verlag des Kunstgeschichtlichen Seminars der Universität Marburg**
Postfach 1460
35004 Marburg

❏ **Verlag Hartmut Becker**
In den Borngärten 9
35274 Kirchhain
Tel. 06427/930455
Fax 06427/930457

❏ **Verlag Hermann Schopferer**
Bergblick 7
35043 Marburg

❏ **Verlag im Kilian GmbH**
Schuhmarkt 4
35037 Marburg
Tel. 06421/29330
Fax 06421/163894
Kilian.verlag@Kilian.de
www.Kilian.de
Mo-Do 8-17, Fr 8-13

❏ **Verlag Klaus Laaser**
Bismarckstr. 22
35037 Marburg
Tel. 06421/25143

❏ **Verlag Trautvetter & Fischer Nachf.**
Gladenbacher Weg 57
35037 Marburg
Tel. 06421/33309
Fax 06421/34959
bestell@trautvetter-fischerverlag.de
www.trautvetterfischerverlag.de

❏ **Verlag und Studio für Hörbuchproduktionen**
Kirchweg 2
35085 Ebsdorfergrund-Beltershausen
Tel. 06424/9439-0
Fax 06424/9439-39
info@hoerbuch.de
hoerbuch.de

Versicherungen

❏ **AXA**
Versicherungen
Andreas Lenz
Zwischenhausen 4
35037 Marburg
Tel. 06421/620377
Fax 06421/620378

❏ **Bachmann & Brand**
Frauenbergstr. 3
35039 Marburg
Tel. 06421/41005
Fax 06421/51819

❏ **DBV-Winterthur**
Eberling & Jacobi
Universitätsstr. 33
35037 Marburg
Tel. 06421/924050
Fax 06421/924051

❏ **Debeka**
Biegenstr. 33
35037 Marburg
Tel. 06421/68516-0
Fax 06421/68516-20

❏ **Fairsicherungsbüro**
Kähler & Partner GmbH
Friedr.-Naumann-Str. 9
35037 Marburg
Tel. 06421/22100
Fax 06421/22107

❏ **Harig & Jochum**
GmbH Versicherungsmakler
Schwanallee 54
35037 Marburg
Tel. 06421/16950-0
Fax 06421/16950-50
huj@harig-jochum.de

❏ **HUK-Coburg**
Sonnenstr. 3
35390 Gießen
Tel. 0641/9391-212
Fax 0641/9391-270

❏ **Ludwig Bellinger**
Heusingerstr. 1
35037 Marburg
Tel. 06421/670510
Fax 06421/590105

❏ **Lühs+Wagner GmbH**
Frankfurter Str. 4b
35037 Marburg
Tel. 06421/24030, 24039
Fax 06421/161194

❏ **LVM**
Versicherungen
Frankfurter Str. 33
35037 Marburg
Tel. 06421/25950
Fax 06421/15930

❏ **Marco Becker**
WWK-Versicherungen
Pilgrimstein 22

Marktplatz

35037 Marburg
Tel. 06421/924725

❐ **Mecklenburgische Versicherungsges.**
Generalagent. Günter Pfob
Universitätsstr. 29
35037 Marburg
Tel. 06421/25266
Fax 06421/26235

❐ **Peter Vaupel**
Versicherungsbüro
Liebigstr. 4
35037 Marburg
Tel. 06421/210792,
0171/2179931
Fax 06421/23186

❐ **Versicherungen**
Jürgen Kirchhoff
Marburger Str. 57
35043 Marburg
Tel. 06421/41252
Fax 06421/41282

❐ **Versicherungsbüro**
Dauzenroth
Savignystr. 21
35037 Marburg
Tel. 06421/22960, 12057

❐ **Versicherungsbüro**
Boland & Wege
Im Rudert 2
35043 Marburg
Tel. 06421/16964-0
Fax 06421/16964-11
Mo, Di, Do, Fr 9-13

❐ **Versiko AG**
Vermögensberatung
Hofstadt 18
35037 Marburg
Tel. 06421/681301
Fax 06421/681302

❐ **Württembergische Versicherung AG**
Generalagent. Lars Küllmer
Ockershäuser Str. 66
35037 Marburg
Tel. 06421/690011-0
Fax 06421/690011-11
lars.kuellmer@
wuerttembergische.de
www.kuellmer.de
Mo-Fr 9-12

❐ **Zürich Versicherungen**
Wolfgang Drese, Inh. Hans Kaiser
Universitätsstr. 21
35037 Marburg
Tel. 06421/65544
Fax 06421/65540
h.kaiser@
zuerich-agrippina.de

Videotheken

❐ **Bodo Wollmer**
Video Service
Dürerstr. 1
35039 Marburg
Tel. 06421/66686
Fax 06421/66686

❐ **I see Videotheken GmbH & Co. KG**
Neue Kasseler Str. 7a
35039 Marburg
Tel. 06421/682303

❐ **Video Oase**
Temmlerstr. 7
35039 Marburg
Tel. 06421/482451

❐ **Video-Vilm-Verleih Nohela**
Dt. Videoring
Bahnhofstr. 18
35037 Marburg
Tel. 06421/66988

Vollkornbäckereien

❐ **Siebenkorn – Die Bäcker**
Biol. Vollkornbäckerei
• Neue Kasseler Str. 23a
35039 Marburg
Tel. 06421/62225
Fax 06421/682225
Mo-Fr 7-18, Sa 6-13
• Gutenbergstr. 11
35037 Marburg
Tel. 06421/162044
• Elisabethstr. 5
35037 Marburg
Tel. 06421/682651
Mo-Mi 15-18:30, Do+Fr 11-18:30, Sa 10-14

❐ **Vollkornbäckerei Polenz**
Frauenbergstr. 17
35039 Marburg
Tel. 06421/44422

Waschsalons

❐ **SB-Waschcenter**
Gutenbergstr. 16
35037 Marburg
Tel. 06421/12354

❐ **SB-Waschsalon Wasch Fix**
Erlenring 2
35037 Marburg
Tel. 06421/164321

Wein

❐ **Carl Kessler Weinhandlung**
Marktgasse 17
35037 Marburg
Tel. 06421/25735

❐ **Die Weinrebe**
Die freundl. Weinhandlung
Frauenbergstr. 22
35039 Marburg
Tel. 06421/485154
Fax 06421/485155
info@die-weinrebe.de
www.die-weinrebe.de
Mo-Fr 10-19,
Sa 9:30-14

❐ **Jacques' Wein-Depot**
Schwanallee 31c
35037 Marburg
Tel. 06421/924500
Fax 06421/924470

❐ **Wein & Käse**
Intern. Spezialitäten
Weidenhäuser Str. 46
35037 Marburg
Tel. 06421/24984

❐ **Weincontor Marburg**
H.-J. Becker
Am Grün 52
35037 Marburg
Tel. 06421/163344
Fax 06421/163355
Mo-Mi 15-18:30, Do+Fr 11-18:30, Sa 10-14

❐ **Weine u. Spirituosen Wilhelm Althaus KG**
Haspelstr. 3
35037 Marburg
Tel. 06421/23324
Fax 06421/24261

❐ **Weingalerie**
Ketzerbach 20
35037 Marburg
Tel. 06421/66922
Fax 06421/66516

Werbung & Mediengestaltung

❐ **art & weise**
medienproduktion
Zeppelinstr. 6
35039 Marburg
Tel. 06421/27948
Fax 06421/27988
info@auw-media.de
www.auw-media.de
Mo-Fr 8:30-17:30

❐ **biopresent – Dr. Astrid Wetzel & Thomas Batinic GbR**
individuelle Lehrpfade und mehr
Haselhecke 52
35041 Marburg
Tel. 06421/360562
info@biopresent.de
www.biopresent.de

❐ **Clever Worx**
Marketing Solutions
Frankfurter Str. 17
35037 Marburg
Tel. 06421/166413-0
Fax 06421/166413-18

Tel. 06421/16 64 13 - 0
info@cleverworx.de
Fax 06421/14409
dtp-projektbuero@
t-online.de
Mo-Fr 9-18

❐ **Korflür GmbH**
Fachagentur für Industriewerbung
Rentmeisterstr. 11
35043 Marburg-Cappel
Tel. 06421/9504-0
Fax 06421/9504-49
info@korfluer.de
www.korfluer.de

❐ **Layout & Scan Reproservice GmbH**
Am Hang 1
35041 Marburg-Wehrda
Tel. 06421/8823-0
Fax 06421/8823-88

❐ **Marbuch Verlag GmbH**
Ernst-Giller-Str. 20a
35039 Marburg
Tel. 06421/6844-0
Fax 06421/6744-44
feedback@
marbuch-verlag.de
marbuch-verlag.de
Mo-Fr 9-17

❐ **Marburger Signier Technik Systeme GmbH + Co KG**
Schützenstr. 1
35039 Marburg
Tel. 06421/6001-0
Fax 06421/6001-27
info@marburger-sts.de

info@cleverworx.de
www.cleverworx.de
Mo-Fr 9-18

❐ **EAB Werbeagentur**
Ketzerbach 23a
35037 Marburg
Tel. 06421/617581
Fax 06421/680859
EABwerbeAG@aol.com
Mo-Fr 9-17

❐ **Eberhard Maaß**
Graphisches Atelier
Ernst-Lemmer-Str. 101
35043 Marburg-Wehrda
Tel. 06421/81321

❐ **Kempken DTP-Service**
Büro für Satz
Dörfflerstr. 17
35037 Marburg
Tel. 06421/14401

❐ **das videolab**
Digitale Videoprod.
Am Glaskopf 38
35039 Marburg
Tel. 0177/4146743
info@dasvideolab.de
www.dasvideolab.de

Produkte und Dienstleistungen für die Druck- und Medienbranche

All For Media
Inh. Holger Schmidt
Kaiserstraße 37 • 34628 Willingshausen
Fon: 07 00 - all for media (07 00 - 25 53 67 63)
Fax: 0 66 97 - 714 • Mail: info@allformedia.com
Web: www.allformedia.com

Marktplatz

www.marburger-sts.de

☐ **Marketti Werbeagentur**
Höhenweg 45b
35041 Marburg
Tel. 06421/93188-0
Fax 06421/93188-10
spresso@marketti.de
www.marketti.de
Mo-Fr 9-18, für Kunden 24-Stunden-Telefon

☐ **Pre Press Plus**
Agentur für Werbung + Grafik-Design, Jochem Görtz
Am Krekel 47
35039 Marburg
Tel. 06421/173220
Fax 06421/3096939
prepressplus.goertz@t-online.de

☐ **Presse-Büro**
Rainer Spies
Erlenring 18
35037 Marburg
Tel. 06421/210565
Fax 06421/210565
Spies.Rainer@t-online.de
Mo-Fr 10-18

☐ **Prinz & Partner**
Werbeagentur
Siemensstr. 10
35039 Marburg
Tel. 06421/9455-0
Fax 06421/9455-55

☐ **proper gander GmbH**
Wehrdaer Weg 1
35037 Marburg
Tel. 06421/685030

☐ **Satz & Grafik König**
Neue Kasseler Str. 3
35039 Marburg
Tel. 06421/682760
Fax 06421/66960

☐ **Scan-Technik-Schmidt**
Studio für Reprotechnik
Kaiserstr. 37
34628 Willingshausen-Merzhausen
Tel. 06697/711
Fax 06697/712

info@scan-technik-schmidt.de
scan-technik-schmidt.de

☐ **Studio für Werbefotografie**
Martin Kreutter
Ernst-Giller-Str. 20a
35039 Marburg
Tel. 06421/66767

☐ **Werbe-Grafik Walter Boßhammer**
signe DESIGN
Fliederweg 6a
35091 Cölbe
Tel. 06421/83559

Wissenschaft

☐ **Scivion**
Scientific Visions & Cons
Großseelheimer Str. 28
35037 Marburg
Tel. 06421/942399
Fax 06421/942397

Wochenmarkt Firmaneiplatz

☐ **Agrar-/Südfrüchte**
Bernd Haberzettl
Tel. 06425/468, 0172/8554484
Fax 06425/6141
bernd.haberzettl@t-online.de

☐ **bauer blumen floristik**
Tel. 06638/918130

☐ **Fischfeinkost**
Wolfgang Beyse
Tel. 06421/86456, 0172/6710657
Fax 06421/870498
fischfeinkostbeyse@freenet.de

☐ **Fleischerei Joh. Sprenger**
Tel. 06422/1324

☐ **Gärtnerei Naumann**
Topf- & Schnittblumen, Kranzbinderei
Tel. 06033/71997

☐ **Gärtnerei Peter**
Blumen (im Sommer auch Obst)

Tel. 06421/78639

☐ **Griechische Spezialitäten**
Asim Özülkü
Tel. 06424/921432

☐ **Käsefachhandel Gila Löhl**
Tel. 06462/1547

☐ **Landbäckerei Friedhelm Malm**
Alles frisch aus dem Ofen
Tel. 06404/66144-1
Fax 06404/66144-0

☐ **Metzgerei Klaus Nöckel**
Tel. 06466/384

☐ **Wild- und Geflügelhandel Scherer**
Tel. 06421/2242
Fax 06421/2242

Wochenmarkt Frankfurter Str.

☐ **Blumen**
Braun-Wolf
Tel. 06421/78576, 56195

☐ **Bohne**
Erik Schramm
Kaffeerösterei Marburg
Tel. 06421/690655

☐ **Brotvertrieb Udenhausen**
Herbert Hofmann
Tel. 06646/707, 0171/1228517

☐ **Der Biomarkt (Obst & Gemüse)**
Gaus-Staubitz & Ritter GbR
Tel. 06421/175843

☐ **Fleischerei Luckhardt**
Wurst- und Fleischspezialitäten aus der Schwalm
Tel. 06694/7074

☐ **Gärtnerei Peter**
Gemüse + Blumen
Tel. 06421/78639

☐ **Griechische Spezialitäten**
Asim Özülkü
Tel. 06424/921432

☐ **Harry Rull**
Bio-Obst + Gemüse, Eier + Honig
Großteil Eigenanbau
Tel. 06424/4716, 0173/5941194

☐ **Hofbäckerei Duske**
Bioprodukte
Tel. 06424/70207

☐ **Käsefachhandel Gila Löhl**
Tel. 06462/1547

☐ **Metzgerei Völck**
Fleisch + Wurstspezialitäten + Partyservice
Tel. 06427/2332

☐ **Obst & Gemüse**
Ulrich Noll
Tel. 0641/2502310, 0171/3371961

☐ **Obst – Gemüse – Südfrüchte**
Hans Knöppel
Tel. 06427/1317

☐ **Original Schwälmer Hausmacher-Wurst**
Inh. Hans May
Tel. 06698/8300

☐ **Peter Schnabel**
Obst, Gemüse, Südfrüchte, Groß- & Einzelhandel
Tel. 06031/63260

☐ **Rennsemmel**
Backwaren + Lieferservice
Tel. 06421/22220
www.rennsemmel.de

☐ **Rosenkulturen + Blumenverkauf**
Rita Gross
Tel. 06033/66255

☐ **Staudengärtnerei**
L. Kroh
Tel. 02755/224384, 0170/5903563

☐ **Südländische Spezialitäten**
Bartwöste-Mohr
Tel. 06422/2558

Wochenmarkt Marktplatz

☐ **Hermann Dippel**
Eier, Brot, Hausmacher Wurst, Kartoffeln und frisches Geflügel, geräucherte Forellen
Tel. 06696/252

☐ **Griechische Spezialitäten**
Asim Özülkü
Tel. 06424/921432

☐ **Halfpap Heidi**
Obst & Gemüse
Tel. 06421/35928, 0171/8108393

☐ **Käse-Schmidt**
Immer ein Hit!
Tel. 06425/2595, 0172/6750883

☐ **Landfleischerei**
Debus & Sohn
Tel. 06425/426

☐ **Maria Raab**
Rosenspezialist
Tel. 06033/9650-20
Fax 06033/9650-30
raab.rosen@t-online.de

☐ **Obst-Gemüse**
Südfrüchte Paul Jung
Tel. 06461/5654

☐ **Schwälmer Fleisch- & Wurstspezialitäten**
Johannes Richhardt
Tel. 06694/443, 6060

Wohnungsunternehmen

☐ **Gemeinnützige Wohnungsbau GmbH**
Marburg-Lahn (GeWoBau)
Pilgrimstein 17
35037 Marburg
Tel. 06421/9111-0
Fax 06421/9111-11
gewobau@gewobau-marburg.de
www.gewobau-marburg.de
Mo-Mi 8:30-12 + 14-16,
Do 8:30-12 + 14-17
Marburgs größter Vermieter

☐ **GWH**
Gemeinnützige Wohnungsgesellschaft mbH Hessen
Gerhard-Jahn-Platz 17
35037 Marburg

Tel. 06421/92730
Fax 06421/927311
Marburg@gwh.de
www.gwh.de

☐ **Hausverwaltung Horn**
Im Feldchen 23
35043 Marburg
Tel. 06421/93057
Fax 06421/93059
horn-marburg@t-online.de

☐ **S & S Grundbesitz GmbH**
Karsten Schreyer
Krummbogen 14
35039 Marburg
Tel. 06421/68555-0
Fax 06421/68555-11
info@SundS-Marburg.de
www.SundS-Marburg.de

Wohnwagen

☐ **Wohnwagen Vaupel**
Inh. Frank Vaupel
Gisselberger Str. 73
35037 Marburg
Tel. 06421/26873
Fax 06421/26578
info@wohnwagen-vaupel.de
www.wohnwagen-vaupel.de
Mo-Fr 9-18,
Sa 9-13

Zoo & Aquaristik

☐ **Jäger's Zooland**
Am Bahndamm 2
(Kaufpark Wehrda)
35041 Marburg
Tel. 06421/82006
Mo-Fr 10-19,
Sa 9-14

☐ **Zoohandlung Dabsch**
Wilhelmstr. 9
35037 Marburg
Tel. 06421/26888
Fax 06421/924974

Jeden Donnerstag kostenlos!

MARBURGER MAGAZIN Express

KLEINANZEIGEN ANNAHME

Annahme jederzeit!
Coupon unter
www.marbuch-verlag.de

Telefonisch: 0 64 21/**68 44 68** • Per Fax: 0 64 21/68 44 44
Online - Coupon unter: www.marbuch-verlag.de

Beratungsstellen & Selbsthilfegruppen

Arbeitslose

☐ **Arbeitsamt**
Afföllerstr. 25
35039 Marburg
Tel. 06421/605-0
Fax 06421/605-399
Marburg@arbeitsamt.de
arbeitsamt.de/marburg
Mo+Di 7:30-16:15,
Mi 7:30-13,
Do 7:30-18, Fr 7:30-14

☐ **Berufsberatung des Arbeitsamtes**
Afföllerstr. 25
35039 Marburg
Tel. 06421/605-260
Fax 06421/605-499
Marburg.Ausbvermittlung@arbeitsamt.de
Mo+Di 7:30-16:15,
Mi 7:30-13,
Do 7:30-18, Fr 7:30-14

☐ **Berufsinformationszentrum des Arbeitsamtes**
Afföllerstr. 25
35039 Marburg
Tel. 06421/605-333
Fax 06421/605-334
Marburg.BIZ@arbeitsamt.de
arbeitsamt.de/marburg
Mo+Di 7:30-16:15,
Mi 7:30-13,
Do 7:30-18, Fr 7:30-14

☐ **Bildungspolitische Initiative e.V. Marburg (bipoli)**
Selbsthilfe-Initiative arbeitsloser LehrerInnen

Schwanallee 27-31
35037 Marburg
Tel. 06421/15532

☐ **Fachstelle Jugendberufshilfe**
Universitätsstr. 4
35037 Marburg
Tel. 06421/201454
Fax 06421/201102
jugendberufshilfe@marburg-stadt.de
Mo, Mi, Fr 10-12,
Do 15-18

☐ **Job-Vermittlung des Arbeitsamtes**
Afföllerstr. 25
35039 Marburg
Tel. 06421/605-190
Fax 06421/605-199
Marburg.JobService@arbeitsamt.de
Mo+Di 7:30-16:15,
Mi 7:30-13,
Do 7:30-18, Fr 7:30-14

Frauen

☐ **Femme-Frauenberatung**
Mütterberatung und Weiterbildungsberatung
Dürerstr. 2
35039 Marburg
Tel. 06421/64473
m.zeunerneirich@telda.net

☐ **Frauen helfen Frauen e.V.**
Frauenhaus
• Postfach 1433
35004 Marburg
Tel. 06421/14830
Fax 06421/162792
Bürozeiten: 9-16
Frauenhaus – Beratungsstelle
• Alter Kirchh. Weg 5
35039 Marburg
Tel. 06421/161516

Schwanallee 27-31
35037 Marburg
Fax 06421/162792
Mo und Mi 10-13,
Do 16-19

☐ **Notruf Marburg e.V.**
Beratungsstelle für vergewaltigte und belästigte Frauen
Bahnhofstr. 24
35037 Marburg
Tel. 06421/21438
notruf-marburg@freenet.de
Mo 18-20 (telefonisch)

☐ **Pro Familia**
Beratungsstelle
Universitätsstr. 42
35037 Marburg
Tel. 06421/21800
Fax 06421/164179
marburg@profa.de
Mo 10-13, Di+Do 16-19
(offene Sprechzeiten)

☐ **Schwangeren- und Familienberatung**
Sozialdienst katholischer Frauen e.V.
Friedrichsplatz 3
35037 Marburg
Tel. 06421/14480

☐ **Schwangerenberatungsstelle**
Familienplanung – Sexualberatung
Universitätsstr. 30-32
35037 Marburg
Tel. 06421/27888
Telefonzeiten:
Mo-Do 10-12 + 15-17,
Fr 10-12

☐ **Wildwasser Marburg e.V.**
Beratungsstelle für Mädchen und Frauen zu sexueller Gewalt in der Kindheit
Wilhelmstr. 40
35037 Marburg
Tel. 06421/14466
Fax 06421/14482
info@

wildwasser-marburg.de
wildwasser-marburg.de
Di+Do 10-12, Mi 16-18
(Telefon)

Kinder, Jugendliche, Familie

☐ **Arbeiter-Samariter-Bund**
OV Marburg
Friedrich-Ebert-Str. 27
35039 Marburg
Tel. 06421/42040
Fax 06421/484775
asb-marburg@t-online.de
Wir bieten im Auftrag des Kreisjugendamts sozialpädagogische Familienhilfe an.

☐ **Deutscher Kinderschutzbund e.V.**
Geschäftsstelle und Familienberatung
Uferstr. 11
35037 Marburg
Tel. 06421/67119

☐ **Ehe-, Familien- und Lebensberatungsstelle**
Deutschhausstr. 31
35037 Marburg
Tel. 06421/64373
Fax 06421/590132
efl-beratung@web.de
Mo+Fr 9-10, Mi 14-15
(telefonisch)

☐ **Erziehungsberatungsstelle**
des Vereins für Erziehungshilfe e.V.
Hans-Sachs-Str. 8
35039 Marburg
Tel. 06421/2863045
od. 2863041
Offene Sprechstunde:
Mi 17-19, Mo-Do
9-12:30 + 13:30-16,
Fr 9-12:30

☐ **Evangelische Familien-Bildungsstätte**
Barfüßertor 34
35037 Marburg
Tel. 06421/175080
Fax 06421/1750810
fbs@fbs-marburg.de
Mo-Do 9-12,
Mo, Di, Do 15-17

☐ **Glücklich leben mit Kindern**
Elternschule Marburg
Schwanallee 17
35037 Marburg
Tel. 06421/917615
Fax 06421/917615
elternschulemarburg@gmx.de

☐ **JUKO Jugendkonflikthilfe Marburg e.V.**
Krummbogen 2
35039 Marburg
Tel. 06421/690910
Fax 06421/690922
krummbogen@jugendkonflikthilfe.de
jugendkonflikthilfe.de
Mo-Do 8-17, Fr 8-15

☐ **Pro Familia**
Beratungsstelle
Universitätsstr. 42
35037 Marburg
Tel. 06421/21800
Fax 06421/164179
marburg@profa.de
Mo 10-13, Di+Do 16-19
(offene Sprechzeiten)

☐ **Wildwasser Marburg e.V.**
Beratungsstelle für Mädchen und Frauen zu sexueller Gewalt in der Kindheit
Wilhelmstr. 40
35037 Marburg
Tel. 06421/14466
Fax 06421/14482
info@

wildwasser-marburg.de
wildwasser-marburg.de
Di+Do 10-12, Mi 16-18
(telefonisch)

Männer

☐ **Pro Familia**
Beratungsstelle
Universitätsstr. 42
35037 Marburg
Tel. 06421/21800
Fax 06421/164179
marburg@profa.de
Mo 10-13, Di+Do 16-19
(offene Sprechzeiten)

☐ **SCHWUBS – Schwules Beratungstelefon**
Information, Beratung und Hilfe für Männer, die Männer lieben
Bahnhofstr. 27
35037 Marburg
Tel. 06421/19446
Mo 19-21

Psychosoziale Beratung

☐ **Integrationsfachdienst (IFD)**
für schwerbehinderte Arbeitnehmer und schwerbehinderte Arbeitsuchende im Landkreis
Marburg-Biedenkopf
Biegenstr. 34
35037 Marburg
Fax 06421/6851322
IFD.arbeitundbildung@t-online.de
www.arbeit-und-bildung-marburg.de
Berufsbegleitende Beratung
(Tel. 06421/6851311),
Arbeitsvermittlung
(Tel. 06421/6851314)

Notdienste

Notruf/Polizei Tel. 110
Rettungsleitstelle
Feuerwehr Tel. 112
Notarzt Tel. 112
Giftnotruf Tel. 06131/19240
            0551/19240

☐ **Deutsche Lebens-Rettungs-Gesellschaft (DLRG)**
Ortsgruppe Marburg
Hirsenmühle 2
35037 Marburg
Tel. 06421/22777

☐ **DRK**
Rettungsdienst Mittelhessen Gemeinnützige GmbH
Willy-Mock-Str. 13
35037 Marburg
Tel. 06421/95020
Fax 06421/950295

☐ **Feuerwehr Marburg**
Fachdienst Brandschutz
Erlenring 11
35037 Marburg
Tel. 06421/1722-0
Fax 06421/1722-37
brandschutzamt@marburg-stadt.de
Rund um die Uhr

☐ **Giftinformationszentrum-Nord**
Robert-Koch-Str. 40
37075 Göttingen
Tel. 0551/19240
Fax 0551/3831881
giznord@med.uni-goettingen.de
www.giz-nord.de

☐ **Johanniter-Unfall-Hilfe e.V.**
KV Marburg-Biedenkopf
Afföllerwiesen 3
35039 Marburg
Tel. 06421/9656-0
Fax 06421/9656-17

☐ **Malteser Hilfsdienst e.V.**
Geschäftsstelle
Marburg-Frankenberg
Schützenstr. 28
35039 Marburg
Tel. 06421/988666
Fax 06421/988667
ipost@malteser-marburg.de
malteser-marburg.de
Hilfsorganisation mit Kleiderkammer, Ausbildung in erster Hilfe etc und Sanitätsdienste, Auslandsdienst

☐ **Marburger Krankenpflegeteam**
Gemeinn. Rettungsd. GmbH
Postfach 1720
35007 Marburg
Tel. 06421/95020
Fax 06421/950265

☐ **Notruf Marburg e.V.**
Beratungsstelle für vergewaltigte und belästigte Frauen
Bahnhofstr. 24
35037 Marburg
Tel. 06421/21438
notruf-marburg@freenet.de
Mo 18-20 (Telefonsprechzeit)

☐ **Polizei Cölbe**
Heuberg 15

35091 Cölbe
Tel. 06421/8814-0

☐ **Polizeipräsidium Mittelhessen**
Polizeidirektion MR-Bied.
Raiffeisenstr. 1
35043 Marburg
Tel. 06421/406-0
Fax 06421/406-485

☐ **Technisches Hilfswerk (THW)**
Bundesanstalt
Molkereistr. 7
35039 Marburg
Tel. 06421/51555
Fax 06421/51553
info@thw-marburg.de

☐ **Telefonseelsorge Marburg e.V.**
Tel. 06421/682130
oder 0800 11 10111

Krankenhäuser & Universitätskliniken

☐ **Psychologische Beratungsstelle**
für Ehe-, Familien- und Lebensfragen – staatlich anerkannte Erziehungsberatungsstelle -
Universitätsstr. 30-32
35037 Marburg
Tel. 05321/27888
Telefonzeiten:
Mo-Do 10-12
und 15-17,
Fr 10-12

☐ **Psychologischer Dienst des Arbeitsamtes**
Afföllerstr. 25
35039 Marburg
Tel. 06421/605-275
Fax 06421/605-299
Marburg.PD@arbeitsamt.de
Mo+Di 7:30-16:15,
Mi 7:30-13,
Do 7:30-18,
Fr 7:30-14

Schulden

☐ **Caritas-Schuldnerberatung**
Schückingstr. 28
35037 Marburg
Tel. 06421/26342
Fax 06421/13701

☐ **Schuldnerberatung des Landkreises Marburg-Biedenkopf**
Bahnhofstr. 2
(Rathaus)
35260 Stadtallendorf
Tel. 06428/707216
Fax 06428/707400

Sonstige

☐ **AIDS-Hilfe Marburg e.V.**
Bahnhofstr. 27, 1.Stock
35037 Marburg
Tel. 06421/64523
Fax 06421/62414
info@marburg.aidshilfe.de
aids-hilfe-marburg.de
Mo-Do 10-13,
Mo 14-16,
Do 19-21,
Chatberatung:
Do 21-22

☐ **Mieterverein**
Marburg u. Umgebung e.V.
Bahnhofstr. 15
35037 Marburg
Tel. 06421/683939
Mo-Fr 16-18,
Mi 18-20

☐ **Verbraucherberatung**
Steinweg 15
35037 Marburg

Tel. 06421/27277
☐ **Verein zur Förderung der Integration Behinderter e.V. (fib)**
Beratungsstelle
Am Erlengraben 12a
35039 Marburg
Tel. 06421/1696710

Sucht

☐ **Anonyme Alkoholiker**
Tel. 06421/12277

☐ **Blaues Kreuz**
Wilhelmstr. 8a
35037 Marburg
Tel. 06421/23129
Fax 06421/23182
suchtberatungmarburg@blaues-kreuz.de

☐ **Freundeskreis Marburg e.V.**
Verein f. Suchtkrankenhilfe
Frauenbergstr. 6
35039 Marburg
Tel. 06421/46622
Fax 06421/46622
blitz-buch.de/FreundeskreisMarburg
Mi 19:30-20:45
(Infogruppe)

☐ **Psychosoziale Beratungsstelle für Suchtmittelabhängige**
-IGEA e.V.-
Klosterberg 13
35083 Wetter
Tel. 06423/6042
Fax 06423/964930
PSB-IGEA-Wetter@t-online.de
www.IGEA-eV.de
Mo-Do 9-12,
Mo+Do 15-18

☐ **Sucht- und Drogenberatung der Evangelischen Kirche**
Frankfurter Str. 35
35037 Marburg
Tel. 06421/26033
Fax 06421/26035
sucht-u.drogenberatungmarburg@t-online.de
ekmr.de/r5/beratungsstellen/suchtberatung/index.htm
Mo-Fr 8:30-12:30,
Mo-Do 14:30-17

☐ **Suchthilfe Hof Fleckenbühl**
Hof Fleckenbühl
35091 Cölbe-Schönstadt
Tel. 06427/9221-0
Fax 06427/9221-50
info@suchthilfe.org

www.suchthilfe.org

Krankenhäuser & Universtätskliniken

Krankenhäuser

☐ **Diakonie-Krankenhaus**
Hebronberg 5
35041 Marburg
Tel. 06421/808-0

☐ **Klinik Dr. Schweckendiek**
Blitzweg 21
35039 Marburg
Tel. 06421/9643-0
Fax 06421/9643-50

Universitätskliniken

☐ **Augenklinik**
Robert-Koch-Str. 4
35037 Marburg
Tel. 06421/28-62600
Fax 06421/28-65678
www.med.uni-marburg.de

☐ **Frauenklinik**
Pilgrimstein 3
35037 Marburg
Tel. 06421/28-66213
Fax 06421/28-66413

☐ **Hals-, Nasen-, Ohrenklinik**
Deutschhausstr. 3
35037 Marburg
Tel. 06421/28-66478

☐ **Hautklinik**
Deutschhausstr. 9
35037 Marburg
Tel. 06421/28-66281
Fax 06421/28-62901

☐ **Kinder- und Jugendpsychiatrie und -psychotherapie**
Hans-Sachs-Str. 4-8
35033 Marburg
Tel. 06421/28-66261

☐ **Klinik für Innere Medizin**
Baldingerstr.
35043 Marburg
Tel. 06421/28-66451
Fax 06421/28-65967

☐ **Klinik für Psychiatrie und Psychotherapie**
Rudolf-Bultmann-Str. 8
35039 Marburg
Tel. 06421/28-66219

☐ **Klinik für Visceral-, Thorax- und Gefässchirurgie**
Baldingerstr.

35043 Marburg
Tel. 06421/2863691
Fax 06421/2868995

☐ **Klinikum der Philipps-Universität**
Lahnberge
Baldingerstr.
35043 Marburg
Tel. 06421/28-63691

☐ **Klinikum der Philipps-Universität -AdöR-**
Klinikum für Neurologie
Rudolf-Bultmann-Str. 8
35039 Marburg
Tel. 06421/28-65200
Fax 06421/28-68955
oertelw@mailer.uni-marburg.de
www.info.med.uni-marburg.de

☐ **Zahnklinik**
Georg-Voigt-Str. 3
35039 Marburg
Tel. 06421/28-63214

☐ **Zentrum für Kinder- und Jugendmedizin**
Deutschhausstr. 12
35037 Marburg
Tel. 06421/28-62650
Fax 06421/28-65724
uni-marburg.de/mzk

☐ **Zentrum für Radiologie**
Baldingerstr.
35043 Marburg
Tel. 06421/28-66231

Ärzte

Allgemeinmedizin

☐ **A. Shir**
Marburger Str. 47
35043 Marburg
Tel. 06421/42498
Fax 06421/45681
Mo-Fr 8-12,
Mo+Fr 15:30-18

☐ **Cora Barbara Gürge**
Dilschhäuser Str. 9b
35041 Marburg
Tel. 06420/329
Fax 06420/260
Mo-Fr 8-11,
Mo+Do 16-18, Di 14-16

☐ **Cornelius Reif**
Ockershäuser Str. 86
35037 Marburg
Tel. 06421/31114
Mo-Fr 7:30-12,
Mo, Di, Fr 16-18

☐ **Dr. med. Almut Zimmermann**
Im Lichtenholz 2a
35043 Marburg
Tel. 06421/44123
Fax 06421/487892
Almut.Zimmer-

mann@web.de
Mo-Fr 8:30-11,
Di+Do 16:18

☐ **Dr. med. Barbara Froehlich**
E.-von-Behring-Str. 46
35041 Marburg
Tel. 06421/61232
Fax 06421/61230
BarbaraFroehlich@t-online.de
Mo-Mi, Fr 8-12, Do 8-11 + 15-18, Mo 16-18

☐ **Dr. med. Christa Hedderich-Nolte**
Schwanallee 17
35037 Marburg
Tel. 06421/176168
Fax 06421/25565
Mo, Mi, Do 8:30-11,
Fr 10:30-13, Di 15-16,
Do 16-18

☐ **Dr. med. Christian Schmidt-Hestermann**
Schwanallee 26
35037 Marburg
Tel. 06421/270666
Fax 06421/270664
Mo-Fr 9-11, Fr 15-16

☐ **Dr. med. Dipl.-Biol. Gerd-Ewald von Manteuffel**
Huteweg 9
35041 Marburg
Tel. 06421/81623
Fax 06421/85755
Dr.v.Manteuffel.Marburg@t-online.de

☐ **Dr. med. Dorothea Klockmann**
Gisselberger Str. 17
35037 Marburg
Tel. 06421/27766
Fax 06421/12986
Mo, Di, Do, Fr 8-12,
Mo+Do 15-17,
Mi 10-17
Naturheilverfahren

☐ **Dr. med. Hans-Georg Werner**
Mariborer Str. 2
35037 Marburg
Tel. 06421/13535
Fax 06421/21127
Mo-Fr 8-11,
Mo, Di, Do, Fr 17-18

☐ **Dr. med. Hans-Helmut Meiß**
Friedrich-Ebert-Str. 25
35039 Marburg
Tel. 06421/481256
Fax 06421/481690
Mo-Fr 8-11,
Mo+ Fr 16-18

☐ **Dr. med. Hans-Peter Mayer-Anhalt**
Friedrichstr. 9
35037 Marburg
Tel. 06421/13993
Fax 06421/161412
hpm@tiefenrausch.de
Mo-Fr 8-13,
Mo+ Do 16-19

☐ **Dr. med. Helke Bücking-Prieur**
Frankfurter Str. 51
35037 Marburg
Tel. 06421/23492
Fax 06421/992307
helke.prieur@multimedica.de
Mo, Mi, Do, Fr 9-11:30,
Di 15:30-18

☐ **Dr. med. Horst Klein**
Ockershäuser Allee 21
35037 Marburg
Tel. 06421/33300
Fax 06421/360195
Mo-Do 9-12, Fr 9-14:30, Mo+Do 15:30-18, Di 15:30-19:30

☐ **Dr. med. Ines Karges**
Sonnenweg 32
35041 Marburg
Tel. 06420/822880
Fax 06420/822814
dr.karges@t-online.de
Mo, Mi, Do 8:30-12,
Mo+Do 18-19,
Di 14:30-18, Fr 14-17

☐ **Dr. med. Klaus Dippel u. Dr. med. Norman Hillenbrand**
Wilhelmstr. 42
35037 Marburg
Tel. 06421/21212
Fax 06421/27133
drnohill@t-online.de
dippel-hillenbrand.de
Homöopathie, Akupunktur, Chirotherapie

☐ **Dr. med. Lothar Weber**
Lahntor 5
35037 Marburg
Tel. 06421/23828
Fax 06421/92337
Mo-Fr 8-11, Mo, Di, Fr 15-17, Do 16-19

☐ **Dr. med. Michael Köhler**
Steinweg 39
35037 Marburg
Tel. 06421/61177
Fax 06421/682362
Mo, Di, Do, Fr 8:30-11:30, Mi+Do 16-18

☐ **Dr. med. Michael Miko**
Reitgasse 6
35037 Marburg
Tel. 06421/13616
Fax 06421/12270
Mo-Fr 8:30-11,
Di+Fr 16:30-18

☐ **Dr. med. Michael Moritz, Dr. med. C. Wolff**
Gemeinschaftspraxis
Uferstr. 2a
35037 Marburg
Tel. 06421/66588
Fax 06421/66586
Mo-Fr 8:30-12,

Ärzte

Mo+Di 16-18, Do 16-20
☐ **Dr. med.**
Mirtscho Stafunsky
Reitgasse 6
35037 Marburg
Tel. 06421/13616
Fax 06421/12270
Mo-Fr 8:30-11,
Di+Fr 16:30-18

☐ **Dr. med.**
Monika Zierold
Friedrich-Ebert-Str. 25
35039 Marburg
Tel. 06421/481256
Fax 06421/481690
Mo-Fr 8-11,
Mo+Fr 16-18

☐ **Dr. med.**
Peter Eisenberg
Frankfurter Str. 40
35037 Marburg
Tel. 06421/92560
Fax 06421/925621
Mo-Fr 8-11:30,
Di+Do 16-19

☐ **Dr. med.**
Roland Pistor
Universitätsstr. 41
35037 Marburg
Tel. 06421/25581
Fax 06421/21308
Mo-Fr 8-11,
Mo, Di, Do 16-18

☐ **Dr. med.**
Rolf Seidel
Friedr.-Naumann-Str. 9
35037 Marburg
Tel. 06421/25573
Fax 06421/25513
RolfSeidel@telemed.de
Mo-Do 8-12, Fr 8-13,
Di+Do 16-18
Umweltmedizin

☐ **Dr. med.**
Rudolf Schindler
Wilhelm-Raabe-Weg 9
35039 Marburg
Tel. 06421/25406
Fax 06421/162854
Mo-Fr 8-12,
Mo, Di, Do, Fr 16-18

☐ **Dr. med.**
Stefan Schulte
Bahnhofstr. 36
35037 Marburg
Tel. 06421/66518

Fax 06421/683729
Mo-Fr 8-12, Fr 12-14,
Mo+Do 16-18, Di 16-17
☐ **Dr. med.**
Ulrike Kretschmann
Bahnhofstr. 18
35037 Marburg
Tel. 06421/32225
Fax 06421/686841
Mo-Fr 8-12,
Mo, Di, Do, Fr 16-18

☐ **Dr. med. Wilhelm**
Bräutigam
Schützenstr. 29
35039 Marburg
Tel. 06421/67024
Fax 06421/681604
Mo-Do 8-10, Fr 8-13

☐ **Erika Richter**
Simmestr. 30
35043 Marburg
Tel. 06421/46927
Fax 06421/481729
Mo-Fr 8-11:30,
Di+Do 15-18

☐ **Gerhard Peleska**
Am Richtsberg 58
35039 Marburg
Tel. 06421/41782
Fax 06421/51745
norbert@
mailer.uni-marburg.de
Mo, Di, Do,
Fr 8:30-11:30,
Di 17-19, Do 16-18

☐ **Gernot Landschein**
Pfarracker 11
35043 Marburg
Tel. 06421/270658
Fax 06421/270657
Mo-Fr 9-11,
Di+Do 17-18:30

☐ **H.-G. Schultheiß**
Freiherr-v.-Stein-Str. 1
35041 Marburg
Tel. 06421/81155
Fax 06421/81194
Mo, Di, Do Fr 9-12,
Di+Fr 17-18

☐ **Hartmut Winter**
Bahnhofstr. 21
35037 Marburg
Tel. 06421/66772
Fax 06421/66776
Mo-Do 8:30-11:30,

Fr 10-13, Di+Do 16-18
Akupunktur
☐ **Heike Merle**
Simmestr. 30
35043 Marburg
Tel. 06421/46927
Fax 06421/481729
Mo-Fr 8-11:30,
Di+Do 15-18

☐ **K. U. Kundlatsch**
Ockershäuser Str. 86
35037 Marburg
Tel. 06421/31114
Mo-Fr 7:30-12,
Mo, Di, Fr 16-19

☐ **Martina Dohmen**
Steinweg 39
35037 Marburg
Tel. 06421/61177
Fax 06421/682362
Mo, Di, Do, Fr 8:30-
11:30, Di+Do 16-18

☐ **Michael Kaleta**
Friedrichstr. 18
35037 Marburg
Tel. 06421/24077
Mo, Di, Do, Fr 9-13,
Mo+Do 18-19

☐ **Mohammad Wahab**
Am Richtsberg 58
35039 Marburg
Tel. 06421/41782
Fax 06421/51745
Mo-Fr 8:30-11:30,
Di 17-19, Do 16-18

☐ **P. A. M. Nölling**
Biegenstr. 51
35037 Marburg
Tel. 06421/66019
Fax 06421/63751
nölling@scm.de
Mo-Fr 8-12

☐ **Petra Dotzauer**
Himbornstr. 12
35043 Marburg
Tel. 06424/92650
Fax 06424/926524
Mo-Fr 9-11,
Mo+Do 18:30-19:30

☐ **Priv.-Doz. Dr. med.**
N. Donner-Banzhoff
Am Richtsberg 58
35039 Marburg
Tel. 06421/41782
Fax 06421/51745
norbert@

mailer.uni-marburg.de
Mo,Di,Do,Fr 8:30-11:30
Di 17-19, Do 16-18
☐ **Priv.-Doz.Dr. med.**
N. van der Meulen,
Schwanallee 5
35037 Marburg
Tel. 06421/25335
Fax 06421/15051
Mo-Fr 9-13,
Mo, Di, Do 16-18

☐ **Reiner Eble**
Liebigstr. 5
35037 Marburg
Tel. 06421/24071
Mo-Fr 8-11,
Mo+Do 15-18

☐ **Werner Gürge**
Dilschhäuser Str. 9b
35041 Marburg
Tel. 06420/329
Mo-Fr 8-11,
Mo+Do 16-18

Anästhesiologie

☐ **Dr. med. Petra**
Freifrau Geyr von
Schweppenburg
Blitzweg 21
35039 Marburg
Tel. 06421/61155
Fax 06421/682256
Di+Mi 8-12, Do 9-12,
Mo 14-18, Di+Do 15-17

☐ **Dr. med. Winfried**
Hofmann
Hebronberg 2
35041 Marburg
Tel. 06421/14344
Fax 06421/14337
Augenarztdrnoell@
aol.com
Mo-Do 9-12, Fr 9-14,
Mo 15-17, Di+Do 15-18

Chirurgie

☐ **Dipl.-Med. Dr. med.**
William Valencia
Deutschhausstr. 20
35037 Marburg
Tel. 06421/65612
Fax 06421/620267
Mo, Di, Do 8-12
+ 15-17, Fr 8-13

35037 Marburg
Tel. 06421/64727
Mo-Fr 8-12, Mo, Di, Do
16-18, Fr 14:30-15:30
☐ **Dr. med. Heidemarie von der Hagen**
Universitätsstr. 29
35037 Marburg
Tel. 06421/25525
Fax 06421/25525
Di+Do 14-18, Fr 14-15

☐ **Dr. med.**
Joachim Kausen
Bahnhofstr. 13
35037 Marburg
Tel. 06421/61228
Fax 06421/681805
j.kausen@t-online.de
Mo-Fr 8-12, Do 15-19

☐ **Dr. med. Kristin**
Zschausch-Heithecker
Biegenstr. 44
35037 Marburg
Tel. 06421/64747
Mo-Fr 8:30-12,
Mo 16:30-18, Di 15-18

☐ **Dr. med.**
Mareike Hühnermann
Barfüßertor 25
35037 Marburg
Tel. 06421/27733
Fax 06421/161553
Mo-Fr 9-12,
Di+Do 16-18

☐ **Dr. med.**
Wolfgang Noell
Frankfurter Str. 37
35037 Marburg
Tel. 06421/14344
Fax 06421/14337
Augenarztdrnoell@
aol.com
Mo-Do 9-12, Fr 9-14,
Mo 15-17, Di+Do 15-18

Augenheilkunde

☐ **Dr. med.**
Alexander Novak
Biegenstr. 44

☐ **Helmut Boas**
Frankfurter Str. 60
35037 Marburg
Tel. 06421/270370
Fax 06421/270370

☐ **Dr. med.**
Klaus Meiforth
Bahnhofstr. 18
35037 Marburg
Tel. 06421/63222
Fax 06421/63222
Mo-Fr 9-11

☐ **MUDR. Martin Hybl**
Deutschhausstr. 40
35037 Marburg
Tel. 06421/67565
Fax 06421/686945
Mo-Fr 8-12 + 15-18

☐ **Priv.-Doz.Dr. med.**
Rolf Weinel
Wilhelmstr. 5-7
35037 Marburg
Tel. 06421/92960
Fax 06421/929629

Frauenheilkunde und Geburtshilfe

☐ **Christiane Jäckel**
Deutschhausstr. 40
35037 Marburg
Tel. 06421/65577
Fax 06421/681725
Mo-Fr 8-13

☐ **Dr. med.**
Brigitta Schröder
Wilhelmstr. 9
35037 Marburg
Tel. 06421/27744
Fax 06421/27744
Mo-Fr 7:30-12:30,
Mo, Di, Do, Fr 14:30-
17:30, Mi 15:30-18:30

☐ **Dr. med.**
Christa Eichler
Gutenbergstr. 3
35037 Marburg
Tel. 06421/21551
Mo, Di, Do, Fr 8-12,
Mi 8-13, Fr 12-14,
Mo+Do 14-16, Di 15-18

☐ **Dr. med. Christa**
Kleinert-Skopnik
Steinweg 39
35037 Marburg
Tel. 06421/67595
Fax 06421/67543
christa.kleinert@

Ärzte

t-online.de
Mo-Fr 8-12,
Di+Do 15-17

☐ **Dr. med.**
Doris Settnik
Bahnhofstr. 30
35037 Marburg
Tel. 06421/66491
Mo-Fr 8-12, Mo+Do
15:30-18:45, Di 15-17

☐ **Dr. med.**
Franz Prohaska
Biegenstr. 3
35037 Marburg
Tel. 06421/924147
Fax 06421/924148
franz.prohaska.med@
t-online.de
frauenarzt-prohaska.de
Mo+Mi 8:30-13,
Di 7-12 + 14-17,
Mo 14-17:30, Mi 15-
18, Do 15:30-18:30

☐ **Dr. med.**
Frauke Hild
Deutschhausstr. 40
35037 Marburg
Tel. 06421/65577
Fax 06421/681725
Mo-Fr 8-13

☐ **Dr. med.**
Gabriele Rode
Deutschhausstr. 40
35037 Marburg
Tel. 06421/65577
Fax 06421/681725
g.rode@dgn.de

☐ **Dr. med. Gisela Wiegand-Auerbach**
Ketzerbach 14
35037 Marburg
Tel. 06421/12733
Fax 06421/682262
Mo-Fr 8-11

☐ **Dr. med.**
Heinrich Hofmann
Deutschhausstr. 40
35037 Marburg
Tel. 06421/61212
Fax 06421/62995
Mo-Do 9-12:30,
Fr 8-16, Mo+Di 16-19

☐ **Dr. med.**
Michael Scharsich
Deutschhausstr. 40
35037 Marburg
Tel. 06421/62662
Fax 06421/681927
Dr.Scharsich@web.de
Mo-Fr 8-13,
Mo, Di, Do 14-18

☐ **Dr. med.**
Walter Kihm
Schuberstr. 8b
35043 Marburg
Tel. 06421/51910
Fax 06421/51910
drkihm@yahoo.de
Mo+Di 8:30-12:30
+ 14-17:30, Mi+Fr
9:30-12:30 + 14-17:30

☐ **Dr. med.**
Yvonne Sartorius
Biegenstr. 48
35037 Marburg
Tel. 06421/67540
Fax 06421/67585
Mo-Fr 9-11:30

☐ **Erika Kaufmann-Kumpf**
Biegenstr. 48
35037 Marburg
Tel. 06421/67540
Fax 06421/67540
Mo-Fr 9-11

☐ **Ingrid Helduser**
Deutschhausstr. 40
35037 Marburg
Tel. 06421/61210
Fax 06421/62995
Mo-Fr 8-12,
Mo, Di, Do, Fr 15-18

☐ **Sabine Ramb**
Deutschhausstr. 40
35037 Marburg
Tel. 06421/61212
Mo-Do 9-12:30,
Fr 8-16, Mo+Di 16-19,
Do 15-18

Hals-, Nasen-, Ohrenheilkunde

☐ **Alexander Horvath**
Teichweg 1
35037 Marburg
Tel. 06421/41564
Mo, Di, Do, Fr 8:30-12,
Di, Mi, Do 15:30-19

☐ **Dr. med. Dr. med. dent. H. Nölling**
Biegenstr. 51

35037 Marburg
Tel. 06421/66019
Fax 06421/63751
nölling@scm.de
Mo, Di, Do, Fr 9-12,
Di 16-19

☐ **Dr. med.**
Egbert Nolte
Schwanallee 17
35037 Marburg
Tel. 06421/25565
Fax 06421/25565
Mo-Do 8:30-11:30,
Fr 9-13, Di 15-16,
Do 16-18

☐ **Dr. med.**
Matthias Longinus
Universitätsstr. 34
35037 Marburg
Tel. 06421/23176
Fax 06421/23136
DR.M.LONGINUS@
t-online.de
Mo-Do 9-11, Mo, Di, Fr
14:30-17, Do 14:30-18

☐ **Dr. med. Wolf-Rüdiger Schneider**
Universitätsstr. 28
35037 Marburg
Tel. 06421/162211
Fax 06421/162210
Dr.wolf-r.schneider@
t-online.de
Mo-Fr 8-11

Haut- & Geschlechtskrankheiten

☐ **Barthold Hornung**
Wilhelmstr. 5 – 7
35037 Marburg
Tel. 06421/25736
Fax 06421/161114
bhornung@scm.de
Mo-Fr 8-12,
Mo, Di, Do 14-18
Allergologe – Phlebologie –
Proktologie

☐ **Dipl.-Med. Dr. med. St. Heilmann**
Biegenstr. 44
35037 Marburg
Tel. 06421/65353
Fax 06421/66211

Mo-Fr 8-11,
Mo+Di 14-16, Do 18-20

☐ **Dr. med.**
Gerhard Dippel
Universitätsstr. 36
35037 Marburg
Tel. 06421/21444
Fax 06421/27133
Mo-Fr 8-12:15,
Mo, Di, Do 14:30-
17:15, Fr 13:50-16

☐ **Dr. med.**
Guillaume Klein
Wettergasse 1
35037 Marburg
Tel. 06421/24004
Fax 06421/25911
Mo-Fr 9-12,
Mo-Fr 12-17, Sa 10-13

☐ **Dr. med.**
Karola Sonnevend
Universitätsstr. 26
35037 Marburg
Tel. 06421/26060
Fax 06421/13812
Mo-Fr 9-12, Fr 12-14,
Mo+Di 15-18,
Do 16:30-19:30

☐ **Dr.med.univ./Universität Budapest Elisabeth Thomas**
Steinweg 39
35037 Marburg
Tel. 06421/681617
Fax 06421/686358
Mo-Fr 8-12, Mo 14-16,
Do 15-19

☐ **Priv.-Doz.Dr. med. Hartmut Strempel**
Wettergasse 1
35037 Marburg
Tel. 06421/24004
Fax 06421/25911
Mo-Fr 9-12,
Mo-Fr 12-17, Sa 10-13

Innere Medizin

☐ **Dr. med.**
Amelie Arnold
Friedhofstr. 13
35043 Marburg
Tel. 06421/47244
Mo-Fr 8-11,
Di 16:30-18

☐ **Dr. med.**
Bernd C. Simon
Biegenstr. 3
35037 Marburg
Tel. 06421/917570
Fax 06421/9175720
Mo-Fr 9-12,
Mo, Do, Fr 17-18
Kardiologie

☐ **Dr. med.**
Christina Balser
Erlenringcenter
Erlenring 19
35037 Marburg
Tel. 06421/92950
Mo-Fr 8-12,
Di, Do, Fr 15-17
Hämatologie und Onkologie

☐ **Dr. med.**
Dieter Leußler
Haspelstr. 29
35037 Marburg
Tel. 06421/22077
Fax 06421/22079

☐ **Dr. med.**
Frank Weidenbach
Erlenringcenter
Erlenring 19
35037 Marburg
Tel. 06421/92950
Mo-Fr 8-12,
Di, Do, Fr 15-17
Hämatologie und Onkologie

☐ **Dr. med.**
Gerda Nassauer
Zur Aue 5
35043 Marburg
Tel. 06421/46969
Fax 06421/162806
Dr.Gerda.Nassauer@
t-online.de
Mo-Fr 8-13, Do 17-19

☐ **Dr. med.**
Gisela Bausch
Biegenstr. 20
35037 Marburg
Tel. 06421/12761
Fax 06421/12853
Mo-Fr 8-12, Mo, Di, Do
15:30-17:30, Fr 13-15

☐ **Dr. med.**
Hartmut Hesse
Deutschhausstr. 34
35037 Marburg
Tel. 06421/65555
Fax 06421/682228

Dr.hartmut.hesse@
onlinemed.de
Mo-Fr 9-12,
Mo+Do 15-18

☐ **Dr. med.**
Hermann Trauth
Erlenring 19 II
35037 Marburg
Tel. 06421/22414
Fax 06421/26864
Mo-Fr 8-12,
Mo, Di, Do 15-18

☐ **Dr. med.**
Jasper Hein
Gisselberger Str. 2
35037 Marburg
Tel. 06421/13290
Fax 06421/27718
Mo, Di, Do, Fr 9-12

☐ **Dr. med.**
Ludwig Drude
Biegenstr. 3
35037 Marburg
Tel. 06421/917570
Fax 06421/9175720
Mo-Fr 9-12,
Mo, Do, Fr 17-18
Kardiologie

☐ **Dr. med.**
Margareta Frank
Biegenstr. 3
35037 Marburg
Tel. 06421/917570
Fax 06421/9175720
Mo-Fr 9-12,
Mo, Do, Fr 17-18
Gastroenterologie

☐ **Dr. med.**
Markus Eidenmüller
Großseelheimer Str. 28
35039 Marburg
Tel. 06421/485533
Fax 06421/485859
diabetes-praxis@
t-online.de
Mo-Fr 8-13, Mo 16-
18:30, Di, Mi, Do 15-17

☐ **Dr. med.**
Reinhard Diedrich
Biegenstr. 3
35037 Marburg
Tel. 06421/917570
Fax 06421/9175720
Mo-Fr 9-12,
Mo, Do, Fr 17-18

www.-wohrataler-holzhaus.de

Ärzte

☐ Dr. med.
Sabine Schütterle
Schubertstr. 8
35039 Marburg
Tel. 06421/4860000
Fax 06421/45687
Mo, Mi, Fr
9:30-12+15-17
Nephrologie

☐ Dr. med.
Thomas Heintze
Am Wäldchen 8
35043 Marburg
Tel. 06421/308577
Fax 06421/308579
Mo, Mi, Fr 9-11,
Do 16-18
Naturheilverfahren, Homöopathie

☐ Dr. med. Ulf-Christian Müller
Sudetenstr. 2
35039 Marburg
Tel. 06421/41163
Fax 06421/51703
Mo-Fr 8:30-11:30,
Di 16-18

☐ Dr. med.
Ulrich Zimmermann
Im Lichtenholz 2a
35043 Marburg
Tel. 06421/44123
Fax 06421/487892
Almut.Zimmermann@web.de
Mo-Fr 8:30-11:30,
Di+Do 16-18

☐ Dr. med. Wiegand Müller-Brodmann
Bahnhofstr. 30
35037 Marburg
Tel. 06421/66049
Fax 06421/66091
Dr.Mueller-Brodmann@t-online.de
www.Rheumapraxis.de
Mo-Fr 9:30-11:30,
Mo, Di, Do, Fr 15-17:30
Rheumatologie

☐ Dr. med.
Wolfgang Schürmann
Bahnhofstr. 30
35037 Marburg
Tel. 06421/686444
Fax 06421/686440
Mo-Fr 9-12,

Mo, Di, Do, Fr 15-17:30

☐ Dr. med.
Wulf-Helmut Mävers
Wilhelmstr. 11
35037 Marburg
Tel. 06421/22733
Fax 06421/21899
Mo-Fr 9-12,
Mo, Di, Do, Fr 16-17

☐ Dr. medic
Lia Viorescu
Marburger Str. 47
35043 Marburg
Tel. 06421/42498
Fax 06421/45681
anrelvio@web.de
Mo-Fr 8-12,
Mo+Do 15:30-18

☐ Dr.med.habil./Medizinische Akademie/Sofia
Anna Savova
Haspelstr. 29
35037 Marburg
Tel. 06421/22077
Fax 06421/22079

☐ Priv.-Doz. Dr. med.
Hans-Christoph Fehmann
Großseelheimer Str. 28
35039 Marburg
Tel. 06421/485858
Fax 06421/485859
diabetes-praxis@t-online.de
Mo-Fr 8-13, Mo 16-18:30, Di+Do 15-17

☐ Prof. Dr. med.
Klaus-Michael Goebel
Weidenhäuser Str. 81
35037 Marburg
Tel. 06421/15400
Fax 06421/15705
Mo-Fr 8-12,
Mo, Di, Do,
Fr 16-17

☐ Sabine
Papenberg-Ertl
Bahnhofstr. 1
35037 Marburg
Tel. 06421/66566
Fax 06421/686370
Mo-Fr 8-12, Di 17-18:30, Do 15-16:30

Kinder- & Jugendpsychiatrie

☐ Dr. med.
Elisabeth Anders
Haspelstr. 10
35037 Marburg
Tel. 06421/164095
Mo, Di, Do 9-11,
Fr 13-15

☐ Dr. med.
Erna Palme
Elisabethstr. 11
35037 Marburg
Tel. 06421/61126
Mo-Fr 9-11,
Di+Do 15-17

☐ Dr. med.
Torsten Laufhütte
Liebigstr. 46
35037 Marburg
Tel. 06421/14846
Fax 06421/14032
Mo-Fr 9-12

☐ Heike Wendel
Liebigstr. 46
35037 Marburg
Tel. 06421/14846
Fax 06421/14032
Mo-Fr 9-12

Kinder- und Jugendärzte

☐ Dr.
Markus Wegmann
E.-von-Behring-Str. 37
35041 Marburg
Tel. 06421/961990
praxis@drwegmann.de
www.drwegmann.de
Mo-Do 8:30-12, Mo, Di, Do 14-17, Fr 8:30-15

☐ Dr. med. H. Duven
Schwanallee 48a
35037 Marburg
Tel. 06421/23456
Fax 06421/162772
Mo, Di, Do, Fr 9-11:30,
Mo+Mi 15-17:30,
Do 15-17, Fr 17-18

☐ Dr. med.
Heidrun Schultz

Rollwiesenweg 12
35039 Marburg
Tel. 06421/41196
Fax 06421/484851
Mo-Do 9-11,
Mo+Mi 16-18, Fr 14-16

☐ Dr. med.
Helge Vespermann,
Dr. med. Doris Sasse
Gemeinschaftspraxis
Weidenh. Str. 81 – 86
35037 Marburg
Tel. 06421/161118
Fax 06421/161118
Mo-Fr 9-11, Mo, Di, Do,
Fr 16:30-17:30

☐ Dr. med. L. Szalay
Universitätsstr. 41
35037 Marburg
Tel. 06421/24141
Fax 06421/210979
Mo-Fr 9-11,
Di+Do 16-18

☐ Dr. med. Stephan Heinrich Nolte
Alter Kirchhainer Weg 5
35039 Marburg
Tel. 06421/162266
Fax 06421/162366
shnol@t-online.de
Mo-Fr 8:30-11:30,
Mo, Mi, Fr 16-18
Psychotherapie, Neonatologie

☐ Dr. med.
Thomas Mandel
Bahnhofstr. 16
35037 Marburg
Tel. 06421/66061
Fax 06421/66062
Dr.Thomas.Mandel@t-online.de
Mo-Fr 9-11:30, Mo, Di,
Do 15-17:30, Fr 13-15

Laboratoriumsmedizin

☐ Dr. med. Dipl.-Chem. Ottwin Zerbe
Biegenstr. 35
35037 Marburg
Tel. 06421/67097
Fax 06421/681322
Laborkzh@scm.de

Mo-Fr 9-11

☐ Dr. med. Horst
Herden
Biegenstr. 35
35037 Marburg
Tel. 06421/67097
Fax 06421/681322
Laborkzh@scm.de
Mo-Fr 9-11

Mund-, Kiefer- und Gesichtschirurgie

☐ Dr.
Ralph Schürmann
Frauenbergstr. 18
35039 Marburg
Tel. 06421/484222
Fax 06421/484223
ralph.schuermann@dgn.de
mkg-dr-schuermann.de
Mo, Di, Do 8-12:30 +
15-18, Mi+Fr 8-13:30

☐ Ulf Hallfeldt
Krummbogen 15
35039 Marburg
Tel. 06421/63748
Fax 06421/63825
mkg-praxis-hallfeldt@t-online.de
Mo-Fr 8-12,
Mo, Di, Do, Fr 12-16

Neurochirurgie

☐ Carsten Busch
Oberweg 49
35041 Marburg
Tel. 06421/309090
Fax 06421/3090930
Mo-Do 8-17, Fr 8-12

☐ Dr. med. C. Lotz
Oberweg 49
35041 Marburg
Tel. 06421/309090
Fax 06421/3090930
Mo-Do 8-17, Fr 8-12

☐ Dr. med. Th. Kuhn
Oberweg 49
35041 Marburg
Tel. 06421/309090
Fax 06421/3090930
Mo-Do 8-17, Fr 8-12

Neurologie und Psychiatrie

☐ Dr. med.
Claus-Jürgen Graser
Barfüßertor 38
35037 Marburg
Tel. 06421/24053
Fax 06421/27724
Mo-Fr 8:30-12,
Mo 15-17

☐ Dr. med. Edeltraud Quinkler-Koch
Steinweg 20
35037 Marburg
Tel. 06421/682029
Mo-Fr 9-12

☐ Dr. med. Elfriede Danielzik-Stork
Steinweg 39
35037 Marburg
Tel. 06421/67862
Fax 06421/64766
Mo-Fr 9-12,
Mo+Do 15-17

☐ Dr. med. Erdmann Schneeweiß
Friedhofstr. 19
35043 Marburg-Cappel
Tel. 06421/46564
Mo, Mi, Do 8-10:30,
Di, Mi, Fr 16-19

☐ Dr. med.
Heike Bartsch
Frankfurter Str. 4
35037 Marburg
Tel. 06421/992599
Fax 06421/992638
Mo-Fr 9-12

☐ Dr. med.
Helga Kuballa
Schützenstr. 11
35039 Marburg
Tel. 06421/66866
Fax 06421/66441
Mo-Fr 9-12,
Mo, Di, Do, Fr 16-18

☐ Dr. med. H. Pausch
Deutschhausstr. 31
35037 Marburg
Tel. 06421/64343
Fax 06421/67390
Mo-Fr 8-11,
Mo 15-17, Fr 14-15:30

Fragen zur Vitamin-Dosis?
Get Your Expert Tools!
Ihre Fachtitel für EDV, Informatik und IT.
LEHMANNS – da steht's!
... Medizin, Naturwissenschaften, Pharmazie, Soziologie uvm.

LEHMANNS FACHBUCHHANDLUNG
Lieferung auch 14 Tage zur Ansicht.
Wir liefern generell portofrei innerhalb der BRD!
Steinweg 35a • 35037 Marburg
Telefon: 06421/5901-20 • Fax: 06421/5901-23
e-mail: mr@lehmanns.de • Internet: www.LOB.de
Mo-Fr 9.00-18.30 Uhr • Sa 10.00-14.00 Uhr
Internet: www.LOB.de

Ärzte

☐ **Dr. med. Mirjam Gzara-Ajaga**
Zum Neuen Hieb 12
35043 Marburg
Tel. 06421/483655
Di Telefonsprechstunde

☐ **Dr. med. S. Blum**
Frankfurter Str. 4
35037 Marburg
Tel. 06421/166799

☐ **Karl-Heinz Pfeil**
Barfüßertor 38
35037 Marburg
Tel. 06421/24053
Fax 06421/27724
clausgraser@gmx.de
Mo-Fr 8:30-12,
Mo+Mi 16-18

☐ **Marion Twelsiek**
Renthof 18
35037 Marburg
Tel. 06421/63466
Mo-Fr 10-11

Nuklearmedizin

☐ **Dr. med. Juri Djomotschko**
Bahnhofstr. 30
35037 Marburg
Tel. 06421/6800-0
Fax 06421/64835
Mo-Fr 8-12,
Mo, Di, Do, Fr 14-16

Orthopädie

☐ **Dr. med. E. Kasper**
Uferstr. 2
35037 Marburg
Tel. 06421/63511
Fax 06421/961951
Mo-Fr 8-11,
Mo, Di, Do 14-17

☐ **Dr. med. Hans-Christian Hufeland**
Wilhelmstr. 31
35037 Marburg
Tel. 06421/24018
Fax 06421/22213
Mo-Fr 8-11

☐ **Dr. med. Jörg Hein**
Gisselberger Str. 31
35037 Marburg

Tel. 06421/26669
Mo, Di, Do, Fr
8-11 + 14-16

☐ **Dr. med. Klaus Meiforth**
Bahnhofstr. 18
35037 Marburg
Tel. 06421/63222
Fax 06421/63222
Mo-Fr 9-11

☐ **Dr. med. P. Hildner**
Wilhelmstr. 31
35037 Marburg
Tel. 06421/24018
Fax 06421/22213
Mo-Fr 8-11

☐ **Dr. med. S. Deuker**
Frauenbergstr. 18
35039 Marburg
Tel. 06421/482244
Fax 06421/482255
Mo-Fr 9-12

Pathologie

☐ **Institut für Pathologie und Zytologie**
Priv.-Doz. Dr. med. K. Neumann, Prof. Dr. med. H.-D. Foß & Dr. med. H.-H. Köhler
Oberweg 53
35041 Marburg
Tel. 06421/870042
Fax 06421/870062
foss@patho-marburg.de
Mo-Fr 8-17

Phoniatrie und Pädaudiologie

☐ **Dr. med. Wolf-Rüdiger Schneider**
Universitätsstr. 28
35037 Marburg
Tel. 06421/162211
Dr.wolf-r.schneider@t-online.de
Mo-Fr 8-11

Psychiatrie

☐ **Dr. med. Egbert Müller**
Ernst-Lemmer-Str. 44

35041 Marburg-Wehrda
Tel. 06421/870043
Fr 15-19, Sa 9-13

☐ **Dr. med. Elke Therre-Staal**
Bahnhofstr. 29
35037 Marburg
Tel. 06421/681546
Fax 06421/210840
ETHERRE-STAAL@t-online.de
Mo 9-11, Di 17-18,
Fr 9-11 + 15-16

☐ **Dr. med. J. Albert**
Roßgarten 6
35041 Marburg
Tel. 06421/32357
Fax 06421/931757
Mo, Di, Do, Fr 11-12

☐ **Dr. med. Sigrun Bennemann**
Uferstr. 13
35037 Marburg
Tel. 06421/681997
Fax 06421/681990
sigrun.bennemann@dgn.de
Psychotherapie

☐ **Dr. med. W. Rauch**
Am Kupfergraben 6
35037 Marburg
Tel. 06421/13871
wolfgang.rauch@planet-interkom.de
Mo+Di 11-12, Fr 12-14

☐ **Gabriele Heinemann**
Deutschhausstr. 21
35037 Marburg
Tel. 06421/961948
Mo-Fr 8-12
+ 14:30-18:30

Psychotherapeutisch tätige Ärzte

☐ **Angelika Graser**
Bahnhofstr. 18
35037 Marburg
Tel. 06421/682323
Fax 06421/992000
Mo 12:30-13

☐ **Dr. med. Adelheid Bertenrath**

Hohe Leuchte 37c
35037 Marburg
Tel. 06421/15859
Fax 06421/13075
Mo-Do 9-12, Fr 9-10

☐ **Dr. med. Almut Zimmermann**
Im Lichtenholz 2a
35043 Marburg
Tel. 06421/44123
Fax 06421/487892
Almut.Zimmermann@web.de
Mo-Fr 8:30-11,
Di+Do 16:18

☐ **Dr. med. Astrid Berger**
Georg-Voigt-Str. 12
35039 Marburg
Tel. 06421/681410
Mo, Di, Do, Fr 9-11

☐ **Dr. med. Edeltraud Quinkler-Koch**
Steinweg 20
35037 Marburg
Tel. 06421/682029
Mo-Fr 9-12

☐ **Dr. med. Egbert Müller**
Ernst-Lemmer-Str. 44
35041 Marburg-Wehrda
Tel. 06421/870043
Fr 15-19, Sa 9-13

☐ **Dr. med. Elisabeth Anders**
Haspelstr. 10
35037 Marburg
Tel. 06421/164095
Mo, Do 9-11,
Fr 13-15

☐ **Dr. med. Elisabeth Egelhof-Rauch**
Frankfurter Str. 62
35037 Marburg
Tel. 06421/25213
Psychoanalyse

☐ **Dr. med. Erdmann Schneeweiß**
Friedhofstr. 19
35043 Marburg-Cappel
Tel. 06421/46564
Mo, Mi, Do 8-10:30,
Di, Mi, Fr 16-19

☐ **Dr. med. Erna Palme**
Elisabethstr. 11

35037 Marburg
Tel. 06421/61126
Mo-Fr 9-11,
Di+Do 15-17

☐ **Dr. med. Freya Wenzel**
Haspelstr. 4
35037 Marburg
Tel. 06421/163455
Fax 06421/163455
Mo-Mi+Do 13-13:30

☐ **Dr. med. Heidrun Schultz**
Rollwiesenweg 12
35039 Marburg
Tel. 06421/41196
Fax 06421/484851
Mo-Do 9-11,
Mo+Mi 16-18, Fr 14-16
Kinder- und Jugendärztin

☐ **Dr. med. Helga Kuballa**
Schützenstr. 11
35039 Marburg
Tel. 06421/66866
Fax 06421/66441
Mo-Fr 9-12,
Mo, Di, Do, Fr 16-18

☐ **Dr. med. Irmgard Uebelacker**
Auf der Weide 2
35037 Marburg
Tel. 06421/164916
Irmgard uebelacker@t-online.de

☐ **Dr. med. Laszlo Szalay**
Universitätsstr. 41
35037 Marburg
Tel. 06421/24141
Fax 06421/210979
Mo-Fr 9-11,Di+Do 16-18

☐ **Dr. med. Mirjam Gzara-Ajaga**
Zum Neuen Hieb 12
35043 Marburg
Tel. 06421/483655
Di Telefonsprechstunde

☐ **Dr. med. Sieglinde Althaus**
Friedhofstr. 19
35043 Marburg
Tel. 06421/46336
Di+Fr 11-13

☐ **Dr. med. Susanne Blum**

Frankfurter Str. 4
35037 Marburg
Tel. 06421/166799

☐ **Dr. med. Wolfgang Rauch**
Am Kupfergraben 6
35037 Marburg
Tel. 06421/13871
Fax 06421/164409
wolfgang.rauch@planet-interkom.de
Mo+Di 11-12, Fr 12-14

☐ **Gabriele Heinemann**
Deutschhausstr. 21
35037 Marburg
Tel. 06421/961948
Mo-Fr 8-12
+ 14:30-18:30

☐ **Marion Twelsiek**
Renthof 18
35037 Marburg
Tel. 06421/63466
Mo-Fr 10-11

☐ **Sigrid Eger**
Bahnhofstr. 17
35037 Marburg
Tel. 06421/917319

Psychotherapeutische Medizin

☐ **Anna Muscheidt**
Universitätsstr. 62
35037 Marburg
Tel. 06421/270012
Fax 06421/26010
muscheid@mabi.de
Fr 12-12:30, Di 19:30-20 (telef. Sprechzeit)

☐ **Burkhard Schulte**
Bahnhofstr. 21
35037 Marburg
Tel. 06421/686119
Di-Fr 12-12:30,
Mo-Do 18-18:30
Telefonsprechstunde

☐ **Dr. med. Andrea Böhm**
Bahnhofstr. 17
35037 Marburg
Tel. 06421/686536
Fax 06421/686538

Ärzte

☐ Dr. med. Dipl.-Psych.
Ilka Prokop-Nolte
Spiegelslustweg 20
35039 Marburg
Tel. 06421/162377

☐ Dr. med.
Elke Therre-Staal
Bahnhofstr. 29
35037 Marburg
Tel. 06421/681546
Fax 06421/210840
ETHERRE-STAAL@t-online.de
Mo 9-11, Di 17-18,
Fr 9-11 + 15-16

☐ Dr. med.
Ernst Ludwig Kauß
Georg-Voigt-Str. 44
35039 Marburg
Tel. 06421/162405
Fax 06421/162412
Kauss.E.@t-online.de
www.Psychotherapie-Marburg.de
Mo-Fr 12-13:30
(Terminvereinbarung)

☐ Dr. med.
Heike Bartsch
Frankfurter Str. 4
35037 Marburg
Tel. 06421/992599
Fax 06421/992638
Mo-Fr 9-12

☐ Dr. med.
Jochen Albert
Roßgarten 6
35041 Marburg
Tel. 06421/32357
Fax 06421/931757
Mo, Di, Do, Fr 11-12

☐ Dr. med. Magdalena Holtschoppen
Bahnhofstr. 18a
35037 Marburg
Tel. 06421/62961
Mo-Fr 12:30-13
(Telef. Sprechstd.)

☐ Dr. med.
Monika Balz
Baumgarten 9
35043 Marburg
Tel. 06424/2571
Di+Fr 8:45-9,
Mo 16:45-17

☐ Dr. med.
Torsten Laufhütte
Liebigstr. 46
35037 Marburg
Tel. 06421/14846
Fax 06421/14032
Mo-Fr 9-12

☐ **Inge Lotz**
Schwalbenweg 22
35043 Marburg-Cappel
Tel. 06421/46819
Fax 06421/46819

☐ **Matthias Rutt**
Haspelstr. 9
35037 Marburg
Tel. 06421/992660
Fax 06421/992661
Matthias.Rutt@t-online.de

Radiologie

☐ Dr. med.
Alexander Krüger
Biegenstr. 46
35037 Marburg
Tel. 06421/66004
Fax 06421/32505
Mo-Fr 8-12,
Mo, Di, Do 15-17

☐ Dr. med.
Eberhard Crayen
Bahnhofstr. 30
35037 Marburg
Tel. 06421/6800-0
Fax 06421/64835
Mo-Fr 8-12,
Mo, Di, Do, Fr 14-16

☐ Dr. med.
Kirsten Holsteg
Bahnhofstr. 30
35037 Marburg
Tel. 06421/6800-0
Fax 06421/64835
Mo-Fr 8-12,
Mo, Di, Do, Fr 14-16

☐ Dr. med.
Konrad Goecke
Bahnhofstr. 30
35037 Marburg
Tel. 06421/6800-0
Fax 06421/64835
Mo-Fr 8-12,
Mo, Di, Do, Fr 14-16

☐ Dr. med.
Susan Trittmacher
Bahnhofstr. 30
35037 Marburg
Tel. 06421/6800-0
Fax 06421/64835
Mo-Fr 8-12,
Mo, Di, Do, Fr 14-16

☐ Dr. med.
Ulrich Zimmermann
Im Lichtenholz 2a
35043 Marburg
Tel. 06421/44123
Fax 06421/487892
Almut.Zimmermann@web.de
Mo-Fr 8:30-11:30,
Di+Do 16-18

Urologie

☐ Dr. med.
Alexander von Keitz
Krummbogen 15
35039 Marburg
Tel. 06421/96440
Fax 06421/964431
AvKeitz@AOL.com
Mo-Fr 8-13,
Mo+Di 15-17, Do 15-19

☐ Dr. med.
Manfred Maywurm
Haspelstr. 13
35037 Marburg
Tel. 06421/21333
Fax 06421/21360
Mo-Fr 8-12,
Mo+Di 15-17, Do 17-19

☐ Dr.-medic **Constantin-Aurel Viorescu**
Biegenstr. 44
35037 Marburg
Tel. 06421/66366
Fax 06421/620180
aurelvio@web.de
Mo-Fr 8-12,
Mo+Di 15-17, Do 15-19

Zahnärzte

☐ **Anna Wagner**
Waldeck 18
35037 Marburg
Tel. 06421/12511

☐ **Astrid H.-Korzen**
Bahnhofstr. 9
35037 Marburg
Tel. 06421/66377
Fax 06421/66377

☐ **Axel Günther**
Bahnhofstr. 1
35037 Marburg
Tel. 06421/65685
Fax 06421/65685

☐ **Bernd Heiden**
Universitätsstr. 29
35037 Marburg
Tel. 06421/23431

☐ **Dirk Bock**
Lessingstr. 6
35039 Marburg
Tel. 06421/42145

☐ Dr. **Anka Geilhof**
Universitätsstr. 34
35037 Marburg
Tel. 06421/25180

☐ Dr. **Barbara Stark**
Vogelsbergstr. 24
35043 Marburg
Tel. 06421/47475

☐ Dr. **Bernd-Dieter Ostheim**
Ockershäuser Allee 51a
35037 Marburg
Tel. 06421/93660
Fax 06421/936666

☐ Dr. **Birgit Rossochowitz & Matthias Wilhelm**
Am Mühlgraben 2
35037 Marburg
Tel. 06421/21210
Fax 06421/21298

☐ Dr. **Brigitte Hartung**
Biegenstr. 39
35037 Marburg
Tel. 06421/64122
Fax 06421/617501
Kieferorthopädie

☐ Dr. **Cherico Lee-Bucari**
Ketzerbach 19a
35037 Marburg
Tel. 06421/67722
Fax 06421/67722

☐ Dr. **Christoph Jochum**
Ockershäuser Allee 7a
35037 Marburg
Tel. 06421/14737
Fax 06421/161711

☐ Dr. **Claudia Mengel**
Lessingstr. 1a
35039 Marburg
Tel. 06421/485868
Fax 06421/485869
Mo-Fr 9-12 + 13:30-18

☐ Dr. **Cornelia Jacobs**
Markt 21
35037 Marburg
Tel. 06421/25013

☐ Dr. **Dieter Deigmann**
Wilhelmstr. 38
35037 Marburg
Tel. 06421/24661
Fax 06421/24725

☐ Dr. Dr. **Jürgen Hartmann**
Universitätsstr. 49
35037 Marburg
Tel. 06421/25176
Fax 06421/924504

☐ Dr. Dr. **Reinhold Klarner**
Am Richtsberg 62
35039 Marburg
Tel. 06421/46265
Fax 06421/45300

☐ Dr. **Edith Klein**
Bahnhofstr. 36
35037 Marburg
Tel. 06421/65539

☐ Dr. **Eyke-Friedrich von Haussen**
Am Jägerwäldchen 14
35041 Marburg
Tel. 06421/82642

☐ Dr. **Gerd u. Ingrid Hoffmann**
Am Grün 40
35037 Marburg
Tel. 06421/24042
Fax 06421/24042

☐ Dr. **Gert Hoffmann**
Erlenring 19
35037 Marburg
Tel. 06421/924747

☐ Dr. **Günter Heidecke**
Marburger Str. 35
35043 Marburg
Tel. 06421/44117

☐ Dr. **Hagen Zastrow**
Großseelheimer Str. 51
35039 Marburg
Tel. 06421/26878
Fax 06421/14703

☐ Dr. **Ines Metke**
Lessingstr. 1a
35039 Marburg
Tel. 06421/485868
Fax 06421/485869
Mo-Fr 9-12 + 13:30-18

☐ Dr. **Ingolf Jahn**
Schwanallee 31c
35037 Marburg
Tel. 06421/13131
Fax 06421/21484

☐ Dr. **Irmingard Peterhoff**
Barfüßertor 38
35037 Marburg
Tel. 06421/26565

Fax 06421/26565
☐ Dr. **Jörg Nothvogel**
Markt 21
35037 Marburg
Tel. 06421/25013
Fax 06421/25615

☐ Dr. **Jürgen Eske**
Robert-Koch-Str. 3
35037 Marburg
Tel. 06421/64862
Fax 06421/64862

☐ **Kirsten Austermann**
Georg-Voigt-Str. 32
35039 Marburg
Tel. 06421/41100
Fax 06421/44725
Kieferorthopädie

☐ Dr. **Klaus Kuhr**
Haspelstr. 4
35037 Marburg
Tel. 06421/226222
Fax 06421/163043

☐ Dr. **Kriszti Prisender**
Zum Eisenberg 1
35041 Marburg
Tel. 06420/822229
Fax 06420/822350

☐ Dr. **M. + K. Klingelhöfer**
Wettergasse 38
35037 Marburg
Tel. 06421/62202
Fax 06421/62203

☐ Dr. **Manfred Becht**
Bahnhofstr. 38

Express Online
MARBURGER & GIESSENER MAGAZIN

Wer? Was? Wo?
1000 Adressen & Kontakte in Mittelhessen

Veranstaltungskalender
Keiner hat mehr Termine

Cinema Totale
alle Filme (Marburg, Gießen, Wetzlar, Lich, Grünberg)

Kleinanzeigen
1500 Angebote & Gesuche im Zugriff

Online Werbung
Info-Tel: 06421/6844-12

Das alles gibt's unter:
www.marbuch-verlag.de
Hier stimmt der Service!

Psychotherapie

35037 Marburg
Tel. 06421/63399
❑ **Dr. Martin Kern**
Gisselberger Str. 2
35037 Marburg
Tel. 06421/25569
Fax 06421/13311
❑ **Dr. Matth. Günter**
Bahnhofstr. 36
35037 Marburg
Tel. 06421/65539
❑ **Dr. Michael Muckel**
An der Martinskirche 1
35041 Marburg-Wehrda
Tel. 06421/81282
Mo-Fr 8-12, Mo, Di, Do 14-18, Fr 14-16
❑ **Dr. Monika Heidecke**
Marburger Str. 35
35043 Marburg
Tel. 06421/44117
❑ **Dr. Nicola Diekmann-Walter**
Zum Eisenberg
35041 Marburg
Tel. 06420/822229
Fax 06420/822350
❑ **Dr. Peter Joachim Preusse**
Wilhelmstr. 18
35037 Marburg
Tel. 06421/22127
Fax 06421/614527
❑ **Dr. Ralph Schürmann**
Frauenbergstr. 18
35039 Marburg
Tel. 06421/484222
Fax 06421/484223
ralph.schuermann@dgn.de
mkg-dr-schuermann.de
Mo, Di, Do 8-12:30 + 15-18, Mi+Fr 8-13:30
❑ **Dr. Rolf Andre**
Biegenstr. 51
35037 Marburg
Tel. 06421/66966
❑ **Dr. Sebastian Jochum**
Ockershäuser Allee 7a
35037 Marburg
Tel. 06421/14737
Fax 06421/161711
❑ **Dr. Siegb. Stoffel**
In der Görtzbach 15
35041 Marburg-Wehrda
Tel. 06421/86300
Mo-Fr 8-12:30
❑ **Dr. Sünje Werner**
Wilhelmstr. 18
35037 Marburg
Tel. 06421/22127
Fax 06421/614527
❑ **Dr. Thomas Schünemann**
Hebronberg 2
35041 Marburg
Tel. 06421/870900
Fax 06421/870905
❑ **Dr. Thorsten Strauf**
Am Richtsberg 62
35039 Marburg

Tel. 06421/46265
Fax 06421/45300
❑ **Dr. Torsten Aßmann**
Universitätsstr. 29
35037 Marburg
Tel. 06421/23431
❑ **Dr. Ulr. Wengeler**
Schwanallee 48a
35037 Marburg
Tel. 06421/24422
Fax 06421/162081
❑ **Dr. Ulrike Hainer-Heuser**
Universitätsstr. 41
35037 Marburg
Tel. 06421/23665
Fax 06421/161430
❑ **Dr. Wilfr. Hartung**
Biegenstr. 39
35037 Marburg
Tel. 06421/64122
Fax 06421/617501
❑ **Dr. Wilhelm Metke**
Krummbogen 14
35039 Marburg
Tel. 06421/66909
Fax 06421/682070
❑ **Edzard Brix**
Marburger Str. 9a
35043 Marburg
Tel. 06421/41534
Fax 06421/41577
❑ **Evelyn Simmer**
Rosenstr. 17
35037 Marburg
Tel. 06421/617898
Fax 06421/6200225
❑ **Friedrich Peter**
Emil-v.-Behring-Str. 41
35041 Marburg
Tel. 06421/65831
Fax 06423/7539
❑ **Georg W. Lalyko**
Krummbogen 15
35039 Marburg
Tel. 06421/63748
Fax 06421/63825
❑ **Gert Heraucourt**
Alter Kirchhainer Weg 5
35039 Marburg
Tel. 06421/161592
Fax 06421/162356
❑ **Gisela Wickert**
Schwanallee 31c
35037 Marburg
Tel. 06421/23255
❑ **Horst Ernst Köhler**
Gutenbergstr. 35
35037 Marburg
Tel. 06421/26441
Fax 06421/26461
❑ **Ingrid Hoffmann**
Am Grün 40
35037 Marburg
Tel. 06421/24042
❑ **Jens A. Stangl**
Steinweg 45
35037 Marburg
Tel. 06421/67493
Fax 06421/64828
info@ja-stangl.de
www.ja-stangl.de

❑ **Joachim Langner**
E.-von-Behring-Str. 23
35041 Marburg
Tel. 06421/67442
Fax 06421/67442
❑ **K. Klingelhöfer**
Wettergasse 38
35037 Marburg
Tel. 06421/62202
Fax 06421/62203
❑ **Kerstin Lehne**
Barfüßertor 25
35037 Marburg
Tel. 06421/14959
Fax 06421/161183
❑ **Konrad Jacobs**
Biegenstr. 4
35037 Marburg
Tel. 06421/169590
Fax 06421/1695998
❑ **Kurt Achenbach**
Erlenring 19
35039 Marburg
Tel. 06421/924747
❑ **Martin Sobotzki**
Barfüßertor 25
35037 Marburg
Tel. 06421/14959
Fax 06421/161183
❑ **Siamak Eimagh Naeini**
Im Schwarzenborn 1
35041 Marburg-Wehrda
Tel. 06421/870020
Fax 06421/870044
❑ **Ulf Hallfeldt**
Krummbogen 15
35039 Marburg
Tel. 06421/63748
Fax 06421/63825
❑ **Ute Kombächer**
Weidenbornstr. 6b
35041 Marburg
Tel. 06420/6443
Fax 06420/6444
❑ **Walter Dittrich**
Friedrich-Ebert-Str. 102
35039 Marburg
Tel. 06421/42306
Fax 06421/481861

Psychotherapie

Psychologische Beratung

❑ **Wolfgang Radtke**
Dr. rer. med.
Andrestr. 7a
35039 Marburg
Tel. 06421/683438
Dr.Wolfgang.Radtke@web.de
www.endlich-frei.de
nach Vereinbarung
Praxis für Paarberatung und Familientherapie, Verkehrspsychologische Beratung und MPU-Vorbereitung, Stressbewältigung

Psychologische Kinder- und Jugendlichen-Psychotherapie

❑ **D. Markgraf**
Wilhelmstr. 62
35037 Marburg
Tel. 06421/924914
Psychoanalyse/Psychotherapie für Kinder/Jugendliche/Eltern
❑ **Dipl.-Päd. Rose Ahlheim**
An der Schäferbuche 3
35039 Marburg
Tel. 06421/617585
Fax 06421/617586
Do telefonische Terminvereinbarung
❑ **Dipl.-Psych. Albert Hilpert**
Bismarckstr. 15
35037 Marburg
Tel. 06421/917957
❑ **Dipl.-Psych. Angelika Bolz**
Universitätsstr. 40
35037 Marburg
Tel. 06421/163334
Fax 06421/163334
a.bolz@12move.de
❑ **Dipl.-Psych. Bernhard Keuerleber**
Ockershäuser Allee 36
35037 Marburg
Tel. 06421/31587
Fax 06421/31587
keuerleber@aol.com
❑ **Dipl.-Psych. Gert Reichard**
Frankfurter Str. 6
35037 Marburg
Tel. 06421/482021
❑ **Dipl.-Psych. Irmgard Barbara Laubner**
Schückingstr. 10
35037 Marburg
Tel. 06421/270653
❑ **Dipl.-Psych. Margit Dautermann-Hauck**
Deutschhausstr. 21
35037 Marburg
Tel. 06421/690841
Fax 06424/5343
❑ **Dipl.-Psych. Marion Laufhütte**
Barfüßertor 17
35037 Marburg
Tel. 06421/12675
❑ **Dipl.-Psych. Marlies Morciszek**
Gutenbergstr. 8
35037 Marburg
Tel. 06421/14137
❑ **Wilhelmina Debacher**
Liebigstr. 5
35037 Marburg
Tel. 06421/175793
Fax 06421/175794
wdebacher@gmx.de

Psychologische Psychotherapie

❑ **Dipl.-Päd. Dipl.-Psych. Margit Meuren**
Universitätsstr. 40
35037 Marburg
Tel. 06421/163370
Fax 06421/14071
❑ **Dipl.-Psych. Alexander Köhler**
Haspelstr. 13
35037 Marburg
Tel. 06421/15968
Fax 06421/15968
Alexander-Koehler@t-online.de
AlexanderKoehler-Praxis.de
❑ **Dipl.-Psych. Andrea Vorberg**
Bismarckstr. 8
35037 Marburg
Tel. 06421/27777
andreavorberg@addcom.de
❑ **Dipl.-Psych. Angela Ludwig**
Haspelstr. 23
35037 Marburg
Tel. 06421/22007
❑ **Dipl.-Psych. Angelika Bolz**
Universitätsstr. 40
35037 Marburg
Tel. 06421/163334
Fax 06421/163334
a.bolz@12move.de
❑ **Dipl.-Psych. Angelika Parsova**
Frankfurter Str. 13
35037 Marburg
Tel. 06421/924700
Fax 06421/924701
❑ **Dipl.-Psych. Angelika Schulz**
Schwanallee 44
35037 Marburg
Tel. 06421/22310
❑ **Dipl.-Psych. Anke Krusche, Ärztin**
Liebigstr. 46
35037 Marburg
Tel. 06421/166025
Fax 06421/166026
❑ **Dipl.-Psych. Anne Jessen-Klingenberg**
Frankfurter Str. 4
35037 Marburg
Tel. 06421/25469
❑ **Dipl.-Psych. Annette Kluitmann-Müller**
Ockershäuser Allee 36
35037 Marburg
Tel. 06421/32012
Fax 06421/32012
Mo-Fr 8:30-13, Di 16-18:30, Do 16-19:30
❑ **Dipl.-Psych. Barbara Wiese**
Liebigstr. 46
35037 Marburg
Tel. 06421/12564

Fax 06421/360128
wiesebarbara@freenet.de
Psychoanalytikerin (DPV), Supervisorin (DGSV)
❑ **Dipl.-Psych. Bärbel Holzwarth-Hanssen**
Poitiers Str. 12
35037 Marburg
Tel. 06421/163149
Fax 06421/163147
❑ **Dipl.-Psych. Bernd Federlein**
Wehracker 36
35041 Marburg
Tel. 06420/82006
Fax 06420/822101
B.Federlein@t-online-de
Psychoanalyse
❑ **Dipl.-Psych. Bernhard Keuerleber**
Ockershäuser Allee 36
35037 Marburg
Tel. 06421/31587
Fax 06421/31587
keuerleber@aol.com
❑ **Dipl.-Psych. Birgitta Niemeyer**
Haspelstr. 23
35037 Marburg
Tel. 06421/483374
Fax 06421/483374
Niemeyer.Suess@t-online.de
❑ **Dipl.-Psych. Brigitte Probst**
Am Kupfergraben 1
35037 Marburg
Tel. 06421/210020
Fax 06421/161036
❑ **Dipl.-Psych. Catherine Kemeny**
Haspelstr. 23
35037 Marburg
Tel. 06421/22007
Fax 06421/484148
catherine.kemeny@freenet.de
❑ **Dipl.-Psych. Christine Cooper-Lenze**
Universitätsstr. 46
35037 Marburg
Tel. 06421/23984
❑ **Dipl.-Psych. Christine Hoffmann-Sieberneicher**
Frankfurter Str. 6
35037 Marburg
Tel. 06421/952652
❑ **Dipl.-Psych. Christine Pfeifer**
Deutschhausstr. 31
35037 Marburg
Tel. 06421/617652
❑ **Dipl.-Psych. Claudia Saalbach**
Haspelstr. 23
35037 Marburg
Tel. 06421/22007
❑ **Dipl.-Psych. Corinna Sougioultzi**
Frankfurter Str. 4
35037 Marburg

Psychotherapie

Tel. 06421/25469
Fax 06421/25469
☐ **Dipl.-Psych.
Dieter Müller**
Unter d. Steinbrüchen 3
35041 Marburg
Tel. 06421/84649
Fax 06421/84649
Di, Mi, Do, Fr 9-10,
Di, Mi, Fr 15-17:30 (für Terminvereinbarung)

☐ **Dipl.-Psych. Dipl.-
Päd. Gabriele Pauquet**
Wettergasse 31
35037 Marburg
Tel. 06421/62685
Mo-Do Terminvergabe

☐ **Dipl.-Psych.
Elisabeth Bolm**
Universitätsstr. 62
35037 Marburg
Tel. 06421/26010
Fax 06421/26010
Fr 12-12:30
Psychoanalyse

☐ **Dipl.-Psych.
Elisabeth Kamps**
Bahnhofstr. 18
35037 Marburg
Tel. 06421/681964
Fax 06422/890690

☐ **Dipl.-Psych.
Elka Hedwig**
Frankfurterstr. 6
35037 Marburg
Tel. 06421/163432
Fax 06421/161847

☐ **Dipl.-Psych. Elke
Matschin-Herberz**
Frankfurter Str. 4
35037 Marburg
Tel. 06421/25469
Fax 06421/25469
elke.matschin@t-oline.de
Mo, Mi, Fr (telefonisch)

☐ **Dipl.-Psych.
Elvira Klaiber**
Schwalbenweg 27
35043 Marburg
Tel. 06421/43808
Fax 06421/51588
Klaiber@sek-gmbh.de

☐ **Dipl.-Psych.
Eva Christ**
Barfüßertor 32
35037 Marburg
Tel. 06421/971312

☐ **Dipl.-Psych.
Gert Reichard**
Frankfurter Str. 6
35037 Marburg
Tel. 06421/482021

☐ **Dipl.-Psych.
Gisela Rieß**
Heinrich-Heine-Str. 36
35039 Marburg
Tel. 06421/64409
Fax 06421/620380

☐ **Dipl.-Psych.
Götz Braun**
Bahnhofstr. 29
35037 Marburg
Tel. 06421/61211

Fax 06421/61211,
06426/966688
gbraun.mr@t-online.de
Verhaltenstherapie

☐ **Dipl.-Psych.
Gunter Kuballa**
Schützenstr. 11
35039 Marburg
Tel. 06421/66441
Fax 06421/66441
*Psychoanalytiker,
Gruppen-Supervision*

☐ **Dipl.-Psych.
Hans-Karl Biebricher**
Leopold-Lucas-Str. 33
35037 Marburg
Tel. 06421/931140
Fax 06421/931141
psychology@t-online.de
www.PraxisBiebricher.de

☐ **Dipl.-Psych.
Harald Rohde**
Barfüßertor 32
35037 Marburg
Tel. 06421/163626
harohde@t-online.de

☐ **Dipl.-Psych.
Heidrun Still-Joswig**
Auf der Weide 2
35037 Marburg
Tel. 06421/166873
Still-Joswig@dpv-mail.de

☐ **Dipl.-Psych. Hei-
ner Kaut-Otterbein**
Magdeburger Str. 33
35041 Marburg
Tel. 06421/81789
Fax 06421/85494
die.lust.zu.leben.ms

☐ **Dipl.-Psych. Helga
Krüger-Kirn**
Frankfurter Str. 4b
35037 Marburg
Tel. 06421/21722
Fax 06421/484796
fakirn@gmx.de
Mo-Do 12-13

☐ **Dipl.-Psych.
Hiltrud Kißler**
Gutenbergstr. 1a
35037 Marburg
Tel. 06421/22282

☐ **Dipl.-Psych.
Holger Meyer**
Frankfurter Str. 13
35037 Marburg
Tel. 06421/924700
Fax 06421/924701

☐ **Dipl.-Psych.
Ilse Rosenberg**
Bahnhofstr. 18
35037 Marburg
Tel. 06421/66822

☐ **Dipl.-Psych.
Jan Frommelt**
Universitätsstr. 40
35037 Marburg
Tel. 06421/163360

☐ **Dipl.-Psych.
Jörg Gogoll**
Liebigstr. 46

35037 Marburg
Tel. 06421/13919
Fax 06421/13919
Psychoanalyse, Supervision

☐ **Dipl.-Psych.
Josef Schmitz**
Barfüßertor 32
35037 Marburg
Tel. 06421/971397

☐ **Dipl.-Psych.
Jutta Schulz**
Pilgrimstein 23 1/2
35037 Marburg
Tel. 06421/161717
Fax 06421/161717

☐ **Dipl.-Psych.
Karen Cornils-Harries**
Frankfurter Str. 4
35037 Marburg
Tel. 06421/25469,
340436
Fax 06421/340436
K.Cornils-Harries@web.de

☐ **Dipl.-Psych.
Kerstin Zinser**
Universitätsstr. 21
35037 Marburg
Tel. 06421/15477

☐ **Dipl.-Psych.
Kirsten Dyes**
Deutschhausstr. 36
35037 Marburg
Tel. 06421/620460

☐ **Dipl.-Psych.
Klaus Schöndorf**
Frankfurter Str. 4b
35037 Marburg
Tel. 06421/21722
Fax 06421/484796
Mo-Do 12-13

☐ **Dipl.-Psych. Lisa
Werthmann-Resch**
Auf der Weide 2
35037 Marburg
Tel. 06421/690326

☐ **Dipl.-Psych. Margit
Dautermann-Hauck**
Deutschhausstr. 21
35037 Marburg
Tel. 06421/690841
Fax 06424/5343

☐ **Dipl.-Psych.
Margot Eckert**
Barfüßertor 32
35037 Marburg
Tel. 06421/163626

☐ **Dipl.-Psych. Marie-
Luise Afflerbach**
Deutschhausstr. 36
35037 Marburg
Tel. 06421/617500

☐ **Dipl.-Psych.
Marion Hündersen**
Bahnhofstr. 18
35037 Marburg
Tel. 06421/66822
Fax 06421/924664
Huendersen.Marburg@t-online.de

☐ **Dipl.-Psych.
Marion Laufhütte**
Barfüßertor 17
35037 Marburg

Tel. 06421/12675
☐ **Dipl.-Psych.
Michael Herlitz**
Bahnhofstr. 29
35037 Marburg
Tel. 06421/681546

☐ **Dipl.-Psych.
Michael Niemann**
Haspelstr. 23
35037 Marburg
Tel. 06421/162567
Fax 06421/162567
MichaelNiemann@t-online.de
Mo-Fr 9-12,
Di, Mi, Do, Fr 15-19

☐ **Dipl.-Psych.
Roland Stürmer**
Schwanallee 17
35037 Marburg
Tel. 06421/13976
Fax 06421/22248
raw.stuermer@t-online.de
Mo 11:30-12:30

☐ **Dipl.-Psych.
Ruth Allerdißen**
Höhlsgasse 2
35039 Marburg
Tel. 06421/27134
Fax 06421/166895

☐ **Dipl.-Psych.
Sarah Kaluza**
Alter Kirchh. Weg 23
35039 Marburg
Tel. 06421/176377

☐ **Dipl.-Psych.
Susanne Wächters-
häuser-Vespermann**
Haddamshäuserstr. 13
35041 Marburg
Tel. 06421/32747
Fax 06421/32747

☐ **Dipl.-Psych.
Thomas Merz**
Frankfurter Str. 4
35037 Marburg
Tel. 06421/25469
Fax 06421/979814
ThomasMerzPraxis@aol.com

☐ **Dipl.-Psych. univ.
Renate Monika Giese**
Ockershäuser Allee 11a

35037 Marburg
Tel. 06421/81127
☐ **Dipl.-Psych.
Veronika Jughard**
Frankfurter Str. 4b
35037 Marburg
Tel. 06421/21722

☐ **Dr. Peter Hohmann**
*Praxis für Psychotherapie
& Supervision*
Am Plan 3 1/2
35037 Marburg
Tel. 06421/62929
Fax 06421/62829
www.praxis-marburg.de

☐ **Dr. phil. Dipl.-
Psych. Beate Ehlers**
In der Görtzbach 5
35041 Marburg
Tel. 06421/83532

☐ **Dr. phil.
Dipl.-Psych.
Elisabeth Wand**
Wannkopfstr. 7
35037 Marburg
Tel. 06421/617299

☐ **Dr. phil. Dipl.-
Psych. Franz Lenze**
Universitätsstr. 46
35037 Marburg
Tel. 06421/23984
Fax 06421/166312
flenze@nexgo.de

☐ **Dr. phil. Dipl.-
Psych. Heike Schnoor**
Auf der Weide 2
35037 Marburg
Tel. 06421/690326

☐ **Dr. phil.
Dipl.-Psych.
Kerstin Plies**
Bahnhofstr. 29
35037 Marburg
Tel. 06421/61211
Fax 06421/61211

☐ **Dr. phil. Dipl.-
Psych. K. G. Deissler**
Am Weinberg 12
35037 Marburg
Tel. 06421/64011
Fax 06421/64013
deissler@mics.de
Mo, Mi, Do, Fr 9-13
(telefonisch)

☐ **Dr. phil. Dipl.-
Psych. Sabine
Rehahn-Sommer**
Neuhöfe 7
35041 Marburg
Tel. 06421/34215
Fax 06421/350842
Mo-Fr 8-18

☐ **Dr. phil. Dipl.-
Psych. Sabine
Trenk-Hinterberger**
Gerhard-Jahn-Platz 17
35037 Marburg
Tel. 06421/27100
Fax 06421/992512
trenkhi@t-online.de
Psychoanalyse

☐ **Dr. rer. nat. Dipl.-
Psych. Birgitta Both**
Schückingstr. 24
35037 Marburg
Tel. 06421/210073
Fax 06421/163071

☐ **Dr. rer. nat. Dipl.-
Psych. Jutta
Hermanns**
Georg-Voigt-Str. 28
35039 Marburg
Tel. 06421/66203
Fax 06421/61026
juttahermanns@web.de
Mo-Do 8-13,
Mo+Do 14-18

☐ **Dr. rer. nat. Dipl.-
Psych. R. Schöbinger**
Universitätsstr. 21
35037 Marburg
Tel. 06421/15477

☐ **Dr. rer. nat. Dipl.-
Psych. Susanne Ebert**
Universitätsstr. 21
35037 Marburg
Tel. 06421/15477

☐ **Dr. rer. nat. Dipl.-
Psych. Wolfgang Rost**
Schwanallee 44
35037 Marburg
Tel. 06421/13300

☐ **Prof. Dr. paed.
Dipl.-Psych.
Siegbert Kratzsch**
Haspelstr. 23
35037 Marburg
Tel. 06421/161788

Jeden Donnerstag kostenlos!

**K L E I N A N Z E I G E N
A N N A H M E**

Telefon: 0 64 21/**68 44 68**
Fax: 0 64 21/68 44 44

Online: www.marbuch-verlag.de

Rechtsanwälte

Rechtsanwälte

☐ **Andreas Kaster**
Dürerstr. 1b
35039 Marburg
Tel. 06421/62867

☐ **Andreas Meier**
Bahnhofstr. 26
35037 Marburg
Tel. 06421/66067,
06421/66068

☐ **Andreas Reimann**
Steinackerstr. 3
35112 Fronhausen
Tel. 06426/6538,
06426/5745
Fax 06426/5745

☐ **Aretz & Flotho**
Deutschhausstr. 32
35037 Marburg
Tel. 06421/62250
Fax 06421/62150

☐ **Becker - Büttner - Held**
Wilhelm-Roser-Str. 25
35037 Marburg
Tel. 06421/23027
Fax 06421/15828

☐ **Bernhard Schroer**
Fachanwalt für Strafrecht
Universitätsstr. 27
35037 Marburg
Tel. 06421/22811
Fax 06421/14618
info@rechtsanwalt-schroer.de
rechtsanwalt-schroer.de

☐ **Christian Hanssen**
Poitiers Str. 12
35037 Marburg
Tel. 06421/163147
Fax 06421/163147

☐ **Ch. Rautenberg**
An d. Brunnenröhren 23
35037 Marburg
Tel. 06421/61097

☐ **Claus Fenger**
Grüner Weg 3
35083 Wetter
Tel. 06423/963060
Fax 06421/963061
c.fenger@t-online.de

☐ **Dietrich Krause**
Liebigstr. 24
35037 Marburg
Tel. 06421/26062

☐ **Dr. Corinna Zander**
Barfüßertor 32
35037 Marburg
Tel. 06421/12007

☐ **Dr. Dagmar Cirkel**
E.-von-Behrinq-Str. 76
35041 Marburg
Tel. 06421/871820

☐ **Dr. Dörte Marten-Gotthold**
Schwanallee 48
35037 Marburg
Tel. 06421/61061

☐ **Dr. Geilhof u. Kollegen**
Wilhelmstr. 27

35037 Marburg
Tel. 06421/17110
Fax 06421/21985

☐ **Dr. Hauck-Scholz & Christ**
Krummbogen 15
35039 Marburg
Tel. 06421/9648-0
Fax 06421/9648-13
Hauck-Scholzu.Christ@t-online.de

☐ **Dr. Joachim Lau**
Steinweg 35
35037 Marburg
Tel. 06421/62688
Fax 06421/62684

☐ **Dr. Klingelhöfer & Dr. Basten**
Liebigstr. 24
35037 Marburg
Tel. 06421/26062
Fax 06421/26064

☐ **Dr. Rottmann, Lehne, Diefenbach**
Steinweg 35
35037 Marburg
Tel. 06421/62688
Fax 06421/62684

☐ **Dr. Sabine Wendt**
Steinweg 35
35037 Marburg
Tel. 06421/62688
Fax 06421/62684

☐ **Dr. Tilo Teske**
Gutenbergstr. 5
35037 Marburg
Tel. 06421/23966
Fax 06421/15153

☐ **Dr. Ziegler & Kollegen**
Rechtsanwälte u. Notar
Liebigstr. 21
35037 Marburg
Tel. 06421/715180
Fax 06421/1751816
info@ziegler-marburg.de
ziegler-marburg.de
Mo-Fr 8-12,
Mo, Di, Do, Fr 14-17

☐ **Eckart Rösch**
Universitätsstr. 62
35037 Marburg
Tel. 06421/23041
Fax 06421/15958

☐ **E. Rienhoff-Kühnl**
Barfüßertor 19
35037 Marburg
Tel. 06421/12012
Fax 06421/163020
RAIn.Rienhoff-Kuehnl@t-online.de
Mo-Do 9-13
+ 14:30-17, Fr 9-13

☐ **Erika Bauer**
Krummbogen 1
35039 Marburg
Tel. 06421/67041

☐ **Erika von Haussen**
Jägerwäldchen 14
35041 Marburg
Tel. 06421/84512

☐ **Ernst G. Heinz**
Universitätsstr. 29

35037 Marburg
Tel. 06421/22031
Fax 06421/24691

☐ **Friedh. Weinreich**
Universitätsstr. 58
35037 Marburg
Tel. 06421/22363
Fax 06421/22406

☐ **Friedrich**
Frankfurter Str. 45
35037 Marburg
Tel. 06421/25664

☐ **Gabriele Schellhoff-Koch**
Rother Str. 2
35096 Weimar-Wenkbach
Tel. 06421/77310
Fax 06421/77479
schellhoff-koch@gmx.de

☐ **Görgens, Kögel & Feltz**
Schulstr. 9
35083 Wetter
Tel. 06423/94000
Fax 06423/940020

☐ **Grisebach-Arnold, Arnold & Bonasch**
Bahnhofstr. 2
35037 Marburg
Tel. 06421/68060
Fax 06421/68066

☐ **Gundula Pierson**
Biegenstr. 43
35037 Marburg
Tel. 06421/96180
Fax 06421/961818

☐ **Gunther Specht**
Haspelstr. 17
35037 Marburg
Tel. 06421/15023
Fax 06421/15023

☐ **Hagen Tränkner**
Universitätsstr. 33
35037 Marburg
Tel. 06421/924657
Fax 06421/624658

☐ **Hannel. Neumann**
Rechtsanwältin u. Notarin
Ockershäuser Allee 3
35037 Marburg
Tel. 06421/26055
Fax 06421/15914
RA.Neumann.MR2@t-online.de

☐ **Hans Schultz**
Alb.-Schweitzer-Str. 5
35091 Cölbe
Tel. 06421/81713
Fax 06421/82030

☐ **Hans Warnke**
Bismarckstr. 9
35037 Marburg
Tel. 06421/163311

☐ **Hans-Dieter Wolf**
Kanzlei für Arbeitnehmer
Kl. Ortenberggasse 1a
35039 Marburg
Tel. 06421/270816
Fax 06421/270818
ra.hans-dieter.wolf@web.de

☐ **Helmut Fiedler**
Rechtsanwalt und Notar
Deutschhausstr. 32
35037 Marburg
Tel. 06421/61061
Fax 06421/682871

☐ **Heribert Lotz**
Gunzelinweg 20
35043 Marburg
Tel. 06421/85988

☐ **Herrmann, Hans – Gutberlet, Olaf – Baltzer, J., Prof. Dr.**
Notar, Rechtsanwälte
Bismarckstr. 14
35037 Marburg
Tel. 06421/22005
Fax 06421/15614
Herrmann-Gutberlet@t-online.de
Mo-Do 8-13 + 14-17,
Fr 8-15
Tätigkeitsschwerpunkte: Erb.-Fam.R.; Miet- & VerkehrsR.; ArztR.; SozialR.

☐ **Heße, Boddin, Teves**
Haspelstr. 24
35037 Marburg
Tel. 06421/25094

☐ **H. Schwindack**
Wettergasse 2
35037 Marburg
Tel. 06421/917657

☐ **Holger Fröhlich**
Gisonenweg 9
35037 Marburg

☐ **Ingo Schendel**
Bahnhofstr. 15
35037 Marburg
Tel. 06421/65978
Fax 06421/65500

☐ **Ingrid Frenz**
Ganghoferstr. 10
35085 Ebsdorfergrund
Tel. 06424/6961

☐ **Jochen Rodewald**
Herrmannstr. 45
35037 Marburg
Tel. 06421/33554
Fax 06421/36187
juriswald@web.de

☐ **Jürgen Rogalla**
Marburger Str. 58a
35043 Marburg
Tel. 06421/47874
Fax 06421/47811

☐ **Jürgen Schreiber**
Fachanwalt f. Arbeitsrecht
Universitätsstr. 36
35037 Marburg
Tel. 06421/26029
Fax 06421/24518
fachanwaltschreiber@t-online.de
fachanwalt-schreiber.de
Mo-Do 8-12 + 13:30-16:30, Fr 8-13:30

☐ **Jürgen Watschke**
Friedrichstr. 29
35037 Marburg
Tel. 06421/26151

☐ **Karin Spitze**
Kreuzacker 3

35041 Marburg
Tel. 06421/32999

☐ **Karl-Heinz Hamenstädt**
Rollwiesenweg 4
35039 Marburg
Tel. 06421/45409

☐ **Karola Schlüter-Oelkers**
Deutschhausstr. 32
35037 Marburg
Tel. 06421/61061

☐ **Kurt Launhardt**
Universitätsstr. 58
35037 Marburg
Tel. 06421/62688
Fax 06421/62684

☐ **Leyener & Weitzel**
Bahnhofstr. 18
35037 Marburg
Tel. 06421/68010
Fax 06421/680168

☐ **Ludger Wiebusche**
Universitätsstr. 33
35037 Marburg
Tel. 06421/924656
Fax 06421/924658

☐ **Ludwig & Ludwig**
Universitätsstr. 52
35037 Marburg
Tel. 06421/25011
Fax 06421/15626

☐ **Manfred Baier**
Universitätsstr. 62
35037 Marburg
Tel. 06421/92580
Fax 06421/925858
Baier@stompfe.de
www.stompfe.de
Mo-Fr 9-13 + 15-17

☐ **Manfred Kuhne**
Barfüßertor 32
35037 Marburg
Tel. 06421 /12007
Fax 06421/15858

☐ **Marianne Pertl**
Barfüßertor 19
35037 Marburg
Tel. 06421/12019
Fax 06421/163020

☐ **Marion Hentrich**
Riedstr. 11
35091 Cölbe
Tel. 06421/81210
Fax 06421/86224

☐ **Mark. Stötzel-Sell**
Berliner Str. 2
35096 Weimar

☐ **Mich. A. Woelbert**
Rechtsanwalt und Notar
Universitätsstr. 19
35037 Marburg
Tel. 06421/16994-0
Fax 06421/16994 44
rawomr@t-online.de

☐ **Michael Wagner**
Markt 11
35037 Marburg
Tel. 06421/25001

☐ **Möller & Rehder**
Bahnhofstr. 16a
35037 Marburg
Tel. 06421/67031
Fax 06421/66029

☐ **Olischläger & Olischläger**
Steinweg 19
35037 Marburg
Tel. 06421/65294
Fax 06421/686127

☐ **Ostrowitzki & Beckmann**
Barfüßertor 38
35037 Marburg
Tel. 06421/22081
Fax 06421/14850

☐ **P. Frhr. Schenck zu Schweinsberg**
Goethestr. 55
35083 Wetter
Tel. 06423/926710
Fax 06423/926711

☐ **Peter Heyde**
Schwanallee 21
35037 Marburg
Tel. 06421/22857

☐ **Philip Straub**
Scheppe Gewissegasse 20
35039 Marburg
Tel. 06421/27311

☐ **D. Wassermann**
Im Paradies 1
35041 Marburg
Tel. 06421/81238
Fax 06421/86563
RA.Wassermann@t-online.de
RA-Wassermann.de

☐ **Reiner Friedrich**
Unter den Steinbrüchen 13
35041 Marburg
Tel. 06421/81978
Fax 06421/81978

☐ **R. Heinz-Grimm**
Dürerstr. 20
35039 Marburg
Tel. 06421/65989
Fax 06421/681938

☐ **Ritter & Rohm**
Heuberg 4
35091 Cölbe
Tel. 06421/82105
Fax 06421/82048

☐ **Schlangenotto & Kollegen**
Schwanallee 10
35037 Marburg
Tel. 06421/1737-0
Fax 06421/1737-37

☐ **Siebert, Böhm, Preuße**
Krummbogen 1
35039 Marburg
Tel. 06421/67041
Fax 06421/67396

☐ **Silke Acker**
Hannah-Arendt-Str. 3-7
35037 Marburg
Tel. 06421/360360
Fax 06421/360361
SilkeAcker@aol.com

☐ **Steinmeyer & Jochum**
Gutenbergstr. 16
35037 Marburg
Tel. 06421/25052

Initiativen & Vereine

Fax 06421/25051
❏ **Stompfe & Kollegen**
Universitätsstr. 62
35037 Marburg
Tel. 06421/92580
Fax 06421/925858
❏ **Tadge & Falk**
Schückingstr. 4
35037 Marburg
Tel. 06421/23046
Fax 06421/23122
❏ **Tanja Turner**
Marburger Str. 6
35102 Lohra
Tel. 06462/93960
Fax 06462/939693
❏ **Thomas Leibold**
Erbsengasse 1
35085 Ebsdorfergrund
Tel. 06424/2424
Fax 06424/4680
❏ **Thomas Schmitt**
Am Krappen 15a
35037 Marburg
Tel. 06421/35114
Fax 06421/35114
❏ **Tobias Bräuer**
Bahnhofstr. 15
35037 Marburg
Tel. 06421/65978
Fax 06421/65500
❏ **Udo Koch**
Bismarckstr. 10
35037 Marburg
Tel. 06421/26973
❏ **Ursula Engel**
Bismarkstr. 18
35037 Marburg
Tel. 06421/162780
❏ **Vogel, Nittner**
Bahnhofstr. 30
35037 Marburg
Tel. 06421/67027
Fax 06421/67300
❏ **Walter Troeltsch**
Universitätsstr. 58
35037 Marburg
Tel. 06421/22400
Fax 06421/22362
❏ **Walter Wolff**
Barfüßerstr. 2
35037 Marburg
Tel. 06421/26039
Fax 06421/26030
❏ **Weigel & Arand**
Frankfurter Str. 6 1/2
35037 Marburg
Tel. 06421/1715-0
Fax 06421/1715-21
Rechtsanwaelte@
Weigel-Arand.de
Weigel-Arand.de
Mo-Fr 8-18
❏ **Werner Feldmann**
Bahnhofstr. 15
35037 Marburg
Tel. 06421/65519
Fax 06421/988931
❏ **Winfried E. Nagel**
Marburger Str. 6
35102 Lohra
Tel. 06462/93960
Fax 06462/939639

❏ **Winfried Will**
Universitätsstr. 58
35037 Marburg
Tel. 06421/22400
Fax 06421/22362
❏ **W. Bodenhausen**
Universitätsstr. 62
35037 Marburg
Tel. 06421/22811
Fax 06421/14618
❏ **Wolfgang Teicher**
Marburger Str. 23
35083 Wetter
Tel. 06423/4441
Fax 06423/3821
❏ **Wolfg. W. Keibel**
Bahnhofstr. 27a
35037 Marburg
Tel. 06421/66233
Fax 06421/66177
❏ **Wölk, Schmeltzer & Braun**
Universitätsstr. 46
35037 Marburg
Tel. 06421/25041
Fax 06421/23315
❏ **Zimmermann & Strecker**
Frankfurter Str. 6 1/2
35037 Marburg
Tel. 06421/17100
Fax 06421/171011

Initiativen & Vereine

Behinderte

❏ **Betreuungsverein**
des Sozialdienst katholischer Frauen e.V.
Rechtliche Betreuung und Beratung
Friedrichsplatz 3
35037 Marburg
Tel. 06421/14480
❏ **Bundesvereinigung Lebenshilfe**
für Menschen mit geistiger Behinderung e.V.
Raiffeisenstr. 18
35043 Marburg
Tel. 06421/491-0
Fax 06421/491-167
Bundesvereinigung@
Lebenshilfe.de
www.lebenshilfe.de
Mo-Do 9-16, Fr 9-12
❏ **Deutsche Blindenstudienanstalt e.V.**
Am Schlag 8
35037 Marburg
Tel. 06421/606-0
Fax 06421/606-229
❏ **Deutsche Gesellschaft für Muskelkranke**
Cappeler Gleiche 13
35043 Marburg
Tel. 06421/45798
Fax 06421/45798
may@scm.de

❏ **Deutscher Verein der Blinden und Sehbehinderten**
in Studium und Beruf e. V. (DVBS)
Frauenbergstr. 8
35039 Marburg
Tel. 06421/94888-0
Fax 06421/ 94888-10
info@dvbs-online.de
www.dvbs-online.de
❏ **DVBS – Bezirk Hessen**
Ernst-Lemmer-Str. 83
35041 Marburg
Tel. 06421/83899
Fax 06421/871870
info@dvbs-online.de
dvbs-online.de
❏ **Evangelischer Blinden- u. Sehbehindertendienst**
in Deutschland e.V.
Lessingstr. 5
35039 Marburg
Tel. 06421/94808-0
Fax 06421/94808-25
EBSDeutschland@
t-online.de
Blindenhörbücherei, Blindenschriftdruckerei, Begegnungsstätte, Blindenseelsorge
❏ **Förderverein Parkinson**
Wohnheim
An d. Brunnenröhren 4
35037 Marburg
❏ **Gemeinschaft in Kehna**
Kenenstr. 3
35096 Weimar-Kehna
Tel. 06421/9744-0
Fax 06421/9744-98
Kehna@t-online.de
www.In-Kehna.de
täglich 9-17
❏ **Hofgut Friedelhausen**
Hofgemeinschaft für heilende Arbeit e.V.
35457 Lollar-Odenhausen
Tel. 06406/91650
Fax 06406/916519
Hofgut Friedelhausen@t-online.de
www.friedelhausen.de
Sozialtherapeutische Einrichtung, Familienwohngruppen, anerkannte Werkstatt für Menschen mit Behinderung, Demeter-Betrieb mit Landwirtschaft, Käserei, Gärtnerei, Holzwerkstatt
❏ **Ibs**
c/o AStA Marburg (Interessengemeinschaft behinderter und nichtbehinderter Studierender)
Erlenring 5
35037 Marburg
Tel. 06421/1703-20
Fax 06421/1703-33
Ibs@asta-marburg.de

❏ **Integrationsfachdienst (IFD)**
für schwerbehinderte Arbeitnehmer und schwerbehinderte Arbeitssuchende im Landkreis Marburg-Biedenkopf
Biegenstr. 34
35037 Marburg
Fax 06421/6851322
IFD.arbeitundbildung@t-online.de
www.arbeit-und-bildung-marburg.de
Berufsbegleitende Beratung (Tel. 06421/6851311), Arbeitsvermittlung (Tel. 06421/6851314)
❏ **IG hörbehinderter Studierender und Absolventen**
Fuhrstr. 44
35083 Wetter
Tel. 06423/4191
schultek@
mailer.uni-marburg.de
❏ **Krüppelinitiative Marburg (KRIM)**
Friedensplatz 6
35037 Marburg
Tel. 06421/25029
fretter_lux@t-online.de
❏ **Lebenshilfe**
für Menschen mit geistiger Behinderung Landesverband Hessen e.V. Geschäftsstelle
Raiffeisenstr. 15
35043 Marburg
Tel. 06421/94840-0
lhlv-hessen@
t-online.de
❏ **Marburger Verein f. Selbstbestimmung u. Betreuung e.V.**
Am Schützenplatz 3
35039 Marburg
Tel. 06421/683030
Fax 06421/681550
Mo-Fr 9-12
❏ **mino-Verein f. behinderte Menschen.**
In der Badestube 30
35039 Marburg
Tel. 06421/9431-30
Fax 06421/9431-94
❏ **Verein z. Förderung der Integration Behinderter e.V. (fib)**
Beratungsstelle
Am Erlengraben 12a
35039 Marburg
Tel. 06421/1696710

Bildung

❏ **Arbeit und Bildung e.V.**
Krummbogen 3
35039 Marburg
Tel. 06421/96360
Fax 06421/963637
aubmr@t-online.de
arbeit-und-bildung-marburg.de

❏ **Berufsfortbildungswerk**
Gemeinnützige Bildungseinrichtung des DGB GmbH
Lahnstr. 8
35091 Cölbe
Tel. 06421/8817-0
❏ **Bildungszentrum**
Handel u. Dienstl. e.V.
•Afföllerstr. 98
35039 Marburg
Tel. 06421/9100-50
Fax 06421/9100-59
bz-affoeller@
handelshaus.de
•Furthstr. 3
35037 Marburg
Tel. 06421/9100-80
Fax 06421/9100-89
bz-mr@
handelshaus.de
handelshaus.de/bzh
Mo-Fr 8-16:30
❏ **Evangelische Familien-Bildungsstätte**
Barfüßertor 34
35037 Marburg
Tel. 06421/175080
Fax 06421/1750810
fbs@fbs-marburg.de
Mo-Do 9-12,
Mo, Di, Do 15-17
❏ **Institut f. Schulentwicklung u. Schulevaluation (i-see)**
Frankfurter Str. 35
35037 Marburg
Tel. 06421/2706-09
Fax 06421/2706-05
i-see@lahn.net
www.lahn.net/i-see
❏ **Literatur und Schule – Reinhard Spalke-Kreis e.V.**
Wieselacker 4
35041 Marburg
Tel. 06421/32850
Fax 0561/8208148
literatur-und-schule@
gmx.de
❏ **Marburger Senioren-Kolleg e.V.**
E. T. Korflür
Rentmeisterstr. 11
35043 Marburg-Cappel
Tel. 06421/481199
Fax 06421/950449
Bildung & Miteinander im dritten Lebensalter
❏ **Studienhaus der Ev. Kirche von Kurhessen-Waldeck**
Lutherischer Kirchhof 3
35037 Marburg
Tel. 06421/162920
Fax 06421/162916
glockzin@
mailer.uni-marburg.de
ekkw.de/studienhaus
❏ **Verein für außerbetriebliche Ausbildung Marburg e.V.**
D.-Bonhoeffer-Str. 8

35037 Marburg
Tel. 06421/9223-0
❏ **Verein für Frauenbildung, Arbeit u. Regionalentwicklung VeFAR e.V.**
Schwanallee 48a
35037 Marburg
Tel. 06421/305-905
Fax 06421/305-915
telehaus.wetter3@
t-online.de
home.t-online.de/home/telehaus.wetter
❏ **Verein f. interkulturelle Bildung e. V.**
Alter Kirchh. Weg 21
35039 Marburg
Tel. 06421/23777
Fax 06421/21293
interkultur-marburg@
web.de
interkultur-marburg.de
Bietet Sprachkurse für Türkisch, Arabisch, Persisch, Swahili und Spanisch sowie Bildungsurlaub an.
❏ **Verein f. Waldorfpädagogik Marb. e. V.**
Waldorfschulverein
Ockershäuser Allee 14
35037 Marburg
Tel. 06421/16538-11
Fax 06421/16538-21
waldorfschulemar-burg@t-online.de
www.waldorfschule-marburg.de

Bunt gemischt

❏ **FAM**
Freiwilligenagentur Marburg-Biedenkopf
Am Erlengraben 12a
35037 Marburg
Tel. 06421/270516
Fax 06421/270509
❏ **Fokus Ergotherapie Marburg e.V.**
Gießener Str. 5
35043 Marburg
Tel. 06421/979990
Fax 06421/9799911
info@
fokus-ergotherapie.de
fokus-ergotherapie.de
❏ **Marburger Mineralienfreunde**
Hartmut Weiershäuser
Sudetenstr. 9
35039 Marburg
Tel. 06421/46151
❏ **Marburger Tauschring**
Universitätsstr. 60
35037 Marburg
Tel. 06421/15270
❏ **Rotaract Club Marburg/Lahn**
Postfach 2001
35008 Marburg
Tel. 06421/161806
Fax 06421/161806

Initiativen & Vereine

matthias.boerner@rotaract.de
www.rotaract.de

☐ **Vegetarier-Bund Deutschlands e.V.**
Regionalgruppe Marburg
Schückingstr. 12
35037 Marburg
Tel. 06421/14450
elignen@gmx.de

☐ **Verein für Briefmarkenkunde**
Marburg / Lahn 1892 e.V.
Gutenbergstr. 9
35037 Marburg
Tel.+Fax 06421/26717

☐ **Verkehrsverein Marburg e.V.**
Leopold-Lucas-Str. 46a
35037 Marburg
Tel. 06421/481767

Fördervereine

☐ **Förderkreis Alte Kirchen e.V.**
Weidenhäuser Str. 53
35037 Marburg
Tel. 06421/27322

☐ **Förderverein Haustierschutzpark Marburg e.V.**
In der Badestube 4
35039 Marburg
Tel. 06421/481794
NiekampAr@aol.com

☐ **Förderverein Völkerkunde**
Kugelgasse 10
35037 Marburg
Tel. 06421/282199
Fax 06421/282140
info@curupira.de
www.curupira.de

☐ **Kulturförderverein Mittelhessen e.V.**
RP Gießen
Landgr.-Philipp-Str. 3-7
35390 Gießen
Tel. 0641/3032431
Fax 0641/3032407

☐ **Mafex**
Mbg.er Förderz. f. Existenzgründer a. d. Universität
Gutenbergstr. 3
35037 Marburg
Tel. 06421/924690, 06421/2823900
Fax 06421/2823193
service@mafex.de
www.mafex.de

☐ **Verein d. Freunde u. Förderer der 6-jährigen Grundschule Otto-Ubbelohde-Schule**
Frankfurter Str. 3
35037 Marburg
Tel. 06421/25902

☐ **Verein d. Freunde u. Förderer d. Abendgymnasiums, d. Abendrealschule u. d. Abendhauptschule**
Weintrautstr. 33

35039 Marburg
Tel. 06421/16961-0
Fax 06421/16961-19
Mo-Fr 10-12 + 17-18, in den Ferien nur Mi 10-12

Forschung & Wissenschaft

☐ **Aiesec**
Universitätsstr. 25
35037 Marburg
Tel. 06421/27495

☐ **AK Burgen- und Festungskundliche Lehrpfade**
Deutsche Gesellschaft für Festungsforschung
c/o Michael Losse
Sandweg 10
35037 Marburg
Tel. 06421/166004
Beratung von Kommunen, Burgvereinen und Besitzern bei Erschließung historischer Bauten

☐ **Alumni Marburg**
c/o Dekanat Wirtschaftswissenschaften (Vereinigung wirtschaftswissenschaftlicher Absolventen)
Universitätsstr. 25
35032 Marburg
Tel. 06421/28-23738
Fax 06421/28-23737
Netzwerk zur Förderung von Wissenschaft und Forschung an der Philipps-Universität Marburg

☐ **AK Marburger WissenschaftlerInnen für Friedens- u. Abrüstungsforschung e.V.**
PD Dr. Johannes M. Becker
Friedrichstr. 2
35037 Marburg
Tel. 06421/23706
jbecker@mailer.uni-marburg.de

☐ **AK Volksk. u. Kulturwissenschaften e.V.**
Postfach 1122
35001 Marburg

☐ **BdWi**
Bund demokratischer Wissenschaftlerinnen und Wissenschaftler
Gisselberger Str. 7
35037 Marburg
Tel. 06421/21395
Fax 06421/24654
bdwi@bdwi.de
www.bdwi.de

☐ **FIB**
Forschungs- und Informationsstelle beim BdWi
Gisselberger Str. 7
35037 Marburg
Tel. 06421/21395
Fib.bdwi@bdwi.de
www.bdwi.de

☐ **Freies Institut für Bauforschung und Dokumentation e.V.**
Barfüßerstr. 2a

35037 Marburg
Tel. 06421/12036
Fax 06421/25747
ibd-marburg@t-online.de
ibd-marburg.de

☐ **Geschichtswerkstatt Marburg e.V.**
Schwanallee 27-31
35037 Marburg
Tel. 06421/13107
Fax 06421/13107
Geschichtswerkstatt-Marburg@web.de
gw-marburg.online-h.de

☐ **Lebendige Traditionen des Musikinstrumentenbaus e.V.**
Marburg
Karl-Doerbecker-Str. 3
35037 Marburg
Tel. 06421/933596
Fax 06421/933596

☐ **Mafex**
Marburger Förderzentrum für Existenzgründer aus der Universität
Gutenbergstr. 3
35037 Marburg
Tel. 06421/924690, 06421/2823900
Fax 06421/2823193
service@mafex.de
www.mafex.de

☐ **Marburger Burgenarbeitskreis e.V.**
Fritz Laupichler
Heinrich-Heine-Str. 11a
35039 Marburg
Tel. 06421/25529

☐ **Marburger Geographische Gesellschaft e. V.**
Deutschhausstr. 10
35037 Marburg

☐ **Marburger Universitätsbund e.V.**
Bahnhofstr. 7
35037 Marburg
Tel. 06421/28-24090
Fax 06421/28-25750
unibund@mailer.uni-marburg.de
www.uni-marburg.de/uni-bund

☐ **Projekt "Konservatismus und Wissenschaft" e.V.**
Postfach 1911
35008 Marburg
Tel. 06421/961961
info@p-kw.de
www.p-kw.de

☐ **REMID**
Religionswissenschaftlicher Medien- und Informationsdienst e.V.
Wehrdaer Weg 16a
35037 Marburg
Tel. 06421/64270
Fax 06421/64270
remid@t-online.de
www.remid.de

Informationen in Sachen Religion. Archiv mit Dokumentationsstelle über Religionen in Deutschland. Aktuelle Informationen auch unter www.religion-online.info

☐ **Verein für Hessische Geschichte und Landeskunde e.V.**
Stresemannstr. 39
35037 Marburg
Tel. 06421/9250169
Fax 06421/161125

Frauen

☐ **Arbeitsgem. sozialdemokratischer Frauen (AsF)**
Frankfurter Str. 47
35037 Marburg
Tel. 06421/169900
Fax 06421/1699018

☐ **Feministisches Archiv Marburg e.V.**
Erlenring 5
35037 Marburg
Tel. 06421/170312
Fax 06421/170333
info@fem-archiv-marburg.de
fem-archiv-marburg.de
Mo 16-18, Mi 12-16, Fr 13-15, Semesterferien: Mi 12-16

☐ **Frauen Kunst Geschichte e.V.**
Kirchgasse 11
35041 Marburg
Tel. 06421/24427

☐ **Frauenanzkreis**
"Erev Tov"
Frauenbergstr. 17
35039 Marburg
Tel. 06421/483676
Frauentanzkreis@aol.com
Intern. Folkloretänze wie z.B. Sirtaki, Square Dance, Tanzpartner und Sportlichkeit ist nicht erforderlich. Nur Spaß am Tanz!

☐ **Ladies in Culture**
Schulstr. 6
35037 Marburg
Tel. 06421/13898

☐ **Mütterzentrum Marburg e.V.**
Stresemannstr. 2
35037 Marburg
Tel. 06421/24102

☐ **Zastra e.V.**
Finanzierungsnetzwerk Marburger Mädchen-, Frauen- und Lesbenprojekte
Wilhelmstr. 40
35037 Marburg
Tel. 06421/166049
Fax 06421/166049
info@zastra-marburg.de
www.zastra-marburg.de
Zusammenschluß von Projekten wie Wildwasser, Frauen helfen Frauen, Mütter-Zentrum u.a.

Frieden

☐ **DFG-VK**
Deutsche Friedensgesellschaft- Vereinigte KriegsdienstgegnerInnen
Postfach 12 46
35002 Marburg
Tel. 06421/21783
Fax 06421/21783
dfgvk@lahn.net
www.lahn.net/dfgvk
Montags ab 20:30 im KFZ, Schulstraße 6

☐ **IALANA**
Wilhelm-Roser-Str. 25
35037 Marburg
Tel. 06421/23027
Fax 06421/15828
info@ialana.org
www.ialana.org
Juristen u. -innen gegen ABC-Waffen, für gewaltfreie Friedensgestaltung.

Hilfsorganisationen

☐ **Allgemeiner Patienten-Verband e.V.**
-Bundespatientenstelle-
Uferstr. 1
35037 Marburg
Tel. 06421/64735
Fax 01212-511507949
patienten verband@yahoo.de
patienten-verband.de
Mo-Fr 10-16

☐ **Amnesty International**
c/o Katholische Hochschulgemeinde (Roncalli-Haus)
Johannes-Müller-Str. 19
35037 Marburg
Tel. 06421/971571
Fax 06421/971571
Jeden 1. + 3. Montag im Monat

☐ **Der paritätische Wohlfahrtsverband**
Am Erlengraben 12a
35037 Marburg
Tel. 06421/15745
Fax 06421/270509
dpwvkgma@scm.de
paritaet.org
Im Landkreis sind 70 Mitgliedsorganisationen aus allen Bereichen der sozialen Arbeit zusammengeschlossen

☐ **Soziale Hilfe Marburg e.V.**
• Cappeler Str. 70
35039 Marburg
Tel. 06421/43096
• Biegenstr. 7
35037 Marburg
Tel. 06421/45306
Fax 06421/45252
• Weidenhäuser Str. 14
35037 Marburg

Tel. 06421/163678
Fax 06421/163679

☐ **Suchthilfe Hof Fleckenbühl**
Hof Fleckenbühl
35091 Cölbe-Schönstadt
Tel. 06427/9221-0
Fax 06427/9221-50
info@suchthilfe.org
www.suchthilfe.org

Internationale Kontakte

☐ **Infozentrum Eine Welt**
Schul- u. Bildungsproj. êpa!
Markt 7
35037 Marburg
Tel. 06421/686244
Fax 06421/309422
weltladen.marburg@t-online.de
weltladen-marburg.de
Mo-Fr 11-18, Sa 10-15

☐ **Tibet-Unterstützungsgr. Marburg**
Kantstr. 10
35037 Marburg
tibetmarburg@yahoo.de
mitglied.lycos.de/marburgfortibet
Tibet-Fotoausstellungen, (Dia-)Vorträge, Informationsstände in der Stadt (regelmäßig am 10.3. und 10.12.), Beratung bei wissenschaftlichen Arbeiten zu Tibet und Tibet im Exil.

☐ **TTM**
Technologie Transfer Marburg in die 3. Welt e.V.
Auf d. Kupferschmiede 1
35091 Cölbe
Tel. 06421/87373-0
Fax 06421/87373-73
ttm@ttm-germany.de
www.ttm-germany.de
Mo-Do 7:30-16:15,
Fr 7:30-14

☐ **Verein zur Förderung der Deutsch-Chinesischen Beziehungen e.V.**
"Schwarzer Adler und gelber Drache" (sagd)
Spiegelslustweg 14
35039 Marburg
Tel. 06421/1653590
sagd-info@web.de
Wir wollen ein unverfälschtes Bild von China, seiner Kultur und Geschichte vermitteln und auch den Chinesen Deutschland näher bringen.

Jugendliche

☐ **7-Meilen-Stiefel**
Fußwanderungen und mehr...
Ockershäuser Allee 51

Initiativen & Vereine

35037 Marburg
Tel. 06421/3400637
Fax 06421/3400637
meilen-stiefel@web.de
7-Meilen-Stiefel.de
Wir bieten in der Umgebung von Marburg, im Burgwald/Kellerwald, Rothaargebirge und Vogelsberg Wanderungen für Schulklassen und Gruppen, zu naturkundl., kreativen, geschichtl., gruppendynamischen und ökologischen Themen an.

☐ **Burschenverein Ockershausen**
Ockersh. Schulgasse 22
35037 Marburg
Tel. 06421/33136
Seip@burschenverein-ockershausen.de
www.burschenverein-ockershausen.de
Letzter Fr im Monat ab 18 (Gemeinschaftshaus "Alte Schule")

☐ **Deutsche Pfadfinderschaft Sankt Georg (DPSG)**
Im Gefälle 3
35037 Marburg
Tel. 06421/683196
www.dpsg.de

☐ **IKJG e.V.**
Initiative für Kinder- Jugend- und Gemeinwesenarbeit in Ockershausen e.V.
G.-v.-Stauffenb.-Str. 22a
35037 Marburg
Tel. 06421/34171
Fax 06421/34171
IKJG-Marburg@t-online.de
Mo-Fr 10-12

☐ **Jugendherberge**
Jahnstr. 1
35037 Marburg
Tel. 06421/23461

☐ **JungsozialistInnen in der SPD (Jusos)**
Unterbezirk Marburg-Biedenkopf
Frankfurter Str. 47
35037 Marburg
Tel. 06421/169900
Fax 06421/1699018
jusos@spd-marburg.de
www.jusos-marburg.de

☐ **Muslimische Jugend in Marburg**
Marbacher Weg 26a
35037 Marburg
Tel. 06421/65535
Fax 06421/65535
bilal@mj-net.de
www.mj-net.de
Mitglied der Muslimischen Jugend in Deutschland e.V., gemeinsame Freizeitgestaltung, Sport, islamische Bildung, Reisen, Kurse, Seminare, etc.

☐ **Stamm Löwenherz**
Richard Knoop (im Bund der Pfadfinderinnen und Pfadfinder (BdP))

Stresemannstr. 33
35037 Marburg
Tel. 06421/12767
RichardKnoop@web.de
stammloewenherz.de

☐ **Verein für heilende Erziehung e.V.**
Rud.-Breitscheid-Str. 22
35037 Marburg
Tel. 06421/33772

☐ **Verein zur Förderung bewegungs- u. sportorientierter Jugendsozialarbeit e.V.**
Biegenstr. 40
35037 Marburg
Tel. 06421/68533-0
Fax 06421/68533-22
kontakt@bsj-marburg.de
www.bsj-marburg.de

☐ **VfB 1905 Marburg**
Jugendfußball-Abteilung
Fontanestr. 7
35039 Marburg
Tel. 06421/22383

Kinder

☐ **Kinderhilfestiftung e.V.**
Eine Initiative der Bürger und der Wirtschaft in Oberhessen
Weidenhäuser Str. 47
35037 Marburg

☐ **Marburger Eltern-Kind-Verein e.V.**
Leiterin: Frau Mietz
Bei St. Jost 9
35039 Marburg
Tel. 06421/13123
Fax 06421/162052

☐ **Verein für heilende Erziehung e.V.**
Rud.-Breitscheid-Str. 22
35037 Marburg
Tel. 06421/33772

Männer

☐ **Tuntonia e.V. Marburg**
Verein f. homosex. Kultur & Emanzipation
Bahnhofstr. 27
35037 Marburg
Tel. 06421/682053
info@tuntonia.de
www.tuntonia.de
For Gays + Friends: Beachpartys, Beratung, Film-Festivals, Jugendgruppe, Sport, Kulturevents, …

Ökologie

☐ **BUND**
(Bund für Umwelt und Naturschutz)
Krummbogen 2
35039 Marburg
Tel. 06421/67363
Fax 06421/683740
info@

bund-marburg.de
www.bund-marburg.de
Mo-Fr 9-13

☐ **Greenpeace**
Gruppe Marburg
• Bahnhofstr. 27
35037 Marburg
Tel. 06421/686239
gp-marburg@gaia.de
Di 18:30-21:30
Jugend
• Bahnhofstr. 27
35041 Marburg
Tel. 06421/686239
gp-marburg@gaia.de
Di 18:30-21:30

☐ **Naturschutzbund Deutschland**
Kreisverband Marburg-Biedenkopf
Krummbogen 2
35039 Marburg
Tel. 06421/682526

Politische Gruppen

☐ **Humanistische Union e.V.**
HU-Ortsverband Marburg
Furthstr. 6
35037 Marburg
Tel. 06421/66616
Fax 06421/66617
info@hu-marburg.de
www.hu-marburg.de
Die Bürgerrechtsorganisation tritt ein für direkte Demokratie und den Schutz von Freiheitsrechten, für einen wirksamen Datenschutz, Beschränkung staatlicher Überwachung, für ein friedliches Zusammenleben und für die Trennung von Kirche und Staat.

☐ **LHG – Liberale Hochschulgruppe**
Barfüßertor 15 1/2
35037 Marburg
Tel. 06421/63737
Fax 06421/65100

☐ **RCDS**
Ring Christl. Demokr. Studenten Marburg e. V.
Gisselberger Str. 17
35037 Marburg
Tel. 06421/24993
Fax 06421/162710
rcds@stud-mailer.uni-marburg.de
uni-marburg.de/~rcds

Religiöse Gemeinschaften

☐ **Christus-Treff**
Offene Gemeinde
Steinweg 12
35037 Marburg
Tel. 06421/64470
Fax 06421/64463
buero@
jesus-gemeinschaft.de

www.christus-treff.org
Do 20 (Gottesdienst, Luth. Pfarrkirche)

☐ **Gesellschaft für christlich-jüdische Zusammenarbeit**
Pilgrimstein 25
35037 Marburg
Tel. 06421/32881

☐ **Islamische Gemeinschaft in Marburg e.V.**
Omar-Ibn-Al-Khattab Moschee
Marbacher Weg 26a
35037 Marburg
Tel. 06421/65535
Fax 06421/65535
moschee-marburg@web.de
Moschee, alle Gemeinschaftsgebete und -feste, kulturelle Veranstaltungen, deutschsprachige Infos über den Islam, Jugendtreff, Schwesterntreff

☐ **Shambhala Zentrum Marburg**
BuddhistischesMeditationszentrum
Zwetschenweg 23
35037 Marburg
Tel. 06421/33607
Fax 06421/36318
ShambhalaMarburg@epost.de
www.shambhala.org
Do 20 (offener Abend)

☐ **Zen-Gruppe Marburg**
Auf der Haide 16
35043 Marburg
Tel. 06421/45124
www.Zazen.cjb.net
Stille Meditation in der Tradition des japanischen Soto-Zen.

Sozialarbeit

☐ **AKSB**
Arbeitskreis Soziale Brennpunkte e.V.
Ginseldorfer Weg 50
35039 Marburg
Tel. 06421/69002-0
Fax 06421/69002-14
AKSB-Marburg@t-online.de

☐ **Begegnungsstätte St. Jakob**
Sudetenstr. 24
35039 Marburg
Tel. 06421/95190

☐ **Begegnungszentrum Auf der Weide**
Auf der Weide 6
35037 Marburg
Tel. 06421/17140

☐ **BI Sozialpsychiatrie e.V.**
Biegenstr. 7
35037 Marburg
Tel. 06421/17699-0
Fax 06421/17699-40

bi-sozialpsychiatrie.de

☐ **Bürgerinitiative f. Soziale Fragen e.V.**
Damaschkeweg 96
35039 Marburg
Tel. 06421/44122
Fax 06421/46662
BSFmarburg@t-online.de
t-online.de/home/bsfmarburg

☐ **Deutsche Vereinigung Morbus Bechterew**
DVMB – Gruppe Marburg -
Welterhäuserstr. 15
35041 Marburg
Tel. 06420/822616
Fax 06420/822616

☐ **Hephata Hessisches Diakoniezentrum e.V.**
Marbacher Weg 11
35037 Marburg
Tel. 06421/96170
Fax 06421/961725

☐ **Marburger Tafel e.V.**
Ernst-Giller-Str. 20
35039 Marburg
Tel. 06421/614053

☐ **Treffpunkt Richtsberg**
Am Richtsberg 66
35039 Marburg
Tel. 06421/42595

Stadtteilgemeinden

☐ **Afföllergemeinde**
Erwin Althaus
Dünsbergstr. 17
35043 Marburg
Tel. 06421/64801 (p.), 06421/201-546 (d.)
Erwin.Althaus@t-online.de
Vereinshaus (Anmietung möglich)

☐ **AG Marburger Stadtteilgemeinden**
Hans-Reiner Mudersbach
Stadtwaldstr. 17
35037 Marburg
Tel. 06421/33692

☐ **Bürgerverein Marbach**
Hans-Jürgen Theiß
Annablickweg 12
35041 Marburg
Tel. 06421/683103

☐ **Die Gisselberger e.V.**
Gernot Günther
Wachholderberg 1
35043 Marburg

☐ **Erlengrabengesellschaft**
Lothar Frank
Hahnengasse 2
35037 Marburg
Tel. 06421/161748 (p.), 06421/201-631 (d.)

Vereinshaus (Anmietung möglich)

☐ **Glaskopfgemeinde**
Ursula Hoppe
Georg-Büchner-Weg 1
35039 Marburg
Tel. 06421/42712

☐ **Ketzerbach-Gesellschaft**
Detlev Scharlau
Am Schlag 15
35037 Marburg
Tel. 06421/64332 (p.), 06421/201-678 (d.)
Vereinshaus (Anmietung möglich)

☐ **Oberstadtgemeinde**
Manfred Gundlach
Barfüßerstr. 26
35037 Marburg
Tel. 06421/25153
Vereinshaus (Anmietung möglich)

☐ **Ortenberggemeinde**
Michael Maron
Schützenstr. 10a
35039 Marburg
Tel. 06421/63155 (p.), 06421/174514 (d.)
Vereinshaus (Anmietung möglich)

☐ **Richtsberggemeinde**
Friedrich Reinhard
Am Richtsberg 70
35039 Marburg
Tel. 06421/27188 (p.), 06421/295300 (d.)
Vereinshaus (Anmietung möglich)

☐ **Siedlergemeinschaft Badestube**
Otto Gessner
In der Badestube 8
35039 Marburg
Tel. 06421/41152
Vereinshaus (Anmietung möglich)

☐ **Stadtteilgemeinde Hansenhaus**
Hans-Joachim Wölk
E.-Moritz-Arndt-Str. 4
35039 Marburg
Tel. 06421/42946 (p.), 06421/290-227 (d.)

☐ **Südstadtgemeinde**
Thomas Klös
Frankfurter Str. 40
35037 Marburg
Tel. 06421/924746 (p.), 06421/210307 (d.)
Vereinshaus (Anmietung möglich)

☐ **Tannenberg-Gemeinschaft**
Brigitte Strerath
G.-v.-Staufenberg-Str. 1
35037 Marburg
Tel. 06421/33538

☐ **Vereinsgemeinschaft Ockershausen**
Johannes Müller

259

Kultur

Gladenbacher Weg 16
35037 Marburg
Tel. 06421/33129
Vereinshaus (Anmietung möglich)

❏ **Verschönerungsverein Bauerbach**
Lothar Meinhard
Bauerbacher Str. 14
35043 Marburg
Tel. 06421/24287

❏ **Waldtalgemeinde**
Beate Merz
Fuchspass 20
35039 Marburg
Tel. 06421/482323
Fax 06421/620355
Vereinshaus (Anmietung möglich)

❏ **Zahlbachgemeinde e.V. Marburg**
Jürgen Scharf
An der Zahlbach 26
35039 Marburg
Tel. 06421/27251
Fax 06421/27251
Zahlbachgemeinde.e.V.
Marburg@gmx.de
www.marburg.de/Zahlbachgemeinde.html

Tier & Mensch

❏ **1. Rassetaubenzuchtverein Marburg und Umgebung 1972**
Karl Kahler
Am Rasen 2
35260 Stadtallendorf-Wolferode
Tel. 06425/409,

❏ **Boxer-Hunde-Klub**
Sieglinde Engelhardt
Zum Rosenmorgen 17
35043 Marburg
Tel. 06421/44299 (p.),
06421/78590 (d.)

❏ **Brieftaubenliebhaberverein 03269 Von Richthofen e.V.**
Günther Scholl
Steinweg 16
35037 Marburg
Tel. 06421/65155

❏ **Brieftaubenzuchtverein "Rote Erde" Michelbach**
Helmut Köhler
Sonnenweg 9
35041 Marburg

❏ **Interessengem. Therapeutisches Reiten e.V. Wehrda**
Ellen Freudenstein
An d. Brunnenröhren 6
35037 Marburg
Tel. 06421/66015

❏ **Reisetaubenverein 0140 "Unser Stolz"**
Heinrich Zwick
Gartenweg 16
35091 Cölbe
Tel. 06421/81744

Verkehr

❏ **ADFC**
Allgemeiner Deutscher Fahrradclub
Dörfflerstr. 7
35037 Marburg
Tel. 06421/482014
diehlh@studmailer.uni.marburg.de
www.adfc.de

❏ **Arbeitskreis deutsche historische Omnibusse und -clubs**
c/o Franz-Josef Hanke
Furthstr. 6
35037 Marburg
Tel. 06421/66616
info@adhoc.de
www.adhoc.de
Ziel ist die Zusammenarbeit bei Pflege und Erhaltung historischer Autobusse, bei der Aufarbeitung der Nahverkehrsgeschichte und bei der Präsentation derartiger Aktivitäten im Internet.

❏ **Mbg.er Rallye Club**
Wolfgang Vornam
Thüringer Weg 3
35083 Wetter
Tel. 06423/51689

❏ **Moto Aktiv e.V.**
Mehr Spass mit Sicherheit
Hohlweg 7
35091 Cölbe-Reddehausen
Tel. 06427/92300
Fax 06427/923030
info@motoaktiv.de
www.motoaktiv.de
Seit 17 Jahren organisieren wir gemeinsam mit unseren Partnern erlebnisorientierte Motorrad-Events in den Bereichen Verkehrssicherheit, Tourismus und Motorsport.

❏ **Motorrad Akademie e.V.**
Qualifizierung, Spaß und Sicherheit
Amselweg 3
35096 Weimar
Tel. 06421/9710341
Fax 06421/971951
motorrad-akademie.de
Sicherheits- und Perfektionstrainings; Motorradreisen; Seminare zu technischen, betriebswirtschaftlichen, kulturellen und historischen Themen

❏ **Omnibusfreunde Marburg e.V.**
Alte Kasseler Str. 39
35039 Marburg
Tel. 06421/681376
info@omnibusfreunde.de
omnibusfreunde.de
Die OFM wollen historische Marburger Busse vor dem Verschrotten retten. Erstes Museumsstück war der ehemalige Schlossbus 191. Ziel der Omnibusfreunde ist der Aufbau eines rollendes Museums ehemaliger Mar-burger Stadtbusse.

❏ **VCD**
Verkehrsclub Deutschland e.V. – Kreisverband Marburg-Biedenkopf, Gerhard Kaminski (Vorsitzender)
Neue Kasseler Str. 1
35039 Marburg
Tel. 06421/686980, oder 15233
Fax 06421/686941

Wirtschaft

❏ **Aktionsgem. Weidenhausen**
c/o Wein & Käse
Weidenhäuser Str. 46
35037 Marburg
Tel. 06421/481767

❏ **Einzelhandelsverb. Hessen-Nord e.V.**
Pilgrimstein 28a
35037 Marburg
Tel. 06421/9100-31
Fax 06421/9100-19

❏ **Entwicklungsgr. Region Burgwald e.V.**
Wolkersdorfer Str. 6
35099 Burgwald
Tel. 06451/26608
Fax 06451/26618
region-burgwald@t-online.de
region-burgwald.de
Mo-Do 9-12, Do 15-18

❏ **Fachgruppe "Wirtschaft" im DVBS**
Ernst-Lemmer-Str. 83
35041 Marburg
Tel. 06421/83899
Fax 06421/871870
info@dvbs-online.de
dvbs-online.de

❏ **Ges. z. Förderung des Marburger Förderzentrums für Existenzgründer aus d. Philipps-Universität**
c/o Stabsstelle Wirtschaftsförderung beim Oberbürgermeister
Rathaus
35035 Marburg
Tel. 06421/201-558
Fax 06421/201-293

❏ **Gründerzentrum Marburg (GZM)**
Han.-Ahrendt-Str. 3-7
35037 Marburg
Tel. 06421/911816
Fax 06421/911820
info@seg-marburg.de
www.gruenderzentrum-marburg.de

❏ **IHK**
Industrie- und Handelskammer Kassel
Service-Zentrum Marburg
Software Center 3
35037 Marburg
Tel. 06421/9654-0
Fax 06421/9654-55
geil@kassel.ihk.de
www.ihk-kassel.de

Mo-Do 8-16, Fr 8-14

❏ **Initiative Biotechnologie Marburg**
Dr. Jochen Stauder
Rathaus, 3. Stock
35037 Marburg
Tel. 06421/201-558
Fax 06421/201-293
wirtschaft@marburg-stadt.de

❏ **Interessengem.**
Rund um d. Elisabethkirche
Potsdamer Str. 24
35039 Marburg
Tel. 06421/481767

❏ **Interessengemeinschaft Südviertel e.V.**
Gutenbergstr. 15
35037 Marburg
Tel. 06421/26513

❏ **MAK e.V.**
Markt- und Aktionskreis Marburg e.V.
c/o MTM
Pilgrimstein 26
35037 Marburg
Tel. 06421/9912-25
Fax 06421/9912-33

❏ **Unternehmerinnen Burgwald e.V.**
Gerda Marburger
Am Burghain 4
35088 Battenberg
Tel. 06452/8236
info@unternehmerinnen.de

❏ **Werbekreis Oberstadt**
Barfüßerstr. 50
35037 Marburg
Tel. 06421/12325

Wohlfahrtsverbände

❏ **Arbeiterwohlfahrt**
Ortsverein Marburg-Stadt
Markt 23
35037 Marburg
Tel. 06421/27555

❏ **Caritas-Verband**
Schückingstr. 28
35037 Marburg
Tel. 06421/26342

❏ **DRK**
Kreisverband Marburg
Deutschhausstr. 21
35037 Marburg
Tel. 06421/9626-0
Fax 06421/64180

❏ **Diakoniestation Marburg**
Rothenberg 58
35037 Marburg
Tel. 06421/35380
Fax 06421/31964

❏ **Diakonisches Werk Oberhessen**
Haspelstr. 5
35037 Marburg
Tel. 06421/9126-0
Fax 06421/9126-33
Mo, Di, Do-So 8:30-12

Kultur

Archive

❏ **Bildarchiv Foto Marburg**
Wolffstr.,
Ernst-von-Hülsen-Haus
35037 Marburg
Tel. 06421/28-23600
Fax 06421/28-28931
bildarchiv@fotomarburg.de
www.fotomarburg.de
Mo-Fr 8-17

❏ **Circus-, Varieté-, u. Artistenarchiv**
Rudolf Geller
Ketzerbach 21
35037 Marburg
Tel. 06421/42346

❏ **Deutsches Adelsarchiv**
Schwanallee 21
35037 Marburg
Tel. 06421/26162

❏ **Deutsches Spiele-Archiv**
Barfüßerstr. 2a
35037 Marburg
Tel. 06421/62720
Spiele-Archiv@t-online.de
uni-marburg.de/spiele-archiv
Mo-Fr 8-13

❏ **Feministisches Archiv Marburg e.V.**
Erlenring 5
35037 Marburg
Tel. 06421/170312
Fax 06421/170333
info@fem-archiv-marburg.de
fem-archiv-marburg.de
Mo 16-18, Mi 12-16, Fr 13-15, Semesterferien: Mi 12-16

❏ **Herder-Institut e.V.**
Sammlungen II: Bilder-Karten-Dokumente
Gisonenweg 5-7
35037 Marburg
Tel. 06421/184-0
Fax 06421/184139
bildarchiv.hi@mailer.uni-marburg.de
uni-marburg.de/herder-institut
Mo-Do 8-16.30, Fr 8-15

❏ **Hessisches Staatsarchiv Marburg**
Friedrichsplatz 15
35037 Marburg
Tel. 06421/9250-0
Fax 06421/161125
poststelle@stama.hessen.de
www.stama.hessen.de
Mo-Do 8:30-19, Fr 8:30-13

❏ **REMID**
Religionswissenschaftlicher Medien- und Informationsdienst e.V.
Wehrdaer Weg 16a
35037 Marburg
Tel. 06421/64270
Fax 06421/64270
remid@t-online.de
www.remid.de
Informationen in Sachen Religionen. Archiv mit Dokumentationsstelle über Religionen in Deutschland. Aktuelle Informationen auch unter www.religion-online.info

❏ **Stadtarchiv**
Dr. Ulrich Hussong
Barfüßerstr. 50, DG,
Eingang Hofstatt
35037 Marburg
Tel. 06421/201-499
Fax 06421/201-390
stadtarchiv@marburg-stadt.de
www.marburg.de/stadtverwaltung
Mo, Mi, Fr 8:30-12, Do 15-18

Bibliotheken

❏ **AIDOS/Deutsche Blinden-Bibliothek**
Marbacher Weg 18
35037 Marburg
Tel. 06421/606-311
Mo-Do 10-12

❏ **Emil-Krückmann-Bibliothek**
Deutsche Blindenstudienanstalt e.V.
Am Schlag 8
35037 Marburg
Tel. 06421/606-0
Fax 06421/606-269
Mo-Do 7:45-16

❏ **Herder-Institut e.V.**
Bibliothek
Gisonenweg 5-7
35037 Marburg
Tel. 06421/184-0
Fax 06421/184-139
bibliothek.hi@mailer.uni-marburg.de
uni-marburg.de/herder-institut/bibliohp.html
Mo-Fr 8-17:30

❏ **Lebenshilfe-Bibliothek**
Raiffeisenstr. 18
35043 Marburg
Tel. 06421/491-138,
Fax 06421/491-694
bibliothek@lebenshilfe.de
www.lebenshilfe.de
Di-Do 9-15, Fr 9-13

❏ **Stadtbücherei**
Ketzerbach 1
35037 Marburg
Tel. 06421/201-248
Fax 06421/201-735
stadtbuecherei@marburg-stadt.de
www.stadtbuecherei-

Kultur

marburg.de
Mo, Di, Do, Fr
14-18:30, Mi 10-13
☐ **Universitäts-
bibliothek**
Wilhelm-Röpke-Str. 4
35039 Marburg
Tel. 06421/2821321
Fax 06421/28-26506
verwaltung@
ub.uni-marburg.de
ub.uni-marburg.de
Mo-Sa 9-21:30,
So 13-21:30

Bildende Kunst, Galerien

☐ **Arbeitsgerichts-
verein e.V.**
Kunst-Forum Arbeitsgericht
Gutenbergstr. 29a
35037 Marburg
Tel. 06421/170840
Fax 06421/12154
Mo-Do 8-16, Fr 8-14:30
Ausstellung vorwiegend lokaler u. regionaler Künstler

☐ **Atelier-Galerie**
A. Henke-Reinarz
Weidenhäuser Str. 49
35037 Marburg
Tel. 06421/13889

☐ **Galerie
Michael Schmalfuß**
Steinweg 33
35037 Marburg
Tel. 06421/590950
Fax 06421/590950
art@
galerie-schmalfuss.de
Di-Fr 10-13
+ 15-18:30, Sa 10-16
Galerie für zeitgenössische Kunst; Malerei, Grafik, Skulptur und Fotografie

☐ **GeWo galerie**
Pilgrimstein 17
35037 Marburg
Tel. 06421/9111-0
Fax 06421/9111-11
Mo-Mi 9-16, Do 9-17,
Fr 9-12
Eintritt frei

☐ **KunstWerkStatt**
d. Marburger Malschule e.V.
Brüder-Grimm-Schule
(Raum1)
Alter Kirchh. Weg 8
35037 Marburg
Tel. 06421/12552

☐ **Liebestempelchen
– Bettina Brentanos**
Marburger Jahre 1802-05
Ritterstr. 16
35037 Marburg
Tel. 06421/27759
Fax 06421/992927

☐ **Lorraine
Ogilvie Gallery**
Frankfurter Str. 59
35037 Marburg
Tel. 06421/162055

Di-Fr 14-18:30,
Sa 11-14
Ausstellung abstrakter Kunst

☐ **Malatelier
Angelika Kolbe**
Künstlerwerkstatt
Auf dem Junkheim 5
35037 Marburg
Tel. 06421/33544
angelika.kolbe@web.de
malatelier-kolbe.de

☐ **Marburger Haus
der Romantik e.V.**
Markt 16
35037 Marburg
Tel. 06421/917160
Fax 06421/917162
info@romantikmuseum-marburg.de
www.romantikmuseum-marburg.de
Di-So 11-13 + 14-17

☐ **Marburger
Kunstverein e.V.**
Gerhard-Jahn-Platz 5
35037 Marburg
Tel. 06421/25882
info@marburger-kunstverein.de
www.marburger-kunstverein.de
Di-So 11-17, Mi bis 20

☐ **Scheunengalerie**
Borngasse 6
35102 Lohra-Seelbach
Tel. 06462/1234

☐ **Sommerakademie**
*Kulturamt der
Stadt Marburg*
Markt 7
35035 Marburg
Tel. 06421/201-239
Fax 06421/201-479
sommerakademie@
marburg.de
www.marburg.de/sommerakademie

Chöre, Gesang, Kantoreien

☐ **Alexandra Gießler**
Bahnhofstr. 18
35037 Marburg
Tel. 06421/61219,
0175/9932076
giesslersinging@web.de
le-primedonne.de
Mezzosopranistin

☐ **Canticum
Antiquum**
*Förderkreis für Alte Musik
e.V. Marburg*
Hohe Leuchte 10
35037 Marburg
Tel. 06421/32447

☐ **Chor der
Matthäuskirche**
Ockersh. Schulgasse 35
35037 Marburg
Tel. 06421/33105
Chorproben: Di 20-22,
Chorleiter: Dr. H. Hering, Tel. 06421/77273

☐ **Chor Politöne**
Inge Werterbach
Hirschberg 18
35037 Marburg
Tel. 06421/162671
BJungmann@
t-online.de
Di 20 (Singstunde)

☐ **Frauen-
Kammerchor Marburg**
Barfüßerstr. 40
35037 Marburg
Tel. 06421/24727
Fax 06421/176699
ReinhartPohl@
onlinehome.de

☐ **Frauenchor
" Piano Marbach"**
Vorsitzende: Anke Balzer
Am Lorch 13
35041 Marburg
Tel. 06420/1033
Mo 20-22 (Proben;
Bürgerhaus Marbach)

☐ **Frauensingkreis
Ockershausen**
Hahnbergstr. 12
35043 Marburg-Cappel
Tel. 06421/484046
erika.fuchs@web.de
Frauenchor und gemischter Chor "Querbeet" – Proben dienstags 19-21 alte Schule Ock.

☐ **Gospelchor der
KKM "Joy of life"**
Kantorin Sabine Barth
Schlehdornweg 29
35041 Marburg
Tel. 06421/32218
Fax 06421/360475
barth sabine@
hotmail.com
www.ekkw.de/kkm
Do 18:30-20:30 (Probenzeiten, im Philipp-Melanchthon-Haus)

☐ **Hand in Hand –
Lieder aus aller Welt**
*Jugendchor (Leitung
Jean Kleeb)*
Taubenweg 5
35037 Marburg
Tel. 06421/36651
Fax 06421/350445
jk@jeankleeb.de
www.jeankleeb.de

☐ **Junge Kantorei**
Info: Maria Spätling
Poitiersstr. 14
35037 Marburg
Tel. 06421/163965
Di 20-22 (Probenzeiten; Gemeindehaus,
Georg-Voigt-Str. 89)

☐ **Kammerchor**
Ritterstr. 7
35037 Marburg
Tel. 06421/25753

☐ **Kantoreien der
Elisabethkirche**
Jochen Kaiser
Marbacher Weg 52
35037 Marburg
Tel. 06421/686273

Fax 06421/690693
Kaiser@
Elisabethkirche.de
Probenzeiten: Kantorei
Mo 20-22, Flötenkreis
Di 17:30-18:30, Kinderchor Di 16-16:45,
Posaunenchor Di 20-21:30

☐ **Kinderchor
der KKM**
Kantorin Sabine Barth
Schlehdornweg 29
35041 Marburg
Tel. 06421/32218
Fax 06421/360475
barth sabine@
hotmail.de
www.ekkw.de/kkm
Probenzeiten: Do
16:30-18:30 im Philipp-Melanchthon-Haus,
Lutherischer Kirchhof 3

☐ **Kirchenmusik an
der Kugelkirche**
Schola, Chor, Solisten, Orgel
Ritterstr. 12
35037 Marburg
Tel. 06421/91390

☐ **Kleiner
Chor Marburg**
c/o Marc Müllenhoff
E.-Lemmer-Str. 14-143
35041 Marburg
Tel. 06421/86612
Fax 01212/510620146
MarcMuellenhoff@
addcom.de
kleiner.chor.marburg.de
.vu
*Mi 20-22 (Proben; Gemeindehaus Ost, G.-Voigt-Str.)
Seit 1995 interpretieren wir (überwiegend Studierende) anspruchsvolle Chormusik mit Engagement u. Freude.*

☐ **Kurhessische
Kantorei Marburg**
Lutherischer Kirchhof 3
35037 Marburg
Tel. 06421/162933
Fax 06421/162939
*Probenzeiten: Mi 20-22 im
Philipp-Melanchthon-Haus*

☐ **Männergesangverein 1889
Wehrshausen e.V.**
Zur Kalkkaute 16
35041 Marburg
Tel. 06421/35601

☐ **Männergesangv.
1892 "Eintracht"
Moischt & Frauenchor**
Info: Hans-Werner Ludwig
Am Bornberg 1
35043 Marburg
Tel. 06424/1314
*Proben: Hotel-Rest. Sonnengold, Zur Hainbuche 2
Do 19-20 (Frauenchor),
Do ab 20:30 (Männerchor)*

☐ **Marburger
Bachchor e.V.**
*Geschäftsstelle (A. u. K.
Bastian)*
Kettelerstr. 16

35043 Marburg
Tel. 06424/5430
Fax 06424/3646
geschaeftsstelle@marburger-bachchor.de
www.bachchor.de.cx
Chorgesang von Bach bis Schnebel, A-Cappella oder Instumental begleitet

☐ **Marburger
Konzertchor e.V.**
Amselstr. 36
35043 Marburg
Tel. 06421/46661

☐ **Marburger
Musikfreunde e.V.**
Jochen Kaiser
Marbacher Weg 13a
35037 Marburg
Tel. 06421/686273
Fax 06421/690693

☐ **Marburger
Volkschor**
Johann-Sebastian-
Bach-Str. 2
35274 Kirchhain
Tel. 06422/7504
Fax 06422/7504
HolzhausenH@aol.com
Marburger-Volkschor.de

☐ **MGV Liederverein
1842 Marburg**
Sommerstr. 32
35043 Marburg
Tel. 06421/44813

☐ **Ökumenischer
Singkreis
der Thomaskirche**
Chemnitzer Str. 2
35039 Marburg
Tel. 06421/41990

☐ **Polizeichor
Marburg**
Raiffeisenstr. 1
35043 Marburg
Tel. 06421/406449
Fax 06421/406285

☐ **Posaunenchor
der Elisabeth-
kirchengemeinde**
Leitung: Jochen Kaiser
Schützenstr. 52
35039 Marburg
Tel. 06421/686273
Fax 06421/686273
Fr 18-19:30 (Proben)

☐ **Posaunenchor
der Pauluskirchen-
gemeinde**
Fontanestr. 46
35037 Marburg
Tel. 06421/24771
Fax 06421/24771
*Mi 20 Proben
(Pauluskirche)*

☐ **Singkreis der
Emmausgemeinde**
Leipziger Str. 20
35039 Marburg
Tel. 06421/41064
Probenzeiten: Mi ab 20

☐ **Singkreis der ev.
Kirchengemeinde der
Pauluskirche**
Ev. Pfarramt der Paulusk.

Fontanestr. 46
35039 Marburg
Tel. 06421/24771
Mi 19:30 (Proben)

☐ **Wirsing Querbeet**
*A-cappella-Chor
(Leitung: Jean Kleeb)*
Taubenweg 5
35037 Marburg
Tel. 06421/36651
Fax 06421/350445
jk@jeankleeb.de
www.jeankleeb.de

Fördervereine

☐ **Förderverein**
Universitäts-Sommerfest
Biegenstr. 10
35032 Marburg
Tel. 06421/2826086

☐ **Kulturförderverein
Mittelhessen e.V.**
RP Gießen
Landgr.-Philipp-Str. 3-7
35390 Gießen
Tel. 0641/3032431
Fax 0641/3032407

☐ **Verein zur Förderung der Verbindung
von Kultur und Freizeitgestaltung**
Café am Grün 28
35037 Marburg
Tel. 06421/14260

Initiativen & Vereine

☐ **Abraxas Medien-
werkstatt e.V.**
Robert-Koch-Str. 15a
35037 Marburg
Tel. 06421/682956
Fax 06421/682816
abraxas@lahn.net
www.lahn.net/abraxas

☐ **Arbeitskreis Dörfliche Kultur e.V.**
ADK
Am Grün 34
35037 Marburg
Tel. 06421/15679
adk-marburg@
online.de
www.akdk.de,
www.parkpflegewerk.de

☐ **Café Trauma**
Robert-Koch-Str. 15a
35037 Marburg
Tel. 06421/66317
Fax 06421/682816
info@cafe-trauma.de
www.cafe-trauma.de
Mo-Fr 10-16 (Büro)

☐ **Folk Club
Marburg e.V. im KFZ**
Schulstr. 6
35037 Marburg
Tel. 06421/67913
Fax 06421/27198

☐ **Folk Co-op**
Wehrdaer Weg 46

261

Kultur

35037 Marburg
Tel. 06421/67913
Fax 06421/67913
☐ **Frauen Kunst Geschichte e.V.**
Kirchgasse 11
35041 Marburg
Tel. 06421/24427
☐ **Ges. für Kultur- und Denkmalpflege**
Hessischer Heimatbund e.V.
Bahnhofstr. 1
35037 Marburg
Tel. 06421/681155
Fax 06421/681155
Do 16-18
Der Verein fördert die wissenschaftl. Erforschung Hessens, setzt sich für den Schutz der Kulturlandschaften und historischen Ortsbilder ein und gibt die "Hessische Heimat" heraus.
☐ **IG Kultur**
Interessengem. freier Kulturträger Marburg
Schulstr. 6
35037 Marburg
☐ **Jazz Initiative Marburg e.V.**
Steinweg 12
35037 Marburg
Tel. 06421/66157
☐ **Kaleidoskop e.V.**
c/o Horst A. Müller
Ewiges Tal 32
35041 Marburg
Tel. 06420/1321
Fax 06420/821325
memos001@gmx.de
☐ **Kulturelle Aktion Marburg e.V. – Strömungen**
Am Grün 30
35037 Marburg
Tel. 06421/270581
Fax 06421/13404
info@stroemungen.de
www.stroemungen.de
Mo-Do 10-12 (Büro)
☐ **Kulturladen KFZ**
Kulturzentrum
Schulstr. 6
35037 Marburg
Tel. 06421/13898
Fax 06421/27198
info@kfz-marburg.de
www.kfz-marburg.de
Di-Fr 9:30-13 (Büro)
☐ **KunstRat**
Friedrichsplatz 2
35037 Marburg
Tel. 06421/210751
Fax 089 /2443-39605
waldeck@kunstrat.de
www.kunstrat.de
☐ **Ladies in Culture**
Schulstr. 6
35037 Marburg
Tel. 06421/13898
☐ **Marburger Konzertverein e.V.**
Friedhofstr. 6
35043 Marburg
Tel. 06421/41328

Fax 06421/41622
☐ **Marburger MusikerInnen Verein e.V.**
Markus Schmidt
Haselhecke 62
35041 Marburg
Tel. 06421/3400466
marburgmukker@web.de
☐ **Neue Literarische Gesellschaft e.V.**
Ludwig Legge
Sauergäßchen 1
35037 Marburg
Tel. 06421/64822
Lesungen in der Regel So 11, Café Vetter, Reitgasse 4
☐ **SOKO e.V.**
Verein zur Förderung sozialer Kommunikation e.V.
Neue Kasseler Str. 19a
35039 Marburg
Tel. 06421/686960
Fax 06421/686961
info@esstragon.de
www.esstragon.de
☐ **Studentischer Filmclub Marburg e.V.**
Am Grün 28
35039 Marburg
Tel. 06421/14260
☐ **Verein Tagungshaus Waggonhalle**
R.-Bultmann-Str. 2a
35039 Marburg
Tel. 06421/161569
Fax 06421/62579
mail@waggonhalle.de
☐ **Werkkunst**
Kulturamt der Stadt Marburg
Markt 7
35035 Marburg
Tel. 06421/201544
Fax 06421/201479

Institutionen

☐ **Kulturamt der Stadt Marburg**
Richard Laufner
Markt 7, 3. Stock (DG)
35037 Marburg
Tel. 06421/201-467
Fax 06421/201-479
kulturamt@marburg-stadt.de
www.marburg.de
Mo-Fr 8-12, Do 15-18
☐ **Musikschule Marburg**
Am Schwanhof 68
35037 Marburg
Tel. 06421/13337
Fax 06421/13327
Mo-Fr 10-12,
Di+Do 14-16
☐ **Volkshochschule der Stadt Marburg**
Hilmar Hellwig
Deutschhausstr. 38
35037 Marburg
Tel. 06421/201-386
Fax 06421/201-594

vhs@marburg-stadt.de
Mo-Fr 10-13, Do 15-18
☐ **Volkshochschule des Landkreises Marburg-Biedenkopf**
Schulstr. 4
35091 Cölbe
Tel. 06421/98570
Fax 06421/985722
Mo-Fr 8-14
(Servicezeiten)

Instrumentalmusik

☐ **Bläserkreis der ev. Kirchengemeinde der Pauluskirche**
Ev. Pfarramt der Pauluskirche
Fontanestr. 46
35039 Marburg
Tel. 06421/24771
Mi 20 (Proben)
☐ **Ensemble für Alte Musik Saltarello e.V.**
Feldbergstr. 46b
35043 Marburg-Cappel
Tel. 06421/481235
Fax 06421/4870111
MagritWalter@t-online.de
☐ **Flötenkreis Thomaskirche**
Chemnitzer Str. 2
35039 Marburg
Tel. 06421/41990
☐ **IG Blech**
Das etwas andere Blechbläserquintett
Bahnhofstr. 43
35282 Rauschenberg
Tel. 06425/2613
Fax 06425/921885
christophdamm@web.de
Kammermusik von Barock bis Pop; Originale und Arrangements
☐ **Instrumentalchor für Kinder**
(Orff-Gruppe) der Emmauskirchengemeinde
Leipziger Str. 20
35037 Marburg
Tel. 06421/41064
Probenzeit: Mo ab 14 im Kindergarten Berliner Str.
☐ **Kammermusik Marburg e.V.**
Stresemannstr. 33
35037 Marburg
Tel. 06421/12767
☐ **Kirchenmusik an der Kugelkirche**
Schola Chor Solisten Orgel
Ritterstr. 12
35037 Marburg
Tel. 06421/91390
Fax 06421/913914
☐ **Musikabteilung der Feuerwehr Marburg**
Schuhmarkt 1
35037 Marburg

Tel. 06421/166788
☐ **Musikabteilung des TSV Marburg-Ockershausen 1898 e.V.**
Blasorchester
Deutschhausstr. 28
35037 Marburg
Tel. 06421/67547
Fax 06427/931368
klaus.konrad.becker@t-online.de
Mo+Mi 18-22
☐ **Musikabteilung d. VfL 1860 Marburg**
Sandweg 8
35091 Cölbe
Tel. 06427/2860
juegwei@aol.com
www.vflmusik.de
☐ **Studenten Big-Band Marburg e.V.**
c/o Jonas Fischer
Lindenweg 8
35041 Marburg
Tel. 06421/931583
studentenbigband.de
Die BigBand besteht überwiegend aus Studenten der Uni Marburg und präsentiert ein buntes Programm aus traditionellen Bigband-Standards (Swing, Latin) und modernen Rock-/Funk-Stücken.

Kabarett & Kleinkunst

☐ **Bernd Waldeck**
Zauber- und Jonglershows
Friedrichsplatz 2
35037 Marburg
Tel. 06421/210751
waldeck@cocktailshow.de
www.cocktailshow.de
☐ **Clowntheater "Gina Ginella"**
Leitung: Gina Krüger
E.-Moritz-Arndt-Str. 5
35039 Marburg
Tel. 06421/47550
info@ginaginella.de
www.ginaginella.de
Clowntheater für Kinder und Erwachsene
☐ **Coolumbus**
Jongleur & Hochradkünstler
Barfüßertor 7
35037 Marburg
Tel. 06421/24713
Fax 06421/309582
coolumbus@t-online.de
☐ **Die 3 Tortellinis**
Weidenhäuserstr. 37
35037 Marburg
Tel. 06421/23980
☐ **Graffiti**
Info: Dr. Joh. M. Becker
Friedrichstr. 2
35037 Marburg
Tel. 06421/23706
jbecker@mailer.uni-marburg.de

☐ **JUNO – Der Zauberer**
Bantzerstr. 1
35039 Marburg
Tel. 06421/45246
Fax 06421/45246
Klassische Varietéprogramme wie "ZAC-Varité", "Theater der Buntheiten"
☐ **Mumpitz**
Friedrichsplatz 2
35037 Marburg
Tel. 06421/210751
Fax 05673/920148
waldeck@kunstrat.de
www.kunstrat.de
Artistik, Zauberei, Clownerie, Straßentheater
☐ **Puppentheater Wildbiene**
Alter Kirchh. Weg 13
35039 Marburg
Tel. 06421/12695
wildbiene@t-online.de
home.t-online.de/home/wildbiene
Theaterstücke für Kinder zu den Themen Umwelt und Gesundheitsvorsorge sowie Unterhaltungstheater
☐ **Quattro Stagioni**
Info: Roland Schmidt
An der Schäferbuche 2
35037 Marburg
Tel. 06421/63356
Zeit- und gesellschaftskritisches Kabarett mit selbstgeschriebenen Texten
☐ **stimmzoo**
A-Cappella-Pop
An der Schanze 4
35039 Marburg
Tel. 06421/161357
stimmzoo@gmx.de
www.stimmzoo.de
5 Stimmen – eine Band - garantiert notenfrei. Käuflich für Veranstaltungen aller Art. (Wir springen auch aus der Torte!)

Kinos, Film

☐ **Kinoprogramm**
• per Fax-Abruf
Fax 06421/14547
• im Internet
www.marbuch-verlag.de
☐ **Capitol Filmtheater**
Capitol, Studio, Cinema, Edison
Biegenstr. 8
35037 Marburg
Tel. 06421/1730-0
marburg@cineplex.de
cineplex.de/marburg
Tickets: 06421/1730-70
☐ **Cineplex Marburg GmbH & Co. Filmtheater KG**
Gerhard-Jahn-Platz 7
35037 Marburg
Tel. 06421/1730-0
marburg@cineplex.de
cineplex.de/marburg

☐ **Marburger Filmkunsttheater GmbH**
Kammer-Palette-Atelier
Steinweg 4
35037 Marburg
Tel. 06421/67269,
62677
Fax 06421/62744
info@marburgerfilmkunst.de
marburgerfilmkunst.de
☐ **Open Eyes**
Filmfestival
Info: Café Trauma
Robert-Koch-Str. 15a
35037 Marburg
Tel. 06421/66317
Fax 06421/682816
team@openeyes-filmfest.de
openeyes-filmfest.de
Open-Air Filmfestival in Amöneburg bei Marburg, ein Forum für unabhängige, unkommerzielle Filme

Museen & Sammlungen

☐ **Abgußsammlung des Archäologischen Seminars der Philipps-Universität**
im Ernst-von-Hülsen-Haus
Biegenstr. 11
35037 Marburg
Tel. 06421/28-22341
So 11-13
☐ **Brüder Grimm Stube**
Wechselausstellung
Markt 23
35037 Marburg
Tel. 06421/201763
Fax 06421/201479
kulturamt@marburg-stadt.de
Di-So 11-13 + 14-17
☐ **Kindheits- und Schulmuseum**
Barfüßertor 5
35037 Marburg
Tel. 06421/24424
April-September,
So 11-13
☐ **Mineralogisches Museum**
Firmaneiplatz
35037 Marburg
Tel. 06421/28-22257
Mi 10-13 + 15-18,
Do+Fr 10-13,
Sa+So 11-15
☐ **Museum Anatomicum**
Robert-Koch-Str. 5
35037 Marburg
Tel. 06421/28-64078,
28-67088
jeden 1. Sa im Monat
10-12
☐ **Religionskundliche Sammlung**
Landgraf-Philipp-Str. 4

Sportvereine

35037 Marburg
Tel. 06421/28-22480
relsamm@
mailer.uni-marburg.de
uni-marburg.de/
relsamm
Mo, Mi, Fr 10-13,
Mo, Di, Do 14-17

☐ **Universitäts-
museum für
Bildende Kunst**
Biegenstr. 11
35037 Marburg
Tel. 06421/28-22355
fischerr@verwaltung.u
ni-marburg.de
uni-marburg.de/
zv/news/uni-mu-
seum/menu.html
Di-So 11-13 + 14-17

☐ **Universitäts-
museum für
Kulturgeschichte**
Landgrafenschloß
Wilhelmsbau
35037 Marburg
Tel. 06421/28-25871
fischerr@verwaltung.u
ni-marburg.de
uni-marburg.de/
zv/news/uni-mu-
seum/menu.html
April-Okt: Di-So
10-18,
Nov-März: Di-So 11-17

☐ **Völkerkundliche
Lehrsammlung**
Kugelgasse 10
35037 Marburg
Tel. 06421/28-23749
uni-marburg.de/
voelkerkunde
Mo-Do 10-12, Mi 14-16

Musik für Kinder

☐ **Beate Lambert**
Weidenhäuser Str. 39
35037 Marburg
Tel. 06421/21208
Kinderliedermacherin, Mit-
machprogramme für Kinder
zwischen 2 und 12 Jahren

☐ **Spunk**
Leitung: Gerd Müller
Frankfurter Str. 53a
35037 Marburg
Tel. 06421/85548
Fax 06421/85779
www.spunk-musik.de

Orchester

☐ **Grisette-Orchester**
Info: Albert Kaul
Fichtestr. 11
35039 Marburg
Tel. 06421/163773
Neue und experimentelle
Musik

☐ **Junge Marburger
Philharmonie e.V.**
GF: Dr. Lutz Hesse

Friedrich-Ebert-Str. 104
35039 Marburg
Tel. 06461/44347

☐ **Kammerorchester
Marburg**
Traute Gärtner
Sonnhalde 9
35041 Marburg
Tel. 06421/35356
Fax 06421/35415
Leitung: Arndt Heyer

☐ **SSO
Studenten-Sinfonie-Orche-
ster Marburg e.V.**
Marburger Landstr. 22
35091 Cölbe
Tel. 06427/70299

Rock, Folk & Jazz

☐ **Brian O'Connor**
Irischer Musiker
Lärchenweg 13
35041 Marburg
Tel. 06421/82875

☐ **Dein Schatten**
Dieter Bornschlegel
Oberweg 18
35041 Marburg
Tel. 06421/84440
bornzero@web.de
www.dein-schatten.de
Melancholie und Wahn ge-
ben sich die Hand und fordern auf zum Tanz.

☐ **Hot Jazz Company
Marburg**
Schubertstr. 1
35460 Staufenberg
Tel. 06406/4932
Fax 06406/4932

☐ **Kreisjazzwerker-
schaft
& Rose Nabinger**
35043 Marburg
Tel. 06421/795142
Fax 06421/795143
www.rosenabinger.de
Traditional Jazzband, Funk
und Fernsehen, Firmen-
galas, private Feiern

☐ **Mick Schwarz Band**
Zur Weinstr. 10
35041 Marburg
Tel. 06421/93055
Fax 06421/93056
mick.schwarz@scm.de
www.geocities.com/
sunsetstrip/2564
Mischung aus San-Franci-
sco-Sound der 70er Jahre,
Southern-Rock, Blues, Country und Punk-Rock

☐ **Musik Lateiname-
rika – Jean Kleeb**
Taubenweg 5
35037 Marburg
Tel. 06421/36651
Fax 06421/350445
jk@jeankleeb.de
www.jeankleeb.de

☐ **Sir Henry's
Jazzband**
Kontakt: Heinz Teitge

Dorfmitte 12
35043 Marburg
Tel. 06421/78048
Fax 06421/795143
info@jazztrompeter.de
jazztrompeter.de
Happy Jazz für alle Anlässe,
auch ohne Verstärker

☐ **stimmzoo**
A-Cappella-Pop
An der Schanze 4
35039 Marburg
Tel. 06421/161357
stimmzoo@gmx.de
www.stimmzoo.de
5 Stimmen – eine Band –
garantiert notenfrei. Käuflich für Veranstaltungen aller Art. (Wir springen auch
aus der Torte!)

☐ **Tänzers Traum**
c/o Sirius
Barfüßerstr. 13
35037 Marburg
Tel. 06421/14594
Fax 06421/14594

☐ **Western Unlimited**
Bernd Trautermann
Am Sonnenrain 10
35282 Rauscheberg
Tel. 06425/1828
Fax 06425/921506
info@
western-unlimited.de
western-unlimited.de

☐ **Zuppi Enterprises**
Go Cziba
Wettergasse 8
35037 Marburg
Tel. 06421/25082
Fax 06421/25082
zuppi@mabi.de
9-10:30 (telefonisch)
Wenn es darum geht, und
gewerbliche Kultur Laut und
Leise sowie Hell und Dunkel
zu machen.

Tanz

☐ **Frauentanzkreis**
"Erev Tov"
Frauenbergstr. 17
35039 Marburg
Tel. 06421/483676
Frauentanzkreis@
aol.com
Intern. Folkloretänze wie
z.B. Sirtaki, Square Dance,
Tanzpartner und Sportlich-
keit ist nicht erforderlich.
Nur Spaß am Tanz

☐ **Ges. f. schöpferisch-
element. Erz. e.V.**
Tanzhaus Wosien Marburg
Über den Kirch 1
35041 Marburg
Tel. 06421/31851
F.Wagler@t-online.de
Griechische Tänze, europäi-
sche Folklore, meditatives
Tanzen nach Bernhard Wo-
sien

☐ **Hessische Vereini-
gung für Tanz- und
Trachtenpflege**
Info: Erich Frankenberg

Battenberger Str. 30
35216 Biedenkopf
Tel. 06461/3473
Fax 06461/923575

☐ **LAG Tanz Hessen
e.V.**
Forsthausstr. 31
35043 Marburg
Tel. 06421/36503
Fax 06421/36503
LAGTanzHessen@
web.de
Wochenend-Tanzfort-
bildungen Folklore,
historisch, Tanztherapie,
moderner Tanz

☐ **Trachtentanz-
gruppe Wehrda e.V.**
Im Paradies 12
35041 Marburg
Tel. 06421/82343
Proben, Bürgerhaus Wehrda:
Mi 18-19 (Kinder),
Mi 20:15-21:15 (Jugendli-
che und Erwachsene)

Theater & freie Theatergruppen

☐ **Festival Exciting
Neighbours**
c/o German stage service
GbR (TNT)
Afföllerwiesen 3a
35039 Marburg
Tel. 06421/62582
Fax 06421/683360
kontakt@
germanstageservice.de
germanstageservice.de

☐ **German
stage service**
im Theater neben dem
Turm (TNT)
Afföllerstr. 3a
35039 Marburg
Tel. 06421/62582
Fax 06421/683360
kontakt@
germanstageservice.de
germanstageservice.de

☐ **Hessisches Lan-
destheater Marburg**
Am Schwanhof 68-72
35037 Marburg
Tel. 06421/9902-31
Fax 06421/9902-41
info@hlth.de
www.hlth.de
Theaterkasse (Stadt-
halle): Mo-Sa 9-12:30,
Mo-Fr 16:30-18

☐ **Kinderfestival
„Ramba Zamba"**
Kulturamt der
Stadt Marburg
Markt 7
35035 Marburg
Tel. 06421/201-544
Fax 06421/201-479

☐ **Marburger
Theaterspielclub
"Gedankenrausch"**
Jugendbildungswerk
Frankfurter Str. 21

35037 Marburg
Tel. 06421/201-495
Fax 06421/201-449

☐ **Schnaps
& Poesie Theater**
Ellen Bittmann
Uli Düwert
Bergblick
(Scheune im Feld)
35043 Marburg-
Schröck

☐ **Theater Gegen-
Stand e.V.**
in der Waggonhalle
Rud.-Bultmann-Str. 2a
35039 Marburg
Tel. 06421/686901
Fax 06421/62579
mail@
theater-gegenstand.de
theater-gegenstand.de
Di-Do 11-13

Volkstanz-
gruppen und
Heimatpflege

☐ **1. Marburger Fun-
kenkorps 1952 e.V.**
Rainer Härtel
Bühl 14
35043 Marburg
Tel. 06421/924544 (p.),
06421/205-378 (d.)

☐ **Ungarische Volks-
tanz- und Trachten-
gruppe Marburg/
Biedenkopf e.V.**
Claudia Karber
A. dem Schaumrück 10
35041 Marburg
Tel. 06421/85342
Fax 06421/97001
www.uvtm.de
Do 18:30-20:30
(Bürgerhaus Wehrda)

Sportvereine

Angeln

☐ **Angel-Verein Cap-
pel e.V.**
Manfred Gröpler
Brandenburger Str. 8
35041 Marburg
Tel. 06421/82200 (p.),
06421/392146 (d.)

☐ **Eisenbahner
Sportverein "Rot-
Weiß" 1926 e.V.**
Angelabteilung (Karl
Hettche)
Oberdorf 14
35112 Frohnhausen-Si-
chertshausen
Tel. 06426/6388

☐ **Fischereiverein
Marburg und
Umgebung e.V.**
Jürgen Schwarz
Goßfeldener Str. 42

35041 Marburg
Tel. 06421/886167
Fax 06421/85187
Schwarzangler@
t-online.de
Mo+Mi-Sa 17-0,
So 10:30-22

Badminton

☐ **TSV 1921 Moischt
e.V.**
Silke Block
Eichgarten 5a
35043 Marburg
Tel. 06424/3198

☐ **TTV 1976 Schröck
e.V.**
Uli Kissling
Kastanienstr. 19
35043 Marburg
Tel. 06424/3927

☐ **Verein für Leibes-
übungen 1860
Marburg e.V.**
Michael Heinz
Alte Landstr. 14
35085 Ebsdorfergrund
Tel. 06424/921929

Basketball

☐ **Basketball-Club
Marburg e.V.**
Jürgen Hertlein
Bismarckstr. 22
35037 Marburg
Tel. 06421/14226,
oder 66028

☐ **Sportfreunde/
Blau-Gelb Marburg
e.V.**
Wolfgang Jähnig
Universitätsstr. 56
35037 Marburg
Tel. 06421/992672

☐ **Verein für Leibes-
übungen 1860
Marburg e.V.**
H.-R. Bloch
Hardtstr. 15
35075 Gladenbach
Tel. 06420/838070

Behinderten-
sport

☐ **Blindenschach-
gruppe/Schach-
freunde Marburg**
Dieter Richter
Erfurter Str. 5
35039 Marburg
Tel. 06421/4677

☐ **Gehörlosen-Sport-
gemeinschaft
Marburg e.V.**
Andreas Hüttl
Reddehäuser Str. 2
35094 Lahntal-
Göttingen
Tel. 06423/3150

263

Sportvereine

☐ **Rollstuhl-Sportverein Marburg e.V.**
Joachim Lange
Ederstr. 12
35274 Kirchhain
Tel. 06422/3275 (p.),
06421/286919 (d.)

☐ **Sehgeschädigten-Sportgemeinschaft Blindenstudienanstalt Marburg**
Thomas Horn
Marbacher Weg 13a
35037 Marburg
Tel. 06421/683767

☐ **Versehrten- und Behinderten-Sportgemeinschaft**
Johannes Damtsheuser
Clem.-Brentano-Str. 7
35043 Marburg
Tel. 06421/44378

Billard

☐ **Billardfreunde 86 Marburg e.V.**
Wettergasse 4
35037 Marburg
Tel. 06421/161869

Bogenschießen

☐ **Shiko-Kyudojo**
Verein für japanisches Bogenschießen e.V.
Zwetschenweg 23
35037 Marburg
Tel. 06421/886403
Mo 19-21

Boule

☐ **Marburger Boule-Club "Le Carreau" e.V.**
Christina Hey
Im Köhlersgrund 14
35041 Marburg
Tel. 06421/32989
Marburger.Boule-Club@gmx.de
www.Marburger.Boule-Club.de.vu

Boxen

☐ **1. Box-Club Marburg e.V.**
Peter Weller
Haspelstr. 33
35037 Marburg
Tel. 06421/45272
Fax 06421/47265

Bridge

☐ **Marburger Bridgeclub im DBV**
Dr. E. Schroeder-Buys
Amselstr. 3
35043 Marburg
Tel. 06421/41770
Mo+Do 18-22 (Spiel)

Dart

☐ **1. Dart Club "Auerochsen"**
Richard Hartstock
Pfaffenberg 7
35041 Marburg
Tel. 06421/821465

☐ **1. Dartverein Ockershausen 1998 "Die Stümper"**
Rainer Schelt
Gladenbacher Weg 6
35037 Marburg
Tel. 06421/33535

☐ **1. Marburger Dartsport Club e.V.**
Clauso Campana
Weimarer Str. 4
35091 Cölbe
Tel. 06421/86572

Fechten

☐ **Verein für Leibesübungen 1860 Marburg e.V.**
Ulrike Ristau
Wehrdaer Weg 4
35037 Marburg
Tel. 06421/64681 (p.),
06421/952266 (d.)
ulrike.ristau@web.de

Fliegen

☐ **Ballonclub Marburg e.V.**
Horst Bonacker
Rotenberg 56b
35037 Marburg
Tel. 06421/36678

☐ **Hot Sport VHL e.V. Hessischer Gleitsegelclub e.V.**
Günter Gerkau
Weidenhäuser Str. 1
35037 Marburg
Tel. 06421/26609

☐ **Kurhessischer Verein für Luftfahrt Marburg v. 1909 e.V.**
Zum Flugplatz 10
35091 Cölbe-Schönstadt
Tel. 06427/8046
Fax 06427/1331
www.kvfl.de
9-Uhr-Sonnenuntergang (1.4.-31.10.)

☐ **Paragliding-Club Marburg e.V.**
Postfach 1928
35008 Marburg

Football

☐ **American Football Verein Marburg Mercenaries e.V.**
Carsten Dalkowski
Am Pfaffenwald 2
35041 Marburg
Tel. 06421/933320
Fax 06421/176586

Fußball

☐ **1. FC Waldtal**
Darashinder Singh-Sangra
Ginseldorfer Weg 42
35039 Marburg
Tel. 06421/686509

☐ **Allgemeiner Fußballclub**
Jörg Six
Ge.-Scholl-Str. 7/504
35037 Marburg
Tel. 0173/5225732

☐ **Ballsportfreunde Richtsberg Marburg 1975 e.V.**
Alfred Haus
Fr. Ebertstr. 19
35039 Marburg
Tel. 06421/487152
alfred.haus@t-online.de

☐ **FSV 1921 Schröck e.V.**
AH-Fußballabteilung (Gerhard Henkel)
Minksweg 9
35043 Marburg

☐ **FSV 1926 Cappel e.V.**
AH-Fußballabteilung (Armin Jäger)
• Moischter Str. 50
35043 Marburg
Tel. 06421/484740 (p.),
06421/95924 (d.)
Damenfußballabt. (Claudia Kreis)
• Im Sohlgraben 19
35043 Marburg

☐ **FSV Borts-/Ronhausen**
Altherren-Fußball (Willi Bloh)
Sandweg 2
35085 Ebsdorfergrund
Tel. 06421/2685

☐ **FV 1919 Wehrda e.V.**
Fußball Alte Herren (Achim Weber)
• Cölber Str. 13
35041 Marburg
Tel. 06421/81688
webmaster@fvwehrda.de
www.fvwehrda.de
Fußball-Senioren (Alfred Ritterpusch)
• Cölberstr. 7
35041 Marburg
Tel. 06421/84201
webmaster@fvwehrda.de
www.fvwehrda.de
Fußball-Jugend (Elke Zwick)
• Wehrdaer Str. 145
35041 Marburg
Tel. 06421/82348
webmaster@fvwehrda.de
www.fvwehrda.de

☐ **Hansenhaus Gemeinde Marburg e.V.**
Freizeitfußballabteilung (Helmut Hebert)
Kantstr. 26
35039 Marburg
Tel. 06421/13284

☐ **Spielvereinigung Grün-Weiß 1931/61 Haddamshausen e.V.**
Günther Gehrmann
Cyriaxstr. 48
35043 Marburg
Tel. 06421/31350 (p.),
06421/60050 (d.)

☐ **Sportfreunde/Blau-Gelb Marburg e.V.**
Axel Ludwig
Postfach 200644
35018 Marburg
Tel. 06421/35416 (p.),
06421/25011 (d.)

☐ **Sportverein Bauerbach e.V.**
Reinhold Euker
Seelheimer Weg 3
35043 Marburg
Tel. 06421/81988

☐ **TSV 01/24 Marbach e.V.**
Helmut Inerle
Ginsterweg 8
35041 Marburg
Tel. 06421/32305

☐ **TSV 03/30 Michelbach e.V.**
Dieter Jacobi
Grabenstr. 30
35041 Marburg
Tel. 06420/1573 (p.),
06421/406353 (d.)

☐ **TSV 1921 Moischt e.V.**
Jochen Günther
Pfingstweide 15
35043 Marburg
Tel. 06424/4975

☐ **Turn- und Sportverein 1911 Elnhausen e.V.**
Seniorenfußball (Günther Junck)
• Kuhnsgasse 7
35041 Marburg
Tel. 06420/7469
Altherrenfußball (Oliver Bein)
• Goldberg 8
35041 Marburg
Tel. 06420/7382

☐ **Universitäts-Sport-Club Marburg**
Pierrets, Frank
Über dem Grund 21
35041 Marburg-Michelbach
Tel. 06420/960666

☐ **Verein für Bewegungsspiele 1905 Marburg e.V.**
Gisselberger Str. 37
35037 Marburg
Tel. 06421/85646
webmaster@fvwehrda.de
www.fvwehrda.de

☐ **VfB 1905 Marburg**
Jugendfußball-Abteilung
Fontanestr. 7
35039 Marburg
Tel. 06421/22383

Golf

☐ **Attighof Golf GmbH**
Attighof Golf & Country Club e.V.
An der Kreisstr. 365
35647 Waldsolms
Tel. 06085/9812-0
Fax 06085/3272
info@attighof.de
www.attighof.de
Mo-So 8-18

☐ **Golf-Park Winnerod**
Parkstr. 22
35447 Reiskirchen
Tel. 06408/9513-0
Fax 06408/9513-13
winnerod@golfpark.de
www.golfpark.de

☐ **Oberhessischer Golf-Club Marburg e.V.**
Maximilianenhof
35091 Cölbe
Tel. 06427/92040
Fax 06427/92041
info@golf-club-marburg.de
golf-club-marburg.de
Ganzjährig / ganztägig

Gymnastik

☐ **Bürgerverein "Die Gisselberger" e.V.**
Gernot Günther
Wacholderweg 1
35043 Marburg
Tel. 06421/7379

☐ **Damengymnastikverein Ronhausen**
Ute Findt
Oberdorf 18
35043 Marburg
Tel. 06421/7517

☐ **Eisenbahner Sportverein "Rot-Weiß" 1926 e.V.**
Gymnastikabteilung (Gisela Marsch)
Am Ortenbergstg 3
35039 Marburg
Tel. 06421/61236

☐ **FSV 1921 Schrock e.V.**
Damen Gymnastik (Christine Nahrgang)
Himbornstr. 21
35043 Marburg
Tel. 06421/70145

☐ **FV 1919 Wehrda e.V.**
Gymnastik-Herren (Gerhard Rödiger)
• Grüner Weg 1
35037 Marburg
Tel. 06421/85646
webmaster@fvwehrda.de
www.fvwehrda.de
Gymnastik-Damen (Brigitte Merle)
• Wannkopfstr. 14
35037 Marburg
Tel. 06421/65933
webmaster@fvwehrda.de
www.fvwehrda.de

☐ **Gymnastikverein "Flott-Weg" Dilschhausen e.V.**
Karin Ruppert
Caldener Str. 2
35041 Marburg
Tel. 06420/7336 (p.),
06421/62464 (d.)

☐ **Hansenhaus Gemeinde Marburg e.V.**
Frauengymnastik (Helmut Hebert)
Kantstr. 26
35039 Marburg
Tel. 06421/13284

☐ **Spielvereinigung Grün-Weiß 1931/61 Haddamshausen e.V.**
Frauengymnastik/Seniorengymnastik (Hildegard Gehrmann)
Cyriaxstr. 48
35043 Marburg
Tel. 06421/31350

☐ **Sportfreunde/Blau-Gelb Marburg e.V.**
Gymnastikabteilung Frauen (Angelika Enkler)
Rotenberg 35
35037 Marburg
Tel. 06421/31826
AEnkler@aol.com

☐ **Sportverein Bauerbach e.V.**
Irmtraut Weintraut
Lohgasse 11a
35043 Marburg
Tel. 06421/12144

☐ **TSV 03/30 Michelbach e.V.**
Elisabeth Anfang
Sonnenweg 15
35041 Marburg
Tel. 06420/207

☐ **TSV 1921 Moischt e.V.**
Inge Block
Zum Stempel 10
35043 Marburg
Tel. 06424/2940

☐ **TSV Marburg-Ockershausen 1898 e.V.**
Frauengymnastik (Christel Emmerich)
Hohe Leuchte 17
35037 Marburg
Tel. 06421/34259

☐ **TTC Ginseldorf e.V.**
Damengymnastikabteilung (Elvira Kirch)

Sportvereine

Gunzelinweg 2
35043 Marburg
❏ **Turn- und Sport-
verein 1911
Elnhausen e.V.**
*Damengymnastik / Jazz-
tanz (Andrea Bein)*
Goldweg 8
35041 Marburg
Tel. 06420/7382

Handball

❏ **Turn- und Spiel-
verein 1906
Cappel e.V.**
Frank Belau
Mühlenbergstr. 10
35043 Marburg
Tel. 06421/45450 (p.),
06421/201-237 (d.)
❏ **Verein für Leibes-
übungen 1860
Marburg e.V.**
Walter Otto
Am Krappen 40
35037 Marburg
Tel. 06421/33482

Hockey

❏ **Verein für Leibes-
übungen 1860
Marburg e.V.**
Jaap Zeilinga
Eichweg 9
35043 Marburg-
Gisselberg
Tel. 06421/7445
Fax 06421/7445
hockeymr@scm.de

Hundesport

❏ **Hundesportfreun-
de Cappel und
Umgebung 1973 e.V.**
Andreas Debelius
Umgehungsstr. 16
35043 Marburg
Tel. 06421/45233
❏ **Polizei- und
Schutzhunde
Sportverein e.V.**
Bernd Baum
Tiergartenstr. 4

35096 Weimar-
Wolfshausen
Tel. 06421/78527
❏ **Verein Deutscher
Schäferhunde**
*Ortsgruppe Marburg und
Umgebung Hundesport-
verein Wehrda e.V.
Dieter Ebert*
Hauptstr. 17
35094 Lahntal-Sarnau
Tel. 06423/2385

Kampfkunst

❏ **1. Judo-Sport-Club
Marburg**
Peter Breul
Krummbogen 4
35096 Weimar
Tel. 06426/921413
Fax 06426/921413
❏ **1. Marburger
Karate Dojo von
1981 e.V.**
Manfred Drauth
Kappesgasse 1
35037 Marburg
Tel. 06421/25847 (p.),
06421/27177 (d.)
❏ **Aikikai
Marburg e. V.**
Jochem Lischeid
Marbacher Weg 35
35037 Marburg
Tel. 06421/63745
info@
aikikai-marburg.de
aikikai-marburg.de
*Aikido ist ein Budo-Sport
ohne Wettkampf. Durch ge-
meinsames Training wollen
wir Körperkoordination, At-
mung und Gleichgewicht
schulen. Einstieg jederzeit
möglich.*
❏ **Budo-Sport-Club
Samurai Marburg e.V.**
Uwe Nößler
Postfach 200593
35043 Marburg
Tel. 06421/485551
Fax 06421/871570
❏ **Bushido Marburg
e.V.**
Jürgen Kippel
Wilhelmstr. 49

35392 Gießen
Tel. 0641/75776 (p.),
0641/12202 (d.)
❏ **FrauenLesbenMäd-
chenSelbstverteidi-
gung e.V.**
Dagmar End
Postfach 2453
35009 Marburg
❏ **FV 1919
Wehrda e.V.**
*Jiu Jitsu Selbstverteidi-
gung (Susanne Schäfer)*
Oberweg 1
35041 Marburg
Tel. 06421/83126
webmaster@
fvwehrda.de
www.fvwehrda.de
❏ **Goju-Ryu-Mbg e.V.**
Oliver Merten
Gladenbacher Weg 8
35037 Marburg
Tel. 06421/24594
❏ **Je-In Taekwon
Do-Verein**
Carsten Reimann
Alter Kirchh. Weg 57
35039 Marburg
Tel. 06421/164328 (p.),
06421/2825718 (d.)
❏ **Kampfsportverein
Marburg e.V.**
Neue Kasseler Str. 4
35039 Marburg
Tel. 06421/64063
Fax 06421/683991
kampfkunstzentrum.de
❏ **Karate-Sport-
Verein Marburg e.V.**
Heiko Semrau
Wilhelmstr. 40
35037 Marburg
Tel. 06421/161571
❏ **Kyokushin Karate
Kai e.V.**
Frederik Metzner
E.-Lemmer-Str. 101/301
35041 Marburg
Tel. 0162/9415112
Fax 06421/871517
Metznerf@stud-mai-
ler.uni-marburg.de
❏ **Sportfreunde
Blau-Gelb Marburg**
chinesische Verteidigungs-

*kunst
(XingYi, BaGua, TaiJi)*
Spiegelslustweg 14
35039 Marburg
Tel. 06421/1653590
sagd-info@web.de
*Authentisch! Ausdauer, Kon-
zentration-, Koordinations-
fähigkeit; gesamte körperl.
Verfassung wird gesteigert,
Training beim erfahrenen
chinesischen Lehrer.*
❏ **Sportfreunde/
Blau-Gelb Marburg
e.V.**
*Judoabteilung
(Dr. Robert Neumann)*
Heusinger Str. 3
35037 Marburg
Tel. 06421/164652
❏ **Taekwon Do Kick
Boxing Marburg e.V.**
Martin Falk
Gladenbacher Weg 44
35037 Marburg
Tel. 06421/34146
❏ **Towanda/Die Wild-
katzen Marburg e.V.**
Postfach 2153
35009 Marburg
*Kursangebot für Frauen:
Wendo, Selbstverteidigung,
Modern Arnis und Noerthern
Shadin Gung Fu; Kursange-
bot für Mädchen: Selbstver-
teidigung und Selbstbe-
hauptung mit verschiede-
nen Schwerpunkten*
❏ **Verein für Kampf-
künste Marburg e.V.**
Bruno Newel
Sudetenstr. 44
35039 Marburg
Tel. 06421/42444
vfkmarburg@web.de
www.vfkmarburg.de.vu

Kanu

❏ **Marburger
Kanu-Club e.V.**
Dr. Ulrich Andersch
Auf der Haide 33
35043 Marburg
Tel. 06421/44327
❏ **Vereinigung
Marburger
Kanufahrer e.V.**

Hans-Heinrich Bähr
Königstr. 19
35041 Marburg
Tel. 06420/581 (p.),
06421/872111 (d.)

Kegeln

❏ **Eisenbahner
Sportverein "Rot-
Weiß" 1926 e.V.**
*Kegelabteilung
(Andreas König)*
Neue Kasseler Str. 3
35039 Marburg
Tel. 06421/682760
❏ **Sport-Kegler-
Vereinigung e.V.
Marburg**
Pilgrimstein 17
35037 Marburg
Tel. 06421/27473

Leichtathletik

❏ **Cappeler Laufver-
ein "Mach mit"**
Heinz Ritterer
Im Lichtenholz 7
35043 Marburg
Tel. 06421/45265
❏ **Sportfreunde/
Blau-Gelb Marburg
e.V.**
Helmut Schaake
Gartenstr. 10
35274 Kirchhain
Tel. 06422/4750 (p.),
06421/402-234 (d.)
❏ **Turn- und
Spielverein 1906
Cappel e.V.**
Udo Carle
Schwalbenweg 26
35043 Marburg
Tel. 06421/942970
❏ **Ultra Sport Club
Marburg e.V.**
Klaus Hoffmann
Rimbergstr. 41
35043 Marburg
Tel. 06421/42909
Fax 06421/4870101
Klaus.Hoffmann@
ultra-marburg.de
www.ultra-marburg.de

❏ **Verein für Leibes-
übungen 1860
Marburg e.V.**
Rolf Dörr
Wehrdaer Weg 4
35037 Marburg
Tel. 06421/65744
Fax 06421/620204

Motorsport

❏ **Marburger Automo-
bilclub e.V. im ADAC**
Matthias Feltz
Weidenhäuser Str. 90
35039 Marburg
Tel. 06421/14268 (p.),
❏ **Marburger
Motor-Sport-Club
(MMSC) e.V.**
Dirk Schneider
Feldbergstr. 24
35094 Lahntal-Caldern
❏ **Motorradclub
Marburg e.V.**
Dirk Wahl
Kiefernweg 21
35096 Weimar
Tel. 06421/79226
❏ **Polizei-
Motorsport-Club
Marburg 1890 e.V.**
Raiffeisenstr. 1
35043 Marburg
Tel. 06421/4060 (dstl.)
www.pmc-marburg.de
❏ **RC-Car-Club
Marburg e.V.**
Thomas Barmbold
Zur Waldesruh 16
35282 Rauschenberg
Tel. 06425/2754
❏ **Renault-Club
Marburg e.V.**
Marco P. Abel
Marbacher Weg 25
35037 Marburg
Tel. 06421/65856

Radsport

❏ **Radfahrverein
Ockershausen Sport
1910 e.V.**
Christa Hofmann
Zwetschenweg 7

Sportvereine

35037 Marburg
Tel. 06421/34214

❏ **Radsportverein 1885/91 Marburg e.V.**
Dirk Lenz
Ketzerbach 34
35037 Marburg
Tel. 06421/64774 (p.),

Reiten

❏ **Interessengem. Therapeutisches Reiten e.V. Wehrda**
Ellen Freudenstein
An d. Brunnenröhren 6
35037 Marburg
Tel. 06421/66015

❏ **Reit- und Fahrverein "Weißer Stein" e.V. Marburg-Wehrda**
Auf der Beute 16
35041 Marburg-Wehrda
Tel. 06421/82516

❏ **Reit- und Fahrverein Elnhausen e.V.**
Sven Nowak
Am Denkmal 8
35041 Marburg
Tel. 06420/6495

❏ **Reit- und Sportv. Steinmühle e.V.**
Johanna Buurman-Rogalla
Steinmühlenweg 21
35043 Marburg
Tel.+Fax: 06421/40865

❏ **Reitverein Marburg 1909 e.V.**
Wehrshäuser Str. 2b
35041 Marburg

❏ **Sportverein Bauerbach e.V.**
Agnes Pohl
Steinacker
35043 Marburg

❏ **Verein der Pferdefreunde Cappel e.V.**
Jakob Rein
Goldbergstr. 3
35043 Marburg
Tel. 06421/46184

❏ **Verein der Wanderreiter+ Islandpferdefreunde Simtshausen e.V.**
z. Hdn. Arno Muth

Mühlenweg 8
35117 Münchhausen .
Tel. 06452/931839

❏ **Voltigier- und Reitverein Hermershausen e.V.**
Ulrike Jäckel
Breslauer Str. 4
35043 Marburg
Tel. 06421/481395

Rugby

❏ **Rugby-Union-Marburg 1973 e.V.**
Hans-Jürgen Heck
Erlengrund 14
35096 Weimar-Oberweimar
Tel. 06421/78055
Fax 06421/79151
RUMarburg@gmx.net
www.rugby-marburg-union.de

Schach

❏ **Marburger Schachverein 1972 e.V.**
Wolfgang Steinberg
Kämpfrasen 4
35037 Marburg
Tel. 06421/163858 (p.), 06421/485154 (d.)
steinberg-marburg@t-online.de
Fr ab 19:30 (Spielabend; Bürgerhaus Cappel)

❏ **Schachfreunde Marburg**
Dieter Richter
Erfurter Str. 5
35039 Marburg
Tel. 06421/46771

❏ **Schachklub Marburg 1931**
Peter Zöfel
Friedrich-Fröbel-Str. 5
35037 Marburg
Tel. 06421/822720 (p.),

Schießen

❏ **Polizei-Schieß-Sportverein**
Dagmar Klimm

Asternweg 4
35043 Marburg
Tel. 06421/42875

❏ **Schützenverein 1931 Moischt e.V.**
Peter Nau
Hirtengarten 7b
35043 Marburg
Tel. 06421/2931 (p.), 06421/392127 (d.)

❏ **Schützenverein 1953 Wehrda e.V.**
Hans Visosky
Wehrdaer Str. 14
35041 Wehrda
Tel. 06421/81134 (p.), 06421/2824258 (d.)

❏ **Schützenverein Bauerbach**
Manfred Preis
Bauerbacher Str. 33
35043 Marburg
Tel. 06421/12283 (p.), 06421/2822116 (d.)

❏ **Schützenverein Cappel 1965 e.V.**
Hans-Günther Guss
Sommerstr. 17
35043 Marburg
Tel. 06421/44645

❏ **Schützenverein Marburg 1862 e.V.**
Hans Bachmann
Gisselberger Str. 10a
35037 Marburg
Tel. 06421/13992 (p), 06421/2826115 (d.)

❏ **Schützenverein Schröck 1964 e.V.**
Bernhard Fähnrich
Markthöhe 16
35043 Marburg
Tel. 06424/3501 (p.), 06421/201334 (d.)

Schwerathletik

❏ **Athletenclub 1888 Marburg e.V.**
Armin Kremer
Fichtestr. 3
35039 Marburg
Tel. 06421/44258 (p.), 06421/25291 (d.)

Schwimmen

❏ **DLRG**
Deutsche Lebens-Rettungs-Gesellschaft
Claus-Peter Ortmüller
Tulpenstr. 2
35096 Weimar
Tel. 06421/794243 (p.), 06421/982775 (d.)

❏ **FV 1919 Wehrda e.V.**
Bernhard Eifler
Dorfwiesenweg 13
35043 Marburg
Tel. 06421/482834
www.fvwehrda.de

❏ **Marburger Schwimmverein 1928 e.V.**
Jürgen Peter
Am Berg 24
35091 Cölbe
Tel. 06427/2419

❏ **Verein für Leibesübungen 1860 Marburg e.V.**
Manfred Hellmann
Gladenbacher Str. 11
35037 Marburg
Tel. 06421/34127 (p.), 06421/406-414 (d.)
Fax 06421/35623

Skat

❏ **1. Marburger Skatclub im Deutschen Skatverband e.V.**
Horst Zenker
Am Bahndamm 18
35282 Rauschenberg

❏ **Hessischer Skat-Sport-Verband e.V.**
Sudetenstr. 55
35039 Marburg
Tel. 06421/43145
Fax 06421/47727
Skatrichter@gmx.de

Squash

❏ **Skwosch-Frösche Marburg**
Rainer Müller
Blitzweg 10
35039 Marburg
Tel. 06421/26812 (p.), 06421/808133 (d.)

Tanzen

❏ **Akademischer Tanzsportclub Mbg.**
Dr. Richard Stoll
Birkenweg 15
35096 Weimar
Tel. 06421/972980
Fax 06421/972981

❏ **Hansenhaus Gemeinde Marburg e.V.**
Seniorengymnastik , Tanzkreis (Helmut Hebert)
Kantstr. 26

35039 Marburg
Tel. 06421/13284

❏ **Rock'n' Roll Club Marburg e.V. "Flying Penguins"**
Ursula Clostermann
Frauenbergstr. 3
35039 Marburg
Tel. 06421/483223 (p.), 06421/286-2703 (d.)

❏ **Tanzsportclub "Rot-Weiß" Marburg e.V.**
Klaus Wagner
Kreutzacker 5
35041 Marburg
Tel. 06421/32386 (p.), 06421/206456 (d.)

❏ **Tanzsportgemeinschaft Marburg e.V.**
Heinz Eifert
Bismarckstr. 30
35037 Marburg

❏ **Tanzsportzentrum Blau-Gold Marburg e.V.**
Norbert Lehnert
Ockershäuser Allee 9b
35037 Marburg
Tel. 06421/21196

❏ **Turn- und Sportverein 1911 Elnhausen e.V.**
Damengymnastik, Jazztanz (Andrea Bein)
Goldberg 8
35041 Marburg
Tel. 06420/7382

Tauchen

❏ **Tauchsportclub Marburg e.V.**
Postfach 1924
35008 Marburg

❏ **Tauchsportverein Pinguine Marburg e.V.**
Bernhard Walter
Friedrich-Walter-Str. 5
35102 Lohra-Kirchvers

Tennis

❏ **Cappeler Tennisverein 1979 e.V.**
Lintzingsweg 5
35039 Marburg
Tel. 06421/482121
Fax 06421/77295
peterczwalina@lycos.de

❏ **Eisenbahner Sportverein Rot-Weiß 1926 e.V.**
Tennisabteilung (Michael Haller)
Rosenstr. 9a
35037 Marburg
Tel. 06421/681196

❏ **Marburger Tennisclub 1912 e.V.**
Teichwiesenweg 15
35037 Marburg
Tel. 06421/166245

Fax 06421/164737

❏ **Spielvereinigung Grün-Weiß 1931/61 Haddamshausen e.V.**
Walter Junck
Zückenberg 5
35041 Marburg
Tel. 06421/33957 (p.), 06421/1698080 (d.)

❏ **Sportverein Bauerbach e.V.**
Dieter Göbel
Am Wäldchen 12
35043 Marburg
Tel. 06421/13385

❏ **Tennis-Center-Club 1982 e.V. Wehrda**
Götz Schönherr
Georg-Voigt-Str. 51
35039 Marburg
Tel. 06421/24321 (p.), 06421/9110-0 (d.)

❏ **Tennis-Gemeinschaft Steinmühle e.V.**
Christian Schlaeger
Feldbergstr. 54
35043 Marburg
Tel. 06421/47382 (p.), 06421/171116 (d.)

❏ **Tennisclub 1990 Elnhausen**
Dr. Ludger Schwenen
Karl-Müller-Str. 9
35041 Marburg
Tel. 06420/1456 (p.), 06421/392776 (d.)

❏ **Tennisverein 1965 Marburg e.V.**
Willy-Mock-Str. 10
35037 Marburg
Tel. 06421/26148
Fax 06421/26430

❏ **Tennisverein Europabad Marbach e.V.**
Dieter Burghardt
Feldbergstr. 44
35043 Marburg
Tel. 06421/45533, oder 487815
Fax 06421/487816
Mo-Fr ab 17:30

❏ **Tennisverein Michelbach e.V.**
Justus Schmidt
Am Waldrand 3
35041 Marburg
Tel. 06420/7363 (p.), 06421/916-4160 (d.)

❏ **Tennisverein Wehrda e.V.**
Postfach 2246
35010 Marburg
Tel. 06421/81716

❏ **TTV Schröck e.V.**
Reinhard Horn
Markthöhe 38
35043 Marburg
Tel. 06424/5434

❏ **Verein Marburger Tennisfreunde e.V.**
Postfach 625
35018 Marburg

MODERN LINE dancewear & presents

Neustadt 14
35037 Marburg
Tel & Fax 61299

z.B. Kinderleggins ab 14,95 €

www.modern-line.de
Mo-Fr 10.00 bis 18.30 • Sa 10.00 bis 16.00

Gewerkschaften

Tischtennis

☐ 1. TTV Richtsberg e.V.
Peter Grzybowski
Ludwig-Juppe-Weg 1b
35039 Marburg
Tel. 06421/63375

☐ FV 1919 Wehrda e.V.
Karl-Heinz Wollanek
Am Kornacker 15
35041 Marburg
Tel. 06421/81625
webmaster@fvwehrda.de
www.fvwehrda.de

☐ Mbg.er Tischtennisverein 1973 e.V.
August Kleinberg
Neustadt 13
35037 Marburg
Tel. 06421/65546

☐ Spielvereinigung Grün-Weiß 1931/61 Haddamshausen e.V.
Hans-Werner Gerber
Simesackerstr. 12
35041 Marburg
Tel. 06421/972760

☐ Sportfreunde/ Blau-Gelb Mbg.e.V.
Volker Ambach
Potsdamerstr. 6
35039 Marburg
Tel. 06421/481404 (p.), 06421/681234 (d.)

☐ TSV 1921 Moischt e.V.
Frank Kopp
Eulenkopfstr. 51
35043 Marburg
Tel. 06424/70394

☐ TSV Marburg-Ockershausen 1898 e.V.
Dieter Stippich
Hahnbergstr. 5
35043 Marburg
Tel. 06421/44771

☐ TTV 1976 Schröck e.V.
Hans-Martin Sauer
Kastanienstr. 16
35043 Marburg
Tel. 06424/4630

☐ Turn- und Spielverein 1906 Cappel e.V.
Christoph Preis
Ronhäuser Str. 8
35043 Marburg
Tel. 06421/41258

☐ Turn- und Sportverein 1911 Elnhausen e.V.
Reiner Wenzel
Im Sohlgraben 25
35043 Marburg
Tel. 06421/47356 (p.), 06421/948190 (d.)

☐ Verein für Leibesübungen 1860 Marburg e.V.
Frank Usbeck
Bergstr. 21
35112 Fronhausen
Tel. 06426/5105, oder 206-750

Triathlon

☐ Ultra Sport Club Marburg e.V.
Klaus Hoffmann
•Rimbergstr. 41
35043 Marburg
Tel. 06421/42909
Fax 06421/4870101
www.ultra-marburg.de
Thomas Müller
•Am Grün 25
35037 Marburg
Tel. 06421/161699

Turnen

☐ FV 1919 Wehrda e.V.
Kinderturnen, Eltern & Kind Turnen
(Sabine O'Connor)
Lärchenweg 13
35041 Marburg
Tel. 06421/82875
www.fvwehrda.de

☐ TSV 01/24 Marbach e.V.
Anna Will
Umgehungsstr. 33
35043 Marburg

Tel. 06421/46783
☐ TSV Mbg.-Ockershausen 1898 e.V.
Rhönradturnen
(Annette Becker)
•Am Richtsberg 76
35039 Marburg
Tel. 06421/43421
Abteilung Kinder-Jugendturnen
(Doris Rohde)
•Gladenbacher Weg 73
35037 Marburg
Tel. 06421/33269

☐ Turn- und Spielverein 1906 Cappel e.V.
Monika Deuner
August-Bebel-Platz 3
35043 Marburg
Tel. 06421/51374

☐ Turn- und Sportverein 1911 Elnhausen e.V.
Kinderturnabteilung
(Andrea Bein)
Goldberg 8
35041 Marburg
Tel. 06420/7382

☐ Verein für Leibesübungen 1860 Marburg e.V.
Dr. Gerhard Eisel
Spiegelslustweg 38
35039 Marburg
Tel. 06421/26113

Volleyball

☐ FV 1919 Wehrda e.V.
Heinz Frese
Im Paradies 15
35041 Marburg
Tel. 06421/81728
www.fvwehrda.de

☐ Reit- und Sportverein Steinmühle e.V.
Hartmut Hausschild
Steinmühlenweg 21
35043 Marburg
Tel. 06421/43038

☐ Sportfreunde Blau-Gelb Mbg.e.V.
Ulrike Wiegand

Rotenberg 37
35037 Marburg
Tel. 06421/35795

☐ TSV 03/30 Michelbach e.V.
Christian Kutschera
Am Waldrand 14
35041 Marburg
Tel. 06420/258

☐ TSV 1921 Moischt e.V.
Manfred Günther
Bahnhofstr. 24
35282 Rauschenberg
Tel. 06425/2910 (p.), 06421/4090 (d.)

☐ Turn- und Spielverein 1906 Cappel e.V.
Brunhilde Egbring
Auf'm Gebrande 7a
35041 Marburg
Tel. 06421/34952

☐ Universitäts-Sport-Club Marburg e.V.
Pierrets, Frank
Über dem Grund 21
35041 Marburg-Michelbach
Tel. 06420/960666

☐ VfL 1860 Mbg. e.V.
Claus Schüring, 1. Vors.
Kreutzacker 2
35041 Marburg
Tel. 06421/37621, 0171/4247611
niesar@studmailer.uni-marburg.de

Wandern

☐ Deutscher Alpenverein Sektion Marburg e.V.
Wolfgang Rumpf
Neustadt 8
35037 Marburg
Tel. 06421/65660
Mo-Fr 10-18, Sa 10-14
(Do 17-20; Geschäftsstelle, Emil-von-Behring-Str. 35)

☐ Oberhessischer Gebirgsverein
Zweigverein Marburg e.V.

Helmut Eicken
Am Schwanhof 48
35037 Marburg
Tel. 06421/14149

☐ Spielvereinigung Grün-Weiß 1931/61 Haddamshausen e.V.
Otto Alexander
Hausener Str. 26
35463 Fernwald-Annerod
Tel. 0641/42203

☐ TSV Marburg-Ockershausen 1898 e.V.
Wilfried Macik
Freiherr-v.-Stein-Str. 12
35085 Ebsdorfergrund
Tel. 06424/2245

☐ TTV 1976 Schröck e.V.
Hermann Brozat
Schröcker Str. 7
35043 Marburg
Tel. 06424/2934

Wassersport

☐ Marburger Ruderverein von 1911 e.V.
Gießener Str. 1
35043 Marburg-Gisselberg
Tel. 06421/682234, oder 972183
Fax 06421/78048
mrv@marburger-ruder-verein.de
www.marburger-ruder-verein.de

☐ Reit- und Sportverein Steinmühle e.V.
Hartmut Hausschild
Steinmühlenweg 21
35043 Marburg
Tel. 06421/43038

Wintersport

☐ Sportfreunde/ Blau-Gelb Mbg.e.V.
Frank Wolter
Brunnenstr. 17
35041 Marburg
Tel. 06421/33801

Gewerkschaften

☐ Deutscher Gewerkschaftsbund (DGB)
Liebigstr. 21
35037 Marburg
Tel. 06421/23060
Fax 06421/27630

☐ Gewerkschaft der Polizei
Kreisgruppe Marburg
Schwalbenweg 20
35043 Marburg

☐ Gewerkschaft Erziehung und Wissenschaft (GEW)
Schwanallee 27-31
35037 Marburg
Tel. 06421/21812
Fax 06421/164532
gew-marburg@t-online.de
Mo 18-19, Di 15-16

☐ IG Bauen – Agrar – Umwelt
Bezirksverb. Mittelhessen
Walltorstr. 17
35390 Gießen
Tel. 0641/932400, 06421/21133
(Büro Marburg)
Fax 0641/9324018
giessen@igbau.de
www.igbau.de/Mittelhessen

☐ IG Bergbau – Chemie – Energie
Eichgärtenallee 5
35394 Gießen
Tel. 0641/93254-0

☐ IG Metall
Büro Marburg
Liebigstr. 21
35037 Marburg
Tel. 06421/24011
Fax 06421/924030

☐ Transnet GdED
OV Marburg
Neue Kasseler Str. 1
35039 Marburg
Tel. 06421/67195
Fax 06421/67195
Mi+Do 9-12

Wohnhäuser
Aufstockungen
Modernisierungen
Objekt-/Industriebau

Wohrataler Holzhaus Rühl GmbH
Auestraße 55
35288 Wohratal-Halsdorf
Tel. 06425 / 92490-0
e-mail: info@wohrataler-holzhaus.de

www-wohrataler-holzhaus.de

Politische Parteien

☐ **ver.di**
Geschäftsstelle Marburg
• Liebigstr. 21
35037 Marburg
Tel. 06421/9830020
Fax 06421/982002-65
Bezirk Mittelhessen
• Wallstorstr. 17
35390 Gießen
Tel. 0641/93234-0
Fax 0641/93234-99
BZ.Mittelhessen@verdi.de

☐ **ver.di e.V. Fachbereich Medien**
Ortsverein Marburg
Wallstorstr. 17
35390 Gießen
Tel. 0641/9323438
Fax 0641/9323439
theo.schulze-marquardt@verdi.de

Politische Parteien

☐ **Arbeitsgem. sozialdemokratischer Frauen (AsF)**
Frankfurter Str. 47
35037 Marburg
Tel. 06421/169900
Fax 06421/1699018

☐ **Bündnis 90/ Die Grünen**
Ortsverband Marburg
• Frankfurter Str. 46
35037 Marburg
Tel. 06421/22606
Fax 06421/14721
gruene-marburg.de
Mo 10-20,
Di+Mi 10-17, Do 10-15
Kreisverband MR-Bied.
• Frankfurter Str. 46
35037 Marburg
Tel. 06421/22606
Fax 06421/14721
gruene-marburg.de
Mo 10-20,
Di+Mi 10-17, Do 10-15
Kreistagsfraktion
• Frankfurter Str. 46
35037 Marburg

Tel. 06421/22606
Fax 06421/92335
Kreisverband@gruene-marburg.de
gruene-marburg.de
Mo 10-20,
Di+Mi 10-17, Do 10-15
Stadtfraktion
• Frankfurter Str. 46
35037 Marburg
Tel. 06421/92334
Fax 06421/14721
gruene-marburg.de
Mo 10-20,
Di+Mi 10-17, Do 10-15

☐ **Bürger für Marburg e.V. (BfM)**
Marktgasse 19
35037 Marburg
Tel. 06421/681866
Fax 06421/681899
bürger.s.marburg@t-online.de
www.bfm-marburg.de

☐ **CDU MR-Bied.**
Gisselberger Str. 17
35037 Marburg
Tel. 06421/22053
Fax 06421/176173
cdu.marburg-biedenkopf@t-online.de
www.cdu.de/marburg
Mo-Fr 8-12:30 u. 14-17

☐ **Deutsche Kommunistische Partei (DKP)**
Friedr.-Naumann-Str. 20
35037 Marburg
Tel. 06421/26171

☐ **Freie Demokratische Partei (F.D.P.)**
Kreis- und Ortsverband
Barfüßer Tor 15 1/2
35037 Marburg
Tel. 06421/63737
Fax 06421/65100
info@fdp-marburg-biedenkopf.de
www.fdp-marburg-biedenkopf.de

☐ **Junge Liberale**
Marburg-Biedenkopf
Barfüßertor 15 1/2
35037 Marburg
Tel. 06421/63737

Fax 06421/65100
www.julis-marburg.de
Machen wir's besser.

☐ **Junge Union Marburg-Biedenkopf**
Gisselberger Str. 17
35037 Marburg
Tel. 06421/22053

☐ **Liberale Frauen**
Barfüßertor 15 1/2
35037 Marburg
Tel. 06421/63737
Fax 06421/65100

☐ **PDS – AG Kreispolitik**
Weidenh. Str. 78-80
35037 Marburg
Tel. 06421/163873
Fax 06421/175618
pds-marburg@t-online.de
www.pds-marburg.de
Mo-Do 12-19
Die PDS ist seit 2001 mit zwei Abgeordneten im Kreistag vertreten. Sie bilden mit anderen Interessierten die AG Kreispolitik der PDS. Treffen: mittwochs 18.30 Uhr, PDS-Büro.

☐ **PDS – Partei des Demokratischen Sozialismus**
Kreisverband Marburg-Biedenkopf
Weidenh. Str. 78-80
35037 Marburg
Tel. 06421/163873
Fax 06421/175618
pds-marburg@t-online.de
www.pds-marburg.de
Mo-Do 12-19
Öffentliches Treffen jeden 2. und 4. Dienstag, 19:30 Uhr im PDS-Büro

☐ **PDS/ Marburger Linke**
Weidenh. Str. 78-80
35037 Marburg
Tel. 06421/163873
Fax 06421/175618
pds-marburg@t-online.de
pds-marburger-linke.de
Mo-Do 12-19
Die PDS/ML ist ein kommu-

nalpolitisches Bündnis aus PDS und Einzelpersonen. Sie ist mit 4 Mandaten im Stadtparlament. Offenes Plenum: jeden 1. Donnerstag, 20 Uhr, PDS-Büro

☐ **SPD Marburg**
SPD Stadtverordnetenfraktion
Frankfurter Str. 47
35037 Marburg
Tel. 06421/169900
Fax 06421/1699018
spd-marburg@scm.de,
spd-fraktion-marburg@t-online.de
www.spd-marburg.de

☐ **SPD Marburg-Biedenkopf**
SPD Kreistagsfraktion
Frankfurter Str. 47
35037 Marburg
Tel. 06421/169900
Fax 06421/1699018
ub.marburg-biedenkopf@spd.de,
SPD Kreistagsfraktion@t-online.de
www.spd-marburg.de

Ämter & Institutionen

Bildungseinrichtungen

☐ **Evangelische Familien-Bildungsstätte**
Barfüßertor 34
35037 Marburg
Tel. 06421/175080
Fax 06421/1750810
fbs@fbs-marburg.de
Mo-Do 9-12,
Mo, Di, Do 15-17

☐ **INTEGRAL gGmbH**
Qualifizierungs- und Beschäftigungsgesellschaft des Landkreises Marburg-Biedenkopf und der Stadt Marburg
Kasseler Str. 70
35091 Cölbe
Tel. 06421/9854-0

Fax 06421/9854-15
info@integral-online.de
www.integral-online.de
Abteilungen: Recyclinghof, Schulservice (Schulkioske, Schulmilch-Lieferservice), Lobi-Frauenwerkstatt, Garten- und Landschaftsbau, Betriebssozialarbeit und Orientierung und Qualifizierung

☐ **Jugendbildungswerk des Landkreises Marburg-Biedenkopf**
Im Lichtenholz 60
35043 Marburg
Tel. 06421/405-493
Fax 06421/405-500
jbw@marburg-biedenkopf.de
www.marburg-biedenkopf.de/jbw

☐ **Volkshochschule der Stadt Marburg**
Hilmar Hellwig
Deutschhausstr. 38
35037 Marburg
Tel. 06421/201-386
Fax 06421/201-594
vhs@marburg-stadt.de
Mo-Fr 10-13, Do 15-18

☐ **Volkshochschule des LK MR-Bied.**
Schulstr. 4
35091 Cölbe
Tel. 06421/98570
Fax 06421/985722
Mo-Fr 8-14
(Servicezeiten)

Bundeseinrichtungen

☐ **Arbeitsamt**
Afföllerstr. 25
35039 Marburg
Tel. 06421/605-0
Fax 06421/605-399
Marburg@arbeitsamt.de
arbeitsamt.de/marburg
Mo+Di 7:30-16:15,
Mi 7:30-13,
Do 7:30-18, Fr 7:30-14

☐ **Berufsberatung des Arbeitsamtes**
Afföllerstr. 25
35039 Marburg
Tel. 06421/605-260
Fax 06421/605-499
Marburg.Ausbvermittlung@arbeitsamt.de
Mo+Di 7:30-16:15,
Mi 7:30-13,
Do 7:30-18, Fr 7:30-14

☐ **Berufsinformationszentrum des Arbeitsamtes**
Afföllerstr. 25
35039 Marburg
Tel. 06421/605-333
Fax 06421/605-334
Marburg.BIZ@arbeitsamt.de
arbeitsamt.de/marburg
Mo+Di 7:30-16:15,
Mi 7:30-13,
Do 7:30-18, Fr 7:30-14

☐ **Bundesversicherungsanstalt für Angestellte**
Örtliche Beratungsstelle in der Klinik Sonnenblick
Amöneburger Str. 1-6
35043 Marburg
Tel. 06421/25259
Fax 06421/163109

☐ **Finanzbehörden**
Robert-Koch-Str. 7
35037 Marburg
Tel. 06421/698-0
Fax 06421/698-109
Mo+Mi 8-12, Do 14-18

☐ **Job-Vermittlung des Arbeitsamtes**
Afföllerstr. 25
35039 Marburg
Tel. 06421/605-190
Fax 06421/605-199
Marburg.JobService@arbeitsamt.de
Mo+Di 7:30-16:15,
Mi 7:30-13,
Do 7:30-18, Fr 7:30-14

☐ **Zollamt Marburg**
Ernst-Giller-Str. 2
35039 Marburg
Tel. 06421/59099-0
Fax 06421/59099-10

Siebenkorn
die Bäcker
kontrolliert biologisch

 StehCafé

Elisabethstraße 5, Telefon (06421) 682651 ■ Geöffnet: mo-fr 8-18 Uhr, sa 8-13 Uhr
Gutenbergstraße 11, Telefon (06421) 12977 ■ Geöffnet: mo-fr 8-19 Uhr, sa 8-16 Uhr

Ämter & Institutionen

Landesbehörden

❑ **Amt für Lebensmittelüberwachung, Tierschutz und Veterinärwesen**
Bismarckstr. 16b
35037 Marburg
Tel. 06421/91140
Fax 06421/911423
Mo, Mi, Fr 8:30-12

❑ **Amt für Str.n- und Verkehrswesen Marburg**
Raiffeisenstr.7
35043 Marburg
Tel. 06421/403-0

❑ **Arbeitsgericht**
Gutenbergstr. 29
35037 Marburg
Tel. 06421/170844

❑ **Archivschule Mbg.**
Bismarckstr. 32
35037 Marburg
Tel. 06421/169710
Fax 06421/1697110
archivschule@
mailer.uni-marburg.de
www.archivschule.de

❑ **HeLP**
Hess. Landesinstitut f. Pädagogik Regionalstelle Mbg.
Frankfurter Str. 6
35037 Marburg
Tel. 06421/1724-0
Fax 06421/1724-20
regionalstelle.marburg@help.hessen.de
stud-www.uni-marburg.de/~hilf
Mo-Do 8:30-16:30, Fr 8:30-13

❑ **Hess. Forstamt**
Höhlgasse 4
35039 Marburg
Tel. 06421/92540
Fax 06421/925454

❑ **Hess.Landesamt für geschichtliche Landeskunde**
Wilhelm-Röpke-Str. 6 C, 2. Stock
35032 Marburg
Tel. 06421/28-24582
Fax 06421/28-24799
www.hlgl.de
Mo-Fr 8-16:30

❑ **Hessisches Staatsarchiv Marburg**
Friedrichsplatz 15
35037 Marburg
Tel. 06421/9250-0
Fax 06421/161125
poststelle@
stama.hessen.de
www.stama.hessen.de
Mo-Do 8:30-19,
Fr 8:30-13

❑ **Justizbehörden**
(Amts- und Landgericht, Staatsanwaltschaft)
Universitätsstr. 48
35037 Marburg
Tel. 06421/290-0

❑ **Landesamt für Denkmalpflege Hessen**
Abtlg. Baudenkmalpflege
Ketzerbach 10
35037 Marburg
Tel. 06421/6851-50
Fax 06421/6851-555
Lfd.Marburg@Denkmalpflege-Hessen.de
www.denkmalpflegehessen.de
Mo-Fr 8-12 + 13-16

❑ **Landesfilmdienst Hessen**
Filmothek / Institut für Medienpädagogik und Kommunikation
Leopold-Lucas-Str. 8
35037 Marburg
Tel. 06421/27577
muk.mr@t-online.de
Mo-Do 7:30-16,
Fr 7:30-14:30

❑ **Landesversicherungsanstalt Hessen**
Ausk.- u. Beratungsstelle
• Amöneburger Str. 1
35043 Marburg
Tel. 06421/25259
Klinik Sonnenblick
• Amöneburger Str. 1-6
35043 Marburg
Tel. 06421/295-0
Prüfbezirk Mittelhessen
• Amöneburger Str. 1
35043 Marburg
Tel. 06421/1739-0
Fax 06421/1739-633

❑ **Regierungspräsidium Gießen**
Abteilung Staatliches Umweltamt Marburg
Robert-Koch-Str. 15/17
35037 Marburg
Tel. 06421/616-600
Fax 06421/616-161
rpu-mr@rpu-mr.hessen.de

❑ **Sozialgericht Mbg.**
Gutenbergstr. 29
35037 Marburg
Tel. 06421/17080
Fax 06421/170850

❑ **Staatliches Schulamt für den Landkreis MR-BID**
Robert-Koch-Str. 17
35037 Marburg
Tel. 06421/616-500
Fax 06421/616-524
GrotheE@
marburg-biedenkopf.de
poststelle@
mr.ssa.hessen.de
schulamt-mr-hessen.de
Mo, Di, Do 8-12:30
+ 13:30-15:30,
Mi 8-11, Fr 8-13

❑ **Studienseminar Marburg für Grund-, Haupt-, Real- und Sonderschulen**
Am Grün 1a
35037 Marburg
Tel. 06421/290-0

❑ **TÜV Hessen GmbH**
Marburger Str. 75
35043 Marburg-Cappel
Tel. 06421/94177
Mo-Do 7:30-12:30,
13-16, Fr 7:30-12:30,
13-14:30

Landratsamt

❑ **Servicezeiten aller Abteilungen**
Mo-Fr 8-14
www.marburg-biedenkopf.de

❑ **Hauptstelle MR**
Im Lichtenholz 60
35043 Marburg
Tel. 06421/405-0
Fax 06421/405-500
landkreis@
marburg-biedenkopf.de

❑ **Außenstelle in Biedenkopf**
Kiesackerstr. 10-12
35216 Biedenkopf
Tel. 06461/79-0
Fax 06421/79-121

❑ **Fachbereich Familie, Jugend und Soziales, Geschäftsstelle**
Im Lichtenholz 60
35043 Marburg
Tel. 06421/405-234
sozialamt@marburgbiedenkopf.de,
jugendamt@marburgbiedenkopf.de

❑ **Fachdienst: Presse- und Kulturarbeit**
im Fachbereich Organisation und Personalservice
Im Lichtenholz 60
35043 Marburg
Tel. 06421/405-273, oder -350
Fax 06421/405-276
pressestelle@marburgbiedenkopf.de,
kulturamt@marburgbiedenkopf.de

❑ **Frauenbüro des LK Marburg-Biedenkopf**
Im Lichtenholz 60
35043 Marburg
Tel. 06421/405-311, -310, -581
Fax 06421/405-500
GrotheE@
marburg-biedenkopf.de

❑ **Führerscheinstelle**
Im Lichtenholz 60
35043 Marburg
Tel. 06421/405-641

❑ **Geschäftsstelle des Kinder- und Jugendparlamentes**
des Landkreises Marburg-Biedenkopf
Im Lichtenholz 60
35043 Marburg
Tel. 06421/405-660

Fax 06421/405-669
kjp@
marburg-biedenkopf.de
www.kjp.marburg-biedenkopf.de

❑ **Gesundheitsamt**
Schwanallee 23
35037 Marburg
Tel. 06421/189-0
Fax 06421/189-165
gesundheitsamt@
marburg-biedenkopf.de

❑ **Hauptabteilung Landwirtschaft, Forsten und Naturschutz**
H.-Jacobsohn-Weg 1
35039 Marburg
Tel. 06421/291-0
Fax 06421/291-100

❑ **Hauptabteilung Regionalentwicklung, Kataster**
Robert-Koch-Str. 17
35037 Marburg
Tel. 06421/616-316
Fax 06421/616-300

❑ **Hauptabteilung Staatliches Amt für Lebensmittelüberwachung, Tierschutz u. Veterinärwesen**
Bismarckstr. 16b
35037 Marburg
Tel. 06421/91140
Fax 06421/911423

❑ **Kraftfahrzeugzulassungsstelle**
Im Lichtenholz 60
35043 Marburg
Tel. 06421/405-260
Tel. 06421/405-612

❑ **Straßenverkehrsbehörde**
Im Lichtenholz 60
35043 Marburg
Tel. 06421/405-600

❑ **TouR GmbH**
Tourismus, Regionalentwicklung und Veranstaltungs GmbH
Im Lichtenholz 60
35043 Marburg
Tel. 06421/405-381,
Fax 06421/405-500
Tourismus@
marburg-biedenkopf.de

❑ **Volkshochschule des LK MR-BID**
im Fachbereich Bildung und Sport
Schulstr. 4
35091 Cölbe
Tel. 06421/98570
Fax 06421/985722
vhsmr@
marburg-biedenkopf.de

Ortsvorsteher der Stadtteile

❑ **Bauerbach**
Walter Matt
Stocksgrund 20
35043 Marburg

Tel. 06421/21509 (p.),
06421/406334 (d.)

❑ **Bortshausen**
Brigitte Menche
Bodenfeldstr. 15
35043 Marburg
Tel. 06421/7236 (p.),
06421/92540 (d.)

❑ **Cappel**
Heinz Wahlers
Neue Str. 15
35043 Marburg
Tel. 06421/46711

❑ **Cyriaxweimar**
Heinrich Löwer
Im Hainbach 1
35043 Marburg
Tel. 06421/31473 (p.),
06421/605-272 (d.)
Fax 06421/686952
Heinrich.Loewer@
arbeitsamt.de

❑ **Dagobertshausen**
August Scherer
Im Dorfe 14
35041 Marburg
Tel. 06421/35479

❑ **Dilschhausen**
Hermann Heck
Weitershäuser Str. 13
35041 Marburg
Tel. 06420/1279 (p.),
06421/394244 (d.)

❑ **Elnhausen**
Reinhold Becker
Allersbergweg 3
35041 Marburg
Tel. 06420/1618 (p.),
06421/405-260 (d.)
Mi 17:30-19:30
(Mehrzweckhalle)

❑ **Ginseldorf**
Dr. Horst Wiegand
Gunzelinweg 32
35043 Marburg
Tel. 06421/81492

❑ **Gisselberg**
Hans-Dieter Elmshäuser
Zur Fasanerie 1
35043 Marburg
Tel. 06421/78618

❑ **Haddamshausen**
Heinz-Konrad Debus
Auf der Seite 3
35043 Marburg
Tel. 06421/33255 (p.),
06421/405331 (d.)

❑ **Hermershausen**
Willi Becker
Am Kuhweg 8
35041 Marburg
Tel. 06421/31773

❑ **Marbach**
Dr. Ulrich Rausch
Pappelweg 10
35041 Marburg
Tel. 06421/37466 (p.),
06421/2866985 (d.)
Fax 06421/2866425
ulrich.rausch@
marburg-stadt.de
staff-www.uni-marburg.de/~rauschu
Mo+Mi+Fr 8-12,

Mi 15-18

❑ **Michelbach**
Peter Zöfel
Friedrich-Fröbel-Str. 5
35041 Marburg
Tel. 06420/822720 (p.),
06421/2823520 (d.)
zoefel@
mailer.uni-marburg.de

❑ **Moischt**
Sylvia Bandte
Am Nussacker 19
35043 Marburg
Tel. 06424/923121

❑ **Ockershausen**
Ludwig Schneider
Am Krappen 64
35037 Marburg
Tel. 06421/37485 (p.),
06421/25220(d.)

❑ **Ronhausen**
Georg Schnell
Fünfhausen 5
35043 Marburg
Tel. 06421/77701 (p.),
06421/6001-22 (d.)

❑ **Schröck**
Harald Nahrgang
Kastanienstr. 13
35043 Marburg
Tel. 06424/4185 (p.),
06633/970221 (d.)
harald.nahrgang@
web.de
Fr 18-19:30

❑ **Wehrda**
Roger Pfalz
Magdeburger Str. 31
35041 Marburg
Tel. 06421/982417 (p.),
06421/698328 (d.)

❑ **Wehrshausen**
Andreas Bergmann
Wehrshäuser Str. 2a
35041 Marburg
Tel. 06421/35666 (p.),
0641/9632901 (d.)
Mi 17-19

Stadtverwaltung

❑ **Zentrale Telefonvermittlung**
Tel. 06421/201-0
www.marburg.de

❑ **Abt. f. allgemeine Ordnungsaufgaben**
Regina Linda
Frauenbergstr. 35,
1. Stock
35039 Marburg
Tel. 06421/201-296
Fax 06421/201-593
ordnungsamt@
marburg-stadt.de
Mo, Mi, Fr 8-12,
Do 15-18

❑ **Agendabüro für die "Lokale Agenda 21" in Marburg**
im Amt für Grünflächen, Umwelt- und Naturschutz
Universitätsstr. 4

269

Öffentliche Einrichtungen

35037 Marburg
Tel. 06421/201-405
Fax 06421/201-406
Mo, Mi Fr 8-12,
Do 15-18

☐ **Amt für Grünflächen, Umwelt u. Naturschutz**
Dr. Wilfried Ferdinand
Ockershäuser Allee 15
u. Universitätsstr. 4
35037 Marburg
Tel. 06421/201-407
Fax 06421/201-598
gruenflaechen@
marburg-stadt.de
Mo-Fr 8-12, Do 15-18

☐ **Amt f. Stadtentwicklung u. städtebauliche Planungen**
Wolfgang Liprecht, Stadtentwicklungsreferent
Rathaus, 2. Stock
35037 Marburg
Tel. 06421/201-291
Fax 06421/911820

☐ **Ausländerbehörde**
Gudrun Fleck-Delnavaz Hasanloo
Frauenbergstr. 35,
1. Stock
35039 Marburg
Tel. 06421/201-517
Fax 06421/201-593
ordnungsamt@
marburg-stadt.de
Mo+Mi 8-12, Do 15-17:30, Fr 8-12

☐ **Bäderverwaltung**
Jürgen Kraft
Am Krekel 55, 3. OG
35039 Marburg
Tel. 06421/201-774
Fax 06421/201-775
Mo, Mi, Fr 8-12,
Do 15-18

☐ **Bauamt**
Jürgen Rausch
Barfüßerstr. 11,
1. Stock
35037 Marburg
Tel. 06421/201-600
Fax 06421/201-790
bauamt@
marburg-stadt.de
Mo, Mi, Fr 8-12,
Do 15-18

☐ **Bauaufsichts-Abt.**
Dieter Schnaudt
Barfüßerstr. 11, EG
35037 Marburg
Tel. 06421/201-610
Fax 06421/201-596
bauaufsicht@
marburg-stadt.de
Mo, Mi, Fr 8-12,
Do 15-18

☐ **Bürgerhilfe im Stadtbüro**
Frauenbergstr. 35
35039 Marburg
Tel. 06421/201-820

☐ **Fachdienst Sport**
Leopold-Lucas-Str. 46a

(Georg-Gaßmann-Stadion)
35037 Marburg
Tel. 06421/201-450, -465
Fax 06421/201-599
sportamt@
marburg-stadt.de

☐ **Feuerwehr Mbg.**
Fachdienst Brandschutz
Erlenring 11
35037 Marburg
Tel. 06421/17220
Fax 06421/172237
brandschutzamt@
marburg-stadt.de
Mo-Fr 6-18

☐ **Fundbüro im Stadtbüro**
Frauenbergstr. 35
35039 Marburg
Tel. 06421/201-801,
Fax 06421/201-828
stadtbuero@
marburg-stadt.de
www.marburg.de
Mo-Mi 8-17,
Do 8-18, Fr 8-12

☐ **Haupt-, Personal- u. Organisationsamt**
Ltg. FB 1 Ludwig Michel
Barfüßerstr. 50,
1. Stock
35037 Marburg
Tel. 06421/201-206
Fax 06421/201-300
hauptamt@
marburg-stadt.de
Mo, Mi, Fr 8-12,
Do 15-18

☐ **Hochbauabteilung**
Günther Böth
Frauenbergstr. 35, OG
35039 Marburg
Tel. 06421/201-670
Fax 06421/201-767
hochbau@
marburg-stadt.de
Mo, Mi, Fr 8-12,
Do 15-18

☐ **Jugendamt**
Claus Backes
Friedrichstr. 36,
3. Stock
35039 Marburg
Tel. 06421/201-382
jugendamt@
marburg-stadt.de
Mo, Do, Fr 8-11:30

☐ **Jugendförderung/ Stadtjugendpfleger**
Dittmar Stullich
Frankfurter Str. 21,
2. Stock
35037 Marburg
Tel. 06421/201-483
Fax 06421/201-499

☐ **Kulturamt der Stadt Marburg**
Richard Laufner
Markt 7, 3. Stock (DG)
35037 Marburg
Tel. 06421/201-467
Fax 06421/201-479
kulturamt@

marburg-stadt.de
www.marburg.de
Mo-Fr 8-12, Do 15-18

☐ **Liegenschaftsamt**
Hans-Peter Gerber
Universitätsstr. 4, 2. OG
35037 Marburg
Tel. 06421/201-445
Fax 06421/201-783
liegenschaftsamt@
marburg-stadt.de
Mo-Fr 8-12, Do 15-18

☐ **Medienzentrum**
-Stadtbildstelle-
Leopold-Lucas-Str. 8
35037 Marburg
Tel. 06421/201244
Fax 06421/201734
Marburg@Medienzentrum.Hessen.de
www.medienzentrum-marburg.de
Mo-Fr 8-12, Mo-Mi 13-16, Do 13-17:30

☐ **Ordnungsamt**
Hans-Dieter Oberländer
Frauenbergstr. 35,
35039 Marburg
Tel. 06421/201-294
Fax 06421/201-593
ordnungsamt@
marburg-stadt.de
Mo, Mi, Fr 8-12,
Do 15-18

☐ **Organisationsabteilung**
Erwin Schnabel
Barfüßerstr. 50,
35037 Marburg
Tel. 06421/201-219
Fax 06421/201-300
organisationsabteilung@marburg-stadt.de
Mo, Mi, Fr 8-12,
Do 15-18

☐ **Rechnungsprüfungsamt**
Helmut Hofmann
Markt 9, 3. Stock
35037 Marburg
Tel. 06421/201-215
Fax 06421/201-481
rechnungspruefungsamt@marburg-stadt.de
Mo, Mi, Fr 8-12,
Do 15-18

☐ **Rechtsamt**
Detlef Braster
Markt 8
35037 Marburg
Tel. 06421/201-382
Fax 06421/201-733
rechtsamt@
marburg-stadt.de
Mo, Mi Fr 10-12,
Do 15-18

☐ **Referat f. d. Gleichberechtigung v. Frau u. Mann**
Christa Winter und Petra Prenzel
Markt 1, Rathaus,
35037 Marburg
Tel. 06421/201-368,

oder -316
Fax 06421/201-760
gleichberechtigungsreferat@
marburg-stadt.de

☐ **Schul- u. Sportamt**
Birgit Kohl-Hofmann
Markt 18, 2. Stock
35037 Marburg
Tel. 06421/201-240
Fax 06421/201-418
schulamt@
marburg-stadt.de
Mo-Fr 8-12, Do 15-18

☐ **Sozialamt**
Sonja Volkert
Friedrichstr. 36, EG
35037 Marburg
Tel. 06421/201-308
Fax 06421/201-576
sozialamt@
marburg-stadt.de
Mo, Do, Fr 8-11:30

☐ **Stabsstelle für Wirtschaftsförderung und Regionalentwicklung beim Oberbürgermeister**
Dr. Jochen Stauder
Rathaus
35037 Marburg
Tel. 06421/201-558
Fax 06421/201-293
wirtschaft@
marburg-stadt.de
Mo-Fr 8-12; Mo, Di, Mi 14-16; Do 15-18

☐ **Stabsstelle Presse- u. Öffentlichkeitsarbeit**
Rainer Kieselbach
Markt 8, 2. Stock
35037 Marburg
Tel. 06421/201-378
Fax 06421/201-560
presseamt@
marburg-stadt.de
Mo-Fr 8-12, Mo-Mi 14-16, Do 15-18

☐ **Stadtarchiv**
Dr. Ulrich Hussong
Barfüßerstr. 50, DG,
Eingang Hofstatt
35037 Marburg
Tel. 06421/201-499
Fax 06421/201-390
stadtarchiv@
marburg.de/stadtverwaltung
Mo, Mi, Fr 8:30-12,
Do 15-18

☐ **Stadtbücherei**
Ketzerbach 1
35037 Marburg
Tel. 06421/201-248
Fax 06421/201-735
stadtbuecherei@
marburg-stadt.de
www.stadtbuecherei-marburg.de
Mo, Di, Do, Fr

14-18:30, Mi 10-13

☐ **Stadtbüro**
Frauenbergstr. 35, EG
35039 Marburg
Tel. 06421/201-801,
oder -802
Fax 06421/201-828
stadtbuero@
marburg-stadt.de
www.marburg.de
Mo-Mi 8-17, Do 8-18,
Fr 8-12

☐ **Städtebauliche Planungen**
Reinhold Kulle
Barfüßerstr. 11,
Seitenflügel, EG
35037 Marburg
Tel. 06421/201-622
Fax 06421/201-636
Mo, Mi, Fr 8-12,
Do 15-18

☐ **Stadtkämmerei**
Bernd Kauffmann
Markt 9, 2. Stock
35037 Marburg
Tel. 06421/201-221
Fax 06421/201-578
kaemmerei@
marburg-stadt.de
Mo, Mi, Fr 8-12,
Do 15-18

☐ **Stadtkasse**
Heinz Hamel
Barfüßerstr. 50,
35037 Marburg
Tel. 06421/201-223
Fax 06421/201-747
stadtkasse@
marburg-stadt.de
Mo, Mi, Fr 8-12,
Do 15-18

☐ **Standesamt**
Claudia Becker
Markt 18
35037 Marburg
Tel. 06421/201-236
Fax 06421/201-597
schulamt@
marburg-stadt.de
Mo-Fr 8-12, Do 15-18,
Aufgebote:
Mo-Mi 8-11, Do 15-17

☐ **Straßenverkehrsbehörde**
Rolf-Günter Gößmann
Frauenbergstr. 35, EG
35039 Marburg
Tel. 06421/201-374
Fax 06421/201-579
ordnungsamt@
marburg-stadt.de
Mo, Mi, Fr 8-12,
Do 15-18

☐ **Tiefbauabteilung**
Barfüßerstr. 11, DG
35037 Marburg
Tel. 06421/201-660
Fax 06421/201-786
tiefbauabteilung@
marburg-stadt.de

☐ **Umweltamt der Stadt Marburg**
im Amt für Grünflächen,

Umwelt- u. Naturschutz
Universitätsstr. 4
35037 Marburg
Tel. 06421/201-403
Fax 06421/201-406
Mo-Fr 8:30-12,
Do 15-18

☐ **Umwelttelefon**
im Amt für Grünflächen, Umwelt- und Naturschutz
Universitätsstr. 4
35037 Marburg
Tel. 06421/201-403
Fax 06421/201-406

☐ **Vermessungsabteilung**
Walter Ruth
Barfüßerstr. 11,
1. Stock
35037 Marburg
Tel. 06421/201-661
Fax 06421/201-790
vermessungsamt@
marburg-stadt.de
Mo, Mi, Fr 8-12,
Do 15-18

☐ **Volkshochschule der Stadt Marburg**
Hilmar Hellwig
Deutschhausstr. 38,
35037 Marburg
Tel. 06421/201-386
Fax 06421/201-594
vhs@marburg-stadt.de
Mo-Fr 10-13, Do 15-18

☐ **Wohngeldstelle, Wohnungsvermittlung**
Frauenbergstr. 35
35035 Marburg
Tel. 06421/201-410
oder 201-440
Mo, Mi, Fr 8-12,
Do 15-18

Öffentliche Einrichtungen

Bürgerhäuser & Gemeinschaftsräume

☐ **Bürgerhaus Bauerbach**
Infos: Herr Matt
Bauerbacher Str. 29
35043 Marburg
Tel. 06421/406334 (d.), 06421/21509 (p.)

☐ **Bürgerhaus Bortshausen**
Infos: Frau Menche
Ebsdorfer Str. 13
35043 Marburg
Tel. 06421/92540 (d.), 06421/7236 (p.)
Do 18:30-19:30

☐ **Bürgerhaus Cappel**
Infos: Herr Wahlers
Goethestr. 1

Öffentliche Einrichtungen

35043 Marburg
Tel. 06421/41014

❏ **Bürgerhaus Dilschhausen**
Infos: Herr Heck
Weitershäuser Str. 36
35041 Marburg
Tel. 06421/394244 (d.), 06420/1279 (p.)

❏ **Bürgerhaus Elnhausen**
Infos: Herr Becker
St.-Florian-Str. 15
35041 Marburg
Tel. 06421/405260 (d.), 06420/1618 (p.)

❏ **Bürgerhaus Ginseldorf**
Infos: Herr Dr. Wiegand
Riunweg 7
35043 Marburg
Tel. 06421/81492

❏ **Bürgerhaus Gisselberg**
Infos: Herr Elmshäuser
Zur Fasanerie 6
35043 Marburg
Tel. 06421/78618

❏ **Bürgerhaus Haddamshausen**
Infos: Herr Debus
Lippersbach 10
35041 Marburg
Tel. 06421/405331 (d.), 06421/33255 (p.)

❏ **Bürgerhaus Hermershausen**
Infos: Herr Becker
Herbener Str. 5
35041 Marburg
Tel. 06421/36421 (d.), 06421/31773 (p.)

❏ **Bürgerhaus Marbach**
Infos: Herr Dr. Rausch
E.-von-Behring-Str. 51
35041 Marburg
Tel. 06421/32637

❏ **Bürgerhaus Michelbach**
Infos: Herr Zöfel
Am Lorch 4
35041 Marburg
Tel. 06421/2823520 (d), 06420/822720 (p)

❏ **Bürgerhaus Moischt**
Infos: Frau Bandte
Eulenkopfstr. 55
35043 Marburg
Tel. 06424/3907

❏ **Bürgerhaus Ronhausen**
Infos: Herr Schnell
Am Steinmühlfeld 2
35043 Marburg
Tel. 06421/600122 (d.), 06421/77701 (p.)

❏ **Bürgerhaus Schröck**
Infos: Herr Nahrgang
Schröcker Str. 29
35043 Marburg
Tel. 06633/970-221

(d.), 06424/4185 (p.)
Fr 18-19:30

❏ **Bürgerhaus Wehrda**
Infos: Herr Pfalz
Freiherr-v.-Stein-Str. 1
35041 Marburg
Tel. 06421/82315

❏ **Bürgerhaus Wehrshausen**
Infos: Herr Bergmann
Wehrshäuser Str. 2
35041 Marburg
Tel. 06421/35665

❏ **Martin-Luther-Haus**
Johannes-Müller-Str. 1
35037 Marburg
Tel. 06421/67342

❏ **Mehrzweckhalle Cyriaxweimar**
Infos: Herr Löwer
Im Hainbach 1
35043 Marburg
Tel. 06421/605272 (d.), 06421/31473 (p.)

❏ **Stadthalle / Erwin Piscator Haus**
Biegenstr. 15
35037 Marburg
Tel. 06421/16951-0
Fax 06421/16951-28
stadthalle@marburg-stadt.de
www.marburg.de
Konzept u. Planung für Veranstaltungen wie Tagungen, Kulturevents, Messen; im Foyer bis 200 Pers., im Saal bis 1000 Pers.

Jugendliche

❏ **Ev. Jugend Cappel**
Jugendhaus Cappel
August-Bebel-Platz 5
35043 Marburg
Tel. 06421/46180
Jugendhaus-Cappel@t-online.de
Mo 15-19, Di 18:30-20:30, Do 16-20

❏ **Ev. Jugendhaus "compass"**
Deutschhausstr. 29a
35037 Marburg
Tel. 06421/61194
Fax 06421/617420
jhcompass@yahoo.de
Mo-Fr 10-13, Di-Fr 17-20

❏ **Freizeitgelände Stadtwald mit Marburger Abenteuerprojekt**
Zum runden Baum 2
35037 Marburg
Tel. 06421/201444 oder 33611
Fax 06421/201449

❏ **Haus der Jugend**
Frankfurter Str. 21
35037 Marburg
Tel. 06421/201-412,

Fax 06421/201-449
Mo-Mi+Fr 15-19 (Jugendtreff Volle Hütte) Mo, Mi, Do 14-16:30 (Kinderclub) Di 16-18 (Theatergruppe)

❏ **Jugendhaus Club X**
Universitätsstr. 30-32
35037 Marburg
Tel. 06421/26780
freenet@clubx.de
Mo-Do 16:30-20

Kinder

❏ **Betreuungsprojekt Richtsberg**
Leiterin: Frau Obst
Karlsbader Weg 3
35039 Marburg
Tel. 06421/481095
Mo-Fr 12-17

❏ **Elternverein des Hortes der Brüder-Grimm-Schule**
Leiter: Herr Immel
Alter Kirchh. Weg 8
35039 Marburg
Tel. 06421/15585
Fax 06421/270756
Mo-Fr 11:30-16:30

❏ **Ev. Kindergarten Cappel**
Leiterin: Frau Krumm
Zur Aue 2
35043 Marburg
Tel. 06421/44941
Fax 06421/46420
Mo-Fr 7:30-15

❏ **Ev. Kindergarten Gisselberg**
Leiterin: Frau Krahn
Zur Fasanerie 6
35043 Marburg
Tel. 06421/7463
Mo-Fr 7:45-13:15

❏ **Ev. Kindergarten Martin-Luther-Haus**
Leiterin: Frau Nickel
Johannes-Müller-Str. 1
35037 Marburg
Tel. 06421/67736
Mo-Fr 7:30-14

❏ **Ev. Kindergarten Ockershausen**
Leiterin: Frau Westius
Alte Kirchhofsgasse 8
35037 Marburg
Tel. 06421/34172
Mo-Fr 7:30-14

❏ **Ev. Kindertagesstätte**
Lutherstr. 9
35091 Cölbe
Tel. 06421/82447

❏ **Ev. Kindertagesstätte Philippshaus**
Leiterin: Frau Jacobsen
Universitätsstr. 30-32
35037 Marburg
Tel. 06421/23570
Mo-Do 7:15-17, Fr 7:15-16

❏ **Ev. Krippe**
Leiterin: Frau Steffan

Biegenstr. 20 1/2
35037 Marburg
Tel. 06421/65159
Mo-Fr 7:30-16:30

❏ **Evangelische Kindertagesstätte**
Leiterin: Frau Götz
•Berliner Str. 2a
35039 Marburg
Tel. 06421/41000
Mo-Do 7:15-17, Fr 7:15-15:30
Leiterin: Frau Dersch
•Graf-von-Stauffenberg-Str. 1a
35039 Marburg
Tel. 06421/34580
Fax 06421/34580
Mo-Do 7-17, Fr 7-16
Leiterin: Frau Diekmann
•G.-Hauptmann-Str. 2
35039 Marburg
Tel. 06421/24931
Mo-Do 7:30-16:30, Fr 7:30-14
Leiterin: Frau Parr
•E.-v.-Behring-Str. 55
35041 Marburg
Tel. 06421/64733
Mo-Fr 7-17

❏ **Evangelischer Kindergarten Julienstift**
Leiterin: Frau Hochgesand
Leckergäßchen 1
35037 Marburg
Tel. 06421/65901
Mo-Fr 7:30-14

❏ **Evangelischer Kinderhort**
Leiterin: Frau Dittrich
Barfüßertor 1
35037 Marburg
Tel. 06421/165059
Mo-Do 7:15-16:45, Fr 7:15-15:15

❏ **Katholischer Kindergarten Peter u. Paul**
Leiterin: Frau Kessler
Biegenstr. 18
35037 Marburg
Tel. 06421/1695721
Mo-Fr 7:30-12:30

❏ **Ev. Kindergarten**
Leiterin: Frau Kronemann-Claus
Huteweg 43
35041 Marburg
Tel. 06421/81432
Mo-Fr 8-13

❏ **Kindergarten "Glühwürmchen"**
der Evang.-Freih. Gem.
Damaschkeweg 11b
35039 Marburg
Tel. 06421/43373
Fax 06421/43373
Mo-Fr 7:30-16

❏ **Kindergarten Allnatal**
Leiterin: Frau Heeb
Cyriaxstr. 1b
35043 Marburg
Tel. 06421/34652

Mo-Fr 8-12
35037 Marburg
Tel. 06421/65159
Mo-Fr 7:30-16:30

❏ **Kindergarten Am Teich**
Leiterin: Frau Heuser
Teichweg 12
35041 Marburg
Tel. 06421/44471
Mo-Fr 8-12

❏ **Kindergarten Bauerbach**
Leiterin: Frau Jonczyk
Bauerbacher Str. 31
35043 Marburg
Tel. 06421/12223
Mo-Fr 8-13

❏ **Kindergarten Elnhausen**
Leiterin: Frau Fischer
Sankt-Florian-Str. 13
35041 Marburg
Tel. 06420/1233
Mo-Fr 8-13:30

❏ **Kindergarten Ginseldorf**
Leiterin: Frau Brantl
Rinnweg 7
35039 Marburg
Tel. 06421/83544
Mo-Fr 8-14

❏ **Kindergarten Liebfrauen**
Leiterin: Frau Kronstedt
In der Badestube 15
35039 Marburg
Tel. 06421/44443
Mo-Fr 7:30-14:15

❏ **Kindergarten Michelbach**
Leiterin: Frau Neef
Friedr.-Fröbel-Str. 2
35041 Marburg
Tel. 06420/233
Mo-Mi+Fr 8-13, Do 14-17

❏ **Kindergarten Moischt**
Leiterin: Frau Schmidt
Wittelsberger Str. 1
35043 Marburg
Tel. 06424/6816
Mo-Fr 8-12

❏ **Kindergarten Schröck**
Leiterin: Frau Schaub
Am Schwarzen Born 5
35043 Marburg
Tel. 06424/2619
Mo-Fr 8-12

❏ **Kindergarten Tabor**
Im Gefälle 46
35039 Marburg
Tel. 06421/967550
Mo-Mi+Fr 7:30-13:30, Do 14-16:30

❏ **Kindertages-einrichtung**
Am Waldacker
Am Waldacker 1
35041 Marburg
Tel. 06420/826685
Fax 06420/826685
Mo-Fr 7:30-14

❏ **Kindertagesstätte**
Leiterin: Frau Prior-

Schröder
•Goldbergstr. 22
35043 Marburg
Tel. 06421/44491
Mo-Fr 7:30-16:30
Leiterin: Frau Gundlach
•Unter dem Gedankenspiel 47
35041 Marburg
Tel. 06421/81532
Mo-Fr 7:30-16:30
Leiterin: Frau Reitz
•Geschw.-Scholl-Str. 22
35039 Marburg
Tel. 06421/67937
Mo-Fr 7-17
Leiterin: Frau Heuser
•Höhenweg 43
35041 Marburg-Marbach
Tel. 06421/31911
Mo-Fr 7-17
Leiterin: Frau Preiß
•Erfurter Str. 1a
35039 Marburg
Tel. 06421/487953
Mo-Fr 7:30-17
Leiterin: Frau Schöffmann
•Auf der Weide 2a
35037 Marburg
Tel. 06421/27734
Fax 06421/27734
Mo-Fr 7-17
Leiterin: Frau Purschaker
•Eisenacher Weg 1
35039 Marburg
Tel. 06421/487954
Mo-Fr 7:30-17
Leiterin: Frau Fries
•St.-Martin-Str. 16
35039 Marburg
Tel. 06421/683223
Mo-Fr 8-16:30

❏ **Kindertagesstätte Freie Schule Marburg e.V.**
Leiter: Herr Seitz
Anne-Frank-Str. 2
35037 Marburg
Tel. 06421/35905
FreieSchuleMarburg@t-online.de
freie-schule-marburg.de
Mo-Fr 7:30-15:30

❏ **Kinderzentrum Weißer Stein**
Kindertagesstätte für behinderte und nichtbehinderte Kinder
Leiterin: Frau Schulze-Lünern
Magdeburger Str. 1
35041 Marburg
Tel. 06421/881222
Fax 06421/881240
Mo-Do 7:30-15, Fr 7:30-14:30

❏ **Marburger Eltern-Kind-Verein e.V.**
Leiterin: Frau Mietz
Bei St. Jost 9
35039 Marburg
Tel. 06421/13123
Fax 06421/162052

Schulen

❏ **Marburger Wald-kindergarten e.V.**
Oberweg 60
35041 Marburg
Tel. 06421/805262
info@marburger-wald-kindergarten.de
www.marburger-wald-kindergarten.de
Mo-Do 7:30-16:30,
Fr 7:30-14
Ganztg. Betreuung von Kindergartenkindern (3 bis 6 J.) in Wald und Kindergarten. Selbstständige Elterninitiative und freie Träger.

❏ **Uni-Kita**
Leiterin: Frau Grau
Deutschhausstr. 15
35033 Marburg
Tel. 06421/2864453,
06421/296-230
Fax 06421/296-252
Mo-Fr 7:15-16:30

❏ **Waldkinder Marburger Hortverein e.V.**
Kontakt: Tanja Kromes
Kämpfrasen 12
35037 Marburg
Tel. 06421/161626
Di-Do 11:30-17

❏ **Waldorfkindergarten**
der Freien Waldorfschule
Ockershäuser Allee 14
35037 Marburg
Tel. 06421/16538-20
Fax 06421/16538-21
waldorfschulemarburg@t-online.de
www.waldorfschule-marburg.de
Mo-Fr 7:30-13

❏ **Zappel-Philipp e.V.**
Marburger Str. 59
35043 Marburg
Tel. 06421/487689
info@zappel-philipp.de
www.zappel-philipp.de
Mo-Fr 7:30-16

❏ **Zappel-Philipp Interessengem. Universitäts-Kinderbetreuungsplätze e.V.**
Marburger Str. 59
35043 Marburg
Tel. 06421/487689
info@zappel-philipp.de
www.zappel-philipp.de
Mo-Do 7:30-16:15
Fr 7:30-14:30

Schulen

Berufs- & Berufsfachschulen

❏ **Adolf-Reichwein-Schule**
Schulleiter: Herr Herlein
Weintrautstr. 33
35039 Marburg
Tel. 06421/169770
Fax 06421/1697761
Verwaltung@adolf-reichwein-schule.de
www.adolf-reichwein-schule.de
Gewerblich-berufliche Schule

❏ **Käthe-Kollwitz-Schule**
Schulleiterin: Frau Dr. Knell
Schützenstr. 46 und
Georg-Voigt-Str. 2
35039 Marburg
Tel. 06421/68585-0
Fax 06421/68585-117
info@kks-marburg.de
www.kks-marburg.de
Berufliche Schule für nichttechnische, gewerbliche sowie sozialpädagogische und sozialpflegerische Berufe

❏ **Kaufmännische Schulen der Universitätsstadt Marburg**
Schulleiter: Herr Günther
Leopold-Lucas-Str. 20
35037 Marburg
Tel. 06421/201-710
Fax 06421/201-427
kaufmaennische-schulen@marburg.schule.hessen.de
Berufliche Schulen für die kaufmännischen Berufe sowie Berufe im Gesundheitswesen; Fachoberschule, Berufliches Gymnasium, Berufsfachschule auf mittlerem Abschluss, Fremdsprachensekretariat, Assistentenausbildung

Gesamtschulen

❏ **Richtsberg-Gesamtschule**
Schulleiter: Herr Hartmann
Karlsbader Weg 3
35039 Marburg
Tel. 06421/484470
Fax 06421/484471

Grund-, Haupt- & Realschulen

❏ **Emil-von-Behring-Schule**
Schulleiter: Herr Range
Sybelstr. 9
35037 Marburg
Tel. 06421/16955-0
Fax 06421/16955-29

❏ **Theodor-Heuss-Schule**
Schulleiterin: Frau Fiedler
Willy-Mock-Str. 12
35037 Marburg
Tel. 06421/166412-0
Fax 06421/166412-8

Grundschulen

❏ **Astrid-Lindgren-Schule**
Schulleiterin: Frau Görg-Kramß
Sudetenstr. 35
35039 Marburg
Tel. 06421/942915
Fax 06421/485031
ALS-Marburg@t-online.de

❏ **Brüder-Grimm-Schule**
Schulleiterin: Frau Schulte-Döhner
Alter Kirchh. Weg 8
35039 Marburg
Tel. 06421/270754
Fax 06421/270756

❏ **Erich Kästner-Schule**
Schulleiter: Herr Rech
Paul-Natorp-Str. 9-11
35043 Marburg
Tel. 06421/94819-0
Fax 06421/94819-29

❏ **Gerhart-Hauptmann-Schule**
Schulleiter: Herr Hartmann
G.-Hauptmann-Str. 1, 3
35039 Marburg
Tel. 06421/270758
Fax 06421/270759

❏ **Geschwister-Scholl-Schule**
Geschw.-Scholl-Str. 30
35039 Marburg
Tel. 06421/686944
Fax 06421/686942

❏ **Grundschule Cyriaxweimar**
Schulleiter: Herr Gerber
Cyriaxstr. 1
35041 Marburg
Tel. 06421/31483
Fax 06421/31483

❏ **Grundschule Elnhausen**
Schulleiterin: Frau Willmann-Greven
St.-Florian-Str. 13
35041 Marburg
Tel. 06420/7391
Fax 06420/7391

❏ **Grundschule Marbach**
Schulleiterin: Frau Stauber
Haselhecke 15 u. 17
35041 Marburg
Tel. 06421/31867
Fax 06421/360680

❏ **Grundschule Michelbach**
Schulleiterin: Frau Wennerhold
Birkenstr. 10
35041 Marburg
Tel. 06420/7823
Fax 06420/7823

❏ **Grundschule Schröck**
Schulleiterin: Frau Weßnat-Koch
Minksweg 19-21
35043 Marburg
Tel. 06424/1554
Fax 06424/964530

❏ **Grundschule Wehrshausen**
Schulleiterin: Frau Hachenberg-Imhof
Wehrshäuser Str. 2
35041 Marburg
Tel. 06421/35121
Fax 06421/360317

❏ **Otto-Ubbelohde-Schule**
Schulleiterin: Frau Borgemeister
Schulstr. 3
35037 Marburg
Tel. 06421/166411-0
Fax 06421/166411-5

❏ **Waldschule Wehrda**
Schulleiterin: Frau Horn
Lärchenweg 29
35041 Marburg
Tel. 06421/9830000
Fax 06421/98300020

Gymnasien

❏ **Abendgymnasium**
Schulleiter: Herr Reccius
Weintrautstr. 33
35039 Marburg
Tel. 06421/16961-0
Fax 06421/16961-19
abend-rs-gym@marburg.schule.hessen.de
www.abendgymnasiummarburg.de
Mo-Fr 10-12 + 17-18

❏ **Elisabethschule**
Schulleiter: Herr Fuchs
Leopold-Lucas-Str. 5
35039 Marburg
Tel. 06421/924668
Fax 06421/924667

❏ **Gymnasium Philippinum**
Schulleiterin: Frau Dr. Pickerodt-Uthleb
Leopold-Lucas-Str. 18
35037 Marburg
Tel. 06421/931805
Fax 06421/931804
schulleitung@philippinum.de
www.philippinum.de

❏ **Kaufmännische Schulen der Universitätsstadt Marburg**
Schulleiter: Herr Günther
Leopold-Lucas-Str. 20
35037 Marburg
Tel. 06421/201-710
Fax 06421/201-427
kaufmaennische-schulen@marburg.schule.hessen.de
Berufliche Schulen für die kaufmännischen Berufe sowie Berufe im Gesundheitswesen; Fachoberschule, Berufliches Gymnasium, Berufsfachschule auf mittlerem Abschluss, Fremdsprachensekretariat, Assistentenausbildung

❏ **Martin-Luther-Schule**
Schulleiter: Herr Müller
Savignystr. 2
35037 Marburg
Tel. 06421/9284-0
Fax 06421/9284-19

Haupt- und Realschulen

❏ **Abendhauptschule**
Schulleiter: Herr Reccius
Weintrautstr. 33
35039 Marburg
Tel. 06421/16961-0
Fax 06421/16961-19
abend-rs-gym@marburg.schule.hessen.de
www.abendgymnasiummarburg.de
Mo-Fr 10-12 + 17-18

❏ **Abendrealschule**
Schulleiter: Herr Reccius
Weintrautstr. 33
35039 Marburg
Tel. 06421/16961-0
Fax 06421/16961-19
abend-rs-gym@marburg.schule.hessen.de
www.abendgymnasiummarburg.de
Mo-Fr 10-12 + 17-18

❏ **Friedrich-Ebert-Schule**
Schulleiter: Herr Törner
Uferstaße 18
35037 Marburg
Tel. 06421/686969
Fax 06421/683590
fes11sch@aol.com

Privatschulen

❏ **Anna-Freud-Schule**
Cappeler Str. 98
35039 Marburg
Tel. 06421/404-372
Fax 06421/404-372

❏ **Bettina-von-Arnim-Schule**
Rud.-Breitscheid-Str. 22
35037 Marburg
Tel. 06421/33772
Fax 06421/33796

❏ **Carl-Strehl-Schule**
Blindenstudiensanstalt
Am Schlag 6a
35037 Marburg
Tel. 06421/606-0

❏ **Daniel-Cederberg-Schule**
Neuhöfe 17
35037 Marburg
Tel. 06421/9364-0

❏ **Freie Schule Marburg e.V.**
Kindertagesstätte und Grundschule
Anne-Frank-Str. 2
35037 Marburg
Tel. 06421/35905
Fax 06421/340959
FreieSchuleMarburg@t-online.de
freie-schule-marburg.de
Mo-Fr 7:30-15:30
alternativ-pädagogische Ganztagsschule mit altersübergreifendem Unterricht

❏ **Freie Waldorfschule**
Ockershäuser Allee 14
35037 Marburg
Tel. 06421/16538-1
Fax 06421/16538-21
waldorfschulemarburg@t-online.de
www.waldorfschule-marburg.de
Mo-Fr 7:45-17

❏ **Julie-Spannagel-Schule**
Neuhöfe 21
35041 Marburg

www.modern-line.de
Die No 1 für Tanzbedarf Fitness, Show & Bühne
Mo-Fr 10.00 bis 18.30
Sa 10.00 bis 16.00
Neustadt 14
35037 Marburg
Tel & Fax 61299
MODERN LINE
dancewear & presents

Universität

Tel. 06421/34878
Fax 06421/34890
☐ **Landschulheim Steinmühle**
Steinmühlenweg 21
35043 Marburg
Tel. 06421/40820
☐ **Schule für Kranke am Klinikum**
Hans-Sachs-Str. 6
35039 Marburg
Tel. 06421/2863066

Sonderschulen

☐ **Erich Kästner-Schule**
Schulleiter: Herr Rech
Paul-Natorp-Str. 9-11
35043 Marburg
Tel. 06421/94819-0
Fax 06421/94819-29
☐ **Fronhofschule**
Schulstr. 14
35037 Marburg
Tel. 06421/164632
Fax 06421/164638
☐ **Pestalozzischule**
Schule für Lernhilfe und Erziehungshilfe, Sonderpädagogisches Beratungs- und Förderzentrum
Am Schwanhof 50-52
35037 Marburg
Tel. 06421/9269-0
Fax 06421/9269-19
Pestalozzi.Schule@t-online.de
☐ **Schule für Praktisch Bildbare**
Schulleiter: Herr Wendel
Großseelheimer Str. 12
35039 Marburg
Tel. 06421/44880
Fax 06421/482441

Universität

AStA

☐ **Allgemeiner Studierendenausschuß (AStA)**
Erlenring 5 (Mensa)
35037 Marburg
Tel. 06421/1703-0
Fax 06421/1703-33
info@asta-marburg.de
www.asta-marburg.de
Mo-Fr 11-13:30

Beratung

☐ **AStA – Sozialreferat**
Erlenring 5 (Mensa)
35037 Marburg
Tel. 06421/1703-0
Fax 06421/1703-33
soziales@asta-marburg.de
www.sozialreferat.asta-marburg.de
Telefonisch erfragen:

Mo-Fr 11-13
(Sozial)rechtsberatung zu BAföG, GEZ, Telekom, Stipendium, Studieren mit Kind...
☐ **Beratung und Studienunterstützung Behinderter**
Biegenstr. 12
35032 Marburg
Tel. 06421/28-26039
Fax 06421/28-26795
knoll@verwaltung.uni-marburg.de
www.uni-marburg.de/ZAS/beratung/berabe-hin.htm
☐ **Internationales Zentrum für Sprache und Kultur (IZK)**
Lahnstr. 5
35037 Marburg
Tel. 06421/28-26015
☐ **Psychotherapeutische Beratungsstelle für Studentinnen und Studenten**
Erlenring 5
35037 Marburg
Tel. 06421/28-65240,
Mo-Do 13-15, Fr 12-13
☐ **Rechtsabteilung der Universität**
Biegenstr. 10
35037 Marburg
☐ **Referat für ausl. Studierende und Auslandsstudium**
Biegenstr. 12
35037 Marburg
Tel. 06421/28-26129
Fax 06421/28-28998
Auslbera@verwaktung.uni-marburg.de
☐ **Referat für Europäische Studienprogramme**
Biegenstr. 10
35032 Marburg
Tel. 06421/28-26111,
06421/28-26047
Fax 06421/28-26077
socrates@mailer.uni-marburg.de
www.uni-marburg.de/eurostudies/res
☐ **Referat für Forschung und Transfer**
Biegenstr. 10
35037 Marburg
Infos zu Graduiertenförderung u. Promotionsstipendien
☐ **Referent für Intern. Beziehungen**
Biegenstr. 10
35037 Marburg
Tel. 06421/28-26120
Fax 06421/28-28998
Komm@verwaltung.uni-marburg.de
☐ **ZAS –**
Zentrale Arbeitsstelle für Studienorientierung und -beratung

Biegenstr. 12
35032 Marburg
Tel. 06421/28-26004
Fax 06421/28-26795
zas@verwaltung.uni-marburg.de
www.uni-marburg.de/ZAS/
Mo, Mi, Fr 9:30-12:30,
Mi 15-17:30

Fachbereiche

☐ **01 Rechtswissenschaften**
Universitätsstr. 6
(Savigny-Haus)
35037 Marburg
Tel. 06421/28-23101
uni-marburg.de/jura
Mo+Mi 10-12, Di 14-16
(Vorlesungszeit);
Mi 10-12
(Vorlesungsfreie Zeit)
☐ **02 Wirtschaftswissenschaften**
Universitätsstr. 25
35037 Marburg
Tel. 06421/28-21722
Fax 06421/28-24858
Mo-Fr 9-13
☐ **03 Gesellschaftswissenschaften und Philosophie**
Europäische Ethnologie, Philosopie, Politikwissenschaft, Religionswissenschaft, Soziologie, Völkerkunde
Wilhelm-Röpke-Str. 6
35039 Marburg
Tel. 06421/28-24742
☐ **04 Psychologie**
Gutenbergstr. 18
35032 Marburg
Tel. 06421/28-23639
☐ **05 Evangelische Theologie**
Ev. Theologie, Rel.-Geschichte, Christl. Archäologie und byz. Kunstgeschichte
Lahntor 3
35037 Marburg
Tel. 06421/28-22441
Fax 06421/28-28968
Mo-Fr 9-12
☐ **06 Geschichte und Kulturwissenschaften**
Geschichtswissenschaften, Vor- und Frühgeschichte, Klassische Archäologie, Japanologie, Sinologie
Wilhelm-Röpke-Str. 6
35039 Marburg
Tel. 06421/28-24518
Fax 06421/28-26948
dekan06@mailer.uni-marburg.de
☐ **09 Germanistik u. Kunstwissenschaften**
Neuere deutsche Literatur, Deutsche Sprache, Ältere deutsche Literatur, Deutsch als Fremdsprache,

Phonetik, Niederlandistik, Skandinavistik, Medienwissenschaft, Sprechwissenschaft, Kunstgeschichte, Musikwissenschaft, Grafik und Malerei
Wilhelm-Röpke-Str. 6
35039 Marburg
Tel. 06421/28-25915
Fax 06421/28-27056
uni-marburg.de/fb09
Mo-Fr 11-12:30
☐ **10 Fremdsprachliche Philologien**
Anglistik, Linguistic Engineering, Romanistik, Slawistik, Klassische Philologie, Lateinische Philologie, Ägyptologie, Altorientalistik, Indologie, Tibetologie, Semitistik, Vergleichende und Allgem. Sprachwissenschaft, Keltologie
Wilhelm-Röpke-Str. 6
35039 Marburg
Tel. 06421/28-24764
Fax 06421/28-24715
Mo-Fr 10-11
☐ **12 Mathematik und Informatik**
Mathematik, Wirtschaftsmathematik, Informatik
Hans-Meerwein-Str.
(Lahnberge)
35043 Marburg
Tel. 06421/28-22043
Fax 06421/28-25466
Mo-Fr 9-12
☐ **13 Physik**
Renthhof 7
35037 Marburg
Tel. 06421/28-21314,
06421/28-21315
Fax 06421/28-21309
dekanat@physik.uni-marburg.de
Mo-Fr 9-12
☐ **15 Chemie**
Hans-Meerwein-Str.
35043 Marburg
Tel. 06421/28-25543
Fax 06421/28-28917
dekanat@chemie.uni-marburg.de
Mo-Fr 9-12
☐ **16 Pharmazie**
Wilhelm-Roser-Str. 2
35037 Marburg
Tel. 06421/28-25890

☐ **17 Biologie**
Botanik, Genetik, Mikrobiologie, Naturschutz, Zoologie
Karl-von-Frisch-Str.
35043 Marburg
Tel. 06421/28-22047,
06421/28-22048
Fax 06421/28-22052
dekan17@mailer.uni-marburg.de
uni-marburg.de/biologie/

☐ **18 Geowissenschaften**
Hans-Meerwein-Str.
35043 Marburg
Tel. 06421/28-23000
Fax 06421/28-28919
☐ **19 Geographie**
Deutschhausstr. 10
35037 Marburg
Tel. 06421/28-25915
Fax 06421/28-28950
☐ **20 Medizin**
Medizin, Zahnmedizin, Humanbiologie, Physiotherapie
Baldingerstr.
35043 Marburg
Tel. 06421/28-66203
Fax 06421/28-61548
nuhnp@med.uni-marburg.de
☐ **21 Erziehungswissenschaften**
Erziehungswissenschaft, Sportwissenschaft, Motologie
Wilhelm-Röpke-Str. 6
35039 Marburg
Tel. 06421/28-24770
Fax 06421/28-28946
Mo-Fr 10-12
☐ **Katholisch-Theologisches Seminar**
Deutschhausstr. 24
35037 Marburg
Tel. 06421/64335
Fax 06421/64390
ks@mailer.uni-marburg.de
uni-marburg.de/ks
Mo-Do 8:30-12:15,
13-17, Fr 8:30-12:15

Studentenwerk

☐ **Amt für Ausbildungsförderung (BAföG)**
Erlenring 5 (Ostflügel Studentenhauses)
35037 Marburg
Tel. 06421/296-0,
Sekretariat: 296-201
Fax 06421/15761
schulzek@mailer.uni-marburg.de
uni-marburg.de/stw
Mo-Do 11-14:30,
Fr 11-13
☐ **Konrad-Biesalski-Haus**
Wohnheim für körperbehinderte Studierende
Sybelstr. 16
35037 Marburg
Tel. Infos: Hans-Peter Hardt 06421/296-140
Fax 06421/296-252
hardt@mailer.uni-marburg.de
☐ **Mensa 1**
Erlenring 5
(Studentenhaus)
35037 Marburg

Tel. 06421/296-160
Fax 06421/15761
moske@mailer.uni-marburg.de
uni-marburg.de/stw
Im Semester: Mo-Fr 8:15-20, Sa 12-14;
in den Semesterferien:
Mo-Fr 8:15-19:30,
Sa 12-14; Sprechzeiten Leiter: 9-12:30
und 13:15-14:30
☐ **Mensa 2**
Lahnberge
(Studentenzentrum)
35043 Marburg
Tel. Leiter Klaus Moske:
06421/296-160
Fax 06421/15761
moske@mailer.uni-marburg.de
uni-marburg.de/stw
Im Semester:
Mo-Do 9-19, Fr bis
14:30, Sa 12-14;
in den Semesterferien:
Mo-Do 9-19, Fr bis 14,
Sa 12-14
☐ **Soziale Beratungsstelle des Studentenwerks**
Frankfurter Str. 10,
Erdgeschoß
35037 Marburg
Tel. 06421/163911
Mo, Mi, Fr 13-15:30,
Do 16-19
☐ **Studentenwerk Marburg**
Erlenring 5
35037 Marburg
Tel. 06421/296-0
Fax 06421/296-252
Studentenwerk-Marburg@mailer.uni-marburg.de
uni-marburg.de/stw
Mo-Do 9:30-14:30,
Fr 9:30-13
☐ **Studentisches Wohnen mit Wohnraumvermittlung**
Wohnraumvermittlung
Erlenring 5
(Studenthaus)
35037 Marburg
Tel. 06421/296-144,
oder -145
Fax 06421/296-252
bingel@mailer.uni-marburg.de
uni-marburg.de/stw
Mo-Do 9:30-14:30,
Fr 9:30-13

Universitätskliniken

☐ **siehe Krankenhäuser & Universitätskliniken**

Kirche

Zentrale Einrichtungen

☐ **Auditoriengebäude**
Hausmeister: Herr Haupt, Herr Pfeif
Biegenstr. 14
35032 Marburg
Tel. 06421/2822128

☐ **Bildarchiv Foto Marburg**
Wolffstr.
Ernst-von-Hülsen-Haus
35037 Marburg
Tel. 06421/28-23600
Fax 06421/28-28931
bildarchiv@fotomarburg.de
www.fotomarburg.de
Mo-Fr 8-17

☐ **Bootshaus**
Wehrdaer Weg 11
35032 Marburg
Tel. 06421/65180
Mo-Fr 9-19:30,
Sa 10-14

☐ **Botanischer Garten der Philipps-Universität**
Karl-von-Frisch-Str.
(Lahnberge)
35032 Marburg
Tel. 06421/28-1507
Fax 06421/28-6659
bot.gart@mailer.uni-marburg.de
Mai-Sept. tägl. 9-18,
Okt.-April, So-Fr und
an Feiertagen 9-15:30

☐ **Hallengebäude**
Barfüßerstr. 1
35032 Marburg
Tel. 06421/28-23960
Mo-Fr 8-22:30

☐ **Hochschulrechenzentrum (HRZ)**
Hans-Meerwein-Str.
(Lahnberge)
35032 Marburg
Tel. 06421/28-21551
Fax 06421/28-26994
sekretariat@hrz.uni-marburg.de
uni-marburg.de/hrz
Mo-Do 8-17, Fr 8-15
(PC-Arbeitsräume;
Mo-Do 8-17, Fr 8-15
(Sekretariat);

☐ **Informationszentrum für Fremdsprachenforschung (IFS)**
Hans-Meerwein-Str.
(Lahnberge, Mehrzweckgebäude)
35043 Marburg
Tel. 06421/28-22141
Fax 06421/28-25710
ifs@mailer.uni-marburg.de
Mo-Do 8-12:30
+ 13:30-16, Fr 8-12:30

☐ **Landgrafenschloß**
Kastellan: Müller, Jakob
Schloß 1

35037 Marburg
Tel. 06421/2822114
Fax 06421/2822145

☐ **Marburger Universitätsbund e.V.**
Bahnhofstr. 7
35037 Marburg
Tel. 06421/28-24090
Fax 06421/28-25750
unibund@mailer.uni-marburg.de
uni-marburg.de/uni-bund

☐ **Max-Planck-Institut Marburg**
Karl-von-Frisch-Str.
35043 Marburg
Tel. 06421/1780
mpi@mailer.uni-marburg.de
uni-marburg.de/mpi

☐ **PC-Saal des HRZ**
Universitätsstr. 6
35032 Marburg
Tel. 06421/28-23534
Mo-Fr 8-21

☐ **Personalrat der Universität**
Biegenstr. 12
35032 Marburg
Tel. 06421/28-26032
Fax 06421/28-25576
persrat@verwaltung.uni-marburg.de

☐ **Philipps-Universität**
Frauenbeauftragte
• Biegenstr. 10
35032 Marburg
Tel. 06421/2826187
Fax 06421/2822101
frauenb@verwaltung.uni-marburg.de
uni-marburg.de/frauen
Verwaltung
• Biegenstr. 10
35037 Marburg
Tel. 06421/28-1
Fax 06421/28-22500
www.uni-marburg.de
Impfberatung für Studierende der Medizin
Dr. M. Goedecke
• Baldingerstr.
Ebene -2, Raum 2204
35032 Marburg
Tel. 06421/28-63677

☐ **Referat für Öffentlichkeitsarbeit**
Biegenstr. 10
35037 Marburg
Tel. 06421/28-26007
Fax 06421/28-28903
walter@verwaltung.uni-marburg.de

☐ **Schwerbehindertenvertretung der Philipps-Universität Marburg**
Biegenstr. 12
35032 Marburg
Tel. 06421/28-26195
Fax 06421/28-26896

☐ **Sport- und Studienheim Edersee**
Biegenstr. 10
35037 Marburg
Tel. 06421/28-22167
Fax 06421/28-22100
Schwital@Verwaltung.Uni-Marburg.de
www.uni-marburg.de
Mitte März bis Mitte Oktober

☐ **Sprachzentrum der Philipps-Universität**
Biegenstr. 12
35032 Marburg
Tel. 06421/28-21325
Fax 06421/28-25157
sz@mailer.uni-marburg.de
uni-marburg.de/sprachenzentrum

☐ **Studentensekretariat**
Biegenstr. 10
35032 Marburg
Tel. 06421/28-26182
Fax 06421/28-22020
Mo-Fr 9-12

☐ **Universitäts Kindertagesstätte**
Leiterin: Frau Grau
Deutschhausstr. 15
35033 Marburg
Tel. 06421/2864453,
06421/296-230
Fax 06421/296-252
Mo-Fr 7:15-16:30

☐ **Universitäts-Stadion**
Jahnstr. 12
35032 Marburg
Tel. 06421/28-23977
Mo-Fr 7:30-22:30,
Sa 7:30-13

☐ **Universitätsbibliothek**
Wilhelm-Röpke-Str. 4
35039 Marburg
Tel. 06421/2821321
Fax 06421/28-26506
verwaltung@ub.uni-marburg.de
ub.uni-marburg.de
Mo-Sa 9-21:30,
So 13-21:30

☐ **Zappel-Philipp Interessenge. Universitäts-Kinderbetreuungsplätze e.V.**
Marburger Str. 59
35043 Marburg
Tel. 06421/487689
info@zappel-philipp.de
www.zappel-philipp.de
Mo-Do 7:30-16:15,
Fr 7:30-14:30

☐ **Zentrum für Hochschulsport**
Am Plan 3
35037 Marburg
Tel. 06421/28-23976
Fax 06421/28-26544
zfh@

mailer.uni-marburg.de
uni-marburg.de/zfh
Mo 15-17,
Di-Do 10:30-12:30

Kirche

Gemeinden

☐ **Elisabethkirche**
- Küsterstube -
Elisabethstr. 2
35039 Marburg
Tel. 06421/65573
Fax 06421/65573
Winterhalbjahr 10-16;
Sommerhalbjahr 9-18

☐ **Elisabethkirchengemeinde – Bezirk Deutschhaus**
Uferstr. 5
35037 Marburg
Tel. 06421/66262
ludwig@elisabethkirche.de

☐ **Elisabethkirchengemeinde – Bezirk Michael**
Deutschhausstr. 26
35037 Marburg
Tel. 06421/65497
Fax 06421/65498

☐ **Elisabethkirchengemeinde – Bezirk Ortenberg**
Schützenstr. 39
35039 Marburg
Tel. 06421/65683
Fax 06421/681877
Dietrich@Elisabethkirche.de
www.Elisabethkirche.de

☐ **Elisabethkirchengemeinde – Bezirk Waldtal**
Waidmannsweg 5
35039 Marburg
Tel. 06421/62245

☐ **Emmauskirchengemeinde**
Leipziger Str. 20
35039 Marburg
Tel. 06421/41064

☐ **Ev. Jugend Cappel**
Jugendhaus Cappel
August-Bebel-Platz 5
35043 Marburg
Tel. 06421/46180
Jugendhaus-Cappel@t-online.de
Mo 15-19, Di 18:30-20:30, Do 16-20

☐ **Ev. Klinikpfarramt**
- Büro Lahnberge -
Baldingerstr.
35033 Marburg
Tel. 06421/2863595
Fax 06421/2863594

☐ **Evangelischer Kirchenkreis Marburg-Stadt**
Dekanat
Barfüßertor 34

35037 Marburg
Tel. 06421/9112-0,
priv. 06421/32780
Fax 06421/9112-30,
priv. 06421/32780

☐ **Evangelisches Gemeindeamt**
Barfüßertor 34
35037 Marburg
Tel. 06421/9112-0
Fax 06421/9112-30
gemeindeamt@ekmr.de
Mo-Fr 8-11:30

☐ **Evangelisches Studentenpfarramt**
Rudolf-Bultmann-Str. 4
35039 Marburg
Tel. 06421/9690
Fax 06421/969400

☐ **Gesamtverband der Ev. Kirchengemeinden in Marburg/Lahn**
Barfüßertor 34
35037 Marburg
Tel. 06421/9112-0
Fax 06421/9112-30
gesamtverband@ekmr.de

☐ **Katholischer Studentenpfarrer**
Joh.-Müller-Str. 19
35037 Marburg
Tel. 06421/1753890
Fax 06421/17538929
buero@khg-marburg.de
www.khg-marburg.de
Di-Do 8-13 + 14-17,
Fr 8-13

☐ **Markuskirchengemeinde**
Dienenweg 27
35041 Marburg
Tel. 06421/32658

☐ **Matthäuskirchengemeinde**
Bezirk Bachweg und Bezirk Roter Hof
Borngasse 1
35037 Marburg
Tel. 06421/33343

☐ **Missionshaus Waldtal**
St.-Martin-Str. 1
35039 Marburg
Tel. 06421/67817

☐ **Ökumenisches Sozialzentrum St. Martin-Haus**
Waidmannsweg 11
35039 Marburg
Tel. 06421/64328
Fax 06421/64328
Mi+Fr 10-12,
Büro: Mo-Fr 14-18

☐ **Pauluskirchengemeinde**
Fontanestr. 46
35039 Marburg
Tel. 06421/24771

☐ **Pfarrkirchengemeinde – Bezirk I**
Rotenberg 50

35037 Marburg
Tel. 06421/32780
Fax 06421/350696

☐ **Pfarrkirchengemeinde – Bezirk II**
Lutherischer Kirchhof 1
35037 Marburg
Tel. 06421/25243
Fax 06421/917343

☐ **Philippshaus**
Universitätsstr. 30
35037 Marburg
Tel. 06421/23191 oder 23435

☐ **Sprengel Waldeck – Marburg**
Georg-Voigt-Str. 72a
35039 Marburg
Tel. 06421/22981
Fax 06421/15243

☐ **Studienhaus der Ev. Kirche von Kurhessen-Waldeck**
Lutherischer Kirchhof 3
35037 Marburg
Tel. 06421/162910
Fax 06421/162916
glockzin@mailer.uni-marburg.de
ekkw.de/studienhaus

☐ **Thomaskirchengemeinde**
Chemnitzer Str. 2
35039 Marburg
Tel. 06421/41990
Fax 06421/942807
rohde@thomaskirche-marburg.de
www.thomaskirche-marburg.de
Di+Do 9-12

☐ **Universitätskirchengemeinde – Bezirk Ost**
Pfarrer Jürgen Renner
Georg-Voigt-Str. 89
35039 Marburg
Tel. 06421/23387

☐ **Universitätskirchengemeinde – Bezirk West**
Pfarrer Dietrich-Hannes Eibach
Liebigstr. 35
35037 Marburg
Tel. 06421/23745

Kirchen

☐ **Elisabethkirche**
Tel. 06421/65573
Fax 06421/620815
Mo-Fr 9-18, Sa 9-17,
So 11:15-17

☐ **Kugelkirche**
Tägl. 8-17

☐ **Lutherische Pfarrkirche St. Marien**
Tägl. 9-17

☐ **St. Peter und Paul**
Mo+Mi-So 8-18

☐ **Universitätskirche**
Di-So 8-18

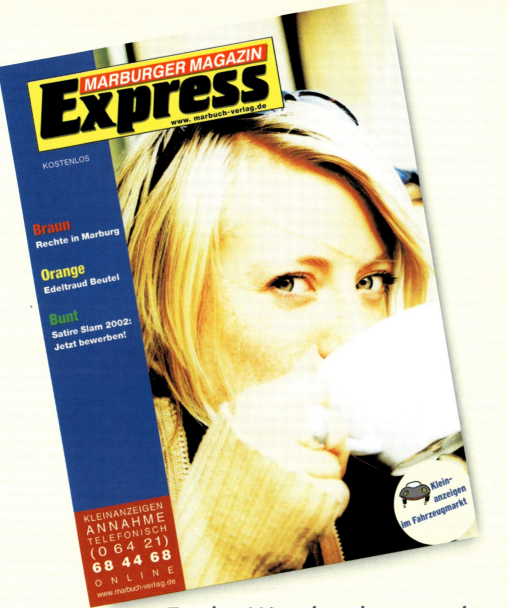

Jede Woche kostenlos!

Kleinanzeigenannahme:

per Telefon: 0 64 21/68 44 68

per Fax: 0 64 21/68 44 44

Online: www.marbuch-verlag.de

Autorinnen und Autoren

Michael Arlt,
Studium der Germanistik, Philosophie und Pädagogik in Marburg, Kiel und Gießen, M.A.; Journalist; Redakteur beim Marburger und Gießener Magazin EXPRESS und bei „Studier mal Marburg"; Arbeiten und Studien zum Panzerschiffbau im 19. Jhd., früher Aviatorik, elektromechanischen Spielgeräten und dem Kleinkindverhalten in halboffenen Systemen; Verantwortlicher Redakteur dieses Marbuchs.

• *Wie es euch gefällt ... : Theater S. 126-131*

Gesa Coordes,
Jahrgang 1963, fünf Jahre Redaktion der Hessisch-Niedersächsischen Allgemeinen, zwei mehrmonatige journalistische Aufenthalte in Frankreich; Studium der Europäischen Ethnologie, Soziologie und Literaturwissenschaft; seit 1994 Marburger Korrespondentin der Frankfurter Rundschau.
• *Mensch mit wichtigen Anliegen: Bruno Paoletti – Lebenskünstler und lebendes Kunstwerk S. 110-113*

Erhart Dettmering,
geb. 1937, Schulbesuch in Marburg und Hannover; Studium (Geschichte, Latein, Politik) in Marburg und Innsbruck 1958-1964; Schuldienst in Marburg und Amöneburg 1964-1971, Magistratspressesprecher im Marburger Rathaus 1971-2000; Kirchenvorstandsmitglied an der Elisabethkirche seit 1976.

• *Die Translation der Elisabeth: Der Kaiser selbst schmückte das Haupt der Heiligen mit einer goldenen Krone S. 31-35*

Julia Dombrowski,
geb. 1980 in Herford (NRW), Studentin der Germanistik und Philosophie; seit 2001 EXPRESS-Mitarbeiterin; freie Mitarbeiterin des Internet-Rezensionsforums „literaturkritik.de".
• *Allerheiligstes im Hülsen-Haus: Das Bildarchiv Foto Marburg S. 92-95*

Thomas Gebauer,
studierte in Marburg, Davidson, N.C. und Princeton, N.J. (USA) Theologie und Humanwissenschaften; Promoter der Biegeneckinitiative, deren Geschichte er in dem Buch „Soziale Plastik Biegeneck – Als sich die Zentrifuge im Haifischmaul drehte" (Borken 1993) dokumentierte; Forschungen in Nigeria/Westafrika über die Bedeutung des Erdbodens für interethnische und interreligiöse Beziehungen; Mitbegründer von Agent 21; wenn er nicht auf Reisen ist, lebt und arbeitet Gebauer in Marburg.

• *Von der Zentrifuge über die Saftpresse zur Flugschule: Schreiben an Paul G. über die Kunst auf der Insel Marburg S. 132-137*

Franz-Josef Hanke,
Jahrgang 1955, arbeitet seit Oktober als Freier Journalist in Marburg für Hörfunk, Tageszeitungen und Zeitschriften sowie Online-Medien; Themenschwerpunkte des blinden Journalisten sind Wirtschaft, Wissenschaft, Gentechnik, Soziales, Behinderte, Medien und das Internet.

• *Ungeliebt und hoch geehrt: Emil von Behring – Nobelpreisträger, Politiker, Unternehmensgründer S. 48-51*
• *Vergessener Vater: Die Deutsche Blindenstudienanstalt und ihre Gründer S. 66-69* • *Weichenstellungen: Von Pferdedroschken und der Tram zum modernen Niederflurbus S. 88-91*

Roloff Johannsen,
Jahrgang 1939, hat Biologie und Chemie studiert; nach Promotion und Assistentenzeit an der Universität Kiel von 1970 bis 2001 bei den Behringwerken, seit 1996 Centeon/Aventis Behring, beschäftigt; ab 1988 dort verantwortlicher Leiter der biotechnologischen Verfahrensentwicklung und internationaler Sprecher der Industrie- und Gesundheitspolitik des Unternehmens; seit 2001 freiberufliche Arbeit, zur Zeit unter anderem als Berater in der Stabsstelle Wirtschaftsförderung beim Oberbürgermeister der Stadt Marburg.

• *Zukunftsweisende Szenarien: Biotechnologie-Initiative und „Marburg 2010" S. 106-109*

Rainer Kieselbach,
Jahrgang 1947, Diplom-Verwaltungswirt; Pressesprecher der Stadt Marburg, Redaktionsleiter „Studier mal Marburg".

• *Es geht voran: Die 50er Jahre S. 52-59*

Joachim Klein,
studierte Politikwissenschaft und Germanistik an den Universitäten Marburg und Wien, promovierte mit einer Arbeit über Arno Schmidt; Mitherausgeber einer zweihändigen Festschrift anlässlich des 50-jährigen Jubiläums der Marburger Politikwissenschaft; Wissenschaftlicher Mitarbeiter am hiesigen Institut für Politikwissenschaft; lebt und arbeitet in Marburg und Osnabrück.

• *Turbulenz und Tradition: Wolfgang Abendroth und die Marburger Politikwissenschaft S. 84-87*

Frank Magdans,
lebt in Marburg und schreibt für das Marburger und Gießener Magazin EXPRESS; arbeitet daneben für diverse Magazine und Tageszeitungen (bundesweit) mit den Schwerpunkten Film, Musik und Software; Studium der Anglistik, Medienwissenschaft und Pädagogik.

• *Lichtblicke: Kino ist ein Teil der Stadt S. 96-101*

Martin Meyer-Stoll,
geb. 1976 in Kassel, erklärte schon im zarten Alter von sieben Jahren Marburg zu seiner Lieblingsstadt, woran auch Auslandsaufenthalte in Irland und den Niederlanden nichts ändern konnten; absolviert nach einigen ergebnislosen Jahren an der Marburger Universität ein Volontariat beim Gießener Magazin EXPRESS.

• *Rondo für Jazzband und Klingelbeutel: Musikszene S. 117-119*

Hermann Ploppa,
Jahrgang 1953, Studium der Germanistik und Politik in Marburg; freiberufliche Tätigkeit als Übersetzer u.a. von Computerhandbüchern, Lichtdesigner von Konzerten, Veranstalter von Ausstellungen und Literaturlesungen, Tourneeleiter; langjährige redaktionelle Mitarbeit beim Marburger Magazin EXPRESS; politische Publizistik für deutsche und schweizerische Zeitungen.

• *Philipp der Großmütige: Landesherr – Universitätsgründer – Frauenheld S. 36-39*

Peter Rassidakis,
gebürtiger Kreter, kam im Alter von 19 Jahren nach München, wo er eine Reiseverkehrskaufmannslehre abschloss, um dann in Marburg Volkswirtschaft zu studieren; arbeitet als Berater und Dozent für das Marburger Förderzentrum für Existenzgründer aus der Universität „Mafex".

• *Innovationsfreude: Existenzgründer sind in Marburg gut aufgehoben S. 102-105*

Stefan S. Schmidt,
geboren 1958 in Marburg; 1978-1986 Studium der Malerei, Kunstpädagogik, Graphik und Kunstgeschichte an den Universitäten Kassel, Loughborough (England) und Marburg; Ausstellungen im In- und Ausland; verschiedene Kunstpreise; seit 1994 Publikationen zur Kunst und Kunstpädagogik; Essays.

• *„Art"-gerechter Ausstellungsort: Die Kunsthalle S. 120-125*

Heike Schmitt,
Jahrgang 1977, Studium der Neueren Deutschen Literatur und Medien in Marburg; Journalistin; seit 1999 freie Mitarbeiterin des Marburger und Gießener Magazins EXPRESS; Mitarbeit beim Internet-Rezensionsorgan literaturkritik.de; Teilnahme am Creative Village (TAZ, Pixelpark AG, Scholz & Friends) 2002/03 in Berlin.

• *Alma mater philippina.de. Die Marburger Universität zwischen Tradition und Moderne S. 78-83* • *„Marburg kompakt"*

Joachim Schulz,
Jahrgang 1963, schrieb in den 90ern zahllose EXPRESS-Seiten mit Theaterkritiken voll, verfasst heute vorwiegend komische Stories und Comics für verschiedene Zeitungen und Zeitschriften; zusammen mit Zeichner Steffen Haas Herstellung des durchgehend illustrierten Romans „Der Traum des Erdachsenbiegers" (Droemer Knaur Verlag 2002), mit dem Musiker und Komponisten Stefan Waldeck und der Sängerin Ulrike Wesely die Kinderlieder-CD „Lauter Klabauter" (Igel Records 2002).

• *Willkommen im Club: Übers Stranden und Hängenbleiben S. 26-29*

Jochen Stauder,
Jahrgang 1948, schloss sein Studium als Dipl.-Volkswirt ab; nach Promotion u.a. Assistent der Geschäftsführung in einem Energiewirtschaftsunternehmen, Unternehmensberater, Amtsleiter, 1. Vorsitzender der Arbeitsgemeinschaft für Kommunale Wirtschaftsförderung beim Hessischen Städtetag; zur Zeit Leiter der Stabsstelle Wirtschaftsförderung beim Oberbürgermeister der Universitätsstadt Marburg.

• *Zukunftsweisende Szenarien: Biotechnologie-Initiative und „Marburg 2010" S. 106-109*

Karin Stichnothe-Botschafter,
Jahrgang 1962, Mitarbeiterin im Kulturamt der Stadt Marburg; Studium der Kunstgeschichte, Germanistik und Politikwissenschaft; Autorin und Dozentin im Bereich Projekt- und Kulturmanagement.

• *En Vogue: Die Lahn – Flussgeschichten S. 70-77*

Gerd Strickhausen,
Jahrgang 1962, Studium der Kunstgeschichte, Geschichte und klassischen Archäologie; Magister 1991, Promotion 1996; Mitarbeit an den Ausstellungen „Hessen und Thüringen. Von den Anfängen bis zur Reformation. Eine Ausstel-

lung des Landes Hessen" Marburg und Eisenach 1992, „Burgenforschung in Hessen" Marburg 1996, „Der Marburger Markt – 800 Jahre Geschichte über und unter dem Pflaster" Marburg 1997; 1999-2001 wissenschaftlicher Mitarbeiter der Universität Kaiserslautern.
• *Krone der Stadt: Das Schloss S. 40-47 • Auf und ab und immer größer – Die Stadtentwicklung S. 60-65 • Träume – Taten – Tagungen: Der Marburger Burgenarbeitskreis S. 114-116*

Rolf K. Wegst, Studium der Psychologie in Gießen; Bildjournalist; Arbeiten für das Gießener und Marburger Magazin Express sowie diverse Tageszeitungen, Zeitschriften und Magazine (Frankfurter Rundschau, taz, Spiegel, HÖRZU); Kunst- und Veranstaltungsdokumentation; Dozent für Fotografie an der VHS Marburg, Teilhaber der Bild- und Textagentur K13; diverse Ausstellungen; lebt mit Familie bei Gießen.
• *Fotografien*

Bildnachweis

Foto Marburg: 31,94 unten, 95 links **Erhart Dettmering:** 32,34,35 **Hess. Landesamt f. geschichtl. Landeskunde:** 33 **Arndt Friedrich:** 37 **HLTH:** 39,127 unten,128 unten, 131unten **Privat:** 43,44 o.r.,48,49 rechts,50 rechts,85,89,90 rechts oben u. unten,97 links,99 links,101, 114,115 unten,116 oben rechts u. unten links,168,186 oben,188 links **Aventis-Behring:** 17oben, 51 oben,106,107,108,109 **Presseamt der Stadt Marburg:** 6 mitte oben,52,53,54,55,56,57,58,65mitte,72 unten,74 rechts,84,86,187,188,199,200 **Jannasch (Privatarchiv):** 56,58 **Gerd Strickhausen:** 42,61 rechts **Bauaufsichtsbehörde der Stadt Marburg:** 62 links **Michael Arlt:** 6 mitte unten,75 unten,87,116 oben links,154 oben,183 rechts,184,189,190 **Lisa Gabriel:** 75 links oben u. rechts unten **Frank Magdans:** 97 rechts, 99 mitte **Roberto Kusterle:** 111,112 rechts oben,113 **Kataloge:** 121 oben,122 oben rechts, oben links u. mitte,132,133 mitte,134 unten,135,136,137 **german stage service:** 126,127 oben,128 mitte **Theater GegenStand:** 130 mitte **Thomas Gebauer:** 133 oben u. unten,134 oben **Oliver Demny:** 157,164 unten,171 unten,174 oben,195 **Stefan Balzter:** 182 **Alexandra Roppel:** 180,194,197 **Marion Laufhütte:** 13 unten. Alle anderen Fotografien: **Rolf K. Wegst**

Register

A
Abendroth, Wolfgang 84,138
Abgusssammlung 168
Abraxas Medienwerkstatt e.V. 163
Affenfelsen 65, 76, 155
Afföller 52
AIDOS-Archiv 68,181
Alte Universität 63,150,153
Alter Botanischer Garten 151
Altmann, Rüdiger 86
Am Grün 61
Amöneburg 41,195
AquaMar 58,173
Arbeitsamt 105
Architekturphantasie 183
Arendt, Hannah 140
Arnim, Achim von 138
Arnim, Bettina von 138
AST 192
Atelier 97,161
Audimax 118
Auger, Brian 118
Augsburger Reichstag 38
„ausufern" 74
Aventis 50

B
Bachchor 119
Baggersee Niederweimar 172
Bahnhofs-Brücke 76
Bahnhofshotel 54
Barfüßerstraße 146
Bauernaufstände 37
BC Universa 170
Bebop 117
Beck, Olaf 136
Behring, Emil von 48,107,143
Behring-Tunnel 184
Behring-Werke 50,63
Behringnachfolgefirmen 107, 109
Bergengruen, Werner 138
Bettinaturm 61
Beuys, Joseph 123
Biegeneck 133
Bielschowsky, Alfred 66
Bielschowsky-Haus 67
Bildarchiv Foto Marburg 83,92,182
Biotechnologie 106
Blindenstudienanstalt (Blista) 66
Blutbank 177
Bonhoff, Heinrich 51
Bootsverleih 75
Boule-Club 171
Brentano, Bettina 139
Brentano, Clemens 138,143
Brücke ohne Namen 76
Brüder-Grimm-Schule 54
Brüder-Grimm-Stube 169
Bunsen, Robert 143
Burgenforschung 114
Bürgerpark 146
Busfahren 192

C
Café Trauma e.V. 117,159
Campingplatz 75
Canticum Antiquum 119
Capitol 55,101
Carl-Strehl-Schule 69
Cavete 117,160
Centeon 50
Christenberg 194
Christine von Sachsen 39
Cinema 101
Cineplex 96,161
Closmann, Gerhard 97
Closmann, Marion 98
Club Lounge 165
Correspondenzblatt z. Burgenf. 116
Coutard, Raoul 99
Czempiel, Ernst-Otto 87

D
Dammühle 196
Davis, Miles 118
Deutscher Orden 40,61
Deutscher Ordensmeister 31
Deutschhauskeller 130
Dieselbusse 91
Dilichs, Wilhelm 45
Drachenbootcup 75
Drechsler, Hanno 86
Drei Tage Marburg (3TM) 185
Duchamp, Marcel 122
Dutenhofer See 172

E
Ebola-Virus 51
Edison 101
Ehrlich, Paul 49
Eichel, Hans 86,139
Eimers Garten 53
Eisenach, Elisabeth von 61
Eisner, Kurt 139
Straßenbahn 89
Eliot, T.S. 143
Elisabeth von Thüringen 30, 35
Elisabeth-Brücke 76
Elisabeth-Schule 54,55
Elisabethaltar 32
Elisabethkirche 34,42,62,149
Elisabethmarkt 187
Emil-von-Behring-Schule 54
Ernst-von-Hülsen-Haus 92
Erwin-Piscator-Haus 127
Erzbistum Mainz 37
Europabad 174
Exciting Neighbours 131,187
Existenzgründung 102

F
Fackelschwimmen 75
Feisel, Ilse 136
Festung 45
Feuerzangenbowle 186
Flohmärkte 188
Flurbereinigung 37
Forum Marburg 106
Frankenberg 195
Franz I. v. Frankreich 38
Franziskuskapelle 32
Franz I. v. Frankreich 38
FrauenFilmGruppe 162
Freizeitbad Nautilust 194
Fremdenverkehr 201
Friedrich II. 30,143
Führung 201
Fürstensaal 42,130

G
Garbelotto 112
Gaßmann, Georg 53,55
Gaswerk 52
Gebrüder Grimm 125
Geowissenschaft 80
Gerhardt, Wolfgang 87
German Stage Service GbR 127,158
Gewerbliche Flächen 103
GeWoGalerie 169
Gloria 99
Golf-Club Marburg e.V. 172
Grassi-Projekt 183
Grimm, Jacob 139
Gründerzentrum Marburg 104
Günderrode, Karoline von 138
Gustav Adolf 33
Gymnasium Philippinum 65

H
Habermas, Jürgen 86
Hahn, Otto 139
Hamann, Richard 93
Hauptbahnhof 88
Heidegger, Martin 139,140
Heinemann, Gustav W. 140
Heinrich VII. 31
Heppe, Eduard 89
Herder-Institut 176
Herrenmühle 150
Hess. Staatsarchiv Marburg 180
Hessische Theatertage 131
Hessisches Landestheater 157
Hetsch, Hubert 97
Hexenturm 46,148
Hochschulrechenzentrum 176
Hochschulsport 175
Hochwasser 72
Hoechst AG 49
Humboldt, Wilhelm 140

I
I.G. Farbenindustrie AG 50
IHK 105
Initiative Biotechn. Marburg 109
Inline-Skaten 174
Institut f. wissenschaftl. Politik 85
Internetcafés 191

J
Jägerkaserne 63
Jazz-Initiative Marburg 118
Johann, Kurfürst von Sachsen 37
Jubiläum (Universität) 79
Jugendherberge 56
Jung-Stilling, Johann Heinrich 140
Juppe, Ludwig 34

K
Kaiser-Wilhelm-Turm 152
Kalbstor 61
Kamerapreis 99
Kammer 97,161
Kammerchor 119
Karl V. 38,39
Karl VI. 143
Kaschnitz, Marie Luise 143
Kasematten 45
Kassenschlager 100
Käthe-Kollwitz-Schule 54
Katzenelnbogen, Anna von 44
Ketzerbachfest 187
KFZ 117,118,159
Kilianskapelle 154
Kilianskirche 60
Kinder- und Jugendtheater 131
Kindheits- und Schulmuseum 167
Kino 96
Kirchenreform 37
Kitasato, Shibasaburo 49
Kliem, Kurt 86
Koch, Ernst 58
Koch, Robert 49
Konrad-Adenauer-Brücke 77
Konzertchor 119
Konzertverein 119
KPD 85
Kugelhaus 63
Kult-Hallen 118,164
Kulturamt 129
Kunsthalle 120,168
Kunstverein 134
Kurhessische Kantorei 119
Kusterle, Roberto 112

L
Lahn 70
Lahn-Untertunnelung 184
Lahngarten 74
Langrafenschloss 148
Lassa-Fieber 51

279

Leibl, Wilhelm 95
Leyten, Johann von der 34
Lichtspiele Marburg 98
Liebknecht, Wilhelm 141
Linguistics Online 81
Lohgerbereien 73
Lomonosov, Michail V. 143
Luisa-Haeuser-Brücke 77
Luisabad 65
Luther, Martin 37,38,146
Lutherische Pfarrkirche 62,118,148,155

M
Mafex 104
Maieinsingen 186
Main-Weser-Bahn 63,88
Marburg 2010 106
Marburg-Virus 51
Marburger Bahnhof 193
- Bank 105
- Buchwoche 186
- Burgenarbeitskreis 114
- Kamerapreis 99,186
- Kulturfonds 157
- Künstlerkreis 125
- Kunstverein 121, 125
- Lenchen 74
- Luftbahn 182
- Mittelalterzentrum 116
- Musikschule 119
- Schauspiel 127
- Skatenight 174
- Sommerakademie 188
- Universitätskurse 179
- Varietésommer 131
Margarete von der Saale 39
Marienkirche 60
Marktfrühschoppen 56,188
Marktplatz 60,146
Matthias, Erich 87
Maximilian I. 36
Max-Planck-Institut 83,107,177
Mecklenburg, Anna von 36
Melanchton, Philipp 37,38
Mensa 177
Mensa-Steg 77
Menzel, Adolph von 143
Mercenaries 171
Mertin, Georg 134,136
Michaelis, Caroline 141
Miller, Arthur 126
Mineralogisches Museum 167
Möller, Dietrich 112
Molly Malone`s 118,160
Movie 97
MOX 165
Museum Anatomicum 167
Museum f. Bildende Kunst 125,166
Museum f. Kulturgeschichte 166
Musikfreunde 119
Musikszene 117

N
Nacht der Kunst 187
Napoleon 45
Neue Literarische Gesellschaft 163
Neue Medien 81

O
Oberleitungsbus 52,90
Ohm 73
Ölmühle 74
Omnibusfreunde Marburg 90
Online-Seminare 81
Open Eyes 101
Open-Air-Kino 100
Ortega y Gasset, José 138

P
PAF Discothek 119,164
Palette 97,161
Paoletti, Bruno 110,134
Papin, Denis 141
Pasternack, Boris 141
Pätzold, Gerhard 125
Pferdebahn 89
Pferdebus 88
Pharmarecht 83
Philipp der Großmütige 36,79
Philipps-Universität 37,63,78,102,176
Philosophische Fakultät 64,80
Photographische Gesellschaft 93
Piscator, Erwin 126,142
Politikwissenschaft 84
Polizeichor 119

Q
Quellteich der Lahn 71

R
Radfahren 174
Ramba Zamba 188
Rathaus 146, 154
Rathaus-Schirne 150
Rauischholzhausen 196
Religionskundliche Sammlung 178
Reliquiar der Hl. Elisabeth 33
Renthof 43,62,149
RES 67
Reuter, Ernst 142
Revolution 80
Rex 55,97
Richtsberg 146
Rilke, Rainer Maria 143
Ritterstraße 148
RMV 91
Röntgen, Wilhelm 48
Rosen-Brücke 76
Rosenpark 65
Rotkehlchen 162
Roxy 99
Rüdiger, Vera 86

S
Scala 98
Schelling, Friedhelm Wilhelm 141
Schlaflabor 83
Schlegel, A.W. 141
Schloss 37,40,155
Schlossberguntertunnelung 184
Schlossbus 58,90
Schmalkaldischer Bund 38
Schmelz-Mühle 197
Schnaps & Poesie Theater 158
Schohl, Hans 133, 137
Schuhmarkt 60
Schülerpark 74
Schütz, Heinrich 143
Schwarzer Steg 77
Science4Life 106
SDS 85,86
SED 85
Seidel, Ina 143
Seilbahn 182
Semesterticket 193
Shepp, Arnie 118
Sickingen, Franz von 36
Ski und Rodeln 175
Software Center Marburg 104
Sommerbad 58
Sommerrodelbahn 195
Sophie von Brabant 42,62
Sparkasse Marburg-Biedenkopf 105
SPD 85,87
Spielearchiv 181
St. Michaelskapelle 155
St.-Kilians-Kapelle 150
Staatsarchiv 64
Stabstelle Wirtschaftsförderung 105
Stadtarchiv Marburg 180
Stadtautobahn 64,91,152
Stadthalle 119,127
Start-Up-Unternehmen 109
Steinweg 149
Straßenbahn 89
Straßenverkehr 192
Strehl, Carl 66
Stroinsky-Steg 76
Strömungen e.V. 163
Studentenzahl 79
Studio 101
Südbahnhof 88
Südbahnhofsbrücke 77
Südspange 77
Szenario 160

T
Theater 126
Theater GegenStand 127,158
TNT 127
Transmit GmbH 104

U
Ubbelohde, Otto 73,125
Uni-Chor 119

Uni-Sommerfest 187
Unisignet 80
Universität 37,63,78,102,176
Universitätsbauten 153
Universitätsbibliothek 64
Universitätsbund 179
Universitätsmuseum 64,125
Unternehmensgründer 109

V
Vaupel, Egon 121
VBAD 67
Verkehr 53
VfB Marburg 170
Virtuelle Lehre 81
Virtueller Campus 82
Völkerkundliche Sammlung 178
Volkschor 119
Volksküche 56

W
Waggonhalle 117,162
Wakeboard 172
Walbe, Brigitte 95
Wasserrückhaltebecken 73
Weidenhausen 61,73,146
Weidenhäuser Brücke 76
Weidenhäuser Entenrennen 75,187
Weidenhäuser Straßenfest 186
Weihnachtsmärkte 189
Weinstraße 41
Wernicke, Erich 49
Williams, Tennessee 126
Willingshäuser Malerkolonie 125
Wingolf Studentenverbindung 86
Wirtschaft 58
Wirtschaftsförd. d. Landkreises 105
Wirtschaftsförderung 107
Wirtshaus an der Lahn 76
Wochenmärkte 189
Wohnraumbewirtschaftung 56
Wolff, Christian 143
WuW 115
www.mabiko.de 190
www.marbuch-verlag.de 190
www.marburg.de 190
www.mittelhessen.de 191
www.op-marburg.de 190
www.uni-marburg.de 191

Z
ZAS 178
ZEL 83
Ziegenhain 37
Zirkusarchiv 180
Zwingli, Huldrych 38